地铁机电安装及装饰装修工程管理应知应会 3000 题

主编：王有道　郭　峰　王龙飞

中国建筑工业出版社

图书在版编目（CIP）数据

地铁机电安装及装饰装修工程管理应知应会3000题 / 王有道，郭峰，王龙飞主编. — 北京：中国建筑工业出版社，2022.12
ISBN 978-7-112-28066-7

Ⅰ.①地… Ⅱ.①王…②郭…③王… Ⅲ.①城市铁路－铁路工程－机电工程－工程施工－基本知识②城市铁路－铁路工程－工程装修－基本知识 Ⅳ.①U239.5-62

中国版本图书馆CIP数据核字（2022）第200966号

　　本书包括9章，分别是：安全质量环保篇、通风空调篇、给水排水及消防篇、动力照明篇、砌筑装修篇、资料与试验篇、工程管理篇、工程经济篇、建筑模型篇。本书根据地铁工程建设的相关文件，最新版的建筑工程和轨道工程施工及质量验收规范、标准、图集等，结合施工实践，以施工工序安全、质量管理为核心进行编写。内容基本涵盖了地铁机电安装及装饰装修工程项目施工过程中所需关注的重难点问题，既是一本工程管理专业知识学习的习题集，也是一本工程施工的疑难解答书。

　　本书可供从事地铁机电安装及装饰装修工程专业施工、管理等专业人员使用，也为高校地铁工程和相近专业学生使用。

责任编辑：杜　洁　胡明安
责任校对：张惠雯

地铁机电安装及装饰装修工程管理应知应会3000题
主编：王有道　郭　峰　王龙飞
*
中国建筑工业出版社出版、发行（北京海淀三里河路9号）
各地新华书店、建筑书店经销
北京红光制版公司制版
北京市密东印刷有限公司印刷
*
开本：787毫米×1092毫米　1/16　印张：27　字数：672千字
2022年11月第一版　　2022年11月第一次印刷
定价：**98.00**元
ISBN 978-7-112-28066-7
（39936）

版权所有　翻印必究
如有印装质量问题，可寄本社图书出版中心退换
（邮政编码100037）

编写委员会

主　编： 王有道　郭　峰　王龙飞

副主编： 汪　溯　王兴宇　张瑞刚　张先锋　张　萌
　　　　　于俊彪　朱艳阳　张　亮　谢鹏辉　杨腾飞

编　委： 邢云云　王　越　李　飞　张飞鹏　赵士远
　　　　　辛　阳　李　局　尚德政　胡文科　田　宝
　　　　　张娟娟　肖经志　付春明　孙　卓　田　龙
　　　　　李新欧　栾宇清　李玉萍　赵　月　张　茜

审 定 委 员 会

沈阳市质量监督站：马　强　丁伽罗　冀全利　李宏伟　富彦超

北京城建科技促进会模架专业技术委员会主任、北京市建委专家库专家、中央军委营房局安全专家、中国模架协会专家：魏铁山

全国注册一级建造师、全国注册造价工程师、全国注册监理工程师前审题组、命题组组长：左红军

广州地铁集团有限公司：刘权厚

沈阳地铁集团有限公司：崔硕　李强

呼和浩特城市交通投资建设集团有限公司：刘占英　王继峰

中铁投资集团呼和浩特地铁一号线项目公司：伍绍红

中铁滨海（天津）轨道交通投资发展有限公司：陈洪波

中铁（天津）轨道交通投资建设有限公司：杜华林　吕晓波

中铁投资长春地铁 6 号线总包部：逄明卿　王　军　田海洋

中铁南宁地铁 4 号线 02 标指挥部：赵庚亮　钱建勋

沈阳地铁集团有限公司总监办：王兴杰　栾　强

中铁七局集团有限公司：于小四　殷爱国　冯明辉

中铁七局集团电务工程有限公司：郑俊卿

前　言

　　城市轨道交通是重要的公益性交通基础设施，是便民惠民的重大民生工程，关系民生福祉，关系城市发展。党中央、国务院高度重视城市轨道交通发展。2019年9月25日，习近平总书记在考察北京市城市轨道交通发展建设情况时指出："城市轨道交通是现代大城市交通的发展方向。发展轨道交通是解决大城市病的有效途径，也是建设绿色城市、智能城市的有效途径"。

　　城市轨道交通具有节能、省地、运量大、全天候、无污染（或少污染）又安全等特点，属绿色环保交通体系，特别适应于大中城市。2021年3月12日，《中华人民共和国国民经济和社会发展第十四个五年规划和2035年远景目标纲要》提出要加快建设交通强国，推进城市群都市圈交通一体化，加快城际铁路、市域（郊）铁路建设，构建高速公路环线系统，有序推进城市轨道交通发展。"十四五"期间，新增城际铁路和市域（郊）铁路运营里程3000km，新增城市轨道交通运营里程3000km。

　　城市轨道交通的蓬勃发展不仅解决了远距离上下班空间、距离与时间的矛盾，也一并提高了居民的生活质量，促进了城市合理布局的形成。城市轨道交通种类形式繁杂多样，主要包括地铁系统、轻轨系统、单轨系统、有轨电车、磁浮系统、自动导向轨道系统、市域快速轨道系统等。地铁是我国境内运营里程最长的城市轨道交通制式，截至2022年6月30日，中国内地累计有51个城市投运城市轨道交通线路9573.65km，其中地铁7529.02km，占比78.64%。

　　中铁七局集团电务工程有限公司成立于2004年8月，先后参建广州、上海、郑州、宁波、苏州、呼和浩特、石家庄、成都、南宁、沈阳等十七个国内城市地铁项目，经过十余年地铁机电安装及装饰装修工程实践经验的总结，编撰完成了《地铁机电安装及装饰装修工程管理应知应会3000题》。本书根据地铁工程建设的相关文件，最新版的建筑工程和轨道工程施工及质量验收规范、标准、图集等，结合施工实践，以施工工序安全、质量管理为核心进行编撰，共分为安全质量环保篇、通风空调篇、给水排水及消防篇、动力照明篇、砌筑装修篇、资料与试验篇、工程管理篇、工程经济篇及建筑模型篇9个章节，总计3000余道自主编创的习题。本书虽经数次修改，但由于编写组水平有限，书中如有错漏缺点，希望读者朋友批评指正。

　　本书在编撰过程中引用了部分互联网图片及说明，在此向原作者致谢，同时对原文做了个别的调整和删减，敬请原作者原谅。本书在编撰过程中得到了沈阳市质量监督站、沈阳地铁集团有限公司、呼和浩特城市交通投资建设集团有限公司、中铁投资集团呼和浩特地铁一号线项目公司、中铁（天津）轨道交通投资建设有限公司、中铁滨海（天津）轨道交通投资发展有限公司、中铁南宁地铁指挥部等单位专家的指导和帮助，谨此一并致谢。

目 录

前言

第1章 安全质量环保篇 ... 1
概述 ... 1
1.1 单项选择题 ... 1
1.2 多项选择题 ... 46

第2章 通风空调篇 ... 59
概述 ... 59
2.1 单项选择题 ... 59
2.2 多项选择题 ... 104

第3章 给水排水及消防篇 ... 121
概述 ... 121
3.1 单项选择题 ... 121
3.2 多项选择题 ... 167

第4章 动力照明篇 ... 186
概述 ... 186
4.1 单项选择题 ... 186
4.2 多项选择题 ... 225

第5章 砌筑装修篇 ... 233
概述 ... 233
5.1 单项选择题 ... 233
5.2 多项选择题 ... 288

第6章 资料与试验篇 ... 298
概述 ... 298
6.1 单项选择题 ... 298
6.2 多项选择题 ... 317

第7章 工程管理篇 ... 330
概述 ... 330
7.1 单项选择题 ... 330
7.2 多项选择题 ... 358

第 8 章 工程经济篇 ·· 374
    概述 ··· 374
    8.1 单项选择题 ·· 374
    8.2 多项选择题 ·· 406

第 9 章 建筑模型篇 ·· 412
    概述 ··· 412
    9.1 单项选择题 ·· 412
    9.2 多项选择题 ·· 422

第 1 章

安全质量环保篇

概　述

安全重于泰山，安全就是生命！地铁工程施工中安全管理是人们探讨的永恒的话题。随着全国各省市地铁的不断发展，安全问题也越来越受到高度重视。安全生产事关人民群众的生命财产安全，关系到国民经济持续发展和社会稳定的大局。

通过大量的实践总结，安全生产相关规定愈发完善，而本章通过对工程中需要注意与易被忽视的安全问题进行总结归纳，以选择题的方式旨在令地铁工程从业者人人懂安全，人人管安全，积极履行岗位安全职责。

本章主要受众为地铁机电安装及装饰装修工程从业者，以正确佩戴和使用劳动防护用品为基础，严格遵守安全生产规章制度和操作规程，服从管理，不违章作业。摆正安全位置，认真履行安全责任，做到不安全不生产。积极参加安全教育培训，掌握本职工作所需的安全生产知识，提高安全生产技能，增强事故预防和应急处理能力。让大家勇于发现安全隐患或者其他不安全因素，并立即上报现场安全生产管理人员或本单位负责人。

安全是我们生产生活的基本保障，只有学习好安全知识，掌握安全技能，才能做到不伤害别人，不被别人伤害。本章内容适用于从事地铁施工管理的各级管理和技术人员及相关专业的在校大学生学习。

1.1　单项选择题

1. 地铁工程安全生产管理必须坚持（　　）的方针，建立健全安全生产责制度和群防群治制度。

　　A. 安全第一、预防为主、防消结合　　B. 党政同责、一岗双责
　　C. 安全第一、预防为主、综合治理　　D. 安全第一、预防为主
　　解析：C。

2. 地铁机电安装工程施工中，动火作业必须满足的条件有：配备固定的看火人、申请动火证和（　　）。

　　A. 配备灭火器材　　B. 购配防火用品
　　C. 申请动火许可证　　D. 编制应急救援预案
　　解析：A。

3. 地铁机电安装及装饰装修工程中，因装修工程作业的需要，需临时拆除或变动防护围栏时必须经（　　）同意，并采取相应措施确保安全。

　　A. 安全总监　　B. 现场安全管理人员
　　C. 施工负责人　　D. 项目经理

解析：B。

4. 地铁机电安装及装饰装修工程中，临时配电箱及带电设备发生火灾时，适用于扑救的灭火器是（　　）。
　　A. 用木板拍灭　　　B. 干粉灭火器　　　C. 泡沫灭火器　　　D. 用水直接扑灭
　　解析：B。干粉灭火器和二氧化碳灭火器适用于扑救带电火灾。

5. 地铁机电安装及装饰装修工程作业过程中，项目部组织安全生产检查时，发现机电安装的管线支吊架存在严重变形有可能发生管线整体垮塌，则该隐患属于（　　）。
　　A. 特大事故隐患　　　　　　　　　　B. 较大事故隐患
　　C. 重大事故隐患　　　　　　　　　　D. 一般事故隐患
　　解析：D。一般事故隐患指危险和整改难度较小，发现后能立即排除的隐患。

6.《中华人民共和国安全生产法》规定：事故隐患分为一般事故隐患和（　　）两类。
　　A. 重大事故隐患　　　　　　　　　　B. 较大事故隐患
　　C. 一般事故隐患　　　　　　　　　　D. 特大事故隐患
　　解析：A。事故隐患分为一般事故隐患和重大事故隐患。

7. 地铁机电安装及装饰装修工程使用的二级临时配电箱采用的接地装置接地电阻值不小于（　　）Ω。
　　A. 4　　　　　　　B. 8　　　　　　　C. 10　　　　　　　D. 12
　　解析：A。

8. 地铁机电安装工程中，施工现场临时用电电缆线按机械强度要求，绝缘铜线截面积不应小于（　　）mm^2。
　　A. 4　　　　　　　B. 6　　　　　　　C. 10　　　　　　　D. 16
　　解析：C。

9. 国家颁布的《安全色》GB 2893—2008 标准中，表示指令必须遵守的规程的颜色为：（　　）。
　　A. 红色　　　　　　B. 蓝色　　　　　　C. 黄色　　　　　　D. 绿色
　　解析：B。红色是表示禁止的颜色，黄色是表示警告的颜色，蓝色是表示指令的颜色，绿色是表示提示的颜色。

10. 国家颁布的《安全色》GB 2893—2008 标准中，红色表示必须遵守的规程的颜色为：（　　）。
　　A. 禁止　　　　　　B. 警告　　　　　　C. 指令　　　　　　D. 提示
　　解析：A。

11. 国家颁布的《安全色》GB 2893—2008 标准中，表示警告必须遵守的规程的颜色为：（　　）。
　　A. 红色　　　　　　B. 蓝色　　　　　　C. 黄色　　　　　　D. 绿色
　　解析：C。

12. 国家颁布的《安全色》GB 2893—2008 标准中，表示提示必须遵守的规程的颜色为：（　　）。
　　A. 红色　　　　　　B. 蓝色　　　　　　C. 黄色　　　　　　D. 绿色
　　解析：D。

13. 地铁机电安装及装饰装修工程中季节性检查是根据季节特点，为保障安全生产的特殊要求所进行的检查，由（　　）根据不同季节会同有关部门组织安全检查。

　　A. 项目经理　　　　B. 安全质量部　　　　C. 施工班组　　　　D. 工程管理部

　　解析：B。

14. 地铁机电安装工程中，施工现场临时用电电缆线按机械强度要求，绝缘铝线截面积不应小于（　　）mm²。

　　A. 4　　　　　　　B. 6　　　　　　　　C. 10　　　　　　　D. 16

　　解析：D。

15. 在地铁机电安装及装饰装修工程中，室外夏季焊接作业过程中，施工人员突然出现 39.5℃以上高温，突然昏倒且皮肤无汗等症状是因为（　　）。

　　A. 发烧　　　　　B. 中毒　　　　　　C. 感冒　　　　　　D. 重症中暑

　　解析：D。

16. 下列不属于安全生产"三类人员"的是：（　　）。

　　A. 专职安全生产管理人员　　　　　　B. 项目负责人
　　C. 项目总工程师　　　　　　　　　　D. 企业主要负责人

　　解析：C。

17. 地铁机电安装及装饰装修工程，施工单位应建立健全安全教育培训制度，对于未经培训或考试不合格的人员（　　）。

　　A. 可以做一些辅助性工作　　　　　　B. 不得进入施工现场上岗作业
　　C. 调到其他岗位任职　　　　　　　　D. 可以进入施工现场指挥吊装作业

　　解析：B。

18. 地铁机电安装及装饰装修工程中，起重吊装作业前应由（　　）对钢丝绳（吊索、吊具）进行检查，对损坏、断丝和锈蚀严重的钢丝绳禁止使用。

　　A. 专职安全管理人员　　　　　　　　B. 现场负责人
　　C. 司机　　　　　　　　　　　　　　D. 信号司索工

　　解析：D。

19. 地铁机电安装及装饰装修工程中，起重吊装作业时，钢丝绳（吊索、吊具）与物体的夹角宜为（　　）。

　　A. 30°～45°　　　B. 45°～60°　　　C. 60°～75°　　　D. 60°～80°

　　解析：B。

20. 地铁机电安装及装饰装修工程起重吊装作业过程中，对质量不明的物体应先进行试吊，将物体吊离地面（　　）cm处停留并检查确认是否满足起吊要求。

　　A. 10～20　　　　B. 20～30　　　　C. 20～50　　　　D. 10～30

　　解析：C。

21. 地铁机电安装及装饰装修工程起重作业中，由（　　）对司机的操作发出指挥信号。

　　A. 经验丰富的信号指挥人员　　　　　B. 持证上岗的信号司索工
　　C. 现场负责人　　　　　　　　　　　D. 专职安全管理人员

　　解析：B。

22. 地铁机电安装及装饰装修工程中,临时用电的开关箱(三级配电箱)中的漏电保护器在一般场所其额定漏电动作电流应不大于(　　)mA,额定漏电动作时间应不大于(　　)s。
　　A. 20,0.5　　　　B. 30,0.5　　　　C. 30,0.1　　　　D. 30,0.5
　　解析:C。

23. 地铁机电安装及装饰装修工程出入口钢结构施工时,搭设的满堂脚手架木制脚手板的厚度不得小于(　　)mm。
　　A. 15　　　　　　B. 30　　　　　　C. 50　　　　　　D. 60
　　解析:C。

24. 地铁机电安装及装饰装修工程中,临时用电的总配电箱(一级配电箱)中的漏电保护器其额定漏电动作电流应大于(　　)mA,额定漏电动作时间应大于(　　)s。
　　A. 20,0.5　　　　B. 30,0.5　　　　C. 30,0.1　　　　D. 30,0.5
　　解析:C。

25. 地铁装饰装修工程,长期接触可引起各类白血病的有毒物质是(　　)。
　　A. 一氧化碳　　　B. 一氧化硫　　　C. 氨气　　　　　D. 苯
　　解析:D。

26. 地铁机电安装及装饰装修工程中,下列关于高处作业安全带的系挂方法的描述错误的是(　　)。
　　A. 用检验合格的安全带,高挂低用
　　B. 安全带禁止打结或接长使用,系挂牢固
　　C. 2m以上高处作业时必须系挂安全带
　　D. 2.5m以上高处作业时必须系挂安全带
　　解析:D。

27. 地铁机电安装及装饰装修工程电焊作业烟尘中含有二氧化硅,长期吸入会造成(　　)。
　　A. 贫血　　　　　B. 缺氧　　　　　C. 中毒　　　　　D. 尘肺病
　　解析:D。

28. 地铁机电安装及装饰装修工程在潮湿的地方进行电焊焊接时,照明安全电压应为(　　)V。
　　A. 36　　　　　　B. 42　　　　　　C. 24　　　　　　D. 12
　　解析:C。

29. 地铁机电安装及装饰装修工程中,焊接作业,作业前必须办理动火证,作业现场必须配备灭火器,并指定专人做(　　)。
　　A. 防护　　　　　B. 看护　　　　　C. 巡视检查　　　D. 监护
　　解析:D。

30. 地铁机电安装及装饰装修工程中,进行电焊作业前应将(　　)m范围内的各类可燃易爆物品清理干净。
　　A. 5　　　　　　 B. 10　　　　　　C. 15　　　　　　D. 20
　　解析:B。

31. 地铁机电安装及装饰装修工程中，常用设备的重复接地是指：(   )。
   A. 正常电流通过时利用大地代替导线
   B. 把用电设备的线路切断达到保护的效果
   C. 用电设备在正常情况下不带电的金属与PE线的链接
   D. 设备接地线上一处或多处通过接地装置与大地再次连接的接地
   解析：D。

32. 地铁机电安装及装饰装修工程临时用电系统的分配电箱（二级配电箱）应设在用电设备相对集中的区域，分配电箱（二级配电箱）与开关箱（三级配电箱）的距离不得超过(   )m。
   A. 5   B. 10   C. 20   D. 30
   解析：D。

33. 地铁机电安装及装饰装修工程施工中的安全电压是指(   )V以下的电压。
   A. 36   B. 42   C. 12   D. 24
   解析：A。

34. 我国一般采用(   )V的安全电压。但在工作地点狭窄、行动困难以及周围有大面积接地体的环境中，手提照明应采用(   )V的安全电压。
   A. 36，24   B. 42，12   C. 36，12   D. 24，12
   解析：C。

35. 用电设备的外壳涂成红色是表示(   )。
   A. 其外壳有电   B. 其外壳防雷   C. 工作零线   D. 保护零线
   解析：A。

36. 地铁工程采用盾构法开挖施工中，盾构掘进动力系统的供电电压为(   )。
   A. 500V   B. 1.5kV   C. 10kV   D. 35kV
   解析：C。

37. 地铁机电安装及装饰装修工程施工中，当有触电人员时，现场相关人员对触电者进行现场紧急抢救后，必须立即(   )。
   A. 进行救治   B. 进行人工呼吸   C. 进行心脏复苏   D. 送就近医院
   解析：D。

38. 地铁机电安装及装饰装修工程中，室内施工所使用的灯具离地面最小高度不应低于(   )m，如不能满足距地要求，应使用安全电压。
   A. 2   B. 2.5   C. 3   D. 3.5
   解析：B。

39. 地铁机电安装及装饰装修工程所使用的电气设备按照安全操作规程，正确的防护措施是(   )。
   A. 保护性接零或接地   B. 保护性接地
   C. 做绝缘措施   D. 保护性接零
   解析：A。

40. 地铁机电安装及装饰装修工程中所发生的触电事故，绝大部分是(   )导致人身伤亡的。

A. 人体接受电流遭到电击 B. 电休克
C. 人体接受电压遭到电击 D. 电伤
解析：A。

41. 地铁机电安装及装饰装修工程施工工地宿舍不可以使用的电器是(　　)。
A. 空调　　　B. 电视　　　C. 电褥子　　　D. 电脑
解析：C。

42. 地铁机电安装及装饰装修工程中用电设备必须有专用的开关箱（三级配电箱），严禁用同一个开关箱控制(　　)台及以上用电设备（含插座）。
A. 1　　　B. 2　　　C. 3　　　D. 4
解析：B。

43. 地铁机电安装及装饰装修工程中，用电设备中漏电保护器的作用是有效防止(　　)。
A. 电压波动
B. 电荷超负荷
C. 电流波动
D. 设备发生漏电故障，以及致命危险的人身触电
解析：D。

44. 地铁机电安装及装饰装修工程中，对切割、电焊作业中，下列描述错误的是(　　)。
A. 在有易燃易爆品场所作业时，要对周围环境采取清理、遮挡等安全防护措施到位后方可作业
B. 设备故障时可以先将未做完的工作做完后再停机检查
C. 特种作业人员应持证上岗
D. 电焊设备有良好的保护接地或接零
解析：B。

45. 下列关于电气设备的说法错误的是(　　)。
A. 当电流过大击穿熔断器使用的熔丝时，为了节省时间可以暂时用铝、钢丝替代
B. 严禁移动电气设备的围栏及安全标志等安全设施
C. 严禁私自使用大功率电器进行取暖
D. 严禁私自使用碘钨灯进行照明
解析：A。

46. 地铁机电安装及装饰装修工程中需要停用的用电设备，如保留电源线时，其接头应做绝缘处理，并应固定在距地面不小于(　　)m处。
A. 1.0　　　B. 2.5　　　C. 3.0　　　D. 3.5
解析：B。

47. 地铁机电安装及装饰装修工程中施工现场停止作业(　　)h以上时，应将一级配电箱断电上锁。
A. 0.5　　　B. 1　　　C. 1.5　　　D. 2
解析：B。

48. 地铁机电安装及装饰装修工程施工中,(　　)是保护人身安全的最后一道防线。
A. 屏障　　　　　　B. 隔离防护　　　　C. 个体防护　　　　D. 应急救援
解析:C。

49. 《中华人民共和国安全生产法》规定,管行业必须管安全,管业务必须管安全,管(　　)必须管安全。
A. 经营　　　　　　B. 效益　　　　　　C. 生产　　　　　　D. 生产经营
解析:D。

50. 地铁机电安装及装饰装修工程在项目管理工作中最重要的任务是(　　)。
A. 安全控制　　　　B. 生产控制　　　　C. 质量控制　　　　D. 过程控制
解析:A。

51. 地铁机电安装及装饰装修工程施工中如果遇到地面上的油漆着火时,应用哪种恰当的方式进行灭火(　　)。
A. 水　　　　　　　B. 泡沫灭火器　　　C. 干沙　　　　　　D. 干粉灭火器
解析:C。

52. 地铁机电安装及装饰装修工程"班前检查"的内容有三项:一是检查防护用品和用具,看班组成员是否穿戴了防护用品,是否按规定携带了防护用品,如果不符合规定,应督促他们改正。二是检查作业现场,看是否存在(　　),如果存在应及时排除。三是检查机械设备,看是否处于良好状态,如有故障,则应及时检修。
A. 违章作业　　　　B. 危险危害因素　　 C. 不安全因素　　　D. 不安全行为
解析:C。

53. 自我保护能力就是职工对所在工作岗位(　　)的认识,对可能出现的不安全因素的判断及能否及时、正确处理即将出现的危害的应变能力。
A. 操作规程　　　　B. 危险因素　　　　C. 危险源　　　　　D. 危险程度
解析:D。

54. 统计表明,习惯性违章作业、违章指挥是造成人身伤亡事故和误操作事故的(　　)原因。
A. 主要　　　　　　B. 间接　　　　　　C. 客观　　　　　　D. 直接
解析:A。

55. 应急预案体系不包括(　　)。
A. 综合应急预案　　　　　　　　　　 B. 专项应急预案
C. 现场处置方案　　　　　　　　　　 D. 临时应急预案
解析:D。

56. 应急演练按照演练内容分为(　　)。
A. 现场演练和单项演练　　　　　　　 B. 现场演练和桌面演练
C. 综合演练和桌面演练　　　　　　　 D. 综合演练和单项演练
解析:D。应急演练按照演练内容分为综合演练和单项演练,按照演练形式分为现场演练和桌面演练。

57. 在地铁机电安装及装饰装修工程施工中,高处作业主要有(　　)。
A. 临边作业、洞口作业、交叉作业

B. 临边作业、洞口作业、脚手架作业
C. 临边作业、洞口作业、脚手架作业、交叉作业
D. 洞口作业、脚手架作业、交叉作业

解析：A。临边作业、洞口作业、悬空作业、交叉作业、攀登作业等，进行高处作业时必须做好必要的安全防护措施。

58. 下列关于建筑施工生产前五类安全事故类型，描述错误的是（   ）。
    A. 依据事故类型的统计，建筑施工前五类安全事故类型是高处坠落、物体打击、坍塌、起重伤害、机械伤害
    B. 高处坠落在世界范围内都位居建筑业伤亡事故的首位
    C. 依据事故类型的统计，建筑施工前五类安全事故类型是高处坠落、物体打击、坍塌、触电、机械伤害
    D. 依据群死群伤的事故类型的统计，建筑施工前五类安全事故类型是土方坍塌、起重伤害、模板支撑体系坍塌、吊篮倾覆、中毒和窒息

解析：C。(1) 依据事故类型的统计，建筑施工前五类安全事故类型是高处坠落、物体打击、坍塌、起重伤害、机械伤害。(2) 高处坠落在世界范围内都位居建筑业伤亡事故的首位。这是由于建筑物主要往高空发展这一固有特点所决定的。(3) 依据群死群伤的事故类型的统计，建筑施工前五类安全事故类型是土方坍塌、起重伤害、模板支撑体系坍塌、吊篮倾覆、中毒和窒息。

59. 依据事故类型的统计，不属于建筑施工前五类安全事故类型的是（   ）。
    A. 高处坠落   B. 物体打击   C. 火灾   D. 机械伤害

解析：C。

60. 根据建筑施工生产安全事故可能产生的后果，现行国家标准《建筑施工安全技术统一规范》GB 50870 将建筑施工危险等级划分为（   ）个等级。
    A. 二   B. 三   C. 四   D. 五

解析：B。

61. 地铁机电安装及装饰装修工程中，对存在重大危险源的分部分项工程应编制（   ）。
    A. 事故应急预案   B. 单位工程施工组织设计
    C. 专项施工方案   D. 施工组织设计

解析：C。

62. 下列有关地铁机电安装及装饰装修工程施工自身特点对安全生产不利客观因素的说法中正确的是（   ）。
    A. 项目施工人员在面对具体的生产问题时，仍旧需要依靠自己的判断和决定
    B. 施工人员的不安全行为是导致意外伤害事故造成损害的间接原因
    C. 同一个单位工程在不同的分部分项阶段所面临的风险基本相同
    D. 不同的单位工程所面临的事故风险的多少和种类都是相同的

解析：A。施工人员的不安全行为和物的不安全状态是导致意外伤害事故造成损害的直接原因。建设项目的施工具有单件性特点，没有两个完全相同的建设项目，不同的单位工程所面临的事故风险的多少和种类都是不同的，同一个单位工程在不同的分部分项阶段

所面临的风险也不同。项目施工具有离散性特点。项目施工人员在面对具体的生产问题时，仍旧需要依靠自己的判断和决定，必须不断适应一直变化的人、机、环境系统，从而增加了人员的不安全行为或环境中的不安全因素，导致事故风险增加。

63. 建筑施工企业和施工现场都应该建立相应的安全生产管理体系，下列关于安全生产管理体系的说法中正确的是（　　）。

    A. 在建筑施工企业，专职从事安全生产管理工作的人员，包括企业安全生产管理机构的负责人及其工作人员、施工现场专职安全生产管理人员，是企业操作层的安全生产管理负责人

    B. 在建筑施工领域，企业决策层安全生产管理的主要负责人，包括企业法定代表人、经理、企业分管生产和安全的副经理、安全总监及技术负责人、项目经理等

    C. 公司安全总监是施工现场承担安全生产的第一责任人，是施工现场安全生产管理的决策人物

    D. 建筑施工企业的管理层次一般可分为决策层、管理层和操作层，与之对应的分别是总公司、分公司、施工项目部

    解析：A。(1)明确企业内部安全生产管理的组织形式及各层次的管理职责和责任人，是建立安全生产管理体系的内容之一。(2)一般企业安全生产管理组织的建立采取分级管理的形式，建筑施工企业的管理层次一般可分为决策层、管理层和操作层，与之对应的分别是总公司（公司）、施工项目部、班组。(3)在建筑施工领域，企业决策层安全生产管理的主要负责人，包括企业法定代表人、经理、企业分管生产和安全的副经理、安全总监及技术负责人等。(4)项目经理是施工现场承担安全生产的第一责任人，对施工现场安全生产管理负总责，是施工现场安全生产管理的决策人物。(5)操作层是安全生产的基础环节。在建筑施工企业，专职从事安全生产管理工作的人员，包括企业安全生产管理机构的负责人及其工作人员、施工现场专职安全生产管理人员，是企业操作层的安全生产管理负责人。

64. 依据事故类型的统计，下列属于建筑施工前五类安全事故类型的是（　　）。

    A. 坍塌　　　　B. 窒息　　　　C. 火灾　　　　D. 车辆伤害

    解析：A。

65. 地铁机电安装及装饰装修工程施工现场的电气系统应满足用电设备对供电可靠性、供电质量及供电安全的要求，接线方式应力求简单可靠，操作方便及安全。城市中高压输电的电压一般为10kV，通常用电设备的额定电压一般为220V/380V。利用附近高压电网，增设变压器等配套设备进行220V/380V供电的形式属于（　　）。

    A. 电压220V/380V供电　　　　　　B. 自备变压器供电
    C. 独立变配电所供电　　　　　　　D. 借用电源

    解析：B。(1)独立变配电所供电。一些较大的项目（规划小区、新建学校、新建工厂等），可利用配套建设的变配电所供电。避免了重复投资，且使用规范。(2)自备变压器供电。城市中高压输电的电压一般为10kV，通常用电设备的额定电压一般为220V/380V。可利用附近高压电网，增设变压器等配套设备供电。(3)电压220V/380V供电。对于电气设备容量较小的项目，在附近220V/380V电源余量允许的情况下，到有关部门申请直接供电。(4)借用电源。建设项目电气设备容量小，施工周期短，可在有关部门申

请就近借用电源。

66. 地铁机电安装及装饰装修工程施工现场的电气系统应满足用电设备对供电可靠性、供电质量及供电安全的要求，接线方式应力求简单可靠，操作方便及安全。由临时电源倒接为正式电源之后，利用正式配套建设的变配电所进行供电的形式属于（　　）。
A. 借用电源　　　　　　　　B. 自备变压器供电
C. 电压 220V/380V 供电　　　D. 独立变配电所供电
解析：D。

67. 地铁机电安装及装饰装修工程施工中，切割作业前操作人员必须检查设备各部位器件、运转部分、防护装置是否正常、良好。切割时要佩戴防护面罩和（　　）。
A. 手套　　　B. 护目镜　　　C. 安全鞋　　　D. 防静电服
解析：B。

68. 地铁机电安装及装饰装修工程施工现场的电气系统应满足用电设备对供电可靠性、供电质量及供电安全的要求，接线方式应力求简单可靠，操作方便及安全。在地铁出入口钢结构及地面四小件施工时，离临时供电设备较远，经与地铁附近商户沟通在电源余量允许的情况下，到有关部门申请直接供电的形式属于（　　）。
A. 独立变配电所供电　　　　B. 自备变压器供电
C. 电压 220V/380V 供电　　　D. 借用电源
解析：C。

69. 地铁机电安装及装饰装修工程中，施工现场临时用电中照明开关箱的容量不得超过（　　）A 负荷的照明设施。
A. 72　　　B. 30　　　C. 36　　　D. 24
解析：B。

70. 地铁机电安装及装饰装修工程施工中常用的分配电箱属于（　　）。
A. 一级配电箱　　B. 二级配电箱　　C. 三级配电箱　　D. 开关箱
解析：B。

71. 地铁机电安装及装饰装修工程关于分配电箱（二级配电箱）与开关箱（三级配电箱）之间，开关箱与用电设备之间的压缩配电间距中，说法正确的是（　　）。
A. 分配电箱（二级配电箱）应设在用电设备分散的场所
B. 分配电箱（二级配电箱）与开关电箱的距离不超过 40m
C. 开关箱（三级配电箱）实行"一箱一机一闸一漏"制
D. 开关箱（三级配电箱）与用电设备的水平距离不应超过 5m
解析：C。分配电箱与开关箱之间，开关箱与用电设备之间的压缩配电间距有如下要求：(1) 分配电箱应设在用电设备或负荷相对集中的场所。(2) 分配电箱与开关箱的距离一般不得超过 30m。(3) 开关箱与其供电的固定式用电设备的水平距离不应超过 3m。

72. 地铁机电安装及装饰装修工程施工中，临时用电常用的总配电箱属于（　　）。
A. 一级配电箱　　B. 二级配电箱　　C. 三级配电箱　　D. 分配电箱
解析：A。

73. 地铁机电安装及装饰装修工程施工现场应加强临时用电管理，明确专门的电气技术人员，组织临时用电工程的定期检查，并履行复查验收手续。下列关于临时用电安全管理的说法中，错误的是（　　）。
A. 移动电气设备时，必须由电工切断电源
B. 电工必须经过按国家现行标准考核合格后，持证上岗工作
C. 使用电气设备必须由电工操作，并按规定穿戴和配备好相应的劳动防护用品
D. 施工现场安装、巡检、维修或拆除临时用电设备和线路，必须由电工完成，并应有人监护

解析：C。

74. 地铁机电安装及装饰装修工程出入口钢结构施工时，关于脚手架的设计、搭设、使用和维护，下列表述正确的是（　　）。
A. 结构应稳定，不得发生变形
B. 应满足使用要求，通过其他附加设施实现安全防护功能
C. 在使用中，脚手架结构性能可发生明显改变
D. 当遇意外作用或偶然超载时，不得发生整体破坏

解析：D。脚手架的设计、搭设、使用和维护应满足下列要求：（1）应能承受设计荷载。（2）结构应稳定，不得发生影响正常使用的变形。（3）应满足使用要求，具有安全防护功能。（4）在使用中，脚手架结构性能不得发生明显改变。（5）当遇意外作用或偶然超载时，不得发生整体破坏。（6）脚手架所依附、承受的工程结构不应受损害。

75. 地铁机电安装及装饰装修工程出入口钢结构施工时，脚手架施工作业，其安全技术要求必须有完善的施工方案，并经（　　）审批。
A. 技术负责人　　　　　　　　B. 监理工程师
C. 总监理工程师　　　　　　　D. 项目经理

解析：A。

76. 地铁机电安装及装饰装修工程中应急演练总结报告的内容不包括（　　）。
A. 演练基本概要　　　　　　　B. 演练准备工作
C. 应急管理工作建议　　　　　D. 演练发现的问题

解析：B。演练总结报告的内容主要包括：演练基本概要、演练发现的问题，取得的经验和教训、应急管理工作建议。

77. 应急救援活动一般分为（　　）个阶段。
A. 三　　　　B. 四　　　　C. 五　　　　D. 六

解析：B。应急救援活动一般分为应急准备、初级反应、扩大应急和应急恢复四个阶段。

78. 应急救援活动的步骤为（　　）。
A. 应急准备→初级反应→扩大应急→应急恢复
B. 应急准备→扩大应急→初级反应→应急恢复
C. 初级反应→应急准备→扩大应急→应急恢复
D. 扩大应急→应急准备→初级反应→应急恢复

解析：A。

79. 事故应急救援响应的程序为（　　）。
A. 接警与响应级别确定→应急启动→应急恢复→救援行动→应急结束

B. 接警与响应级别确定→救援行动→应急启动→应急恢复→应急结束
C. 接警与响应级别确定→应急启动→救援行动→应急恢复→应急结束
D. 接警与响应级别确定→应急恢复→应急启动→救援行动→应急结束

解析：C。

80. 属于直接接触触电的是（　　）。
A. 接触电压触电　　　　　　　　B. 跨步电压触电
C. 高压电场伤害　　　　　　　　D. 两相触电

解析：D。

81. 发现有人触电而附近没有开关时，可用（　　）切断电路。
A. 电工钳或电工刀　　　　　　　B. 电工钳
C. 电动刀或铁锹　　　　　　　　D. 钢管

解析：B。

82. 地铁机电安装及装饰装修工程中，不常见的应急演练为（　　）。
A. 触电事故应急演练　　　　　　B. 高处坠落应急演练
C. 危险化学品火灾爆炸应急演练　D. 消防火灾应急演练

解析：C。

83. 地铁机电安装及装饰装修工程施工用电，开关箱必须设置在用电设备附近，开关箱与用电设备的水平距离不得超过（　　）m。
A. 2　　　　　B. 3　　　　　C. 4　　　　　D. 5

解析：B。

84. 地铁机电安装及装饰装修工程出入口钢结构构件制作加工时，总配电箱应设在靠近电源的区域，分配电箱应设在用电设备或负荷相对集中的区域，分配电箱与开关箱的距离不得超过（　　）m，开关箱与其控制的固定式用电设备的水平距离不宜超过（　　）m。
A. 30，5　　　B. 20，5　　　C. 20，3　　　D. 30，3

解析：D。

85. 地铁机电安装及装饰装修工程施工中，在坠落高度基准面（　　）m 及以上进行临边作业时，应在临空一侧设置防护栏杆，并应采用密目式安全立网或工具式栏板封闭。
A. 2　　　　　B. 3　　　　　C. 5　　　　　D. 7

解析：A。

86. 地铁机电安装及装饰装修工程施工中，气焊焊接作业中氧气瓶、乙炔气瓶工作间距不应小于（　　）m，气瓶与明火作业距离不应小于（　　）m。
A. 5，5　　　B. 10，10　　　C. 5，10　　　D. 10，5

解析：C。

87. 地铁机电安装及装饰装修施工中，市政接驳管道安装及检查井开挖动土作业过程中，挖掘机一次挖土高度不能高于（　　）m。
A. 2　　　　　B. 3　　　　　C. 4　　　　　D. 5

解析：C。

88. 地铁机电安装及装饰装修施工中，对于采用移动式起重设备确有困难时，可以采用垂直施工升降机，下列关于施工升降机的安全使用说法中正确的是（　　）。

A. 开动梯笼时，如有特殊需要安全吊杆可悬挂其他物品
B. 特殊情况时可以行程限位开关自动碰撞的方法停机
C. 每班首次运行前，空载及满载试验，梯笼升离地面 3m 停车进行检查
D. 施工升降机的司机必须经专门安全技术培训，持证上岗

解析：D。施工升降机的安全使用：（1）施工升降机的司机必须经专门安全技术培训，考试合格，持证上岗。严禁酒后作业。（2）每班首次运行时，必须空载及满载运行，梯笼升离地面 1m 左右停车，检查制动器灵敏性，然后继续上行楼层平台，检查安全防护门、上限位、前后门限位，确认正常方可投入运行。（3）运行至最上层和最下层时仍应操纵按钮，严禁以行程限位开关自动碰撞的方法停机。（4）作业后，将梯笼降到底层，各控制开关扳至零位，切断电源，锁好闸箱和梯门。（5）梯笼载人、载物时必须使载荷均匀分布，严禁超载作业。（6）楼层平台安全防护门必须向内开启设计，乘坐人员卸货后必须插好安全防护门。（7）乘坐人员不得在梯笼运行过程中将手指或杂物从梯笼门缝隙伸到外边。（8）安全吊杆有悬挂物时不得开动梯笼。

89. 地铁机电安装及装饰装修施工中，对于采用移动式起重设备确有困难时，可以采用垂直施工升降机，安装在施工升降机底架上用以吸收下降吊笼和对重的动能，起缓冲作用的装置是（　　）。

A. 减速器　　　　B. 安全锁　　　　C. 制动器　　　　D. 缓冲器

解析：D。

90. 地铁机电安装及装饰装修工程出入口钢结构施工脚手架停用超过（　　）个月或遇 6 级以上大风后复工时，应进行检查，确认合格后方可使用。

A. 1　　　　　　B. 2　　　　　　C. 3　　　　　　D. 5

解析：A。

91. 地铁机电安装及装饰装修工程施工中，涉及所用的易燃品，运输和使用时，必须远离（　　）。

A. 材料加工区　　B. 火源　　　　　C. 水源　　　　　D. 市区

解析：B。

92. 建筑施工企业应建立劳动防护用品的管理台账，管理台账保存期限不得少于（　　）。

A. 一个季度　　　B. 一年　　　　　C. 两年　　　　　D. 三年

解析：C。

93. 地铁机电安装及装饰装修工程施工中噪声超过（　　）dB 的设施场所，应为劳动者配备护耳器。

A. 75　　　　　　B. 85　　　　　　C. 88　　　　　　D. 90

解析：B。

94. 地铁机电安装及装饰装修工程出入口钢结构施工用脚手架搭设完毕后，项目部应当组织脚手架搭设单位及（　　）对架体进行验收。

A. 建设单位　　　B. 监理单位　　　C. 勘察单位　　　D. 设计单位

解析：B。

95. 按照《生产安全事故报告和调查处理条例》（国务院令第 493 号），重大事故，是

指造成 10 人以上 30 人以下死亡,或者 50 人以上 100 人以下重伤,或者(　　)万元以上 1 亿元以下直接经济损失的事故。

A. 1000　　　　B. 1500　　　　C. 2000　　　　D. 5000

解析:D。特别重大事故,是指造成 30 人以上死亡,或者 100 人以上重伤(包括急性工业中毒),或者 1 亿元以上直接经济损失的事故。

重大事故,是指造成 10 人以上 30 人以下死亡,或者 50 人以上 100 人以下重伤,或者 5000 万元以上 1 亿元以下直接经济损失的事故。

较大事故,是指造成 3 人以上 10 人以下死亡,或者 10 人以上 50 人以下重伤,或者 1000 万元以上 5000 万元以下直接经济损失的事故。

一般事故,是指造成 3 人以下死亡,或者 10 人以下重伤,或者 1000 万元以下直接经济损失的事故。

96. 按照《生产安全事故报告和调查处理条例》(国务院令第 493 号),特别重大事故,是指造成(　　)人以上死亡,或者 100 人以上重伤(包括急性工业中毒),或者 1 亿元以上直接经济损失的事故。

A. 20　　　　B. 25　　　　C. 30　　　　D. 35

解析:C。

97. 按照《生产安全事故报告和调查处理条例》(国务院令第 493 号),较大事故,是指造成 3 人以上 10 人以下死亡,或者 10 人以上(　　)人以下重伤,或者 1000 万元以上 5000 万元以下直接经济损失的事故。

A. 30　　　　B. 40　　　　C. 50　　　　D. 60

解析:C。

98. 按照《生产安全事故报告和调查处理条例》(国务院令第 493 号),一般事故,是指造成 3 人以下死亡,或者 10 人以下重伤,或者(　　)万元以下直接经济损失的事故。

A. 500　　　　B. 1000　　　　C. 1500　　　　D. 2000

解析:B。

99. 地铁机电安装及装饰装修工程出入口钢结构施工(　　)应对拆除脚手架工程的安全技术管理负直接责任。

A. 设计单位　　B. 施工单位　　C. 监理单位　　D. 建设单位

解析:B。

100. 地铁机电安装及装饰装修工程中,项目部对劳务分包工程的安全生产承担(　　)责任。

A. 不承担责任　　B. 主要　　C. 全部　　D. 连带

解析:D。

101. 地铁机电安装及装饰装修施工中,对于采用移动式起重设备确有困难时,可以采用垂直施工升降机,垂直施工升降机使用单位在垂直施工升降机安装验收合格之日起(　　)日内,向工程所在地县级以上建设主管部门办理使用登记。

A. 30　　　　B. 40　　　　C. 15　　　　D. 20

解析:A。

102. 《中华人民共和国消防法》规定,进行(　　)等具有火灾危险的作业的人员,必须持证上岗,并严格遵守消防安全操作规程。
  A. 木工   B. 电焊   C. 油漆   D. 防水
  解析:B。

103. 地铁机电安装及装饰装修工程中所配备的劳动防护用品,主要是指劳动者在生产过程中为免遭或者减轻( )和职业危害所配备的个人防护装备。
  A. 物体打击   B. 机械伤害   C. 触电事故   D. 事故伤害
  解析:D。

104. 《安全生产许可证条例》(国务院令第397号)确立了高危生产企业的安全生产准入制度,下列企业不属于实行安全生产许可制度的是( )。
  A. 烟花爆竹生产企业   B. 建筑施工企业
  C. 危险化学品生产企业   D. 交通运输企业
  解析:D。矿山企业、建筑施工企业、危险化学品、烟花爆竹、民用爆破器材生产企业实行安全生产许可制度。

105. 地铁机电安装及装饰装修工程出入口钢结构施工中扣件式钢管脚手架搭设过程中,每搭设完( )后,应对其步距、纵距、横距和立杆垂直度进行一次校正。
  A. 一跨   B. 2~5m   C. 10~15m   D. 一步
  解析:D。

106. 在地铁机电安装及装饰装修工程中,控制中心办公楼施工过程中悬挑式钢平台的搁支点与上部拉结点,必须位于( )上。
  A. 构筑物   B. 建筑物   C. 模板   D. 设备、设施
  解析:B。

107. 《建设工程安全生产管理条例》(国务院令第393号)规定,施工单位的项目负责人应当由( )的人员担任。
  A. 持有高级职称   B. 取得相应执业资格
  C. 单位主管片区负责人   D. 建筑施工企业法人确定
  解析:B。

108. 依照《中华人民共和国安全生产法》规定,建筑施工企业的主要负责人和安全管理人员必须具备与本单位所从事的生产经营活动相应的( )和管理能力。
  A. 执业资格   B. 安全技术
  C. 安全生产知识   D. 生产经营
  解析:C。

109. 地铁机电安装及装饰装修工程施工项目部应当设立独立的安全生产管理部门,并应按规定配备( )安全生产管理人员。
  A. 专职   B. 专业   C. 专门   D. 兼职
  解析:A。

110. 《建筑施工企业安全生产许可证管理规定》(建设部令第128号),建筑施工企业转让安全生产许可证的,没收违法所得,可处以( )的罚款。
  A. 5万元以上10万元以下   B. 10万元以上20万元以下
  C. 10万元以上50万元以下   D. 20万元以上50万元以下

解析：C。

111. 地铁机电安装及装饰装修工程出入口钢结构施工中，扣件式钢管脚手架的剪刀撑与支架纵、横向水平杆的夹角应为（　　）。
　　A. 45°～60°　　　　B. 45°～65°　　　　C. 20°～45°　　　　D. 40°～65°
　　解析：A。

112. 地铁机电安装及装饰装修工程起重吊装作业中，当起吊重物达到额定起重量的90%以上时，严禁（　　）。
　　A. 向上变幅　　　　B. 向下变幅　　　　C. 起升　　　　D. 回转
　　解析：B。

113. 地铁机电安装及装饰装修工程中，进场的移动式起重机械，下列选项中不属于安全管理人员应重点查的是（　　）。
　　A. 购销合同　　　　　　　　　　　　B. 历次验收资料
　　C. 必要的制造许可证　　　　　　　　D. 备案证明
　　解析：B。起重设备档案的原始资料包括购销合同、必要的制造许可证、备案证明等。

114. 我国消防工作的方针是（　　）。
　　A. 安全第一，预防为主　　　　　　　B. 防消结合，综合治理
　　C. 预防为主，综合治理　　　　　　　D. 预防为主，防消结合
　　解析：D。

115. 地铁机电安装及装饰装修工程对地铁控制中心办公楼施工中，绑扎主体结构梁、挑梁和边柱等钢筋时，应搭设操作用平台和挂安全网，悬空梁钢筋的绑扎，必须在（　　）或操作平台上操作。
　　A. 脚手架　　　　　　　　　　　　　B. 梯子
　　C. 满铺脚手板的支架　　　　　　　　D. 支撑杆件
　　解析：C。

116. 地铁机电安装及装饰装修工程对地铁控制中心办公楼施工时，单排脚手架的搭设高度不得超过（　　）m。
　　A. 15　　　　　　　B. 18　　　　　　　C. 22　　　　　　　D. 24
　　解析：D。

117. 地铁机电安装及装饰装修工程施工中，劳动防护用品根据防护性能分为（　　）和（　　）。
　　A. 特种劳动防护用品；一般劳动防护用品
　　B. 特种劳动防护用品；普通劳动防护用品
　　C. 特别劳动防护用品；一般劳动防护用品
　　D. 特别劳动防护用品；普通劳动防护用品
　　解析：A。

118. 管理中的激励就是利用某种外部诱因的刺激调动人的积极性和创造性，属于（　　）原则。
　　A. 行为　　　　　　B. 能级　　　　　　C. 激励　　　　　　D. 3E

解析：C。

119. 根据现行行业标准《施工现场临时用电安全技术规范》JGJ 46 的规定，临时用电设备在（　　）以上者，应编制临时用电施工组织设计。
    A. 3 台或者 30kW   B. 3 台或者 50kW
    C. 5 台或者 30kW   D. 5 台或者 50kW
    解析：D。

120. 地铁机电安装及装饰装修工程临时用电施工中，临时用电施工组织设计的编制人员是（　　）。
    A. 施工单位技术负责人   B. 施工单位安全负责人
    C. 施工单位电气工程负责人   D. 施工单位电气工程技术人员
    解析：D。

121. 企业保护职工、工人的安全与健康，是（　　）的直接体现。
    A. 预防原理　　B. 人本原理　　C. 系统原理　　D. 强制原理
    解析：B。

122. 地铁机电安装及装饰装修工程中，由于特殊原因施工机械需要占道施工时，周围必须设置明显的安全标志。夜间应设红灯示警，其能见度不得小于（　　）m。
    A. 50　　　　B. 80　　　　C. 150　　　　D. 200
    解析：C。

123. 根据《建筑施工企业安全生产许可证管理规定》（建设部令第 128 号）安全生产许可证有效期满未办理延期手续，继续从事建筑施工活动的，责令其在建项目（　　），限期补办延期手续，没收违法所得，并处 5 万元以上 10 万元以下的罚款。
    A. 限期整改　　B. 拆除　　C. 停止施工　　D. 立即整改
    解析：C。

124. 地铁机电安装及装饰装修工程施工中发生事故时，（　　）应当采取紧急措施减少人员伤亡和事故损失，并按照国家有关规定及时向有关部门报告。
    A. 建筑施工单位　　B. 设计单位　　C. 监理单位　　D. 建设单位
    解析：A。

125. 地铁机电安装及装饰装修工程施工中，室外管网接驳的各种地下管线交叉施工时，应本着"（　　）"的原则。
    A. 上下同时　　B. 先上后下　　C. 先下后上　　D. 不分先后
    解析：C。

126. 地铁机电安装及装饰装修工程出入口钢结构施工中脚手架的搭设当采用木制等脚手板时，其荷载的传递路径为（　　）。
    A. 脚手板→纵向水平杆→横向水平杆→立杆→地基基础
    B. 脚手板→横向水平杆→纵向水平杆→立杆→地基基础
    C. 脚手板→立杆→横向水平杆→纵向水平杆→地基基础
    D. 脚手板→纵向水平杆→立杆→横向水平杆→地基基础
    解析：B。

127. 地铁机电安装及装饰装修工程施工中，用电设备短路保护一般采用下列哪种保护方式来实施（　　）。
    A. 过载保护器　　　　　　　　　B. 熔断器或低压断路器
    C. 阻断器　　　　　　　　　　　D. 过压保护器
    解析：B。

128. 地铁机电安装及装饰装修工程中，监理单位在实施监理过程中发现存在严重安全事故隐患的，应要求相关施工单位暂时停止施工，并及时报告（　　）。
    A. 建设单位　　B. 施工单位　　C. 勘察单位　　D. 设计单位
    解析：A。

129. 地铁机电安装及装饰装修工程中，施工安全生产管理必须坚持（　　）的方针，项目部应当建立健全安全生产责任制。
    A. 安全第一、质量优先　　　　　B. 安全第一、预防为主、综合治理
    C. 安全第一、预防为主　　　　　D. 安全与质量并举
    解析：B。

130. 地铁机电安装及装饰装修工程施工中，（　　）对施工现场安全生产负有日常检查并做好记录的职责。
    A. 项目安全生产负责人　　　　　B. 企业安全生产负责人
    C. 项目专职安全生产管理人员　　D. 企业安全管理人员
    解析：C。

131. 地铁机电安装及装饰装修工程中，临时用电的总配电箱（一级配电箱）中的漏电保护器其额定漏电动作电流应大于30mA，额定漏电动作时间应大于0.1s，但其额定漏电动作电流与额定漏电动作时间的乘积不应大于（　　）。
    A. 30mA　　B. 15mA　　C. 30mA·s　　D. 15mA·s
    解析：C。

132. 地铁机电安装及装饰装修工程出入口钢结构施工中，遇有（　　）级以上大风或恶劣气候时，应停止露天高处作业。
    A. 六　　B. 五　　C. 四　　D. 三
    解析：A。

133. 地铁机电安装及装饰装修工程进行高处作时，应检查登高工具和设施，如安全带、工具袋、爬梯（　　）等是否完整牢靠。
    A. 安全帽　　B. 个体防护　　C. 防坠落装置　　D. 验电笔
    解析：C。

134. 地铁机电安装及装饰装修工程进行动火作业时，动火分析与动火作业间隔一般不超过（　　）min。
    A. 20　　B. 30　　C. 50　　D. 60
    解析：B。

135. 地铁机电安装及装饰装修工程进行动火作业时，根据《危险化学品企业特殊作业安全规范》GB 30871—2022 二级动火作业的《作业证》有效期不应超过（　　）h。
    A. 8　　B. 24　　C. 36　　D. 72
    解析：D。

136. 根据《危险化学品企业特殊作业安全规范》GB 30871—2022 地铁机电安装及装饰装修工程中的墙面龙骨焊接作业属于（　　），法定节假日应升级管理。
　　A. 特级动火作业　　B. 一级动火作业　　C. 二级动火作业　　D. 三级动火作业
　　解析：C。

137. 地铁机电安装及装饰装修工程中，现场施工用水应优先考虑哪种水源（　　）。
　　A. 市政水　　　　　B. 附近河水　　　　C. 自然水　　　　　D. 地下水
　　解析：D。

138. 地铁机电安装工程中，地面消防水池开挖深度超过（　　）属于危险性较大的分部分项工程，应编制专项施工方案。
　　A. 3m（含3m）　　B. 4m（含4m）　　C. 5m（含5m）　　D. 6m（含6m）
　　解析：A。

139. 地铁机电安装工程中，地面消防水池开挖深度超过（　　）属于超过一定规模危险性较大的分部分项工程，应编制专项施工方案并进行专家论证。
　　A. 3m（含3m）　　B. 5m（含5m）　　C. 8m（含8m）　　D. 10m（含10m）
　　解析：B。

140. 地铁机电安装及装饰装修工程中，临时防护措施安全防护网的系绳和边绳的截面积，至少为网绳截面积的（　　）倍。
　　A. 1　　　　　　　B. 2　　　　　　　C. 3　　　　　　　D. 4
　　解析：B。

141. 地铁机电安装及装饰装修工程，临边洞口的防护措施防护围栏高度不应低于（　　）m。
　　A. 0.6　　　　　　B. 1　　　　　　　C. 1.2　　　　　　D. 1.5
　　解析：C。

142. 地铁机电安装及装饰装修工程，临边洞口的防护措施防护围栏高度不应低1.2m，防护围栏底部应设置挡脚板，其高度为（　　）mm。
　　A. 150　　　　　　B. 160　　　　　　C. 180　　　　　　D. 200
　　解析：C。

143. 地铁机电安装及装饰装修工程，临边洞口的防护措施防护围栏高度不应低1.2m，立杆间距不大于（　　）mm。
　　A. 1500　　　　　B. 1600　　　　　C. 1800　　　　　D. 2000
　　解析：D。

144. 地铁机电安装及装饰装修工程，临边洞口的防护措施防护栏杆立杆间距不应大于2000mm，上水平杆距地面高度为1200mm，中间水平杆距地面高度为（　　）mm。
　　A. 400　　　　　　B. 500　　　　　　C. 600　　　　　　D. 800
　　解析：C。

145. 地铁机电安装及装饰装修工程中，临时用电施工室外所使用的灯具离地面最小高度不应低于（　　）m，如由于特殊原因不能满足距地要求，应使用36V安全电压。
　　A. 3　　　　　　　B. 3.5　　　　　　C. 4　　　　　　　D. 4.5
　　解析：A。

146. 地铁机电安装工程中,地面消防水池开挖过程中,坑槽边( )m范围以内不准堆放料具。
    A. 1   B. 2   C. 3   D. 5
    解析:A。

147. 地铁机电安装及装饰装修工程中的临时仓库或料场内,应根据灭火对象的特性,分组布置干粉灭火器,每组灭火器不应少于两个,每组灭火器之间的距离不应大于( )m。
    A. 10   B. 30   C. 40   D. 50
    解析:B。

148. 地铁机电安装及装饰装修工程中解决火灾隐患应坚持"三定"原则,"三定"是指( )。
    A. 定人、定机、定岗
    B. 定时间、定地点、定专人
    C. 定人、定岗、定编制
    D. 定专人、定时间、定整改措施
    解析:D。

149. 手提式干粉灭火器的最长寿命为( )年。
    A. 10   B. 11   C. 12   D. 15
    解析:A。

150. 地铁机电安装及装饰装修工程施工中下列( )火灾能用水扑灭。
    A. 油漆   B. 配电箱   C. 木材模板   D. 暖风机
    解析:C。

151. 地铁机电安装及装饰装修工程施工中,当有火灾发生时,采取适当的措施使燃烧因缺乏或隔绝氧气而熄灭,这种方法称作( )。
    A. 常规灭火法   B. 水冷灭火法   C. 冷却灭火法   D. 窒息灭火法
    解析:D。

152.《危险性较大的分部分项工程安全管理规定》(住房和城乡建设部令第37号)规定:架搭设超过( )m的落地式脚手架工程属于超过一定规模危险性较大的分部分项工程。
    A. 20   B. 24   C. 30   D. 50
    解析:D。

153.《危险性较大的分部分项工程安全管理规定》(住房和城乡建设部令第37号)规定:架搭设超过( )m的落地式脚手架工程属于危险性较大的分部分项工程。
    A. 20   B. 24   C. 30   D. 50
    解析:B。

154. 地铁机电安装及装饰装修工程中,当有火灾发生时,用灭火器进行灭火的最佳位置是( )。
    A. 下风位置
    B. 离起火点10m以上的位置
    C. 上风或侧风位置
    D. 离起火点10m以下的位置
    解析:C。

155. 地铁机电安装工程在站台板下电缆夹层进行动火作业时,必须申请一级动火作业的《作业证》,一级动火作业的《作业证》有效期不应超过( )h。
  A. 8　　　　　　B. 24　　　　　　C. 36　　　　　　D. 72
  解析：A。

156. 地铁机电安装工程在站台板下电缆夹层进行动火作业时,应申请( )作业的《作业证》。
  A. 特级动火作业　　　　　　B. 一级动火作业
  C. 二级动火作业　　　　　　D. 三级动火作业
  解析：B。

157. 保障人民群众( )安全,是制定《中华人民共和国安全生产法》的目的之一。
  A. 生命　　　　　B. 财产　　　　　C. 生命和财产　　　D. 生命和健康
  解析：C。

158. 地铁机电安装及装饰装修工程施工中,以下不属于钢筋作业主要危险的是( )。
  A. 钢筋加工过程中发生的机械伤害事故
  B. 钢筋加工过程中发生的物体打击事故
  C. 有害气体导致的中毒
  D. 临时用电线路发生的触电伤害
  解析：C。

159. 我国的安全生产月是( )月。
  A. 8　　　　　　B. 6　　　　　　C. 11　　　　　　D. 9
  解析：B。

160. 我国的全国"质量月"活动始于1978年,我国的质量月是( )月。
  A. 8　　　　　　B. 6　　　　　　C. 11　　　　　　D. 9
  解析：D。

161. 我国的消防月是( )月。
  A. 8　　　　　　B. 6　　　　　　C. 11　　　　　　D. 9
  解析：C。

162. 地铁机电安装及装饰装修工程施工中,下列特种作业中,不属于必需持有特种作业操作证上岗的工种是( )。
  A. 吊车司机　　　B. 电焊工　　　C. 司索指挥工　　　D. 钢筋工
  解析：D。

163. 地铁机电安装及装饰装修工程施工用电,当电气着火时应立即切断电源,然后将火扑灭,灭火时严禁使用的是( )。
  A. 干沙　　　　　B. 水　　　　　C. 干粉灭火器　　　D. 二氧化碳灭火器
  解析：B。

164. 地铁机电安装及装饰装修工程劳动者在作业过程中,应当严格遵守安全生产规章制度和机械设备操作规程,服从管理,正确佩戴和使用( )。
  A. 安全生产工具　　B. 安全防护设施　　C. 劳动保护用品　　D. 安全防护用品
  解析：C。

165. 地铁机电安装及装饰装修工程中，所有进场作业人员必须经过安全教育培训，了解岗位操作规程，未遵守安全操作规程随意抛掷工具、材料而造成物体打击事故的，行为人应负（　　），有关负责人应负管理责任。

A. 重要责任　　　　B. 主要责任　　　　C. 间接责任　　　　D. 直接责任

解析：B。

166. 地铁机电安装及装饰装修工程中，所有进场作业人员必须经过安全教育培训并考试合格方可进入施工现场进行作业，初次安全教育培训时间不得少于（　　）学时。

A. 8　　　　　　　B. 12　　　　　　　C. 16　　　　　　　D. 24

解析：D。

167. 地铁机电安装及装饰装修工程中，进场的主要负责人和安全管理人员必须经过安全教育培训并考试合格方可进入施工现场进行作业，初次安全教育培训时间不得少于（　　）学时。

A. 12　　　　　　B. 24　　　　　　　C. 32　　　　　　　D. 46

解析：C。

168. 地铁机电安装及装饰装修工程夏季施工中，作业人员当出现轻度中暑先兆时，应立即停止工作到阴凉处休息，并饮适量（　　），几十分钟或几小时后症状就会消失。

A. 盐水　　　　　B. 茶水　　　　　　C. 矿泉水　　　　　D. 温开水

解析：A。

169. 地铁机电安装及装饰装修工程中，因地铁空间通风较差，空气环境较差，粉尘固体颗粒较多，个人佩戴的简易式防尘口罩适用于（　　），也可以用于低剂量、低浓度的气溶胶作业。

A. 有限空间作业　　　　　　　B. 高浓度的粉尘作业
C. 低浓度毒物作业　　　　　　D. 一般的粉尘作业

解析：D。

170. 地铁机电安装及装饰装修工程中，当地铁车站温度降到（　　）℃以下时，临时给水管道应采取防冻保温措施。

A. 5　　　　　　　B. 0　　　　　　　C. 8　　　　　　　D. －3

解析：A。

171. 地铁内安装的管道安全阀应至少（　　）校验一次。

A. 半年　　　　　B. 一年　　　　　　C. 一年半　　　　　D. 两年

解析：B。

172. 地铁机电安装及装饰装修工程中，下列选项中不属于高处作业的施工人员必须做到的是（　　）。

A. 穿防滑鞋　　　　　　　　　B. 佩戴安全帽
C. 穿紧口工作服　　　　　　　D. 佩戴防尘口罩

解析：D。

173. 地铁机电安装及装饰装修工程中，临边洞口作业洞口短边边长为（　　）mm时应采用承载力满足使用要求的盖板覆盖，盖板四周搁置应均匀，且应防止盖板位移。

A. 250～300　　　B. 150～200　　　C. 250～500　　　D. 150～500

174. 地铁机电安装及装饰装修工程中,临边洞口作业洞口短边边长为( )mm 时应采用盖板覆盖或防护栏杆等措施,并应固定牢固。
   A. 200~1000　　　B. 500~1000　　　C. 200~1500　　　D. 500~1500
   解析:D。

175. 地铁机电安装及装饰装修工程中,临边洞口作业洞口短边边长大于或等于( )mm 时应在洞口作业侧设置高度不小于 1.2m 的防护栏杆,洞口应采用安全平网封闭。
   A. 500　　　　　B. 1000　　　　　C. 1500　　　　　D. 2000
   解析:C。

176. 下列关于灭火器的正确使用步骤是( )。
   A. 拉开保险销→判断风向→检查灭火器类型及有效性→对准火源压手柄
   B. 判断风向→拉开保险销→对准火源压手柄→检查灭火器类型及有效性
   C. 对准火源压手柄→检查灭火器类型及有效性→判断风向→拉开保险销
   D. 检查灭火器类型及有效性→判断风向→拉开保险销→对准火源压手柄
   解析:D。

177. 地铁机电安装及装饰装修工程中,当发生火灾时火场逃生的原则是( )。
   A. 安全撤离、救助结合　　　　　B. 优先抢救国家财产
   C. 待在原地什么都不要做等待救援　D. 逃命要紧
   解析:A。

178. 地铁机电安装及装饰装修工程中,在地下地铁车站内,作业环境氧气的含量按体积计不得小于( ),如氧气含量过低时应增加强制通风。
   A. 35%　　　　　B. 25%　　　　　C. 19.5%　　　　D. 15%
   解析:C。

179. 地铁机电安装及装饰装修工程中,项目部专职安全员小张在地铁车站内进行安全检查时发现施工用的开关箱的电线在没有航空插头的情况下直接用导线插进分配电箱的航空插头内,随即小张制止了此行为,随后违章作业的包工头对小张的行为表示不满并对小张大打出手,致使小张出现昏迷,经过鉴定小张的伤害被认定为工伤,小张除依法享有工伤社会保险外,还依法有权( )。
   A. 要求子女顶替工作　　　　　　B. 向肇事者提出赔偿要求
   C. 获得优质医疗服务　　　　　　D. 申请提前退休
   解析:B。

180. 根据《中华人民共和国安全生产法》第二十一条:建筑施工单位,应当设置安全生产管理机构或者配备专职安全生产管理人员。当从业人员超过 100 人的,应当设置( )。
   A. 安全生产管理机构
   B. 专职安全生产监察人员
   C. 安全生产监察机构或者配备专职安全生产监察人员
   D. 安全生产管理机构或者配备专职安全生产管理人员

解析：D。

181. 根据建筑施工企业安全生产管理机构设置及专职安全生产管理人员配备办法，工程造价 5000 万元以下的工程，施工总承包单位应配置不少于（　　）人专职安全生产管理人员。

A. 1　　　　　　B. 2　　　　　　C. 3　　　　　　D. 4

解析：A。

182. 根据建筑施工企业安全生产管理机构设置及专职安全生产管理人员配备办法，工程造价 8661 万元的工程，施工总承包单位应配置不少于（　　）人专职安全生产管理人员。

A. 1　　　　　　B. 2　　　　　　C. 3　　　　　　D. 4

解析：B。

183. 根据建筑施工企业安全生产管理机构设置及专职安全生产管理人员配备办法，工程造价 1 亿元以上的工程，施工总承包单位应配置不少于（　　）人且按专业配备专职安全生产管理人员。

A. 1　　　　　　B. 2　　　　　　C. 3　　　　　　D. 4

解析：C。工程造价 1 亿元以上的工程应配置不少于 3 人，且按专业配备专职安全生产管理人员。

184. 根据建筑施工企业安全生产管理机构设置及专职安全生产管理人员配备办法，建筑工程、装修工程按照建筑面积 1 万 m² 以下的工程，施工总承包单位应配置不少于（　　）人专职安全生产管理人员。

A. 1　　　　　　B. 2　　　　　　C. 3　　　　　　D. 4

解析：A。

185. 根据建筑施工企业安全生产管理机构设置及专职安全生产管理人员配备办法，建筑工程、装修工程按照建筑面积 1 万～5 万 m² 的工程，施工总承包单位应配置不少于（　　）人专职安全生产管理人员。

A. 1　　　　　　B. 2　　　　　　C. 3　　　　　　D. 4

解析：B。建筑工程、装修工程按照建筑面积 1 万～5 万 m² 的工程，施工总承包单位应配置不少于 1 人专职安全生产管理人员；建筑工程、装修工程按照建筑面积 1 万 m² 以下的工程，施工总承包单位应配置不少于 2 名专职安全生产管理人员；建筑工程、装修工程按照建筑面积 5 万 m² 及以上的工程，施工总承包单位应配置不少于 3 名且按专业配备专职安全生产管理人员。

186. 根据建筑施工企业安全生产管理机构设置及专职安全生产管理人员配备办法，建筑工程、装修工程按照建筑面积 5 万 m² 及以上的工程，施工总承包单位应配置不少于（　　）人且按专业配备专职安全生产管理人员。

A. 1　　　　　　B. 2　　　　　　C. 3　　　　　　D. 4

解析：C。

187. 地铁机电安装及装饰装修工程中，危险源设置安全防护装置时，安全信息提示（　　）安全防护装置。

A. 不能代替设置　　　　　　　　B. 没必要再设置

C. 可以代替设置 D. 可以设置也可以不设置
解析：A。

188. 地铁机电安装及装饰装修工程作业中，安全带适用于以下哪种作业( )。
A. 高低落差 2m 以上作业 B. 电缆夹层作业
C. 有限空间作业 D. 高低落差 2m 以下作业
解析：A。

189. 地铁机电安装及装饰装修工程，安全生产教育的培训范围不包括( )。
A. 项目管理人员 B. 项目外协人员
C. 项目施工人员 D. 监理单位的职工
解析：D。

190. 地铁机电安装及装饰装修工程中，当劳务分包单位人员在 50 人以内的，应设置( )专职安全生产管理人员。
A. 1 名 B. 2 名
C. 不少于总人数的 5% D. 不少于 2 名
解析：A。

191. 地铁机电安装及装饰装修工程，最主要的三种伤亡事故类型为( )。
A. 机械伤害、物体打击和触电 B. 坍塌、火灾、中毒
C. 机械伤害、触电、坍塌 D. 高处坠落、物体打击和触电
解析：D。

192. 地铁机电安装及装饰装修工程中，高处作业攀登梯子上下时，下列说法正确的是( )。
A. 登梯子上下时，面部可以背向梯子也可朝向梯子
B. 上下梯子时可拿重物
C. 上下梯子不准手拿重物，必须面部朝向梯子
D. 上下梯子必要时面部可以背向梯子
解析：C。

193. 地铁机电安装及装饰装修工程在施工过程中，存在的各种孔、洞，为防止事故的发生，应( )。
A. 严格按照施工方案设计要求进行封闭
B. 依据洞口的大小用木板盖牢
C. 在施工现场寻找合适的封堵材料
D. 按现场条件安排合适的材料进行封闭
解析：A。

194. 地铁机电安装及装饰装修工程中，对于转换工作岗位和离岗后重新上岗的人员，必须( )，方可允许上岗工作。
A. 重新进行面试 B. 经过主要负责人同意
C. 经过厂级安全教育 D. 重新接受安全生产教育
解析：D。

195. 地铁机电安装及装饰装修工程施工现场的"三违"是指违章指挥、违章作业、

（　　）。据统计，70%以上事故是由于"三违"造成的。

A. 违反操作规程　　B. 违反有关规定　　C. 违反劳动纪律　　D. 违反作业原则

解析：C。

196. 地铁机电安装及装饰装修工程中，动火作业气瓶使用时离明火的距离应大于（　　）m。

A. 5　　　　　　　B. 8　　　　　　　C. 10　　　　　　D. 15

解析：C。

197. 《中华人民共和国刑法》规定：强令他人违章冒险作业，因而发生重大伤亡事故或者造成其他严重后果的，处（　　）有期徒刑或者拘役。

A. 三年以上　　　　B. 三年以下　　　　C. 五年以下　　　D. 五年以上

解析：C。

198. 《中华人民共和国刑法》规定：用人单位组织劳动者冒险作业，发生重大事故，造成严重后果的，对责任人员依法追究（　　）责任。

A. 民事　　　　　　B. 行政　　　　　　C. 刑事　　　　　D. 相关

解析：C。

199. 地铁机电安装及装饰装修工程中所使用的长梯、人字梯使用前应检查有无缺陷，梯子摆放角度不大于（　　），且不小于（　　），作业时人体的重心不能外倾。

A. 40°，60°　　　B. 60°，40°　　　C. 45°，60°　　D. 60°，45°

解析：D。

200. 地铁机电安装及装饰装修工程中，电焊作业可能引起的职业病主要有（　　）。

A. 矽肺　　　　　　B. 气管炎　　　　　C. 电光性眼炎　　D. 皮肤病

解析：C。

201. 地铁机电安装及装饰装修工程中，高处作业时手持工具和零星物料应（　　）。

A. 放在工具袋内　　B. 放在平台上　　　C. 拿在手上　　　D. 以上都可以

解析：A。

202. 地铁机电安装及装饰装修工程中，在空气不流通的狭小地方使用二氧化碳灭火器可能造成的危险是（　　）。

A. 中毒　　　　　　B. 缺氧　　　　　　C. 爆炸　　　　　D. 窒息

解析：D。

203. 在地铁机电安装及装饰装修工程施工中，工人习惯性违章是指习惯性的（　　）和工作习惯，工作中违反有关规章制度、违反操作规程、操作方法的行为。

A. 作业心理　　　　B. 工作经验　　　　C. 工作模式　　　D. 不良作业传统

解析：D。

204. 在地铁机电安装工程区间隧道施工中，使用行灯照明，其电源电压应不超过（　　）V。

A. 36　　　　　　　B. 220　　　　　　C. 42　　　　　　D. 24

解析：A。

205. 地铁机电安装及装饰装修工程在区间联络通道安装防火门或安装潜污泵时的特别潮湿场所及触电危险性较大的工作环境下，所使用的照明器具的安全电压为（　　）V。

A. 32　　　　　　B. 12　　　　　　C. 36　　　　　　D. 42

解析：B。

206. 地铁机电安装及装饰装修工程中，地上车站钢结构吊装施工中，在高压线附近工作的起重机械，当输电线路电压在1kV以上10kV以下时起重机械与架空线路边线沿垂直方向的最小距离应大于(　　)m。

A. 1　　　　　　B. 2　　　　　　C. 3　　　　　　D. 5

解析：C。

207. 地铁机电安装及装饰装修工程中，地上车站钢结构吊装施工中，在高压线附近工作的起重机械，当输电线路电压在1kV以上10kV以下时起重机械与架空线路边线沿水平方向的最小距离应大于(　　)m。

A. 1　　　　　　B. 2　　　　　　C. 3　　　　　　D. 5

解析：B。

208. 地铁机电安装及装饰装修工程中，地上车站钢结构吊装施工中，在高压线附近工作的起重机械，当输电线路电压在1kV以下时起重机械与架空线路边线沿垂直方向的最小距离应大于(　　)m。

A. 1.5　　　　　B. 2.5　　　　　C. 3.5　　　　　D. 5.5

解析：A。

209. 地铁机电安装及装饰装修工程中，地上车站钢结构施工在高压线附近搭设的脚手架，当输电线路电压在1kV以下时脚手架的外侧边缘与外电架空线路的边线之间的最小安全操作距离应大于(　　)m。

A. 2　　　　　　B. 4　　　　　　C. 6　　　　　　D. 8

解析：B。

210. 地铁机电安装及装饰装修工程中，地上车站钢结构施工在高压线附近搭设的脚手架，当输电线路电压在1kV以上10kV以下时脚手架的外侧边缘与外电架空线路的边线之间的最小安全操作距离应大于(　　)m。

A. 2　　　　　　B. 4　　　　　　C. 6　　　　　　D. 8

解析：C。

211. 当输电线路电压在1kV以下时，施工现场的机动车道与外电架空线路交叉时的最小安全垂直距离应大于(　　)m。

A. 4　　　　　　B. 5　　　　　　C. 6　　　　　　D. 7

解析：C。

212. 当输电线路电压在1kV以上10kV以下时，施工现场的机动车道与外电架空线路交叉时的最小安全垂直距离应大于(　　)m。

A. 4　　　　　　B. 5　　　　　　C. 6　　　　　　D. 7

解析：D。

213. 地铁机电安装及装饰装修工程中，建设工程临时用电，应按照三相五线制实行(　　)的规定，合理布置临时用电系统。

A. 用电措施　　B. 防火措施　　C. 两级漏电保护　　D. 一机一闸

解析：C。

214. 地铁机电安装及装饰装修工程中，临时用电工程中的漏电保护装置主要用于（　　）。
    A. 增大用电线路的电量
    B. 防止供电中断
    C. 减少线路损耗
    D. 防止人身触电事故及漏电火灾事故
    解析：D。

215. 地铁机电安装及装饰装修工程出入口钢结构施工中，双排脚手架作业层不宜超过（　　）层。
    A. 1　　　　　　B. 2　　　　　　C. 3　　　　　　D. 4
    解析：B。

216. 地铁机电安装及装饰装修工程出入口钢结构施工中，下列关于脚手架拆除时注意事项的描述中错误的是（　　）。
    A. 自下而上拆除　　　　　　B. 设警戒区，派专人旁站
    C. 禁止抛掷　　　　　　　　D. 先搭的后拆后搭的先拆
    解析：A。

217. 地铁机电安装及装饰装修工程中，为防止高处坠落事故的发生，临边防护栏杆的设置高度上栏杆为1.2m，下栏杆为（　　）m，下部应设挡脚板。
    A. 0.6　　　　　B. 0.7　　　　　C. 0.4　　　　　D. 1
    解析：A。

218. 地铁机电安装及装饰装修工程，个人防护用品是在工作环境中能消除或有效减轻职业有害因素和事故因素时的主要防护措施。在保证安全性能的前提下，安全帽的重量越轻越好，可以减少作业人员长时间佩戴引起的颈部疲劳。正常使用的普通安全帽重量应不超过（　　）g。
    A. 360　　　　　B. 400　　　　　C. 430　　　　　D. 500
    解析：C。

219. 地铁机电安装及装饰装修工程，个人防护用品是在工作环境中能消除或有效减轻职业有害因素和事故因素时的主要防护措施。在保证安全性能的前提下，安全帽的重量越轻越好，可以减少作业人员长时间佩戴引起的颈部疲劳。防寒安全帽的重量不应超（　　）g。
    A. 460　　　　　B. 500　　　　　C. 600　　　　　D. 690
    解析：C。

220. 地铁机电安装及装饰装修工程施工中，（　　）是指在劳动过程中容易发生伤亡事故，对操作者本人，尤其是对他人和周围设施的安全有可能造成重大危害的作业。
    A. 特殊工种　　B. 作业岗位　　C. 特种作业　　D. 特定作业
    解析：C。

221. 地铁机电安装及装饰装修工程施工中所使用的机械设备在使用管理中的"三包"指的是（　　）。
    A. 包使用、包保养、包保管　　　　B. 包使用、包保养、包维修

C. 包使用、包保管、包维修　　　　D. 包使用、包检查、包维修
解析：A。

222. 地铁机电安装及装饰装修工程吊装作业中，移动式起重机械每班第一次吊运货物时，司机应先将重物升至不超过（　）m的高度进行安全检查。
　　A. 0.5　　　　B. 1　　　　C. 1.5　　　　D. 1.2
解析：A。

223. 地铁机电安装及装饰装修工程吊装作业中，吊车司机工作时，只听地面（　）指挥。
　　A. 监理工程师　　B. 工班长　　C. 起重指挥人员　　D. 现场施工负责人
解析：C。

224. 地铁机电安装及装饰装修工程中，施工现场的消火栓泵应采用专用消防配电线路。专用消防配电线路应自施工现场总配电箱的总断路器上接入，且应保持（　）。
　　A. 不间断供电　　B. 间接性供电　　C. 定期性供电　　D. 不定期供电
解析：A。

225. 地铁装饰装修工程中，关于装饰装修工程现场防火安全的说法正确的是（　）。
　　A. 易燃材料施工配套使用照明灯应有防爆装置
　　B. 易燃物品集中放置在安全区域时不可标记
　　C. 现场金属切割作业有专人监督时可不开动火证
　　D. 施工现场可设置独立的吸烟区并配备灭火器
解析：A。选项B错误，易燃物品应相对集中放置在安全区域并应有明显标识。施工现场不得大量积存可燃材料。选项C错误，现场动火必须严格履行动火审批程序，并指派专人进行安全监护。选项D错误，严禁在施工现场吸烟。

226. 地铁机电安装及装饰装修工程中，对地面存放场地较小，移动式起重机械无法满足正常起重吊装作业，可选择在垂直风井内安装垂直运输机械，依据《建筑起重机械安全监督管理规定》（建设部令第166号）的规定，起重机械的安装、拆卸和使用由（　）实施监督管理。
　　A. 监理单位　　B. 建设主管部门　　C. 应急管理部门　　D. 建设单位
解析：B。

227. 地铁机电安装及装饰装修工程中，安全质量隐患治理"三通报"，下面不属于"三通报"的选项是（　）。
　　A. 批评及奖励通报　　　　　　B. 隐患整改情况通报
　　C. 责任追究通报　　　　　　　D. 隐患排查情况通报
解析：D。

228. 地铁机电安装及装饰装修工程临时用电施工中，单台设备容量不超过100kVA或使用同一接地装置并联运行且总容量不超过100kVA的电力变压器的工作接地电阻值不得大于（　）Ω。
　　A. 4　　　　B. 10　　　　C. 20　　　　D. 30
解析：B。

229. 地铁机电安装工程中，施工现场临时用电电缆线按机械强度要求，绝缘铜线截

面不应小于( )mm²。绝缘铝线截面不应小于( )mm²。

  A. 4；10 B. 6；10 C. 10；16 D. 8；16

  解析：C。

230. 《中华人民共和国安全生产法》规定：建筑施工单位，应当( )，前款规定以外的其他生产经营单位，从业人员超过100人的，应当设置安全生产管理机构或者配备专职安全管理人员；从业人员在100人以下的，应当配备专职或者兼职的安全生产管理人员。

  A. 配备专职管理人员

  B. 设置安全生产管理机构或者配备专职安全管理人员

  C. 设置安全生产管理机构

  D. 配备专职或兼职安全管理人员

  解析：B。

231. 根据我国《中华人民共和国安全生产法》的规定，安全设施投入应当( )。

  A. 纳入建设项目预算 B. 单独进行概算

  C. 必须单独进行概算 D. 纳入建设项目概算

  解析：D。

232. 《中华人民共和国安全生产法》第五十条规定，生产经营单位从业人员有权了解其作业场所和工作岗位存在的危险因素、防范措施和事故应急措施。这句话表达了安全生产中从业人员享有( )。

  A. 规避权 B. 建议权 C. 处理权 D. 知情权

  解析：D。

233. 《中华人民共和国安全生产法》第五十一条规定，从业人员有权拒绝违章指挥和强令冒险作业。这句话表达了安全生产中从业人员享有( )。

  A. 规避权 B. 批评权 C. 拒绝权 D. 知情权

  解析：C。

234. 地铁机电安装及装饰装修工程施工中，施工现场发生生产安全事故后，事故现场人员应当立即报告( )。

  A. 安全生产监督管理部门 B. 项目负责人

  C. 公安机关 D. 工会

  解析：B。

235. 地铁机电安装及装饰装修工程施工中，施工单位应在有较大危险因素的施工现场和有关设施、设备上，设置明显的( )。

  A. 安全宣传标语 B. 安全操作规程 C. 安全警示标志 D. 安全说明书

  解析：C。《中华人民共和国安全生产法》规定，生产经营单位应在有较大危险因素的生产经营场所和有关设施、设备上，设置明显的安全警示标志。

236. 根据《中华人民共和国安全生产法》的规定，( )有权对建设项目的安全设施与主体工程同时设计、同时施工、同时投入生产和使用进行监督，提出意见。

  A. 工会 B. 安全生产监督管理部门

  C. 公安部门 D. 建设单位负责人

解析：A。

237.《中华人民共和国安全生产法》规定，生产经营单位采用新工艺、新技术、新材料或者使用新设备时，必须对从业人员进行（　　）的安全生产教育培训。

　　A. 班组级　　　　B. 车间级　　　　C. 专门　　　　D. 三级

　　解析：C。

238. 某建筑施工企业由于安全生产管理不善，发生了多起一般级以下的安全生产事故，经查，该企业的主要负责人未履行《中华人民共和国安全生产法》规定的安全生产管理职责，并且构成犯罪，被追究刑事责任。依据《中华人民共和国安全生产法》的规定，该负责人自刑罚执行完毕之日起，不得担任任何生产经营单位的主要负责人的时限是（　　）年内。

　　A. 2　　　　B. 3　　　　C. 4　　　　D. 5

　　解析：D。

239. 某企业未依法对从业人员进行安全生产教育和培训而被责令限期改正，但在限期内未整改。有关部门将依据《中华人民共和国安全生产法》的规定，责令其停产整顿并罚款，其限额是（　　）。

　　A. 五万元以上十万元以下　　　　B. 二万元以上五万元以下
　　C. 一万元以上二万元以下　　　　D. 一万元以上五万元以下

　　解析：A。

240. 地铁机电安装及装饰装修工程中，安全生产管理是实现安全生产的重要（　　）。

　　A. 依据　　　　B. 保障　　　　C. 内容　　　　D. 措施

　　解析：B。

241. 安全的含义是（　　）。

　　A. 没有危险的状态
　　B. 施工生产中物的安全状态
　　C. 舒适的状态
　　D. 生产系统中人员免遭不可承受危险的伤害

　　解析：D。

242. 依据《建设工程安全生产管理条例》（国务院令第393号），施工单位应当设立安全生产（　　）机构，配备专职安全生产管理人员。

　　A. 管理　　　　B. 监督　　　　C. 监理　　　　D. 监管

　　解析：A。

243. 地铁机电安装及装饰装修工程中，某地铁站装修建筑面积12000m^2，按照住房和城乡建设部关于专职安全生产管理人员配备的规定，该装修工程项目应当至少配备（　　）名专职安全生产管理人员。

　　A. 1　　　　B. 2　　　　C. 3　　　　D. 4

　　解析：B；建筑工程、装修工程按照建筑面积配备：1万m^2以下的工程不少于1人；1万~5万m^2的工程不少于2人；5万m^2及以上的工程不少于3人，且按专业配备专职安全生产管理人员。

244. 地铁机电安装及装饰装修工程中，大型换乘车站建筑面积5万m^2，按照关于专职安全生产管理人员配备的规定，该建筑工程项目应当至少配备（　　）名专职安全生产管理人员。

A. 1　　　　　　　B. 2　　　　　　　C. 3　　　　　　　D. 4

解析：C。

245. 依据《建设工程安全生产管理条例》（国务院令第393号），建设行政主管部门在审核发放施工许可证时，应当对建设工程是否有（　　）进行审查。

A. 应急救援预案　　B. 安全管理机构　　C. 施工合同　　D. 安全施工措施

解析：D。

246. 地铁机电安装工程中，市政室外管网接驳时可能造成损害的毗邻建筑物、构筑物和地下管线等，应采取（　　）。

A. 专项防护措施　　B. 安全保护措施　　C. 防范措施　　D. 隔离措施

解析：A。

247. 地铁机电安装及装饰装修工程中，（　　）是建筑施工企业所有安全规章制度的核心。

A. 班前安全讲话制度　　　　　　　B. 安全保证体系
C. 安全生产责任制度　　　　　　　D. 安全培训教育制度

解析：C。

248. 地铁机电安装及装饰装修工程中，施工项目部（　　）依法对建设工程项目的安全生产工作负全面责任。

A. 项目经理　　　　　　　　　　　B. 专职安全生产管理人员
C. 安全总监　　　　　　　　　　　D. 生产副经理

解析：A。

249.《建设工程安全生产管理条例》（国务院令第393号）规定，施工单位的项目负责人应根据工程的特点组织制定安全施工措施，消除安全事故隐患，（　　）报告生产安全事故。

A. 立即　　　　　　　　　　　　　B. 调查清楚后
C. 准时、真实　　　　　　　　　　D. 及时、如实

解析：D。

250.《建设工程安全生产管理条例》（国务院令第393号）规定，（　　）负责对安全生产进行现场监督检查。

A. 专职安全生产管理人员　　　　　B. 工程项目车站站长
C. 监理安全总监　　　　　　　　　D. 项目负责人

解析：A。

251. 地铁机电安装及装饰装修工程中，安全生产检查的内容包括硬件系统和（　　）。

A. 常规系统　　　B. 检查系统　　　C. 软件系统　　　D. 查找系统

解析：C。

252. 地铁机电安装及装饰装修工程中，当专职安全生产管理人员发现安全事故隐患，应当及时向（　　）报告。

A. 项目技术人员　　　　　　　　　B. 安全生产管理机构

C. 项目负责人　　　　　　　　D. 项目负责人和安全生产管理机构

解析：D。

253. 《建设工程安全生产管理条例》（国务院令第393号）规定，对于达到一定规模的危险性较大的分部分项工程，施工单位应当编制（　　）。

A. 现场处置方案　　B. 安全施工方案　　C. 专项施工方案　　D. 施工组织设计

解析：C。

254. 地铁机电安装及装饰装修工程中，在市区主要路段的施工车站应设置高度不小于（　　）m的封闭围挡。

A. 1.5　　　　　B. 2.0　　　　　C. 2.5　　　　　D. 3.0

解析：C。

255. 建设工程施工企业以建筑安装工程造价为计提依据。城市轨道交通工程安全费用提取标准是（　　）。

A. 1.0%　　　　B. 1.5%　　　　C. 2.0%　　　　D. 2.5%

解析：C。

256. 地铁机电安装及装饰装修工程中，施工组织设计以及达到一定规模的危险性较大的分部分项工程的专项施工方案经（　　）审批签字后，方可实施。

A. 工程项目技术负责人和工程监理单位监理工程师
B. 工程监理单位总监理工程师
C. 施工单位技术负责人
D. 施工单位技术负责人和工程监理单位总监理工程师

解析：D。

257. 地铁机电安装及装饰装修工程中，施工单位在编制施工组织设计时，应当根据建筑工程的特点制定相应的（　　）。

A. 质量控制措施　　　　　　　B. 安全技术措施
C. 施工用组织设计　　　　　　D. 安全防护设施

解析：B。

258. 地铁机电安装及装饰装修工程中，地上车站钢结构施工中存在高处作业，高处作业按照环境要求可分为特殊高处作业（B类）和一般高处作业（A类）。下列不属于特殊高处作业类别（B类）的是（　　）。

A. 钢结构吊装作业时风力大于四级时进行的吊装作业
B. 在钢结构焊接工作有连续性要求时，进行的雨天高处作业
C. 钢结构施工在满足各项防护要求，照明充足，不影响附近居民夜间休息时进行的夜间高处作业
D. 在钢结构焊接工作有连续性要求时，进行的雪天高处作业

解析：A。特殊高处作业的类别（B类）有：（1）强风（六级，风速10.8m/s）及以上情况下进行的强风高处作业。（2）高温或低温环境下进行的异温高处作业。（3）在降雪时进行的雪天高处作业。（4）在降雨时进行的雨天高处作业。（5）在室外完全采用人工照明进行的夜间高处作业。（6）在接近或接触带电体条件下进行的带电高处作业。（7）在无立足点或无牢靠立足点的条件下进行的悬空高处作业。

259. 地铁机电安装及装饰装修工程中,安全事故发生后会有外伤出血的现象,(   )是最重要的部分,应先检查。
A. 颈部的血管   B. 头部的血管   C. 胸部的血管   D. 腰部的血管
解析:B。

260. 地铁机电安装及装饰装修工程中,临边洞口作业当竖向洞口短边边长小于(   )mm 时,应采取封堵措施。
A. 250   B. 500   C. 1000   D. 1500
解析:B。

261. 地铁机电安装及装饰装修工程中的临时用电,可能对人体造成的伤害种类是(   )。
A. 电击   B. 电击及电伤   C. 电伤   D. 电弧灼伤
解析:B。

262. 地铁机电安装工程中,市政驳接管道动土施工时,当光缆、电缆被挖断后,现场人员应立即停止施工,立即与维护部门、设备厂家联系;同时以"(   )"为基本原则开展抢修工作。
A. 属地为主及时抢修   B. 安全第一
C. 先抢通,再修复   D. 及时抢修,及时贯通
解析:C。

263. 地铁机电安装及装饰装修工程中,临边洞口作业当垂直洞口短边边长大于或等于(   )mm 时,应在临空一侧设置高度不低于 1.2m 的防护栏杆,并应采用密目式安全立网或工具式栏板封闭。
A. 250   B. 500   C. 1000   D. 1500
解析:B。

264. 地铁机电安装及装饰装修工程中,不得使用国家明令淘汰、禁止使用的危及生命安全的(   )。
A. 场所   B. 工具   C. 工艺、设备   D. 设备
解析:C。

265. 地铁机电安装及装饰装修工程中,影响人的安全行为的环境因素是(   )。
A. 气质、性格   B. 社会知觉、角色
C. 风俗、时尚等   D. 气温、气压、空气含氧量
解析:D。气温、气压、温度、空气含氧量等是影响人的安全行为的环境因素。

266. 地铁机电安装及装饰装修工程地上车站钢结构施工时,遇到(   )级以上的大风与雷暴雨天时,应禁止露天作业。
A. 四   B. 五   C. 六   D. 七
解析:C。

267. 地铁机电安装及装饰装修工程中,特种作业人员必须按(   )及有关规定、标准进行培训,经考核合格取得操作证后,方可独立操作。
A. 特种作业人员安全水平考核管理制度
B. 特种作业人员安全技能考核管理制度

C. 特种作业人员安全技术考核管理制度
D. 特种作业人员技术考核管理制度

解析：C。

268. 地铁工程开挖施工方法中，不属于地铁常用的施工方法有（　　）。
 A. 盖挖法　　　　　B. 机械法　　　　　C. 盾构法　　　　　D. 明挖法

解析：B。

269. 施工单位必须为从业人员提供符合国家标准或者（　　）标准的劳动防护用品。
 A. 当地　　　　　　B. 本单位　　　　　C. 行业　　　　　　D. 行规

解析：C。

270. 施工单位采用新工艺、新材料或者使用新设备，必须了解、掌握其安全技术特征，采取有效的安全防护措施，并对从业人员进行专门的安全生产（　　）。
 A. 教育和考核　　　B. 教育和鉴定　　　C. 培训和考核　　　D. 教育和培训

解析：D。

271. 地铁机电安装及装饰装修工程施工中，当借助于登高用具或登高设施，在攀登条件下进行个高处作业，叫攀登作业。下列关于攀登作业的注意事项中，说法正确的是（　　）。
 A. 两人同时在梯子上作业，应由专人监护或设置围栏
 B. 脚手架操作层上使用梯子作业，应设置操作平台
 C. 使用直梯时底部应坚实，不得垫高使用
 D. 梯子接长使用，接头不得超过3处，连接可靠

解析：C。

272. 地铁机电安装及装饰装修工程施工中，当室温高于（　　）℃，相对湿度超过（　　）％的作业场所，称为高温作业场所。
 A. 30，80　　　　　B. 35，80　　　　　C. 30，85　　　　　D. 35，85

解析：A。

273. 地铁机电安装及装饰装修工程施工中，下列关于人字梯、直梯的表述错误的是（　　）。
 A. 在梯上作业必须戴安全帽，系牢下颌带
 B. 上、下梯子应面部朝外，严禁手拿工具或器材上、下
 C. 作业人员必须系挂安全带，使用梯子作业必须有专人扶梯监护
 D. 梯子在使用的时候梯脚与地面应接触平稳，梯身稳定可靠，不得有晃动

解析：B。

274. 地铁机电安装及装饰装修工程施工中，施工人员因事故导致严重的外部出血时，应（　　）。
 A. 及时涂上止血剂　　　　　　　　B. 清洗伤口后加以包裹
 C. 用药棉将流出的血液吸去　　　　D. 用布料直接包裹，制止出血

解析：D。

275. 地铁机电安装及装饰装修工程施工中，遇到火灾时防止烟气危害最简单的方法是（　　）。

A. 立即打电话求救
B. 跳楼或窗口逃生
C. 找密闭空间楼避难
D. 用毛巾或衣服捂住口鼻低姿势沿疏散通道逃生
解析：D。

276. 地铁机电安装及装饰装修工程施工中，劳务分包单位应当服从项目部的安全生产管理，劳务分包单位不服从项目部的安全管理导致生产安全事故的，劳务分包单位承担（　）责任。
A. 直接　　　　　B. 连带　　　　　C. 主要　　　　　D. 间接
解析：C。

277. 地铁机电安装及装饰装修工程施工中，（　）是组织工程施工的纲领性文件，是保证安全生产的基础。
A. 施工专项方案　　　　　　B. 施工组织设计
C. 安全操作规程　　　　　　D. 单位施工设计
解析：B。

278. 地铁机电安装及装饰装修工程施工中，下列哪些费用可以列入安全生产费（　）。
A. 施工机具的购置费用　　　　B. 起重机械的租赁费用
C. 民工宿舍的租赁费用　　　　D. 警示标志的制作安装费用
解析：D。安全生产费用9大类有：（1）完善、改造和维护安全防护设备、设施支出（不含"三同时"要求初期投入的安全设施）。（2）配备、维护、保养应急救援器材、设备支出和应急演练支出。（3）开展重大危险源和事故隐患评估、监控和整改支出。（4）安全生产检查、评价、咨询和标准化建设支出。（5）配备和更新现场作业人员安全防护用品支出。（6）安全生产宣传教育、培训支出。（7）安全生产适翻的新技术、新标准、新工艺、新装备的推广应用支出。（8）安全设施及特种设备检测检验支出。（9）其他与安全生产直接相关的支出。

279. 地铁机电安装及装饰装修工程施工中，出现事故概率最高的是（　）。
A. 火灾　　　　　B. 淹溺　　　　　C. 触电　　　　　D. 物体打击
解析：C。

280. 个人防护用品是在工作环境中能消除或有效减轻职业有害因素和事故因素时的主要防护措施。正常使用的安全帽扁形下颏带尺寸应不小于（　）mm。
A. 5　　　　　B. 10　　　　　C. 15　　　　　D. 20
解析：B。

281. 个人防护用品是在工作环境中能消除或有效减轻职业有害因素和事故因素时的主要防护措施。正常使用的安全帽圆形下颚带直径应不小于（　）mm。
A. 5　　　　　B. 10　　　　　C. 15　　　　　D. 20
解析：A。

282. 个人防护用品是在工作环境中能消除或有效减轻职业有害因素和事故因素时的主要防护措施。正常使用的安全帽帽衬顶端与帽壳内顶部的距离应在（　）mm之间。

A. 20～50 B. 20～45 C. 25～50 D. 25～45
解析：C。

283. 地铁砌筑及装饰装修工程施工中，混凝土浇筑作业中，混凝土振捣器操作人员必须穿戴（　　）mm。
A. 绝缘胶鞋和绝缘手套　　　　　　B. 安全鞋和绝缘手套
C. 绝缘服和绝缘胶鞋　　　　　　　D. 绝缘服和绝缘手套
解析：A。

284. 地铁砌筑及装饰装修工程施工中，混凝土浇筑作业中，混凝土插入式振捣器软轴的弯曲半径不得小于（　　）cm，并弯曲不得多于两个，操作时插入式振捣棒应自然垂直地沉入混凝土内，不得用力硬插、斜推。
A. 30 B. 40 C. 50 D. 60
解析：C。

285. 建筑工程施工许可证应由（　　）负责进行办理。
A. 建设单位 B. 施工单位 C. 监理单位 D. 设计单位
解析：A。

286. 安全帽从产品制造完成之日起开始计算，玻璃钢橡胶材质的安全帽所使用的年限是（　　）年。
A. 2 B. 2.5 C. 3 D. 3.5
解析：D。

287. 安全帽从产品制造完成之日起开始计算，塑料材质的安全帽所使用的年限是（　　）年。
A. 2 B. 2.5 C. 3 D. 3.5
解析：B。

288. 地铁机电安装及装饰装修工程施工中，电梯井口应设置高度为（　　）m的工具式定型防护栏杆，并且悬挂安全警示标志。
A. 1.2 B. 1.5 C. 2.0 D. 2.5
解析：B。

289. 二氧化碳灭火器的有效期限为（　　）年。
A. 10 B. 12 C. 15 D. 16
解析：B。

290. 干粉灭火器的有效压力值是（　　）MPa。
A. 0.8～1.0 B. 0.8～1.5 C. 1.0～1.4 D. 1.0～1.5
解析：C。

291. 干粉灭火器的压力指针指向（　　）位置时，表示该灭火器失效应及时进行更换。
A. 黄色 B. 红色 C. 绿色 D. 橙色
解析：B。

292. 地铁机电安装及装饰装修工程施工中，下列火灾中可以用水进行灭火的是（　　）。
A. 地面上的油料 B. 木板 C. 电气设备 D. 电线

解析：B。

293. 地铁机电安装及装饰装修工程施工中，施工现场临时用电工程，下列关于采用二级漏电保护系统的说法中，错误的是（　　）。

A. 总配电箱必须装置漏电保护装置

B. 分配电箱必须装置漏电保护装置

C. 开关箱必须装置漏电保护装置

D. 总配电箱中的漏电保护器额定漏电动作电流与额定漏电动作时间的乘积不超过 30mA·s

解析：B。

294. 地铁机电安装及装饰装修工程施工中，施工现场临时用电工程二级漏电保护系统应设置在（　　）。

A. 总配电箱与分配电箱　　　　B. 分配电箱与开关箱

C. 总配电箱与开关箱　　　　　D. 总配电箱与二级配电箱

解析：C。

295. 地铁机电安装及装饰装修工程施工中，混凝土浇筑作业时，混凝土振捣电缆线长度不应大于（　　）m。不得缠绕、扭结和挤压，并不得承受任何外力。

A. 20　　　　B. 30　　　　C. 50　　　　D. 60

解析：B。

296. 接地体可分为自然接地体和人工接地体两类。下列不能于人工接地体的是（　　）。

A. 角钢　　　　B. 扁钢　　　　C. 钢管　　　　D. 螺纹钢

解析：D。人工接地体可用垂直埋置的角钢、圆钢或钢管，以及水平埋置的圆钢、扁钢等。当土壤有强烈腐蚀性时，应将接地体表面镀锡或热镀锌并适当加大截面。

297. 地铁机电安装及装饰装修工程施工中，安全网可分为平网和立网两类。安装平面平行于水平面，主要用来接住坠落的人和物的安全网称为平网。安装平面垂直于水平面，主要用来防止人或物坠落的安全网称为立网。关于安全网的技术要求，说法错误的是（　　）。

A. 每张密目式安全立网允许有一个接缝

B. 安全平网相邻两系绳间距不应大于 750mm

C. 安全立网开眼环扣孔径不应小于 80mm

D. 安全平网宜为 3m×6m

解析：C。

298. 地铁机电安装及装饰装修工程施工中，安全网可分为平网和立网两类。每张密目式安全立网允许有（　　）个接缝。

A. 1　　　　B. 2　　　　C. 3　　　　D. 4

解析：A。

299. 地铁机电安装及装饰装修工程施工中，常用的临时安全网可分为平网和立网两类。安全网的储存期限一般不超过（　　）年。对于超过储存期的安全网应按 0.2%抽样，不足 1000 张时抽样 2 张进耐冲击性能测试，测试合格后方可销售使用。

A. 1   B. 2   C. 3   D. 4

解析：B。安全网的储存期超过两年，应按0.2%抽样，不足1000张时抽样2张进行耐冲击性能测试。

300. 地铁机电安装及装饰装修工程地上车站钢结构施工时，脚手架搭设与拆除时，必须严格按照工序施工。下列关于脚手架安装、拆除的要求中，错误的是（　　）。

A. 交替的拆除应从上而下逐层进行，上下同时作业时应在作业层之间搭设防护挡板
B. 剪刀撑、斜撑杆等加固杆件应随架体同步搭设，不得滞后安装
C. 支撑脚手架应逐排、逐层进行搭设
D. 当架体的自由端高度超过2个步距时，必须采取临时拉结措施

解析：A。

301. 地铁机电安装及装饰装修工程地上车站钢结构施工时，脚手架搭设与拆除时，必须严格按照工序施工。同层杆件和构配件必须按（　　）的顺序拆除，剪刀撑、斜撑杆等加固杆件必须在拆卸至该杆件所在部位时再拆除。

A. 先内后外   B. 先上后下   C. 先外后内   D. 先下后上

解析：C。

302. 有限空间作业气体检测是保证作业安全的重要手段之一，有限空间作业必须坚持（　　）的原则。

A. 先通风，再检测，后作业   B. 先检测，再作业，后通风
C. 先检测，再通氧，后作业   D. 先通氧，再检测，后作业

解析：A。

303. 个人防护用品是在工作环境中能消除或有效减轻职业有害因素和事故因素时的主要防护措施。下列关于安全帽使用的说法错误的是（　　）。

A. 安全帽帽衬顶端与帽壳内顶部有25～50mm的空间
B. 安全帽必须戴正、戴稳
C. 必要时系好下颌带
D. 作业中不得将安全帽脱下

解析：C。

304. 地铁机电安装及装饰装修工程中，下列关于手持电动工具的使用过程，说法错误的是（　　）。

A. 手持电动工具的负荷线应采用耐气候型的橡皮护套铜芯软电缆
B. 使用前应做空载检查运转是否正常
C. 使用过程中严禁调换插头
D. 作业中，发现刀具问题的，可使用手触摸初步判断是否更换

解析：D。

305. 地铁机电安装及装饰装修工程中，下列关于安全措施的描述错误的是（　　）。

A. 动火证当日有效，动火地点变换，当日无须重新办理
B. 防护栏应用绿色密目式安全网封闭
C. 在潮湿和易触及带电体场所的照明电源电压不得大于24V
D. 在特别潮湿的场所施工时所使用的照明电源电压不得大于12V

解析：A。

306. 高处作业分为四个等级，在地铁机电安装及装饰装修工程，常出现一级高处作业，下列关于一级高处作业的说法中正确的是（　　）。
　　A. 当高度 h 为 2～4m 时，称为一级高处作业
　　B. 当高度 h 为 2～5m 时，称为一级高处作业
　　C. 当高度 h 为 2～6m 时，称为一级高处作业
　　D. 当高度 h 为 2～7m 时，称为一级高处作业
解析：B。作业高度分为 2～5m，5～15m，15～30m 及大于 30m 四个区域。

307. 高处作业分为四个等级，在地铁机电安装及装饰装修工程，常出现一级高处作业，一级高处作业的坠落半径 R 是（　　）m。
　　A. 1　　　　B. 2　　　　C. 3　　　　D. 4
解析：C。作业高度分为 2～5m，坠落半径 3m；5～15m，坠落半径 4m；15～30m 坠落半径 5m；大于 30m 坠落半径 6m 四个区域。

308. 高处作业分为四个等级，在地铁机电安装及装饰装修工程，有时会出现二级高处作业，下列关于二级高处作业的说法中正确的是（　　）。
　　A. 当高度 h 为 3～10m 时，称为二级高处作业
　　B. 当高度 h 为 5～10m 时，称为二级高处作业
　　C. 当高度 h 为 3～15m 时，称为二级高处作业
　　D. 当高度 h 为 5～15m 时，称为二级高处作业
解析：D。

309. 高处作业分为四个等级，在地铁机电安装及装饰装修工程，有时会出现二级高处作业，二级高处作业的坠落半径 R 是（　　）m。
　　A. 1　　　　B. 2　　　　C. 3　　　　D. 4
解析：D。

310. 地铁机电安装及装饰装修工程中，临时施工围挡在遮挡行人和行车视线的道口，应当在道口设置不低于（　　）延米的镂空坚固的围挡，以保证行人和车辆的安全。
　　A. 3　　　　B. 4　　　　C. 5　　　　D. 6
解析：D。

311. 地铁机电安装及装饰装修工程中，临时施工围挡在遮挡行人和行车视线的道口，应当在道口设置不低于 6 延米的（　　），以保证行人和车辆的安全。
　　A. 封闭坚固的围挡　　　　　　B. 镂空坚固的围挡
　　C. 可不设置围挡　　　　　　　D. 可用活动大门代替围挡
解析：B。

312. 安全立网的阻燃性能：纵、横方向的续燃和阴燃时间不应大于（　　）s。
　　A. 4　　　　B. 6　　　　C. 8　　　　D. 10
解析：A。

313. 地铁机电安装及装饰装修工程地上车站钢结构安装施工时，使用梯子攀登作业坠落高度超过 2m 时，应设置操作平台，当无电焊防风要求时，操作平台的防护栏杆高度不应小于（　　）m。

A. 1　　　　　B. 1.2　　　　　C. 1.5　　　　　D. 1.8

解析：B。

314. 凡在坠落高度基准面 2m 以上（含 2m）有可能坠落的高处进行的作业称为高处作业。高处作业高度计算方法示例如下图所示，应为（　　）m。

A. 14　　　　　B. 20　　　　　C. 5.5　　　　　D. 6

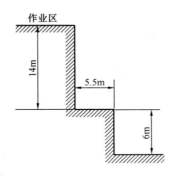

解析：A。

315. 地铁机电安装及装饰装修工程地上车站钢结构施工时，所采用的落地式钢管脚手架，每根钢管的最大质量不应大于（　　）kg。

A. 20　　　　　B. 20.8　　　　　C. 25　　　　　D. 25.8

解析：D。

316. 地铁机电安装及装饰装修工程地上车站钢结构安装施工时，使用梯子攀登作业坠落高度超过 2m 时，应设置操作平台，当有电焊防风要求时，操作平台的防护栏杆高度不应小于（　　）m。

A. 1　　　　　B. 1.2　　　　　C. 1.5　　　　　D. 1.8

解析：D。

317. 地铁机电安装及装饰装修工程中，职业病危害因素按照来源可分为生产过程、劳动过程和生产环境中产生的有害因素三类。生产过程中产生的职业病危害因素，按其性质可分为（　　）。

A. 物理因素、化学因素、生物因素　　B. 接触因素、辐射因素、传染因素
C. 物理因素、化学因素、有毒因素　　D. 浓度因素、强度因素、生物因素

解析：A。

318. 地铁机电安装及装饰装修工程中，生产过程中产生的职业病危害因素中，属于现场物理因素的是（　　）。

A. 有限空间作业的气体引起作业人员窒息
B. 地铁车站内施工现场的高空坠落及物体打击
C. 地铁车站内施工现场的触电
D. 地铁车站内施工现场的噪声

解析：D。物理因素，如异常气象条件（高温、高湿、低温）、异常气压、噪声、振动、辐射等。

319. 地铁机电安装及装饰装修工程中，职业病危害因素是危害劳动者健康，能导致

职业病的有害因素。下列职业病危害因素中,不属于劳动过程中产生的有害因素是( )。

  A. 劳动组织和制度不合理   B. 劳动强度过大或生产定额不当

  C. 炎热季节的太阳辐射   D. 使用不合理的工具

  解析:C。劳动过程中的有害因素:(1)劳动组织和制度不合理,劳动作息制度不合理等。(2)精神性职业紧张。(3)劳动强度过大或生产定额不当。(4)个别器官或系统过度紧张,如视力紧张等。(5)长时间不良体位或使用不合理的工具等。

320. 17层的地铁控制中心办公楼机电安装及装饰装修工程施工中,对电梯井安全防护措施,首层应设置双层水平安全网,两层网之间的间距为( )mm,施工层及其他每隔两层且不大于10m设一道水平安全网。

  A. 500   B. 600   C. 700   D. 800

  解析:B。电梯井安全防护措施首层应设置双层水平安全网,两层网之间的间距600mm。

321. 依据《职业病分类和目录》,下列职业病不属于职业性眼病的是( )。

  A. 激光所致眼晶状体损伤   B. 白内障

  C. 电光性眼炎   D. 化学性眼部灼伤

  解析:A。职业性眼病包括:(1)化学性眼部灼伤。(2)电光性眼炎。(3)白内障。

322. 职业危害防治工作应当贯彻( )的方针。

  A. 城市为主,城乡接合   B. 治疗为主,防治结合

  C. 预防为主,防治结合   D. 乡村为主,城乡接合

  解析:C。

323. 常见的安全防护栏杆宜采用钢管,钢管规格型号为( )。

  A. $\phi 48.3mm \times 3.6mm$ B. $\phi 48.5mm \times 3.5mm$

  C. $\phi 48.3mm \times 3.5mm$ D. $\phi 48.5mm \times 3.6mm$

  解析:A。

324. 常用的落地式钢管脚手架每根钢管长度一般为( )m,钢管的重量一般不超过( )kg,钢管的规格型号为( )。

  A. 7,26.8,$\phi 48.5mm \times 3.6mm$ B. 6,26.8,$\phi 48.5mm \times 3.5mm$

  C. 7,25.8,$\phi 48.3mm \times 3.5mm$ D. 6,25.8,$\phi 48.3mm \times 3.6mm$

  解析:D。

325. 生产安全预警系统的任何一个环节如果失去了( ),预警就失去了意义。

  A. 预警性   B. 准确性   C. 快速性   D. 控制性

  解析:C。

326. 电流经人体任何途径都可以致人死亡,但是电流通过人体最危险的途径是( )。

  A. 胸到左手   B. 两脚之间   C. 右手   D. 两手之间

  解析:A。

327. 地铁机电安装及装饰装修工程中,所使用的独立电力变压器单台容量为400kVA,其工作接地电阻值不得大于( )Ω。

A. 2 　　　　　B. 4 　　　　　C. 6 　　　　　D. 10

解析：B。

328. 地铁机电安装及装饰装修工程中，市安全生产监督管理部门监督管理的方式可以分为事前、事中和事后三种。下列监督管理内容中，属于事前监督管理的是（　　）。

A. 电焊作业人员操作资格证审核

B. 特种劳动防护用品使用的监察

C. 生产安全事故调查处理

D. 危险化学品企业负责人安全资格证审批

解析：D。有关安全生产许可事项的审批，包括安全生产许可证、经营许可证、矿长资格证、生产经营单位主要负责人安全资格证、安全管理人员安全资格证、特种作业人员操作资格证等。注意错误选项，资格证的审核是发证后，事中的监督管理。

329. 地铁机电安装及装饰装修工程出入口钢结构施工时，搭设的脚手架木制脚手板的厚度不得小于50mm。脚手板应设置在（　　）根横向水平杆上。当脚手板长度小于2m时，可采用两根横向水平杆支撑，但应将脚手板两端与其可靠固定，严防倾翻。

A. 1 　　　　　B. 2 　　　　　C. 3 　　　　　D. 4

解析：C。

330. 地铁机电安装及装饰装修工程出入口钢结构施工时，搭设的脚手架木制脚手板的厚度不得小于50mm。单块脚手板的质量应不大于（　　）kg。

A. 20 　　　　B. 30 　　　　C. 40 　　　　D. 50

解析：B。

331. 地铁机电安装及装饰装修工程施工中，施工现场临时配电箱、开关箱应设计端正、牢固。固定式开关箱的中心点与地面的垂直距离应为（　　）m。

A. 1.0～1.4 　B. 1.0～1.6 　C. 1.4～1.5 　D. 1.4～1.6

解析：D。

332. 地铁机电安装及装饰装修工程施工中，施工现场临时配电箱、开关箱应设计端正、牢固。移动式开关箱的中心点与地面的垂直距离应为（　　）m。

A. 0.8～1.0 　B. 0.8～1.4 　C. 0.8～1.6 　D. 0.8～1.8

解析：C。

333. 地铁机电安装及装饰装修工程中，临时用电工程中三相四线制线路的N线和PE线截面应不小于相线截面的（　　），单相线路的零线截面与相线截面相同。

A. 20% 　　　B. 30% 　　　C. 40% 　　　D. 50%

解析：D。

334. 地铁机电安装及装饰装修工程中，临时用电工程中三相四线制线路的PE线是什么颜色（　　）。

A. 绿/黄双色芯线　B. 绿/蓝双色芯线　C. 蓝/黄双色芯线　D. 蓝/白双色芯线

解析：A。

335. 地铁机电安装及装饰装修工程中，临时用电工程中三相四线制线路的N线是什么颜色（　　）。

A. 绿色芯线　　B. 淡蓝色芯线　　C. 黄色芯线　　D. 白色芯线

解析：B。

336. 地铁机电安装及装饰装修工程中，临时用电工程中电气设备金属外壳接零保护是接在（　　）线上。

A. N 线　　　　　B. 相线　　　　　C. 零线　　　　　D. PE 线

解析：D。

337. 地铁工程项目部，关于劳动防护用品配置的说法正确的是（　　）。

A. 用于配备劳动防护用品的经费不得计入安全生产费用

B. 用于配备劳动防护用品的经费应计入生产成本，据实收支

C. 实习学生应当纳入本项目人员统一管理，劳动防护用品应由实习学生所属院校配发

D. 应急劳动防护用品应存放在仓库，由专人妥善保管

解析：B。配备劳动防护用品的经费计入安全生产费用，是安全生产费用的一部分，安全生产费用应计入生产成本，据实收支，选项 A 错误，选项 B 正确。用人项目部使用劳务派遣工、接纳的实习学生应当纳入本项目人员统一管理，并配备相应的劳动防护用品，选项 C 错误。应急劳动防护用品应放置于现场临近位置并有醒目标识，选项 D 错误。

338. 地铁机电安装工程中，对 0.4kV 开关柜进行送电试运行时，电工进入 0.4kV 开关柜室，为保证操作电气设备时的安全，电工必须穿戴的劳动防护用品是（　　）。

A. 防水手套　　　B. 防静电手套　　　C. 电绝缘鞋　　　D. 防电磁辐射服

解析：C。

339. 《中华人民共和国安全生产法》规定：发生一般生产安全事故，对负有责任的生产经营单位除要求其依法承担相应的赔偿等责任外，由应急管理部门处以（　　）罚款。

A. 三十万元以上一百万元以下的罚款　　　B. 二十万元以上五十万元以下的罚款

C. 三十万元以上五十万元以下的罚款　　　D. 二十万元以上一百万元以下的罚款

解析：A。

340. 《中华人民共和国安全生产法》规定：发生较大生产安全事故，对负有责任的生产经营单位除要求其依法承担相应的赔偿等责任外，由应急管理部门处以（　　）罚款。

A. 五十万元以上一百万元以下的罚款　　　B. 三十万元以上一百万元以下的罚款

C. 一百万元以上三百万元以下的罚款　　　D. 一百万元以上二百万元以下的罚款

解析：D。

341. 《中华人民共和国安全生产法》规定：发生重大生产安全事故，对负有责任的生产经营单位除要求其依法承担相应的赔偿等责任外，由应急管理部门处以（　　）罚款。

A. 一百万元以上三百万元以下的罚款　　　B. 一百万元以上五百万元以下的罚款

C. 二百万元以上一千万元以下的罚款　　　D. 二百万元以上二千万元以下的罚款

解析：C。

342. 《中华人民共和国安全生产法》规定：发生特别重大生产安全事故，对负有责任的生产经营单位除要求其依法承担相应的赔偿等责任外，由应急管理部门处以（　　）罚款。

A. 五百万元以上一千万元以下的罚款　　　B. 一千万元以上二千万元以下的罚款

C. 五百万元以上二千万元以下的罚款　　　D. 二千万元以上五千万元以下的罚款

解析：B。

343. 《中华人民共和国安全生产法》规定：发生生产安全事故，情节特别严重、影响特别恶劣的，对负有责任的生产经营单位除要求其依法承担相应的赔偿等责任外，应急管理部门可以按照一般生产安全事故、较大生产安全事故、重大生产安全事故及特别重大生产安全事故罚款数额的（　　）处以罚款。

　　A. 二倍以上四倍以下　　　　　　B. 二倍以上五倍以下
　　C. 二倍以上六倍以下　　　　　　D. 二倍以上十倍以下

解析：B。

344. 《中华人民共和国安全生产法》规定：生产经营单位的主要负责人未履行本法规定的安全生产管理职责，导致发生一般生产安全事故的，由应急管理部门处以（　　）。

　　A. 上一年年收入百分之二十的罚款　　B. 上一年年收入百分之三十的罚款
　　C. 上一年年收入百分之四十的罚款　　D. 上一年年收入百分之五十的罚款

解析：C。

345. 《中华人民共和国安全生产法》规定：生产经营单位的主要负责人未履行本法规定的安全生产管理职责，导致发生较大生产安全事故的，由应急管理部门处以（　　）。

　　A. 上一年年收入百分之四十的罚款　　B. 上一年年收入百分之六十的罚款
　　C. 上一年年收入百分之七十的罚款　　D. 上一年年收入百分之八十的罚款

解析：B。

346. 《中华人民共和国安全生产法》规定：生产经营单位的主要负责人未履行本法规定的安全生产管理职责，导致发生重大生产安全事故的，由应急管理部门处以（　　）。

　　A. 上一年年收入百分之四十的罚款　　B. 上一年年收入百分之六十的罚款
　　C. 上一年年收入百分之七十的罚款　　D. 上一年年收入百分之八十的罚款

解析：D。

347. 《中华人民共和国安全生产法》规定：生产经营单位的主要负责人未履行本法规定的安全生产管理职责，导致发生特别重大生产安全事故的，由应急管理部门处以（　　）。

　　A. 上一年年收入百分之七十的罚款　　B. 上一年年收入百分之八十的罚款
　　C. 上一年年收入百分之九十的罚款　　D. 上一年年收入百分之一百的罚款

解析：D。

348. 《中华人民共和国安全生产法》规定：生产经营单位的主要负责人未履行本法规定的安全生产管理职责的，责令限期改正，处以（　　）。

　　A. 二万元以上五万元以下的罚款　　B. 二万元以上十万元以下的罚款
　　C. 五万元以上七万元以下的罚款　　D. 五万元以上十万元以下的罚款

解析：A。

349. 《中华人民共和国安全生产法》规定：生产经营单位的主要负责人未履行本法规定的安全生产管理职责的，责令限期改正，逾期未改正的，处以（　　），责令生产经营单位停产停业整顿。

　　A. 二万元以上五万元以下的罚款　　B. 二万元以上十万元以下的罚款
　　C. 五万元以上七万元以下的罚款　　D. 五万元以上十万元以下的罚款

解析：D。

1.2 多项选择题

1. 《中华人民共和国安全生产法》明确规定的从业人员的权利包括(　　)。
   A. 拒绝权　　　　　　　　　B. 建议权
   C. 紧急避险权　　　　　　　D. 危险报告权
   E. 知情权
   解析：ABCE。

2. 重大责任事故罪，是指在生产、作业中(　　)，因而发生重大伤亡事故后果的行为。
   A. 安全生产设施不符合国家规定　　B. 强令他人违章冒险作业
   C. 违反有关安全管理的规定　　　　D. 降低工程质量标准
   E. 安全生产条件不符合国家规定
   解析：AE。

3. 《中华人民共和国安全生产法》规定从业人员的主要义务有(　　)。
   A. 遵章守纪的义务　　　　　　　B. 自觉学习安全生产知识的义务
   C. 危险报告义务　　　　　　　　D. 积极提合理化建议
   E. 有权拒绝正常合理的作业
   解析：ABC。

4. 工程重大安全事故罪的犯罪主体是特殊主体，仅限于(　　)。
   A. 建设单位　　　　　　　　B. 主要负责人
   C. 施工单位　　　　　　　　D. 工程监理单位
   E. 设计单位
   解析：ACDE。

5. 地铁机电安装及装饰装修工程施工中，导致意外伤害事故造成损害的直接原因有(　　)。
   A. 施工人员的不安全行为　　B. 物的不安全状态
   C. 管理缺失　　　　　　　　D. 环境因素
   E. 未进行安全教育
   解析：AB。

6. 地铁机电安装及装饰装修工程出入口钢结构施工，脚手架的设计、搭设、使用和维护应满足的要求有(　　)。
   A. 应能承受设计荷载
   B. 脚手架所依附、承受的工程结构不应受到损害
   C. 应满足耐久性要求
   D. 在使用中，脚手架结构性能不得发生明显改变
   E. 当遇意外作用或偶然超载时，不得发生整体破坏
   解析：ABDE。脚手架的设计、搭设、使用和维护应满足下列要求：(1)应能承受设计荷载。(2)结构应稳固，不得发生影响正常使用的变形。(3)应满足使用要求，具有安

全防护功能。（4）在使用中，脚手架结构性能不得发生明显改变。（5）当遇意外作用或偶然超载时，不得发生整体破坏。（6）脚手架所依附、承受的工程结构不应受到损害。

7. 地铁机电安装及装饰装修工程出入口钢结构施工，钢结构构件制作加工时，电气焊作业的安全技术要求包含（　　）。

A. 电焊工必须持证上岗

B. 严格落实动火作业审批制度

C. 合理安排施工工序，防止上方动火作业时下方可燃材料未隔离

D. 电焊工必须佩戴防护器具

E. 动火作业时，看火人必须持有效合格的灭火器材，在焊渣掉落的最下方安全距离外履职

解析：ABC。电气焊作业安全技术：（1）电焊工必须持证上岗。（2）严格落实动火作业审批制度。（3）动火作业时，看火人必须持有效合格的灭火器材，在焊渣掉落的最下方安全距离外履职。（4）合理安排施工工序，防止上方动火作业时下方可燃材料未隔离。

8. 地铁机电安装及装饰装修工程施工中，关于特殊场所应使用的安全电压照明器，以下说法正确的是（　　）。

A. 灯具离地面高度低于2.5m场所的照明，电源电压不应大于36V

B. 潮湿场所的照明电源电压不得大于24V

C. 特别潮湿场所的照明，电源电压不得大于12V

D. 移动式照明器的照明电源电压不得大于36V

E. 比较潮湿的场所的照明，电源电压不应大于12V

解析：ABCD。选项E，隧道、人防工程、高温、有导电灰尘、比较潮湿或灯具离地面高度低于2.5m等场所的照明，电源电压不应大于36V。

9. 超过一定规模的危险性较大的分部分项工程专项方案应当由施工单位组织召开专家论证会。应当参加专家论证会的成员有（　　）。

A. 专家组成员

B. 建设单位项目负责人或技术负责人

C. 监理单位项目总监理工程师及相关人员

D. 施工单位分管安全的负责人、技术负责人、项目负责人、项目技术负责人、专项方案编制人员、项目专职安全生产管理人员

E. 安全监察机构代表人员

解析：ABCD。下列人员应当参加专家论证会：（1）专家组成员。（2）建设单位项目负责人或技术负责人。（3）监理单位项目总监理工程师及相关人员。（4）施工单位分管安全的负责人、技术负责人、项目负责人、项目技术负责人、专项方案编制人员、项目专职安全生产管理人员。（5）勘察、设计单位项目技术负责人及相关人员。

10. 国家颁布的《安全色》GB 2893标准中，传递安全信息含义的颜色有（　　）。

A. 红色　　　　　　　　　　　　B. 蓝色

C. 黄色　　　　　　　　　　　　D. 橙色

E. 绿色

解析：ABCE。国家颁布的《安全色》GB 2893标准中传递安全信息含义的颜色有红

色、蓝色、黄色、绿色。

11. 地铁机电安装及装饰装修工程施工中，高处作业区周围存在孔洞、沟道时，应设置（　　）。
   A. 盖板　　　　　　　　　　　B. 安全网
   C. 绝缘挡板　　　　　　　　　D. 围挡
   E. 警戒带
   解析：ABD。

12. 高处作业的分类下列描述正确的是（　　）。
   A. 一级高处作业，离基准面 3～5m
   B. 二级高处作业，离基准面 5～15m
   C. 三级高处作业，离基准面 15～30m
   D. 特级高处作业，离基准面 30m 以上
   E. 特殊高处作业，离基准面 30m 以上
   解析：BCD。高处作业的级别可分为四级，分别是一级高处作业，离基准面 2～5m；二级高处作业，离基准面 5～15m；三级高处作业，离基准面 15～30m；特级高处作业，离基准面 30m 以上。

13. 地铁车站施工场地平面布置主要考虑哪些内容（　　）。
   A. 抽烟室　　　　　　　　　　B. 临水、临电管线的临时位置
   C. 材料堆放仓库和加工场地　　D. 现场运输通道
   E. 安全消防设施
   解析：BCDE。

14. 地铁机电安装及装饰装修工程施工中，吊车租赁需考虑哪些因素（　　）。
   A. 吊车保险是否过期　　　　　B. 吊车使用年限一般不超 10 年
   C. 司机操作证件是否齐全　　　D. 注重品牌
   E. 租赁方实力
   解析：ACDE。吊车租赁需考虑吊车使用年限一般不超 3 年。

15. 地铁机电安装及装饰装修工程施工中，在吊装作业中对于风险较大的部位应如何管理（　　）。
   A. 吊装过程中现场安全员必须到场　　B. 检查吊装设备及吊具
   C. 核实人员证件及机械性能　　　　　D. 现场司索工配备对讲机
   E. 吊装过程中管理人员不必到场
   解析：ABCD。风险较大部位吊装应进行检查吊装方案及交底、检查吊装设备及吊具、核实人员证件及机械性能、现场司索工配备对讲机、吊装过程中现场安全员及管理人员必须到场等管理。

16. 地铁机电安装及装饰装修工程施工中，施工现场应急水泵一般考虑哪几项指标（　　）。
   A. 扬程　　　　　　　　　　　B. 轴温
   C. 流量　　　　　　　　　　　D. 功率
   E. 电量

解析：ACD。

17. 建筑工程施工中"三类人员"指的是（　　）。
   A. 企业主要负责人　　　　　　　　B. 项目负责人
   C. 项目专职安全管理人员　　　　　D. 项目技术负责人
   E. 项目专职技术管理人员
   解析：ABC。

18. 地铁机电安装及装饰装修工程施工中，下列属于"四口"的是（　　）。
   A. 楼梯口　　　　　　　　　　　　B. 电梯井口
   C. 预留洞口　　　　　　　　　　　D. 通道口
   E. 阳台口
   解析：ABCD。

19. 地铁机电安装及装饰装修工程施工中，下列属于"五临边"的是（　　）。
   A. 基坑边　　　　　　　　　　　　B. 洞口边
   C. 楼层边　　　　　　　　　　　　D. 通道边
   E. 屋面周边
   解析：ACDE。"五临边"指：基坑边、阳台边、楼层边、通道边、屋面周边。

20. 地铁机电安装施工过程中，对压力管道的焊接工作应严格执行"三检制度"，其中"三检"包括（　　）。
   A. 自检　　　　　　　　　　　　　B. 互检
   C. 交接检　　　　　　　　　　　　D. 日常检
   E. 周检
   解析：ABC。

21. 地铁机电安装及装饰装修工程施工过程中，有限空间作业应配备哪些器材和器具（　　）。
   A. 灭火器　　　　　　　　　　　　B. 有害气体检测仪器
   C. 防爆型送风机　　　　　　　　　D. 有效长度的救护绳索
   E. 应急水泵
   解析：BCD。

22. 地铁机电安装及装饰装修工程施工过程中，下列哪几种情况属于违章作业（　　）。
   A. 特种作业持证者独立进行操作
   B. 随意拆除设备上的安全保护装置
   C. 任意拆除设备上的照明设施
   D. 未经许可开动、关停、移动机械
   解析：BCD。

23. 地铁机电安装及装饰装修工程中，以下哪些属于安全用电的做法（　　）。
   A. 车站临时用电电线无拖地、托拽现象
   B. 作业完毕后拉闸断电，锁好开关箱、配电箱
   C. 配电箱、开关箱留出足够两人同时操作的空间和通道

D. 配电箱、开关箱内存放物品
E. 分配电箱内设置2个插座

解析：ABC。

24. 应急演练总结报告的内容包括（　　）。
A. 演练产生的社会影响　　　　　B. 演练发现的问题
C. 应急管理工作建议　　　　　　D. 演练基本概要
E. 取得的经验和教训

解析：BCDE。

25. 地铁机电安装及装饰装修工程中，风险隐患处置方式的基本对策有（　　）。
A. 风险转移　　　　　　　　　　B. 风险自留
C. 风险降低　　　　　　　　　　D. 风险消除
E. 风险报告

解析：ABCD。

26. 地铁机电安装及装饰装修工程中，施工单位应建立风险隐患清单，其中风险隐患清单内容包括（　　）。
A. 风险发生的可能性　　　　　　B. 风险因素
C. 风险内容　　　　　　　　　　D. 风险损失
E. 风险名称

解析：ABDE。

27. 地铁机电安装及装饰装修工程中，施工风险隐患管理实施的主要阶段有（　　）。
A. 车辆及机电系统安装与调试　　B. 施工预备期
C. 施工期　　　　　　　　　　　D. 施工准备期
E. 试运行和竣工验收

解析：ACDE。

28. 地铁机电安装及装饰装修工程中，事故应急救援预案分为综合应急预案、专项应急预案和现场处置方案三种，其中现场处置方案的内容包括（　　）。
A. 事故风险分析　　　　　　　　B. 处置程序和措施
C. 应急处置和注意事项　　　　　D. 事故风险描述
E. 应急工作职责

解析：ACE。

29. 地铁机电安装及装饰装修工程中，对于定期举行的应急演练，其中事故应急救援活动分为（　　）。
A. 应急准备　　　　　　　　　　B. 初级响应
C. 扩大应急　　　　　　　　　　D. 属地为主
E. 应急恢复

解析：ABCE。

30. 地铁机电安装及装饰装修工程中，安全生产检查的内容包括软件系统和硬件系统，其中软件系统主要检查（　　）。
A. 查作业环境　　　　　　　　　B. 查思想

C. 查安全设施 D. 查隐患
E. 查事故处理

解析：BDE。软件系统主要是查思想、查意识、查制度、查管理、查事故处理、查隐患、查整改。

31. 地铁机电安装及装饰装修工程中，安全生产检查的内容包括软件系统和硬件系统，其中硬件系统主要检查(   )。

A. 查作业环境 B. 查整改
C. 查安全设施 D. 查管理
E. 生产设备

解析：ACE。硬件系统主要是查生产设备、查辅助设施、查安全设施、查作业环境。

32. 地铁机电安装及装饰装修工程电焊作业过程中，常见的事故是(   )。

A. 电击 B. 火灾
C. 弧光伤害 D. 机械伤害
E. 物体打击

解析：ABD。

33. 建筑业自身特点对安全生产的影响，建设项目的施工具有(   )的特点。项目施工还具有(   )的特点。

A. 离散性 B. 环境复杂性 C. 单件性 D. 施工复杂性

解析：AC。

34. 地铁机电安装及装饰装修工程起重作业前，应进行吊装作业安全技术交底，专职安全管理人员应对吊车司机重点交底的内容有(   )。

A. 地面应平整坚固
B. 司机及信号司索工应持证上岗
C. 垫木应无破损，钢垫板应无严重变形
D. 支腿应牢固可靠，不得严重倾斜
E. 支腿距离距基坑边缘 0.5m 范围内

解析：ABCD。

35. 我国地铁施工方法由最初单一的明挖法发展到现在的(   )等多种方法并存。

A. 盖挖法 B. 机械法
C. 盾构法 D. 明挖法
E. 暗挖法

解析：ACDE。

36. 应急预案体系包括(   )。

A. 综合应急预案 B. 专项应急预案
C. 临时应急预案 D. 现场处置方案
E. 一般应急预案

解析：ABD。

37. 地铁机电安装及装饰装修工程"班前检查"的内容有：检查班组成员是否穿戴了(   )，是否按规定携带了防护用具。检查作业现场是否存在(   )。检查机械设是否处于( )。

 A. 防护用品   B. 不安全行为
 C. 不安全因素   D. 正常范围
 E. 良好状态

 解析：ACE。

38. 依据事故类型的统计，下列选项中属于建筑施工前五类安全事故类型的是( )。

 A. 高处坠落   B. 物体打击
 C. 触电   D. 火灾
 E. 机械伤害

 解析：ABE。建筑施工前五类安全事故类型是高处坠落、物体打击、坍塌、起重伤害、机械伤害。

39. 下列关于安全生产费用的描述正确的是( )。

 A. 安全生产适用的新技术、新标准、新工艺支出
 B. 驻地建设支出
 C. 安全生产宣传教育、培训支出
 D. 安全生产检查、评价、咨询和标准化建设支出
 E. "三同时"初期投入的安全设施支出

 解析：ACD。

40. 超过一定规模的危险性较大的分部分项工程专项方案应当由施工单位组织召开专家论证会。专家论证会的内容有( )。

 A. 专项方案内容是否完整、可行
 B. 安全施工的基本条件是否满足现场实际情况
 C. 应急预案编制是否合理
 D. 专项方案计算书和验算依据是否符合有关标准规范
 E. 安全技术交底是否齐全、到位

 解析：ABD。

41. 地铁机电安装及装饰装修工程中，工程项目部对有限空间作业人员安全培训的内容有( )。

 A. 作业场所的危险有害因素、安全措施
 B. 安全作业规程
 C. 有限空间作业内有可燃气体时可采用普通型风机
 D. 检测仪器的使用
 E. 安全作业规程及应急处置措施

 解析：ABDE。工程项目部对有限空间作业人员安全培训的内容有：作业场所的危险有害因素、安全措施；安全作业规程；检测仪器的使用；正确佩戴劳动防护用品；应急处置措施。

42. 地铁机电安装及装饰装修工程中，焊接是一种重要的金属加工作业，作业前必须办理( )手续。作业现场必须配备灭火器，并指定专人( )。

A. 动火证 B. 灭火器
C. 监护 D. 防护
E. 接火盆
解析：AC。

43. 地铁机电安装及装饰装修工程中，下列安全隐患的不安全因素中，属于"人的不安全行为"的是（　　）。
A. 造成安全装置失效 B. 物体存放不当
C. 个人防护用品缺陷 D. 机器运转时进行维修作业
E. 手代替工具操作
解析：ABDE。人的不安全行为的内容包括：（1）操作错误、忽视安全、忽视警告。（2）造成安全装置失效。（3）使用不安全设备。（4）手代替工具操作。（5）物体（指成品、半成品、材料、工具等）存放不当。（6）冒险进入危险场所。（7）攀坐不安全位置（如平台护栏等）。（8）在起吊臂下作业、停留。（9）机器运转时加油、修理、检查、调整、焊接、清扫等工作。（10）有分散注意力行为。（11）没有正确使用个人防护用品和用具。（12）不安全装束。（13）对易燃易爆等危险品处理错误。

44. 地铁机电安装及装饰装修工程中，下列安全隐患的不安全因素中，属于"物的不安全状态"的是（　　）。
A. 防护保险方面的缺陷 B. 冒险进入危险场所
C. 在起吊臂下作业、停留 D. 物本身存在的缺陷
E. 外部的和自然界的不安全状态
解析：ADE。物的不安全状态的内容包括：（1）物本身存在的缺陷。（2）防护保险方面的缺陷。（3）物的放置方法的缺陷。（4）作业环境场所的缺陷。（5）外部的和自然界的不安全状态。（6）作业方法导致的物的不安全状态。（7）保护器具信号、标志和个体防护用品的缺陷。

45. 地铁机电安装及装饰装修工程施工中，施工现场临时用电必须遵守采用二级漏电保护系统的原则。二级漏电保护系统应设置在（　　）。
A. 总配电箱 B. 分配电箱
C. 开关箱 D. 二级配电箱
E. 三级配电箱
解析：ACE。

46. 接地装置包括埋入土中的接地体，接地体可分为自然接地体和人工接地体两类。下列属于人工接地体的是（　　）。
A. 螺纹钢 B. 扁钢
C. 钢管 D. 角钢
E. 表面热镀锌的角钢
解析：BCDE。人工接地体可用垂直埋置的角钢、圆钢或钢管，以及水平埋置的圆钢、扁钢等。当土壤有强烈腐蚀性时，应将接地体表面镀锡或热镀锌并适当加大截面。

47. 当发生安全生产事故后，事故调查组成员包括（　　）。
A. 安全生产监督管理部门 B. 检察院

C. 公安机关　　　　　　　　　　D. 工会
E. 事故发生单位

解析：ABCD。事故调查组的组成应当遵循精简、效能的原则。根据事故的具体情况，事故调查组由有关人民政府、安全生产监督管理部门、负有安全生产监督管理职责的有关部门、监察机关、公安机关以及工会派人组成，并应当邀请人民检察院派人参加。事故调查组可以聘请有关专家参与调查。

48. 地铁机电安装及装饰装修工程中，有限空间作业气体检测是保证作业安全的重要手段之一，有限空间作业必须坚持"先通风，再检测，后作业"的原则，下列关于气体检测通风的说法中，正确的是（　　）。

A. 必须加强个人防护，在没有充分安全保障的情况下不准许进入
B. 在作业过程中，还应实时监测
C. 气体检测合格后，对有限空间作业可以停止通风换气
D. 在作业人员进入有限空间前，应对作业场内的所有气体进行检测
E. 使用风机强制通风前，若检测结果显示处于易燃、易爆环境中，必须使用防爆型风机

解析：ABDE。

49. 地铁机电安装及装饰装修工程施工中，为保证施工现场用电安全，有效防止触电和电气火灾事故，施工现场临时用电工程专用的电源中性点直接接地的 220V/380V 三相四线制低压电力系统，必须遵守（　　）基本用电安全原则。

A. 采用三级配电系统　　　　　　B. 采用二级漏电保护系统
C. 采用二级配电系统　　　　　　D. 采用 TN-S 接地保护系统
E. 采用 TN-S 接零保护系统

解析：ABE。

50. 安全生产监督管理的内容很多，主要包括（　　）。

A. 机构设置和安全教育培训　　　B. 安全管理和技术
C. 对违法企业处以罚款　　　　　D. 职业危害
E. 对女职工和未成年工特殊保护

解析：ABDE。安全生产监督管理的内容很多，主要包括以下几个方面：（1）安全管理和技术；（2）机构设置和安全教育培训；（3）隐患治理；（4）伤亡事故报告、调查、处理、统计、分析，事故的预测和防范，以及事故应急救援预案等；（5）职业危害；（6）对女职工和未成年工特殊保护；（7）行政许可的有关内容。

51. 生产经营单位主要负责人的安全生产教育初次培训内容有（　　）。

A. 国内外先进的安全生产管理经验
B. 典型事故案例分析
C. 国家有关安全生产的方针、政策
D. 伤亡事故和职业病统计、报告及调查处理方法
E. 事故现场勘验技术以及应急处理措施

解析：ABC。生产经营单位主要负责人安全培训的主要内容：（1）国家安全生产方针、政策和有关安全生产的法律、法规、规章及标准；（2）安全生产管理基本知识、安全

生产技术、安全生产专业知识；（3）重大危险源管理、重大事故防范、应急管理和救援组织以及事故调查处理的有关规定；（4）职业危害及其预防措施；（5）国内外先进的安全生产管理经验；（6）典型事故和应急救援案例分析；（7）其他需要培训的内容。

52. 项目级安全生产教育培训的重点培训内容包括（   ）。
   A. 疏散和现场紧急情况的处理
   B. 安全生产管理目标
   C. 自救、互救、急救方法
   D. 岗位安全职责、操作技能及强制性标准
   E. 典型事故案例
   解析：ACDE。项目级安全生产教育培训包括：本岗位工作及作业环境范围内的安全风险辨识；评价和控制措施；典型事故案例；岗位安全职责、操作技能及强制性标准；自救、互救、急救方法；疏散和现场紧急情况的处理；安全设施、个人防护用品的使用和维护。

53. 依据现行国家标准《企业安全生产标准化基本规范》GB/T 33000，隐患排查和治理是企业安全生产标准化建设的重要内容。下列隐患排查的内容中，属于技术方面专业检查的内容有（   ）。
   A. 规章制度发生变化   B. 职工的安全培训
   C. 个人防护用品的质量   D. 消防设施
   E. 扩建项目技术改造
   解析：CDE。

54. 常用的防止事故发生的安全技术措施包括（   ）。
   A. 故障-安全设计   B. 限制能量或危险物质
   C. 消除危险源   D. 个体防护
   E. 避难与救援
   解析：ABC。常用的防止事故发生的安全技术措施有消除危险源、限制能量或危险物质、隔离、故障-安全设计、减少故障和失误等。

55. 建筑工程施工中，安全检查的方法有（   ）。
   A. 常规检查法   B. 安全检查表法
   C. 经常检查法   D. 仪器检查
   E. 数据分析法
   解析：ABDE。

56. 建筑工程施工中，安全生产检查的类型有（   ）。
   A. 定期检查   B. 经常性检查
   C. 安全检查表法   D. 综合安全检查
   E. 常规检查
   解析：ABD。安全生产检查的类型有：定期检查；经常性检查；专业安全检查；综合安全检查；季节性及节假日检查；不定期的职工代表巡视安全检查等。

57. 地铁机电安装及装饰装修工程中，有限空间作业作业人员和监护人员安全教育培训的内容包括（   ）。

A. 存在的危险特性和安全作业的要求
B. 进入有限空间的程序
C. 事故应急救援措施
D. 工程概况
E. 施工工艺流程

解析：ABC。有限空间作业作业人员和监护人员安全教育培训的内容包括：有限空间存在的危险特性和安全作业的要求；进入有限空间的程序；事故应急救援措施；应急救援预案；检测仪器、个人防护用品等设备的正确使用等。

58. 地铁机电安装及装饰装修工程中，常出现的特种作业包括（　　）。
A. 电工作业　　　　　　　　B. 钢筋作业
C. 焊接作业　　　　　　　　D. 制冷作业
E. 木工作业

解析：ACD。特种作业的范围包括电工作业、焊接与热切割作业、制冷与空调作业、危险化学品安全作业。

59. 班组级安全生产教育培训的重点培训内容包括（　　）。
A. 自救、互救、急救方法　　B. 岗位之间工作衔接配合
C. 事故案例　　　　　　　　D. 作业过程的安全风险分析方法
E. 个人防护用品的使用和维护

解析：BCD。班组级安全生产教育培训的重点培训内容包括：岗位之间工作衔接配合；作业过程的安全风险分析方法和控制对策；事故案例等。

60. 依据《工伤保险条例》的规定，下列情形中，应当被认定为工伤的是（　　）。
A. 员工在上班途中，受到因他人负主要责任的交通事故伤害
B. 员工因工作原因受到事故伤害
C. 员工在工作时间和工作岗位，突发心脏病死亡
D. 员工因公外出期间，由于工作原因受到伤害
E. 员工在工作时间和工作场所内，因醉酒导致操作不当而受伤

解析：ABD。他人负主要责任，即非本人主要责任，选项 B 正确。在工作时间和工作岗位，突发疾病死亡或者在 48h 之内经抢救无效死亡的视同工伤，不是认定工伤，选项 C 错误。有以下情形之一的，不得认定为工伤或者视同工伤：(1) 故意犯罪的；(2) 醉酒或者吸毒的；(3) 自残或者自杀的。选项 E 错误。

61. 施工项目在事故隐患治理过程中，应当采取相应的安全防护措施，事故隐患排除前或者排除过程中无法保证安全的，应当（　　）。
A. 从危险区域内撤出部分作业人员　　B. 设置警戒标志
C. 暂时停止施工　　　　　　　　　　D. 加强安全教育
E. 疏散可能危及的其他人员

解析：BCE。

62. 按照《劳动防护用品监督管理规定》（国家安全生产监督管理总局令第 1 号），下列劳动防护用品中，具有预防职业病功能的有（　　）。
A. 防尘口罩　　　　　　　　B. 耳塞

C. 安全带 D. 绝缘手套
E. 安全帽

解析：AB。

63. 对于劳动防护用品，施工项目应当教育从业人员做到（ ）。
A. 会检查劳动防护用品的可靠性
B. 会维修劳动防护用品
C. 会正确使用劳动防护用品
D. 会改进劳动防护用品的防护性能
E. 会正确维护保养劳动防护用品

解析：ACE。

64. 下列有关"十不吊"的说法正确的是（ ）。
A. 五级以上强风不吊 B. 超载不吊
C. 正拉斜拉不吊 D. 指挥信号不明不吊
E. 安全装置失灵不吊

解析：BDE。（1）超载不吊。（2）六级以上强风不吊。（3）散装物装得太满或捆扎不牢不吊。（4）安全装置失灵不吊。（5）吊物上站人不吊。（6）斜吊不吊。（7）指挥信号不明不吊。（8）埋在地下的构件不吊。（9）光线阴暗看不清吊物不吊。（10）吊物边缘无防护措施不吊。

65. 下列有关"十不吊"的说法正确的是（ ）。
A. 吊物上站人不吊 B. 指挥信号不明不吊
C. 光线阴暗看不清吊物不吊 D. 吊物边缘有防护措施不吊
E. 地上的构件不吊

解析：ABC。

66. 下列属于"四不两直"的是（ ）。
A. 直奔基层 B. 不打电话
C. 不听汇报 D. 直接下命令
E. 不用陪同和接待

解析：ACE。"四不两直"指：不发通知，不打招呼，不听汇报，不用陪同和接待，直奔基层，直插现场。

67. 地铁机电安装及装饰装修工程中，有限空间作业由于通风不良，生物的呼吸作用或物质的氧化作用会使有限空间形成缺氧状态，单纯性窒息气体会引发窒息事故造成有限空间内作业人员缺氧窒息，下列属于单纯性窒息气体的是（ ）。
A. 二氧化碳 B. 一氧化碳
C. 氮气 D. 水蒸气
E. 甲烷

解析：ACDE。单纯性窒息气体包括二氧化碳、氮气、水蒸气、甲烷、氧气、六氟化氯等。

68. 地铁机电安装及装饰装修工程中，有限空间作业由于长期通风不良、物质发生化学反应或有毒气体泄漏造成中毒窒息，下列选项属于中毒窒息气体的（ ）。

A. 硫化氢 B. 一氧化碳
C. 二氧化碳 D. 氮气
E. 甲烷
解析：AB。

69. 班前安全讲班组长应重点讲的内容有（　　）。
A. 本班组安全生产注意事项 B. 本班作业中的危险和应采取的措施
C. 安全生产管理目标 D. 典型事故案例分析
E. 特殊工种的岗位要求
解析：ABE。

70. 地铁机电安装及装饰装修工程中事故应急处置的内容不包括（　　）。
A. 事故应急处置程序 B. 明确相关应急救援单位联络人员姓名
C. 现场应急处置措施 D. 明确相关应急救援单位联络方式
解析：ABCD。应急处置主要包括：（1）事故应急处置程序。（2）现场应急处置措施。（3）明确报警负责人、报警电话及上级管理部门、相关应急救援单位联络方式和联系人员，事故报告基本要求和内容。

71. 手臂振动病是长期使用振动工具而引起的以末梢循环障碍为主的全身性疾病，可累及肢体神经及运动功能。下列能引起手臂振动病的工种有（　　）。
A. 捣固工 B. 手持砂轮磨工
C. 电锯工 D. 手持电动工具工种
E. 电焊工
解析：ABC。

第 2 章

通 风 空 调 篇

概　　述

地铁通风空调系统亦称环控系统，是地铁车站常规设备系统工程的重要组成部分，其要求要高于一般的民用系统，主要作用是：通过地铁环控系统的综合调节，使地铁车站及隧道内环境中空气的温度、湿度、气流速度、空气的品质、噪声等均达到要求，从而为地铁车站和隧道创造舒适、良好的环境。

环控系统是地铁站后工程设备数量、种类最多的一个系统，涉及的专业、技术及管理面广，设备体积、质量大，设备接口复杂；施工过程中，现场场地狭窄、空间有限，环控系统的各类设备、通风管道等均要在有限的空间内安装、敷设，交叉碰撞经常发生，工程协调存在客观难度。

地铁车站环控系统需满足两方面要求：一是日常运营中给乘客和设备提供舒适及适宜的环境，二是事故及灾害情况下进行通风、排烟、排热，起到生命保障及辅助灭火的作用。环控系统应确保上述两个方面的整体安全，不宜片面强调某一方面。

本章从施工实践出发，针对施工中的重点问题、关键节点以及规范中的强制性条文等，以选择题的形式呈现在读者面前，为工作繁忙而又无暇系统学习的人员提供了有价值的参考。

2.1　单项选择题

1. 地铁机电安装工程中，低压与中压系统钢板风管制作时，风管法兰孔距不应大于（　　）mm，焊接应牢固，焊缝处不设置螺孔，螺孔具备互换性。
   A. 160　　　　　　B. 150　　　　　　C. 140　　　　　　D. 130

   解析：B。风管外观质量应达到折角平直，圆弧均匀，两端面平行，无翘角，风管与法兰连接牢固，翻边平整且宽度不大于 6mm，紧贴法兰；低压与中压系统风管法兰孔距不应大于 150mm，焊接应牢固，焊缝处不设置螺孔，螺孔具备互换性，风管加固应牢固可靠、整齐、间距适宜、均匀对称。

2. 地铁机电安装工程中，钢板风管制作时，风管与法兰应连接牢固，翻边平整且宽度不大于（　　）mm，紧贴法兰。
   A. 4　　　　　　　B. 6　　　　　　　C. 8　　　　　　　D. 10

   解析：B。解析同第 1 题。

3. 地铁机电安装工程中，钢板风管制作时，风管与法兰应连接牢固，翻边平整且宽度不大于（　　）mm，紧贴法兰；低压与中压系统风管法兰孔距不应大于（　　）mm，焊接应牢固，焊缝处不设置螺孔，螺孔具备互换性。

A. 8，150　　　　B. 8，120　　　　C. 6，150　　　　D. 6，120

解析：C。解析同第1题。

4. 地铁机电安装工程中，通风空调系统应采用不燃法兰垫片的系统是（　　）。

A. 送风系统　　B. 新风系统　　C. 防排烟系统　　D. 排风系统

解析：C。风管法兰接口严密，垫料不得挤入或凸入管内。当输送空气温度低于70℃时，法兰垫片采用橡胶板；输送空气温度高于70℃时，采用耐高温法兰垫片，防排烟系统应采用不燃法兰垫片。

5. 地铁机电安装工程中，风管水平安装时，当边长或直径≤400mm时，吊、支托架间距应小于（　　）m。

A. 3　　　　　B. 4　　　　　C. 5　　　　　D. 6

解析：B。金属风管水平安装，直径或边长小于等于400mm时，支、吊架间距不应大于4m；大于400mm时，间距不应大于3m。

6. 地铁机电安装工程中，风管水平安装时，当边长或直径大于400mm，吊、支托架间距应小于（　　）m。

A. 3　　　　　B. 4　　　　　C. 5　　　　　D. 6

解析：A。解析同第5题。

7. 地铁机电安装工程中，风管水平安装时，当边长或直径小于等于400mm，吊、支托架间距应小于（　　）m；当边长或直径大于400mm，吊、支托架间距应小于（　　）m。

A. 3，4　　　　B. 4，2　　　　C. 4，3　　　　D. 4，4

解析：C。金属风管水平安装，直径或边长小于等于400mm时，支、吊架间距不应大于4m；大于400mm时，间距不应大于3m。（《通风与空调工程施工质量验收规范》GB 50243第6.3.1条）。

8. 地铁机电安装工程中，镀锌钢板风管安装完成，在漏光、漏风检测合格后，需对风管进行保温施工的系统，矩形风管及设备保温钉安装时，底面保温钉数量为每平方米不少于（　　）个。

A. 12　　　　　B. 14　　　　　C. 16　　　　　D. 18

解析：C。矩形风管及设备保温钉密度应均匀，底面不少于每平方米16个，侧面每平方米不少于10个，顶面每平方米不少于8个，首行保温钉至保温材料边沿的距离应小于120mm。保温钉粘贴12～24h后再铺覆保温材料。

9. 地铁机电安装工程中，镀锌钢板风管安装完成，在漏光、漏风检测合格后，需对风管进行保温施工的系统。矩形风管及设备保温钉安装时，侧面保温钉数量为每平方米不少于（　　）个。

A. 4　　　　　B. 6　　　　　C. 8　　　　　D. 10

解析：D。解析同第8题。

10. 地铁机电安装工程中，镀锌钢板风管安装完成，在漏光、漏风检测合格后，需对风管进行保温施工的系统。矩形风管机设备保温钉安装时，顶面保温钉数量为每平方米不少于（　　）个。

A. 6　　　　　B. 8　　　　　C. 10　　　　　D. 12

解析：B。解析同第8题。

11. 地铁机电安装工程中，镀锌钢板风管安装完成，在漏光、漏风检测合格后，需对风管进行保温施工的系统。矩形风管机设备保温钉安装时，底面、侧面、顶面保温钉数量分别为每平方米不少于（　　）个。

　　A. 10, 8, 16　　　　B. 10, 16, 8　　　　C. 16, 10, 8　　　　D. 8, 10, 16

　　解析：C。解析同第8题。

12. 地铁机电安装工程中，镀锌钢板风管安装完成，在漏光、漏风检测合格后，需对风管进行保温施工的系统。矩形风管机设备保温钉安装时，距离风管边缘最近的一排保温钉其距离应小于（　　）mm。

　　A. 100　　　　B. 110　　　　C. 120　　　　D. 150

　　解析：C。解析同第8题。

13. 地铁机电安装工程中，风管保温施工时板材表面平整度允许偏差为（　　）mm。

　　A. 3　　　　B. 4　　　　C. 5　　　　D. 6

　　解析：C。表面平整度板材允许偏差5mm。

14. 地铁机电安装工程中，空调冷凝水管安装应有一定坡度，安装坡度不少于（　　）。

　　A. 2‰　　　　B. 3‰　　　　C. 4‰　　　　D. 5‰

　　解析：B。冷水管最高点安装排气阀，冷水、冷却水最低点安装排水阀，冷凝水管坡度不少于3‰，组合空调机组、柜式空调机冷凝水管末端要安装存水弯。

15. 地铁机电安装工程中，空调冷水管最高点应安装（　　）。

　　A. 泄水阀　　　　B. 电磁流量计　　　　C. 截止阀　　　　D. 排气阀

　　解析：D。冷水管最高点安装排气阀。

16. 地铁机电安装工程中，应在空调冷水管（　　）安装排气阀。

　　A. 最低点　　　　B. 最高点　　　　C. 管道末端　　　　D. 设备出口

　　解析：B。冷水管最高点安装排气阀。

17. 地铁机电安装工程中，防火阀安装应牢靠地固定在设定的位置上，为确保发生火灾时不致因管道变形下塌而影响工作性能，防火阀安装距墙体距离为（　　）mm。

　　A. ≤200　　　　B. ≤300　　　　C. ≤400　　　　D. ≤500

　　解析：A。防火阀应牢靠地固定在设定的位置上，距离墙体不大于200mm，确保当发生火灾时不致因管道变形下塌而影响工作性能。

18. 地铁机电安装工程中，防火阀周长为（　　）mm时，必须设置单独支吊架。

　　A. ≥400　　　　B. ≥630　　　　C. ≥800　　　　D. ≥1000

　　解析：B。防火阀应牢靠地固定在设定的位置上，距离墙体小于等于200mm，确保当发生火灾时不致因管道变形下塌而影响工作性能，周长大于等于630mm的防火阀必须设置单独支吊架。穿楼板风管处的防火风阀，必须设置单独的支架。

19. 地铁机电安装工程中，为便于操作及检修，风阀的执行机构一侧须留有不小于（　　）mm的净空间。

　　A. 200　　　　B. 300　　　　C. 400　　　　D. 500

　　解析：B。当防火阀为吊顶安装或靠近墙体安装时，要保证防火阀周围留有足够空间。在阀门的执行机构一侧须留有不小于300mm的净空间，以便于操作及检修。

20. 地铁机电安装工程中，组合式空调机组安装时，检修门及接管位置处的维修空间至少应留有（　　）mm。

　　A. 400~500　　　　B. 500~600　　　　C. 600~700　　　　D. 700~800

　　解析：D。空调机组的四周，尤其是检修门及外接水管一侧应至少留有700~800mm的维修空间，过滤器的取出方向为600mm以上，同样对于配管的安装等均应留有足够的空间。

21. 地铁机电安装工程中，冷水机组安装前，需首先对机组基础进行检查验收，确保基础外形尺寸、基础平面的水平度、中心线、高程、基础预埋件等符合标准要求。其中机组安装基础台的建造应保证水平，机组安装后应使机组在长度及宽度方向上的水平误差不超过（　　）mm。

　　A. 5　　　　　　　B. 6　　　　　　　C. 7　　　　　　　D. 8

　　解析：A。机组安装基础台的建造应保证水平，机组安装后应使机组在长度及宽度方向上的水平误差不超过5mm。

22. 地铁机电安装工程中，冷水机组的两端至少一端应预留维修空间，以清洗冷凝器和蒸发器的管簇或换管，非维修空间也需留有一定的距离，其距离墙壁应不少于（　　）m。

　　A. 1.0　　　　　　B. 1.5　　　　　　C. 2.0　　　　　　D. 3.0

　　解析：C。机组的两端中至少一端应预留维修空间，以清洗冷凝器和蒸发器的管簇或换管，墙体距离机组的长度应大于等于冷凝器或蒸发器长度较长者的长度；非维修空间一端，机房内墙壁距离机组应不少于2.0m。

23. 地铁机电安装工程中，多联机空调室外机组安装水平度应控制在（　　）mm之内。

　　A. ±4　　　　　　B. ±3　　　　　　C. ±2　　　　　　D. ±1

　　解析：D。室外机就位后要测量机组的水平度，确保水平度控制在±1mm之内。

24. 地铁机电安装工程中，多联机空调室外机应安装在强度可承受机组运行重量的混凝土或钢铁基础、平台上，其中基础高度应大于（　　）mm。

　　A. 200　　　　　　B. 300　　　　　　C. 400　　　　　　D. 500

　　解析：A。机组安装在强度可承受机组运行重量的基础或平台上，基础材料可采用混凝土或钢铁支架，基础高度大于200mm；用地脚螺栓把机组固定在机座上，地脚螺栓凸出部分应该为20mm；室外机基础周围配置有排水沟，采取防水处理措施。

25. 地铁机电安装工程中，多联机空调室外机应安装在强度可承受机组运行重量的混凝土或钢铁基础、平台上，并用地脚螺栓把机组固定在机座上，其中地脚螺栓凸出部分应该为（　　）mm。

　　A. 10　　　　　　B. 15　　　　　　C. 20　　　　　　D. 30

　　解析：C。解析同第24题。

26. 地铁机电安装工程中，风管穿越防火墙体应预留套管，其中制作套管的钢板厚度不应小于（　　）mm，并对套管进行防腐处理。

　　A. 1.0　　　　　　B. 1.2　　　　　　C. 1.6　　　　　　D. 2.0

　　解析：C。风管穿越防火墙体应预留套管，其中制作套管的钢板厚度不应小于 1.6mm。

27. 地铁机电安装工程中，风管穿越防火墙体，预留洞口的大小应按照( )留置(W、H 分别为风管的宽和高)。

A. $W+100$mm，$H+100$mm B. $W+150$mm，$H+150$mm
C. $W+100$mm，$H+150$mm D. $W+150$mm，$H+100$mm

解析：A。风管穿越防火墙体，预留洞口大小应按照 $W+100$mm 和 $H+100$mm（W、H 分别为风管的宽和高）留置。制作套管的钢板厚度不应小于 1.6mm，套管周长同洞口周长相等，宽度与墙体厚度相等，套管制作完毕后内外除锈，刷两道防腐漆，外露部分刷一道面漆。

28. 地铁机电安装工程中，镀锌钢板风管镀锌层应符合设计或合同规定，当设计无规定时，不应采用低于( )g/m² 的板材。

A. 60 B. 80 C. 100 D. 120

解析：B。镀锌钢板的镀锌层厚度应符合设计或合同的规定，当设计无规定时，不应采用低于 80g/m² 板材（《通风与空调工程施工质量验收规范》GB 50243 第 4.2.3 条）。

29. 地铁机电安装工程中，金属风管表面应平整，凹凸不应大于( )mm。

A. 20 B. 15 C. 10 D. 5

解析：C。风管与配件的咬口缝应紧密、宽度应一致、折角应平直、圆弧应均匀，且两端面应平行。风管不应有明显的扭曲与翘角，表面应平整，凹凸不应大于 10mm（《通风与空调工程施工质量验收规范》GB 50243 第 4.3.1 条）。

30. 地铁机电安装工程中，矩形风管对角线长度之差不应大于( )mm。

A. 2 B. 3 C. 4 D. 5

解析：B。当风管的外径或外边长小于或等于 300mm 时，其允许偏差不应大于 2mm；当风管的外径或外边长大于 300mm 时，不应大于 3mm。管口平面度的允许偏差不应大于 2mm；矩形风管两条对角线长度之差不应大于 3mm（《通风与空调工程施工质量验收规范》GB 50243 第 4.3.1 条）。

31. 地铁机电安装工程中，当风管的外径或外边长小于或等于 300mm 时，其允许偏差不应大于( )mm。

A. 2 B. 3 C. 4 D. 5

解析：A。解析同第 30 题。

32. 地铁机电安装工程中，当风管的外径或外边长大于 300mm 时，其允许偏差不应大于( )mm。

A. 2 B. 3 C. 4 D. 5

解析：B。解析同第 30 题。

33. 地铁机电安装工程中，当风管的外径或外边长小于或等于 300mm 时，其允许偏差不应大于( )mm；当风管的外径或外边长大于 300mm 时，不应大于( )mm。

A. 2，2 B. 2，3 C. 3，3 D. 3，2

解析：B。解析同第 30 题。

34. 地铁机电安装工程中，管口平面度的允许偏差不应大于( )mm。

A. 2 B. 3 C. 4 D. 5

解析：A。解析同第30题。

35. 地铁机电安装工程中，管式矩形消声器弯管平面边长大于（　　）mm时，应设置吸声导流片。
　　A. 500　　　　　B. 600　　　　　C. 800　　　　　D. 1000
解析：C。矩形消声弯管平面边长大于800mm时，应设置吸声导流片（《通风与空调工程施工质量验收规范》GB 50243第5.2.6条）。

36. 地铁机电安装工程中，公共区百叶风口与风管连接需要采用柔性短管连接时，柔性短管的选用应符合（　　）。
　　A. 采用抗腐、防潮、透气及不易霉变的柔性材料
　　B. 采用抗腐、防潮、透气及不易变形的材料
　　C. 采用抗腐、防潮、不透气及不易变形的材料
　　D. 采用抗腐、防潮、不透气及不易霉变的柔性材料
解析：D。柔性短管的制作应符合下列规定：(1)外径或外边长应与风管尺寸相匹配；(2)应采用抗腐、防潮、不透气及不易霉变的柔性材料；(3)用于净化空调系统的还应是内壁光滑、不易产生尘埃的材料；(4)柔性短管的长度宜为150~250mm，接缝的缝制或粘接应牢固、可靠，不应有开裂；成型短管应平整，无扭曲等现象；(5)柔性短管不应为异径连接管，矩形柔性短管与风管连接不得采用抱箍固定的形式；(6)柔性短管与法兰组装宜采用压板铆接连接，铆钉间距宜为60~80mm（《通风与空调工程施工质量验收规范》GB 50243第5.3.7条）。

37. 地铁机电安装工程中，风管与设备间应采用柔性短管连接，柔性短管的长度宜为（　　）mm。
　　A. 100~200　　　B. 150~300　　　C. 150~250　　　D. 100~250
解析：C。解析同第36题。

38. 地铁机电安装工程中，风管与设备间应采用柔性短管连接，柔性短管与法兰组装宜采用压板铆接连接，铆钉间距宜为（　　）mm。
　　A. 40~60　　　　B. 40~80　　　　C. 60~100　　　D. 60~80
解析：D。解析同第36题。

39. 地铁机电安装工程中，边长（直径）大于（　　）mm的弯头、三通等部位应设置单独的支、吊架。
　　A. 630　　　　　B. 800　　　　　C. 1000　　　　D. 1250
解析：D。边长（直径）大于1250mm的弯头、三通等部位应设置单独的支、吊架（《通风与空调工程施工质量验收规范》GB 50243第6.3.1条第7款）。

40. 地铁机电安装工程中，明装风管水平安装时，水平允许偏差应为（　　）。
　　A. 2‰　　　　　B. 3‰　　　　　C. 4‰　　　　　D. 5‰
解析：B。风管的连接应平直。明装风管水平安装时，水平度的允许偏差应为3‰，总偏差不应大于20mm；明装风管垂直安装时，垂直度的允许偏差应为2‰，总偏差不应大于20mm（《通风与空调工程施工质量验收规范》GB 50243第6.3.2条第7款）。

41. 地铁机电安装工程中，明装风管水平安装时，总偏差不应大于（　　）mm。
　　A. 20　　　　　B. 30　　　　　C. 40　　　　　D. 50

解析：A。解析同第40题。

42. 地铁机电安装工程中，明装风管水平安装时，水平允许偏差应为（　　），总偏差不应大于（　　）mm。
  A. 2‰，20　　　　B. 2‰，30　　　　C. 3‰，20　　　　D. 3‰，30
解析：C。解析同第40题。

43. 地铁机电安装工程中，明装风管垂直安装时，垂直允许偏差应为（　　）。
  A. 2‰　　　　　B. 3‰　　　　　C. 4‰　　　　　D. 5‰
解析：A。解析同第40题。

44. 地铁机电安装工程中，明装风管垂直安装时，总偏差不应大于（　　）mm。
  A. 20　　　　　B. 30　　　　　C. 40　　　　　D. 50
解析：A。解析同第40题。

45. 地铁机电安装工程中，明装风管垂直安装时，垂直允许偏差应为（　　），总偏差不应大于（　　）mm。
  A. 2‰，20　　　　B. 2‰，30　　　　C. 3‰，20　　　　D. 3‰，30
解析：A。解析同第40题。

46. 地铁机电安装工程中，柔性短管的安装应松紧适度，目测平顺、不应有强制性的扭曲。可伸缩金属或非金属柔性风管的长度不宜大于（　　）m。
  A. 0.5　　　　　B. 1.0　　　　　C. 1.5　　　　　D. 2.0
解析：D。柔性短管的安装应松紧适度，目测平顺、不应有强制性的扭曲。可伸缩金属或非金属柔性风管的长度不宜大于2m（《通风与空调工程施工质量验收规范》GB 50243第6.3.5条）。

47. 地铁机电安装工程中，酚醛复合风管插接连接法兰的不平整度应不大于（　　）mm。
  A. 1　　　　　　B. 2　　　　　　C. 3　　　　　　D. 4
解析：B。酚醛复合板风管与聚氨酯复合板风管的安装，尚应符合下列规定：(1) 插接连接法兰的不平整度应小于或等于2mm，插接连接条的长度应与连接法兰齐平，允许偏差应为－2～0mm（《通风与空调工程施工质量验收规范》GB 50243第6.3.7条第3款）。

48. 地铁机电安装工程中，酚醛复合风管插接连接条的长度应与连接法兰平齐，允许偏差应为（　　）mm。
  A. ±2　　　　　B. ±1　　　　　C. －2～－1　　　　D. －2～0
解析：D。解析同第47题。

49. 地铁机电安装工程中，酚醛复合风管插接连接法兰的不平整度应小于或等于（　　）mm，插接连接条的长度应与连接法兰平齐，允许偏差应为（　　）mm。
  A. 1，±2　　　　　　　　　　　　B. 2，±1
  C. 1，－2～0　　　　　　　　　　 D. 2，－2～0
解析：D。解析同第47题。

50. 地铁机电安装工程中，风口水平安装，水平度的允许偏差应为（　　）。
  A. 1‰　　　　　B. 2‰　　　　　C. 3‰　　　　　D. 4‰

解析：C。风口水平安装，水平度的允许偏差应为3‰；风口垂直安装，垂直度的允许偏差应为2‰（《通风与空调工程施工质量验收规范》GB 50243第6.3.13条）。

51. 地铁机电安装工程中，风口垂直安装，垂直度的允许偏差应为（　　）。
  A. 1‰　 B. 2‰　 C. 3‰　 D. 4‰
  解析：B。解析同第50题。

52. 地铁机电安装工程中，风口水平安装，水平度的允许偏差应为（　　）；风口垂直安装，垂直度的允许偏差应为（　　）。
  A. 3‰，2‰　 B. 3‰，3‰　 C. 2‰，2‰　 D. 2‰，3‰
  解析：A。

53. 地铁机电安装工程中，明装无吊顶的风口，安装位置和标高允许偏差应为（　　）mm。
  A. 5　 B. 10　 C. 15　 D. 20
  解析：B。明装无吊顶的风口，安装位置和标高允许偏差应为10mm（《通风与空调工程施工质量验收规范》GB 50243第6.3.13条）。

54. 地铁机电安装工程中，镀锌钢板风管间须设置法兰垫片，其中风管法兰垫片厚度不应小于（　　）mm。
  A. 2　 B. 3　 C. 4　 D. 5
  解析：B。风管接口的连接应严密牢固。风管法兰的垫片材质应符合系统功能的要求，厚度不应小于3mm。垫片不应凸入管内，且不宜突出法兰外；垫片接口交叉长度不应小于30mm（《通风与空调工程施工质量验收规范》GB 50243第6.3.2条第4款）。

55. 地铁机电安装工程中，镀锌钢板风管间须设置法兰垫片，其中风管法兰垫片接口交叉长度不应小于（　　）mm。
  A. 10　 B. 20　 C. 30　 D. 40
  解析：C。解析同第54题。

56. 地铁机电安装工程中，镀锌钢板风管间须设置法兰垫片，其中风管法兰垫片厚度不应小于（　　）mm，垫片接口交叉长度不应小于（　　）mm。
  A. 3，30　 B. 5，30　 C. 5，50　 D. 3，50
  解析：A。解析同第54题。

57. 地铁机电安装工程中，管线与设备连接处需设置柔性风管，柔性风管支、吊架间距不应大于（　　）mm。
  A. 500　 B. 1000　 C. 1500　 D. 2000
  解析：C。柔性风管支、吊架间距不应大于1500mm，承托的座或箍的宽度不应小于25mm，两支架间风管的最大允许下垂为100mm，且不应有死弯或塌凹。

58. 地铁机电安装工程中，管线与设备连接处需设置柔性风管，柔性风管支、吊架承托的座或箍的宽度不应小于（　　）mm。
  A. 10　 B. 15　 C. 20　 D. 25
  解析：D。解析同第57题。

59. 地铁机电安装工程中，管线与设备连接处需设置间距不大于1500mm的柔性风管，柔性风管在两支架间的最大允许下垂为（　　）mm，且不应有死弯或塌凹。

A. 100 B. 200 C. 300 D. 400

解析：A。解析同第 57 题。

60. 地铁机电安装工程中，风机在额定转速下连续运转 2h 后，滑动轴承外壳最高温度不得大于（ ）℃。

A. 40 B. 50 C. 60 D. 70

解析：D。风机在额定转速下连续运转 2h 后，滑动轴承外壳最高温度不得大于 70℃，滚动轴承不得大于 80℃。

61. 地铁机电安装工程中，风机在额定转速下连续运转 2h 后，滚动轴承不得大于（ ）℃。

A. 50 B. 60 C. 70 D. 80

解析：D。解析同第 60 题。

62. 地铁机电安装工程中，风机在额定转速下连续运转 2h 后，滑动轴承外壳最高温度不得大于（ ）℃，滚动轴承不得大于（ ）℃。

A. 40，50 B. 50，60 C. 60，70 D. 70，80

解析：D。解析同第 60 题。

63. 地铁机电安装工程中，风管支吊架距末端距离不应大于（ ）mm。

A. 500 B. 1000 C. 1500 D. 2000

解析：B。地铁机电安装工程中，风管支吊架距末端距离不应大于 1000mm。

64. 地铁机电安装工程中，水平安装的风管弯头处需设置独立支吊架，弯头与直管段连接处，距弯头起点不小于（ ）mm 也需设置支吊架。

A. 500 B. 1000 C. 1500 D. 2000

解析：A。地铁机电安装工程中，风管支吊架距水平弯头起点不小于 500mm。

65. 地铁机电安装工程中，风管支吊架距风管末端不应大于（ ）mm，距水平弯头起点不小于（ ）mm。

A. 1000，500 B. 1000，1000 C. 500，500 D. 500，1000

解析：A。地铁机电安装工程中，风管支吊架距末端不应大于 1000mm，距水平弯头起点不小于 500mm。

66. 地铁机电安装工程中，风管主干管长度超过（ ）m 应设防晃支架，每个系统不少于 1 个防晃支架。

A. 15 B. 20 C. 30 D. 40

解析：B。地铁机电安装工程中，主干风管长度超过 20m 应设防晃支架，每个系统不少于 1 个防晃支架。

67. 地铁机电安装工程中，风管主干管长度超过 20m 应设防晃支架，每个系统不少于（ ）个防晃支架。

A. 1 B. 2 C. 3 D. 4

解析：A。解析同第 66 题。

68. 地铁机电安装工程中，风管主干管长度超过（ ）m 应设防晃支架，每个系统不少于（ ）个防晃支架。

A. 15，1 B. 20，1 C. 15，2 D. 20，2

解析：B。解析同第66题。

69. 高压系统风管法兰的螺栓及铆钉孔的孔距不得小于（　　）mm。

A. 50　　　　B. 100　　　　C. 150　　　　D. 200

解析：B。微压、低压与中压系统风管法兰的螺栓及铆钉孔的孔距不得小于150mm；高压系统风管不得小于100mm。矩形风管法兰的四角部位应设有螺孔。

70. 微压、低压与中压系统风管法兰的螺栓及铆钉孔的孔距不得小于（　　）mm，高压系统风管不得小于（　　）mm。

A. 150，100　　B. 100，100　　C. 100，150　　D. 150，150

解析：A。解析同第69题。

71. 地铁机电安装工程中，采用漏光法检测空调系统的严密性时，低压系统风管以每10m接缝，漏光点不大于（　　）处。

A. 1　　　　B. 2　　　　C. 3　　　　D. 4

解析：B。地铁机电安装工程中，采用漏光法检测空调系统的严密性时，低压系统风管以每10m接缝，漏光点不大于2处。

72. 地铁机电安装工程中，采用漏光法检测空调系统的严密性时，低压系统风管以每（　　）m接缝，漏光点不大于2处。

A. 10　　　　B. 15　　　　C. 20　　　　D. 30

解析：A。解析同第71题。

73. 地铁机电安装工程中，采用漏光法检测空调系统的严密性时，低压系统风管以每（　　）m接缝，漏光点不大于（　　）处。

A. 10，2　　　B. 10，3　　　C. 15，2　　　D. 15，3

解析：A。解析同第71题。

74. 地铁机电安装工程中，通风与空调工程使用的绝热材料和设备进场时，应按现行国家标准（　　）的有关要求进行见证取样检验。

A. 《通风与空调工程施工规范》

B. 《通风与空调工程施工质量验收规范》

C. 《建筑节能工程施工质量验收规范》

D. 《建筑工程施工质量验收统一标准》

解析：C。详见《通风与空调工程施工规范》GB 50738第3.3.4条。

75. 地铁机电安装工程中，矩形风管的弯头宜采用（　　），曲率半径宜为一个平面边长。

A. 内圆外方形　　B. 内外同心弧形　　C. 内外偏心弧形　　D. 外圆内方形

解析：B。详见《通风与空调工程施工规范》GB 50738第4.3.2条。

76. 地铁机电安装工程中，变径管单面变径的夹角宜小于30°，双面变径的夹角宜小于60°。圆形风管三通、四通、支管与总管夹角宜为（　　）。

A. 10°~50°　　B. 15°~60°　　C. 25°~60°　　D. 30°~60°

解析：C。详见《通风与空调工程施工规范》GB 50738第4.3.5条。

77. 地铁机电安装工程中，变径管单面变径的夹角宜小于（　　）。

A. 15°　　　　B. 20°　　　　C. 30°　　　　D. 45°

解析：C。详见《通风与空调工程施工规范》GB 50738 第 4.3.5 条。

78. 地铁机电安装工程中，双面变径的夹角宜小于( )。
   A. 30°　　　　　B. 45°　　　　　C. 60°　　　　　D. 50°
   解析：C。详见《通风与空调工程施工规范》GB 50738 第 4.3.5 条。

79. 地铁机电安装工程中，电动调节风阀应进行驱动装置的动作试验，试验结果应符合产品技术文件的要求，并应在( )下工作正常。
   A. 工作压力　　　　　　　　　B. 设计压力
   C. 最大设计工作压力　　　　　D. 最小设计工作压力
   解析：C。详见《通风与空调工程施工规范》GB 50738 第 6.2.3 条。

80. 地铁机电安装工程中，三通调节风阀手柄开关应标明( )，阀板应调节方便，且不与风管相碰擦。
   A. 开启的角度　　B. 调节的角度　　C. 关闭的角度　　D. 以上均正确
   解析：B。详见《通风与空调工程施工规范》GB 50738 第 6.2.7 条。

81. 地铁机电安装工程中，散流器的扩散环和调节环应( )，轴向环片间距应分布均匀。
   A. 同轴　　　　　B. 同向　　　　　C. 同列　　　　　D. 同位
   解析：A。详见《通风与空调工程施工规范》GB 50738 第 6.4.3 条。

82. 地铁机电安装工程中，地铁控制中心供热系统施工时，如设计未注明时，散热器背面与装饰内表面安装距应为( )mm。
   A. 20　　　　　　B. 30　　　　　　C. 40　　　　　　D. 50
   解析：B。详见《通风与空调工程施工规范》GB 50738 第 8.3.6 条。

83. 地铁机电安装工程中，风管强度与严密性试验应按风管系统的类别和材质分别制作试验风管，不应少于 3 节，并且不应小于( )m^2。
   A. 5　　　　　　　B. 10　　　　　　C. 15　　　　　　D. 20
   解析：C。详见《通风与空调工程施工规范》GB 50738 第 15.2.1 条。

84. 地铁机电安装工程中，常使用的软接风管包括( )，软接风管接缝连接处应严密。
   A. 复合风管和柔性风管　　　　B. 柔性短管和柔性风管
   C. 复合风管和防火风管　　　　D. 柔性短管和防火风管
   解析：B。详见《通风与空调工程施工规范》GB 50738 第 6.6.1 条。

85. 地铁机电安装工程中，管线支吊架焊接应采用( )，焊缝高度应与较薄焊接件厚度相同，焊缝饱满、均匀。
   A. 点焊　　　　　B. 角焊缝点焊　　C. 满焊　　　　　D. 角焊缝满焊
   解析：D。详见《通风与空调工程施工规范》GB 50738 第 7.2.8 条。

86. 地铁机电安装工程中，管线支吊架定位放线时，应按施工图中管道、设备等的安装位置弹出支吊架的中心线，确定支吊架安装位置。严禁将管道( )作为管道支架。
   A. 预留端　　　　B. 分支管　　　　C. 穿墙套管　　　D. 其他吊架
   解析：C。详见《通风与空调工程施工规范》GB 50738 第 7.3.4 条。

87. 地铁机电安装工程中，采用膨胀螺栓固定支吊架时，应符合膨胀螺栓使用技术条件的规定，膨胀螺栓至混凝土构件边缘的距离不应小于8倍的螺栓直径；膨胀螺栓间距不小于（　　）倍的螺栓直径。

  A. 6   B. 8   C. 10   D. 12

  解析：C。详见《通风与空调工程施工规范》GB 50738第7.3.5条第1款。

88. 地铁机电安装工程中，采用膨胀螺栓固定支吊架时，应符合膨胀螺栓使用技术条件的规定，膨胀螺栓至混凝土构件边缘的距离不应小于（　　）倍的螺栓直径。

  A. 6   B. 8   C. 10   D. 12

  解析：B。详见《通风与空调工程施工规范》GB 50738第7.3.5条第1款。

89. 地铁机电安装工程中，装配式管道吊架各配件的连接应牢固，并应有（　　）措施。

  A. 防松动   B. 焊接   C. 铆接   D. 以上均错误

  解析：A。详见《通风与空调工程施工规范》GB 50738第7.4.2条第3款。

90. 地铁机电安装工程中，风管穿过需要密闭的防火、防爆的墙体时，应设壁厚不小于1.6mm的钢制预埋管或防护套管，风管与防护套管之间应采用（　　）封堵。

  A. 难燃且对人体无害的柔性材料
  B. 不燃且对人体无害的柔性材料
  C. 难燃且对人体无害的刚性材料
  D. 不燃且对人体无害的刚性材料

  解析：B。详见《通风与空调工程施工规范》GB 50738第8.1.2条。

91. 地铁机电安装工程中，风机盘管的送、回风口安装位置应符合设计要求。当设计无要求时，安装在同一平面上的送、回风口间距不宜小于（　　）mm。

  A. 800   B. 1000   C. 1200   D. 1400

  解析：C。详见《通风与空调工程施工规范》GB 50738第8.1.10条。

92. 地铁机电安装工程中，通风与空调工程采用的新技术、新工艺、新材料、新设备，应按有关规定进行评审、鉴定及备案。施工前应对新的或首次采用的施工工艺制定（　　）。

  A. 专项的施工技术方案   B. 工艺卡
  C. 施工组织设计   D. 施工方案

  解析：A。详见《通风与空调工程施工规范》GB 50738第3.1.7条。

93. 地铁机电安装工程中，非金属风管或复合风管与金属风管及设备连接时，应采用（　　）作为连接件。

  A. "v"形金属短管   B. "h"形金属短管
  C. "u"形金属短管   D. 以上均错误

  解析：B。详见《通风与空调工程施工规范》GB 50738第8.1.7条。

94. 高压系统风管的严密性试验应为（　　）测试。

  A. 漏光   B. 漏风量   C. 漏光加漏风量   D. 以上均错误

  解析：B。详见《通风与空调工程施工规范》GB 50738第15.3.1条。

95. 地铁机电安装工程中，关于风管安装下列说法不正确的是（　　）。

  A. 风管与防护套管之间用刚性材料密封

B. 风管内严禁其他管线穿越

C. 输送含有易燃、易爆气体或安装在易燃、易爆环境的风管系统应有良好的接地，通过生活区或其他辅助生产房间时必须严密，并不得设置接口

D. 室外立管的固定拉索严禁拉在避雷针或避雷网

解析：A。详见《通风与空调工程施工质量验收规范》GB 50243 第 6.2.2 条。

96. 地铁机电安装工程中，《通风与空调工程施工质量验收规范》GB 50243 规定，下列属于风管配件的是(　　)。

A. 风管系统中的风管、风管部件、法兰和支吊架等

B. 风管系统中的各类风口、阀门、排气罩、风帽、检查门和测定孔等

C. 风管系统中的吊杆、螺丝、风机、电动机等

D. 风管系统中的弯管、三通、四通、各类变径及异形管、倒流叶片和法兰等

解析：D。

97. 《通风与空调工程施工质量验收规范》GB 50243 规定，下列属于风管部件的是(　　)。

A. 风管系统中的弯管、三通、四通、各类变径及异形管、导流叶片和法兰等

B. 风管系统中的各类风口、阀门、排气罩、风帽、检查门和测定孔等

C. 风管系统中的吊杆、螺丝、风机、电动机等

D. 风管系统中的风管、风管部件、法兰和支吊架等

解析：B。

98. 地铁机电安装工程中，《通风与空调工程施工质量验收规范》GB 50243 规定，通风与空调工程的施工，应把每一个(　　)施工工序作为工序交接检验点，并形成相应的质量记录。

A. 分部　　　　B. 子分部　　　　C. 分项　　　　D. 子分项

解析：C。

99. 地铁机电安装工程中，通风与空调工程中的隐蔽工程，在隐蔽前(　　)。

A. 必须经建设单位人员验收及认可签证

B. 必须经设计单位人员验收及认可签证

C. 必须经监理单位人员验收及认可签证

D. 无需验收

解析：C。

100. 地铁机电安装工程中，《通风与空调工程施工质量验收规范》GB 50243 规定，通风与空调工程中从事管道支架焊接施工的焊工，必须具备(　　)的考核合格证书。

A. 初级上岗　　　　　　　　　　B. 普工岗位

C. 特级钳工　　　　　　　　　　D. 操作资格证书和相应类别管道焊接

解析：D。

101. 地铁机电安装工程中，《通风与空调工程施工质量验收规范》GB 50243 规定，通风与空调工程竣工的系统调试，应在(　　)的共同参与下进行，施工企业应具有专业检测人员和符合有关标准规定的测试仪器。

A. 建设和监理单位　　　　　　　B. 设计单位与施工单位

C. 设计单位和监理单位　　　　　　D. 项目经理与技术负责人
解析：A。

102. 地铁机电安装工程中，《通风与空调工程施工质量验收规范》GB 50243 规定，排烟系统风管钢板厚度应按（　　）执行。
A. 中、低压系统　　　　　　　　　B. 螺旋风管的钢板厚度
C. 高压系统　　　　　　　　　　　D. 中压系统
解析：C。

103. 地铁机电安装工程中，《通风与空调工程施工质量验收规范》GB 50243 规定，防火风管的本体、框架与固定材料、密封垫料必须为（　　），其耐火等级应符合设计规定。
A. 不燃材料　　　B. 阻燃材料　　　C. 难燃 B1 级材料　　D. 难燃材料
解析：A。

104. 地铁机电安装工程中，《通风与空调工程施工质量验收规范》GB 50243 规定，手动单叶片或多叶片调节风阀的手轮或扳手，应以（　　）方向转动为关闭，其调节范围及开启角度指示应与叶片开启角度相一致。
A. 水平　　　　　B. 反时针　　　　C. 顺时针　　　　D. 垂直
解析：C。

105. 地铁机电安装工程中，《通风与空调工程施工质量验收规范》GB 50243 规定，防火阀和排烟阀（排烟口）必须符合有关（　　）的规定，并具有相应的产品合格证明文件。
A. 3C 产品标准　　　　　　　　　　B. 消防产品标准
C. 当地质量检验部门标准　　　　　D. 专业产品标准
解析：B。

106.《通风与空调工程施工质量验收规范》GB 50243 规定，防爆风阀的制作材料必须符合设计规定，（　　）替换。
A. 能够自行　　　　　　　　　　　B. 不得自行
C. 报告甲方同意后　　　　　　　　D. 报告监理同意后
解析：B。

107.《通风与空调工程施工质量验收规范》GB 50243 规定，防爆风阀的制作材料必须符合（　　）规定，不得自行替换。
A. 设计规定　　　B. 监理规定　　　C. 甲方规定　　　D. 施工方自行规定
解析：A。

108. 地铁机电安装工程中，《通风与空调工程施工质量验收规范》GB 50243 规定，防排烟系统的柔性短管的制作材料必须为（　　）。
A. 难燃性材料　　B. 难燃 B1 级材料　　C. 不燃性材料　　D. 阻燃材料
解析：C。

109. 地铁机电安装工程中，《通风与空调工程施工质量验收规范》GB 50243 规定，防排烟系统联合试运行与调试的（　　）结果，必须符合设计与消防的规定。
A. 风量及正压　　B. 设备运行　　　C. 机械运行　　　D. 试运行

解析：A。

110. 地铁机电安装工程中，《通风管道技术规程》JGJ/T 141 规定，金属矩形风管连接时，制作边长≤1250mm 的风管连接法兰需要用（　　）的角钢。
   A. L25×25×3　　　B. L30×30×3　　　C. L40×40×4　　　D. L50×50×5
   解析：B。

111. 地铁机电安装工程中，《通风管道技术规程》JGJ/T 141 规定，金属矩形风管连接时，制作边长≤1250mm 的风管，应使用不小于（　　）的螺栓。
   A. M6　　　　　　B. M8　　　　　　C. M10　　　　　　D. M12
   解析：B。

112. 地铁机电安装工程中，《通风管道技术规程》JGJ/T 141 规定，C 形插条类的平插条连接形式，适用风管（金属矩形风管）边长为（　　）。
   A. 低压风管≤630mm，中压风管≤450mm
   B. 低压风管≤1000mm，中压风管≤630mm
   C. 低压风管≤1250mm，中压风管≤630mm
   D. 低压风管≤1250mm，中压风管≤1000mm
   解析：A。

113. 地铁机电安装工程中，《通风管道技术规程》JGJ/T 141 规定，钢板矩形中、低压系统风管边长≤320mm 时，其风管板材厚度为（　　）mm。
   A. 0.5　　　　　　B. 0.75　　　　　C. 1.0　　　　　　D. 1.2
   解析：A。

114. 地铁机电安装工程中，《通风管道技术规程》JGJ/T 141 规定，钢板矩形风管制作时，镀锌钢板或彩色涂层钢板的拼接，应采用（　　），且不得有十字形拼接缝。
   A. 铆接或焊接　　B. 咬接或铆接　　C. 搭接或角接　　D. 对接或角接
   解析：B。

115. 地铁机电安装工程中，《通风管道技术规程》JGJ/T 141 规定，钢板矩形风管制作时，焊接风管可采用（　　）三种形式。
   A. 搭接、角接和对接　　　　　　B. 点接、铆接和扣接
   C. 咬接、扣接或铆接　　　　　　D. 咬接、对接或角接
   解析：A。

116. 地铁机电安装工程中，《通风管道技术规程》JGJ/T 141 规定，风管的法兰强度低于规定强度时，可采用外加固框和管内支撑进行加固，加固件距风管连接法兰一端的距离不应大于（　　）mm。
   A. 400　　　　　　B. 250　　　　　　C. 300　　　　　　D. 350
   解析：B。

117. 地铁机电安装工程中，《通风管道技术规程》JGJ/T 141 规定，外加固型材的高度不宜大于风管法兰高度，且间隔应均匀对称，与风管的连接应牢固，螺栓或铆接点的间距不应大于（　　）mm，外加固框的四角处应连接成一体。
   A. 400　　　　　　B. 220　　　　　　C. 350　　　　　　D. 300
   解析：B。

118. 《通风管道技术规程》JGJ/T 141 规定，不锈钢板风管所用的不锈钢板材厚度小于或等于 1mm 时，板材拼接应采用（　　）；板材厚度大于 1mm 时，宜采用氩弧焊或电弧焊接，不得采用气焊。

　　A. 气焊或电弧焊　　　　　　　　B. 咬接或铆接

　　C. 对接或角接　　　　　　　　　D. 承接或插接答案

　　解析：B。

119. 地铁机电安装工程中，《通风管道技术规程》JGJ/T 141 规定，风管安装前应对风管（　　），且符合设计要求。建筑结构的预留孔洞位置应正确，孔洞应大于风管外尺寸 100mm 以上。

　　A. 制作要求、规格型号、长度进行复核

　　B. 位置、标高、走向进行技术复核

　　C. 规格型号、长度、走向进行技术复核

　　D. 位置、安装要求、长度复核

　　解析：B。

120. 地铁机电安装工程中，《风机、压缩机、泵安装工程施工及验收规范》GB 50275 规定，风机的安装应检查其基础、消音装置和（　　），并应符合工程设计的有关要求。

　　A. 叶轮机壳　　　B. 电器线路　　　C. 防振装置　　　D. 零部件

　　解析：C。

121. 地铁机电安装工程中，《风机、压缩机、泵安装工程施工及验收规范》GB 50275 规定，风机传动装置的外露部分、直接通大气的进口，其（　　）在试运转前应安装完毕。

　　A. 电气设备　　　B. 防护罩（网）　　C. 接地保护装置　　D. 气体净化装

　　解析：B。

122. 地铁机电安装工程中，《风机、压缩机、泵安装工程施工及验收规范》GB 50275 规定，轴流通风机整体出厂机组的安装水平和铅垂度应在底座和风筒上进行测量，其偏差均不应大于（　　）。

　　A. 1/100　　　　B. 1/1000　　　　C. 5/1000　　　　D. 8/1000

　　解析：B。

123. 地铁机电安装工程中，《风机、压缩机、泵安装工程施工及验收规范》GB 50275 规定，轴流通风机各叶片的安装角度应按设备技术文件的规定进行复查和校正，其允许偏差为（　　），并应锁紧固定叶片的螺母；拆、装叶片均应按标记进行，不得错装和互换；更换叶片应按设备技术文件的规定执行。

　　A. ±8°　　　　　B. ±6°　　　　　C. ±2°　　　　　D. ±10°

　　解析：C。

124. 按风管系统工作压力划分，风管系统可分为低压系统、中压系统和高压系统。其中系统工作压力小于等于（　　）为低压系统。

　　A. 300Pa　　　　B. 400Pa　　　　C. 500Pa　　　　D. 600Pa

　　解析：C。

125. 按材质分类，下列（　　）不属于金属风管。

　　A. 镀锌钢板风管　　B. 不锈钢风管　　C. 铝板风管　　D. 玻璃钢风管

解析:D。

126. 地铁机电安装工程中,砖、混凝土风道的允许漏风量不应大于矩形低压系统风管规定值的( )倍。
　　A. 1.2　　　　　　B. 1.5　　　　　　C. 2.0　　　　　　D. 3.0
　　解析:B。地铁机电安装工程中,砖、混凝土风道的允许漏风量不应大于矩形低压系统风管规定值的1.5倍。

127. 圆形金属风管(不包括螺旋风管)直径大于等于800mm,且其管段长度大于( )mm或总表面积大于4m² 均应采取加固措施。
　　A. 1000　　　　　B. 1250　　　　　C. 1500　　　　　D. 2000
　　解析:B。

128. 截面积大于( )m² 的风阀应实施分组调节。
　　A. 1.0　　　　　　B. 1.2　　　　　　C. 1.5　　　　　　D. 2.0
　　解析:B。

129. 地铁机电安装工程中,过滤器与框架之间、框架与空气处理室的围护结构之间应( )。
　　A. 平整　　　　　B. 留出空隙　　　C. 设置垫料　　　D. 严密
　　解析:D。

130. 地铁机电安装工程中,通风与空调工程施工质量的保修期限,自竣工验收合格日起计算为( )个供暖期、供冷期。
　　A. 一　　　　　　B. 二　　　　　　C. 三　　　　　　D. 四
　　解析:B。通风与空调工程施工质量的保修期限,自竣工验收合格日起计算为二个供暖期、供冷期。

131. 地铁机电安装工程中,矩形风管弯管的制作,一般应采用曲率半径为一个平面边长的内外同心弧形弯管。当采用其他形式的弯管,平面边长大于( )mm时,必须设置弯管导流片。
　　A. 400　　　　　　B. 500　　　　　　C. 600　　　　　　D. 800
　　解析:B。

132. 地铁机电安装工程中,固定通风机的地脚螺栓,除应带有垫圈外,还应有( )。
　　A. 螺母　　　　　B. 防松装置　　　C. 橡胶垫　　　　D. 防腐措施
　　解析:B。

133. 地铁机电安装工程中,穿越防火隔墙两侧( )m范围内风管、管道和绝热必须使用不燃绝热材料层。
　　A. 1.5　　　　　　B. 2.0　　　　　　C. 2.5　　　　　　D. 3.0
　　解析:B。

134. 地铁机电安装工程中,消声器的穿孔板应平整,孔眼排列均匀,不得有( ),穿孔率应符合图纸规定。
　　A. 穿孔　　　　　B. 连体　　　　　C. 内凹　　　　　D. 毛刺
　　解析:D。

135. 地铁机电安装工程中,在防火分区的风管应( )。

A. 顺气流　　　　　B. 逆气流　　　　　C. 加设防火阀　　　D. 加设风阀
解析：C。

136. 地铁机电安装工程中，风机盘管机组安装前宜进行单机三速试运转及水压检漏试验。试验压力为系统工作压力的（　　）倍，试验观察时间为2min，不渗漏为合格。
A. 1.1　　　　　　B. 1.15　　　　　C. 1.2　　　　　　D. 1.5
解析：D。

137. 地铁机电安装工程中，通风与空调系统总风量调试结果与设计风量的偏差不应大于（　　）。
A. 5%　　　　　　B. 10%　　　　　C. 15%　　　　　D. 20%
解析：B。

138. 地铁机电安装工程中，低压系统风管的严密性检验应采用抽检，抽检率为（　　），且不得少于1个系统。
A. 5%　　　　　　B. 10%　　　　　C. 20%　　　　　D. 100%
解析：A。

139. 地铁机电安装工程中，风管、部件和设备的绝热工程施工应在（　　）进行。
A. 风管系统严密性试验合格后　　　B. 风管系统安装完毕
C. 质量检验合格后　　　　　　　　D. 无需试验监理的认可后
解析：A。

140. 地铁机电安装工程中，带有防潮层的绝热材料的拼缝应采用粘胶带封严，粘胶带的宽度不应小于（　　）mm。
A. 30　　　　　　B. 40　　　　　　C. 50　　　　　　D. 60
解析：C。

141. 地铁机电安装工程中，工作压力大于（　　）Pa的调节风阀，生产厂应提供强度测试合格的证书（或试验报告）。
A. 500　　　　　　B. 800　　　　　C. 1000　　　　　D. 1500
解析：C。

142. 地铁机电安装工程中，中压系统风管的严密性检验，应在漏光法检测合格后，对系统漏风量测试进行抽检，抽检率为（　　），且不得少于1个系统。
A. 5%　　　　　　B. 10%　　　　　C. 20%　　　　　D. 100%
解析：C。

143. 地铁机电安装工程中，新风系统中连接电加热器的风管的法兰垫片，应采用（　　）。
A. 难燃材料　　　B. 耐热不燃材料　　C. 难燃B1级　　　D. 可燃材料
解析：B。

144. 地铁机电安装工程中，出于节能环保考虑，可以在（　　）安装电加热器。
A. 送风系统　　　B. 排风系统　　　　C. 新风系统　　　D. 排烟系统
解析：C。

145. 地铁机电安装工程中，当采用漏光法检测系统的严密性时，低压系统风管以每10m接缝，漏光点不大于2处，且100m接缝平均不大于（　　）处为合格。

A. 15　　　　　B. 16　　　　　C. 18　　　　　D. 20

解析：B。

146. 地铁机电安装工程中，当采用漏光法检测系统的严密性时，低压系统风管以每（　　）m 接缝，漏光点不大于 2 处。

A. 5　　　　　B. 10　　　　　C. 15　　　　　D. 20

解析：B。

147. 地铁机电安装工程中，当采用漏光法检测系统的严密性时，低压系统风管以 10m 接缝，漏光点不大于（　　）处。

A. 1　　　　　B. 2　　　　　C. 3　　　　　D. 4

解析：B。

148. 地铁机电安装工程中，风管与砖墙、混凝土风道的连接接口，应（　　）气流方向插入。

A. 逆着　　　　B. 顺着　　　　C. 斜着　　　　D. 以上均可

解析：B。

149. 地铁机电安装工程中，空调设备安装前应进行开箱检查，并形成书面验收文字记录，参加检查验收人员为（　　）。

A. 建设、监理
B. 建设、监理、施工
C. 建设、监理、施工、厂商
D. 监理、施工、厂商

解析：C。

150. 地铁机电安装工程中，通风与排烟工程竣工验收前，应由（　　）单位检测，并出具检测报告，检测结果不合格的应重新进行调试，直至合格。

A. 有通风空调检测资质的检测
B. 监理
C. 建设
D. 施工

解析：A。

151. 地铁机电安装工程中，各类保温（绝热）材料耐火等级必须符合设计要求。材料在进场后应对其材质、规格、密度和厚度以及阻燃性能进行抽检，同品牌、同批次抽检不得少于 2 个规格，（　　）进行复试。

A. 委托监理单位
B. 有异议时可委托法定检测单位
C. 委托建设单位
D. 委托施工单位

解析：B。

152. 地铁机电安装工程中，壁厚为 1.2mm，水平方向边长 1600mm、竖直方向边长 800mm 的不保温金属风管，其横梁宜采用（　　）槽钢。

A. [5.0　　　　B. [6.3　　　　C. [8.0　　　　D. [10.0

解析：B。详见图集《地铁工程机电设备系统重点施工工艺》14ST201-2 矩形风管吊架安装材料表。

153. 地铁机电安装工程中，壁厚为 0.5mm，水平方向边长 400mm、竖直方向边长 320mm 的不保温金属风管，其横梁宜采用（　　）。

A. L30×30×3　　　B. L40×40×3　　　C. L50×50×3　　　D. [5.0

解析：A。解析同152题。

154. 地铁机电安装工程中，壁厚为1.2mm，水平方向边长1600mm、竖直方向边长800mm的不保温金属风管，其吊杆宜采用（　　）。

A. ϕ6　　　　　B. ϕ8　　　　　C. ϕ10　　　　　D. ϕ12

解析：C。解析同152题。

155. 地铁机电安装工程中，壁厚为0.5mm，水平方向边长400mm、竖直方向边长320mm的不保温金属风管，其吊杆宜采用（　　）。

A. ϕ6　　　　　B. ϕ8　　　　　C. ϕ10　　　　　D. ϕ12

解析：B。解析同152题。

156. 地铁机电安装工程中，壁厚为1.2mm，水平方向边长1600mm、竖直方向边长800mm的不保温金属风管，其吊杆螺母宜采用（　　）。

A. M6　　　　　B. M8　　　　　C. M10　　　　　D. M12

解析：C。解析同152题。

157. 地铁机电安装工程中，壁厚为0.5mm，水平方向边长400mm、竖直方向边长320mm的不保温金属风管，吊杆螺母宜采用（　　）。

A. M6　　　　　B. M8　　　　　C. M10　　　　　D. M12

解析：B。解析同152题。

158. 地铁机电安装工程中，壁厚为1.2mm，水平方向边长1600mm、竖直方向边长800mm的保温金属风管，其横梁宜采用（　　）。

A. [5.0　　　　B. [6.3　　　　C. [8.0　　　　D. [10.0

解析：B。解析同152题。

159. 地铁机电安装工程中，壁厚为0.5mm，水平方向边长400mm、竖直方向边长320mm的保温金属风管，其横梁宜采用（　　）。

A. L30×30×3　　　B. L40×40×3　　　C. L50×50×3　　　D. [5.0

解析：B。解析同152题。

160. 地铁机电安装工程中，通风空调专业中，以下系统中一般需要进行保温施工的有（　　）。

A. 送风系统　　　B. 排风系统　　　C. 排烟系统　　　D. 通风系统

解析：A。

161. 地铁机电安装工程中，通风空调专业中，以下仪器用来检测风管镀锌层厚度的是（　　）。

A. 千分尺　　　B. 游标卡尺　　　C. 钢卷尺　　　D. 镀锌层测厚仪

解析：D。

162. 地铁机电安装工程中，《通风管道技术规程》JGJ/T 141规定，金属矩形风管连接时，制作边长＞1250mm的风管连接法兰需要用（　　）的角钢。

A. L40×40×3　　　B. L40×40×4　　　C. L50×50×3　　　D. L50×50×4

解析：B。

163. 地铁机电安装工程中，矩形风管吊架安装时，吊杆与风管横梁悬挑边缘距离宜为( )mm。

  A. 30   B. 50   C. 100   D. 150

  解析：B。详见图集《地铁工程机电设备系统重点施工工艺》14ST201-2 矩形风管吊架安装。

164. 地铁机电安装工程中，矩形风管吊架安装时，风管竖直边距离吊杆宜不大于( )mm。

  A. 50   B. 100   C. 150   D. 200

  解析：C。解析同第163题。

165. 地铁机电安装工程中常会用到余压阀，在余压阀的安装过程中，余压阀的重锤应位于( )。

  A. 正压区   B. 泄压区   C. 两侧均可   D. 两侧均需设置

  解析：B。详见图集《地铁工程机电设备系统重点施工工艺》14ST201-2 余压阀安装。

166. 地铁机电安装工程中水平电动组合风阀安装时，固定风阀的镀锌角钢，其间距应不大于( )mm。

  A. 500   B. 800   C. 1000   D. 1200

  解析：C。详见图集《地铁工程机电设备系统重点施工工艺》14ST201-2 水平电动组合风阀安装。

167. 地铁机电安装工程中水平电动组合风阀安装时，固定风阀的镀锌角钢长度宜为( )mm。

  A. 100   B. 200   C. 300   D. 400

  解析：B。解析同第166题。

168. 地铁机电安装工程中，射流风机在区间隧道侧壁安装时，风机外缘与隧道壁的间距应大于( )mm，且不得侵限。

  A. 100   B. 200   C. 300   D. 400

  解析：B。详见图集《地铁工程机电设备系统重点施工工艺》14ST201-2 射流风机马蹄形隧道侧壁安装。

169. 地铁机电安装工程中，射流风机在区间隧道侧壁安装时，风机安装支架的斜撑与水平面夹角应大于( )。

  A. 30°   B. 40°   C. 45°   D. 60°

  解析：B。解析同第168题。

170. 地铁机电安装工程中，隧道 TVF 风机安装时，其基础预埋钢板边缘与混凝土基础边缘的距离宜为( )mm。

  A. 50   B. 100   C. 150   D. 200

  解析：B。详见图集《地铁工程机电设备系统重点施工工艺》14ST201-2 隧道 TVF 风机落地安装。

171. 地铁机电安装工程中，组合式空调机组安装时其四周采取限位固定措施宜采用( )。

  A. L40×40×4   B. [5.0   C. L40×40×3   D. [6.3

  解析：A。详见图集《地铁工程机电设备系统重点施工工艺》14ST201-2 空调机组

172. 地铁机电安装工程中，组合式空调机组安装时其四周宜使用∟40×4进行限位固定，其中角钢长度宜为（　　）mm。

　　A. 100　　　　　　B. 150　　　　　　C. 200　　　　　　D. 300

　　解析：C。解析同第171题。

173. 地铁机电安装工程中，组合式空调机组安装时其四周宜使用∟40×4进行限位固定，其中角钢边缘与基础边缘的距离宜为（　　）mm。

　　A. 100　　　　　　B. 150　　　　　　C. 200　　　　　　D. 300

　　解析：A。解析见第171题。

174. 地铁机电安装工程中，组合式空调机组安装时其四周宜使用L40×40×4进行限位固定，其中角钢上膨胀螺栓孔距角钢边缘的距离宜不小于（　　）mm。

　　A. 10　　　　　　B. 15　　　　　　C. 20　　　　　　D. 25

　　解析：D。解析见第171题。

175. 地铁机电安装工程中，组合式空调机组安装时，其冷凝水排水管的排水口下边缘距离排水沟底部应不小于（　　）mm，排水管的出口应加装90°弯头，使排水管的出口方向顺着排水沟水流方向。

　　A. 20　　　　　　B. 30　　　　　　C. 40　　　　　　D. 50

　　解析：D。详见图集《地铁工程机电设备系统重点施工工艺》14ST201-2 空调机组冷凝水排水水封。

176. 地铁机电安装工程中，组合式空调机组安装时，其冷凝水排水管的出水口方向应于排水沟水流方向（　　）。

　　A. 相同　　　　　　B. 相反　　　　　　C. 垂直　　　　　　D. 以上均可

　　解析：A。详见图集《地铁工程机电设备系统重点施工工艺》14ST201-2 空调机组冷凝水排水水封，排水管出口方向应顺排水沟水流方向。

177. 地铁机电安装工程中，组合式空调机组安装时，其冷凝水排水管的出口应加装90°弯头，使排水管的出口方向顺着排水沟水流方向，其中弯头的长度宜为（　　）mm。

　　A. 50　　　　　　B. 100　　　　　　C. 150　　　　　　D. 200

　　解析：B。解析见第175题。

178. 地铁机电安装工程中，空调水管距离顶板（　　）m及以内的管线采用吊架形式。

　　A. 1.0　　　　　　B. 1.5　　　　　　C. 2.0　　　　　　D. 2.5

　　解析：D。详见图集《地铁工程机电设备系统重点施工工艺》14ST201-2 空调机房单管支吊架安装、空调机房多管支吊架安装。

179. 地铁机电安装工程中，空调水管距离地面（　　）m及以内的管线采用落地支架形式。

　　A. 1.0　　　　　　B. 1.5　　　　　　C. 2.0　　　　　　D. 2.5

　　解析：D。解析见第178题。

180. 地铁机电安装工程中，防火阀和排烟阀（排烟口）必须符合有关（　　）标准的规定，并具有相应的产品合格证明文件。

　　A. 建筑产品　　　　B. 行业产品　　　　C. 新产品　　　　D. 消防产品

解析：D。

181. 地铁机电安装工程中，（　　）必须符合有关消防产品标准的规定，并具有相应的产品合格证明文件。
　　A. 止回阀　　　　　　　　　　B. 排风罩
　　C. 调节阀　　　　　　　　　　D. 防火阀和排烟阀（排烟口）
解析：D。

182. 地铁机电安装工程中，水冷式冷凝器的冷却水进出方式为（　　）。
　　A. 上进下出　　B. 上进上出　　C. 下进下出　　D. 下进上出
解析：D。

183. 地铁机电安装工程中，所采用的隔热材料应具备的性能是（　　）。
　　A. 吸水性好　　B. 密度大　　C. 导热系数要小　　D. 耐火性一般
解析：C。

184. 地铁机电安装工程中，地下车站的隧道通风装置在车站两端分别设（　　）以满足各种工况的控制要求。
　　A. 两台隧道风机及水泵　　　　　B. 一台隧道风机及冷水泵
　　C. 两台隧道风机及组合风阀　　　D. 一台事故风机及冷却水泵
解析：C。地下车站的隧道通风装置在车站两端分别设两台隧道风机及组合风阀以满足各种工况的控制要求。

185. 地铁机电安装工程中，车站站厅、站台公共区的制冷空调及通风（兼排烟）系统，简称（　　）。
　　A. 空调系统　　B. 空调小系统　　C. 空调中系统　　D. 空调大系统
解析：D。车站站厅、站台公共区的制冷空调及通风（兼排烟）系统，简称空调大系统。

186. 地铁机电安装工程中，下列阀门中（　　）不属于风管系统阀门。
　　A. 插板阀　　B. 安全阀　　C. 余压阀　　D. 防火阀
解析：B。安全阀属于水管阀门系统。

187. 地铁机电安装工程中，管道穿越墙体或中板处（　　）。
　　A. 可不设置套管，视情况而定
　　B. 应设钢制套管，钢制套管应与墙体饰面底部平齐，上部应高出中板地面20～50mm
　　C. 应设钢制套管，套管伸出墙面或中板上下表面20～50mm
　　D. 应设钢制套管，套管与墙体饰面或中板上下表面平齐
解析：B。

188. 地铁机电安装工程中，通风与空调专业检验批验收合格率，除有特殊要求外，一般项目的质量抽样检验中，计数合格率不应小于（　　）。
　　A. 60%　　B. 70%　　C. 80%　　D. 90%
解析：C。

189. 地铁机电安装工程中，防火阀和排烟阀（排烟口）必须符合有关消防产品标准的规定，检查时应核对产品的合格证明文件、性能检测报告，检查数量为（　　）。

A. 按批抽查10%，且不少于1件　　　　　B. 按批抽查10%，且不少于2件
C. 按批抽查10%，且不少于5件　　　　　D. 全数检查
解析：B。

190. 地铁机电安装工程中，复合风管的覆面材料防火级别应不低于(　　)，内部的绝热材料防火级别应不低于(　　)。
A. 不燃级，难燃B1级　　　　　　　　　B. 不燃级，易燃级
C. 难燃级，难燃B1级　　　　　　　　　D. 难燃级，不燃级
解析：A。

191. 地铁机电安装工程中，通风管管道规格的验收，风管以(　　)为准，风道以(　　)为准。
A. 外径或外边长、内径或内边长　　　　B. 内径或内边长、外径或外边长
C. 内径或内边长、内径或内边长　　　　D. 内径或外边长、外径或内边长
解析：A。

192. 地铁机电安装工程中，风管与法兰采用铆接连接时，铆接应牢固、不应有脱铆和漏铆现象；翻边应平整、紧贴法兰，其宽度应一致，且不应小于(　　)mm；咬缝与四角处不应有开裂与孔洞。
A. 5　　　　　B. 10　　　　　C. 6　　　　　D. 2
解析：C。

193. 地铁机电安装工程中，关于风管安装，下列说法错误的是(　　)。
A. 连接法兰的螺栓应均匀拧紧，螺母每隔一个分别装在异侧
B. 风管内严禁其他管线穿越
C. 连接法兰的螺栓应均匀拧紧，螺母应装在同侧
D. 现场风管接口配置，不能缩小有效截面
解析：A。

194. 地铁机电安装工程中，机械排烟系统排烟口风速值不宜大于(　　)m/s。
A. 7　　　　　B. 5　　　　　C. 3　　　　　D. 2
解析：A。详见《地铁设计防火标准》GB 51298—2018第8.2.5条。

195. 地铁机电安装工程中，采用C、S形插条连接的金属矩形风管时，其边长不应大于(　　)mm。
A. 450　　　　B. 500　　　　C. 630　　　　D. 800
解析：C。

196. 地铁机电安装工程中，金属矩形风管长边$b=1600$mm，当风管进行连接时，法兰和螺栓规格分别是(　　)。
A. L25×25×3，M6　　　　　　　　　　B. L30×30×3，M6
C. L30×30×3，M8　　　　　　　　　　D. L40×40×4，M8
解析：D。

197. 地铁机电安装工程中，金属风管垂直安装，支、吊架间距不应大于(　　)m。
A. 3　　　　　B. 3.5　　　　C. 4　　　　　D. 4.5
解析：C。

198. 地铁机电安装工程中,中、低压系统里,镀锌矩形风管的长边尺寸 $b=2000mm$ 时,板材厚度应为( )mm。
  A. 0.75   B. 1.0   C. 1.2   D. 1.6
  解析:B。

199. 地铁机电安装工程中,金属风管长边为 1400mm 时,吊杆直径应为( )mm。
  A. $\phi6$ B. $\phi8$ C. $\phi10$ D. $\phi12$
  解析:C。

200. 地铁机电安装工程中,非金属风管的材料一般强度较低,因此,阀件厚度大于( )mm 的各类阀件和设备必须单独设支吊架,不应将这些阀件设备重量由非金属风管来承担。
  A. 200   B. 250   C. 300   D. 400
  解析:A。

201. 地铁机电安装工程中,风管支、吊架的安装应符合下列规定:风管垂直安装,间距不应大于( )m,单根直管至少应有( )个固定点。
  A. 4;2   B. 5;3
  C. 3;2   D. 3;3
  解析:A。

202. 地铁机电安装工程中,《通风与空调工程施工质量验收规范》GB 50243 规定,风管必须通过工艺性的检测或验证,其强度和严密性要求应符合设计或下列规定:风管的强度应能满足在( )下接缝处无开裂。
  A. 1.5 倍工作压力   B. 2 倍工作压力
  C. 1.1 倍工作压力   D. 2.5 倍工作压力
  解析:A。

203. 地铁机电安装工程中,根据《通风与空调工程施工质量验收规范》GB 50243 规定,支、吊架不宜设置在风口、阀门、检查门及自控机构处,离风口或插接管的距离不宜小于( )mm。
  A. 500   B. 200   C. 800   D. 150
  解析:B。

204. 根据《通风与空调工程施工质量验收规范》GB 50243 规定,风机盘管机组及其他空调设备与管道的连接,宜采用弹性接管或软接管(金属或非金属软管),其耐压值应大于等于( )。软管的连接应牢固、不应有强扭和瘪管。
  A. 1.5 倍的工作压力   B. 工作压力
  C. 1.1 倍的工作压力   D. 1.15 倍工作压力
  解析:A。

205. 地铁机电安装工程中,根据国家建筑标准设计图集(K101-1~K101-4)要求,风机混凝土基础强度等级应不小于( )。
  A. C15   B. C20   C. C25   D. C40
  解析:C。

206. 地铁机电安装工程中,设在支管上的支吊架距干管应不大于( )mm。

A. 1000　　　　　B. 1200　　　　　C. 1500　　　　　D. 2000

解析：B。支吊架距风管末端不应大于1000mm，距水平弯头的起弯点间距不应大于500mm，设在支管上的支吊架距干管不应大于1200mm。当矩形风管边长大于2500mm时，支吊架规格型号应经设计确认。

207. 地铁机电安装工程中，风管与土建风道连接时，土建风道上固定角钢用的膨胀螺栓间距不得大于（　　）mm，四角部位应有膨胀螺栓。

A. 200　　　　　B. 300　　　　　C. 400　　　　　D. 500

解析：B。

208. 地铁机电安装工程中，轨底排热风口安装时使用的后切底胀栓间距与螺栓间距应不大于（　　）mm，且四角部位应设有后切底胀栓或螺栓。

A. 200　　　　　B. 300　　　　　C. 400　　　　　D. 500

解析：D。

209. 地铁机电安装工程中，单体风阀安装时，执行机构安装侧阀体距离墙面应不小于（　　）mm，以便操作和维护。

A. 150　　　　　B. 200　　　　　C. 300　　　　　D. 350

解析：D。

210. 地铁机电安装工程中，防火阀安装时，当防火阀直径或边长大于等于630mm，应设独立支、吊架。在施工安装时应（　　），以确保防火阀的独立与稳定性。

A. 对阀体两端进行四角吊装　　　　B. 对阀体两端进行对角吊装
C. 对阀体进行底边承托吊装　　　　D. 以上均可

解析：A。

211. 地铁机电安装工程中，防火阀、排烟阀的安装方向、位置应正确。防火分区隔墙两侧的防火阀距墙表面不应大于200mm，不宜小于（　　）mm。

A. 50　　　　　B. 100　　　　　C. 150　　　　　D. 200

解析：B。

212. 地铁机电安装工程中，防火阀、排烟阀的安装方向、位置应正确。防火分区隔墙两侧的防火阀距墙表面宜为（　　）mm。

A. 50～100　　　B. 100～200　　　C. 50～150　　　D. 150～200

解析：B。

213. 地铁机电安装工程中，立式电动组合风阀安装时，若风阀周围存在空隙，应做（　　）处理。

A. 采用3mm厚钢板两面封堵，中间用不燃材料填充
B. 采用3mm厚钢板单面封堵，中间用不燃材料填充
C. 采用3mm厚钢板两面封堵，中间无需填充
D. 采用铁丝网进行安全可靠防护

解析：A。

214. 地铁机电安装工程中，风管法兰部位的保温层厚度，不应低于风管保温层厚度的（　　）倍。

A. 0.5　　　　　B. 0.6　　　　　C. 0.8　　　　　D. 1.0

解析：C。

215. 地铁机电安装工程中，综合管线敷设时，其支吊架主要构件表面处理使用热浸镀锌，镀锌层厚度应不小于（　　）μm。
    A. 45　　　　　　B. 50　　　　　　C. 55　　　　　　D. 60
    解析：C。

216. 地铁机电安装工程中，对防火封堵材料耐火性能等级要求为：一般部位防火封堵的耐火极限不低于（　　）h；穿越防火分区处的耐火极限不低于（　　）h，应提供防火封堵材料耐火性能的相应检测报告。
    A. 1，2　　　　　B. 2，2　　　　　C. 2，3　　　　　D. 3，3
    解析：C。

217. 地铁机电安装工程中，防火封堵材料的长期有效性不应小于（　　）年，以减少更换次数，在使用年限内具有稳定的耐火性。
    A. 10　　　　　　B. 15　　　　　　C. 20　　　　　　D. 30
    解析：D。

218. 地铁机电安装工程中，下列不属于抗震支吊架组成构件的是（　　）。
    A. 锚固件　　　　B. 吊杆　　　　　C. 抗震连接构件　　D. 抗震斜撑
    解析：B。抗震支吊架由锚固件、加固吊杆、抗震连接构件及抗震斜撑组成。

219. 地铁机电安装工程中，施工过程中使用的抗震连接构件材料厚度不应小于（　　）mm，表面宜采用锌铬涂层、热浸镀锌等方式处理。
    A. 3　　　　　　　B. 5　　　　　　　C. 4　　　　　　　D. 6
    解析：B。

220. 地铁机电安装工程中，抗震支吊架产品运抵现场后应按产品规格、型号摆放在卡板上，摆放高度不应超过（　　）。
    A. 5层或1m　　　　　　　　　　　　B. 5层或1.2m
    C. 7层或1m　　　　　　　　　　　　D. 7层或1.2m
    解析：A。

221. 地铁机电安装工程中，矩形风管角钢横向外加固固定，采用镀锌铆钉铆固时其间距应不大于220mm，铆钉离侧边应不大于（　　）mm。
    A. 20　　　　　　B. 30　　　　　　C. 40　　　　　　D. 50
    解析：B。

222. 地铁机电安装工程中，风管加固中折角加固方法适用于长边不大于（　　）mm的低、中压风管。
    A. 1000　　　　　B. 1250　　　　　C. 1600　　　　　D. 800
    解析：C。

223. 地铁机电安装工程中，风管加固中Z形加固方法适用于长边不大于（　　）mm的低、中压风管。
    A. 1000　　　　　B. 1250　　　　　C. 1600　　　　　D. 2000
    解析：D。

224. 地铁机电安装工程中，空调水系统管径小于DN100的镀锌钢管及带有防腐涂层的钢管应采用（　　）连接方式。

A. 焊接连接　　　B. 卡箍连接　　　C. 螺纹连接　　　D. 法兰连接

解析：C。管径小于 DN100 的镀锌钢管及带有防腐涂层的钢管不得采用焊接连接，应采用螺纹连接。当管径大于 DN100 时，可采用卡箍或法兰连接（《通风与空调工程施工质量验收规范》GB 50243 第 9.1.1 条）。

225. 地铁机电安装工程中，空调水系统螺纹连接管道的螺纹应清洁规整，断丝或缺丝不应大于螺纹全扣数的（　　）。

A. 5%　　　　　B. 10%　　　　　C. 15%　　　　　D. 20%

解析：B。螺纹连接管道的螺纹应清洁规整，断丝或缺丝不应大于螺纹全扣数的 10%。管道的连接应牢固，接口处的外露螺纹应为 2~3 扣，不应有外露填料。镀锌管道的镀锌层应保护完好，局部破损处应进行防腐处理（《通风与空调工程施工质量验收规范》GB 50243 第 9.3.3 条）。

226. 地铁机电安装工程中，空调水系统管道的螺纹连接应牢固，接口处的外露螺纹应为（　　）扣，并对外露螺纹做防腐处理。

A. 1~2　　　　B. 2~3　　　　C. 3~4　　　　D. 4~5

解析：B。解析同第 225 题。

227. 地铁机电安装工程中，空调水系统螺纹连接管道的螺纹应清洁规整，断丝或缺丝不应大于螺纹全扣数的（　　）；管道的连接应牢固，接口处的外露螺纹应为（　　）扣。

A. 10%，3~5　　　　　　　　B. 20%，3~5
C. 10%，2~3　　　　　　　　D. 20%，2~3

解析：C。解析同第 225 题。

228. 地铁机电安装工程中，分集水器进出水口法兰为（　　）。

A. 平焊法兰　　B. 蝶阀法兰　　C. 对焊法兰　　D. 螺纹法兰

解析：B。分集水器进出水口法兰为蝶阀法兰，泄水口法兰为平焊法兰。

229. 地铁机电安装工程中，分集水器泄水口法兰为（　　）。

A. 平焊法兰　　B. 蝶阀法兰　　C. 平焊法兰　　D. 螺纹法兰

解析：C。解析见第 228 题。

230. 地铁机电安装工程中，分集水器进出水口法兰为（　　），泄水口法兰为（　　）。

B. 平焊法兰，对焊法兰　　　　B. 蝶阀法兰，对焊法兰
C. 平焊法兰，蝶阀法兰　　　　D. 蝶阀法兰，平焊法兰

解析：D。解析见第 228 题。

231. 地铁机电安装工程中，工作压力大于（　　）Pa 的调节风阀，生产厂家应提供在 1.5 倍工作压力下能自由开关的强度测试合格证书或实验报告。

A. 1000　　　　B. 1500　　　　C. 2000　　　　D. 3000

解析：A。

232. 地铁机电安装工程中，制冷管道和设备的隔热层厚度根据（　　）原则确定。

A. 隔热层的外表面不会引起结露的要求来确定其最小厚度
B. 隔热层的内表面不会引起结露的要求来确定其最小厚度

C. 热量损失最小原则来确定其最小厚度

D. 采用统一厚度

解析：A。

233. 地铁机电安装工程中，空调水管公称直径为 DN100～DN150 沟槽连接管道支吊架允许最大间距为（　　）m。

A. 3.6　　　　B. 4.2　　　　C. 4.8　　　　D. 5.4

解析：B；详见《通风与空调工程施工规范》GB 50738 第 7.3.4 条第 4 款。

234. 地铁机电安装工程中，空调水管安装设有补偿器时应设置（　　），其形式和位置应符合设计要求。

A. 固定支架　　　　　　　　B. 导向支架

C. 滚动支架　　　　　　　　D. 固定支架和导向支架

解析：D。详见《通风与空调工程施工规范》GB 50738 第 7.3.7 条第 1 款。

235. 地铁机电安装工程中，空调水管与金属支吊架接触处应采取（　　）措施。

A. 防电化学腐蚀　　　　　　B. 防化学腐蚀

C. 防静电　　　　　　　　　D. 防滑落

解析：A。详见《通风与空调工程施工规范》GB 50738 第 7.8.3 条第 3 款。

236. 地铁机电安装工程中，空调水系统水泵出水管安装顺序应依次（　　）。

A. 可挠曲软接头→变径管→短管→止回阀→闸阀

B. 可挠曲软接头→变径管→短管→闸阀→止回阀

C. 变径管→可挠曲软接头→短管→止回阀→闸阀

D. 变径管→可挠曲软接头→短管→闸阀→止回阀

解析：C。详见《通风与空调工程施工规范》GB 50738 第 10.8.6 条第 1 款。

237. 地铁机电安装工程中，对于工作压力大于（　　）MPa 及在空调水系统主干管上起切断作用的阀门，应进行强度和严密性试验，合格后方可使用。

A. 0.5　　　　B. 0.8　　　　C. 1.0　　　　D. 1.5

解析：C。

238. 地铁机电安装工程中，采用隔振措施的制冷设备或制冷附属设备，其隔振器安装位置应正确；各个隔振器的压缩量，应均匀一致，偏差不应大于（　　）mm。

A. 1.0　　　　B. 2.0　　　　C. 5.0　　　　D. 10

解析：B。

239. 地铁机电安装工程中冷水、冷却水系统的试验压力，当工作压力≤1.0MPa 时，为（　　）倍工作压力，但最低不小于 0.6MPa；当工作压力大于 1.0MPa 时，为工作压力加 0.5MPa。

A. 1.1　　　　B. 1.2　　　　C. 1.5　　　　D. 2.0

解析：C。

240. 地铁机电安装工程中，空调水系统管道压力试验时，当压力升到试验压力后，稳压 10min，压力下降不得大于（　　）MPa，之后再将系统压力降到工作压力，外观检查无渗漏为合格。

A. 0.01　　　　B. 0.02　　　　C. 0.05　　　　D. 0.1

解析：B。

241. 地铁机电安装工程中，空调水系统镀锌钢管安装不得采用（　　）。
A. 冷弯　　　　B. 镀锌成品弯头　　C. 热揻弯　　　　D. 焊接
解析：C。

242. 地铁机电安装工程中，空调水系统在保温管道上的各类手动阀门手柄不得（　　）。
A. 向上　　　　B. 向下　　　　C. 向左　　　　D. 向右
解析：B。

243. 地铁机电安装工程中，多联机空调系统中使用的毛细管通常采用管径为（　　）mm 的纯铜管制作。
A. 0.3～0.5　　　　　　　　B. 0.5～2.5
C. 2.5～5.0　　　　　　　　D. 3.0～6.0
解析：B。

244. 地铁机电安装工程中，空调水管系统主要包括（　　）。
A. 给水管、排水管、冷水管　　　　B. 冷水管、冷却水管、冷凝水管
C. 消防水管、冷水管　　　　　　　D. 冷却水管、排水管
解析：B。地铁空调水管系统主要包括冷水管、冷却水管、冷凝水管。

245. 地铁机电安装工程中，各站为供给车站大、小系统空调用水所设置的制冷系统称为（　　）。
A. 冷却水系统　　　　　　　B. 车站空调水系统
C. 消防水系统　　　　　　　D. 生产用水系统
解析：B。各站为供给车站大、小系统空调用水所设置的制冷系统称为车站空调水系统。

246. 地铁机电安装工程中，空调水系统氨制冷剂系统管道、附件、阀门及填料的材质不应采用（　　）。
A. 钢质材料　　　　　　　　B. 铸铁材料
C. 铜或铜合金材料　　　　　D. 无规定
解析：C。

247. 地铁机电安装工程中，空调水系统中水平安装 DN125 保温镀锌钢管时，管道支、吊架间距不应超过（　　）m。
A. 4.0　　　　B. 4.5　　　　C. 5.5　　　　D. 6.0
解析：C。

248. 地铁机电安装工程中，根据《通风与空调工程施工质量验收规范》GB 50243 规定，空调水管道分区、分层试压：在试验压力下，稳压 10min，压力不得下降，再将系统压力降至工作压力，在（　　）min 内压力不得下降、外观检查无渗漏为合格。
A. 60　　　　B. 30　　　　C. 15　　　　D. 120
解析：A。

249. 地铁机电安装工程中，根据《通风与空调工程施工质量验收规范》GB 50243 规定，空调水管道系统试压：在各分区管道与系统主、干管全部连通后，对整个系统的管道

进行系统的试压。试验压力以（　　）为准，但最低点的压力不得超过管道与组成件的承受压力。

A. 最高点的压力　　　　　　　　B. 最低点的压力
C. 工作压力大 1.5 倍　　　　　　D. 工作压力
解析：B。

250. 地铁机电安装工程中，根据《通风与空调工程施工质量验收规范》GB 50243 规定，空调凝结水管道采用（　　），应以不渗漏为合格。

A. 蓄水试验　　　　　　　　　　B. 打压试验
C. 充水试验　　　　　　　　　　D. 以空调水的工作压力为准打压
解析：C。

251. 根据《通风与空调工程施工质量验收规范》GB 50243 规定，空调系统阀门强度试验时，试验压力为公称压力的 1.5 倍，持续时间不少于（　　）min，阀门的壳体、填料应无渗漏。

A. 5　　　　　　B. 3　　　　　　C. 10　　　　　　D. 1
解析：A。

252. 空调冷水系统正常运行时，水泵出口处的压力等于（　　）。

A. 系统的静水压力　　　　　　　B. 静水压力与水泵全压之和
C. 水泵出口处的静压与水泵静压之和　D. 水泵静压
解析：B。空调冷水系统正在运行时，水泵出口处的压力等于静水压力与水泵全压之和。

253. 通风空调系统中，当采用两台同型号的风机并联运行时，下列说法错误的是（　　）。

A. 并联运行时总流量等于每台风机单独运行时的流量之和
B. 并联运行时总扬程不等于每台风机单独运行时的扬程
C. 并联运行时总流量等于两台风机联合运行时的流量之和
D. 并联运行比较适合管路阻力特性曲线平坦的系统
解析：A。两台同型号的风机并联运行时，总流量等于两台风机联合运行时的流量之和。

254. 地铁机电安装工程调试工程中，叶轮式风速仪适合测量（　　）。

A. 风道内的气流速度　　　　　　B. 表冷器中的气流速度
C. 空调房间内的气流速度　　　　D. 新风、送回风口的气流速度
解析：D。

255. 地铁机电安装工程调试工程中，当排气压力阀故障超过规定数值时（　　）将被打开，从而避免事故产生。

A. 吸气阀　　　　B. 排气阀　　　　C. 安全阀　　　　D. 余压阀
解析：C。

256. 对大气臭氧层没有破坏作用的制冷剂是（　　）。

A. R12　　　　　B. R410　　　　　C. R22　　　　　D. R502
解析：B。

257. 压缩机的实际工作循环经过四个过程，他们依次为(　　)。
   A. 吸气—排气—膨胀—压缩　　　　　B. 吸气—膨胀—排气—压缩
   C. 吸气—压缩—膨胀—排气　　　　　D. 吸气—压缩—排气—膨胀
   解析：D。

258. 地铁机电安装工程，在制冷装置中，起到清除机械杂质作用的辅助设备是(　　)。
   A. 安全阀　　　B. Y形过滤器　　　C. 截止阀　　　D. 闸阀
   解析：B。

259. 地铁机电安装工程中，单管空调水管支架均采用热镀锌处理，间距为(　　)m。
   A. 0.5　　　B. 1.0　　　C. 1.5　　　D. 2.0
   解析：D。

260. 地铁机电安装工程中，管道跨越建筑物变形缝、伸缩缝时需安装波纹补偿器。安装波纹补偿器时需对其进行预拉伸，当产品注明预拉伸量时按产品标明的数值进行预拉伸；当产品未注明时，其预拉伸量为(　　)，或按产品说明书中的公式计算。
   A. $L/4$　　　B. $L/3$　　　C. $L/2$　　　D. L
   解析：C。

261. 地铁机电安装工程中，波纹补偿器安装方向为(　　)。
   A. 使补偿器内导流套筒与管内介质流动方向一致
   B. 使补偿器内导流套筒与管内介质流动方向相反
   C. 波纹补偿器安装方向无特殊要求
   D. 根据管道输送介质确定
   解析：A。

262. 地铁机电安装工程中，波纹补偿器可以有一定的变形，在施工过程中(　　)用补偿器变形调整管道安装偏差。
   A. 不允许　　　　　　　　　　　B. 偏差1mm内允许
   C. 偏差3mm内允许　　　　　　　D. 偏差5mm内允许
   解析：A。

263. 地铁机电安装工程中，关于系统试压的说法，下列正确的是(　　)。
   A. 装有补偿器的管系，在固定支架按施工图设计要求安装完毕后可进行试压
   B. 装有补偿器的管系，在导向支架按施工图设计要求安装完毕后可进行试压
   C. 装有补偿器的管系，在固定支架、导向支架等按施工图设计要求安装完毕前不得进行系统试压
   D. 以上均可
   解析：C。

264. 地铁机电安装工程中，多个空调水管并排安装时，如固定管道的U形管卡采用直径为12mm的圆钢，则两个U形卡螺杆之间的中心间距应不小于(　　)mm。
   A. 30　　　B. 50　　　C. 80　　　D. 100
   解析：B。详见图集《地铁工程机电设备系统重点施工工艺》14ST201-2 空调机房多管支吊架安装。

265. 地铁机电安装工程中,以下不属于内衬不锈钢复合管道的焊接坡口形式的有( )。

A. I 形坡口　　　　B. V 形坡口　　　　C. Y 形坡口　　　　D. T 形坡口

解析:C。《通风与空调工程施工质量验收规范》GB 50243 第 9.3.2 条。

266. 地铁机电安装工程中,内衬不锈钢复合管道组对前应将坡口内外表面距管口不小于( )mm 范围内的污物、毛刺以及镀锌层等清理干净,且不得有裂纹、夹层等缺陷。

A. 10　　　　B. 15　　　　C. 20　　　　D. 25

解析:A。详见图集《地铁工程机电设备系统重点施工工艺》14ST201-2 内衬不锈钢复合管道焊接。

267. 地铁机电安装工程中,空调冷却水系统中,弹簧压力表与管径为 DN65 的水管相连接宜采用( )接头。

A. A 型　　　　B. B 型　　　　C. C 型　　　　D. 以上均可

解析:A。详见图集《地铁工程机电设备系统重点施工工艺》4ST201-2 弹簧压力表安装,管道直径不大于 DN80 时,采用 A 型;管道直径不小于 DN100 时,采用 B 型或 C 型。

268. 地铁机电安装工程中,空调冷却水系统中,弹簧压力表与管径为 DN100 的水管相连接宜采用( )接头。

A. A 型　　　　B. B 型　　　　C. C 型　　　　D. B 型或 C 型

解析:D。详见图集《地铁工程机电设备系统重点施工工艺》14ST201-2 弹簧压力表安装,管道直径不大于 DN80 时,采用 A 型;管道直径不小于 DN100 时,采用 B 型或 C 型。

269. 地铁机电安装工程中,弹簧压力表与空调水管连接时,压力表与水管间应安装( )。

A. 止回阀　　　　B. 蝶阀　　　　C. 安全阀　　　　D. 截止阀

解析:D。详见图集《地铁工程机电设备系统重点施工工艺》14ST201-2 弹簧压力表安装。

270. 地铁机电安装工程中,弹簧压力表与空调水管连接时,压力表与水管间应安装截止阀,截止阀与空调水管间的距离应不小于( )mm。

A. 30　　　　B. 40　　　　C. 50　　　　D. 60

解析:C。详见图集《地铁工程机电设备系统重点施工工艺》14ST201-2 弹簧压力表安装。

271. 地铁机电安装工程中,为便于检修,应在排气阀的进口管道上加装( )。

A. 止回阀或闸阀　　　　B. 截止阀或闸阀
C. 闸阀或蝶阀　　　　D. 截止阀或电磁阀

解析:B。详见图集《地铁工程机电设备系统重点施工工艺》14ST201-2 排气阀安装。

272. 地铁机电安装工程中,水管压差传感器使用于流体的温度范围为( )℃。

A. 0~100　　　　B. 50~100　　　　C. 0~120　　　　D. 50~120

解析:C。详见图集《地铁工程机电设备系统重点施工工艺》14ST201-2 水管压差传感器安装。

273. 地铁机电安装工程中,水管压差传感器安装时应保证其安装位置前后( )倍管径长度的直管段距离(无任何管件)。
  A. 3   B. 4   C. 5   D. 6
  解析:C。解析见第272题。

274. 地铁机电安装工程中,水管压差传感器安装时应保证其安装位( )测压点的位置。
  A. 高于   B. 平齐于   C. 低于   D. 以上均可
  解析:C。解析见第272题。

275. 地铁机电安装工程中,水管压力传感器的测压点应在管道的下半部与管道水平中心线成( )夹角范围内。
  A. 0°～30°   B. 0°～45°   C. 0°～60°   D. 0°～90°
  解析:B。解析见第272题。

276. 地铁机电安装工程中,分、集水器安装时,分、集水器筒体下边缘与设备基础的距离宜为( )mm。
  A. 300   B. 350   C. 400   D. 450
  解析:C。详见图集《地铁工程机电设备系统重点施工工艺》14ST201-2 分、集水器安装。

277. 地铁机电安装工程中,冷水、冷却水系统物化全效水处理器安装时,设备距外围管路及建筑物的距离应大于( )mm。
  A. 300   B. 350   C. 400   D. 450
  解析:C。详见图集《地铁工程机电设备系统重点施工工艺》14ST201-2 冷水、冷却水系统物化全效水处理器安装。

278. 地铁机电安装工程中,多联式空调机室内机安装时,当吊杆长度超过( )m时,需在对角线处加两条斜撑加固或采用角钢加吊杆的形式缩短吊杆,以保证室内机的稳定。
  A. 1.5   B. 2.0   C. 2.5   D. 3.0
  解析:A。详见图集《地铁工程机电设备系统重点施工工艺》14ST201-2 多联式空调机室内机安装。

279. 地铁机电安装工程中,同一个防火分区内总建筑面积大于( )m² 的地下车站设备管理区应设置排烟设施。
  A. 200   B. 300   C. 400   D. 500
  解析:A。详见《地铁设计防火标准》GB 51298—2018 第8.1.1条。

280. 地铁机电安装工程中,地下单个建筑面积大于( )m²,且经常有人停留或可燃物较多的房间应设置排烟设施。
  A. 50   B. 100   C. 150   D. 200
  解析:A。解析见第279题。

281. 地铁机电安装工程中,车站设备管理区内长度大于( )m 的内走道应设置排烟设施。

A. 10　　　　　　B. 20　　　　　　C. 30　　　　　　D. 40

解析：B。解析见第 279 题。

282. 地铁机电安装工程中，长度大于（　　）m 的地下换乘通道、连接通道和出入口通道应设置排烟设施。

A. 40　　　　　　B. 50　　　　　　C. 60　　　　　　D. 70

解析：C。解析见第 279 题。

283. 地铁机电安装工程中，站厅公共区内每个防烟分区的最大允许建筑面积不应大于（　　）m²。

A. 1000　　　　　B. 2000　　　　　C. 3000　　　　　D. 4000

解析：B。详见《地铁设计防火标准》GB 51298 第 8.1.5 条。

284. 地铁机电安装工程中，设备管理区内每个防烟分区的最大允许建筑面积不应大于（　　）m²。

A. 600　　　　　　B. 650　　　　　　C. 700　　　　　　D. 750

解析：D。解析见第 283 题。

285. 地铁机电安装工程中，公共区楼扶梯穿越楼板的开口部位、公共区吊顶与其他场所连接处的顶棚或吊面面高差不足（　　）m 的部位应设置挡烟垂壁。

A. 0.3　　　　　　B. 0.4　　　　　　C. 0.5　　　　　　D. 0.6

解析：C。详见《地铁设计防火标准》GB 51298 第 8.1.6 条。

286. 地铁机电安装工程中，挡烟垂壁或划分防烟分区的建筑结构应为不燃材料且耐火极限不应低于（　　）h。

A. 0.5　　　　　　B. 1.0　　　　　　C. 1.5　　　　　　D. 2.0

解析：A。详见《地铁设计防火标准》GB 51298 第 8.1.7 条。

287. 地铁机电安装工程中，挡烟垂壁凸出顶棚或封闭吊顶不应小于（　　）m。

A. 0.5　　　　　　B. 1.0　　　　　　C. 1.5　　　　　　D. 2.0

解析：A。解析见第 286 题。

288. 地铁机电安装工程中，挡烟垂壁的下缘至地面、楼梯或扶梯踏步面的垂直距离不应小于（　　）m。

A. 1.8　　　　　　B. 2.0　　　　　　C. 2.3　　　　　　D. 2.5

解析：C。解析见第 286 题。

289. 地铁机电安装工程中，当站台发生火灾时，应对站台区域排烟，并宜有出入口、站厅补风，应保证站厅到站台的楼梯或扶梯口处具有不小于（　　）m/s 的向下气流。

A. 1.0　　　　　　B. 1.5　　　　　　C. 2.0　　　　　　D. 3.0

解析：B。详见《地铁设计防火标准》GB 51298 第 8.2.4 条。

290. 地铁机电安装工程，机械排烟系统中，防烟分区内任一点至最近排烟口的水平距离不应大于（　　）m。

A. 20　　　　　　B. 25　　　　　　C. 30　　　　　　D. 35

解析：C。详见《地铁设计防火标准》GB 51298 第 8.2.5 条。

291. 地铁机电安装工程中，机械排烟系统中，排烟口底边距挡烟垂壁下沿的垂直距离不应小于（　　）m。

A. 0.2　　　　　B. 0.3　　　　　C. 0.4　　　　　D. 0.5

解析：D。解析见第290题。

292. 地铁机电安装工程，地下区间的排烟宜采用纵向通风控制方式，采用纵向通风风室确有困难的区段，可采用排烟道（管）进行排烟。地下区间的排烟采用纵向通风时，区间断面的排烟风速不应小于（　）m/s，不得大于（　）m/s。

A. 2；9　　　　　　　　　　　B. 1.5；9
C. 2；11　　　　　　　　　　 D. 1.5；11

解析：C。详见《地铁设计防火标准》GB 51298第8.3.1条。

293. 地铁机电安装工程，排烟风机宜设置在排烟区的（　）。

A. 同层或上层　　　　　　　　B. 同层或下层
C. 同层　　　　　　　　　　　D. 下层

解析：A。详见《地铁设计防火标准》GB 51298第8.4.1条。

294. 地铁机电安装工程，排烟风机宜与补风机、加压送风机设置在（　）。

A. 不同机房　　B. 相同机房　　C. 不同层机房　　D. 以上均可

解析：A。解析见第293题。

295. 地铁机电安装工程，排烟风机宜与补风机、加压送风机设置在不同机房，如确需共用机房时，设置在机房内的排烟管道及其连接件的耐火极限不应低于（　）h。

A. 1.0　　　　　B. 1.5　　　　　C. 2.0　　　　　D. 3.0

解析：B。解析见第293题。

296. 地铁机电安装工程中，地下车站的排烟风机在280℃时应能连续工作不小于（　）h。

A. 1.0　　　　　B. 1.5　　　　　C. 2.0　　　　　D. 3.0

解析：A。详见《地铁设计防火标准》GB 51298第8.4.2条。

297. 地铁机电安装工程中，地上车站和控制中心及其他附属建筑的排烟风机在280℃时应能连续工作不小于（　）h。

A. 1.0　　　　　B. 1.5　　　　　C. 2.0　　　　　D. 0.5

解析：D。解析见第296题。

298. 地铁机电安装工程中，地下区间的排烟风机的运转时间不应小于区间乘客疏散所需最长时间，且在280℃时应能连续工作不小于（　）h。

A. 0.5　　　　　B. 1.0　　　　　C. 1.5　　　　　D. 2.0

解析：B。详见《地铁设计防火标准》GB 51298第8.4.3条。

299. 地铁机电安装工程中，火灾时需要运行的风机，从静态转换为事故状态所需时间不应大于（　）s。

A. 10　　　　　B. 15　　　　　C. 20　　　　　D. 30

解析：D。详见《地铁设计防火标准》GB 51298第8.4.5条。

300. 地铁机电安装工程中，火灾时需要运行的风机，从运转转换为事故状态所需时间不应大于（　）s。

A. 30　　　　　B. 40　　　　　C. 50　　　　　D. 60

解析：D。解析见第299题。

301. 地铁机电安装工程中，排烟管道不应穿越前室或楼梯间，必须穿越时，管道的耐火极限不应低于( )h。
A. 1.0 B. 1.5 C. 2.0 D. 0.5
解析：C。详见《地铁设计防火标准》GB 51298 第 8.4.7 条。

302. 地铁机电安装工程中，除承担轨行区域的防排烟系统外，其他区域的防排烟系统管道应采用金属或其他非土建井道。金属防烟或排烟管道内的风速不应大于( )m/s。
A. 7 B. 9 C. 20 D. 11
解析：C。详见《地铁设计防火标准》GB 51298 第 8.4.8 条。

303. 地铁机电安装工程中，除承担轨行区域的防排烟系统外，其他区域的防排烟系统管道应采用金属或其他非土建井道。非金属防烟或排烟管道内的风速不应大于( )m/s。
A. 9 B. 11 C. 15 D. 20
解析：C。解析见第 302 题。

304. 地铁机电安装工程中，组合式空气处理机组在现场组装完毕后应按要求进行漏风量检测，通风机组在 700Pa 静压下，漏风率不应大于( )，漏风量检测应在风管接驳前进行，以避免造成风管重复拆装，增加不必要的工作量。
A. 1% B. 2% C. 3% D. 4%
解析：B。详见《通风与空调工程施工质量验收规范》GB 50243 第 7.2.3 条第 2 款。

305. 地铁机电安装工程中，高效过滤器安装前，应检查过滤器框架或边口断面的平整度，断面的平整度允许偏差每只不大于( )mm，如端面平整度超差，不能修改过滤器的外框。
A. 1 B. 2 C. 3 D. 4
解析：A。

306. 地铁机电安装工程中，冷却塔安装时，冷却塔安装位置应通风良好，冷却塔的进风侧距建筑物应大于( )m。
A. 0.5 B. 1.0 C. 1.5 D. 2.0
解析：B。

307. 地铁机电安装工程中，空调水系统安装施工时，管道焊缝与支、吊架的距离应大于( )mm。
A. 30 B. 40 C. 50 D. 100
解析：C。详见《通风与空调工程施工质量验收规范》GB 50243 第 9.3.2 条。

308. 地铁机电安装工程中，空调水系统安装施工时，当水平支管的管架采用单杆吊架时，应在系统管道的起始点、阀门、三通、弯头及长度每隔( )m 处设置防晃支吊架。
A. 10 B. 15 C. 20 D. 30m
解析：B。

309. 地铁机电安装工程中，空调水系统安装施工时，并联水泵的出口管道进入总管应采用( )的连接形式。

A. 顺水流垂直插接   B. 顺水流斜向插接
C. 逆水流斜向插接   D. 逆水流垂直插接

解析：B。详见《通风与空调工程施工质量验收规范》GB 50243 第 9.2.2 条。

310. 地铁机电安装工程中，空调水系统安装施工时，管道对口、管道与管件对口时，外壁应平齐。对口平直度的允许偏差应为（　　），全长不应大于（　　）mm。

A. 1‰，10　　B. 1‰，15　　C. 1.5‰，10　　D. 1.5‰，15

解析：A。

311. 地铁机电安装工程中，空调水系统安装施工时，直管段管径大于或等于 $DN150$ 时，焊缝间距不应小于（　　）mm；管径小于 $DN150$ 时，焊缝间距不应小于管道的外径。

A. 50　　B. 100　　C. 150　　D. 200

解析：C。

312. 地铁机电安装工程中，为使压力表读数准确以及维修方便，空调水系统压力表安装时，压力表与缓冲装置之间应设置（　　）。

A. 安全阀　　B. 截止阀　　C. 三通旋塞阀　　D. 闸阀

解析：C。

313. 地铁机电安装工程中，空调冷却水循环给水系统的补水量宜按循环冷却水量的（　　）计，空调使用时间每日宜按（　　）h 计。

A. 1‰～2‰，8　　　　　　B. 1‰～2‰，18
C. 1‰～3‰，8　　　　　　D. 1‰～3‰，18

解析：B。空调冷却水循环给水系统的补水量宜按循环冷却水量的 1‰～2‰ 计，空调使用时间每日宜按 18h 计。

314. 地铁机电安装工程中，风系统调试时，风管风量测量时应合理选择测量截面位置，为保证测量准确度，测量截面应选择在气流较均匀的直管段上，并距上游局部阻力管件（三通头、弯头、阀门）（　　），距下游局部阻力管件（　　）。

A. 4～5 倍管径或矩形风管长边尺寸以上；2 倍管径或矩形风管长边尺寸以上
B. 2 倍管径或矩形风管长边尺寸以上；4～5 倍管径或矩形风管长边尺寸以上
C. 2～4 倍管径或矩形风管长边尺寸以上；5 倍管径或矩形风管长边尺寸以上
D. 5 倍管径或矩形风管长边尺寸以上；2～4 倍管径或矩形风管长边尺寸以上

解析：A。

315. 地铁机电安装工程中，风管及部件安装工艺流程为（　　）。

A. 风管预检→支吊架制作安装→确定标高、定位线→风管找平找正→风管安装→安装质量检验
B. 风管预检→确定标高、定位线→支吊架制作安装→风管安装→风管找平找正→安装质量检验
C. 风管预检→确定标高、定位线→支吊架制作安装→风管找平找正→风管安装→安装质量检验
D. 风管预检→支吊架制作安装→确定标高、定位线→风管安装→风管找平找正→安装质量检验

解析：B。

316. 地铁机电安装工程中,按风管系统工作压力划分,风管系统可分为低压系统、中压系统和高压系统。其中系统工作压力( )Pa为中压系统。
    A. ≤500   B. 500~1000
    C. 500~1500   D. 1000~1500
    解析：C。

317. 地铁机电安装过程中,冷水、冷却水系统设备安装时,设备距外围管路及建筑物的距离应大于( )mm。
    A. 100   B. 200   C. 300   D. 400
    解析：D。

318. 地铁机电安装过程中,空调机房排水沟尺寸至少为( )。
    A. 100mm×200mm   B. 150mm×200mm
    C. 200mm×100mm   D. 200mm×150mm
    解析：B。

319. 地铁机电安装过程中,安装的多台并列室外机,每台室外机左右两侧的间距不宜小于( )mm。
    A. 500   B. 600   C. 1000   D. 1500
    解析：B。

320. 地铁机电安装过程中,空调水管（无保温棉）穿墙体时需安装金属套管,套管与管道间隙应不大于( )mm。
    A. 45   B. 50   C. 55   D. 60
    解析：C。

321. 将过热蒸汽变为过冷液体是由( )来完成的。
    A. 压缩机   B. 节流装置   C. 冷凝器   D. 蒸发器
    解析：C。

322. 当空气通过电加热器获得热量时,提高了室内温度而使室内空气( )。
    A. 含湿量减少   B. 相对湿度减少
    C. 相对湿度增大   D. 含湿量增加
    解析：B。

323. 地铁机电安装工程中,冷水机组、多联机制冷时使用的制冷剂在冷凝器内是( )状态。
    A. 过冷   B. 过热   C. 饱和   D. 未饱和
    解析：C。

324. 制冷系统循环工作过程中,( )可使制冷压缩机产生振动。
    A. 有过量的空气   B. 有适量制冷剂
    C. 缺少制冷剂   D. 吸气压力过低
    解析：A。

325. 地铁机电安装工程冷水机组调试过程中发现制冷压缩机排气温度上升,导致气温上升的因素可能是( )。
    A. 蒸发温度下降、吸气温度上升和冷凝温度上升

B. 蒸发温度上升、吸气温度下降和冷凝温度下降
C. 蒸发温度下降、吸气温度下降和冷凝温度上升
D. 蒸发温度上升、吸气温度上升和冷凝温度下降
解析：A。

326. 地铁机电安装工程中使用的大、中型冷水机组中的水冷式冷凝器多采用（　　）换热器结构。
A. 壳管式　　　　B. 套管式　　　　C. 肋片管式　　　　D. 板式
解析：A。

327. 地铁机电安装工程调试过程中，制冷系统容易产生冰堵的部位是（　　）。
A. 蒸发器进口　　B. 膨胀阀进口　　C. 蒸发器出口　　D. 过滤器进口
解析：B。

328. 用普通温度计测出的温度，称为（　　）。
A. 空气温度　　　B. 露点温度　　　C. 干球温度　　　D. 湿球温度
解析：A。

329. 空调的送风量和设备参数主要根据（　　）来确定。
A. 冬季负荷　　　B. 夏季负荷　　　C. 过渡季节负荷　　D. 全年负荷
解析：D。空调的送风量和设备主要根据全年负荷来确定。

330. 地铁机电安装过程中，设置下排风口的房间，下排风口距房间装修地面距离为（　　）mm。
A. 100　　　　　B. 150　　　　　C. 300　　　　　D. 500
解析：C。

331. 地铁机电安装过程中，防烟楼梯间和无条件自然通风的封闭楼梯间应采用余压阀泄压，其中余压阀安装距底高度宜为（　　）m。
A. 1.5　　　　　B. 2.5　　　　　C. 0.5　　　　　D. 0.3
解析：B。

332. 地铁机电安装工程中，风口安装时距离电气设备正上方的距离为（　　）。
A. 300mm　　　　　　　　　　　　B. 400mm
C. 500mm　　　　　　　　　　　　D. 电气设备正上方不宜安装风口
解析：D。

333. 地铁机电安装工程中，射流风机安装时需用软钢丝绳斜向固定，拉撑所用的钢丝绳直径宜为（　　）mm。
A. $\phi 6$　　　　B. $\phi 8$　　　　C. $\phi 10$　　　　D. $\phi 12$
解析：B。

334. 地铁机电安装工程中，射流风机安装时需用软钢丝绳斜向固定，拉撑所用的钢丝绳与水平方向的夹角应大于（　　）。
A. 30°　　　　　B. 60°　　　　　C. 45°　　　　　D. 90°
解析：C。

335. 地铁机电安装工程中，抗震支吊架安装时侧向抗震斜撑安装角度宜为（　　）。
A. 70°　　　　　B. 60°　　　　　C. 45°　　　　　D. 30°

解析：C。

336. 地铁机电安装工程中，抗震支吊架安装时横向支架间隔( )m 安装一个。
A. 9　　　　　B. 12　　　　　C. 18　　　　　D. 24
解析：A。

337. 地铁机电安装工程中，抗震支吊架安装时纵向支架间隔( )m 安装一个。
A. 9　　　　　B. 12　　　　　C. 18　　　　　D. 24
解析：C。

338. 地铁机电安装工程中，矩形风管无法兰连接形式有 S 形插条连接、C 形插条连接、立咬口连接及包边立咬口连接等形式，下列属于立咬口连接形式的是( )。
A. B.
C. D.
解析：C。A 选项为 S 形插条连接，B 选项为 C 形插条连接，D 选项为包边立咬口连接。

339. 地铁机电安装工程中，下列咬口连接形式不可用于中压风管的是( )。
A. B.
C. D.
解析：A。A 选项为 S 形插条连接，常用于微压、低压风管；B 选项为 C 形插条连接，可用于微压、低压、中压风管；C 选项为立咬口连接，可用于微压、低压、中压风管；D 选项为包边立咬口连接，可用于微压、低压、中压风管。

340. 地铁机电安装工程中，矩形风管采用 C 形、S 形插条连接时，风管长边尺寸不应大于( )mm。
A. 500　　　　B. 630　　　　C. 800　　　　D. 1000
解析：B。详见《通风与空调工程施工质量验收规范》GB 50243 第 4.3.1 条第 2 款。

341. 地铁机电安装工程中，现场组装的除尘器壳体应进行漏风量检测，在设计工作压力下允许漏风量应不小于( )。
A. 3%　　　　B. 5%　　　　C. 8%　　　　D. 10%
解析：B。详见《通风与空调工程施工质量验收规范》GB 50243 第 7.2.6 条第 2 款。

342. 地铁机电安装工程中，现场组装的静电除尘器阳极板组合后的阳极排平面度允许偏差为( )mm。
A. 3　　　　　B. 4　　　　　C. 5　　　　　D. 6
解析：C。详见《通风与空调工程施工质量验收规范》GB 50243 第 7.3.12 条第 1 款。

343. 地铁机电安装工程中，现场组装的静电除尘器阳极板组合后的阳极排对角线允许偏差为( )mm。
A. 3　　　　　B. 5　　　　　C. 10　　　　　D. 15
解析：C。解析见第 342 题。

344. 地铁机电安装工程中,现场组装的静电除尘器阴极大框架整体平面度允许偏差应不大于( )mm。

　　A. 10　　　　　　B. 15　　　　　　C. 20　　　　　　D. 25

　　解析:B。详见《通风与空调工程施工质量验收规范》GB 50243 第 7.3.12 条第 3 款。

345. 地铁机电安装工程中,现场组装的静电除尘器阴极大框架整体对角线允许偏差应不大于( )mm。

　　A. 3　　　　　　B. 5　　　　　　C. 10　　　　　　D. 15

　　解析:C。解析见第 344 题。

346. 地铁机电安装工程中,制冷机组及附属设备安装的位置、标高和管口方向应符合设计要求。采用地脚螺栓固定的制冷设备或附属设备,垫铁的放置位置应正确,接触应紧密,每组垫铁不应超过( )块;螺栓应紧固,并应采取防松动措施。

　　A. 3　　　　　　B. 4　　　　　　C. 5　　　　　　D. 6

　　解析:A。详见《通风与空调工程施工质量验收规范》GB 50243 第 8.2.1 条。

347. 地铁机电安装工程中,蒸汽压缩式制冷系统管道、管件、阀门的安装位置应正确,排列应规整,压力表安装时,距阀门的位置不宜小于( )mm。

　　A. 50　　　　　　B. 100　　　　　　C. 150　　　　　　D. 200

　　解析:D。详见《通风与空调工程施工质量验收规范》GB 50243 第 8.2.7 条第 4 款。

348. 地铁机电安装工程中,防腐工程施工时,应采取防火、防冻、防雨等措施,且不应在潮湿或低于( )℃的环境下作业。

　　A. -5　　　　　　B. 0　　　　　　C. 5　　　　　　D. 10

　　解析:C。详见《通风与空调工程施工质量验收规范》GB 50243 第 10.1.3 条。

349. 地铁机电安装工程中,钢板矩形风管边长尺寸为 450mm<b≤1000mm 的排烟风管宜采用厚壁为( )mm 的钢板。

　　A. 0.75　　　　　　B. 1.0　　　　　　C. 1.2　　　　　　D. 1.5

　　解析:B。

350. 地铁机电安装工程中,镀锌钢板应选用机械咬合类热镀锌板材,双面镀锌层宜为( )g/m² 的材料,其材质应符合《连续热镀锌和锌合金镀层钢板及钢带》GB/T 2518 的规定。

　　A. 150　　　　　　B. 175　　　　　　C. 250　　　　　　D. 275

　　解析:D。

351. 地铁机电安装工程中,矩形风管截面积大于等于( )m² 的风管应采用抗振支吊架。

　　A. 0.8　　　　　　B. 0.5　　　　　　C. 0.38　　　　　　D. 0.3

　　解析:C。

352. 地铁机电安装工程中,组合空调机组、柜式空调机冷凝水管末端要安装( )。

　　A. 放气阀　　　　　　　　　　　　B. 存水弯
　　C. 闸阀　　　　　　　　　　　　　D. 安全阀

　　解析:B。

353. 地铁机电安装工程中,防火阀安装时,温度熔断器应设在( )。

A. 迎风侧 B. 背风侧
C. 闸防火阀侧边 D. 以上均可

解析：A。

354. 地铁机电安装工程中，风管防火板施工时，需用自攻螺钉固定防火板与轻钢龙骨架上，其中自攻螺钉间距宜为( )mm。

A. 100～150　　B. 100～200　　C. 150～200　　D. 200～250

解析：D。

355. 地铁机电安装及装饰装修工程中，当采用侧面开设风口的风亭时，进风、排风、活塞风风亭口之间的水平净距不应小于( )m，且进风与排风、进风与活塞风口部应错开方向布置或排风、活塞风口部高于进风口部( )m。

A. 5，10　　B. 5，5　　C. 10，5　　D. 15，5

解析：B。详见《地铁设计规范》GB 50157 第 9.6.2 条第 1 款。

356. 地铁机电安装及装饰装修工程中，当采用侧面开设风口的风亭时，风亭口部( )m 范围内不应有阻挡通风气流的障碍物。

A. 5　　B. 10　　C. 15　　D. 20

解析：A。详见《地铁设计规范》GB 50157 第 9.6.2 条第 2 款。

357. 地铁机电安装及装饰装修工程中，当采用侧面开设风口的风亭时，风亭口部底边缘距地面的高度应满足防淹要求；当设于路边时，其高度不应小于( )m。

A. 1　　B. 2　　C. 3　　D. 4

解析：B。详见《地铁设计规范》GB 50157 第 9.6.2 条第 3 款。

358. 地铁机电安装及装饰装修工程中，当采用侧面开设风口的风亭时，风亭口部底边缘距地面的高度应满足防淹要求；当风亭设于绿地内时，其高度不应小于( )m。

A. 1　　B. 2　　C. 3　　D. 4

解析：A。解析见第 358 题。

359. 地铁机电安装及装饰装修工程中，当采用顶面开设风口的风亭时，进风与排风、进风与活塞风亭口部之间的水平净距不应小于( )m。

A. 5　　B. 10　　C. 15　　D. 20

解析：B。详见《地铁设计规范》GB 50157 第 9.6.3 条第 1 款。

360. 地铁机电安装及装饰装修工程中，当采用顶面开设风口的风亭时，活塞风亭口部之间、活塞风亭与排风亭口部之间的水平净距不应小于( )m。

A. 5　　B. 10　　C. 15　　D. 20

解析：A。详见《地铁设计规范》GB 50157 第 9.6.3 条第 2 款。

361. 地铁机电安装及装饰装修工程中，当采用顶面开设风口的风亭时，风亭四周应有宽度不小于( )m 宽的绿篱，风口最低高度应满足防淹要求，且不应小于( )m。

A. 1，1　　B. 2，2　　C. 3，1　　D. 4，2

解析：C。详见《地铁设计规范》GB 50157 第 9.6.3 条第 3 款。

362. 地铁机电安装及装饰装修工程中，当采用顶面开设风口的风亭时，风口最低高度应满足防淹要求，且不应小于( )m。

A. 1　　B. 2　　C. 3　　D. 4

解析：A。解析见第 361 题。

363. 地铁机电安装及装饰装修工程中，当风亭在事故工况下用于排烟时，排烟风亭口部与进风亭口部、出入口口部的直线距离宜大于（　　）m。
A. 5　　　　　　B. 10　　　　　　C. 15　　　　　　D. 20
解析：B。详见《地铁设计规范》GB 50157 第 9.6.4 条。

364. 地铁机电安装及装饰装修工程中，当风亭在事故工况下用于排烟时，排烟风亭口部与进风亭口部、出入口口部的直线距离宜大于 10m；当直线距离不足 10m 时，排烟风亭口部宜高于进风亭口部、出入口口部（　　）m。
A. 5　　　　　　B. 10　　　　　　C. 15　　　　　　D. 20
解析：A。解析见第 363 题。

365. 地铁机电安装工程中，当需要设置区间通风道时，通风道应设于区间隧道长度的（　　）处，在困难情况下，其距车站站台端的距离可移至不小于该区间隧道长度的（　　）处，且不宜小于（　　）m。
A. 1/2，1/4，400　　　　　　B. 1/2，1/3，500
C. 1/2，1/3，400　　　　　　D. 1/2，1/4，500
解析：C。详见《地铁设计规范》GB 50157 第 13.2.10 条。

366. 地铁机电安装及装饰装修工程中，当采用通风系统或空调系统运行时，系统的新风量不应少于总送风量的（　　）。
A. 10%　　　　　B. 15%　　　　　C. 20%　　　　　D. 5%
解析：A。详见《地铁设计规范》GB 50157 第 13.2.17 条。

367. 地铁机电安装及装饰装修工程中，地下车站公共区空气中可吸入颗粒物的日平均浓度应小于（　　）mg/m³。
A. 0.2　　　　　B. 0.25　　　　　C. 0.3　　　　　D. 0.35
解析：B。详见《地铁设计规范》GB 50157 第 13.2.20 条。

368. 地铁机电安装及装饰装修工程中，地铁的通风与空调系统设备运转传至站厅、站台的噪声不得超过（　　）dB（A）。
A. 50　　　　　　B. 60　　　　　　C. 70　　　　　　D. 80
解析：C。详见《地铁设计规范》GB 50157 第 13.2.23 条。

369. 地铁机电安装工程中，站厅和站台的瞬时风速不宜大于（　　）m/s。
A. 5　　　　　　B. 10　　　　　　C. 15　　　　　　D. 20
解析：A。详见《地铁设计规范》GB 50157 第 13.2.26 条。

370. 地铁机电安装工程中，通风与空调机房的噪声不得超过（　　）dB（A）。
A. 60　　　　　　B. 70　　　　　　C. 80　　　　　　D. 90
解析：D。详见《地铁设计规范》GB 50157 第 13.2.39 条。

371. 地铁机电安装工程中，车站设备与管理用房的通风系统、空调系统应采取消声和减振措施。通风、空调设备传至各房间内的噪声不得超过（　　）dB（A）。
A. 50　　　　　　B. 60　　　　　　C. 70　　　　　　D. 80
解析：B。详见《地铁设计规范》GB 50157 第 13.2.38 条。

372. 地铁机电安装工程中，通风道和风井的风速不宜大于（　　）m/s。

| A. 2 | B. 4 | C. 6 | D. 8 |

解析：D。详见《地铁设计规范》GB 50157 第 13.2.51 条。

373. 地铁机电安装工程中，站台下排风风道和列车顶部排风风道的风速不宜大于（　　）m/s。

| A. 5 | B. 10 | C. 15 | D. 20 |

解析：C。解析见第 372 题。

374. 地铁机电安装及装饰装修工程中，风亭格栅的迎面风速不宜大于（　　）m/s。

| A. 2 | B. 4 | C. 6 | D. 8 |

解析：B。解析见第 372 题。

375. 地铁机电安装及装饰装修工程中，风亭出口为竖直向上时，通过其平面格栅的风速不宜大于（　　）m/s。

| A. 2 | B. 4 | C. 6 | D. 8 |

解析：C。解析见第 372 题。

376. 地铁机电安装工程中，下列属于管道消声器的是（　　）

A.

B.

C.

D.

解析：C。管道式消声器，图 A 为立式消声器；图 B 为风阀；图 D 为风量调节阀。

377. 地铁机电安装工程中，下列图片为电动风阀的是（　　）。

A.

B.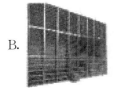

C.

D.

解析：A。电动风阀，图 B 为立式风阀；图 C 为风量调节阀；图 D 为手动风阀。

378. 地铁机电安装工程中，下列图片为片式消声器的是（　　）。

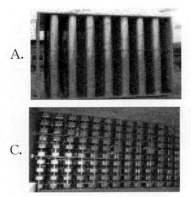

解析：A。片式消声器，图B为管道式消声器；图C为阵列式消声器；图D为抽排风口。

379. 地铁机电安装工程中，以下图片为风口百叶是（　　）。

解析：A。风口百叶，图B为排风扇；图C为无动力风帽；图D为百叶窗。

380. 地铁机电安装工程中，以下图片为冷却塔的是（　　）。

解析：A。冷却塔，图B为空调外机；图C为多联机外机；图D为水箱。

2.2　多项选择题

1. 地铁机电安装工程中，关于风管制作，下列说法正确的是（　　）。
A. 防火风管的本体、框架与固定材料、密封材料必须为不燃材料
B. 复合材料风管的覆面材料必须为不燃材料

C. 复合材料风管内部的绝热材料应为不燃或难燃 B1 级，且对人体无害的材料
D. 风管必须通过工艺性的检测或验证
E. 风管强度应能满足在 1.15 倍工作压力下接缝处无开裂

解析：ABCD。详见《通风与空调工程施工质量验收规范》GB 50243 第 4.2.3 条第 5 款。

2. 地铁机电安装工程调试过程中，（　　）动作会使制冷压缩机停止运转。
A. 热力膨胀阀　　　　　　　　B. 压力继电器
C. 温度控制器　　　　　　　　D. 热继电器
E. 电磁阀

解析：BCD。

3. 地铁机电安装工程中，矩形风管常用的加固方式有（　　）。
A. 外加固　　　　　　　　　　B. 压筋加固
C. 管内支撑加固　　　　　　　D. 横向加固
E. 立咬口加固

解析：ABCE。

4. 地铁机电安装工程中，矩形风管外加固方式分为（　　）。
A. 角钢加固　　　　　　　　　B. 折角加固
C. 压筋加固　　　　　　　　　D. 槽形加固
E. Z 形加固

解析：ABCE。

5. 地铁机电安装工程中，矩形风管管内支撑加固方式分为（　　）。
A. 扁钢内支撑　　　　　　　　B. 折角加固
C. 螺杆内支撑　　　　　　　　D. 槽形加固
E. 套管内支撑

解析：ACE。

6. 风管系统按其工作压力可以划分为（　　）。
A. 微压　　　　　　　　　　　B. 低压
C. 中压　　　　　　　　　　　D. 高压
E. 超高压

解析：ABCD。

7. 地铁机电安装工程中，风管系统工作压力一般为（　　）。
A. 微压　　　　　　　　　　　B. 低压
C. 中压　　　　　　　　　　　D. 高压
E. 超高压

解析：BC。

8. 地铁机电安装工程中，镀锌钢板及含有各类复合保护层的钢板可采用的连接方式有（　　）。
A. 焊接连接　　　　　　　　　B. 咬口连接
C. 插接　　　　　　　　　　　D. 铆接

E. 软管连接

解析：BD。镀锌钢板及含有各类复合保护层的钢板应采用咬口连接或铆接，不得采用焊接连接，详见《通风与空调工程施工质量验收规范》GB 50243 第 4.1.5 条。

9. 地铁机电安装工程中，风管质量验收应按材料、加工工艺、系统类别的不同分别进行，包括（　　）。

A. 材质　　　　　　　　　　B. 规格
C. 强度　　　　　　　　　　D. 严密性能
E. 成品观感质量

解析：ABCDE。

10. 地铁机电安装工程中，保温材料材质、规格及防火性能必须符合设计和防火要求。保温材料进场后，需要对哪些参数进行抽样送检（　　）。

A. 导热系数　　　　　　　　B. 密度
C. 平整度　　　　　　　　　D. 燃烧性能
E. 吸水率

解析：ABDE。保温材料材质、规格及防火性能必须符合设计和防火要求；保温材料进场后，对其导热系数、密度、吸水率、燃烧性能进行抽样送检，合格后方可使用。

11. 地铁机电安装工程中，风机与空气处理设备随箱文件包括（　　）。

A. 设备说明书　　　　　　　B. 装箱清单
C. 产品质量合格证　　　　　D. 性能检测报告
E. 生产许可证

解析：ABCD。风机与空气处理设备应附带装箱清单、设备说明书、产品质量合格证书和性能检测报告等随机文件，进口设备还应具有商检合格的证明文件。详见《通风与空调工程施工质量验收规范》GB 50243 第 7.1.1 条。

12. 地铁机电安装工程中，抗震支吊架产品运抵现场后，应进行进场验收。供货方应提供的文件有（　　）。

A. 出厂合格证　　　　　　　B. 设备说明书
C. 生产许可证　　　　　　　D. 营业执照
E. 构件及组件检测报告

解析：AE；抗震支吊架产品运抵现场后，应进行进场验收。供方应提供出厂合格证、构件及组件检测报告。详见《抗震支吊架安装及验收标准》T/CECS 420。

13. 地铁机电安装工程中，分集水器泄水口法兰及进出水口分别为（　　）。

A. 平焊法兰　　　　　　　　B. 蝶阀法兰
C. 对焊法兰　　　　　　　　D. 螺纹法兰
E. 整体法兰

解析：AB。分集水器进出水口法兰为蝶阀法兰，泄水口法兰为平焊法兰。

14. 地铁机电安装工程中，关于风机盘管机组安装，下列说法正确的是（　　）。

A. 安装前宜进行单机三速试运转及水压检漏试验
B. 试验压力为系统工作压力的 1.5 倍，观察时间 2min，不渗不漏为合格
C. 机组应设独立支、吊架，安装的位置及坡度应正确、固定牢固

D. 机组试压应与系统一同进行

E. 机组与风管、回风箱或风口的连接应严密、可靠

解析：ABCE。详见《通风与空调工程施工质量验收规范》GB 50243 第 7.3.15 条。

15. 空调水系统安装完成后，当设计无要求时，下列规定正确的是（　　）。

    A. 均应采用充水试验，应以不渗漏为合格

    B. 冷热水、冷却水系统的试验压力，当工作压力小于等于 1.0MPa 时，为 1.5 倍工作压力，但最低不小于 0.6MPa；当工作压力大于 1.0MPa 时，为工作压力加 0.5MPa

    C. 对于大型或高层建筑垂直位差较大的冷（热）媒水、冷却水管道系统宜采用分区、分层试压和系统试压相结合的方法；一般建筑可采用系统试压方法

    D. 各类耐压塑料管的强度试验压力为 1.5 倍工作压力，严密性工作压力为 1.15 倍的设计工作压力

    E. 凝结水系统采用充水试验，应以不渗漏为合格

    解析：BCDE。详见《通风与空调工程施工质量验收规范》GB 50243 第 9.2.3 条。

16. 地铁机电安装工程中，常用到壁厚为（　　）mm 的金属风管。

    A. 0.75　　　　　　　　　　　　B. 1.0

    C. 1.2　　　　　　　　　　　　　D. 1.4

    E. 1.5

    解析：ABCE。

17. 地铁机电安装工程中，空调水管安装时，以下哪些部位应单独设置固定支架（　　）。

    A. 弯头　　　　　　　　　　　　B. 三通

    C. 管道焊接处　　　　　　　　　D. 阀门

    E. 管道连接件处

    解析：ABDE。详见图集《地铁工程机电设备系统重点施工工艺》14ST201-2 空调机房单管支吊架安装、空调机房多管支吊架安装。

18. 金属风管与配件制作宜选用成熟的技术和工艺，采用（　　）的机械加工方式。

    A. 高效　　　　　　　　　　　　B. 低耗

    C. 工艺复杂　　　　　　　　　　D. 劳动强度低

    E. 传统

    解析：ABD。详见《通风与空调工程施工规范》GB 50738 第 4.1.1 条。

19. 消声材料填充后，应采用透气的覆面材料覆盖。覆面材料的拼接应（　　）。

    A. 应有凹凸不平　　　　　　　　B. 顺气流方向

    C. 拼缝密实　　　　　　　　　　D. 表面平整

    E. 拉紧

    解析：BCDE。详见《通风与空调工程施工规范》GB 50738 第 6.5.4 条。

20. 地铁机电安装工程中，根据《通风与空调工程施工质量验收规范》GB 50243 规定，通风与空调分项工程检验批验收合格质量应符合下列（　　）规定。

    A. 具有施工单位相应分项合格质量的验收记录

B. 主控项目的质量抽样检验应全数合格
C. 系统经过试运行
D. 系统经过调试
E. 一般项目的质量抽样检验，除有特殊要求外，计数合格率不应小于80%，且不得有严重缺陷。

解析：ABE。

21. 地铁机电安装工程中，根据《通风与空调工程施工质量验收规范》GB 50243 规定，金属风管的加固应符合下列（　　）规定。

　　A. 圆形网管（不包括螺旋风管）直径大于等于800mm，且其管段长度大于1250mm 或总表面积大于4m² 均应采取加固措施
　　B. 正方形风管边长大于700mm，管段长度大于1300mm 均应采取加固措施
　　C. 矩形风管边长大于630mm、保温风管边长大于800mm，管段长度大于1250mm 或低压风管单边平面积大于1.2m²、中、高压风管大于1.0m²，均应采取加固措施
　　D. 非规则椭圆风管的加固，应参照矩形风管执行
　　E. 全部采用外框加固

解析：ACD。

22. 地铁机电安装工程中，根据《通风与空调工程施工质量验收规范》GB 50243 规定，风管的安装应符合下列（　　）规定。

　　A. 风管安装前，应清除内、外杂物，并做好清洁和保护工作
　　B. 风管安装的位置、标高、走向，应符合设计要求。现场风管接口的配置，不得缩小其有效截面
　　C. 连接法兰的螺栓应均匀拧紧，其螺母宜同在一侧
　　D. 可伸缩性金属或非金属软风管的长度不宜超过5m，若超过5m，必须进行加固处理
　　E. 柔性短管的安装，应松紧适度，无明显扭曲

解析：ABCE。

23. 地铁机电安装工程中，根据《通风与空调工程施工质量验收规范》GB 50243 规定，下列属于矩形风管无法兰连接形式的有（　　）。

　　A. 承插连接　　　　　　　　B. 立咬口
　　C. 薄钢板法兰插条　　　　　D. 抱箍连接
　　E. C 形插条

解析：BCE。

24. 地铁机电安装工程中，根据《通风与空调工程施工质量验收规范》GB 50243 规定，角钢法兰连接应符合下列（　　）规定。

　　A. 角钢的尺寸不应小于∟30×30×3
　　B. 角钢法兰的连接螺栓应均匀拧紧，螺母应在同一侧
　　C. 不锈钢风管法兰的连接，宜采用同材质的不锈钢螺栓
　　D. 铝板风管法兰的连接，应采用镀锌螺栓，并在法兰两侧加垫镀锌垫圈

E. 安装在室外或潮湿环境的风管角钢法兰连接处，应采用镀锌螺栓和镀锌垫圈

解析：BCDE。

25. 地铁机电安装工程中，根据《通风与空调工程施工质量验收规范》GB 50243 规定，下列分项工程属于防排烟系统的是( )。

   A. 风管与配件制作　　　　　　　　B. 部件制作
   C. 风管系统安装　　　　　　　　　D. 风管与设备防腐
   E. 工程验收

解析：ABCD。

26. 地铁机电安装工程中，根据《通风管道技术规程》JGJ/T 141 规定，风管加固应符合下列( )规定。

   A. 矩形风管刚度等级及加固间距可由监理规定
   B. 薄钢板法兰风管宜轧制加强筋，加强筋的凸出部分应位于风管外表面，排列间隔应均匀，板面不应有明显的变形
   C. 风管的法兰低于规定强度时，可采用外加固框和管内支撑进行加固，加固件距风管连接法兰一端的距离不应大于 250mm
   D. 外加固型材的高度不宜大于风管法兰高度，且间隔应均匀对称，与风管的连接应牢固，螺栓或铆接点的间距不应大于 220mm。外加固框的四角处，应连接为一体
   E. 风管内可用外框加固，长度应与风管边长相等

解析：BCD。

27. 地铁机电安装工程中，根据《通风管道技术规程》JGJ/T 141 规定，风管安装偏差应符合下列( )规定。

   A. 明装水平风管水平度偏差应为 6mm/m，总偏差不得大于 40mm
   B. 明装水平风管水平度偏差应为 3mm/m，总偏差不得大于 20mm
   C. 明装垂直风管垂直度偏差应为 2mm/m，总偏差不得大于 20mm
   D. 明装水平风管水平度偏差应为 5mm/m，总偏差不得大于 25mm
   E. 暗装风管位置应正确，无明显偏差

解析：BCE。

28. 地铁机电安装工程中，根据《通风管道技术规程》JGJ/T 141 规定，金属风管支吊架安装应符合下列( )规定。

   A. 金属风管与支架的横担接触处，应采取防腐措施
   B. 矩形风管立面与吊杆的间隙不宜大于 150mm，吊杆距风管末端不应大于 1000mm
   C. 风管垂直安装时，其支架间距不应大于 4000mm。长度大于或等 1000mm 单根直风管至少就设置 4 个固定点
   D. 水平弯管 500mm 范围内应设置一个支架，支管距干管 1200mm 范围内应设置一个支架
   E. 风管垂直安装时，其支架间距不应大于 6000mm。长度大于或等于 1000mm 单根直风管至少设置 2 个固定点

解析：ABD。

29. 地铁机电安装工程中，根据《风机、压缩机、泵安装工程施工及验收规范》GB

50275 规定,风机试运转,应符合下列要求( )。

 A. 启动时,各部位无异常现象;当有异常现象时应立即停机检查,查明原因并应消除

 B. 启动后调节叶片时,其电流不得大于电动机的额定电流值

 C. 运行时,风机可以停留在喘振工况内

 D. 运行时,当有异常现象时应进行查看找到问题原因后停机

 E. 运行时,风机严禁停留在喘振工况内

 解析:ABE。

30. 地铁机电安装工程中,根据《建筑设计防火规范》GB 50016 规定,下列情况之一的通风、空气调节系统的管道应设防火阀( )。

 A. 管道穿越防火分区处

 B. 穿越通风、空气调节机房及重要的或火灾危险性大的房间隔墙和楼板处

 C. 垂直风管与每层水平风管交接处的水平管段上

 D. 避难层

 E. 穿越变形缝处的两侧

 解析:ABCE。

31. 地铁机电安装工程中,根据《建筑消防设施安装质量检验评定规程》DB 37/242 规定,排烟口设置功能及技术要求为( )。

 A. 排烟口应设在顶棚或近顶棚的墙面上,设在顶棚上的排烟口距可燃物或可燃构件的距离不应小于 1.0m

 B. 防烟分区内的排烟口距最远点的水平距离不应超过 30m

 C. 排烟口安装应牢固可靠

 D. 在地下车库安装时,排烟口可安装在距地 1m 高的位置上

 E. 排烟口平时应关闭,手动及控制室开启正常,手动复位正常

 解析:ABCE。

32. 地铁机电安装工程中,根据《建筑消防设施安装质量检验评定规程》DB37/242 规定,加压送风口设置功能及技术要求为( )。

 A. 送风口应设在靠近地面的墙上

 B. 机械加压送风口安装应牢固可靠

 C. 送风口的水平设置距离不应超过 20m

 D. 手动及自动开启送风口正常,手动复位正常

 E. 手动及控制室开启送风口正常,手动复位正常

 解析:ABE。

33. 地铁机电安装工程中,根据《建筑消防设施安装质量检验评定规程》DB37/242 规定,机械加压送风机技术要求为( )。

 A. 风机应设漏电保护和过载保护装置

 B. 风机的铭牌标志应清晰,风量、风压符合设计要求

 C. 风机应采用消防用电

 D. 风机启动后运转正常

E. 机械加压送风机位置应根据供电条件、风量分配均衡、新风入口不受烟威胁等因素确定

解析：BCDE。

34. 地铁机电安装工程中，根据《通风与空调工程施工质量验收规范》GB 50243 规定，金属风管的加固应符合下列（　　）规定。

　　A. 正方形风管边长大于 700mm，管段长度大于 1300mm 均应采取加固措施
　　B. 圆形风管（不包括螺旋风管）直径大于等于 800mm，且其管段长度大于 1250mm 或总表面积大于 $4m^2$ 均应采取加固措施
　　C. 全部采用外框加固
　　D. 矩形风管边长大于 630mm、保温风管边长大于 800mm，管段长度大于 1250mm 或低压风管单边平面积大于 $1.2m^2$，中、高压风管大于 $1.0m^2$，均应采取加固措施
　　E. 非规则椭圆风管的加固，应参照矩形风管执行

解析：BDE。

35. 地铁机电安装工程中，根据《通风与空调工程施工质量验收规范》GB 50243 规定，金属法兰连接风管的制作应符合下列（　　）规定。

　　A. 风管法兰的焊缝应熔合良好、饱满，无假焊和孔洞，法兰平面度的允许偏差为 2mm，同一批量加工的相同规格法兰的螺孔排列应一致，并具有互换性
　　B. 风管与法兰采用铆接连接时，铆接应牢固、不应有脱铆和漏铆现象；翻边应平整、紧贴法兰，其宽度应一致，且不应小于 6mm；咬缝与四角处不应有开裂与孔洞
　　C. 风管与法兰采用焊接连接时，风管端面不得高于法兰接口面
　　D. 薄钢板法兰矩形风管的接口及附件，其尺寸应准确，形状应规则，接口处应严密
　　E. 风管表面应平整、两端面平行，无明显凹穴、变形、起泡

解析：ABC。

36. 地铁机电安装工程中，根据《通风与空调工程施工质量验收规范》GB 50243 规定，风管的安装应符合下列（　　）规定。

　　A. 可伸缩性金属或非金属软风管的长度不宜超过 5m，若超过 5m，必须进行加固处理
　　B. 风管安装的位置、标高、走向应符合设计要求，现场风管接口的配置不得缩小其有效截面
　　C. 连接法兰的螺栓应均匀拧紧，其螺母宜同在一侧
　　D. 风管安装前，应清除内、外杂物，并做好清洁保护工作
　　E. 柔性短管的安装，应松紧适度，无明显扭曲

解析：BCDE。

37. 地铁机电安装工程中，空调水系统主要包括（　　）。

　　A. 消火栓　　　　　　　　　　B. 自动喷淋
　　C. 冷却水　　　　　　　　　　D. 冷水
　　E. 冷凝水

解析：CDE。消火栓和自动喷淋属于给水排水及消防系统。

38. 地铁机电安装工程中,通风空调系统可以不采用不燃法兰垫片的系统是( )。
A. 送风系统　　　　　　　　　　B. 新风系统
C. 排烟系统　　　　　　　　　　D. 排风兼排烟系统
E. 空调系统

解析:ABE。风管法兰接口严密,垫料不得挤入或凸入管内。当输送空气温度低于70℃时,法兰垫片采用橡胶板;输送空气温度高于70℃时,采用耐高温法兰垫片,防排烟系统应采用不燃法兰垫片。

39. 地铁机电安装工程中,下列哪些房间需采用余压阀进行泄压( )。
A. 通号机房　　　　　　　　　　B. 防烟楼梯间
C. 加压送风机房　　　　　　　　D. 车站控制室
E. 无自然通风的封闭楼梯间

解析:BCE。车站范围内的防烟楼梯间和无条件自然通风的封闭楼梯间、加压送风系统机房采用余压阀泄压。

40. 地铁机电安装工程中,下列哪些房间需设置下排风口( )。
A. 车站控制室　　　　　　　　　B. 变配电室
C. 专用通信设备室　　　　　　　D. 信号设备室
E. 民用通信设备室

解析:BCDE。

41. 地铁机电安装工程中,下列哪些房间需设置下排风口( )。
A. 综合监控设备室　　　　　　　B. AFC 设备室
C. 气瓶间　　　　　　　　　　　D. 公安通信设备室
E. 能馈变压器室

解析:ABCDE。

42. 地铁机电安装工程中,下列选项中属于防排烟系统分项工程的有( )。
A. 风管与配件制作　　　　　　　B. 风管系统安装
C. 风机与空气处理设备安装　　　D. 通风空调设备控制线缆导管敷设
E. 通风空调设备控制线缆敷设

解析:ABC。

43. 地铁机电安装工程中,下列选项中属于风机基本性能参数的是( )。
A. 风速　　　　　　　　　　　　B. 转速
C. 全压　　　　　　　　　　　　D. 风量
E. 功率

解析:BCDE。

44. 地铁机电安装工程中,制冷剂管道系统应按设计要求进行的试验有( ),且应试验合格。
A. 通球试验　　　　　　　　　　B. 强度试验
C. 流速试验　　　　　　　　　　D. 气密性试验
E. 真空试验

解析:BDE。《通风与空调工程施工质量验收规范》GB 50243 第 8.2.2 条。

45. 地铁机电安装工程中,常采用双层百叶铝合金风口的有( )。
A. 送风口　　　　　　　　　B. 加压送风口
C. 排烟风口　　　　　　　　D. 排风口
E. 轨顶风道风口
解析:AB。

46. 地铁机电安装工程中,常采用单层百叶铝合金风口的有( )。
A. 送风口　　　　　　　　　B. 加压送风口
C. 排烟风口　　　　　　　　D. 排风口
E. 轨顶风道风口
解析:CD。

47. 地铁机电安装工程中,钢板风管制作时,风管与法兰应连接牢固,下列翻边宽度正确的是( )mm。
A. 4　　　　　　　　　　　　B. 6
C. 8　　　　　　　　　　　　D. 10
E. 12
解析:AB。风管外观质量应达到折角平直、圆弧均匀,两端面平行,无翘角,风管与法兰连接牢固,翻边平整且宽度不大于6mm,紧贴法兰。

48. 地铁机电安装工程中,低压与中压系统钢板风管制作时,下列风管法兰孔距符合要求的有( )mm。
A. 250　　　　　　　　　　　B. 200
C. 150　　　　　　　　　　　D. 100
E. 300
解析:CD。低压与中压系统风管法兰孔距不应大于150mm,焊接应牢固,焊缝处不设置螺孔,螺孔具备互换性,风管加固应牢固可靠、整齐、间距适宜、均匀对称。

49. 地铁机电安装工程中,风管水平安装时,当边长或直径大于400mm,吊、支托架间距符合要求的有( )m。
A. 1.5　　　　　　　　　　　B. 2
C. 3　　　　　　　　　　　　D. 4
E. 5
解析:ABC。金属风管水平安装,直径或边长小于等于400mm时,支、吊架间距不应大于4m;大于400mm时,间距不应大于3m。

50. 地铁机电安装工程中,镀锌钢板风管安装完成,在漏光、漏风检测合格后,需对风管进行保温施工的系统,矩形风管及设备保温钉安装时,底面保温钉数量符合要求的有( )个。
A. 20　　　　　　　　　　　B. 18
C. 16　　　　　　　　　　　D. 14
E. 12
解析:ABC。矩形风管及设备保温钉密度应均匀,底面不少于每平方米16个,侧面每平方米不少于10个,顶面每平方米不少于8个,首行保温钉至保温材料边沿的距离应小于 120mm。保温钉粘贴 12～24h 后再铺覆保温材料。

51. 地铁机电安装工程中，镀锌钢板风管安装完成，在漏光、漏风检测合格后，需对风管进行保温施工的系统。矩形风管及设备保温钉安装时，侧面保温钉数量符合要求的有（　　）个。

A. 6　　　　　　　　　　　　B. 8
C. 10　　　　　　　　　　　 D. 12
E. 14

解析：CDE。解析见第 50 题。

52. 地铁机电安装工程中，镀锌钢板风管安装完成，在漏光、漏风检测合格后，需对风管进行保温施工的系统。矩形风管机设备保温钉安装时，顶面保温钉数量符合要求的有（　　）个。

A. 6　　　　　　　　　　　　B. 8
C. 10　　　　　　　　　　　 D. 12
E. 14

解析：BCDE。解析见第 50 题。

53. 地铁机电安装工程中，组合式空调机组安装时，下列检修门及接管位置处的维修空间预留符合要求的是（　　）mm。

A. 600　　　　　　　　　　　B. 700
C. 800　　　　　　　　　　　D. 900
E. 1000

解析：BCDE。空调机组的四周，尤其是检修门及外接水管一侧应至少留有 700～800mm 的维修空间，过滤器的取出方向为 600mm 以上，同样对于配管的安装等均应留有足够的空间。

54. 地铁机电安装工程中，冷水机组的两端至少一端应预留维修空间，以清洗冷凝器和蒸发器的管簇或换管，非维修空间也需留有一定的距离，下列距离墙壁符合要求的是（　　）m。

A. 1.0　　　　　　　　　　　B. 1.5
C. 2.0　　　　　　　　　　　D. 2.5
E. 3.0

解析：CDE。机组的两端中至少一端应预留维修空间，以清洗冷凝器和蒸发器的管簇或换管，墙体距离机组的长度应大于等于冷凝器或蒸发器长度较长者的长度；非维修空间一端，机房内墙壁距离机组应不少于 2.0m。

55. 地铁机电安装工程中，多联机空调室外机组安装水平度符合要求的是（　　）mm。

A. −2　　　　　　　　　　　B. −1
C. 0　　　　　　　　　　　　D. 1
E. 2

解析：BCD。室外机就位后要测量机组的水平度，确保水平度控制在 ±1mm 之内。

56. 地铁机电安装工程中，多联机空调室外机应安装在强度可承受机组运行重量的混凝土或钢铁基础、平台上，下列基础高度符合要求的有（　　）mm。

A. 100   B. 150
C. 200   D. 300
E. 400

解析：CDE。机组安装在强度可承受机组运行重量的基础或平台上，基础材料可采用混凝土或钢铁支架，基础高度大于200mm。

57. 地铁机电安装工程中，冷水机组安装前，需首先对机组基础进行检查验收，确保基础外形尺寸、基础平面的水平度、中心线、高程、基础预埋件等符合标准要求。其中机组安装基础台的建造应保证水平，下列机组安装后应使机组在长度及宽度方向上的水平误差符合要求的是（　　）mm。

A. 4   B. 5
C. 6   D. 7
E. 8

解析：AB。机组安装基础台的建造应保证水平，机组安装后应使机组在长度及宽度方向上的水平误差不超过5mm。

58. 地铁机电安装工程中，（　　）mm平面边长的管式矩形消声器弯管需设置吸声导流片的有。

A. 500   B. 600
C. 800   D. 1000
E. 1250

解析：CDE。矩形消声弯管平面边长大于800mm时，应设置吸声导流片。详见《通风与空调工程施工质量验收规范》GB 50243 第5.2.6条。

59. 地铁机电安装工程中，风管与设备间应采用柔性短管连接，下列柔性短管的长度符合要求的有（　　）mm。

A. 100   B. 150
C. 200   D. 250
D. 300

解析：BCD。柔性短管的制作应符合下列规定：（1）外径或外边长应与风管尺寸相匹配；（2）应采用抗腐、防潮、不透气及不易霉变的柔性材料；（3）用于净化空调系统的还应是内壁光滑、不易产生尘埃的材料；（4）柔性短管的长度宜为150～250mm，接缝的缝制或粘接应牢固、可靠，不应有开裂；成型短管应平整、无扭曲等现象；（5）柔性短管不应为异径连接管，矩形柔性短管与风管连接不得采用抱箍固定的形式；（6）柔性短管与法兰组装宜采用压板铆接连接，铆钉间距宜为60～80mm。详见《通风与空调工程施工质量验收规范》GB 50243 第5.3.7条。

60. 地铁机电安装工程中，（　　）mm边长（直径）的弯头、三通等部位需设置单独的支、吊架的有。

A. 630   B. 800
C. 1000   D. 1250
E. 1600

解析：DE。边长（直径）大于1250mm的弯头、三通等部位应设置单独的支、吊架。

详见《通风与空调工程施工质量验收规范》GB 50243 第 6.3.1-7 条。

61. 地铁机电安装工程中,明装风管水平安装时,水平允许偏差符合要求的是( )。
A. 2‰
B. 3‰
C. 4‰
D. 5‰
E. 6‰

解析:AB。明装风管水平安装时,水平度的允许偏差应为 3‰,总偏差不应大于 20mm;明装风管垂直安装时,垂直度的允许偏差应为 2‰,总偏差不应大于 20mm。详见《通风与空调工程施工质量验收规范》GB 50243 第 6.3.2-7 条。

62. 地铁机电安装工程中,明装风管水平安装时,总偏差符合要求的是( )mm。
A. 10
B. 20
C. 30
D. 40
E. 50

解析:AB。解析见第 61 题。

63. 地铁机电安装工程中,明装风管垂直安装时,垂直允许偏差符合要求的是( )。
A. 1‰
B. 2‰
C. 3‰
D. 4‰
E. 5‰

解析:AB。解析见第 61 题。

64. 地铁机电安装工程中,明装风管垂直安装时,总偏差符合要求的是( )mm。
A. 10
B. 20
C. 30
D. 40
E. 50

解析:AB。解析见第 61 题。

65. 地铁机电安装工程中,镀锌钢板风管间须设置法兰垫片,其中风管法兰垫片接口交叉长度符合要求的是( )mm。
A. 10
B. 20
C. 30
D. 40
E. 50

解析:ACDE。风管接口的连接应严密牢固。风管法兰的垫片材质应符合系统功能的要求,厚度不应小于 3mm。垫片不应凸入管内,且不宜凸出法兰外;垫片接口交叉长度不应小于 30mm。详见《通风与空调工程施工质量验收规范》GB 50243 第 6.3.2 条第 4 款。

66. 地铁机电安装工程中,风机盘管的送、回风口安装位置应符合设计要求。当设计无要求时,安装在同一平面上的送、回风口间距符合要求的是( )mm。
A. 600
B. 800
C. 1000
D. 1200
E. 1400

解析:DE。详见《通风与空调工程施工规范》GB 50738 第 8.1.10 条。

67. 按风管系统工作压力划分，风管系统可分为低压系统、中压系统和高压系统。以下属于低压系统的有（　　）Pa。

A. 300　　　　　　　　　　　　B. 400

C. 500　　　　　　　　　　　　D. 600

E. 700

解析：ABC。

68. 按材质分类，下列风管属于金属风管的有（　　）。

A. 镀锌钢板风管　　　　　　　　B. 不锈钢风管

C. 双面彩钢复合风管　　　　　　D. 玻璃钢风管

E. 铝板风管

解析：ABE。

69. 下列圆形金属风管（不包括螺旋风管）需采取加固措施的有（　　）mm。

A. 630　　　　　　　　　　　　B. 800

C. 1250　　　　　　　　　　　 D. 1000

E. 1600

解析：BCDE。圆形金属风管（不包括螺旋风管）直径大于等于 800mm，且其管段长度大于 1250mm 或总表面积大于 $4m^2$ 均应采取加固措施。

70. 下列风阀需要实施分组调节的有（　　）m^2。

A. 1.0　　　　　　　　　　　　B. 1.2

C. 0.5　　　　　　　　　　　　D. 2.0

E. 1.5

解析：BDE。截面积大于 $1.2m^2$ 的风阀应实施分组调节。

71. 地铁机电安装工程中，当采用漏光法检测系统的严密性时，100m 接缝数量符合要求的有（　　）处。

A. 17　　　　　　　　　　　　 B. 16

C. 15　　　　　　　　　　　　 D. 18

E. 19

解析：BC。当采用漏光法检测系统的严密性时，低压系统风管以每 10m 接缝，漏光点不大于 2 处，且 100m 接缝平均不大于 16 处为合格。

72. 地铁机电安装工程中，当采用漏光法检测系统的严密性时，低压系统风管以每 10m 接缝，漏光点数量符合要求的有（　　）处。

A. 1　　　　　　　　　　　　　B. 2

C. 3　　　　　　　　　　　　　D. 4

E. 5

解析：AB。当采用漏光法检测系统的严密性时，低压系统风管以每 10m 接缝，漏光点不大于 2 处。

73. 地铁机电安装工程中，组合式空调机组安装时，其冷凝水排水管的排水口下边缘距离排水沟底部符合要求的是（　　）mm，且排水管的出口应加装 90°弯头，使排水管的出口方向顺着排水沟水流方向。

A. 20 B. 30
C. 40 D. 50
E. 60

解析：DE。详见图集《地铁工程机电设备系统重点施工工艺》14ST201-2 空调机组冷凝水排水水封。

74. 地铁机电安装工程中，组合式空调机组安装时其四周宜使用∟40×40×4 进行限位固定，其中角钢上膨胀螺栓孔距角钢边缘的距离符合要求的有（　　）mm。

A. 20 B. 25
C. 30 D. 15
E. 10

解析：BC。详见图集《地铁工程机电设备系统重点施工工艺》14ST201-2 空调机组安装。

75. 地铁机电安装工程中，下列可以采用 C 形、S 形插条连接的金属矩形风管有（　　）mm。

A. 630 B. 800
C. 500 D. 400
E. 1000

解析：ACD。

76. 地铁机电安装工程中，金属风管垂直安装，支、吊架间距符合要求的是（　　）m。

A. 3 B. 3.5
C. 4 D. 4.5
E. 5

解析：ABC。

77. 地铁机电安装工程中，风管与土建风道连接时，土建风道上固定角钢的膨胀螺栓间距符合要求的是（　　）mm。

A. 200 B. 300
C. 400 D. 500
E. 600

解析：AB。

78. 地铁机电安装工程中，轨底排热风口安装时使用的后切底胀栓间距与螺栓间距符合要求的是（　　）mm，且四角部位应设有后切底胀栓或螺栓。

A. 200 B. 300
C. 400 D. 500
E. 600

解析：ABCD。

79. 地铁机电安装工程中，单体风阀安装时，为方便操作和维护，执行机构安装侧阀体距离墙面符合要求的是（　　）mm。

A. 150 B. 200

C. 250 D. 300
E. 350

解析：DE。

80. 地铁机电安装工程中，防火阀、排烟阀的安装方向、位置应正确。防火分区隔墙两侧的防火阀距墙表面距离符合要求的有（　　）mm。
A. 50 B. 100
C. 150 D. 200
E. 250

解析：BCD。

81. 地铁机电安装工程中，综合管线敷设时，其支吊架主要构件表面处理使用热浸镀锌，镀锌层厚度符合要求的是（　　）μm。
A. 45 B. 50
C. 55 D. 60
E. 65

解析：CDE。

82. 地铁机电安装工程中，防火封堵材料的长期有效性符合要求的是（　　）年。
A. 10 B. 20
C. 30 D. 15
E. 40

解析：CE。

83. 地铁机电安装工程中，以下工作压力需进行强度和严密性试验的阀门有（　　）MPa。
A. 0.5 B. 0.8
C. 1.0 D. 1.5
E. 1.25

解析：CDE。

84. 地铁机电安装工程中，采用隔振措施的制冷设备或制冷附属设备，其隔振器安装位置应正确；各个隔振器的压缩量，应均匀一致，下列偏差符合要求的有（　　）mm。
A. 1.0 B. 2.0
C. 5.0 D. 10
E. 15

解析：AB。

85. 地铁机电安装工程中，弹簧压力表与空调水管连接时，压力表与水管间应安装截止阀，截止阀与空调水管间的距离符合要求的是（　　）mm。
A. 30 B. 40
C. 50 D. 60
E. 70

解析：CD。详见图集《地铁工程机电设备系统重点施工工艺》14ST201-2 弹簧压力表安装。

86. 地铁机电安装工程中,以下地下换乘通道、连接通道和出入口通道应设置排烟设施的有( )m。

A. 40　　　　　　　　　　B. 50
C. 55　　　　　　　　　　D. 60
E. 70

解析:DE。详见《地铁设计防火标准》GB 51298 第 8.1.1 条。

第 3 章

给水排水及消防篇

概 述

地铁给水排水系统设计工作分为给水系统设计与排水系统设计。地铁给水系统分为生活生产给水系统以及消防给水系统。给水系统需要满足地铁生产、生活及消防对水量、水压、水质方面的要求,并优先使用市政水源进行供水。对于生产生活给水系统,需要根据不同城市以及不同自来水公司企业的具体情况确定水源以及供水方式。由于消防用水与生活用水的水量水压等各方面要求差距较大,因此地铁给水系统中需要将消防管网与生活管网进行分离,分别设置。

地铁给水系统主要作用是提供地铁运营所需的生产、生活、消防等用水。排水及排污系统的作用是收集并排出生产、生活、消防等用水产生的废水、污水及地下结构渗漏水、雨水等。消防专业作用是提供完整的水消防系统,从而保证地铁能够安全且正常运营。

本章题库中包含了给水排水专业多方面的细节知识,其中包含了给水排水管道的安装要求、给水排水设备的安装要求、给水排水阀门及管件的安装要求、局部的安装要求、整体的安装要求等。适用于从事城市轨道交通工程给水排水及消防工程施工管理人员使用。

3.1 单项选择题

1. 地铁机电安装工程中,( )提供消防车从市政给水管网或室外消防给水管网取水实施灭火。

A. 消防水泵接合器 B. 地上式消火栓
C. 消防水鹤   D. 消防水池

解析:B。

2. 地铁机电安装工程中,地面消防水泵接合器距离应急道路边缘的距离不应大于( )m。

A. 5   B. 4   C. 3   D. 2

解析:B。

3. 地铁机电安装工程中,地下式消防水泵接合器顶部进水或地下式消火栓的顶部出水口与消防井盖底部的距离不得大于( )mm,井内应有足够的操作空间,并设有爬梯。

A. 200   B. 300   C. 400   D. 500

解析:C。

4. 地铁机电安装工程中,地下式消防水泵接合器,雨水井、污水井及地下式消火栓井盖下方应设置(   )。
   A. 密目式安全平网   B. 防坠网
   C. 密目式安全立网   D. 钢丝网
   解析：B。

5. 地铁机电安装工程中,地下式消防水泵接合器每次使用后应做哪些操作(   )。
   A. 排空消防水泵接合器管道内部的积水、设置好防坠网、安放好井盖
   B. 不需要排空消防水泵接合器管道内部积水但是需要设置好防坠网、安放好井盖
   C. 关闭阀门、设置好防坠网、安放好井盖
   D. 排空消防水泵接合器管道内积水关闭阀门、设置好防坠网、安放好井盖
   解析：D。

6. 地铁机电安装工程中,地上式消防水泵接合器进水口中心距离地面的高度为(   )m。
   A. 1.1   B. 1.0   C. 0.7   D. 0.4
   解析：C。

7. 地铁机电安装工程中,地下式消防水泵接合器进水口中心距离地面的高度为(   )m。
   A. 1.1   B. 1.0   C. 0.7   D. 0.4
   解析：D。

8. 地铁机电安装工程中,给水排水及消防专业给水系统主要施工流程正确的是(   )。
   A. 支架制作→管道放线→主管安装→支管安装→阀门及附件安装
   B. 管道放线→支架制作→主管安装→支管安装→阀门及附件安装
   C. 支架制作→管道放线→支管安装→主管安装→阀门及附件安装
   D. 管道放线→支架制作→支管安装→主管安装→阀门及附件安装
   解析：A。给水系统主要施工流程：施工准备→支架制作→管道放线→支架安装→主管安装→支管安装→阀门及附件安装→实验及冲洗消毒→市政管网接驳→检查验收。

9. 地铁机电安装工程中,管道穿越(   )时,必须设置人防闸阀。
   A. 主体结构中板   B. 围护结构外墙
   C. 区间及车站的人防门处   D. 建筑物的变形缝
   解析：C。

10. 地铁机电安装工程中,管道穿越区间及车站的人防门处时必须设置人防闸阀,闸阀距离主体结构外边缘不得大于(   )mm。
    A. 100   B. 150   C. 200   D. 300
    解析：C。

11. 地铁机电安装工程中,安装在卫生间的穿楼板的套管,其顶部应高出装饰面(   )mm。
    A. 20   B. 25   C. 50   D. 55
    解析：C。

12. 地铁机电安装工程中，穿越中板的主体结构预留套管，需采用（　　）对套管外侧周围进行进一步密实处理。
    A. 普通水泥砂浆　　　　　　　　B. 聚合物水泥砂浆
    C. 粉煤灰水泥砂浆　　　　　　　D. 细石混凝土
    解析：B。

13. 地铁机电安装工程中，阀门、阀件在安装前应做试验检测，检测的试验内容有（　　）。
    A. 壳体试验、密封试验　　　　　B. 灌水试验、密封试验
    C. 壳体试验、灌水试验　　　　　D. 灌水试验、耐压试验
    解析：A。

14. 地铁机电安装工程中，给水系统试压，当压力达到试验压力时，停止加压，观察压降情况在 10min 内不超过（　　）MPa 时，即为合格。
    A. 0.02　　　　B. 0.05　　　　C. 0.1　　　　D. 0.15
    解析：B。

15. 地铁机电安装工程中，设计未注明时，室内给水管道的水压实验压力均为工作压力的（　　）倍，但不得小于（　　）MPa。
    A. 1.2，0.5　　　　　　　　　　B. 1.5，0.5
    C. 1.2，0.6　　　　　　　　　　D. 1.5，0.6
    解析：D。

16. 地铁机电安装工程中，地铁站内压力排水系统管道采用镀锌钢管，管径小于 $DN100$ 时一般采用（　　）连接。
    A. 法兰　　　　B. 卡箍　　　　C. 丝扣　　　　D. 卡环
    解析：C。

17. 地铁机电安装工程中，地铁站内压力排水系统管道采用镀锌钢管，管径大于等于 $DN100$ 时一般采用（　　）连接。
    A. 法兰　　　　B. 卡箍　　　　C. 丝扣　　　　D. 卡环
    解析：B。

18. 地铁机电安装工程中，地铁站内压力排水系统管道采用镀锌钢管，管径 $DN80$ 一般采用（　　）连接。
    A. 法兰　　　　B. 卡箍　　　　C. 丝扣　　　　D. 卡环
    解析：C。

19. 地铁机电安装工程中，地铁站内压力排水系统管道采用镀锌钢管，管径 $DN150$ 一般采用（　　）连接。
    A. 法兰　　　　B. 卡箍　　　　C. 丝扣　　　　D. 卡环
    解析：B。

20. 地铁机电安装工程中，车站内无压排水系统（重力排水系统）所选用的 UPVC 管，采用（　　）。
    A. 螺纹连接　　　　　　　　　　B. 沟槽（卡箍）连接
    C. 卡环连接　　　　　　　　　　D. 粘结方式连接

解析：D。

21. 地铁机电安装工程中，车站内无压排水系统（重力排水系统）一般选用（ ）。
    A. 衬塑钢管　　　　　　　　　　B. UPVC 管
    C. 镀锌钢管　　　　　　　　　　D. 内外涂环氧钢管
    解析：B。地铁机电安装工程中，车站内无压排水系统（重力排水系统）一般选用 UPVC 管或铸铁管。

22. 地铁机电安装工程中，无压力排水管道对系统进行闭水试验，灌满水观察（ ）min 水位不降来判断是否合格。
    A. 5　　　　　　B. 10　　　　　　C. 15　　　　　　D. 20
    解析：A。无压力排水管道对系统进行闭水试验，闭水试验前将排水出户管或将下一层的立管检查口打开，把球胆放入检查口上部，充气，使球胆膨胀将立管堵死，然后向系统灌水，灌满水观察 5min，水位不降为合格。

23. 地铁机电安装工程中，以下消火栓系统施工流程正确的是（ ）。
    A. 测量放线→消防管道安装→水压实验→设备系统调试→设施设备接管
    B. 测量放线→消防管道安装→设施设备接管→水压实验→设备系统调试
    C. 测量放线→消防管道安装→水压实验→设施设备接管→设备系统调试
    D. 测量放线→消防管道安装→水压实验→设备系统调试→设施设备接管
    解析：B。消火栓系统施工流程：施工准备→测量放线→消防管道安装→设施设备接管→水压试验→设备系统调试→市政管网接驳→竣工验收→消防验收。

24. 地铁机电安装工程中，设备区走道、屏蔽门外走道等狭小区域消火栓箱采用（ ）方式；环控机房、冷水机房、风亭风道等空间较为宽敞的部位消火栓箱可采用（ ）方式。
    A. 明装，暗装　　　　　　　　　　B. 明装，明装
    C. 暗装，明装　　　　　　　　　　D. 暗装，暗装
    解析：C。

25. 地铁机电安装工程中，消火栓栓口中心距离地面高度（ ）m，允许偏差（ ）mm。
    A. 1.1，±20　　　　　　　　　　B. 1.0，±20
    C. 1.1，±25　　　　　　　　　　D. 1.0，±25
    解析：A。

26. 地铁机电安装工程中，在站台层两端的消火栓箱内应设置（ ）消火栓栓头。
    A. 1 个　　　　B. 2 个　　　　C. 3 个　　　　D. 以上均可
    解析：B。

27. 地铁机电安装工程中，水泵进出水管上的可曲挠橡胶接头，安装在阀门和止回阀的（ ）。
    A. 外侧　　　　B. 内侧　　　　C. 中间　　　　D. 以上都可以
    解析：B。水泵进出水管上的可曲挠橡胶接头，必须安装在阀门和止回阀的内侧靠近水泵，防止出水管上的接头被破坏，同时便于检修和更换。

28. 地铁机电安装工程中，风道内雨水排水系统的安装顺序为（ ）。

A. 底座安装→潜污泵安装→偏心异径管→可曲挠橡胶接头→止回阀→压力表→闸阀→镀锌钢管

B. 底座安装→潜污泵安装→可曲挠橡胶接头→偏心异径管→压力表→止回阀→闸阀→镀锌钢管

C. 底座安装→潜污泵安装→可曲挠橡胶接头→压力表→偏心异径管→止回阀→闸阀→镀锌钢管

D. 底座安装→潜污泵安装→偏心异径管→可曲挠橡胶接头→压力表→止回阀→闸阀→镀锌钢管

解析：D。地铁机电安装工程中，风道内雨水泵的安装顺序为：底座安装→潜污泵安装→偏心异径管→可曲挠橡胶接头→压力表→止回阀→闸阀→镀锌钢管。

29. 地铁机电安装工程中，风道内雨水排水系统中压力表的安装高度要便于观察，一般安装高度为(　　)m。
    A. 1.1   B. 1.2   C. 1.4   D. 1.5

解析：D。

30. 地铁机电安装工程中，区间联络通道废水泵房排水系统的安装顺序为(　　)。

A. 底座安装→潜污泵安装→偏心异径管→可曲挠橡胶接头→止回阀→压力表→闸阀→镀锌钢管

B. 底座安装→潜污泵安装→可曲挠橡胶接头→偏心异径管→压力表→止回阀→闸阀→镀锌钢管

C. 底座安装→潜污泵安装→偏心异径管→可曲挠橡胶接头→压力表→止回阀→闸阀→镀锌钢管

D. 底座安装→潜污泵安装→可曲挠橡胶接头→压力表→偏心异径管→止回阀→闸阀→镀锌钢管

解析：C。

31. 地铁机电安装工程中，钢管与法兰焊接时，法兰应(　　)钢管中心线，允许偏差为(　　)mm。
    A. 垂直，0.5   B. 垂直，0.6
    C. 平行，0.5   D. 平行，0.6

解析：A。

32. 地铁机电安装工程中，双栓头消火栓箱内两栓头中心线的间距宜为(　　)mm。
    A. 600   B. 650   C. 700   D. 750

解析：D。

33. 地铁机电安装工程中，消火栓箱内的消防软管卷盘上的软管内径不小于(　　)，软管长度宜为(　　)m。
    A. $\phi20$，40   B. $\phi19$，30
    C. $\phi20$，30   D. $\phi19$，40

解析：B。

34. 地铁机电安装工程中，地面式消火栓距离消火栓检查井不得大于(　　)m。
    A. 1   B. 1.5   C. 2   D. 2.5

解析：B。

35. 地铁机电安装工程中，地面式消火栓检查井的井盖直径为（　　）m。
A. 1　　　　　　B. 0.9　　　　　　C. 0.8　　　　　　D. 0.7
解析：C。

36. 地铁机电安装工程中，地下式消火栓栓头应偏离井口中心（　　）mm。
A. 10　　　　　　B. 15　　　　　　C. 20　　　　　　D. 25
解析：B。

37. 地铁机电安装工程中，室外埋地管道需要做"三油两布"防腐处理，其中"三油两布"是指（　　）。
A. 一层沥青油一层纤维布，再一层沥青油一层纤维布，最后再一层沥青油
B. 一层防腐油漆一层纤维布，再一层防腐油漆一层纤维布，一层沥青油
C. 一层沥青油一层纤维布，一层防腐油漆一层纤维布，最后再一层沥青油
D. 一层防腐油漆一层纤维布，一层沥青油一层纤维布，最后再一层沥青油
解析：A。

38. 地铁机电安装工程中，北方寒冷地区室外消火栓宜采用（　　），管道应设置在冻土层以下。
A. 地上式　　　　B. 地下式　　　　C. 无须设置　　　　D. AB均可
解析：B。如呼和浩特市冻土层厚度为1.2m，沈阳市冻土层厚度为1.2m，长春市冻土层厚度为1.5m，哈尔滨市冻土层厚度为2.0m。

39. 地铁机电安装工程中，根据图集要求，地下式消防水泵接合器井的尺寸宜为（　　）。
A. 1750mm×1250mm　　　　　　B. 1750mm×1500mm
C. 1750mm×1750mm　　　　　　D. 1500mm×1250mm
解析：A。详见图集《地铁工程机电设备系统重点施工工艺》14ST201-2第67页。

40. 地铁机电安装工程中，消防水泵接合器系统由上至下依次为（　　）。
A. 消防水泵接合器本体→安全阀→止回阀→蝶阀→热镀锌钢管
B. 消防水泵接合器本体→止回阀→蝶阀→安全阀→热镀锌钢管
C. 消防水泵接合器本体→止回阀→安全阀→蝶阀→热镀锌钢管
D. 消防水泵接合器本体→安全阀→蝶阀→止回阀→热镀锌钢管
解析：C。

41. 地铁机电安装工程中，消防水泵接合器系统安装顺序为（　　）。
A. 热镀锌钢管→蝶阀→安全阀→止回阀→消防水泵接合器本体
B. 热镀锌钢管→止回阀→蝶阀→安全阀→消防水泵接合器本体
C. 热镀锌钢管→蝶阀→止回阀→安全阀→消防水泵接合器本体
D. 热镀锌钢管→止回阀→安全阀→蝶阀→消防水泵接合器本体
解析：A。

42. 地铁机电安装工程中，消火栓箱底框距装修完成面的安装高度宜为（　　）mm。
A. 100　　　　　　B. 150　　　　　　C. 50　　　　　　D. 200
解析：A。

43. 地铁机电安装及装饰装修工程中,卫生间防水工程蓄水试验时间不得小于(　　)h,蓄水深度不小于(　　)mm,不渗不漏为合格。

A. 48,20 B. 24,20
C. 24,50 D. 48,50

解析:B。在地铁卫生间防水工程中,蓄水试验时间不得小于24h,蓄水深度不小于20mm。

44. 地铁机电安装工程中,室外消火栓的安装,两个消火栓的间距不得超过(　　)m。

A. 100 B. 120 C. 140 D. 150

解析:B。

45. 地铁机电安装工程中,水泵1h内最大启动次数不应超过(　　)次。

A. 2 B. 3 C. 5 D. 6

解析:D。

46. 地铁机电安装工程中,管道穿过建筑物变形缝或伸缩缝时需要增加(　　)。

A. 刚性接头 B. 柔性接头 C. 固定支架 D. 滑动支架

解析:B。

47. 地铁机电安装工程中,哈夫节是对除承口以外的部分进行抢修的装置,该装置组成简单、安装方便。下列关于其说法错误的是(　　)。

A. 采用塑形接触密封及弹性接触密封两种技术相结合,适用于各种材质的管道,有效地控制了泄漏问题

B. 现场使用效果良好,施工速度快,无需停水,节省大量人力物力及时间,快速达到堵漏目的

C. 适宜的工作压力小于等于1.2MPa

D. 该装置结构简单只有两件本体和两件橡胶垫组成

解析:C。哈夫节适宜的工作压力小于等于1.6MPa。

48. 地铁机电安装工程中,消防管道穿过建筑物变形缝或伸缩缝时需要增加柔性接头,下列可用于消防管道中的柔性接头是(　　)。

A. 金属波纹补偿器 B. 可曲挠橡胶接头
C. 金属软管 D. 滑动支架

解析:C。

49. 地铁机电安装工程中,管道设置的波纹补偿器一端设置固定支架,另一端(　　)。

A. 设置固定支架 B. 设置抗震支架
C. 设置托架,无需固定 D. 设置滑动支架

解析:D。

50. 地铁机电安装工程中,区间管道支架锚栓的位置距离盾构片边缘不得小于(　　)mm。

A. 50 B. 100 C. 150 D. 200

解析:B。

51. 地铁机电安装工程中，给水排水及消防管道安装需设置（　　）的坡度。
A. 2‰　　　　　　B. 1‰　　　　　　C. 3‰　　　　　　D. 1.5‰
解析：A。

52. 地铁机电安装工程中，UPVC重力排水立管常用（　　）管径。
A. DN50　　　　　B. DN100　　　　　C. DN150　　　　　D. DN200
解析：B。

53. 地铁机电安装工程中，排出管距离室外第一个检查井的距离不要小于（　　）m。
A. 1　　　　　　　B. 2　　　　　　　C. 3　　　　　　　D. 4
解析：D。

54. 地铁机电安装工程中，下列管道上不能设阀门的是（　　）。
A. 进水管　　　　B. 溢流管　　　　C. 出水管　　　　D. 泄水管
解析：B。

55. 在钢管的加工中，钢管切口应垂直钢管中心线，允许偏差为管径的（　　），且不大于（　　）mm。
A. ±1%，2　　　　B. ±2%，2　　　　C. ±1%，1　　　　D. ±2%，1
解析：A。

56. 地铁机电安装工程中，管道支座位置允许偏差为：纵向（　　）mm，横向（　　）mm，高程（　　）mm。
A. ±10、±10、±10　　　　　　　　　B. ±50、±10、±10
C. ±50、±50、±10　　　　　　　　　D. ±10、±10、±50
解析：B。

57. 地铁机电安装工程消防给水管道的安装中，管道的工作压力为（　　）MPa，管道的试验压力为（　　）MPa。
A. 0.6，1.5　　　　　　　　　　　　　B. 1.0，1.5
C. 0.6，1.0　　　　　　　　　　　　　D. 0.5，1.0
解析：A。

58. 地铁机电安装工程中，给水系统试压所用的压力表需要进行校验，精度不低于（　　）级，满刻度值为（　　）MPa。
A. 1.5，1.0　　　　　　　　　　　　　B. 1.5，2.0
C. 1，2.0　　　　　　　　　　　　　　D. 2，2.0
解析：B。

59. 地铁机电安装工程中，消火栓箱内阀门中心距箱侧面为（　　）mm，距箱后内表面为（　　）mm，允许偏差为±5mm。
A. 100，140　　　　　　　　　　　　　B. 140，100
C. 100，100　　　　　　　　　　　　　D. 140，140
解析：B。

60. 地铁机电安装工程中，下列关于水泵试运转规定的说法错误的是（　　）。
A. 电机转动方向要正确　　　　　　　B. 水泵运转无卡阻现象和异常声响
C. 水泵带负荷运转不应小于1h　　　　D. 电机电流不超过额定值

解析：C。水泵进行调试和试运转时，水泵带负荷运转不应小于2h。

61. 地铁机电安装工程中，区间内消火栓的间距不应大于( )m，人行通道内消火栓间距不应大于( )m。

A. 30，20　　　　　　　　　　　　B. 50，30
C. 50，20　　　　　　　　　　　　D. 20，30

解析：C。

62. 地铁机电安装工程中，室内消火栓给水系统和自动喷水灭火系统的稳压罐的有效容积均不应小于( )L。

A. 100　　　B. 120　　　C. 150　　　D. 200

解析：C。

63. 地铁机电安装工程中，管道穿越区间及车站人防门时，必须设置( )。

A. 闸阀　　　B. 人防闸阀　　　C. 蝶阀　　　D. 止回阀

解析：B。

64. 地铁机电安装工程中，阀门、阀件的耐压强度试验应在( )做。

A. 安装前　　　B. 安装中　　　C. 安装后　　　D. 都可以

解析：A。

65. 地铁机电安装工程中，以下是几个给水系统试压的压降在10min内的数值，其中合格的是( )MPa。

A. 0.02　　　B. 0.06　　　C. 0.1　　　D. 0.15

解析：A。给水系统试压，当压力达到试验压力时，停止加压，观察压降情况在10min内不超过0.05MPa时，即为合格。

66. 地铁机电安装工程中，以下关于室内给水管道的水压试验压力与工作压力的关系中，正确的是( )。

A. 试验压力均为工作压力的1.5倍
B. 工作压力均为试验压力的1.5倍
C. 设计未注明时，试验压力均为工作压力的1.5倍，但不得小于0.6MPa
D. 设计未注明时，工作压力均为试验压力的1.5倍，但不得小于0.6MPa

解析：C。设计未注明时，室内给水管道的水压试验压力均为工作压力的1.5倍，但不得小于0.6MPa。

67. 地铁机电安装工程中，关于自动排气阀的说法中正确的是( )。

A. 自动排气阀安装在管网的任意点都可以
B. 自动排气阀只能安装在管网的低点
C. 自动排气阀只能安装在管网的中点
D. 自动排气阀安装在管网的各个高点

解析：D。自动排气阀安装在管网中的各个高点排除管内聚集的气体。

68. 地铁机电安装工程中，离心给水泵试运转后，不需要进行的工作是( )。

A. 关闭泵的入口阀门　　　　　　B. 关闭附属系统的阀门
C. 用清水冲洗泵　　　　　　　　D. 放净泵内积存的液体

解析：C。离心泵试运转后，应关闭泵的入口阀门，待泵冷却后再依次关闭附属系统的阀门；输送易结晶、凝固、沉淀等介质的泵，停泵后应防止堵塞，并及时用清水或其他介质冲洗泵和管道；放净泵内积存的液体。

69. 地铁机电安装工程中，水泵启动后打开阀门，电流表指针基本未动，说明水泵（　　）。
A. 出水正常　　　　　　　　　　B. 出水流量过大
C. 出水流量过小　　　　　　　　D. 不出水
解析：D。

70. 地铁机电安装工程中，水泵不吸水、压力表及真空表的指针剧烈振动的原因（　　）。
A. 水泵内有气或吸水管漏气　　　B. 吸水管阻力太大
C. 转速太低　　　　　　　　　　D. 止回阀阀片脱落
解析：A。

71. 地铁机电安装工程中，压力管道水压试验包括（　　）。
A. 强度和严密性试验　　　　　　B. 强度和闭水试验
C. 闭水试验和闭气试验　　　　　D. 满水试验和严密性试验
解析：A。压力管道水压试验包括强度和严密性试验；无压管道严密性试验采用闭水试验和闭气试验。

72. 地铁机电安装工程闭水试验时，下列试验段的划分不符合要求的是（　　）。
A. 管道及检查井外观质量已验收合格
B. 当管道采用两种或两种以上管材时，不必按管材分别进行试验
C. 全部预留孔、口应封堵，不得渗水
D. 管道两端堵板承受力经核算大于水压合力，除预留进水管外，应封堵坚固、不得渗水
解析：B。当管道采用两种或两种以上管材时，宜按管材分别进行试验。

73. 地铁机电安装工程中，污废水泵房潜污泵工作状态及水位状况由（　　）系统监视，消防与灭火装置由（　　）系统监控管理。
A. BAS，FAS　　　　　　　　　B. FAS，BAS
C. FAS，FAS　　　　　　　　　D. BAS，BAS
解析：A。

74. 地铁机电安装工程中，消防水力警铃一般安装在（　　）。
A. 泵房内　　B. 电气柜内　　C. 走廊　　D. 以上均有可能
解析：C。

75. 地铁机电安装工程中，消防水泵保证在火警后（　　）min 内开始工作。
A. 0.5　　　　B. 3　　　　C. 5　　　　D. 10
解析：C。

76. 地铁机电安装工程中，以下哪一个阀门是安装在水泵的出水管上用来防止因断电或其他事故时水流倒流而损坏水泵（　　）。
A. 排气阀　　B. 止回阀　　C. 泄水阀　　D. 闸阀
解析：B。止回阀是安装在水泵的出水管上用来防止因断电或其他事故时水流倒流而

损坏水泵。

77. 地铁机电安装工程中,排水系统最基本的要求是( )。
A. 排水噪声低 B. 管道布置合理
C. 防止有毒气体进入室内 D. 将污废水迅速流畅地排至室外
解析:D。

78. 地铁机电安装工程中,管沟开挖应确保土层不被扰动,当遇到有地下水时,挖至设计标高( )mm。
A. 60~80 B. 80~100 C. 100~150 D. 150~200
解析:C。

79. 地铁机电安装工程中,下列属于特种设备的是( )。
A. 分集水器 B. 静压箱 C. 稳压罐 D. 手提式灭火器
解析:C。

80. 地铁机电安装工程中,区间消防管道采用球墨铸铁管承插链接时,支架与承口的距离不大于( )mm。
A. 500 B. 600 C. 400 D. 300
解析:D。

81. 地铁机电安装工程中,给水立管的管卡安装,层高不大于5m时,每层安装( )个。
A. 1 B. 2 C. 3 D. 4
解析:A。

82. 地铁机电安装工程中,给水立管的管卡安装,层高大于5m时,每层安装不少于( )个。
A. 1 B. 2 C. 3 D. 4
解析:B。

83. 地铁机电安装工程中,给水管道进行通水冲洗,冲洗量( )设计流量。
A. 小于 B. 大于 C. 等于 D. 大于等于
解析:D。给水管道进行通水冲洗,冲洗量不应小于设计流量且不小于1.5m/s。

84. 地铁机电安装工程中,管道穿越中板时,立管周围应做高出原地面( )mm阻水圈。
A. 10~20 B. 10~15 C. 20~25 D. 10~25
解析:A。

85. 地铁机电安装工程中,地漏安装低于排水地表面( )mm。
A. 3 B. 5 C. 6 D. 10
解析:B。地漏安装低于排水地表面5mm。

86. 地铁机电安装工程中,管道支架在制作完毕后需做热镀锌防腐处理,热镀锌层厚度不小于( )μm。
A. 50 B. 60 C. 80 D. 100
解析:C。

87. 地铁机电安装工程中,给水排水管道管外壁应涂色环,并喷涂相应的文字,其中色环的宽度为( )mm,直线管段色环间距为( )m。
   A. 10,10　　　　B. 20,20　　　　C. 50,10　　　　D. 50,5
   解析:D。

88. 地铁机电安装工程中,在做管道外涂色时,消防管道色环颜色应为( )。
   A. 绿色　　　　B. 红色　　　　C. 黄色　　　　D. 蓝色
   解析:B。

89. 地铁机电安装工程中,在做管道外涂色时,当设计无要求时,生活给水管道色环颜色建议使用( )。
   A. 绿色　　　　B. 红色　　　　C. 黄色　　　　D. 蓝色
   解析:C。

90. 地铁机电安装工程中,法兰连接倒流防止器各组件安装高度不小于( )mm。
   A. 100　　　　B. 200　　　　C. 300　　　　D. 400
   解析:C。

91. 地铁机电安装工程中,法兰连接倒流防止器各组件由进水口至出水口的安装顺序( )。
   A. 闸阀→Y形过滤器→电磁流量计→闸阀→倒流防止器
   B. 闸阀→电磁流量计→Y形过滤器→倒流防止器→闸阀
   C. 闸阀→倒流防止器→闸阀→电磁流量计→Y形过滤器
   D. 闸阀→Y形过滤器→倒流防止器→电磁流量计→闸阀
   解析:B。

92. 地铁机电安装工程中,水泵的出水口与管道连接处须设置( )。
   A. 闸阀　　　　　　　　　　B. 电磁流量计
   C. 倒流防止器　　　　　　　D. 偏心异径管
   解析:D。

93. 地铁机电安装工程中,以下关于管道的安装流程正确的是( )。
   A. 安装准备→预制加工、放线→支架安装→立管安装→干管安装→支管安装
   B. 安装准备→预制加工、放线→支架安装→干管安装→立管安装→支管安装
   C. 安装准备→预制加工、放线→支架安装→立管安装→支管安装→干管安装
   D. 安装准备→预制加工、放线→支架安装→支管安装→立管安装→干管安装
   解析:B。管道的安装流程是:安装准备→预制加工、放线→支架安装→干管安装→立管安装→支管安装。

94. 地铁机电安装工程中,排水管道的横管与立管的连接采用( )。
   A. 90°TY三通　　　　　　　　B. 90°TY四通
   C. 90°TY三通或90°TY四通　　D. 45°斜三通或45°斜四通
   解析:C。

95. 地铁机电安装工程中,排水管道立管与排出管端部的连接应采用( )。
   A. 2个45°弯头
   B. 弯曲半径不小于4倍管径的90°弯头
   C. 1个45°弯头

D. 2 个 45°弯头或弯曲半径不小于 4 倍管径的 90°弯头
解析：D。

96. 地铁机电安装工程中，下列数据满足立管承插口外侧与装饰面的距离应控制在（　　）mm。
A. 10～20　　　B. 20～30　　　C. 15～30　　　D. 20～50
解析：D。

97. 地铁机电安装工程中，洁具安装完成后需要做的试验有（　　）。
A. 通球试验、通水试验
B. 通水试验、满水实验
C. 水压试验、通水试验
D. 灌水试验、水压试验
解析：B。

98. 地铁机电安装工程中，洁具安装完成后应做通水试验和满水试验，满水实验的方式和方法下列选项正确的是（　　）。
A. 洗脸盆、拖把池、大便器一起进行满水试验，灌水高度为卫生器具的上边缘，满水 24h 后检查，各连接件不渗、不漏；给排水管道畅通无阻
B. 每个洗脸盆、拖把池、大便器逐一分别进行满水试验，灌水高度为卫生器具的上边缘，满水 24h 后检查，各连接件不渗、不漏；给排水管道畅通无阻
C. 洗脸盆、拖把池、大便器一起进行满水试验，灌水高度为卫生器具的下边缘，满水 24h 后检查，各连接件不渗、不漏；给排水管道畅通无阻
D. 洗脸盆、拖把池、大便器逐一分别进行满水试验，灌水高度为卫生器具的下边缘，满水 48h 后检查，各连接件不渗、不漏；给排水管道畅通无阻
解析：B。每个洗脸盆、拖把池、大便器逐一分别进行满水试验，灌水高度为卫生器具的上边缘，满水 24h 后检查，各连接件不渗、不漏；给水排水管道畅通无阻。

99. 地铁机电安装工程中，洁具的安装工艺流程为（　　）。
A. 安装准备→洁具及配件检验→洁具安装→洁具配件安装→洁具与墙、地缝隙处理→洁具外观检查→通水试验
B. 安装准备→洁具外观检查→洁具及配件检验→洁具安装→洁具配件安装→洁具与墙、地缝隙处理→通水试验
C. 安装准备→洁具外观检查→洁具安装→洁具配件安装→洁具与墙、地缝隙处理→洁具及配件检验→通水试验
D. 安装准备→洁具及配件检验→洁具配件安装→洁具安装→洁具与墙、地缝隙处理→洁具外观检查→通水试验
解析：A。

100. 地铁机电安装工程中，阀门、阀件在安装前，应进行耐压强度试验。试验应在每批（同牌号、同规格、同型号）中抽查（　　），且不少于（　　）个。
A. 10%，2　　　B. 10%，1　　　C. 5%，1　　　D. 5%，2
解析：B。阀门、阀件在安装前，应进行耐压强度试验。试验应在每批（同牌号、同规格、同型号）中抽查 10%，且不少于 1 个。

101. 地铁机电安装工程中，以下潜污泵的安装顺序正确的是（　　）。
A. 耦合装置底座固定→排水立管安装→导杆安装→泵体就位

B. 耦合装置底座固定→导杆安装→泵体就位→排水立管安装
C. 耦合装置底座固定→导杆安装→排水立管安装→泵体就位
D. 导杆安装→耦合装置底座固定→排水立管安装→泵体就位

解析：C。

102. 地铁机电安装工程中，法兰连接时，法兰应（　　）于管道中心线焊接，其表面应相互（　　）。
    A. 垂直、垂直　　　　　　　　B. 平行、平行
    C. 垂直、平行　　　　　　　　D. 平行、垂直

解析：C。

103. 地铁机电安装工程中，卡箍在管道的轴向最大补偿能力应（　　）。
    A. 不大于 3.2mm　　　　　　　B. 不小于 3.2mm
    C. 不大于 2.3mm　　　　　　　D. 不小于 2.3mm

解析：B。

104. 地铁机电安装工程中，卡箍在管道的最大允许偏转角（　　）。
    A. 不小于 1°6′　　　　　　　　B. 不大于 1°6′
    C. 不小于 6°1′　　　　　　　　D. 不大于 6°1′

解析：A。

105. 地铁机电安装工程中，消火栓箱的安装中，双消火栓箱箱体的钢板厚度不小于（　　）mm。
    A. 1　　　　B. 1.2　　　　C. 1.5　　　　D. 2

解析：C。

106. 地铁机电安装工程中，消火栓箱的安装中，单消火栓箱箱体的钢板厚度不小于（　　）mm。
    A. 1　　　　B. 1.2　　　　C. 1.5　　　　D. 2

解析：B。

107. 地铁机电安装工程中，明装消火栓箱的安装中，箱门采用单向拉门，且箱门开启角度不小于（　　）。
    A. 90°　　　　B. 120°　　　　C. 150°　　　　D. 175°

解析：D。

108. 地铁机电安装工程中，消火栓箱的安装中，双消火栓箱箱体的钢板厚度不小于（　　）mm，单消火栓箱箱体的钢板厚度不小于（　　）mm。
    A. 1.5、1.2　　　　　　　　B. 1.2、1.5
    C. 1.5、1.5　　　　　　　　D. 1.2、1.2

解析：A。

109. 地铁机电安装工程中，管道、支架防腐处理前，被涂的金属表面应满足的条件（　　）。
    A. 无锈无油　　B. 无酸无碱　　C. 无水无灰尘　　D. 以上都需满足

解析：D。防腐处理前，被涂的金属表面必须清理干净，做到无锈无油、无酸无碱、无水无灰尘等。

110. 地铁机电安装工程中，管道刷涂防腐底漆时，环境温度不低于（　　）℃，否则要采取适当的防冻措施。
  A. 0   B. 2   C. 5   D. 10
  解析：C。

111. 地铁机电安装工程中，管道采用对接焊接时，管道壁厚（　　）mm 以上，管口焊接必须做坡口处理。
  A. 2   B. 3   C. 4   D. 5
  解析：C。

112. 地铁机电安装工程中，卫生间排水阀门的安装应平正、牢固、无渗漏，排水阀门应低于盆、槽的表面（　　）mm。
  A. 2   B. 3   C. 5   D. 3～5
  解析：A。

113. 地铁机电安装工程中，排水阀门的安装中，当设计无要求时，建议排水阀应低于地表面（　　）mm。
  A. 2   B. 3   C. 5   D. 3～5
  解析：C。排水阀门的安装中，排水阀应低于地表面5mm。详见《地铁车站给排水及消防系统安装》。

114. 地铁机电安装工程中，长距离输水管线应考虑低点（　　）高点（　　）。
  A. 排气、排气   B. 排气、泄水
  C. 泄水、排气   D. 泄水、泄水
  解析：C。

115. 地铁机电安装工程中，管径为 DN150 的管道其支吊架间距一般不超过（　　）m。
  A. 3   B. 6   C. 9   D. 10
  解析：A。

116. 地铁机电安装工程中，埋地PVC管敷设后，管道周围应用细土或沙回填，其厚度应大于（　　）m。
  A. 0.12   B. 0.15   C. 0.2   D. 0.25
  解析：B。

117. 地铁机电安装工程中，有压钢管道安装时，其轴线位置允许偏差值（　　）mm。
  A. 10   B. 20   C. 30   D. 40
  解析：C。

118. 地铁机电安装工程中，通气管管径应根据排水管、排水能力、管道长度确定，但不宜小于排水管管径的（　　）。
  A. 1/5   B. 1/4   C. 1/3   D. 1/2
  解析：D。

119. 地铁机电安装工程中，对试压管道的长度有明确要求，金属管段压力试验的长度不宜大于（　　）m。
  A. 500   B. 750   C. 1000   D. 200

解析：C。

120. 地铁机电安装工程中，当室内消火栓栓口处的出水压力大于（　　）MPa时，应设置减压设施。

A. 0.2　　　　B. 0.3　　　　C. 0.4　　　　D. 0.5

解析：D。

121. 地铁机电安装工程中，每个灭火器的设置点，灭火器数量不宜多于（　　）具。

A. 3　　　　B. 4　　　　C. 5　　　　D. 6

解析：C。

122. 地铁机电安装工程中，排水管起点设置堵头代替清扫口时，堵头与墙面应有不小于（　　）m的距离。

A. 0.4　　　　B. 0.45　　　　C. 0.5　　　　D. 0.6

解析：A。

123. 地铁机电安装工程中，可调式减压阀的阀前与阀后的最大压差不宜大于（　　）MPa。

A. 0.2　　　　B. 0.4　　　　C. 0.5　　　　D. 0.6

解析：B。

124. 地铁机电安装工程中，立管上设置检查口，应在地（楼）面以上（　　）。

A. 0.9～1.0mm　　　　　　　　B. 0.8～1.1mm

C. 0.8～1.0m　　　　　　　　D. 0.9～1.1m

解析：D。

125. 地铁机电安装工程中，当市政给水管网的供水量不能满足设计消防用水量要求时，应设置（　　）。

A. 消防水池、消防水泵接合器

B. 消防水池、消防水泵及增压装置

C. 消防水池、消防水泵及稳压装置

D. 消防水泵接合器、消防水泵及增压装置

解析：B。当市政给水管网的供水量不能满足设计消防用水量要求时，应设置消防水池、消防水泵及增压装置。

126. 地铁机电安装工程中，当市政供水压力不能保证自动喷水灭火系统最不利点的工作压力或不能满足消火栓给水系统最不利点的静水压力时，车站及地铁附属建筑的消防给水系统应设置（　　）。

A. 稳压装置　　　　　　　　B. 泄压装置

C. 增压装置　　　　　　　　D. 稳压装置和增压装置

解析：C。

127. 地铁机电安装工程中，地铁车站、高架车站采用消防水泵加压供水的消火栓给水系统（　　）。

A. 应设置加压装置及气压设备，可不设置高位水箱

B. 应设置稳压装置及气压设备，可不设置高位水箱

C. 应设置稳压装置及稳压设备，并设置高位水箱

D. 应设置稳压装置及气压设备,并设置高位水箱

解析:B。地铁车站、高架车站采用消防水泵加压供水的消火栓给水系统应设置稳压装置及气压设备,可不设置高位水箱。

128. 地铁机电安装工程中,室内消火栓给水系统和自动喷水灭火系统的稳压罐的有效容积均不应小于( )L。

A. 50　　　　　B. 100　　　　　C. 150　　　　　D. 200

解析:C。

129. 地铁机电安装工程中,对于无法利用市政给水管网的压力进行稳压的临时高压系统,应设置( )。

A. 稳压泵、稳压罐　　　　　　B. 加压泵、稳压罐
C. 加压泵、稳压泵　　　　　　D. 稳压泵、消防水箱

解析:A。

130. 地铁机电安装工程中,当市政给水管网能满足消防用水量要求,但供水压力不能满足设计消防供水压力要求时,应设置( )。

A. 稳压泵　　　　　　　　　　B. 消防水泵接合器
C. 消防水泵　　　　　　　　　D. 消防水箱

解析:C。

131. 地铁机电安装工程中,当市政给水管网中的水压不能满足地铁内部利用水点的水压要求时,必须进行加压提升,( )是最常用的加压提升设备。

A. 调压阀　　　B. 高位水箱　　　C. 贮水池　　　D. 水泵

解析:D。

132. 地铁机电安装工程中,排水横管与立管连接宜采用( )三通或四通。

A. 22.5°　　　B. 45°　　　C. 60°　　　D. 90°

解析:B。

133. 地铁机电安装工程中,水流需双向流动的管段上,不得使用( )。

A. 蝶阀　　　B. 闸阀　　　C. 截止阀　　　D. 球阀

解析:C。

134. 地铁机电安装工程中,室外给水管道的覆土深度,应根据土壤冰冻深度、车辆荷载、管道材质及管道交叉等因素确定。管顶最小覆土深度不得小于土壤冰冻线以下( )m,行车道下的管线覆土深度不宜小于( )m。

A. 0.15,0.7　　　　　　　　　B. 0.1,0.7
C. 0.2,0.5　　　　　　　　　　D. 0.15,0.5

解析:A。

135. 地铁机电安装工程中,室外污水管道埋设深度不得高于土壤冰冻线以上( )m。

A. 0.10　　　B. 0.5　　　C. 0.20　　　D. 0.25

解析:B。

136. 地铁机电安装工程中,管道的埋设深度,一般根据什么因素确定( )。

A. 冰冻情况　　　B. 外部荷载　　　C. 管材强度　　　D. 以上均正确

解析：D。管道的埋设深度，应根据冰冻情况、外部荷载、管材强度、抗浮要求及与其他管道交叉等因素确定。

137. 地铁机电安装工程中，卫生器具给水配件承受的最大工作压力不得大于（　　）MPa。
A. 0.2　　　　　B. 0.5　　　　　C. 0.6　　　　　D. 0.8
解析：C。

138. 地铁机电安装工程中，消防水泵应保证在火警报警后（　　）内启动。
A. 15s　　　　　B. 30s　　　　　C. 45s　　　　　D. 1min
解析：B。

139. 地铁机电安装工程中，冷却塔成排布置时，长轴位于同一直线上的相邻塔排净距不小于（　　）m。
A. 3　　　　　B. 3.5　　　　　C. 4　　　　　D. 4.5
解析：C。

140. 地铁机电安装工程中，给水管不能够穿越的房间是（　　）。
A. 消防泵房　　　B. 废水泵房　　　C. 污水泵房　　　D. 变电所
解析：D。给水管不应穿过变电所、通信信号机房、控制室、配电室等房间。

141. 地铁机电安装工程中，在寒冷地区，以下选项给水管不需要做防冻保温措施的区域是（　　）。
A. 出入线洞口附近　　　　　　　B. 风道
C. 无供暖措施的地面　　　　　　D. 设备区
解析：D。寒冷地区设在出入线洞口附近、进风道内及无供暖措施的地面或高架站站厅、站台的给水管应采取防冻保温措施。

142. 地铁机电安装工程中，车站站台板下及地下区间隧道敷设的给水干管，可以采用（　　）给水管，（　　）接口。
A. 球墨铸铁、胶圈　　　　　　　B. 热镀锌、胶圈
C. 球墨铸铁、丝扣　　　　　　　D. 热镀锌、丝扣
解析：A。地下车站站台板下及地下区间隧道敷设的给水干管，宜采用球墨铸铁给水管和胶圈接口。

143. 地铁机电安装工程中，车站地下区间隧道常用的给水管道类型（　　）。
A. 承插式球墨铸铁管、内外涂环氧钢管
B. 承插式球墨铸铁管、PVC管
C. 热镀锌钢管、内外涂环氧钢管
D. 承插式球墨铸铁管、热镀锌钢管
解析：A。地下区间隧道常用的给水管道类型承插式球墨铸铁管、内外涂环氧钢管。

144. 地铁机电安装工程中，吊顶内的消防给水干管及其他支管宜采用（　　）材质的管。
A. 球墨铸铁管　　　　　　　　　B. 衬塑管
C. 内外热镀锌钢管　　　　　　　D. PVC管
解析：C。

145. 地铁机电安装工程中,水泵的出水管上应设压力表,当扬程压力超过( )MPa时,应采取防水锤措施。

A. 0.2　　　　　　B. 0.35　　　　　　C. 0.5　　　　　　D. 0.55

解析:B。

146. 地铁机电安装工程中,区间隧道内的主废水泵房应设在线路实际坡度( )。

A. 最高点　　　　B. 较高点　　　　C. 最低点　　　　D. 较低点

解析:C。

147. 地铁机电安装工程中,区间隧道内的消防管道上的波纹补偿器的设置间距为( )m。

A. 50　　　　　　B. 100　　　　　　C. 150　　　　　　D. 200

解析:B。

148. 地铁机电安装工程中,在轨行区及叉线处设置消火栓口,间距不大于50m,间隔不大于( )个消火栓设置闸阀。

A. 3　　　　　　B. 4　　　　　　C. 5　　　　　　D. 6

解析:C。

149. 地铁机电安装工程中,屏蔽门端门内区间小站台端部进出区间方便取用处应安装消防器材箱体,消防器材箱体内应放置的消防器具有( )。

A. 一条消防水带、两个消防水枪　　　　B. 一条消防水带、一个消火栓枪
C. 两条消防水带、一个消防水枪　　　　D. 两条消防水带、两个消防水枪

解析:D。

150. 地铁机电安装工程中,消防管道上为了抢修与维修开启方便,一般采用蝶阀,在进入区间的管道前安装( ),在区间中部连通管上安装( ),阀门保持常开。

A. 电动蝶阀;电动蝶阀　　　　　　　　B. 手动蝶阀;手动蝶阀
C. 手动、电动两用蝶阀;手动蝶阀　　　D. 手动、电动两用蝶阀;电动蝶阀

解析:C。消防管道上为了抢修与维修开启方便,一般采用蝶阀,在进入区间的管道前安装手动、电动两用蝶阀,在区间中部连通管上安装手动蝶阀,阀门保持常开。

151. 地铁机电安装工程中,下列选项表述错误的是( )。

A. 消火栓系统的管网在车站可以采用站厅层的水平环网和站台层的竖向环网,区间与两车站端部连接形成大环,也可以在区间中部联络的通道形成环网
B. 根据现行国家标准《消防给水及消火栓系统技术规范》GB 50974 的规定,消火栓口处的出水动压力大于0.5MPa时,设置减压措施
C. 地下区间上、下行线应各从地下车站引入一根消防给水管并在区间联络通道(兼区间疏散通道)内将区间上、下行内的消防给水管联通形成环网,能最大限度地保证消防供水的安全
D. 处于寒冷地区并与室外联通部分的明露消防管道,要根据当地的气候情况采用阻燃不燃的保温材料,或电伴热系统进行保温

解析:B;根据现行国家标准《消防给水及消火栓系统技术规范》GB 5097 的规定,消火栓口处的出水动压力大于0.7MPa时,设置减压措施。

152. 地铁机电安装工程中,消防水泵接合器的数量,应按照室内消防用水量经计算

确定，每个消防水泵接合器的流量应按照（　　）L/s 计算。
A. 5～10　　　　B. 10～15　　　　C. 15～20　　　　D. 20～30
解析：B。

153. 地铁机电安装工程中，地下车站的室外消火栓设置数量应满足灭火救援要求且不应少于两个，其室外消火栓设计流量不应小于（　　）L/s。
A. 5　　　　　　B. 10　　　　　　C. 15　　　　　　D. 20
解析：D。

154. 地铁机电安装工程中，下列表述不正确的选项（　　）。
A. 车站消防给水系统的进水管不应少于两条，并宜从两条市政给水管道引入，当其中一条进水管道发生故障时另一条进水管道应仍能保证全部消防用水量
B. 车站消防给水系统的进水管不应少于两条，当车站周边仅有一条市政枝状给水管道时，应设置消防水池
C. 室外消火栓宜设置地上式，在寒冷地区宜设置地下式，位于寒冷和严寒地区时，消火栓应采取防冻措施
D. 地上式消火栓应有一个 DN150 或 DN100 和一个 DN65 的栓口，地下式消火栓应有 DN100 和 DN65 的栓口各一个
解析：D。地上式消火栓应有一个 DN150 或 DN100 和两个 DN65 的栓口，地下式消火栓应有 DN100 和 DN65 的栓口各一个。

155. 地铁机电安装工程中，室外消火栓布置间距不应大于（　　）m，每个消火栓的保护半径不应大于（　　）m。
A. 100，120　　　B. 120，130　　　C. 120，150　　　D. 150，200
解析：C。

156. 地铁机电安装工程中，区间隧道废水泵房所担负区间长度，单线不宜大于（　　）km，双线不宜大于（　　）km。
A. 3，1.5　　　　B. 2，1　　　　　C. 1，0.5　　　　D. 4，2
解析：A。

157. 地铁机电安装工程中，车站露天出入口及敞开通风口的排水泵房，设两台排水泵，平时一台工作，最大雨水时两台泵同时工作。每台排水泵的排水能力，应大于最大小时排水量的（　　）。
A. 1/2　　　　　B. 1/3　　　　　C. 2/3　　　　　D. 3/4
解析：A。

158. 地铁机电安装工程中，污水泵房的集水池有效容积，宜按（　　）h 的污水量设计确定。
A. 3　　　　　　B. 5　　　　　　C. 6　　　　　　D. 8
解析：C。

159. 地铁机电安装工程中，风井雨水泵的集水池有效容积，不应小于最大 1 台水泵（　　）min 的出水量。
A. 5～10　　　　B. 2～5　　　　　C. 3～6　　　　　D. 10～12
解析：A。

160. 地铁机电安装工程中,站台层废水泵房的集水池有效容积,不得小于最大 1 台排水泵( )min 的出水量。

A. 5～10　　　　B. 2～5　　　　C. 3～6　　　　D. 10～12

解析：C。

161. 地铁机电安装工程中,隧道内碎石道床应设排水管,每隔( )m 设一个检查坑,排水管及明沟的纵向坡度不宜小于( )。

A. 10，3‰　　　　　　　　　B. 20，3‰

C. 30，5‰　　　　　　　　　D. 20，5‰

解析：B。

162. 地铁机电安装工程中,在站厅层离壁沟内,应每隔( )m 宜设一个( )的地漏,排水立管接入线路排水沟。

A. 50、$DN50$～$DN100$　　　　　　B. 100、$DN75$～$DN100$

C. 100、$DN50$～$DN100$　　　　　　D. 50、$DN75$～$DN100$

解析：D。

163. 地铁机电安装工程中,车站排水泵房及区间排水泵房的压力排水管和地面城市排水管连接处,所设检查井距车站主体结构外墙的距离不小于( )m。

A. 2　　　　B. 3　　　　C. 4　　　　D. 5

解析：B。

164. 地铁机电安装工程中,以下关于管材、阀门、角钢等材料进场前要求错误的选项是( )。

A. 各类管材、阀门等部件、角钢等应具有出厂合格证书、出厂检验报告等质量鉴定文件,进场时应做检查验收,并经监理工程师核查确认

B. 各类管材、阀门等部件、角钢等应具有出厂合格证书、出厂检验报告等质量鉴定文件,进场时应做检查验收,并经项目经理核查确认

C. 各类管材、阀门等部件、角钢等应具有出厂合格证书、出厂检验报告等质量鉴定文件,进场时应做检查验收,并经项目总工核查确认

D. 各类管材、阀门等部件、角钢等应具有出厂合格证书、出厂检验报告等质量鉴定文件,进场时应做检查验收,并经项目专业工程师核查确认

解析：A。各类管材、阀门等部件、角钢等应具有出厂合格证书、出厂检验报告等质量鉴定文件,进场时应做检查验收,并经监理工程师核查确认。

165. 地铁机电安装工程中,给水排水管道施工工艺中,层高大于等于 5m 时立管应设置( )个固定支架及管卡,间距平均分布,层高小于 5m 时立管应设置( )个固定支架及管卡。

A. 1，1　　　　B. 2，1　　　　C. 1，2　　　　D. 2，2

解析：B。

166. 地铁机电安装工程中,给排水管道施工工艺中,层高小于 5m 的立管每层装一个管卡,且安装高度距地面( )m。

A. 1　　　　B. 1.2　　　　C. 1.5　　　　D. 2.0

解析：C。

167. 地铁机电安装工程中,排水立管做通球实验时,用于试验的球,球径不小于排水管道管径的( ),通球率必须达到( )。

A. 1/2,90%　　　B. 1/3,90%　　　C. 1/3,100%　　　D. 2/3,100%

解析:D。

168. 地铁机电安装工程中,市政接驳室外给水管道与污水管道在不同标高平行铺设,其垂直距离在500mm以内,给水管管径不大于200mm时,管壁间距不得小于( )m;给水管管径大于200mm时,管壁间距不得小于( )m。

A. 1.5,3　　　B. 1,2　　　C. 3,1.5　　　D. 2,1

解析:A。

169. 地铁机电安装工程中,室外市政接驳采用橡胶圈接口的管道,每个管径所对应的最大偏转角中正确的是( )。

A. DN100,5°　　　B. DN250,5°　　　C. DN300,5°　　　D. DN350,5°

解析:A。室外市政接驳采用橡胶圈接口的管道,最大偏转角见下表。

最大偏转角

公称直径(mm)	100	125	150	200	250	300	350	400
允许偏转角	5°	5°	5°	5°	4°	4°	4°	3°

170. 地铁机电安装工程中,室外排水管径最小为( )mm。

A. 100　　　B. 125　　　C. 150　　　D. 200

解析:D。

171. 地铁机电安装工程中,下列说法错误的是( )。

A. 管道、附件及设备安装前,应检查和核对其规格、型号,管道及附件敞口处应清理干净,检查合格后方可安装
B. 管道不宜敷设在控制箱、配电箱正上方,可以穿越设备吊装孔
C. 当给水排水压力管道穿越结构变形缝时,应设置金属波纹伸缩节或不锈钢软管
D. 当管道穿越防火墙及楼板的孔洞时,应进行防火封堵

解析:B。管道不宜敷设在控制箱、配电箱正上方,不宜穿越设备吊装孔。

172. 地铁机电安装工程中,当管道穿越防火墙及楼板的孔洞时,应进行防火封堵,封堵材料的耐火时间与所在部位楼板及墙体的耐火时间的关系为( )。

A. 封堵材料的耐火时间等于所在部位楼板及墙体的耐火时间
B. 封堵材料的耐火时间大于所在部位楼板及墙体的耐火时间
C. 封堵材料的耐火时间小于所在部位楼板及墙体的耐火时间
D. 封堵材料的耐火时间小于等于所在部位楼板及墙体的耐火时间

解析:A。当管道穿越防火墙及楼板的孔洞时,应进行防火封堵,封堵材料的耐火时间与所在部位楼板及墙体的耐火时间应相同。

173. 地铁机电安装工程中,当管道穿越防火墙及楼板的孔洞时,应进行防火封堵,立管周围应设置高出地面( )mm的阻火圈。

A. 5～10　　　B. 10～20　　　C. 15～20　　　D. 20～25

解析:B。

174. 地铁机电安装工程中，当管道穿越防火墙及楼板的孔洞时，应进行防火封堵，立管周围应设置高出地面 10～20mm 的阻火圈，阻火圈耐火等级和楼板耐火等级的关系( )。

A. 阻火圈耐火等级不应低于楼板耐火等级

B. 阻火圈耐火等级不应高于楼板耐火等级

C. 阻火圈耐火等级和楼板耐火等级一定要相同

D. 阻火圈耐火等级一定要小于楼板耐火等级

解析：A。当管道穿越防火墙及楼板的孔洞时，应进行防火封堵，封堵材料的耐火时间与所在部位楼板及墙体的耐火时间应相同，且立管周围应设置高出地面 10～20mm 的阻火圈，阻火圈耐火等级不应低于楼板耐火等级。

175. 地铁机电安装工程中，过轨管道安装应满足直线及曲线段限界要求；管道安装后，管道、管件、管道支架及法兰外表面最高点距钢轨轨底净距不应小于( )mm，且不得侵入设备限界。

A. 40　　　　B. 50　　　　C. 60　　　　D. 70

解析：D。

176. 地铁机电安装工程中，在地下盾构区间安装管道时，锚栓安装位置距管片边缘要求不小于( )mm，以防止管片边缘开裂导致锚栓失效。

A. 40　　　　B. 50　　　　C. 60　　　　D. 70

解析：B。

177. 地铁机电安装工程中，室外给水管道及设施安装规定错误的是( )。

A. 室外管道沟槽开挖应控制基底高程，不得扰动基面

B. 地质条件良好、土质均匀且地下水位低于槽底时，开挖沟槽可不设支撑

C. 当管道穿越地下主体结构时，不需要防水套管

D. 当管道采用法兰连接或卡箍连接时，连接部位宜安装在检查井内

解析：C。当管道穿越地下主体结构时，应先预埋防水套管。

178. 地铁机电安装工程中，室外给水管道及设施安装规定中，当管道管径不大于 DN450 时；阀井内井壁距管道法兰或承口距离不得小于( )mm；当管径大于 DN450 时，阀井内井壁距管道法兰或承口距离不得小于( )mm。

A. 200；300　　　　　　　　B. 250；350

C. 300；400　　　　　　　　D. 350；400

解析：B。

179. 地铁机电安装工程中，下列关于衬塑复合钢管安装的说法错误的是( )。

A. 管内外表面应光滑平整，不应有伤痕或裂纹，内表面不应有气泡、针孔、脱皮、凹陷、色泽不均及分解变色线

B. 安装时应选用专用施工机具

C. 不应采用重力锤击管道，切割管道不可采用挤压式切割，套丝应用水溶性切削液进行冷却切割

D. 可以在衬塑复合钢管上焊接法兰

解析：D。不应在衬塑复合钢管上焊接法兰。

180. 地铁机电安装工程中，阀门及附件安装前的说法错误的是（　　）。
   A. 应在每批阀门或附件中抽检50%，且其数量不应少于10个
   B. 安装在主干管上起切断作用的阀门，应逐个进行强度和严密性试验
   C. 强度试验压力应为公称压力的1.5倍，严密性试验压力应为公称压力的1.1倍
   D. 试验压力在试验持续时间内应保持不变，且壳体填料及阀瓣密封面应无渗漏
   解析：A。应在每批阀门或附件中抽检10%，且其数量不应少于1个。

181. 地铁机电安装工程中，管道阀门及附件在安装前需要做强度试验和严密性试验，强度试验压力为公称压力的（　　）倍，严密性试验的试验压力是公称压力的（　　）倍。
   A. 1.5，1.1　　　　　　　　　　B. 1.1，1.5
   C. 2，1.5　　　　　　　　　　　D. 1.5，2
   解析：A。强度试验压力应为公称压力的1.5倍，严密性试验压力应为公称压力的1.1倍。

182. 地铁机电安装工程中，阀门安装位置和高度应方便检修，当安装位置高于（　　）m时，宜设置固定爬梯和操作平台。
   A. 2　　　　　B. 3　　　　　C. 4　　　　　D. 5
   解析：C。

183. 某地铁机电安装工程项目，区间管道分四段打压时，在试验压力下，10min内的压降值分别为A段0.02MPa、B段0.03MPa、C段0.05MPa、D段0.06MPa，上述压降值不符合要求的为（　　）。
   A. A段　　　　B. B段　　　　C. C段　　　　D. D段
   解析：D。金属及金属复合管道在强度试验压力下10min内压力降不应大于0.05MPa，当降至工作压力进行检查时，压力应保持不变，不得渗漏。

184. 地铁机电安装工程中，给水管道的冲洗，出水口流速不应小于（　　）m/s，且不宜大于（　　）m/s。
   A. 1，1.5　　　　　　　　　　　B. 1.5，2
   C. 2，2.5　　　　　　　　　　　D. 1.5，1.8
   解析：B。

185. 地铁机电安装工程中，阀门及附件在安装前需要做强度试验和严密性试验，消防管道上使用的闸阀公称压力为1.6MPa，则强度试验和严密性试验的试验压力分别为（　　）MPa、（　　）MPa。
   A. 2.4，1.76　　　　　　　　　　B. 1.76，2.4
   C. 2.1，1.5　　　　　　　　　　　D. 1.5，1.1
   解析：A。强度试验压力应为公称压力的1.5倍，严密性试验压力应为公称压力的1.1倍。

186. 地铁机电安装工程中，地铁站BAS系统对机电设备的监视，FAS系统对机电设备监控管理，下方表述正确的选项为（　　）。
   A. BAS系统对污、废水泵房潜污泵工作状态进行监视，FAS系统对污废水泵房潜污泵水位状况进行监视
   B. BAS系统对消防装置工作状态进行监视、FAS系统对灭火装置工作状态进行监视
   C. BAS系统对污废水泵房潜污泵工作状态及水位状况进行监视、FAS系统对消防与

灭火装置工作状态进行监视

D. BAS 系统对消防与灭火装置工作状态进行监视、FAS 系统对污废水泵房潜污泵工作状态及水位状况进行监视

解析：C。污废水泵潜污泵工作状态及水位状况由 BAS 系统监视，消防与灭火装置由 FAS 系统监控管理。

187. 地铁机电安装工程中，为了防止因断电或其他事故时水流倒流而损坏水泵，一般选择（ ）来防止水流倒灌。

A. 排气阀　　　B. 止回阀　　　C. 泄水阀　　　D. 闸阀

解析：B。止回阀是安装在水泵的出水管上用来防止因断电或其他事故时水流倒流而损坏水泵。

188. 地铁机电安装工程中，给水立管的管卡安装，当层高为 5.5m 时，每层应安装（ ）个。

A. 1　　　　　B. 2　　　　　C. 3　　　　　D. 4

解析：B。给水立管的管卡安装，层高大于 5m 时，每层安装不少于 2 个。

189. 地铁机电安装工程中，对于安装在主干管上起切断作用的闭路阀门，应逐个做（ ）。

A. 严密性试验、通水试验　　　　B. 严密性试验、灌水试验
C. 严密性试验、强度试验　　　　D. 通水试验、灌水试验

解析：C。

190. 地铁机电安装工程中，管道支架焊接应焊接牢固、美观，下列表述不正确的是（ ）。

A. 焊缝表面不得出现多处焊瘤、夹渣、毛刺，影响焊接质量等现象
B. 焊缝表面应进行打磨处理，清除焊渣
C. 焊缝宽度不小于 4mm，全长度满焊
D. 焊接的管道支架不需要做防腐处理，只需要刷涂银粉漆即可

解析：D。焊接的管道支架需要对焊缝进行抛光打磨露出金属表面，并及时做防锈处理。

191. 地铁机电安装工程中，给水排水管道管外壁应涂色环，并喷涂相应的文字，其中色环的宽度为也是有一定的要求，以下色环宽度可以达标的是（ ）mm。

A. 30　　　　　B. 20　　　　　C. 50　　　　　D. 70

解析：C。给水排水管道管外壁应涂色环，并喷涂相应的文字，其中色环的宽度为 50mm，直线管段色环间距为 5m。

192. 地铁机电安装工程中，给水排水管道管外壁应涂色环，并喷涂相应的文字，其中污水管色环颜色应为（ ）。

A. 蓝色　　　　B. 绿色　　　　C. 黑色　　　　D. 红色

解析：C。

193. 地铁机电安装工程中，下列关于试压管道的长度说法正确的是（ ）。

A. 试压管道的长度金属管段不宜大于 1000m 非金属管段不宜大于 500m
B. 试压管道的长度金属管段不宜大于 500m 非金属管段不宜大于 1000m

C. 试压管道的长度金属管段和非金属管段都不宜大于500m

D. 试压管道的长度金属管段和非金属管段都不宜大于1000m

解析：A。试压管道的长度金属管段不宜大于1000m非金属管段不宜大于500m。

194. 地铁机电安装工程中，下列室内消火栓栓口离地面或操作基面高度应为（　　）m。

A. 0.8m　　　　B. 1　　　　C. 1.1　　　　D. 1.2

解析：C。室内消火栓栓口离地面或操作基面高度应为1.1m。

195. 地铁机电安装工程中，按照室外给水管道及设施安装规定，假设管道直径为DN150，那么阀井内井壁距管道法兰或承口距离中较为合适的是（　　）mm。

A. 120　　　　B. 150　　　　C. 200　　　　D. 250

解析：D。当管道管径不大于DN450时，阀井内井壁距管道法兰或承口距离不得小于250mm；当管径大于DN450时，阀井内井壁距管道法兰或承口距离不得小于350mm。

196. 地铁工程消防水泵接合器距离室外消火栓或消防水池取水口（　　）m。

A. 5~30　　　　B. 10~35　　　　C. 15~40　　　　D. 20~50

解析：C。消防水泵接合器应设置在室外便于消防车取用处，地下车站宜设置在出入口或风亭附近的明显位置，距离室外消火栓或消防水池取水口为15~40m。

197. 地铁机电安装工程中，室外消火栓口处的出水压力大于（　　）MPa时，应设置减压措施。

A. 0.5　　　　B. 0.6　　　　C. 0.7　　　　D. 0.8

解析：C。室外消火栓口处的出水压力大于0.7MPa时，应设置减压措施。

198. 地铁安装中所有管道支、吊、托架均须经热镀锌防腐处理，热镀锌层厚度应（　　）μm，其紧固件均采用不锈钢材料。

A. ≥60　　　　B. ≥70　　　　C. ≤80　　　　D. ≥80

解析：D。

199. 地铁机电安装工程中，防爆地漏的抗冲击波压力应（　　），防护效率（　　），材质不低于（　　）。

A. ≤0.7MPa，h≥95%，HT100　　　　B. ≥0.7MPa，h≥85%，HT100

C. ≥0.6MPa，h≥85%，HT200　　　　D. ≥0.6MPa，h≥95%，HT200

解析：D。防爆地漏的抗冲击波压力应≥0.6MPa，防护效率h≥95%，材质不低于HT200。

200. 地铁机电安装工程中，管道水平安装支架最大支撑间距，公称直径80mm，对应支架最大间距（　　）m。

A. 4.5　　　　B. 5　　　　C. 6　　　　D. 6.5

解析：C。公称直径80mm，对应支架最大间距6m，见下表。

管道直径与最大间距

公称直径（mm）	15	20	25	32	40	50	70	80	100	125	150
最大间距（m）	2.5	3	3.5	4	4.5	5	6	6	6.5	7	8

201. 地铁机电安装工程中，PVC 管道最大支撑间距，外径 40mm，对应立管最大支撑间距(　　)m。

A. 0.5　　　　B. 1　　　　C. 1.5　　　　D. 2

解析：C。外径 40mm，对应立管最大支撑间距 1.5m，见下表。

管道外径与立管、横管最大间距

外径（mm）	40	50	75	110	160
立管最大间距（m）	1.5	1.5	2	2	2
横管最大间距（m）	0.4	0.5	0.75	1.1	1.6

202. 地铁机电安装工程中，区间消火栓每隔(　　)m 设置一个，每(　　)个消火栓布置一个检修蝶阀。

A. 20，2　　　B. 30，3　　　C. 40，4　　　D. 50，4

解析：D。

203. 地铁机电安装工程中，水泵安装基准线与安装位置允许偏差(　　)mm。

A. ±10　　　　B. ±20　　　　C. ±30　　　　D. ±40

解析：A。见下表。

允许偏差

项目		允许偏差（mm）	检查方法
安装基准线	与建筑物轴线距离	±20	用尺检查
	与设备	±10	
	平面设备标高	+20 −10	

204. 地铁机电安装工程中，钢管的加工过程，钢管套丝螺纹应完整，其断丝或缺丝数量不得大于螺纹全扣数的(　　)。

A. 3%　　　　B. 5%　　　　C. 10%　　　　D. 12%

解析：C。

205. 地铁机电管道的安装中，法兰连接螺栓的螺母应置于法兰同一侧，并对称均匀紧固。螺栓漏出螺母不得少于(　　)倍螺距，并不得大于螺栓直径的(　　)。

A. 1，1/2　　　B. 2，1/2　　　C. 1，1/3　　　D. 2，1/3

解析：B。

206. 地铁机电排水管道的安装中，排水立管垂直度允许偏差为(　　)。

A. 2%　　　　B. 2‰　　　　C. 3%　　　　D. 3‰

解析：B。

207. 地铁机电安装工程中，当手动蝶阀管道直径(　　)时，采用手柄式传动装置。

A. ≤DN150　　B. ≥DN150　　C. ≤DN100　　D. ≥DN100

解析：A。

208. 地铁机电安装工程中，市政接驳给水管道与排水管道有交叉时，给水管应铺设在排水管上面,若给水管要铺设在排水管下方时,给水管应加套管,套管长度不得小于排水管管径的( )倍。

A. 1   B. 2   C. 3   D. 4

解析:C。

209. 地铁机电安装工程中,市政接驳给水管道在埋地铺设时,管顶覆土厚度不得小于( )mm。

A. 400   B. 500   C. 600   D. 700

解析:B。

210. 地铁机电安装工程中,给水管道在埋地铺设时,穿越道路部位埋深不得小于( )mm。

A. 400   B. 500   C. 600   D. 700

解析:D。

211. 地铁机电安装工程中,在绿化带上和不通车的地方可采用轻型井圈和井盖,井盖的上表面应高出地坪( )mm,并在井口周围以2%的坡度向外做水泥砂浆护坡。

A. 50   B. 60   C. 70   D. 80

解析:A。

212. 地铁机电安装工程中,排水检查井、化粪池的底板及进、出水管的标高,必须符合设计要求,其进出水管标高的允许偏差为( )mm。

A. ±5   B. ±10   C. ±15   D. ±20

解析:C。

213. 地铁机电安装工程中,下列部件不是普通闸阀主要部件( )。

A. 阀体   B. 阀杆   C. 轴盖   D. 阀座

解析:D。地铁机电安装工程中,闸阀的主要部件有阀体、阀杆、阀盖、轴盖、阀门、手轮、密封圈、螺栓、螺母,阀座为蝶阀的部件。

214. 地铁机电安装工程中,若水管安装在空调环境中,则保温材料厚度应取( )mm。

A. 50   B. 60   C. 70   D. 80

解析:A。地铁机电安装工程中,当水管安装在空调环境中管壳取50mm厚,当水管安装在非空调环境中管壳取60mm厚,当水管安装在室外时管壳取70mm厚。

215. 地铁机电安装工程中,若水管安装在室内非空调环境中,则保温材料厚度应取( )mm。

A. 50   B. 60   C. 70   D. 80

解析:B。地铁机电安装工程中,当水管安装在空调环境中管壳取50mm厚,当水管安装在非空调环境中管壳取60mm厚,当水管安装在室外时管壳取70mm厚。

216. 地铁机电安装工程中,若水管安装在室外环境中,则保温材料厚度应取( )mm。

A. 50   B. 60   C. 70   D. 80

解析:C。解析见第215题。

217. 地铁机电安装工程中,给水管道应有( )的坡度,坡向泄水装置。

A. 2%～3% B. 2%～4%
C. 2%～5% D. 3%～5%

解析：C。

218. 地铁机电安装工程中，市政接驳管沟回填土，管顶上部（　　）mm 以内应用沙子或无块石及冻土块的土，并不得使用机械回填。

A. 50 B. 100 C. 150 D. 200

解析：D。

219. 地铁机电安装工程中，市政接驳管顶上部（　　）mm 以内不得回填直径大于 100mm 的块石和冻土块。

A. 200 B. 300 C. 400 D. 500

解析：D。

220. 地铁机电安装工程中，室外消火栓和消防水泵接合器的栓口安装高度允许偏差为（　　）mm。

A. ±5 B. ±10 C. ±15 D. ±20

解析：D。

221. 地铁机电安装工程中，同一房间内，同类型的卫生器具及管道配件，除特殊要求外，应安装在（　　）上。

A. 不同高度 B. 同一高度
C. 上下平行 D. 同一直线

解析：B。

222. 地铁机电安装工程中，多联机铜管连接时可采用专用接头或焊接连接，当管径小于（　　）mm 时宜采用承插式或套管焊接。

A. 15 B. 20 C. 22 D. 25

解析：C。

223. 地铁机电安装工程中，给水立管和装有（　　）配水点的直管始端，均应安装可拆卸的连接件。

A. 1 个或 1 个以上 B. 2 个或 2 个以上
C. 3 个或 3 个以上 D. 4 个或 4 个以上

解析：C。

224. 地铁机电安装工程中，管道在滑动支架中的 U 形卡内两侧需留（　　）mm 活动间隙。

A. 0.5～1.5 B. 0.1～0.5
C. 0.1～1.0 D. 1.5～2.0

解析：A。

225. 地铁机电安装工程中，下列属于给水排水系统子分部工程的是（　　）。

A. 站内给水系统 B. 给水管道及配件安装
C. 给水设备安装 D. 试验与调试

解析：A。地铁机电安装工程中，给水排水系统子分部工程有站内给水系统、站内排水系统、区间给水系统、区间排水系统等；给水管道及配件安装、给水设备安装、试验与调试属于分项工程。

226. 地铁机电安装工程中，下列属于分项工程的是（　　）。
A. 站内给水系统　　　　　　　　B. 站外给水系统
C. 区间给水系统　　　　　　　　D. 给水管道配件安装
解析：D。地铁机电安装工程中，站内给水系统、站内排水系统、区间给水系统属于子分部工程给水管道及配件安装属于分项工程。

227. 地铁机电安装工程中，卫生间安装大便器数量大于等于（　　）时，污水横管需要设置清扫口。
A. 2　　　　　B. 3　　　　　C. 4　　　　　D. 5
解析：A。

228. 地铁机电安装工程中，卫生间安装洁具数量大于等于（　　）时，污水横管需要设置清扫口。
A. 2　　　　　B. 3　　　　　C. 4　　　　　D. 5
解析：B。

229. 地铁机电安装工程中，卫生器具的安装中，挂式小便器地面至凸出边缘的安装高度为（　　）mm。
A. 400　　　　B. 500　　　　C. 600　　　　D. 800
解析：C。

230. 地铁机电安装工程中，卫生器具的安装中，洗脸盆、洗手盆地面至上边缘的安装高度为（　　）mm。
A. 400　　　　B. 500　　　　C. 600　　　　D. 800
解析：D。

231. 地铁机电安装工程中，卫生器具的安装中，洗脸盆的水龙头（下配水）中心距地面高度为（　　）mm。
A. 400　　　　B. 500　　　　C. 600　　　　D. 800
解析：D。

232. 地铁机电安装工程中，卫生器具的给水管安装中，洗脸盆的角阀（下配水）中心距地面高度宜为（　　）mm。
A. 400　　　　B. 450　　　　C. 500　　　　D. 800
解析：B。

233. 地铁机电安装工程中，卫生器具的安装中，蹲式大便器脚踏式自闭式冲洗阀配件中心距地面（台阶面算起）高度宜为（　　）mm。
A. 100　　　　B. 150　　　　C. 200　　　　D. 250
解析：B。

234. 地铁机电安装工程中，水表的安装，水表外壳距墙表面净距为（　　）mm。
A. 10~20　　　B. 10~25　　　C. 10~30　　　D. 10~40
解析：C。

235. 地铁机电安装工程中，水表进水口中心标高按照设计要求安装，允许偏差为（　　）mm。

A. ±10　　　　　B. ±15　　　　　C. ±20　　　　　D. ±25

解析：A。

236. 地铁机电安装工程中，下列不属于水泵的性能参数的是(　　)。

A. 扬程和效率　　　　　　　　B. 必须流蚀余量
C. 流量　　　　　　　　　　　D. 噪声和振动

解析：D。噪声和振动属于风机的性能参数。

237. 地铁机电安装工程中，当消防泵的出水流量为设计流量的150%时，其出口压力不应低于设计工作压力的(　　)。

A. 50%　　　　　B. 65%　　　　　C. 70%　　　　　D. 80%

解析：B。

238. 地铁机电安装工程中，管径小于DN300的消防水泵的出水管上应设置(　　)。

A. 止回阀、暗杆闸阀　　　　　B. 止回阀、明杆闸阀
C. 排气阀、暗杆闸阀　　　　　D. 排气阀、明杆闸阀

解析：B。

239. 地铁机电安装工程中，消防水泵吸水管的直径小于DN250时，其流速宜为(　　)m/s，直径大于DN250时，其流速宜为(　　)m/s。

A. 1.0～1.2、1.2～1.6　　　　B. 1.5～2.0、2.0～2.5
C. 1.2～1.6、1.0～1.2　　　　D. 2.0～2.5、1.5～2.0

解析：A。

240. 地铁机电安装工程中，消防水泵进水管的直径小于DN250时，其流速宜为(　　)m/s，直径大于DN250时，其流速宜为(　　)m/s。

A. 1.0～1.2、1.2～1.6　　　　B. 1.5～2.0、2.0～2.5
C. 1.2～1.6、1.0～1.2　　　　D. 2.0～2.5、1.5～2.0

解析：B。

241. 地铁机电安装工程中，消防水泵进水管上的压力表最大量程应根据工程具体情况确定，但不应低于(　　)MPa。

A. 0.5　　　　　B. 0.6　　　　　C. 0.7　　　　　D. 1.0

解析：C。

242. 地铁机电安装工程中，下列稳压泵的设计流量与消防给水管网的正常泄漏量以及系统自动启动流量的描述正确的是(　　)。

A. 稳压泵的设计流量不应大于消防给水管网的正常泄漏量和系统自动启动流量
B. 稳压泵的设计流量不应小于消防给水管网的正常泄漏量和系统自动启动流量
C. 稳压泵的设计流量不应小于消防给水管网的正常泄漏量且不应大于系统自动启动流量
D. 稳压泵的设计流量不应大于消防给水管网的正常泄漏量且不应小于系统自动启动流量

解析：B。稳压泵的设计流量不应小于消防给水管网的正常泄漏量和系统自动启动流量。

243. 地铁机电安装工程中，消防系统给水管网的正常泄漏量应根据管道材质、接口

形式等确定，当没有管网泄漏量数据时，稳压泵的设计流量宜按照消防给水设计量的（　　）计，且不宜小于（　　）L/s。

A. 1‰～3‰，1　　　　　　　　　　B. 1‰～3‰，2
C. 3‰～5‰，1　　　　　　　　　　D. 3‰～5‰，2

解析：C。

244. 地铁机电安装工程中，稳压泵的设计压力应保持系统最不利点处水灭火设施在准工作状态时的静水压力应大于（　　）MPa。

A. 0.1　　　　B. 0.15　　　　C. 0.2　　　　D. 0.25

解析：B。

245. 地铁机电安装工程中，稳压泵吸水管应设置（　　）闸阀，稳压泵出水管应设置（　　）止回阀和（　　）闸阀。

A. 明杆，球型、暗杆　　　　　　　B. 明杆，球型、明杆
C. 明杆，消声、暗杆　　　　　　　D. 明杆，消声、明杆

解析：D。

246. 地铁机电安装工程中，严寒地区的消防泵房温度不应低于（　　）℃。

A. 2　　　　B. 3　　　　C. 5　　　　D. 10

解析：C。

247. 地铁机电安装工程中，室内消防给水管道应采用阀门分成若干独立管段，阀门的布置应保证检修管道时关闭停用的消火栓的数量不大于（　　）个。

A. 2　　　　B. 4　　　　C. 5　　　　D. 6

解析：C。室内消防给水管道应采用阀门分成若干独立管段，阀门的布置应保证检修管道时关闭停用的消火栓的数量不大于5个。详见《地铁设计防火标准》GB 51298。

248. 地铁机电安装工程中，生活给水管道宜采用金属管材，宜选用衬塑复合钢管、铜管及不锈钢钢管等，衬塑复合钢管钢与塑剪切强度应大于（　　）MPa。

A. 1.0　　　　B. 1.2　　　　C. 1.5　　　　D. 2.0

解析：D。

249. 地铁机电安装工程中，阀门与管道的连接方式有很多种，下列连接方式中，连接时阀门需要关闭的是（　　）。

A. 螺纹连接　　　　　　　　　　　B. 焊接连接
C. 电熔连接　　　　　　　　　　　D. 热熔连接

解析：A。阀门热连接时需要打开，冷连接时需要关闭。

250. 地铁机电安装工程中，管道伸缩节处的滑动支架以支撑面中心为起点进行反方向安装的偏移量应为位移值的（　　）。

A. 1/5　　　　B. 1/4　　　　C. 1/3　　　　D. 1/2

解析：D。

251. 地铁机电安装工程中，水表的安装应符合防冻、防暴晒、防撞和防淹要求，其直径宜与接口管径一致，且应按设计流量确定，表前宜设置（　　），表后宜设置（　　）。

A. 橡胶软接头、Y形过滤器和止回阀　　　B. Y形过滤器、橡胶软接头和止回阀
C. 橡胶软接头和Y形过滤器、止回阀　　　D. 止回阀、橡胶软接头和Y形过滤器

解析：C。

252. 地铁机电安装工程中，地下区间废水泵房的总出水管上应设置检修阀门，出水管管径宜为（　　）。
  A. $DN100\sim DN150$ B. $DN65\sim DN100$
  C. $DN80\sim DN100$ D. $DN150\sim DN200$
  解析：A。

253. 地铁机电安装工程中，车站废水泵房总出水管的排水流速不宜小于（　　）m/s。
  A. 0.6   B. 0.8   C. 1.0   D. 1.2
  解析：B。

254. 地铁机电安装工程中，废水泵房的集水池内壁不得渗漏，集水池底部应设（　　）的坡度坡向吸水坑，吸水坑规格应满足水泵安装间距要求。
  A. 2%   B. 3%   C. 5%   D. 10%
  解析：D。

255. 地铁机电安装工程中，废水泵房的集水井深度大于（　　）m时，需要设置固定爬梯，其材质宜采用不锈钢或复合金属材质。
  A. 1.2   B. 1.5   C. 2   D. 2.5
  解析：A。

256. 地铁机电安装工程中，出入口、风井等的集水坑设置的排水泵宜设置反冲洗管，功率小于3.0kW的排水泵宜设置1根（　　）的冲洗管，功率大于3.0kW的排水泵宜设置1根（　　）的冲洗管。
  A. $DN25$，$DN30$ B. $DN25$，$DN50$
  C. $DN30$，$DN50$ D. $DN50$，$DN80$
  解析：B。

257. 地铁机电安装工程中，车站污水泵房净高不应小于（　　）m，矩形泵站的短边不宜小于（　　）m，应设置手动起吊设备。
  A. 3，2   B. 3，3   C. 4，3   D. 4，4
  解析：B。

258. 地铁机电安装工程中，污水泵房中当采用密闭提升装置时，泵房内应设有深度不小于（　　）m的集水坑，坑内排污泵应将污水提升至水箱内。
  A. 0.5   B. 0.6   C. 1.0   D. 1.2
  解析：A。

259. 地铁机电安装工程中，污水泵房中应设置给水设施，设备四周应有不小于（　　）m的维修净距。
  A. 0.5   B. 0.6   C. 1.0   D. 1.2
  解析：B。污水泵房中应设置给水设施，设备四周应有不小于0.6m的维修净距。

260. 地铁机电安装工程中，卫生器具的安装中，拖布池的水龙头距拖布池的上边沿距离不应大于（　　）mm。
  A. 200   B. 250   C. 300   D. 400
  解析：C。

261. 地铁机电安装工程中，离壁墙内地漏引向轨行区的排水管应采用（　）固定，不应用（　）固定。
A. 型钢支架、塑料U形卡箍　　　　　B. 塑料U形卡箍、型钢支架
C. 滑动支架、塑料U形卡箍　　　　　D. 型钢支架、滑动支架
解析：A。

262. 地铁机电安装工程中，固定式潜污泵泵体应能通过长度为泵口径（　）倍长的纤维物质。
A. 2　　　　　B. 3　　　　　C. 4　　　　　D. 5
解析：D。

263. 地铁机电安装工程中，固定式潜污泵泵体应能通过直径为泵口径（　）的固体球状物颗粒。
A. 20%~50%　　　　　B. 30%~50%
C. 50%~70%　　　　　D. 50%~80%
解析：D。

264. 地铁机电安装工程中，卫生器具的配水点的静水压力不宜大于（　）MPa，对供水压力大于（　）MPa 的用水点应设置减压或者调压设施。
A. 0.2，0.45　　　　　B. 0.45，0.2
C. 0.4，0.5　　　　　D. 0.5，0.4
解析：B。

265. 地铁机电安装工程中，卫生器具的安装，单独器具的标高允许差距为（　）mm。
A. ±5　　　　　B. ±10　　　　　C. ±15　　　　　D. ±20
解析：C。

266. 地铁机电安装工程中，卫生器具的安装，成排器具的标高允许差距为（　）mm。
A. ±5　　　　　B. ±10　　　　　C. ±15　　　　　D. ±20
解析：B。

267. 地铁机电安装工程中，连接洗手盆、洗脸盆的排水管管径宜为（　）mm。
A. 25~32　　　　　B. 25~50　　　　　C. 32~50　　　　　D. 32~65
解析：C。

268. 地铁机电安装工程中，连接大便器的排水管管径宜为（　）mm。
A. 50　　　　　B. 65　　　　　C. 80　　　　　D. 100
解析：D。

269. 地铁机电安装工程中，连接小便器的排水管管径宜为（　）mm。
A. 25~32　　　　　B. 32~40　　　　　C. 40~50　　　　　D. 50~65
解析：C。

270. 地铁机电安装工程中，管道支架的安装，明装支架的安装高度小于（　）m时，横杆末端应做倒角处理。
A. 1　　　　　B. 1.5　　　　　C. 2　　　　　D. 2.5

解析：C。

271. 地铁机电安装工程中，区间消防管道的支架安装中，支架距离承口的距离应不大于（　　）mm。

　　A. 200　　　　　　B. 300　　　　　　C. 400　　　　　　D. 500

解析：B。

272. 地铁机电安装工程中，区间消防管道的支架的支撑角钢与斜撑角钢的夹角应为（　　）。

　　A. 30°　　　　　　B. 45°　　　　　　C. 60°　　　　　　D. 75°

解析：B。

273. 地铁机电安装工程中，区间消防管道的支架的支撑角钢与钢板的夹角应为（　　）。

　　A. 30°　　　　　　B. 45°　　　　　　C. 60°　　　　　　D. 75°

解析：C。

274. 地铁机电安装工程中，在曲线半径小于（　　）m的隧道及转弯处的消防管道，需要设置加强接地支架。

　　A. 1000　　　　　B. 800　　　　　　C. 600　　　　　　D. 500

解析：D。

275. 地铁机电安装工程中，衬塑钢管的螺纹连接，衬塑钢管的管端应采用专用铰刀进行清理加工，将衬塑层按其厚度的（　　）进行倒角，倒角坡度宜为（　　）。

　　A. 1/2，10°～15°　　　　　　　　B. 1/2，15°～20°
　　C. 1/3，10°～15°　　　　　　　　D. 1/3，15°～20°

解析：A。

276. 地铁机电安装工程中，管道的沟槽连接前管道应用机械截管，截面应垂直于轴心，管径小于等于DN100时，管端切口斜度小于等于（　　），管径大于等于DN125时，管端切口斜度小于等于（　　）。

　　A. 1.5，1　　　　　　　　　　　　B. 1，1.5
　　C. 2，2.5　　　　　　　　　　　　D. 2.5，2

解析：B。

277. 地铁机电安装工程中，管道的沟槽连接中，管外壁端面应用机械加工（　　）壁厚的圆角。

　　A. 1/4　　　　　　B. 1/3　　　　　　C. 1/2　　　　　　D. 2/3

解析：C。

278. 地铁机电安装工程中，管道电伴热的安装中，扎带的间距宜为（　　）mm。

　　A. 300～500　　　　　　　　　　B. 400～700
　　C. 500～800　　　　　　　　　　D. 600～1000

解析：C。

279. 地铁机电安装工程中，残疾人坐便器的安全抓杆距地面的高度宜为（　　）mm。

　　A. 500　　　　　　B. 600　　　　　　C. 700　　　　　　D. 800

解析：C。

280. 地铁机电安装工程中，为防止金属管道的杂散电流的腐蚀，金属管道安装时，管道支、吊架管卡与管道之间宜设（　　）mm厚的三元乙丙烯绝缘橡胶垫。
A. 3　　　　　　B. 5　　　　　　C. 8　　　　　　D. 10
解析：B。

281. 地铁机电安装工程中，室外管网镀锌钢管的埋地防腐必须符合设计要求，如设计无规定时，正常防腐层的厚度不小于（　　）mm。
A. 3　　　　　　B. 5　　　　　　C. 6　　　　　　D. 9
解析：A。

282. 地铁机电安装工程中，室外管网镀锌钢管的埋地防腐必须符合设计要求，如设计无规定时，"三油两布"的加强防腐层厚度，不小于（　　）mm。
A. 3　　　　　　B. 5　　　　　　C. 6　　　　　　D. 9
解析：C。

283. 地铁机电安装工程中的自动喷水灭火系统中，在装设网格、栅板类通透性吊顶的场所，当通透面积占吊顶总面积的比例大于（　　）时，喷头应设置在吊顶上方。
A. 50%　　　　　B. 60%　　　　　C. 70%　　　　　D. 80%
解析：C。

284. 地铁机电安装工程中，自动喷水灭火系统喷头的布置原则规定，通透性吊顶开口部位的净宽度不应小于（　　）mm，且开口部位的厚度不应大于开口最小宽度。
A. 10　　　　　　B. 20　　　　　C. 30　　　　　D. 40
解析：A。

285. 地铁机电安装工程中，按自动喷水灭火系统喷头的布置原则规定，有吊顶的地方设置吊顶型喷头，其他无吊顶的地方除特殊注明外均设置直立型喷头，其溅水盘与顶板的距离宜为（　　）mm。
A. 50　　　　　　B. 60　　　　　C. 80　　　　　D. 100
解析：D。

286. 地铁机电安装工程中，按自动喷水灭火系统喷头的布置原则规定，当净空高度大于（　　）mm的闷顶和技术夹层内有可燃物时应设置向上的喷头。
A. 300　　　　　B. 550　　　　　C. 600　　　　　D. 800
解析：D。

287. 地铁机电安装工程中，自动喷水灭火系统吊顶安装的喷头公称动作温度宜为（　　）℃。
A. 53　　　　　　B. 63　　　　　C. 68　　　　　D. 73
解析：C。

288. 地铁机电安装工程中，洁具的安装中，前排水蹲式大便器的排水立管距墙面的距离宜为（　　）mm。
A. 500～600　　　　　　　　　　B. 550～650
C. 600～700　　　　　　　　　　D. 650～750
解析：B。

289. 地铁机电安装工程中，洁具的安装中，后排水蹲式大便器的排水立管距墙面的距离宜为( )mm。
A. 100～200
B. 200～300
C. 300～450
D. 550～650

解析：C。

290. 地铁机电安装工程，洁具的安装，洗脸盆的水龙头立管中心距墙面的距离宜为( )mm，水龙头立管中心距台盆最近边缘宜为( )mm。
A. 100，40
B. 200，50
C. 300，40
D. 400，50

解析：A。

291. 地铁机电安装工程中，洁具的安装中，挂式小便器非埋墙排水管距离墙面的距离宜为( )mm。
A. 100
B. 200
C. 300
D. 400

解析：A。

292. 地铁机电安装工程中，排水系统弹簧压力表的管接头长度宜大于等于( )mm。
A. 30
B. 50
C. 80
D. 100

解析：B。

293. 地铁机电安装工程中，管道的波纹补偿器两端应设置固定支架和滑动支架（导向支架），管道的波纹补偿器伸缩方向为水流方向，水流的反方向应设置固定支架，水流的方向应设置两个滑动支架，两滑动支架，近端的滑动支架中心距补偿器法兰的距离宜为管道公称直径的( )倍。
A. 2
B. 3
C. 4
D. 5

解析：C。

294. 地铁机电安装工程中，管道的波纹补偿器两端应设置固定支架和滑动支架（导向支架），管道的波纹补偿器伸缩方向为水流方向，水流的反方向应设置固定支架，水流的方向应设置两个滑动支架，两滑动支架，固定支架中心距补偿器法兰的距离宜为管道公称直径的( )倍。
A. 2
B. 3
C. 4
D. 5

解析：C。

295. 地铁机电安装工程中，管道的波纹补偿器两端应设置固定支架和滑动支架（导向支架），管道的波纹补偿器伸缩方向为水流方向，水流的反方向应设置固定支架，水流的方向应设置两个滑动支架，两滑动支架间的距离宜为管道公称直径的( )倍。
A. 4
B. 6
C. 10
D. 14

解析：D。

296. 地铁机电安装工程中，管道的波纹补偿器安装时均需拉伸，当产品注明预拉伸量时，按产品的标明数值进行预拉伸；当产品未注明时，其预拉伸量宜为补偿器长度的( )。
A. 1/2
B. 1/3
C. 1/4
D. 2/3

解析：A。

297. 地铁机电安装工程中,波纹补偿器的前后端需要连接导向支架和固定支架,其安装位置前后顺序正确的是( )。

A. 导向支架→补偿器→导向支架→固定支架
B. 导向支架→补偿器→固定支架→导向支架
C. 固定支架→补偿器→导向支架→导向支架
D. 导向支架→固定支架→补偿器→导向支架

解析:C。

298. 地铁机电安装工程中,管道穿越人防结构时,应做人防密闭套管,并在人防结构内侧管道上设置防护闸阀,给排水管道上防护闸阀工作压力不小于( )MPa,消防管道上防护闸阀工作压力不小于( )MPa。

A. 1.0,1.1
B. 1.0,1.2
C. 1.0,1.5
D. 1.0,1.6

解析:C。

299. 地铁机电安装工程中,地下车站消火栓充实水柱不小于( )MPa,消火栓栓口动压力不大于( )MPa,且不应小于( )MPa。

A. 10,0.5,0.25
B. 5,0.5,0.3
C. 10,0.5,0.3
D. 5,0.5,0.25

解析:A。

300. 地铁机电安装工程中,在同一个防火分区同层内,消火栓的布置必须满足任一着火点有两股充实水柱同时达到,每股水枪流速不小于( )L/s,同时充实水柱长度不小于( )m/s。

A. 3,10
B. 5,10
C. 3,15
D. 5,15

解析:B。

301. 地铁机电安装工程中,消火栓箱内的消防卷盘软管长度宜为( )m,消防软管内径不小于( )。

A. 25,φ16
B. 30,φ19
C. 30,φ16
D. 25,φ19

解析:B。

302. 地铁机电安装工程,当消火栓的出水流量为5L/s时,SN65的消火栓应配置( )mm的水枪,( )mm的衬胶水带。

A. φ16,φ50
B. φ19,φ65
C. φ16,φ65
D. φ19,φ50

解析:C。

303. 地铁机电安装工程中,消火栓试射的流程( )。

A. 选定消火栓→开启消防泵加压→控制指定部位试射→认定试射结果→试射结束、恢复原样

B. 选定消火栓→控制指定部位试射→开启消防泵加压→认定试射结果→试射结束、恢复原样

C. 开启消防泵加压→选定消火栓→控制指定部位试射→认定试射结果→试射结束、恢复原样

D. 开启消防泵加压→控制指定部位试射→选定消火栓→认定试射结果→试射结束、恢复原样

解析：A。

304. 地铁机电安装工程中，在寒冷地区地铁车站出入口及出入口衔接的站厅公共区（　　）m 范围内需做防冻措施。
    A. 10   B. 15   C. 20   D. 25
解析：B。

305. 地铁机电安装工程中，在寒冷地区车站端头至区间不少于（　　）m 范围内部分需做防冻措施。
    A. 100   B. 150   C. 200   D. 250
解析：C。

306. 地铁机电安装工程中，在寒冷地区区间风井两侧各（　　）m 范围内部分都需做防冻措施。
    A. 100   B. 150   C. 200   D. 250
解析：C。

307. 地铁机电安装工程中，为了防杂散电流对管道的腐蚀，给水引入管在进入车站前加（　　）m 长的塑料管。
    A. 2   B. 3   C. 4   D. 5
解析：B。

308. 地铁机电安装工程中，气体消防设备室及被保护区外墙的耐压不低于（　　）Pa，被保护区的门应向外开启，宜设置为带自动闭门器的防火门。
    A. 800   B. 1000   C. 1200   D. 1500
解析：C。

309. 地铁机电安装工程中，潜水排污泵采用液位自动控制，报警水位宜高出开泵水位（　　）mm。
    A. 50   B. 100   C. 150   D. 200
解析：B。

310. 地铁机电安装工程中，潜水排污泵的集水坑钢盖板采用（　　）角钢和（　　）mm 厚的花纹钢板制作。内外表面先刷漆两遍，再刷银粉漆或灰色调合漆两遍。
    A. L30×30×3，5   B. L40×40×4，5
    C. L30×30×3，10   D. L40×40×4，10
解析：B。

311. 地铁机电安装工程中，潜污泵的反冲洗管出水口距污水池底板的距离宜为（　　）mm。
    A. 50   B. 100   C. 150   D. 200
解析：C。

312. 地铁机电安装工程中，室内螺纹连接的倒流防止器的排水管出口与地漏或者排

水沟表面的距离宜为( )mm。

A. 50　　　　　B. 100　　　　　C. 150　　　　　D. 200

解析：B。

313. 地铁机电安装工程中，室内法兰连接的倒流防止器的排水管出口与地漏或者排水沟表面的距离宜为( )mm。

A. 50　　　　　B. 100　　　　　C. 150　　　　　D. 200

解析：C。

314. 地铁机电安装工程中，室内法兰连接的倒流防止器的管道支架最下方距地面的高度应大于等于( )mm，且满足Y形过滤器的清洗维护需要。

A. 200　　　　B. 300　　　　C. 400　　　　D. 500

解析：C。

315. 地铁机电安装工程中，区间的消防快拆防胀限位器适用于给水与消防系统中的承插铸铁管及管件的快速拆装与维修，其适应压力不大于( )MPa。

A. 1.0　　　　B. 1.2　　　　C. 1.5　　　　D. 1.6

解析：D。

316. 地铁机电安装工程中，区间的消防快拆防胀限位器安装间距宜为( )m。

A. 30　　　　　B. 50　　　　　C. 80　　　　　D. 100

解析：D。

317. 地铁机电安装工程中，弯头防脱器用来防止镀锌钢管上沟槽连接的三通、弯头处受力不均产生的管道变形漏水，一般适用于压力不大于( )MPa的给水或消防系统的镀锌钢管。

A. 1.0　　　　B. 1.2　　　　C. 1.5　　　　D. 1.6

解析：D。

318. 地铁机电安装工程中，弯头防脱器的防脱器附件与弯头的沟槽件的距离宜为( )mm。

A. 30　　　　　B. 50　　　　　C. 80　　　　　D. 100

解析：B。

319. 地铁机电安装工程中，B型柔性防水套管的安装，套管穿墙处如遇非混凝土墙壁时，应局部改用混凝土墙壁，其浇筑范围应比翼环直径大( )mm，而且必须将套管一次浇固于墙内。

A. 100　　　　B. 150　　　　C. 200　　　　D. 250

解析：C。

320. 地铁机电安装工程中，B型柔性防水套管的安装，穿管处混凝土墙厚度应不小于( )mm，否则应加厚，加厚部分直径至少为比翼环直径+200mm。

A. 100　　　　B. 200　　　　C. 300　　　　D. 400

解析：C。

321. 地铁机电安装工程管道的电伴热施工中，伴热电缆施工环境温度不宜低于( )℃。

A. −5　　　　　B. 0　　　　　C. 5　　　　　D. 10

解析：A。

322. 地铁机电安装工程管道的电伴热施工中，安装伴热电缆附件时，伴热电缆应留有一定的富裕量，在线路的第一供电点和尾端各预留（　　）m 长，二通或三通配件处各端预留（　　）m 富裕量，以便下次检修重复使用。

　　A. 0.5，1　　　　　B. 1，0.5　　　　　C. 1，1.5　　　　　D. 1.5，1

　　解析：B。

323. 地铁机电安装工程管道的电伴热施工中，在绝热层外应加警示标签，注明"内有伴热电缆"或"内有某件"，"内有伴热电缆"的警示标签一般每隔（　　）m 左右在显要的位置贴一块，"内有某配件"的警示标签贴在安装有配件的位置。

　　A. 20　　　　　　　B. 30　　　　　　　C. 50　　　　　　　D. 80

　　解析：B。

324. 地铁消防验收中，地铁地下车站内消火栓设计流量不应小于（　　）L/s。

　　A. 10　　　　　　　B. 12　　　　　　　C. 15　　　　　　　D. 20

　　解析：D。

325. 地铁消防验收中，地铁区间隧道内消火栓设计流量不应小于（　　）L/s。

　　A. 10　　　　　　　B. 12　　　　　　　C. 15　　　　　　　D. 20

　　解析：A。

326. 地铁机电安装中，关于消防水池的说法，错误的是（　　）。

　　A. 消防水池的出水管应保证消防水池的有效容积能全部被全部利用

　　B. 消防水池应设置就地水位显示装置

　　C. 消防控制中心或值班室应设置显示消防水池水位的装置，同时只需有最低报警水位

　　D. 消防水池应设置溢流管和排水设施，并应采用间接排水

　　解析：C。消防控制中心或值班室应设置显示消防水池水位的装置，同时应有最高和最低报警水位。

327. 地铁机电安装中，一组消防水泵，吸水管不应少于（　　）条。

　　A. 1　　　　　　　　B. 2　　　　　　　　C. 3　　　　　　　　D. 4

　　解析：B。一组消防水泵，吸水管不应少于两条，当其中一条损坏或检修时，其余吸水管仍能通过全部消防给水设计流量。

328. 地铁机电安装中，一组消防水泵，与消防给水环状网连接的输水干管不应少于（　　）条。

　　A. 1　　　　　　　　B. 2　　　　　　　　C. 3　　　　　　　　D. 4

　　解析：B。一组消防水应设不少于两条的输水干管与消防给水环状网连接，当其中一条输水管检修时，其余输水管应仍能供应全部消防给水设计流量。

329. 地铁机电安装中，消防水泵吸水口的淹没深度不应小于（　　）mm。

　　A. 300　　　　　　　B. 500　　　　　　　C. 600　　　　　　　D. 800

　　解析：C。

330. 地铁机电安装中，消防水泵房的主要通道宽度不应小于（　　）m。

　　A. 0.8　　　　　　　B. 1.0　　　　　　　C. 1.2　　　　　　　D. 1.5

解析：C。

331. 地铁机电安装中，室外消防系统埋地管道阀门宜采用（　　）。
　　A. 普通暗杆闸阀　　　　　　　　　　B. 带启闭刻度的暗杆闸阀
　　C. 普通明杆闸阀　　　　　　　　　　D. 耐腐蚀的明杆闸阀
　　解析：B。

332. 地铁机电安装中，当室内消防给水由生活、生产给水管网直接供水时，应在引入管处设置（　　）。
　　A. 闸阀　　　　　B. 蝶阀　　　　　C. 倒流防止器　　　　　D. 止回阀
　　解析：C。

333. 地铁机电安装中，自动喷水灭火系统末端试水装置处的排水立管管径，应根据末端试水装置的泄流量确定，并不宜小于（　　）。
　　A. $DN50$　　　　　B. $DN65$　　　　　C. $DN75$　　　　　D. $DN100$
　　解析：C。

334. 地铁机电安装中，减压阀处的压力试验排水管管径应根据减压阀流量确定，但不应小于（　　）。
　　A. $DN50$　　　　　B. $DN65$　　　　　C. $DN75$　　　　　D. $DN100$
　　解析：D。

335. 地铁机电安装中，消火栓的进场验收描述错误的是（　　）。
　　A. 消火栓外观应无加工缺陷和机械损伤
　　B. 铸铁表面应无结疤、毛刺、裂纹和缩孔等缺陷
　　C. 铸铁阀体外部应涂红色油漆，内表面应涂除锈漆，手轮应涂红色油漆
　　D. 外部漆膜应光滑、平整、色泽一致，应无气泡、流痕、皱纹等缺陷
　　解析：C。手轮应涂黑色油漆。

336. 地铁机电安装中，消防水泵出水管上的压力表量程在没有设计要求时，应为系统工作压力的（　　）倍。
　　A. 1.1～1.5　　　　　B. 1.5～2　　　　　C. 2～2.5　　　　　D. 2.5～3
　　解析：C。

337. 地铁机电安装中，消火栓栓口出水方向宜向下或与设置消火栓的墙面呈（　　）角，栓口不应安装在门轴侧。
　　A. 30°　　　　　B. 45°　　　　　C. 60°　　　　　D. 90°
　　解析：D。

338. 地铁机电安装中，机械三通连接时，应检查机械三通与孔洞的间隙，各部位应均匀，然后再紧固到位；机械三通开孔间距不应小于（　　）m。
　　A. 0.5　　　　　B. 0.8　　　　　C. 1　　　　　D. 1.2
　　解析：C。

339. 地铁机电安装中，消防给水管穿过建筑物承重墙或基础时，应预留洞口，洞口高度应保证管顶上部净空不小于建筑物沉降量，不宜小于（　　）m，并应填充不透水的弹性材料。
　　A. 0.05　　　　　B. 0.06　　　　　C. 0.08　　　　　D. 0.1

解析：D。

340. 地铁机电安装中，架空管道的支吊架在管道的每一处支撑点处应能承受（　　）倍于充满水的管重。

A. 2　　　　　　B. 3　　　　　　C. 4　　　　　　D. 5

解析：D。

341. 地铁机电安装中，消防管道管径大于（　　）的管道拐弯、三通及四通处应设置一个防晃支架。

A. DN50　　　　B. DN65　　　　C. DN100　　　D. DN150

解析：A。

342. 地铁机电安装中，关于消防管道的冲洗，当冲洗管道直径大于（　　）时，应对其死角和底部进行振动，但不应损伤管道。

A. DN50　　　　B. DN65　　　　C. DN100　　　D. DN150

解析：C。

343. 地铁机电安装中，消防系统的调试，稳压泵在正常工作时每小时的启停次数应符合设计要求，且不应大于（　　）次/h。

A. 6　　　　　　B. 10　　　　　C. 12　　　　　D. 15

解析：D。

344. 地铁机电安装中，干式消火栓系统报警阀组的验收中，水力警铃的设置位置应正确。测试时，水力警铃喷嘴处压力不小于（　　）MPa。

A. 0.05　　　　B. 0.06　　　　C. 0.08　　　　D. 0.1

解析：A。

345. 地铁机电安装工程中，下列图片中为明杆闸阀的是（　　）。

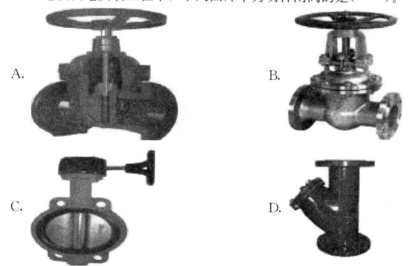

解析：B。明杆闸阀。

图 A 为暗杆闸阀；图 C 为蝶阀；图 D 为 Y 形过滤器。

346. 地铁机电安装工程中，下列图片中为立式止回阀的是（　　）。

解析：B。立式止回阀。
图 A 为升降式止回阀；图 C 为旋启式止回阀；图 D 为蝶式止回阀。

347. 地铁机电安装中，下列图片中为波纹补偿器的是（　　）。

解析：A。波纹补偿器。
图 B 为橡胶软连接图；图 C 为防护闸阀图；图 D 为球形止回阀。

348. 地铁机电安装工程中，以下图片为金属软管的是（　　）。

解析：C。金属软管。
图 A 为波纹补偿器；图 B 为橡胶软接头；图 D 为双球橡胶软接头。

349. 地铁机电安装工程中，下列图片为玻璃棉保温的是（　　）。

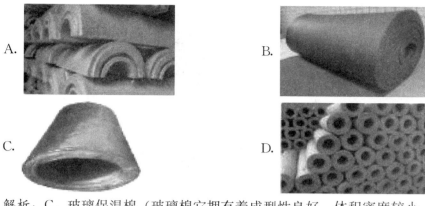

解析：C。玻璃保温棉（玻璃棉它拥有着成型性良好、体积密度较小、导热率较低等特性，玻璃棉的耐腐蚀性能也极高，在化学腐蚀的环境中有着良好的化学性能。）图 A 为聚氨酯泡沫塑料；图 B 为橡塑保温；图 D 为复合硅酸盐。

350. 地铁机电安装工程中，下列图片为 UPVC 管的是（　　）。

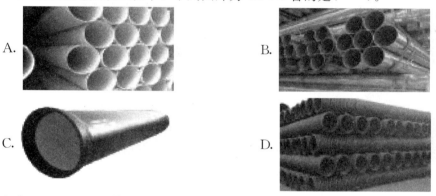

解析：A。UPVC 管。

图 B 为镀锌钢管；图 C 为球墨铸铁管；图 D 为波纹管。

351. 地铁机电安装工程中，下列图片为镀锌衬塑钢管的是（　　）。

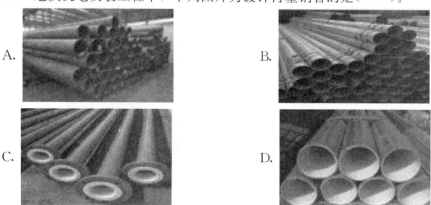

解析：D。镀锌衬塑钢管。

图 A 为无缝钢管；图 B 为镀锌钢管；图 C 为涂环氧钢管。

352. 地铁机电安装工程中，以下属于沟槽法兰的是（　　）。

解析：A。沟槽法兰。

图 B 为焊接法兰；图 C 为带颈法兰；图 D 为变径对焊法兰。

353. 地铁机电安装工程中，以下图片为焊接法兰的是（　　）。

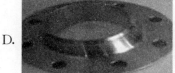

解析：B。焊接法兰。

图 A 为沟槽法兰；图 C 为带颈法兰；图 D 为变径对焊法兰。

354. 地铁机电安装工程中，以下图片为焊接弯头的是（　　）。

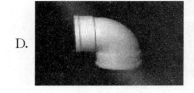

解析：A。焊接弯头。

图 B 为沟槽弯头；图 C 为丝接弯头；图 D 为 PVC 弯头。

355. 地铁机电安装工程中，以下图片为安全阀的是（　　）。

A.

C.

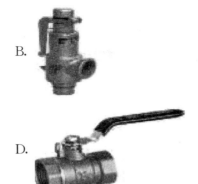
B.

D.

解析：B。安全阀。

图 A 为水管开关；图 C 为泄压阀；图 D 为球阀。

356. 下列图片为蝶阀的是（　　）

A.

C.

B.

D.

解析：B。蝶阀又叫翻板阀，是一种结构简单的调节阀，可用于低压管道介质的开关控制的蝶阀是指关闭件（阀瓣或蝶板）为圆盘，围绕阀轴旋转来达到开启与关闭的一种阀。图 A 为防护闸阀；图 C 为明杆闸阀；图 D 为止回阀。

3.2 多项选择题

1. 地铁机电安装工程中，给水管道钢管一般采用的连接方式有（　　）。
   A. 螺纹连接　　　　　　　　B. 沟槽（卡箍）连接
   C. 卡环连接　　　　　　　　D. 法兰连接
   E. 承插口连接

解析：ABCD。地铁机电安装工程中，地铁给水管道通常采用钢管进行安装，管道连接一般采用螺纹连接、沟槽（卡箍）连接、卡环连接、法兰连接等几种方式。

2. 地铁机电安装工程中，压力排水系统管道采用镀锌钢管，管径大于 $DN100$ 时采用（　　）连接。
   A. 螺纹连接　　　　　　　　B. 刚性法兰连接
   C. 卡箍连接　　　　　　　　D. 卡环连接
   E. 承插口连接

解析：BC。地铁站内压力排水系统管道采用镀锌钢管，管径大于 $DN100$ 时采用刚性法兰连接或卡箍连接。

3. 地铁机电安装工程中，水泵出水管上应安装（　　）。
A. 压力表　　　　　　　　　　B. 止回阀
C. 闸阀　　　　　　　　　　　D. 泄水阀
E. 蝶阀

解析：ABCD。地铁机电安装工程中，水泵出水管上应安装压力表、止回阀、闸阀、泄水阀、试水管。

4. 地铁机电安装工程中，下列说法错误的是（　　）。
A. 自动排气阀安装在管网的各个高点　　B. 自动排气阀安装在管网的低点
C. 自动排气阀安装在管网的中间点　　　D. 自动排气阀安装在管网的任意点
E. 自动排气阀安装在管网正上方并垂直安装

解析：BCD。地铁机电安装工程中，自动排气阀安装在管网中的各个高点排除管内聚集的气体。

5. 地铁机电安装工程中，以下那些属于车站污水排放系统的组成（　　）。
A. 污水提升装置　　　　　　　B. 消防泵
C. 化粪池　　　　　　　　　　D. 管道及附件
E. 排水检查井

解析：ACDE。地铁机电安装工程中，车站污水排放系统主要由密闭式污水提升装置、管道及附件、化粪池、压力井、排水检查井等组成。

6. 地铁机电安装工程中，以下属于水泵的基本参数的有（　　）。
A. 流量　　　　　　　　　　　B. 扬程
C. 功率　　　　　　　　　　　D. 转速
E. 材质

解析：ABCD。地铁机电安装工程中，水泵的基本参数有：流量、扬程、功率、效率、转速等。

7. 地铁机电安装工程中，下列关于法兰连接的说法正确的是（　　）。
A. 两法兰面应垂直，允许偏差为 1mm
B. 两法兰面应垂直，允许偏差为 2mm
C. 螺栓与螺母应置于法兰同一侧
D. 螺栓漏出螺母不得少于两倍螺距，并不得大于螺栓直径的 1/2
E. 螺栓与螺母应置于法兰不同侧

解析：ACD。地铁机电安装工程中，管道采用法兰连接时两法兰面应垂直，允许偏差为 1mm；螺栓与螺母应置于法兰同一侧并对称、均匀紧固；螺栓漏出螺母不得少于两倍螺距，并不得大于螺栓直径的 1/2。

8. 地铁机电安装工程中，下列关于钢管的丝扣连接说法正确的是（　　）。
A. 钢管丝扣无裂纹、重皮等缺陷
B. 钢管丝扣与套管丝扣相一致
C. 安装后，外漏丝扣为 2～3 扣
D. 钢管与套管连接应同心，管道无弯曲

E. 安装后不可以外露丝扣

解析：ABCD。地铁机电安装工程中，钢管的丝扣连接时应符合下列规定：（1）钢管丝扣无裂纹、重皮等缺陷；（2）钢管丝扣与套管丝扣相一致，安装后，外漏丝扣为 2～3 扣；（3）钢管与套管连接应同心，管道无弯曲。

9. 地铁机电安装工程中，以下属于管道试压前检查项的是（   ）。
   A. 仪表是否灵敏　　　　　　　　　B. 临时供水及排水管路是否畅通
   C. 管道高点是否设置排气孔　　　　D. 支座、接口是否牢固
   E. 管道接口处外观检查合格

解析：ABCDE。地铁机电安装工程中，管道试压前应进行检查，并符合下列规定：（1）仪表应灵敏；（2）临时供水及排水管路应畅通；（3）管道高点设置排气孔；（4）支座、接口要牢固，必要管段进行加固；（5）铸铁管在灌水后宜先加压到 0.2～0.3MPa 压力，并浸泡 24h。

10. 地铁机电安装工程中，以下有关排水泵安装说法正确的是（   ）。
    A. 水泵基座表面平整
    B. 基座地脚螺栓埋设位置正确、牢固
    C. 水泵底座与基座接触严密
    D. 排水泵出水管必须安装蝶阀
    E. 水泵的管口与管道连接应严密，无漏水现象

解析：ABCE。地铁机电安装工程中，排水泵安装应符合下列规定：
（1）水泵基座表面平整；
（2）基座地脚螺栓埋设位置正确、牢固；
（3）水泵底座与基座接触严密；
（4）水泵的管口与管道连接应严密，无漏水现象；
（5）排水泵应安装，底座、潜污泵、偏心异径管、可曲挠橡胶接头、压力表、止回阀、闸阀、镀锌钢管。

11. 地铁机电安装工程中，下列选项中能设置阀门的管道是（   ）。
    A. 进水管　　　　　　　　　　　　B. 溢流管
    C. 出水管　　　　　　　　　　　　D. 泄水管
    E. 消防管

解析：ACDE。溢流管上不能设置阀门。

12. 地铁机电安装工程中，下列关于水泵试运转规定的说法正确的是（   ）。
    A. 电机转动方向要正确
    B. 水泵运转无卡阻现象和异常声响
    C. 水泵带负荷运转不应小于 1h
    D. 电机电流不超过额定值
    E. 水泵带负荷运转不应小于 2h

解析：ABDE。水泵进行调试和试运转时，水泵带负荷运转不应小于 2h。

13. 地铁机电安装工程中，下列关于消火栓及消火栓箱设置的说法正确的是（   ）。
    A. 区间内消火栓的间距不应大于 20m

B. 人行通道内消火栓间距不应大于 50m
C. 设备区走道、屏蔽门外走道等狭小区域采用暗装方式
D. 环控机房、冷水机房、风亭风道等部位采用明装方式
E. 设备区消火栓箱的栓头距离地面高度为 1.5m

解析：CD。地铁机电安装工程中，地下区间及配线区内消火栓的间距不应大于 50m，人行通道内消火栓间距不应大于 20m；设备区走道、屏蔽门外走道等狭小区域采用暗装方式、环控机房、冷水机房、风亭风道等部位采用明装方式；设备区消火栓箱的栓头距离地面高度为 1.1m。

14. 地铁机电安装工程中，下列关于建设工程中安装工程最低保修期限的说法，正确的是（　　）。
    A. 建设工程的保修期自竣工验收合格之日起计算
    B. 供冷系统最低保修期为 2 年
    C. 设备安装工程最低保修期为 2 年
    D. 给水排水管道最低保修期为 2 年
    E. 给水排水管道最低保修期为 5 年

解析：ACD。地铁机电安装工程中，根据《建设工程质量管理条例》的规定，建设工程中安装工程在正常使用条件下的最低保修期限为：建设工程的保修期自竣工验收合格之日起计算；电气管线、给水排水管道、设备安装工程保修期为 2 年；供热和供冷系统为 2 个供暖期、供冷期；其他项目的保修期由发包单位与承包单位约定。

15. 地铁机电安装工程中，下列有关不锈钢工艺管道水冲洗实施要点，正确的是（　　）。
    A. 水中氯离子含量不超过 25ppm　　B. 水冲洗流速不得低于 1.2m/s
    C. 排放管在排水时不得形成负压　　D. 排放管径小于被冲洗管的 60%
    E. 冲洗压力应大于管道设计压力

解析：AC。地铁机电安装工程中，水冲洗实施要点：
（1）水冲洗应使用洁净水，冲洗不锈钢管、镍及镍合金钢管道，水中氯离子含量不得超过 25ppm（25×10^{-6}）；
（2）水冲洗流速不得低于 1.5m/s，冲洗压力不得超过管道的设计压力；
（3）水冲洗排放管的截面积不应小于被冲洗管截面积的 60%，排水时不得形成负压；
（4）水冲洗应连续进行，当设计无规定时，以排出口的水色和透明度与入口水目测一致为合格，管道水冲洗合格后，应及时将管内积水排净，并应及时吹干。

16. 地铁机电安装工程中，水锤可以使管道中的压力急剧大增至正常压力的几倍甚至几十倍，会引起爆管，淹没泵房，影响正常生产。下列关于消除水锤的方法中正确的是（　　）。
    A. 加强输配电系统的维护，严格执行电气操作程序，确保正常供电
    B. 确保泵站的夏季避雷装置的安全可靠，防止雷雨天由于雷电引起的突然停电事故的发生
    C. 选择合适的出水管径，减少输水管流速
    D. 水泵机组突然停止后，操作人员立即关闭进水阀门

E. 水泵机组突然停止后，操作人员立即关闭出水阀门

解析：ABCE。地铁机电安装工程中，加强输配电系统的维护，严格执行电气操作程序，确保正常供电；确保泵站的夏季避雷装置的安全可靠，防止雷雨天由于雷电引起的突然停电事故的发生；选择合适的出水管径，减少输水管流速；水泵机组突然停止后，操作人员立即关闭出水阀门。

17. 地铁机电安装工程中，离心给水泵试运转后，需要进行的工作是（　　）。
  A. 关闭泵的出口阀门   B. 关闭附属系统的阀门
  C. 用清水冲洗泵   D. 放净泵内积存的液体
  E. 冲洗管道

解析：BCDE。地铁机电安装工程中，离心泵试运转后，应关闭泵的入口阀门，待泵冷却后再依次关闭附属系统的阀门；输送易结晶、凝固、沉淀等介质的泵，停泵后应防止堵塞，并及时用清水或其他介质冲洗泵和管道；放净泵内积存的液体。

18. 地铁机电安装工程中，下列关于止回阀说法正确的是（　　）。
  A. 安装在水泵的进水管   B. 安装在水泵的出水管
  C. 防止水流倒流   D. 加快水流流动
  E. 安装在静音止回阀进水方向

解析：BC。止回阀是安装在水泵的出水管上用来防止因断电或其他事故时水流倒流而损坏水泵。

19. 地铁机电安装工程中，以下关于潜污泵的安装要求，正确的是（　　）。
  A. 基坑底部混凝土强度应符合安装要求
  B. 固定水泵底座的锚栓可以采用镀锌膨胀螺栓
  C. 自动耦合装置中的两根应垂直安装并保证相互平行
  D. 自动耦合装置中的螺栓、螺母等所有连接件安装时应紧固
  E. 液位计安装应牢固可靠，数据设置正确

解析：ACDE。地铁机电安装工程中，基坑底部混凝土强度应符合安装要求；固定水泵底座的锚栓可以采用不锈钢膨胀螺栓；自动耦合装置中的两根应垂直安装并保证相互平行；自动耦合装置中的螺栓、螺母等所有连接件安装时应紧固。

20. 地铁机电安装工程中，以下关于给水排水管道外涂色正确的是（　　）。
  A. 消防管色环颜色为红色   B. 生活给水管色环颜色为黄色
  C. 污水管色环颜色为蓝色   D. 废水管色环颜色为黑色
  E. 污水管道色环颜色为黑色

解析：ABE。地铁机电安装工程中，消防管色环颜色为红色、生活给水管色环颜色为黄色、污水管色环颜色为黑色、废水管色环颜色为蓝色、生活消防合用管色环颜色为绿色。

21. 地铁机电安装工程中，下列关于管道安装的基本要求说法正确的是（　　）。
  A. 必须要有出厂合格证、材质证明等资料
  B. 安装前检查管道，壁厚应均匀，无锈蚀，不得有砂眼、裂纹等缺陷
  C. 管道安装的坡度，坡向应符合设计要求
  D. 给水管道架设在污水管道下方

E. 安装前清除内部垢污和杂物，在安装中断或完毕的敞口处应临时封闭

解析：ABCE。地铁机电安装工程中，安装所有的管件、阀门、钢管必须要有出厂合格证、材质证明等资料；安装前检查管道，壁厚应均匀，无锈蚀，不得有砂眼、裂纹等缺陷；安装管道坡度，坡向应符合设计要求；安装前清除内部垢污和杂物，在安装中断或完毕的敞口处应临时封闭。

22. 地铁机电安装工程中，下列关于卡箍连接说法错误的是（   ）。

A. 卡箍连接为机械连接，在现场允许焊接

B. 卡箍连接为机械连接，在现场不允许焊接

C. 卡箍连接只具有轴向的补偿能力

D. 卡箍连接只具有纵向的补偿能力

E. 卡箍连接同时具有轴向和纵向的补偿能力

解析：ACD。地铁机电安装工程中，卡箍连接为机械连接，在现场不允许焊接。卡箍连接可以满足消防管道的部分伸缩，具有纵向和轴向的补偿能力。

23. 地铁机电安装工程中，以下选项中属于管道沟槽加工工艺的（   ）。

A. 钢管下料   B. 清理毛刺

C. 焊接   D. 调整限位

E. 安装连接

解析：ABDE。地铁机电安装工程中，管道沟槽加工工艺流程为：钢管下料→清理毛刺→上滚槽机→调整限位→钢管滚槽→尺寸检查→安装连接。

24. 地铁机电安装工程中，下列关于消防器材的安装说法，正确的是（   ）。

A. 消火栓箱及灭火器安装前外观质量方面必须进行仔细的检查、核对箱体有无变形，如果发现有质量问题不得使用

B. 消火栓箱安装底标高距装修完成面15cm

C. 安装过程应与其他专业紧密联系

D. 站台层公共区两端应设置双栓头消火栓箱

E. 消火栓箱安装位置无需跟FAS专业联系

解析：ACD。地铁机电安装工程中，消火栓箱及灭火器安装前外观质量方面必须进行仔细的检查、核对箱体有无变形，如果发现有质量问题，不得使用；安装过程应与其他专业紧密联系；消火栓箱安装底标高距装修完成面10cm。

25. 地铁机电安装工程中，消防管道常用的管径有（   ）。

A. $DN55$ B. $DN65$

C. $DN85$ D. $DN150$

E. $DN200$

解析：BDE。地铁常用的消防管道管径有$DN50$、$DN65$、$DN70$、$DN80$、$DN100$、$DN125$、$DN150$、$DN200$。

26. 地铁机电安装工程中，车站常用的PVC管管径有（   ）。

A. $De30$ B. $De35$

C. $De65$ D. $De75$

E. $De110$

解析：DE。常用的 PVC 管管径有 $De20$、$De25$、$De32$、$De63$、$De75$、$De90$、$De110$、$De160$。

27. 地铁机电安装工程中，车站常用的球墨铸铁管管径有（　　）。

A. $DN45$　　　　　　　　　　B. $DN55$

C. $DN65$　　　　　　　　　　D. $DN85$

E. $DN100$

解析：CE。常用的球墨铸铁管管径有 $DN40$、$DN50$、$DN60$、$DN65$、$DN80$、$DN100$、$DN125$、$DN150$。

28. 地铁机电安装工程中，常用的管道有球墨铸铁管、PVC 管、不锈钢给水管、内外涂环氧钢管、衬塑钢管、镀锌钢管，下列关于管道的表述中错误的是（　　）。

A. 施工图中的"DN"既不代表管道的内径也不代表管道的外径，而是代表公称直径。

B. 施工图中的"De"表示塑料管的直径，即表示外径

C. 不锈钢给水管道常用于水质较高生活给水系统

D. 球墨铸铁管常采用焊接的方式连接

E. 污水密闭提升装置上的通气管应采用镀锌钢管

解析：DE。球墨铸铁管常采用承插的方式连接；污水密闭提升装置上的通气管常采用镀锌钢管或 PVC 管。

29. 地铁机电安装工程中，循环冷却水处理的目的在于消除或减少（　　）危害，使系统可靠地运行。

A. 结垢　　　　　　　　　　B. 腐蚀

C. 生物黏泥　　　　　　　　D. 噪声

E. 有害气体

解析：ABC。地铁机电安装工程中，循环冷却水处理的目的在于消除或减少结垢、腐蚀以及生物黏泥等危害，使系统可靠地运行。

30. 地铁机电安装工程中，以下选项属于冷却塔的组成的是（　　）。

A. 空气分配装置　　　　　　B. 配水系统

C. 除水器　　　　　　　　　D. 塔体

E. 多联机

解析：ABCD。地铁机电安装工程中，冷却塔的组成包括淋水装置、配水系统、通风设备、空气分配装置、通风筒、除水器、塔体、集水池、输水系统等。

31. 地铁机电安装工程中，排水管道设置通气管的目的有（　　）。

A. 保护存水弯水封，使排水系统内的压力与大气压取得平衡，使排水管内排水畅通，形成良好的水流条件

B. 起到对排水管道的泄压作用

C. 把新鲜空气补入排水管内，使管内进行换气

D. 减少排水系统的噪声

E. 使有害气体排到室外，防止有害气体流窜到站内房间

解析：ACDE。地铁机电安装工程中，排水管道设置通气管的目的：保护存水弯水

封，使排水系统内的压力与大气压取得平衡，使排水管内排水畅通，形成良好的水流条件；把新鲜空气补入排水管内，使管内进行换气；使有害气体排到室外，防止有害气体流窜到站内房间；减少排水系统的噪声。

32. 地铁机电安装工程中，以下房间不得有给水排水管道穿越（　　）。
A. 整流变压器室　　　　　　　B. 能源回馈变压器室
C. 污水泵房　　　　　　　　　D. 35kV 开关柜室
E. 消防泵房

解析：ABD。地铁机电安装工程中，给水排水管道不得穿越涉及高压带电设备房间。

33. 地铁机电安装工程中，在寒冷地区，以下选项给水管需要做防冻保温措施的是（　　）。
A. 出入线洞口附近
B. 风道
C. 地铁车站区间隧道洞口 150m（设计无特殊要求时）
D. 高架站站厅、站台
E. 设备区走廊

解析：ABCD。地铁机电安装工程中，寒冷地区设在出入线洞口附近、进风道内及无供暖措施的地面或高架站站厅、站台的给水管应采取防冻保温措施，地铁车站区间隧道洞口 150m（设计无特殊要求时）。

34. 地铁机电安装工程中，关于地下车站废水泵房的说法中正确的是（　　）。
A. 地下车站废水泵房必须设在车站线路坡度的下坡方向的一端
B. 车站站台层两端宜设置废水泵房
C. 区间隧道主废水泵房应设在线路实际坡度最高点
D. 如车站端部设废水泵房有困难，而且区间废水泵房距该站又较近时，也可不设废水泵房
E. 主要排除车站范围内的结构渗水、冲洗和消防废水

解析：ABDE。地铁机电安装工程中，地下车站废水泵房必须设在车站线路坡度的下坡方向的一端；车站站台层两端宜设置废水泵房；主要排除车站范围内的结构渗水、冲洗和消防废水，如车站端部设废水泵房有困难，而且区间废水泵房距该站又较近时，也可不设废水泵房。

35. 地铁机电安装工程中，关于排水泵房的排水泵的设置的规定说法正确的是（　　）。
A. 排水泵为自动控制启动时，水泵每小时启动次数不得超过 3 次
B. 区间排水泵站、辅助排水泵站及车站排水泵房应设两台排水泵，平时一台工作，一台备用
C. 车站露天出入口及敞开通风口的排水泵房，设两台排水泵，平时一台工作，最大雨水时两台泵同时工作
D. 车站污水泵房、临时和局部排水泵房设两台污水泵，一台工作，一台备用，每台泵的排水能力，不小于最大小时的污水量
E. 排水泵为自动控制启动时，水泵每小时启动次数不得超过 6 次

解析：BCDE。排水泵为自动控制启动时，水泵每小时启动次数不得超过6次。

36. 地铁机电安装工程中，下列关于局部污水处理设施规定说法正确的是（　　）。
A. 当车站周围无市政污水排水系统，应根据国家或当地现行有关污水综合排水标准的规定，对地铁车站排出的粪便污水，进行处理，达到标准后排入城市排水系统
B. 车站粪便污水处理设施，宜为埋地式并设在人行道或绿地内
C. 生活污水处理设施前应设调节池，调节池的有效容积应经计算确定，也可取4～6h的生活污水量
D. 地面化粪池距建筑物的距离不宜小于3m
E. 地面化粪池距建筑物的距离不宜小于5m

解析：ABCE。地铁机电安装工程中，当城市无污水排水系统时，应根据国家或当地现行有关污水综合排水标准的规定，对地铁车站排出的粪便污水进行处理，达到标准后排入城市排水系统；车站粪便污水处理设施，宜为埋地式并设在人行道或绿地内；生活污水处理设施前应设调节池，调节池的有效容积应经计算确定，也可取4～6h的生活污水量；地面化粪池距建筑物的距离不宜小于5m。

37. 地铁机电安装工程中，下列说法正确的是（　　）。
A. 管道、附件及设备安装前，应检查和核对其规格、型号，管道及附件敞口处应清理干净，检查合格后方可安装
B. 管道不宜敷设在控制箱、配电箱正上方，可以穿越设备吊装孔
C. 当给水排水压力管道穿越结构变形缝时，应设置金属波纹伸缩节或不锈钢软管
D. 当管道穿越防火墙及楼板的孔洞时，应进行防火封堵
E. 管道可以敷设在控制箱、配电箱正上方，可以穿越设备吊装孔

解析：ACD。地铁机电安装工程中，管道不宜敷设在控制箱、配电箱正上方，不宜穿越设备吊装孔。

38. 地铁机电安装工程中，当给水排水压力管道穿越结构变形缝时，可以设置（　　）。
A. 金属波纹伸缩节　　　　B. 不锈钢软管
C. 人防闸阀　　　　　　　D. 滑动支架
E. 可曲挠橡胶接头

解析：AB。地铁机电安装工程中，当给水排水压力管道穿越结构变形缝时，应设置金属波纹伸缩节或不锈钢软管。

39. 地铁机电安装工程中，关于区间给排水管道支架安装应符合的规定说法正确的是（　　）。
A. 区间给水排水管道应采用型钢制作的热浸镀锌支架
B. 支架安装位置和标高应按设计要求进行放线，安装后支架可以超越所处地段直线或曲线设备限界
C. 立管、管道接头及阀门两侧应设置支架，管道转弯处应加固处理
D. 区间给水管道在有明显起伏且积聚空气的位置宜安装自动排气阀，给水管网最低位置宜安装泄水阀
E. 区间给水管道在最高点安装自动排气阀

解析：ACD。地铁机电安装工程中，支架安装位置和标高应按设计要求进行放线，安装后支架不得超越所处地段直线或曲线设备限界；区间给水管道在有明显起伏且积聚空气的位置宜安装自动排气阀，给水管网最低位置宜安装泄水阀。

40. 地铁机电安装工程中，衬塑复合钢管安装应符合的规定正确的有（   ）。
    A. 管内外表面应光滑平整，不应有伤痕或裂纹，内表面不应有气泡、针孔、脱皮、凹陷、色泽不均及分解变色线
    B. 安装时宜选用专用施工机具
    C. 不应采用重力锤击管道，切割管道不可采用挤压式切割，套丝应用水溶性切削液进行冷却切割
    D. 可以在衬塑复合钢管上焊接法兰
    E. 衬塑钢管应采用承插连接

    解析：ABC。地铁机电安装工程中，不应在衬塑复合钢管上焊接法兰。

41. 地铁机电安装工程中，给水管道试压、闭水试验前施工条件应符合下列规定（   ）。
    A. 应做水源引接及排水疏导的施工准备
    B. 对不参加试压的设备、仪表及管道附件，应采取隔离措施
    C. 当在冬季进行管道水压及闭水试验时，应采取防冻措施，试验完毕应及时放水
    D. 在管道灌水前，应将系统内阀门全部打开，管道灌水应从上游缓慢灌入
    E. 试压前检查压力表是否灵敏

    解析：ABCE。地铁机电安装工程中，在管道灌水前，应将系统内阀门全部打开，管道灌水应从下游缓慢灌入，上游管顶及管段凸起的地方应该设置排气阀。

42. 地铁机电安装工程中，下列关于给水管道冲洗规定的说法正确的是（   ）。
    A. 压力表不得参与给水管道的冲洗工作
    B. 管道系统各环路阀门启闭应灵活、可靠，临时供水装置运转应正常，冲洗水宜就近接入市政排水系统
    C. 应先冲洗水平干管、立管、支管，后冲洗系统最低处干管
    D. 冲洗流速不应小于1.5m/s，冲洗至出水处水颜色、透明度与入口处目测一致方为合格
    E. 冲洗前检查水管接口处外观是否合格

    解析：ABDE。地铁机电安装工程中，给水管道冲洗，应先冲洗系统最低处干管，后冲洗水平干管、立管、支管。

43. 地铁机电安装工程中，室内管道及设施安装应符合下列规定（   ）。
    A. 重力排水横管不应反坡
    B. 室内管道穿越隔墙时应做防火封堵
    C. 排水立管与排出管端部的连接，宜采用两个45°弯头或曲率半径不小于4倍管径的90°弯头
    D. 站内管道直管段超过50m需设置波纹补偿器，补偿器两端应设置固定支架
    E. 站内管道应按照规范要求及现场实际条件设置抗振支架

    解析：ABCE。站内管道直管段超过50m需设置波纹补偿器，补偿器两端应设置滑动

支架。

44. 地铁机电安装工程中，以下是水泵不吸水、压力表及真空表的指针剧烈振动的原因（　　）。

A. 水泵内有气或吸水管漏气　　B. 吸水管阻力太大
C. 转速太低　　　　　　　　　D. 止回阀阀片脱落
E. 设备基础不平或基础过高

解析：AE。泵不吸水、压力表及真空表的指针剧烈振动的原因是水泵内有气或吸水管漏气。

45. 在地铁的水管安装中，几个排水横管的水流偏转角分别为30°、45°、60°、90°，其中应设检查或清扫口的有（　　）。

A. 30°　　　　　　　　　　　　B. 45°
C. 60°　　　　　　　　　　　　D. 75°
E. 90°

解析：CDE。在地铁的水管安装中，在水流偏转角大于45°的排水横管上，应设检查或清扫口。

46. 在地铁的水管安装中，下列选项的压力适合卫生器具给水配件的工作压力的有（　　）MPa。

A. 0.4　　　　　　　　　　　　B. 0.5
C. 0.6　　　　　　　　　　　　D. 0.8
E. 1

解析：ABC。在地铁的水管安装中，卫生器具给水配件承受的最大工作压力不得大于0.6MPa。

47. 地铁机电安装工程中，不同外径的PVC管对应立管最大支撑间距中正确的是（　　）。

A. 40mm、1.5m　　　　　　　　B. 50mm、1.5m
C. 75mm、1.5m　　　　　　　　D. 110mm、2m
E. 160mm　1.3m

解析：ABD。外径40mm，对应立管最大支撑间距1.5m，见下表。

立管、横管最大间距

外径（mm）	40	50	75	110	160
立管最大间距（m）	1.5	1.5	2	2	2
横管最大间距（m）	0.4	0.5	0.75	1.1	1.6

48. 地铁机电安装工程中，下列部件是闸阀主要部件的有（　　）。

A. 阀体　　　　　　　　　　　　B. 阀杆
C. 轴盖　　　　　　　　　　　　D. 阀座
E. 手轮

解析：ABCE。闸阀的主要部件有阀体、阀杆、阀盖、轴盖、阀门、手轮、密封圈、螺栓、螺母，阀座为蝶阀的部件。

49. 地铁机电安装工程中，管径为 20mm 的铜管宜采用（　　）方式连接。
A. 承插连接　　　　　　　　　　B. 套管焊接
C. 法兰连接　　　　　　　　　　D. 沟槽连接
E. 热熔连接

解析：AB。铜管连接可采用专用接头或焊接，当管径小于 22mm 时，宜采用承插或套管焊接。

50. 地铁机电安装工程中，管道公称压力分为五个等级，下列选项中属于公称压力等级的是（　　）MPa。
A. 1.2　　　　　　　　　　　　B. 1.0
C. 0.8　　　　　　　　　　　　D. 0.6
E. 1.25

解析：BCDE。管道公称压力分五个等级为 0.6MPa、0.8MPa、1.0MPa、1.25MPa、1.6MPa。

51. 地铁机电安装工程中，下列属于子分部工程的是（　　）。
A. 站内给水系统　　　　　　　　B. 站内排水系统
C. 区间给水系统　　　　　　　　D. 试验与调试
E. 给水设备安装

解析：ABC。给水设备安装、试验与调试属于分项工程。

52. 地铁机电安装工程中，下列属于分项工程的是（　　）。
A. 站内给水系统　　　　　　　　B. 站内排水系统
C. 区间给水系统　　　　　　　　D. 排水管道及配件安装
E. 给水管道及配件安装

解析：DE。站内给水系统、站内排水系统、区间给水系统属于子分部工程。

53. 地铁机电安装工程中，符合下列哪些情况时，车辆基地应设置消防水池（　　）。
A. 当生产、生活用水量达到最大时，市政给水管网的进水管或天然水源不能满足室内外消防用水量
B. 市政给水管网为支装或只有一条进水管，且室内外消防用水量之和大于 20L/s 或建筑高度大于 50m
C. 市政给水管网的流量小于车辆基地内一次火灾需要的室内外消防给水设计流量
D. 市政给水管网为支装或只有一条进水管，且室内外消防用水量之和大于 50L/s 或建筑高度大于 30m
E. 市政给水管网的流量大于车辆基地内一次火灾需要的室内外消防给水设计流量

解析：ABC。

54. 地铁机电安装工程中，下列选项中车站内消防给水干管及其他支管不可以使用的管材（　　）。
A. PVC 管　　　　　　　　　　B. 衬塑管
C. 球墨铸铁管　　　　　　　　　D. 热镀锌钢管
E. 内外涂环氧钢管

解析：ABC。车站内消防给水干管及其他支管不可以使用 PVC 管、衬塑管、球墨铸

铁管。PVC 管常用于卫生间排水管或重力排水管，衬塑管常用于生活给水管，球墨铸铁管常用于区间给水管或区间排水管。

55. 地铁机电安装工程中，下列关于室内给水系统安装说法错误的是（　　）。
A. 管径小于或等于 100mm 的镀锌钢管应采用螺纹连接
B. 管径大于 100mm 的镀锌钢管应采用法兰或卡套式专用管件连接
C. 冷热水管道同时安装时，上、下平行安装时热水管应在冷水管下方
D. 冷热水管道同时安装时，垂直平行安装时热水管应在冷水管右侧
E. 钢管管径小于 22mm 时，宜采用承插或套管连接；钢管管径小于 22mm 时，宜采用对口焊接

解析：CD。冷热水管道同时安装时，上、下平行安装时热水管应在冷水管上方；冷热水管道同时安装时，垂直平行安装时热水管应在冷水管左侧。

56. 地铁机电安装工程中，下列关于水表的安装说法正确的是（　　）。
A. 水表应安装在便于检修、不受暴晒、污染和冻结的地方
B. 表外壳距墙表面净距离应为 20～30mm
C. 水表进水口中心标高应按设计要求，允许偏差为 ±15mm
D. 安装螺翼式水表，表前与阀门应有不小于 4 倍水表接口直径的直线管段
E. 水表安装前应检查其精度

解析：AE。表外壳距墙表面净距离应为 10～30mm；水表进水口中心标高应按设计要求，允许偏差为 ±10mm；安装螺翼式水表，表前与阀门应有不小于 8 倍水表接口直径的直线管段。

57. 地铁机电安装工程中，关于消防泵的安装说法，正确的是（　　）。
A. 泵轴的密封方式和材料应满足消防水泵在高流量时运转的要求
B. 多台消防水泵并联时，应校核流量叠加对消防水泵出口压力的影响
C. 消防水泵同一泵组的消防水泵型号应一致，且工作泵不宜超过 3 台
D. 消防水泵的性能参数应满足消防给水系统所需流量和压力的要求
E. 消防水泵所配驱动器的功率应满足所选水泵流量扬程性能曲线上任何一点运动所需功率要求

解析：BCDE。泵轴的密封方式和材料应满足消防水泵在低流量时运转的要求。

58. 地铁机电安装工程中，下列关于稳压泵的说法，正确的是（　　）。
A. 稳压泵的设计压力应该满足系统自动启动和管网充满水的要求
B. 稳压泵的设计压力应保持系统自动启泵压力设置点处的压力在准工作状态时大于系统设置自动启泵压力值，且增加值宜为 0.07～0.10MPa
C. 稳压泵的设计压力应保持系统最不利点处水灭火设施在准工作状态时的静水压力应大于 0.12MPa
D. 稳压泵吸水管应设置明杆闸阀，稳压泵出水管应设置球型止回阀和暗杆闸阀
E. 稳压泵应设置备用泵

解析：ABE。稳压泵的设计压力应保持系统最不利点处水灭火设施在准工作状态时的静水压力应大于 0.15MPa；稳压泵吸水管应设置明杆闸阀，稳压泵出水管应设置消声止回阀和明杆闸阀。

59. 地铁机电安装工程中，关于消防泵房的说法正确的是（　　）。
  A. 消防泵房无须设置排水设施
  B. 消防泵房的通风宜按 5 次/h
  C. 消防泵房的消防水泵应采用低噪声水泵
  D. 消防泵房的消防水泵机组应设减振装置
  E. 消防泵房内墙应采取隔声吸声的技术措施
  解析：CDE。消防泵房应设置排水设施；消防泵房的通风宜按 6 次/h。

60. 地铁机电安装工程中，关于室内消防给水管道的布置说法正确的是（　　）。
  A. 消防给水管道上的阀门应保持常闭状态，并应有明显的启闭标志
  B. 在寒冷地区，站厅与室外连通部分的明露消防给水管道应做防冻措施或采用干式系统
  C. 车站和地下区间的消火栓给水管应独立为两个系统
  D. 当车站、区间采用临时高压给水系统时，车站控制室及消火栓应设置消火栓的启动按钮
  E. 室内消防给水管道应采用阀门分成若干管段
  解析：BDE。消防给水管道上的阀门应保持常开状态，并应有明显的启闭标志；车站和地下区间的消火栓给水管道应连成环状。

61. 地铁机电安装工程中，需设置自动灭火系统的场所有（　　）。
  A. 环控电控室、信号设备室
  B. 降压变电所、牵引变电所
  C. 自动售检票设备室、消防泵房
  D. 信号机房、茶水间
  E. 补偿装置室、综合监控设备室
  解析：ABE。茶水间和消防泵房无须设置自动灭火系统。

62. 地铁机电安装工程中，关于给水排水系统的说法正确的是（　　）。
  A. 当市政水压不能满足生产、生活用水要求时，应设置增压设备
  B. 站内生产、生活给水系统应与消防系统共同设置
  C. 站内给水管道宜布置为枝状单向供水管网
  D. 卫生间、茶水间、各类泵房、环控机房内应设置给水点，站外空调主机宜设置冲洗水龙头
  E. 冷却塔补水系统应设置放空装置
  解析：ACDE。站内生产、生活给水系统应与消防系统分开设置。

63. 地铁机电安装工程中，关于阀门的安装要求，正确的说法有（　　）。
  A. 截止阀安装时应按介质流向确定其安装方向
  B. 阀门与管道以螺纹方式连接时，阀门应处于关闭状态
  C. 阀门与管道以焊接连接时，阀门应处于关闭状态
  D. 闸阀与管道以法兰方式连接时，阀门应处于关闭状态
  E. 安全阀应水平安装以方便操作
  解析：ABD。阀门冷连接安装时，阀门关闭状态；阀门采用热连接时，阀门开启状

态；安全阀应垂直安装。

64. 地铁机电安装工程中，关于车站公共区卫生间及洁具的说法正确的是（　　）。

A. 车站公共卫生间水嘴宜采用红外感应或延时自闭水嘴

B. 小便器宜采用节水低位水箱或延时自闭冲洗阀

C. 大便器宜采用红外感应冲洗阀

D. 残疾人卫生间应采用坐式大便器

E. 普通卫生间宜采用蹲式大便器

解析：ADE。车站公共区卫生间小便器宜采用红外感应冲洗阀；大便器宜采用节水低位水箱或延时自闭冲洗阀。

65. 地铁机电安装工程中，关于增压设备、水箱和泵房的说法错误的是（　　）。

A. 泵房不宜设在电气设备房和轨道的正上方，但是可以与电气设备房间相邻

B. 泵房应有减振及降噪措施

C. 水箱的溢流管管径应该比进水管管径小一级且不得大于 $DN100$

D. 水泵机组宜采用金属整体台座

E. 泵房内通道布置应满足通行及设备检修要求

解析：AC。泵房不宜设在电气设备房合轨道的正上方，不宜与电气设备房间相邻；水箱的溢流管管径应该比进水管管径大一级且不得小于 $DN100$。

66. 地铁机电安装工程中，关于排水设计的一般规定说法正确的是（　　）。

A. 车站雨水、污水、废水系统设计应符合集中收集，统一排放的原则

B. 排水系统应全部排出车站、区间和附属建筑在运营中产生的污水、废水和雨水

C. 排水系统应便于清疏及维修，宜采用重力排水方式，无重力排放条件时应设置排水泵

D. 排水管道不应从车站和区间接触网上方穿过

E. 泵房内应设置水泵检修起吊设备

解析：BCDE。车站雨水、污水、废水系统设计应符合分类收集，独立排出的原则。

67. 地铁机电安装工程中，下列说法错误的是（　　）。

A. 在露天出入口附近，站厅地面应设置排水横截沟，且应设置集水井及提升设备

B. 设有自动扶梯的出入口，在扶梯基坑附件只需设置排水横截沟

C. 敞口风亭底部应设置雨水集水井及提升装置

D. 出入口垂直电梯基坑底部排水应及时排除，宜就近接入出入口排水系统，无条件接入时应增设集水井及提升装置

E. 车站直通室外出入口与车站主体相连处应设置横截沟，沟内排水宜接入站厅层线路排水管内

解析：ACD。设有自动扶梯的出入口，在扶梯基坑附件应设置排水横截沟、集水井及提升设备；车站直通室外出入口与车站主体相连处应设置横截沟，沟内排水宜接入站台层线路排水管内。

68. 地铁机电安装工程中，关于排水系统的规定正确的是（　　）。

A. 车站站台板下宜设置水沟排除结构渗漏水

B. 泵房内需要设置排水设施

C. 空调机房不需要设置排水措施

D. 茶水间、卫生间应设置排水措施，并且通过排水管排入到废水泵房

E. 车站废水宜从排风井或活塞风井引出车站

解析：ABE。空调机房应设置排水措施；茶水间、卫生间应设置排水措施，并且通过排水管排入到污水泵房。

69. 地铁机电安装工程中，下列关于车站及区间废水泵房的规定正确的是（   ）。

A. 车站废水泵房的总出水管应设置检修阀门，排水能力不宜小于 0.6m/s

B. 车站废水泵房总排水能力应等于消防废水量和结构渗漏水之和

C. 区间设置于联络通道的废水泵房不得影响区间人员疏散

D. 区间废水泵房应设置两台排水泵，且能同时启动

E. 区间废水泵房的总出水管排水流速不应小于 0.6m/s，管径应为 $DN100 \sim DN150$

解析：CD。车站废水泵房的总出水管应设置检修阀门，排水能力不宜小于 0.8m/s；车站废水泵房总排水能力应大于消防废水量和结构渗漏水之和；区间废水泵房的总出水管排水流速不应小于 0.8m/s，管径应为 $DN100 \sim DN150$。

70. 地铁机电安装工程中，关于集水井及设备的规定说法错误的是（   ）。

A. 集水池底部应设 5% 的坡度坡向吸水坑

B. 集水井有效容积大于等于功率最大一台排水泵的出水量要求

C. 集水井有效高度只需要满足排水泵安装高度

D. 深度大于 1.2m 的集水井应设置固定爬梯

E. 功率大于 3.0kW 的排水泵宜设置一根 $DN50$ 的反冲洗管，功率大于 3.0kW 的排水泵宜设置一根 $DN25$ 的反冲洗管

解析：AC。集水池底部应设 10% 的坡度坡向吸水坑；集水井有效高度不仅要满足排水泵安装高度而且还应满足水位控制要求。

71. 地铁机电安装工程中，下列关于车站污水泵房的安装规定正确的是（   ）。

A. 污水泵房中应设置给水设施，设备四周应有不小于 0.5m 的维修净距

B. 污水泵房中当采用密闭提升装置时，泵房内应设有深度不小于 0.6m 的集水坑，坑内排污泵应将污水提升至水箱内

C. 污水泵房净高不宜小于 3m，矩形泵房短边不宜小于 3m

D. 重力污水管道接入密闭水箱处应采用刚性接头

E. 当采用密闭提升装置时，泵站地面下沉的高度应满足污水重力流入密闭水箱的要求

解析：CE。污水泵房中应设置给水设施，设备四周应有不小于 0.6m 的维修净距；污水泵房中当采用密闭提升装置时，泵房内应设有深度不小于 0.5m 的集水坑，坑内排污泵应将污水提升至水箱内；重力污水管道接入密闭水箱处应采用柔性接头。

72. 地铁机电安装工程中，关于钢管的沟槽连接的说法正确的是（   ）。

A. 热浸镀锌钢管的沟槽连接适用于大于等于 $DN100$、工作压力小于 1.6MPa 的室内消防与排水系统

B. 衬塑钢管的沟槽连接适用于大于等于 $DN80$、工作压力小于 1.0MPa 的室内消防与排水系统

C. 管道的沟槽连接前管道应用机械截管，截面应垂直于轴心，管径小于等于 $DN100$ 时，管端切口斜度小于等于 1

D. 管道的沟槽连接前管道应用机械截管，截面应垂直于轴心，管径大于等于 $DN125$ 时，管端切口斜度小于等于 1.2

E. 沟槽加工时，管子端面应与加工机具正面紧贴，管轴线应与加工机具正面垂直

解析：BCE。热浸镀锌钢管的沟槽连接适用于大于等于 $DN80$、工作压力小于 $1.6MPa$ 的室内消防与排水系统；管道的沟槽连接前管道应用机械截管，截面应垂直于轴心，管径大于等于 $DN125$ 时，管端切口斜度小于等于 1.5。

73. 地铁机电安装工程中，属于管道的电伴热的结构有（　　）。
  A. 管道、电热带
  B. 扎带、绝热层
  C. 绝热层、防潮层
  D. 保护层
  E. 绝缘层、屏蔽层

解析：ABCD。管道的电伴热带结构有管道、电热带、扎带、绝热层、绝热层、防潮层、保护层；绝缘层、屏蔽层属于电缆的结构。

74. 在地铁机电安装中，关于管道防杂散电流措施的说法，正确的是（　　）。
  A. 地铁金属给水排水管道及设备应采取防止杂散电流腐蚀的措施
  B. 金属管道穿越结构墙出户时，先预埋防水套管再敷设金属管道
  C. 金属管道出户之前在主体结构外侧设置绝缘接头，绝缘接头设在干燥和可以接近的部位，金属排水管道出户后直接接至泄压井；金属给水管道需在结构外侧设置 $1m$ 长的 $PE100$ 的给水塑料管过渡与室外管网连接
  D. 金属管道安装时，管道支、吊架管卡与管道之间设 $5mm$ 厚三元乙丙烯绝缘橡胶垫
  E. 穿越道床的给水排水管道采用薄壁不锈钢管，并在两端设置可曲挠橡胶接头

解析：ABD。金属管道出户之前在主体结构内侧设置绝缘接头；穿越道床的给水排水管采用厚壁不锈钢管，并在两端设置可曲挠橡胶接头。

75. 地铁机电安装工程中，关于自动喷水灭火系统喷头的布置原则规定，正确的是（　　）。
  A. 通透性吊顶开口部位的净宽度不应小于 $15mm$，且开口部位的厚度不应大于开口最小宽度
  B. 喷头的布置原则规定，有吊顶的地方设置吊顶型喷头，其他无吊顶的地方除注明外均设置直立型喷头，其溅水盘与顶板的距离宜为 $100mm$
  C. 喷头的布置原则规定，当净空高度达 $550mm$ 的闷顶和技术夹层内有可燃物时应设置向上的喷头
  D. 自动喷水灭火系统吊顶安装的喷头，公称动作温度宜为 $68℃$
  E. 如采用通透式吊顶，吊顶上方采用直型喷头布置在顶板下，吊顶下方采用下垂型喷头，并设置集热板

解析：BDE。通透性吊顶开口部位的净宽度不应小于 $10mm$，且开口部位的厚度不应大于开口最小宽度；喷头的布置原则规定，当净空高度达 $800mm$ 的闷顶和技术夹层内有可燃物时应设置向上的喷头。

76. 地铁机电安装工程中，关于管道波纹补偿器的安装说法正确的是（　　）。

A. 安装前应该进行外观检查，核对产品合格证及产品说明书，并清除波纹间异物，防止机械损伤
B. 安装时波纹补偿器均需拉伸
C. 必须使补偿器内导流套筒与管内介质流动方向相反
D. 严禁用补偿器变形的方法来调整管道的安装偏差
E. 装有补偿器的管系，在固定支架、导向支架等按施工图设计要求安装完毕之前，不得进行系统试压

解析：ABDE。必须使补偿器内导流套筒与管内介质流动方向一致，不得装反。

77. 地铁机电安装工程中，关于排气阀的安装说法正确的是（　　）。
A. 适用于流体温度为0~60℃的场合，不得装于强酸强碱环境中
B. 为便于检修，应在排气阀阀进口管道上加装截止阀或闸阀
C. 排气阀应设在横管的最高处，立管的顶端
D. 当管道保温时，管接头的长度应适当加大，以保证截止阀在保温层外
E. 复合排气阀用于干式消防给水系统时，截止阀后还应加电磁阀

解析：BCDE。适用于流体温度为0~80℃的场合，不得装于强酸强碱环境中。

78. 地铁机电安装工程中，关于寒冷地区管道保温设置范围正确的是（　　）。
A. 车站风道内的管道都需要做保温
B. 车站出入口及出入口衔接的站厅公共区10m范围内需做防冻措施
C. 车站端头至区间200m范围内需做防冻措施
D. 区间风井两侧各100m范围内需做防冻措施
E. 地铁车站内除设置电伴热以外，吊顶内管道需作防结露保温

解析：ACE。车站出入口及出入口衔接的站厅公共区15m范围内需做防冻措施；区间风井两侧各200m范围内需做防冻措施。

79. 地铁机电安装工程中，关于气体灭火系统主要技术标准正确的是（　　）。
A. 气体灭火方式一般采用全淹没、组合分配式管网系统
B. 气体灭火系统由气体管网系统和报警控制系统组成
C. 气体灭火设备运行条件：环境温度为0~70℃
D. 气体灭火设备运行条件：环境湿度为5%~95%
E. 交流电源性质为AC300V(±15%)、50Hz；直流备用电源DC30V(±5%)

解析：ABD。气体灭火设备运行条件：环境温度为0~50℃；交流电源性质为AC220V（±15%）、50Hz；直流备用电源DC24V(±5%)。

80. 在地铁机电安装中，关于出入口及风亭内的排水系统，下列表述正确的是（　　）。
A. 在冬季寒冷地区，进入冬季前应加强维护，及时泄空管道，并将水泵从集水坑取走
B. 排水系统的弹簧压力表与主管段间的连接管长度不应小于50mm，压力表前端应设置截止阀
C. 水泵出水口应设置橡胶软接头
D. 压力排水的出户管道与市政管网接驳的镀锌钢管应按照要求做好防腐处理

E. 出入口及风亭排水管道上的阀门可以不做耐压试验和强度试验

解析：ABCD。

81. 地铁机电安装工程中，室内消火栓给水系统在竣工后应做消火栓试射试验，以检验其使用效果但又不能逐个试验，地铁机电安装过程常常抽取最不利点的出入口通道内的消火栓做试射试验，下列选项符合消火栓试射试验要求的是(　　)。

　A. 消火栓水枪人员应经过培训能正确使用水枪，水平向上倾角 30°～45°进行试射
　B. 选择好可靠的排水位置，防止紧急泄水时手忙脚乱
　C. 消火栓试射试验时正前方不得站人，试射水柱不得向有人方向喷射
　D. 消火栓试射试验压力不小于 0.25MPa
　E. 消火栓试射试验充实水柱不小于 15m

解析：ABCD。消火栓试射试验充实水柱不小于 10m。

82. 地铁机电安装工程中，关于球墨铸铁管的承插连接描述正确的是(　　)。

　A. 承插连接时，承口顺着水流方向安装
　B. 承插连接用弹性密封橡胶圈的外观应光滑平整，不得有气孔、裂缝、卷褶、破损、重皮等缺陷
　C. 接口作业时，应先将承口工作面清理干净，不得有泥土杂物，并在承口内工作面涂上润滑剂，然后放入橡胶圈
　D. 插入插口时，DN100 的小口径管可在管端设置木挡板，用撬棒将管材沿着轴线徐徐插入承口内
　E. 插入插口时，DN150～DN200 的管件使用专用工具，公称直径大于 DN200 的管道可以用缆绳系住管材，用手扳捯链等工具将管材徐徐拉入承口内

解析：BCDE。承插连接时，承口逆着水流方向安装。

83. 一般地铁的排水系统，可分为(　　)几部分。

　A. 污水排水系统　　　　　　　B. 废水排水系统
　C. 雨水排水系统　　　　　　　D. 冷凝水系统
　E. 消防水系统

解析：ABC。

第 4 章

动力照明篇

概 述

　　动力照明系统的主要作用是为整个地铁站的各个系统的动力设备的运行提供持续、稳定的电力支撑,为公共区人流量引导和应急疏散提供照明,从而使整个地铁车站平稳有序地运行。

　　在地铁车站中动力照明系统起到连接各个子系统、提供系统设备的动力和场景照明需求、保障车站的安全、稳定运行的重要作用。其中用电安全、用电的稳定性和系统的整体平稳运行成为工程管理人员关注的重点。

　　本章通过汇总地铁动力配电、照明配电、备用和不间断电源、防雷与接地等动力照明的相关知识并将其与实际施工过程中出现的问题相结合,将规范标准和施工过程中遇到的过程质量控制的重点难点、易错点,与其他专业的冲突点和配合点,专业设备的进场和检验、系统试验与调试,以及对专业术语的解释和应用场景的列举进行归纳和总结,以单项选择和多项选择的形式形成题库,对必要的知识点进行解析和补充,对相关从业人员的技术和管理水平的提高有一定的帮助。

4.1 单项选择题

1. 地铁机电安装工程中,明配管弯曲半径宜不小于管外径的(　　)倍。
　A. 4　　　　　　B. 6　　　　　　C. 8　　　　　　D. 10
　解析:B。

2. 地铁机电安装工程中,垂直安装桥架的垂直度不超出(　　)。
　A. 1.0%　　　　B. 1.5%　　　　C. 1.0‰　　　　D. 1.5‰
　解析:D。

3. 地铁机电安装工程中,多芯交联聚氯乙烯绝缘电力电缆的弯曲半径要求不小于(　　)。
　A. 10D　　　　B. 12D　　　　C. 15D　　　　D. 20D
　解析:D。

4. 地铁机电安装工程中,进行母线槽连接安装工作的时候,每连接一段母线需进行下列哪一项工序且合格后方可进行下一段安装(　　)。
　A. 目测母线槽外观及安装垂直度、平整度后
　B. 用万用表检测母线槽安装后连接是否可靠
　C. 用 2500V 兆欧表摇测绝缘合格后
　D. 通知专业监理工程师验收合格后

解析：C。

5. 地铁机电安装工程中，母线槽的安装工序正确的是（　　）。
   A. 测量定位→支吊架制作安装→母线槽安装→接地处理
   B. 开箱检查→支架安装→单节母线槽绝缘测试→母线槽安装→通电前绝缘测试→送电验收
   C. 确定标高→制作吊架→绝缘测试→安装就位→检查验收
   D. 施工准备→坐标测定→支架预制、安装→母线槽安装
   解析：B。

6. 地铁机电安装工程中，插座安装完毕后需通电检测接线相序，以下正确的接法是（　　）
   A. 220V 电源可以随意接线　　　B. 左相右中性上保护导体
   C. 上相左中性右保护导体　　　D. 左中性右相上保护导体
   解析：D。

7. 地铁机电安装工程中，开关、插座需进行第三方送试检测，检测项目有（　　）。
   A. 绝缘性能、阻燃性能　　　B. 电气性能、隔热性能
   C. 电气性能、机械性能　　　D. 外观、质量、包装
   解析：C。

8. 地铁机电安装工程中，消防用电设备线缆明敷时（包括敷设在吊顶内），应采用穿（　　）或封闭式金属线槽，并应采取防火保护措施。
   A. 阻燃型 PVC 管　　　B. 阻燃型 PVC 线槽
   C. 金属电线管　　　D. 黄蜡管
   解析：C。

9. 地铁机电安装工程中，钢导管不得采用对口熔焊连接，金属导管壁厚小于或等于（　　）mm 的钢导管，不得采用套管熔焊连接。
   A. 2　　　B. 2.5　　　C. 3　　　D. 4
   解析：A。

10. 地铁机电安装工程中，动力工程刚性导管与电气设备、器具连接使用的柔性导管的长度不大于（　　）m。
    A. 0.8　　　B. 1.2　　　C. 1　　　D. 1.2
    解析：A。

11. 地铁机电安装工程中，照明工程刚性导管与照明器具连接使用的柔性导管的长度不大于（　　）m。
    A. 1.2　　　B. 1.8　　　C. 1.5　　　D. 2.0
    解析：A。

12. 地铁机电安装工程中，线槽穿越墙体或楼板应设置保护套管，跨越建筑物变形缝处线槽应设（　　），且与槽板结合严密。
    A. 接地装置　　　B. 连接板
    C. 补偿装置　　　D. 硬性连接装置
    解析：C。

13. 地铁机电安装工程中，带电的设备起火，如不能断开电源，则不能使用（ ）进行扑救。
    A. 泡沫灭火器　　　　　　　　　　B. CO_2 灭火器
    C. 干粉灭火器　　　　　　　　　　D. 1211 灭火器
    解析：A。

14. 地铁机电安装工程中，电气设备对地电压在（ ）V 以上为高压设备。
    A. 240　　　　　B. 250　　　　　C. 120　　　　　D. 380
    解析：B。

15. 地铁机电安装工程中，正常情况下，电动机冷态连续启动不得超过（ ）次，每次间隔时间不得小于（ ）min。
    A. 2；5　　　　　B. 3；5　　　　　C. 3；10　　　　　D. 2；10
    解析：A。

16. 地铁机电安装工程中，在建筑电气工程图的阅读中，系统图、电路图或者是平面图的阅读顺序是（ ）。
    A. 从电源开始到用电终点为止　　　　B. 从用电终点开始到电源为止
    C. 不做要求　　　　　　　　　　　　D. 从主干线开始
    解析：A。

17. 地铁机电安装工程中，设备控制箱中热继电器的符号为（ ）。
    A. GR　　　　　B. FR　　　　　C. FG　　　　　D. GF
    解析：B。

18. 地铁机电安装工程中，为了用电安全，正常电源和备用电源不能并联运行，备用电源电压值（ ）。
    A. 大于正常电源电压值
    B. 与正常电源电压值一致
    C. 小于正常电源电压值
    D. 不做要求
    解析：B。

19. 地铁机电安装工程中，出入口钢结构的接地体常用的镀锌角钢型号（ ）。
    A. L40×40×4　　　　　　　　　　B. L50×50×5
    C. L60×60×5　　　　　　　　　　D. L40×40×5
    解析：B。

20. 地铁机电安装工程中，临时用电设备在（ ）或设备总容量在（ ）者，应编制临时用电施工组织设计。
    A. 5 台及 5 台以上，50kW 及 50kW 以上
    B. 4 台及 4 台以上，50kW 及 50kW 以上
    C. 5 台及 5 台以上，40kW 及 40kW 以上
    D. 6 台及 6 台以上，50kW 及 50kW 以上
    解析：A。

21. 地铁机电安装工程中，在特别潮湿的区间联络通道废水泵安装过程中，应采用安

全电压的照明灯具,电源电压不大于( )V。

A. 12　　　　　B. 24　　　　　C. 36　　　　　D. 110

解析：A。

22. 地铁机电安装工程中,在供电回路中,单相照明每一回路,灯具和插座的数量不宜超过( )个,并装设不大于( )A 的熔断器保护。

A. 20,10　　　B. 25,10　　　C. 30,16　　　D. 25,16

解析：D。

23. 地铁机电安装工程中,建筑电气工程是为建筑物建造的电气设施,这种设备要确保在使用中对建筑物和使用建筑物的人都有可靠的( )。

A. 安全保障　　B. 功能保障　　C. 使用保障　　D. 节能保障

解析：A。

24. 地铁机电安装工程中,下列选项不属于建筑电气工程分项的是 ( )。

A. 电气设备试验和试运行　　　　B. 导管敷设
C. 管内穿线和槽盒内敷线　　　　D. 安装系统

解析：D。

25. 地铁机电安装工程中,以下属于电气装置的是 ( )。

A. 插座　　　　B. 开关柜　　　C. 桥架导管　　D. 电缆

解析：B。

26. 建筑电气工程中,按供电对象的负荷分类不包括 ( )。

A. 照明负荷　　　　　　　　　　B. 短时工作制负荷
C. 民用建筑负荷　　　　　　　　D. 通信及数据处理设备负荷

解析：B。

27. 地铁机电安装工程中,常用的线缆型号中"WDZAN-YJY-5×16"表示( )

A. 无卤低烟阻燃 B 级耐火交联聚乙烯绝缘铜芯电缆
B. 无卤低烟阻燃 A 级耐火交联聚乙烯绝缘铜芯电缆
C. 铜芯聚氯乙烯绝缘软线
D. 铜芯橡皮绝缘电线

解析：B。

28. 地铁机电安装工程中,导线、电缆型号（500V 以下）BVV 表示( )。

A. 铜芯塑料绝缘护套线　　　　　B. 铜芯聚氯乙烯绝缘导线
C. 铜芯橡皮绝缘电线　　　　　　D. 铜芯橡皮绝缘电力电缆

解析：A。

29. 地铁机电安装工程中,配电柜（盘）安装调整结束后,应用螺栓将柜体与( )进行紧固。

A. 不锈钢底座　B. 水泥基础　　C. 基础型钢　　D. 室内地面

解析：C。

30. 地铁机电安装工程中,钢管外壁刷漆要求与敷设方式和钢管种类有关,以下说法错误的是( )。

A. 埋入混凝土内的钢管需要刷防腐漆

B. 埋入道渣垫层和土层内的钢管应刷两道沥青
C. 埋入砖墙内的钢管应刷红丹漆等防腐
D. 钢管明敷时，应刷一道防腐漆，一道面漆
解析：A。

31. 地铁机电安装工程中，金属梯、托盘、槽盒以敷设电气线路为主的保护体，和金属导管一样必须（　　）。
A. 用螺栓可靠连接　　　　　　　B. 做防腐蚀处理
C. 与保护导体可靠连接　　　　　D. 确定走向
解析：C。

32. 地铁机电安装工程中，以下电缆敷设程序错误的是（　　）。
A. 先敷设集中排列的电缆，后敷设分散排列的电缆
B. 先敷设长电缆，后敷设短电缆
C. 并列敷设的电缆先内后外
D. 上下敷设的电缆先上后下
解析：D。

33. 地铁机电安装工程中，桥架穿墙时应设置穿墙套管，穿墙套管两端伸出墙面不小于（　　）mm。
A. 5　　　　B. 8　　　　C. 10　　　　D. 15
解析：C。

34. 地铁机电安装工程中，在同一建筑物内同类配电箱的安装高度应保持一致，允许偏差为（　　）mm。
A. 5　　　　B. 15　　　　C. 20　　　　D. 25
解析：A。

35. 地铁机电安装工程中，配电箱的安装高度以设计为准，箱体安装应保持水平和垂直，安装的垂直度允许偏差为（　　）。
A. 1‰　　　　B. 1.5‰　　　　C. 2‰　　　　D. 2.5‰
解析：B。

36. 地铁机电安装工程中，配电柜安装时，相互接缝不应大于（　　）mm。
A. 1　　　　B. 1.5　　　　C. 2　　　　D. 5
解析：C。

37. 地铁机电安装工程中，低压配电箱全部电气设备及电缆电线敷设完毕后，需用（　　）V兆欧表对线路进行绝缘检测。
A. 220　　　　B. 300　　　　C. 450　　　　D. 500
解析：D。

38. 地铁机电安装工程中，设备区房间内灯具的安装方式主要有（　　）。
A. 吸顶式、嵌入式、挂式、悬吊式
B. 落地式、吸顶式、吸壁式、悬吊式
C. 吸顶式、嵌入式、挂式、落地式
D. 吸顶式、嵌入式、吸壁式、悬吊式

解析：D。

39. 地铁机电安装工程中，控制中心灯具安装时其质量大于（　　）kg，必须固定在螺栓或预埋吊钩上。
　　A. 2　　　　　　B. 3　　　　　　C. 4　　　　　　D. 4.5
解析：B。

40. 地铁机电安装工程中，照明灯具使用的导线其耐压等级应为（　　），其最小线芯截面应符合规定，接线端子光洁、无锈蚀等现象。
　　A. 220V/380V　　B. 300V/380V　　C. 400V/500V　　D. 450V/750V
解析：D。

41. 地铁机电安装工程中，控制中心大型花灯（质量大于10kg）的固定及悬吊装置，应按灯具重量的（　　）倍恒定均布载荷做强度试验，以达到安全使用的目的。
　　A. 1.5　　　　　B. 2　　　　　　C. 3　　　　　　D. 5
解析：D。

42. 地铁机电安装工程中，开关安装位置应便于操作，开关边缘距门框边缘距离宜为（　　）m。
　　A. 0.10~0.15　　　　　　　　　　B. 0.15~0.20
　　C. 0.20~0.25　　　　　　　　　　D. 0.25~0.30
解析：B。

43. 地铁机电安装工程中，开关安装位置应便于操作，开关底标高应符合设计要求，设计无要求时距离装修完成面高度宜为（　　）m。
　　A. 1.0　　　　　B. 1.1　　　　　C. 1.2　　　　　D. 1.3
解析：D。

44. 地铁机电安装工程中，插座安装位置应便于操作，插座底标高距离装修完成面高度宜为（　　）mm。
　　A. 300　　　　　B. 400　　　　　C. 200　　　　　D. 150
解析：A。

45. 地铁机电安装工程中，有静电地板房间插座安装标高以（　　）为参照对象且不低于300mm。
　　A. 结构完成面　　　　　　　　　　B. ±0.000 标高
　　C. 垫层完成面　　　　　　　　　　D. 静电地板完成面
解析：D。

46. 地铁机电安装工程中，变配电室、设备机房等设置接地扁钢时，应充分考虑墙面插座与接地扁钢是否有冲突，如果有冲突时插座底标高与扁钢底标高间距宜为（　　）mm，严禁出现标高一致现象。
　　A. 300　　　　　B. 400　　　　　C. 200　　　　　D. 150
解析：A。

47. 地铁机电安装工程中，照明全负荷通电试运行时，照明系统通电连续运行时间为（　　）h。
　　A. 24　　　　　B. 12　　　　　C. 8　　　　　D. 4

解析：A。

48. 地铁机电安装工程中，如果电动机出厂日期超过了制造厂保证期限，或经检查后有可疑时应进行（　　）。

A. 拆开接线盒　　　　　　　　　B. 检验绝缘电阻值
C. 抽芯检查　　　　　　　　　　D. 外观检查

解析：C。

49. 地铁机电安装工程中，低压电动机绕组的绝缘电阻应不低于（　　）MΩ。

A. 0.5　　　　　B. 0.7　　　　　C. 0.9　　　　　D. 1.0

解析：A。

50. 地铁机电安装工程中，控制中心及车辆段办公楼顶部的接闪杆一般选用镀锌圆钢或镀锌钢管加工而成，钢管壁厚不应小于（　　）。

A. 1.2mm　　　　B. 2.2mm　　　　C. 2.5mm　　　　D. 2.8mm 以上

解析：B。

51. 地铁机电安装工程中，防雷接地系统中接地扁钢连接一般采用搭接焊，其搭接长度宜为扁钢宽度的（　　）倍，并应不少于三面施焊。

A. 1　　　　　　B. 2　　　　　　C. 3　　　　　　D. 4

解析：B。

52. 地铁机电安装工程中，防雷接地系统中接地圆钢连接采用搭接焊，其搭接长度宜为圆钢直径的（　　）倍，并应两面施焊。

A. 4　　　　　　B. 5　　　　　　C. 6　　　　　　D. 7

解析：C。

53. 地铁机电安装工程中，建筑电气工程、给水排水工程质量保修期为（　　）年。

A. 1　　　　　　B. 2　　　　　　C. 3　　　　　　D. 5

解析：B。

54. 地铁机电安装及装饰装修工程中，工程质量保修期为（　　）年，除通风、空调、供暖、供冷工程及防水工程外。

A. 5　　　　　　B. 3　　　　　　C. 2　　　　　　D. 1

解析：C。

55. 地铁机电安装工程中，电气及照明设备常用的电压范围为（　　）V。

A. 24～450　　　B. 24～1000　　　C. 220～450　　　D. 220～1000

解析：A。

56. 地铁机电安装工程中，站台板下照明设备电压一般为（　　）V。

A. 110　　　　　B. 24　　　　　　C. 380　　　　　D. 220

解析：B。

57. 地铁机电安装工程中，在建筑电气识图中（　　）可以表达供电方式和电能分配的关系，也可表达一个大型用电设备各用电点的配电关系。

A. 系统图　　　　B. 电路图　　　　C. 设备布置图　　　D. 平面图

解析：A。

58. 地铁机电安装工程中，下列导管不属于以刚度为分类对象的选项是（　　）。

A. 刚性导管　　　　B. 柔性导管　　　　C. 塑料导管　　　　D. 可挠性导管
解析：C。

59. 地铁机电安装工程中，电气设备送电试运行中，第一次与第二次的合闸时间间隔一般为（　　）min。
A. 3　　　　　　　B. 4　　　　　　　C. 5　　　　　　　D. 6
解析：C。

60. 地铁机电安装工程中，对于钢导管而言，潮湿场所、埋地和防爆的配管一般都采用（　　）连接。
A. 套管扣压式　　B. 套接紧定式　　C. 丝扣　　　　　D. 套管
解析：C。

61. 地铁机电安装工程中，对于照明配管一般采用（　　）连接。
A. 套管扣压式　　B. 套接紧定式　　C. 丝扣　　　　　D. 套管
解析：B。

62. 地铁机电安装工程中，紧定管一般采用（　　）连接方式。
A. 套管扣压式　　B. 套管　　　　　C. 丝扣　　　　　D. 套接紧定式
解析：D。

63. 地铁机电安装工程中，下列管线敷设时不需要做跨接线连接的是（　　）。
A. JDG 管　　　　B. 镀锌钢管　　　C. 线槽　　　　　D. 钢制桥架
解析：A。

64. 地铁机电安装工程中，导管敷设穿越伸缩缝、变形缝时，应设置补偿装置，下列属于导管补偿装置的是（　　）。
A. 刚性导管　　　B. 柔性导管　　　C. 塑料导管　　　D. 可挠性导管
解析：B。

65. 地铁机电安装工程中，插接式母线安装完成后，测量母线相间或相对地、相对零绝缘电阻不小于（　　）MΩ时，方可送电。
A. 0.5　　　　　　B. 1　　　　　　　C. 2　　　　　　　D. 4
解析：A。

66. 地铁机电安装工程中，不属于母线槽的种类有（　　）。
A. 密集型母线　　　　　　　　　　B. 空气型母线
C. 接地母线　　　　　　　　　　　D. 耐火母线
解析：C。

67. 地铁机电安装工程中，下面不属于灯具调试内容的是（　　）。
A. 线路绝缘电阻测试　　　　　　　B. 线路防腐测试
C. 照度检测　　　　　　　　　　　D. 照明全负荷通电试运行
解析：B。

68. 地铁机电安装工程中，交流电动机带负荷启动时，一般在冷态时，可连续启动（　　）次；在热态时，可连续启动（　　）次。
A. 两，一　　　　B. 一，两　　　　C. 两，三　　　　D. 三，四
解析：A。

69. 地铁机电安装工程中，防雷接地采用圆钢时，其圆钢最小直径为（　　）mm。
　　A. 5　　　　　　B. 10　　　　　　C. 15　　　　　　C. 15
　　解析：B。

70. 地铁机电安装工程中，机电设备长距离信息传输宜选用（　　）。
　　A. 控制电缆　　　B. RS485　　　　C. 光纤　　　　　D. 双绞线
　　解析：C。如区间射流风机距离车站环控电控室较远，控制线常采用光纤。

71. 电路的作用是实现电能的（　　）。
　　A. 传输　　　　　B. 转换　　　　　C. 传输和转换　　D. 不确定
　　解析：C。

72. 地铁机电安装工程中，常用的导线颜色有黄色、绿色、红色、淡蓝色以及黄绿双色，保护导体颜色应为（　　）。
　　A. 黄色　　　　　B. 绿色　　　　　C. 淡蓝色　　　　D. 黄绿双色
　　解析：D。

73. 地铁机电安装工程中，常用的导线颜色有黄色、绿色、红色、淡蓝色以及黄绿双色，其中中性导体颜色应为（　　）。
　　A. 黄色　　　　　B. 绿色　　　　　C. 淡蓝色　　　　D. 黄绿双色
　　解析：C。

74. 地铁机电安装工程中，下列选项中不属于常用导线截面积的是（　　）mm²。
　　A. 1.5　　　　　B. 2.5　　　　　C. 4　　　　　　D. 8
　　解析：D。

75. 地铁机电安装工程中，0.4kV 开关室内的等电位联结干线应有不少于（　　）处与接地装置引出干线连接。
　　A. 1　　　　　　B. 2　　　　　　C. 3　　　　　　D. 4
　　解析：B。

76. 地铁机电安装工程中，不间断电源正常运行时产生的 A 声级噪声，不应大于（　　）dB。
　　A. 60　　　　　　B. 55　　　　　　C. 50　　　　　　D. 45
　　解析：D。

77. 地铁机电安装工程中，钢导管暗敷埋入墙体的深度离墙表面的净距离不应小于（　　）mm。
　　A. 10　　　　　　B. 20　　　　　　C. 30　　　　　　D. 15
　　解析：D。

78. 地铁机电安装工程中，母线槽的安装采用金属吊架固定时应有防晃支架，配电母线槽的圆钢吊架直径不得小于（　　）mm。
　　A. 6　　　　　　B. 8　　　　　　C. 10　　　　　　D. 12
　　解析：B。

79. 地铁机电安装工程中，母线槽直线段安装应平直，水平度与垂直度偏差不宜大于1.5‰，全长最大偏差不宜大于（　　）mm。
　　A. 12　　　　　　B. 15　　　　　　C. 20　　　　　　D. 25

解析：C。

80. 地铁机电安装工程中，母线槽跨越建筑物变形缝处时，应设置补偿装置；母线槽直线敷设长度超过80m，每（　　）m宜设置伸缩节。
　　A. 30～40　　　B. 40～50　　　C. 50～60　　　D. 20～30
解析：C。

81. 地铁机电安装工程中，母线槽段与段之间的连接口不应设置在穿越中板或墙体处，垂直穿越楼板处应设置与建（构）筑物固定的专用部件支座，其孔洞四周应设置高度不小于（　　）mm的防水台，并采取防火封堵措施。
　　A. 20　　　　　B. 30　　　　　C. 40　　　　　D. 50
解析：D。

82. 地铁机电安装工程中，安装型号为200mm×100mm的槽盒时，支吊架使用圆钢直径不小于（　　）mm并设置防晃支架。
　　A. 6　　　　　B. 8　　　　　C. 10　　　　　D. 12
解析：B。

83. 地铁机电安装工程中，槽盒敷设时，在分支处或端部（　　）m处应设置固定支架。
　　A. 0.2～0.3　　B. 0.2～0.5　　C. 0.3～0.5　　D. 0.5～0.6
解析：C。

84. 地铁机电安装工程中，槽盒敷设时，水平安装的支架间距宜为（　　）m，垂直安装的支架间距不应大于（　　）m。
　　A. 1～3，1　　B. 1.5～3，1　　C. 1.5～3，2　　D. 1～3，2
解析：C。

85. 地铁机电安装工程中，EPS应急电源柜是根据消防设施、应急照明、事故照明等（　　）级负荷供电设备需要而组成的电源设备。
　　A. 1　　　　　B. 2　　　　　C. 3　　　　　D. 4
解析：A。

86. 地铁机电安装工程中，安全出口标志灯距地高度不低于（　　）m，且安装在疏散出口和楼梯内侧的上方。
　　A. 1.8　　　　B. 2　　　　　C. 2.2　　　　D. 2.5
解析：B。

87. 地铁机电安装工程中，接地装置的焊接应采用搭接焊，搭接长度应符合下列规定：扁钢与扁钢搭接为扁钢宽度的（　　）倍，不少于三面施焊；圆钢与圆钢搭接为圆钢直径的（　　）倍，双面施焊。
　　A. 2，6　　　　B. 4，6　　　　C. 2，4　　　　D. 6，6
解析：A。扁钢与钢管，扁钢与角钢焊接时，为了连接可靠，除应在其接触部位两侧进行焊接外，应对有钢带弯成的弧形（或直角形）卡子或直接由钢带本身弯成弧形（或直角形）与钢管（或角钢）进行焊接。

88. 地铁机电安装工程中，动力和照明工程的（　　）装置应做模拟动作试验。
　　A. 防雷　　　　　　　　　　B. 剩余电流动作保护器

C. 等电位　　　　　　　　　　D. 供电

解析：B。

89. 地铁机电安装工程中，以下需设置等电位联结箱的房间有（　　）。
   A. 信号设备室　　B. 会议室　　C. 站长室　　D. 更衣室

解析：A。

90. 地铁机电安装工程中，对成套灯具的绝缘电阻、内部接线等性能进行现场抽样检测。灯具的绝缘电阻值不小于（　　）MΩ，内部接线为铜芯绝缘导线截面积不小于（　　）mm²，橡胶或聚氯乙烯绝缘电线的绝缘层厚度不小于（　　）mm。
   A. 4；0.5；0.6　　B. 2；0.5；0.6　　C. 10；1.0；0.6　　D. 2；2.5；0.6

解析：B。

91. 地铁机电安装工程中，电缆槽盒敷设在给水管道的（　　）
   A. 上方　　B. 平行方向　　C. 下方　　D. 右方

解析：A。

92. 地铁机电安装工程中，镀锌的钢导管不得熔焊跨接接地线，使用专用接地卡跨接的两卡间固定保护联结导体，其为铜芯软导线，截面积不小于（　　）mm²。
   A. 6　　B. 10　　C. 2.5　　D. 4

解析：D。

93. 地铁机电安装工程中，当绝缘导管在砌体上剔槽埋设时，应采用强度等级不小于M10的水泥砂浆抹面保护，保护层厚度大于（　　）mm。
   A. 5　　B. 10　　C. 15　　D. 2

解析：C。

94. 地铁机电安装工程中，金属电缆槽盒及支架和引入或引出的金属电缆导管（　　）可采用保护导体可靠连接。
   A. 必须　　B. 单独　　C. 无须　　D. 与设备

解析：A。

95. 地铁机电安装工程中，镀锌梯架、托盘和槽盒本体之间跨接保护联接导体时，每端不少于（　　）个有防松螺母或防松垫圈的连接固定螺栓。
   A. 4　　B. 2　　C. 6　　D. 8

解析：B。

96. 地铁机电安装工程中，不同回路、不同电压等级和交流与直流的导线（　　）。
   A. 不应穿于不同导管内　　　　B. 不应穿于其他导管内
   C. 不应穿于同一导管内　　　　D. 没要求

解析：C。

97. 地铁机电安装工程中，当灯具距地面高度小于（　　）m时，灯具的可接近裸露导体必须接地或接零可靠，并应有专用接地螺栓，且有标识。
   A. 2.4　　B. 4　　C. 2　　D. 1.8

解析：A。

98. 地铁机电安装工程中，电线在线槽内有一定余量，不得有接头。电线按回路编号分段绑扎，绑扎点距不应大于（　　）m。

A. 3   B. 4   C. 5   D. 2

解析：D。

99. 地铁机电安装工程中，站内及区间导线在接线盒内的连接需要缠绕拧紧可靠，无虚接，并(　　)。

 A. 涂抹导电膏后用绝缘胶带包裹   B. 直接绝缘胶带包裹
 C. 搪锡处理后用绝缘胶带包裹   D. 抹油后用绝缘胶带包裹

解析：C。

100. 地铁机电安装及装饰装修工程中，当设计无要求时，接地采用的角钢接地体顶部埋设深度不应小于(　　)m；接地体的型号为 L50×50×5 时，接地体长度不小于(　　)m。

 A. 1，1   B. 2，1.5   C. 0.5，2   D. 0.6，2.5

解析：D。

101. 地铁机电安装及装饰装修工程中，出入口钢结构雨棚接地装置埋入土壤中的热浸镀锌钢材应检测其镀锌层的厚度，镀锌层的厚度不应小于(　　)μm。

 A. 63   B. 65   C. 60   D. 53

解析：D。

102. 地铁机电安装工程中，强电和弱电的电缆电线不得同槽敷设，强弱电管线及点位抗水平干扰距离是(　　)m。

 A. 0.2   B. 0.3   C. 0.4   D. 0.5

解析：B。

103. 地铁机电安装工程中，强电和弱电的电缆电线不得同槽敷设，强弱电管线及点位抗交叉干扰距离是(　　)m。

 A. 0.1   B. 0.3   C. 0.4   D. 0.5

解析：A。

104. 地铁机电安装工程中，管内穿线，下列说法错误的是(　　)

 A. 管内导线包括绝缘层在内的总截面面积不大于管子内截面的40%
 B. 导线在管内没有接头和扭结
 C. 同一根管内穿入4个照明回路导线
 D. 同一台设备的电机回路和有抗干扰要求的控制回路穿一根管子内

解析：D。

105. 地铁机电安装工程中，线槽内电缆敷设的容积率不大于(　　)。

 A. 85%   B. 70%   C. 50%   D. 40%

解析：D。

106. 地铁机电安装工程中，导线穿管敷设时，同类照明回路可穿入一根导管，但管内导线数量不得大于(　　)根。

 A. 5   B. 6   C. 7   D. 8

解析：D。

107. 地铁机电安装工程中，电动机、电加热器及执行机构的外露可导电部分必须与(　　)。

A. 接地 B. 接零
C. 接地或接 D. 保护导体可靠连接
解析：C。

108. 地铁机电安装工程中，电动机、电加热器及执行机构的绝缘电阻应大于（　　）MΩ。
A. 0.1 B. 0.2 C. 0.5 D. 1.0
解析：C。

109. 地铁机电安装工程中，电动机在空载情况下第一次启动，空载运行时间为（　　）h，并应记录电机的空载电流。
A. 0.5 B. 1 C. 2 D. 3
解析：C。

110. 地铁机电安装工程中，电线电缆应按批查验合格证，合格证上有（　　）编号。
A. 安全许可证 B. 制造许可证 C. 出厂合格证 D. 生产许可证
解析：D。

111. 地铁机电安装工程中，在电线的接头部位（比如线路比较长，或者电线管要转角）采用（　　）作为过渡用。
A. 接线盒 B. 开关盒 C. 拉线盒 D. 灯头盒
解析：A。电线管与接线盒连接，线管里面的电线在接线盒中连起来，起到保护电线和连接电线的作用。

112. 地铁机电安装工程中，交流单芯电力电缆，应布置在同一侧支架上，当按紧贴的正三角排列时，应每隔（　　）m，用绑带扎牢。
A. 1 B. 1.5 C. 2 D. 0.5
解析：A。

113. 地铁机电安装工程中，电缆终端头制作应将电缆两端包扎好，防止潮汽进入。作业时场所环境温度在（　　）℃以上，相对湿度（　　）以下。电缆终端头制作应连续进行，一次完成，以免受潮。
A. 0，70% B. 5，60% C. 6，50% D. 8，70%
解析：A。

114. 地铁机电安装工程中，制作电缆终端头时要剥除电缆外护套、铠装和内护套，在铠装上焊接接地软铜线；包缠电缆根部，电力电缆套入（　　），控制电缆套入控制（　　）并灌入密封胶；（热缩型分支手套要进行热缩处理）。
A. 电缆分支手套，电缆头套 B. 电缆头套，电缆分支手套
C. 电缆头套，电缆头套 D. 电缆分支手套，电缆分支手套
解析：A。

115. 地铁机电安装工程中，当采用钢管做灯具吊杆时，钢管内径不应小于（　　）mm，钢管厚度不应小于（　　）mm。
A. 10，1.5 B. 15，1 C. 5，0.5 D. 15，1.5
解析：A。

116. 地铁机电安装工程中，搪锡是在铜电线接头上镀上一层锡金属做保护膜，主要

用于( )根以上电线连接头上。
A. 1　　　　　　B. 2　　　　　　C. 3　　　　　　D. 4
解析：B。搪锡目的是防止接头发生松动、铜线表面氧化等现象造成接触不良。

117. 地铁机电安装工程中，卫生间内等潮湿场所采用密封型并带保护地线触头的保护型插座，安装高度不低于( )m。
A. 1　　　　　　B. 2　　　　　　C. 1.5　　　　　D. 0.5
解析：C。

118. 地铁机电安装工程中，钢管暗敷时管路遇有建筑物伸缩缝和超过下列长度时应加装接线盒：有两个弯时每( )m加装一个接线盒，有三个弯时每( )m加装一个接线盒。为方便穿线，钢管内应预先穿入钢丝，管口需加护口。
A. 20，12　　　B. 15，10　　　C. 20，15　　　D. 5，15
解析：A。钢管连接处应使用管箍或紧定式接头，严禁采用焊接连接。

119. 地铁机电安装工程中，明敷钢管采用专用接地卡固定( )mm^2的黄绿双色铜芯绝缘软线作跨接地线，端头做搪锡处理。
A. 2　　　　　　B. 4　　　　　　C. 6　　　　　　D. 8
解析：B。

120. 地铁机电安装工程中，多层桥架应先安装上层，后安装下层，水平相邻桥架净距不宜小于( )mm，与弱电电缆桥架距离不小于( )m。
A. 50，0.5　　　B. 30，1　　　　C. 45，0.6　　　D. 40，0.8
解析：A。

121. 地铁机电安装工程中，配电箱的安装垂直度允许偏差为( )。
A. 1‰　　　　　B. 1.5‰　　　　C. 2‰　　　　　D. 3‰
解析：B。

122. 地铁机电安装工程中，配电柜门内粘贴配电系统图（接线图），配电室房门应加设防水防火挡鼠板，高度不低于( )m。
A. 0.5　　　　　B. 0.7　　　　　C. 1　　　　　　D. 1.5
解析：A。

123. 交流电流表、电压表指示的数值是( )。
A. 平均值　　　B. 最大值　　　C. 有效值　　　D. 最小值
解析：C。

124. 地铁机电安装工程中，把交流电转化为直流电的过程叫( )。
A. 变压　　　　B. 稳压　　　　C. 整流　　　　D. 滤波
解析：C。整流器是把交流电转换成直流电的装置。

125. 地铁机电安装工程中，把直流电转化为交流电的装置叫( )。
A. 整流器　　　B. 逆变器　　　C. 变压器　　　D. 放大器
解析：B。使用逆变器可以把直流电变成交流电。逆变器是把直流电能（电池、蓄电瓶）转变成交流电（一般为220V，50Hz正弦波）的设备。

126. 地铁机电安装工程中，接地按其作用分为工作接地和( )。
A. 直接接地　　B. 间接接地　　C. 保护接地　　D. 重复接地

解析：C。工作接地是指将电力系统的某点（如中性点）直接接大地，或经消弧线圈、电阻等与大地金属连接，如变压器、互感器中性点接地等。

127. 地铁机电安装工程中，设备金属外壳经接地联结导体接到接地体上是（　）。
A. 工作接地　　　　B. 间接接地　　　　C. 保护接地　　　　D. 重复接地
解析：C。保护接地是设备金属外壳经接地线接到接地体上，保护接零就是金属外壳接保护零线。

128. 地铁机电安装工程中，隔离开关的主要作用是（　）。
A. 断开负荷开关　　　　　　　　B. 断开无负荷开关
C. 断开短路电流　　　　　　　　D. 隔离电源
解析：B。隔离开关的作用是断开无负荷电流的电路，使所检修的设备与电源有明显的断开点，以保证检修人员的安全，隔离开关没有专门的灭弧装置，不能切断负荷电流和短路电流，所以必须在电路断路器断开电路的情况下才可以操作隔离开关。

129. 地铁机电安装工程中，电容器内介质被击穿而失去绝缘作用的最低电压称为（　）。
A. 干闪电压　　　B. 湿闪电压　　　C. 击穿电压　　　D. 额定电压
解析：C。电介质在足够强的电场作用下将失去其介电性能成为导体，称为电介质击穿，所对应的电压称为击穿电压。

130. 地铁机电安装工程中，停电操作时，高压应先拉（　），后拉隔离开关。
A. 隔离开关　　　B. 断路器　　　C. 磁力启动器　　　D. 保险
解析：B。

131. 地铁机电安装工程中，穿线导管内最多允许（　）个导线接头。
A. 2　　　　　B. 1　　　　　C. 0　　　　　D. 3
解析：C。穿线导管内不允许有中间接头。

132. 地铁机电安装工程中，导线接头连接不紧密，会造成接头（　）。
A. 发热　　　B. 绝缘不够　　　C. 不导电　　　D. 短路
解析：A。

133. 地铁机电安装工程中，电气火灾发生时，应先切断电源再扑救，但不知道或不清楚开关在何处时，应剪断电线，剪切时要（　）。
A. 几根线迅速同时剪断　　　　　B. 不同相线在不同位置剪断
C. 在同一位置一根一根剪断　　　D. 两根两根切断
解析：B。同一位置切断易发生短路。

134. 地铁机电安装工程中，当空气开关动作后，用手触摸其外壳，发现开关外壳较热，则可能是（　）。
A. 断路　　　B. 过载　　　C. 欠压　　　D. 缺相
解析：B。

135. 地铁机电安装工程中，人身触电的危险程度与（　）直接有关。
A. 温度高低　　　　　　　　　B. 湿度
C. 电压大小　　　　　　　　　D. 通过人体的电流值
解析：D。

136. 地铁机电安装工程中,电工仪表上标有许多符号,其中表示交流电压的是(　　)。
A. ACA　　　　B. DCA　　　　C. ACV　　　　D. DCV
解析：C。DCV 代表直流电压,ACV 代表交流电压,DCA 是直流电流,ACA 交流电流。

137. 地铁机电安装工程中,电力系统中规定交流(　　)V 及以下电压等级为低压。
A. 250　　　　B. 500　　　　C. 380　　　　D. 1000
解析：D。

138. 地铁机电安装工程中,断路器是通过手动或电动等操作机构使断路器合闸,通过(　　)装置使断路器自动跳闸,达到故障保护目的。
A. 自动　　　　B. 活动　　　　C. 脱扣　　　　D. 励磁
解析：C。

139. 地铁机电安装工程中,电缆槽盒水平敷设时,槽盒之间的连接头应设置在跨距的 1/4 左右处。水平走向每(　　)m 左右固定 1 次,垂直走向每隔(　　)m 左右固定 1 次。
A. 1.5～3,2　　B. 1.5～4,2　　C. 2～3,2　　D. 1.5～3,1.5
解析：A。

140. 地铁机电安装工程中,电缆槽盒应可靠接地。如利用槽盒接地干线接地,应将每层槽盒的端部用软铜线连接并和接地干线相接,长距离的电缆槽盒每隔(　　)m 接地 1 次。
A. 30～50　　　B. 20～30　　　C. 30～40　　　D. 20～40
解析：B。

141. 地铁机电安装工程中,配电屏、柜体的基础型钢应平直,其偏差每米不大于(　　)mm,全长不应大于(　　)mm。
A. 1,5　　　　B. 0.5,5　　　C. 1.5,10　　　D. 1.5,8
解析：A。

142. 地铁机电安装工程中,电缆桥架内每根电缆每隔(　　)m,电缆的首端、尾端及转弯处应设标记,注明电缆编号、型号、规格、起点和终点。
A. 40　　　　　B. 45　　　　　C. 50　　　　　D. 55
解析：C。

143. 地铁机电安装工程中,电力电缆的终端头、接头的外壳与该处的电缆金属护套及铠装层均应良好接地。接地线采用铜绞线,截面积为 120mm^2 的电缆接地线截面不小于(　　)mm^2。
A. 4　　　　　　B. 10　　　　　C. 16　　　　　D. 25
解析：C。

144. 地铁机电安装工程中,密集型母线槽适用于干燥的室内,水平敷设离地距离不应小于(　　)m,支持点间距不大于(　　)m。母线绝缘电阻用 1000V 兆欧表测试,应大于(　　)MΩ。
A. 2.2,2,10　　B. 2,2.2,5　　C. 2.5,2,1　　D. 2,2.5,0.5

解析：A。

145. 地铁机电安装工程中，进入落地式配电箱的电线管路，排列应整齐，管口应高出基础面不小于（　　）mm。

A. 40　　　　　　B. 45　　　　　　C. 50　　　　　　D. 55

解析：C。

146. 地铁机电安装工程中，插座并列安装的相同型号的面板距地面高度误差不得大于（　　）mm，同一房间安装的相同型号的面板距地面高度误差不得大于（　　）mm。

A. 1，5　　　　　B. 2，5　　　　　C. 5，5　　　　　D. 1.5，5

解析：A。

147. 地铁机电安装工程中，检修插座箱的插座一般选用（　　）。

A. 普通插座　　　B. 组合插座　　　C. 防爆插座　　　D. 五孔插座

解析：C。

148. 地铁机电安装工程中，电缆敷设验收的内容有：规格，型号，电气技术参数、电缆路径、绝缘、电缆头、敷设及孔洞位置、电缆防护、电缆固定、弯曲半径、电缆垂度、管口封堵、接地与电阻、（　　）。

A. 预留长度　　　　　　　　　　　B. 变形缝处管路处理
C. 测试　　　　　　　　　　　　　D. 操作按钮

解析：A。

149. 地铁机电安装工程中，配电装置的上端距顶棚不小于（　　）m。

A. 0.5　　　　　B. 1　　　　　　C. 1.5　　　　　D. 2

解析：A。

150. 地铁施工中，对于 0.4kV 低压开关的配电柜，其基础槽钢还要用（　　）的镀锌扁钢与接地干线可靠焊接。

A. 50mm×5mm　　B. 40mm×4mm　　C. 45mm×4mm　　D. 45mm×5mm

解析：A。镀锌扁钢与接地干线之间焊接，搭接面需三面施焊，且搭接电焊长度大于 100mm。

151. 地铁区间隧道内的配电箱防护等级一般为 IP（　　）。

A. 65　　　　　　B. 54　　　　　　C. 44　　　　　　D. 68

解析：A。安装于隧道内等潮湿环境场所的配电箱防护等级一般为 IP65。

152. 地铁区间隧道内疏散指示灯的安装高度一般参照（　　）高度。

A. 装修完成面　　　　　　　　　　B. 疏散平台或轨平面
C. 配电箱　　　　　　　　　　　　D. 灯具

解析：B。

153. 地铁工程照明配电室、设备房间内配电箱防护等级一般为 IP（　　）。

A. 44　　　　　　B. 54　　　　　　C. 65　　　　　　D. 68

解析：B。

154. 地铁施工临时配电箱进线断路器一般采用（　　）断路器。

A. 塑壳　　　　　B. 金属　　　　　C. 木制　　　　　D. 万能

解析：A。

155. 地铁机电安装工程中，不同回路、不同电压和交流与直流的导线，不得穿入同一管内，但额定电压为（　　）V 以下的回路除外。

  A. 50   B. 220   C. 36   D. 380

  解析：A。

156. 地铁机电安装工程中，槽盒应防腐良好，槽盒拼接时，连接螺栓应采用镀锌件，且槽盒内外都必须有（　　）。

  A. 连接板   B. 加劲板   C. 水平扭转板   D. 垂直扭转板

  解析：A。桥架应防腐良好，连接螺栓应采用镀锌件，且桥架及线槽内外都必须有连接板。桥架外壳每段应采用软铜绞线（≥4mm²）做接地跨接，并和 PE 线连接。金属电缆桥架及其支架在全长范围应有不少于 2 处与 PE 线干线相连接。

157. 地铁机电安装工程中，配电箱、柜、盘内剩余电流动作保护器动作电流不得大于（　　）mA，动作时间不得大于（　　）s。

  A. 30，0.3   B. 30，0.1   C. 45，0.5   D. 30，0.5

  解析：B。

158. 临时用电管理规定，规范了临时使用（　　）V 及以下低压电力系统临时用电作业的安全管理要求。

  A. 220   B. 380   C. 500   D. 6000

  解析：B。

159. 地铁机电安装工程中，所有的临时用电线路必须采用额定电压等级不低于（　　）V 的绝缘导线。

  A. 220   B. 380   C. 500   D. 1000

  解析：C。

160. 地铁机电安装工程中，逐级试通电的原则是（　　）。

  A. 先低压后高压，先干线后支线   B. 先高压后低压，先支线后干线

  C. 先低压后高压，先支线后干线   D. 先高压后低压，先干线后支线

  解析：D。按已批准的受电作业指导书，组织新建电气系统变压器高压侧接受电网侧供电，通过配电柜按先高压后低压、先干线后支线的原则逐级试通电。

161. 地铁机电安装工程中，等电位联结支线应采用（　　）联结，连接处焊接牢固螺母紧固、防松零件齐全。

  A. 不小于 6mm² 铜芯线   B. 40mm×4mm 镀锌扁钢

  C. φ16mm 镀锌圆钢   D. 以上都行

  解析：D。等电位的含义也就是"将设备等外壳或金属部分与地线联结"。一般用于配电室内作重复接地用，也用于住户的带洗浴设备的卫生间内，用于洗浴设备及相关插座的接地。图例通常用 LEB 表示。

162. 地铁机电安装工程中，灯具上标有"220V，18W"或电阻上标有"100Ω，2W"等都是指（　　）。

  A. 额定值   B. 有效值   C. 最大值   D. 平均值

  解析：A。

163. 地铁机电安装工程中，在停电的设备上装设接地线前，应先进行（　　）。

A. 验电 B. 放电 C. 接地 D. 短路

解析：A。

164. 地铁机电安装工程中，真空断路器适合于（　　）。
A. 变压器的开断 B. 频繁操作，开断感性电流
C. 频繁操作，开断电机负载 D. 频繁操作，开断容性电流

解析：D。

165. 地铁机电安装工程中，电气设备的外露可导电部分应单独与保护导体相连接，不得（　　）连接，连接导体的材质、截面积应符合设计要求。
A. 串联 B. 并联 C. 错开 D. 串联与并联结合

解析：A。电气设备的外露可导电部分若串联连接，如其中一台电气设备接地出现开路，则所有的电气设备接地失效。

166. 地铁机电安装工程中，箱（盘）内配线应整齐、无绞接现象；导线连接应紧密、不伤线芯、不断股；垫圈下螺丝两侧压的导线截面积应相同，同一电器器件端子上的导线连接不应多于（　　）根，防松垫圈等零件应齐全。
A. 1 B. 2 C. 3 D. 4

解析：B。

167. 地铁机电安装工程中，在 EPS 配电柜安装过程中，当对电池性能、极性及电源转换时间有异议时，应由（　　）负责现场测试，并应符合设计要求。
A. 建设单位 B. 施工单位 C. 制造商 D. 监理单位

解析：C。

168. 地铁机电安装工程中，UPS 的输入端、输出端对地间绝缘电阻值不应小于（　　）MΩ。
A. 1 B. 2 C. 3 D. 0.5

解析：B。

169. 地铁机电安装工程中，UPS 及 EPS 连线及出线的线间、线对地间绝缘电阻值不应小于（　　）MΩ。
A. 1 B. 2 C. 3 D. 0.5

解析：D。

170. 地铁机电安装工程中，母线槽进场时应全数检查，外观检查并查验材料合格证明文件、（　　）和材料进场验收记录。
A. 自检报告 B. CCC 型式试验报告
C. 营业执照 D. 生产许可证

解析：B。母线槽进场时应全数检查，外观检查并查验材料合格证明文件、CCC 型式试验报告和材料进场验收记录。

171. 地铁机电安装工程中，母线槽安装时应与外壳同心，允许偏差应为（　　）mm。
A. ±2 B. ±5 C. ±10 D. ±15

解析：B。

172. 地铁机电安装工程中，室外导管敷设时，导管的管口不应敞口垂直向上，导管管口应在盒、箱内或导管端部设置（　　）。

A. 弯头　　　　　　B. 线盒　　　　　　C. 滴水弯　　　　　　D. 防雨帽

解析：C。

173. 地铁机电安装工程中，导线与设备或器具的连接时，截面积在（　　）mm² 及以下的单股铜芯线可直接与设备或器具的端子连接。

　　A. 4　　　　　　　B. 6　　　　　　　C. 10　　　　　　　D. 16

解析：C。

174. 地铁机电安装工程中，导线与设备或器具的连接时，截面积在（　　）mm² 及以下的多芯铜芯线应接续端子或拧紧搪锡后再与设备或器具的端子连接。

　　A. 1.5　　　　　　B. 2.5　　　　　　C. 4　　　　　　　D. 6

解析：B。

175. 地铁机电安装工程中，导线与设备或器具的连接时，截面积大于（　　）mm² 的多芯铜芯线，除设备自带插接式端子外，应接续端子后与设备或器具的端子连接；多芯铜芯线与插接式端子连接前，端部应拧紧搪锡。

　　A. 1.5　　　　　　B. 2.5　　　　　　C. 4　　　　　　　D. 6

解析：B。

176. 地铁机电安装工程中，普通灯具的（　　）外露可导电部分必须采用铜芯软导线与保护导体可靠连接，连接处应设置接地标识，铜芯软导线的截面积应与进入灯具的电源线截面积相同。

　　A. Ⅰ类灯具　　　　B. Ⅱ类灯具　　　　C. Ⅲ类灯具　　　　D. Ⅳ类灯具

解析：A。

177. 地铁机电安装工程中，照明开关安装时，（　　）应经开关控制。

　　A. 中性线　　　　　B. 接地线　　　　　C. 相线　　　　　　D. 控制线

解析：C。

178. 地铁机电安装工程中，相同型号的照明开关并列安装高度宜一致，并列安装的开关的相邻间距不宜小于（　　）mm。

　　A. 10　　　　　　　B. 15　　　　　　　C. 20　　　　　　　D. 30

解析：B。

179. 地铁机电安装工程中，接地装置的接地电阻值用（　　）测试。

　　A. 接地电阻测试仪　B. 电压表　　　　　C. 万用表　　　　　D. 相序测试仪

解析：A。

180. 地铁机电安装工程中，应急电源与正常电源之间，应采取防止（　　）的措施。当有特殊要求，应急电源向正常电源转换需短暂并列运行时，应采取安全运行的措施。

　　A. 串联运行　　　　B. 交替运行　　　　C. 短路　　　　　　D. 并列运行

解析：D。

181. 地铁机电安装工程中，重要负荷的电源切换装置为（　　）。

　　A. 断路器　　　　　　　　　　　　　　B. 双电源切换装置
　　C. 保险装置　　　　　　　　　　　　　D. 保护装置

解析：B。

182. 地铁机电安装工程中，0.4kV 配电柜配电系统方式为（　　）。

A. 树干式　　　　B. 环式　　　　C. 放射式　　　　D. 链式

解析：C。（1）树干式：从总配电箱（或变电站低压配电柜）引出一条干线向分配电箱（或用电设备）供电。其基本特点是：可靠性低，经济性好。当干线出现故障时，所有分配电箱（或用电设备）都中断供电。这种配电形式总的出线回路少，开关设备和管线较节省。树干式配电系统多用于可靠性要求不高的场合。

（2）环式：从总配电箱（或变电站低压配电柜）引出两条出线接分配电箱形成环路。其基本特点是：可靠性高，保护配合比较复杂。每一分配电箱都有两条供电电源回路，当环路上有一段线路出现故障，则分配电箱都可以从其中的一条线路上取得电源。这种系统的保护配合比较复杂，一般均为开环运行，即正常情况下，环路不闭合，当发生故障时通过切换保证供电的连续性。

（3）放射式：总配电箱（或变电站低压配电柜）向每一分配电箱（或用电设备）提供一条出线回路。其基本特点是：可靠性高，经济性差。当总配电箱的任一出线回路出现故障时，该回路保护装置动作（熔断器熔断或低压断路器跳闸），切断故障线路电源，而其他回路不受影响。

（4）链式：实际上是树干式的一种变形，即把支线缩短为零，干线进入分配电箱连接。链式配电系统的基本特点与树干式相同，多用于可靠性要求不高的场合。另外，考虑到施工连接导线的方便，以及接头的增加会进一步降低可靠性，要求链级数不超过 3~4 级，总容量不超过 10kW。

183. 地铁机电安装工程中，正常运行情况下，电动机电压偏差允许值宜为（　　）。
A. ±2%　　　　B. ±3%　　　　C. ±5%　　　　D. ±10%
解析：C。

184. 地铁机电安装工程中，正常运行情况下，照明设备电压偏差允许值宜为（　　），对于远离变电所的小面积一般工作场所，难以满足上述要求时，可为+5%，-10%额定电压；应急照明、道路照明和警卫照明等为+5%，-10%额定电压。
A. ±2%　　　　B. ±3%　　　　C. ±5%　　　　D. ±10%
解析：C。

185. 地铁机电安装工程中，车站隧道风机单机调试送电前，应进行电缆的绝缘电阻测试及各项检查，送电完成后，在隧道风机配电箱的进线端校电，通过万用表测得以下三相电压数据，其中（　　）V 符合要求。
A. 350　　　　B. 398　　　　C. 415　　　　D. 420
解析：B。正常运行情况下，电动机电压偏差允许值宜为±5%，地铁隧道风机额定电压为 380V。

186. 地铁机电安装工程中，光缆敷设时，其最小动态弯曲半径应大于光缆外径的（　　）倍。
A. 6　　　　B. 10　　　　C. 15　　　　D. 20
解析：D。

187. 地铁机电安装工程中，光纤敷设时，光纤接头的预留长度不应小于（　　）m。
A. 2　　　　B. 5　　　　C. 8　　　　D. 10
解析：C。

188. 地铁机电安装工程中,矿物电缆敷设经过建筑物的沉降缝和伸缩缝之间时,应将电缆敷设成"S"形或"Ω"形。矿物绝缘电缆弯曲半径不应小于电缆外径的(　)倍。
　　A. 2　　　　　　B. 3　　　　　　C. 5　　　　　　D. 6
　　解析:D。

189. 地铁机电安装工程中,配电箱、柜进线处须加(　)。
　　A. 橡胶护口　　B. 防护罩　　　C. 标识牌　　　D. 测量装置
　　解析:A。

190. 地铁机电安装工程中,配电箱内分相电缆压接时要按相应的颜色套(　),不能裸露铜导线。
　　A. 橡胶接头　　B. 热缩管　　　C. 胶带　　　　D. 绑扎带
　　解析:B。分相电缆要按相应的颜色套热缩管,不能裸漏铜导线。

191. 地铁机电安装工程中,明装配电箱、控制箱安装时,利用(　),确定配电箱、控制箱的安装高度。
　　A. 结构面　　　　　　　　　　B. 装修完成面1m线
　　C. 吊顶标高　　　　　　　　　D. 桥架标高
　　解析:B。

192. 地铁机电安装工程中,金属软管与设备连接时,防水防潮电气设备的接线入口及接线盒等应做密封处理,金属软管在进出口间应形成(　)。
　　A. 坡度　　　　B. 直线　　　　C. 弯头　　　　D. 滴水弯
　　解析:D。金属软管与设备连接时,金属软管在进出口间应形成滴水弯,防止水流沿金属软管流入设备内部造成短路。

193. 地铁机电安装工程中,接线盒内电线并头时,一般预留长度以200mm为宜,电线成端缠绕不得少于(　)圈。
　　A. 1~3　　　　B. 3~5　　　　C. 5~7　　　　D. 8~10
　　解析:C。

194. 地铁机电安装工程中,垂直敷设电缆时,拐弯处确保弯曲半径,电缆固定点不小于(　)m固定,且使用专用卡子。
　　A. 0.5　　　　B. 1　　　　　C. 1.5　　　　D. 2
　　解析:B。

195. 地铁机电安装工程中,火灾时兼作疏散用的自动扶梯应采用(　)供电。
　　A. 一级负荷　　B. 二级负荷　　C. 三级负荷　　D. 无要求
　　解析:A。

196. 地铁机电安装工程中,消防用电设备作用于火灾时的控制回路,不得设置作用于跳闸的(　)或采用变频调速器作为控制装置。
　　A. 过载保护　　B. 漏电保护　　C. 超温报警　　D. 缺相报警
　　解析:A。消防用电设备作用于火灾时的控制回路,不得设置作用于跳闸的过载保护或采用变频调速器作为控制装置。

197. 地铁机电安装工程中,应急照明应由(　)提供专用回路供电,并应按公共区与设备管理区分回路供电。备用照明和疏散照明不应由同一分支回路供电。

A. 照明配电室 B. 车站控制室
C. 应急电源 D. 0.4kV 配电室

解析：C。应急照明应由应急电源提供专用回路供电，并应按公共区与设备管理区分回路供电。备用照明和疏散照明不应由同一分支回路供电。

198. 地铁机电安装工程中，车站疏散照明的地面最低水平照度不应小于（　　）lx（勒克斯），楼梯或扶梯、疏散通道转角处的照度不应低于（　　）lx。

　　A. 1.0，3.0　　B. 1.0，2.0　　C. 3.0，5.0　　D. 5.0，5.0

解析：C。

199. 地铁机电安装工程中，地下区间道床面疏散照明的最低水平照度不应小于（　　）lx。

　　A. 1.0　　B. 3.0　　C. 5.0　　D. 10.0

解析：B。

200. 地铁机电安装工程中，变电所、配电室、环控电控室、通信机房、信号机房、消防水泵房、车站控制室、站长室等应急指挥和应急设备设置场所的备用照明，其照度不应低于正常照明照度的（　　）。

　　A. 25%　　B. 30%　　C. 40%　　D. 50%

解析：D。

201. 地铁机电安装工程中，区间隧道内正常照明灯具的安装间距宜为（　　）m。

　　A. 5　　B. 10　　C. 15　　D. 20

解析：D。

202. 地铁机电安装工程中，区间隧道内及区间广告灯箱使用的接线盒为（　　）。

　　A. 防爆接线盒 B. 防火接线盒
　　C. 普通接线盒 D. 塑料接线盒

解析：A。

203. 地铁机电安装工程中，等电位联结的接地端子板宜采用厚度为（　　）mm 的紫铜板。

　　A. 3　　B. 4　　C. 5　　D. 6

解析：B。

204. 地铁机电安装工程中，消防电源监控系统的主机与模块之间采用总线（　　）连接的方式布线。

　　A. 放射式　　B. 并联　　C. 串联　　D. 混联

解析：C。

205. 地铁机电安装工程中，表示矿物电缆的是（　　）。

　　A. WAZA　　B. BTTZ　　C. BV　　D. BLV

解析：B。

206. 地铁机电安装工程中，地下车站及区间应急照明的持续供电时间不应小于（　　）min。

　　A. 30　　B. 60　　C. 90　　D. 120

解析：B。

207. 地铁机电安装工程中，地下车站及区间应急照明由正常照明转换为应急照明的切换时间不应大于（　　）s。
　　A. 1　　　　　　B. 3　　　　　　C. 5　　　　　　D. 10
　　解析：C。

208. 地铁机电安装工程中，消防用电设备的电线电缆选择和敷设应满足火灾时连续供电的需要，所有电线电缆均应为（　　）。
　　A. 铜芯　　　　　B. 铝芯　　　　　C. 银芯　　　　　D. 无要求
　　解析：A。

209. 地铁机电安装工程中，消防用电设备的配电线路应采用（　　）电线电缆。
　　A. 阻燃　　　　　B. 耐火　　　　　C. 耐高温　　　　D. 无卤
　　解析：B。

210. 地铁机电安装工程中，由0.4kV配电室引至重要消防用电设备的电源主干线及分支干线，宜采用（　　）不燃性电缆。
　　A. 低烟无卤　　　B. 无卤　　　　　C. 耐高温　　　　D. 矿物绝缘类
　　解析：D。

211. 地铁机电安装工程中，当电缆成束敷设时，应采用阻燃电缆，且电缆的阻燃级别不应低于（　　）级，敷设在同一建筑内的电缆的阻燃级别宜相同。
　　A. A　　　　　　B. B　　　　　　C. C　　　　　　D. D
　　解析：B。

212. 地铁机电安装工程中，一级负荷必须采用（　　）供电。
　　A. 双电源双回线路　　　　　　　B. 单电源双回线路
　　C. 双电源单回线路　　　　　　　D. 单电源单回线路
　　解析：A。

213. 地铁机电安装工程中，二级负荷宜采用（　　）专线供电。
　　A. 双电源双回线路　　　　　　　B. 单电源双回线路
　　C. 双电源单回线路　　　　　　　D. 单电源单回线路
　　解析：C。

214. 地铁机电安装工程中，三级负荷可采用（　　）供电，当系统中只有一个电源工作时可切除三级负荷。
　　A. 双电源双回线路　　　　　　　B. 单电源双回线路
　　C. 双电源单回线路　　　　　　　D. 单电源单回线路
　　解析：D。

215. 地铁机电安装工程中，可作为应急电源的是（　　）。
　　A. 0.4kV馈线　　B. 蓄电池　　　　C. 变压器　　　　D. 配电箱
　　解析：B。

216. 地铁机电安装工程中，电缆穿越轨道时，可采用轨道下穿（　　）敷设，也可采用刚性固定方式沿隧道顶部敷设。
　　A. 金属钢管　　　　　　　　　　B. 不锈钢管
　　C. 硬质非金属管材　　　　　　　D. JDG管

解析：C。

217. 地铁机电安装工程中，配电变压器二次侧至用电设备之间的低压配电级数不宜超过（　　）级。

A. 一　　　　　　B. 二　　　　　　C. 三　　　　　　D. 四

解析：C。

218. 地铁机电安装工程中，区间照明电压偏差允许值应为（　　）。

A. +5%～-10%　　　　　　B. +5%～-5%
C. +10%～-10%　　　　　D. +10%～-5%

解析：A。

219. 地铁机电安装工程中，动力设备及照明的控制可采用（　　）和远方控制。

A. 车控室控制　　　　　　B. 配电箱控制
C. 第三方控制　　　　　　D. 就地控制

解析：D。

220. 地铁机电安装工程中，插座回路具有（　　）保护功能。

A. 剩余电流动作　　B. 缺相　　　　C. 报警　　　　D. 分流

解析：A。

221. 地铁机电安装工程中，动力设备控制箱不在设备现场时，设备现场设（　　）。

A. 配电箱　　　　B. 控制箱　　　　C. 手操箱　　　　D. 检修箱

解析：C。

222. 地铁机电安装工程中，对消防设备电源进行监控的系统称为（　　）。

A. 消防设备电源监控系统　　　　B. 防雷接地系统
C. 配电系统　　　　　　　　　　D. BAS监控系统

解析：A。

223. 地铁机电安装工程中，应急照明线管外壁需涂刷（　　）。

A. 防腐涂料　　　B. 防火涂料　　　C. 标识色　　　D. 防锈漆

解析：B。

224. 地铁机电安装工程中，动力配电系统一般采用（　　）接地保护系统。

A. TT　　　　　B. TN-S　　　　　C. TN-C　　　　D. TT-N

解析：B。

225. 地铁机电安装工程中，单芯矿物电缆（　　）单独穿导磁性钢管，严禁采用导磁性金属卡具固定，可采用非导磁性卡具或阻燃尼龙绑扎带进行固定绑扎，防止产生涡流。

A. 可以　　　　　B. 必须　　　　　C. 严禁　　　　　D. 不宜

解析：C。

226. 地铁机电安装工程中，消防配电设备一般采用（　　）文字标识。

A. 红色　　　　　B. 绿色　　　　　C. 黄色　　　　　D. 黑色

解析：A。

227. 地铁机电安装工程中，电动机单机调试时，发现电动机的转向不正确时，可采用的方法是（　　）。

A. 拆除电动机，调换方向安装

B. 更换设备
C. 在电源侧或电动机接线盒侧任意对调两根电源线
D. 返厂维修

解析：C。

228. 地铁机电安装工程中，用机械敷设电缆时应缓慢前进，一般速度不超过（　）m/min，牵引头必须加装钢丝套。
A. 5　　　　　　　B. 10　　　　　　　C. 15　　　　　　　D. 20

解析：C。

229. 地铁机电安装工程中，电缆线路绝缘电阻测量前，用导线将电缆对地短路放电，当接地线路较长或绝缘性能良好时，放电时间不得少于（　）min。
A. 1　　　　　　　B. 3　　　　　　　C. 4　　　　　　　D. 5

解析：A。

230. 地铁机电安装工程中，母线槽的连接紧固应采用力矩扳手，母线连接的接触电阻应小于（　）Ω。
A. 0.1　　　　　B. 0.5　　　　　C. 1　　　　　　　D. 10

解析：A。

231. 地铁机电安装工程中，车站站厅层正常照明平均照度标准值为（　）lx。
A. 20　　　　　　B. 50　　　　　　C. 200　　　　　　D. 500

解析：C。

232. 地铁机电安装工程中，车站站厅层应急照明照度标准值为（　）lx。
A. 5　　　　　　　B. 50　　　　　　C. 100　　　　　　D. 200

解析：A。

233. 地铁机电安装工程中，车站站台层正常照明平均照度标准值为（　）lx。
A. 20　　　　　　B. 50　　　　　　C. 150　　　　　　D. 500

解析：C。

234. 地铁机电安装工程中，车站站台层应急照明照度标准值为（　）lx。
A. 5　　　　　　　B. 50　　　　　　C. 100　　　　　　D. 200

解析：A。

235. 地铁机电安装工程中，疏散通道应急照明照度标准不低于（　）lx。
A. 1　　　　　　　B. 3　　　　　　　C. 10　　　　　　D. 50

解析：B。

236. 地铁机电安装工程中，如人防门内外照明灯具共用同一回路配电，在防护密闭门内设置（　）保护。
A. 防爆器　　　　B. 浪涌保护器　　C. 继电器　　　　　D. 熔断器

解析：D。

237. 地铁机电安装工程中，设备区备用照明正常时采用就地或就近控制，紧急状态时由（　）控制。
A. FAS　　　　　B. BAS　　　　　C. ISCS　　　　　D. ACS

解析：A。

238. 地铁机电安装工程中，有吊顶的房间内一般选用的灯具是（　　）。
A. 壁挂式灯具　　　B. 嵌入式灯具　　　C. 吸顶式灯具　　　D. 吊挂式灯具
解析：B。

239. 地铁机电安装工程中，应急照明灯具应具有（　　）。
A. 吊钩　　　　　　　　　　　　　　B. 减振装置
C. 中国国家强制性消防产品认证证书　　D. 预埋螺栓
解析：C。

240. 地铁机电安装工程中，区间隧道内灯具的安装间距宜为（　　）m。
A. 5　　　　　　　B. 10　　　　　　C. 15　　　　　　D. 20
解析：B。

241. 地铁机电安装工程中，区间灯具的供电方式为（　　）。
A. 双电源交叉供电　　　　　　　　B. 单电源交叉供电
C. 双电源直接供电　　　　　　　　D. 单电源直接供电
解析：A。

242. 地铁机电安装工程中，卫生间内的非电气金属管道及金属构件应进行（　　）。
A. 等电位联结　　B. 防腐涂刷　　C. 防火涂刷　　D. 颜色标识
解析：A。

243. 地铁机电安装工程中，带电设备房间的金属防火门应进行（　　）。
A. 等电位联结　　B. 防腐涂刷　　C. 防火涂刷　　D. 颜色标识
解析：A。

244. 地铁机电安装工程中，消防风机、消防水泵、电伴热、用于疏散作用的电扶梯回路的配电断路器采用（　　）保护，当过载时只报警不跳闸。
A. 断路器　　　　B. 继电器　　　　C. 单磁　　　　D. 接触器
解析：C。

245. 地铁机电安装工程中，消防类配电箱备用回路（　　）接入其他非消防负荷。
A. 不得　　　　　B. 可以　　　　　C. 应该　　　　D. 随意
解析：A。

246. 地铁机电安装工程中，消防泵房控制柜落地安装时，柜体基础应高出装修完成面（　　）mm。
A. 100～200　　B. 150～200　　C. 150～250　　D. 200～250
解析：C。

247. 地铁机电安装工程中，落地配电柜型钢基础的固定点的间距不大于（　　）mm。
A. 500　　　　　B. 1000　　　　C. 1500　　　　D. 2000
解析：B。

248. 地铁机电安装工程中，配电箱、柜相互间或基础型钢应采用（　　）连接，且防松零件齐全。
A. 热镀锌螺栓　　B. 扎带　　　　C. 对穿螺栓　　D. 普通螺栓
解析：A。

249. 地铁机电安装工程中，穿越人防门框预留管孔的电缆，一律（　　）穿过，不得再套小管穿线，桥架应保持与门框墙有 400mm 的水平距离。

  A. 穿桥架   B. 套管   C. 不得   D. 裸缆

解析：D。

250. 地铁机电安装工程中，配电箱在混凝土墙面上用螺栓安装时，宜采用（　　）的膨胀螺栓。

  A. M8×100mm   B. M8×60mm   C. M12×60mm   D. M12×100mm

解析：C。参考国家建筑标准设计图集《地铁工程机电设备系统重点施工工艺-动力、照明、接地》14ST201-6。

251. 地铁机电安装工程中，配电箱在实心砖墙面上用螺栓安装时，宜采用（　　）的膨胀螺栓。

  A. M8×150mm   B. M10×150mm   C. M8×60mm   D. M10×60mm

解析：B。解析见第 250 题。

252. 地铁机电安装工程中，配电箱在墙上用支架安装时，槽钢支架宜采用（　　）槽钢。

  A. [5   B. [7   C. [10   D. [15

解析：A。解析见第 250 题。

253. 地铁机电安装工程中，配电箱在区间圆形隧道安装时，宜采用（　　）热镀锌扁钢做支架，使配电箱安装处于垂直状态，宜采用 M10 的膨胀螺栓固定。

  A. 40mm×4mm   B. 40mm×5mm   C. 50mm×4mm   D. 50mm×5mm

解析：A。解析见第 250 题。

254. 地铁机电安装工程中，配电柜设备落地安装时，基础槽钢采用（　　）号槽钢，无特殊要求时，基础槽钢安装后高出装修面（　　）mm。

  A. [5，5   B. [10，10   C. [5，10   D. [10，5

解析：B。

255. 地铁机电安装工程中，区间灯具安装时均采用（　　）接线盒，安装应牢固可靠，应有防振动脱落措施。

  A. 防水   B. 防火   C. 普通   D. 塑料

解析：A。

256. 地铁机电安装工程中，在高压/低压配电设备，弱电机柜设备及裸母线的正上方，（　　）安装灯具。

  A. 可以   B. 允许   C. 不得   D. 随意

解析：C。

257. 地铁机电安装工程中，公共区灯具安装时，除（　　）可采用卡接在吊顶板上安装之外，其他灯具安装需采用独立吊架体系。

  A. 重量不大的小型筒灯   B. 吸顶灯
  C. 嵌入式灯具   D. 壁灯

解析：A。

258. 地铁机电安装工程中，灯具安装需采用独立吊架体系，在有风管及其他管线设备影响的情况下无法安装时，宜采用（　　）方式安装。

A. 嵌入吊顶　　　　B. 卡接在吊顶上　　C. 吊杆　　　　　　D. 转换支架

解析：D。

259. 地铁机电安装工程中，每个灯具固定用螺钉或螺栓不少于（　　）个。
A. 1　　　　　　　B. 2　　　　　　　C. 3　　　　　　　D. 4

解析：B。

260. 地铁机电安装工程中，疏散和安全照明应采用的光源是（　　）。
A. 热辐射光源　　　　　　　　　　　B. 瞬时启动光源
C. 混合光源　　　　　　　　　　　　D. 短波辐射光源

解析：B。应急照明包括疏散照明、安全照明和备用照明，必须选用能瞬时启动的光源。

261. 地铁机电安装工程中，地面上设置的疏散标志灯的面板可以采用厚度（　　）mm及以上的钢化玻璃。
A. 1　　　　　　　B. 2　　　　　　　C. 3　　　　　　　D. 4

解析：D。

262. 地铁机电安装工程中，设置在距地面（　　）m及以下的疏散标志灯的面板或灯罩不应采用易碎材料或玻璃材质。
A. 1　　　　　　　B. 1.5　　　　　　C. 2　　　　　　　D. 3

解析：A。

263. 地铁机电安装工程中，在顶棚、疏散路径上方设置的灯具的面板或灯罩（　　）采用玻璃材质。
A. 可以　　　　　　B. 不应　　　　　　C. 允许　　　　　　D. 应该

解析：B。

264. 地铁机电安装工程中，疏散灯具在室外或地面上设置时，防护等级不应低于IP（　　）。
A. 54　　　　　　　B. 55　　　　　　　C. 65　　　　　　　D. 67

解析：D。

265. 地铁机电安装工程中，疏散灯具在隧道场所、潮湿场所内设置时，防护等级不应低于IP（　　）。
A. 54　　　　　　　B. 55　　　　　　　C. 65　　　　　　　D. 67

解析：C。

266. 地铁机电安装工程中，区间疏散指示灯宜选择带有（　　）的方向标志灯。
A. 箭头　　　　　　B. 米标　　　　　　C. 指示灯　　　　　D. 方向

解析：B。

267. 地铁机电安装工程中，具有两种及以上疏散指示方案的场所，安全标志灯光源点亮、熄灭的响应时间不应大于（　　）s。
A. 2　　　　　　　B. 3　　　　　　　C. 5　　　　　　　D. 10

解析：C。

268. 地铁机电安装工程中，方向标志灯的标志面与疏散方向垂直时，灯具的设置间距不应大于（　　）m。

A. 5　　　　　　B. 10　　　　　　C. 20　　　　　　D. 30

解析：C。

269. 地铁机电安装工程中，方向标志灯的标志面与疏散方向平行时，灯具的设置间距不应大于（　　）m。

A. 5　　　　　　B. 10　　　　　　C. 20　　　　　　D. 30

解析：B。

270. 地铁机电安装工程中，楼梯间（　　）应设置指示该楼层的标志灯。

A. 每层　　　　　B. 底层　　　　　C. 中层　　　　　D. 顶层

解析：A。

271. 地铁机电安装工程中，应急照明配电箱或集中电源的输入及输出回路中不应装设（　　），输出回路严禁接入系统以外的开关装置、插座及其他负载。

A. 保险　　　　　　　　　　　　B. 剩余电流动作保护器
C. 继电器　　　　　　　　　　　D. 熔断器

解析：B。

272. 地铁机电安装工程中，任一配电回路配接疏散灯具的数量，不宜超过（　　）个。

A. 20　　　　　　B. 40　　　　　　C. 60　　　　　　D. 80

解析：C。

273. 地铁机电安装工程中，应急照明系统集中电源的输出回路不应超过（　　）路。

A. 2　　　　　　B. 4　　　　　　C. 6　　　　　　D. 8

解析：D。

274. 地铁机电安装工程中，任一台应急照明控制器直接控制灯具的总数量不应大于（　　）只。

A. 2000　　　　　B. 2500　　　　　C. 3200　　　　　D. 3500

解析：C。

275. 地铁机电安装工程中，落地安装的配电柜后方的维修距离不宜小于（　　）m。

A. 0.5　　　　　B. 0.8　　　　　C. 1　　　　　　D. 1.2

解析：C。

276. 地铁机电安装工程中，在值班人员经常工作的一面，设备面盘至墙的距离不应小于（　　）m。

A. 1　　　　　　B. 2　　　　　　C. 3　　　　　　D. 4

解析：C。

277. 地铁机电安装工程中，应急照明控制器的自带蓄电池电源应至少使控制器在主电源中断后工作（　　）h。

A. 1　　　　　　B. 1.5　　　　　C. 2　　　　　　D. 3

解析：D。

278. 地铁机电安装工程中，应急照明线管入盒，盒外侧应套锁母，内侧应装（　　）。

A. 护口　　　　　B. 绝缘垫　　　　C. 螺栓　　　　　D. 卡具

解析：A。

279. 地铁机电安装工程中，应急照明线管在吊顶内敷设时，盒的内外侧均应套（　　）。

A. 护口   B. 绝缘垫   C. 锁母   D. 卡具
解析：C。

280. 地铁机电安装工程中，应急照明灯具应具有明显（　　）。
A. 安装位置   B. 标识   C. 亮度   D. 安装高度
解析：B。

281. 地铁机电安装工程中，用绝缘摇表进行测量绝缘电阻前，应进行校表，检查方法是将摇表进行一次开路和（　　）试验，检查摇表是否良好。
A. 断路   B. 短路   C. 测试   D. 对地
解析：B。

282. 地铁机电安装工程中，对绝缘摇表校表时，将两连接线开路，摇动手柄，指针应指在（　　）处。
A. ∞   B. 0   C. 0.5MΩ   D. 5MΩ
解析：A。

283. 地铁机电安装工程中，对绝缘摇表校表时，将两连接线短接，摇动手柄，指针应指在（　　）处。
A. ∞   B. 0   C. 0.5MΩ   D. 5MΩ
解析：B。

284. 地铁机电安装工程中，测试绝缘电阻时，按顺时针方向转动摇把，摇动的速度由慢而快，当转速达到每min（　　）转左右时，保持匀速转动，1min后读数，并且要边摇边读数，不能停下来读数。
A. 30   B. 60   C. 90   D. 120
解析：D。

285. 地铁机电安装工程中，绝缘电阻测试完成后应对被测设备放电，将测量时使用的地线从摇表上取下来与被测设备（　　）一下即可（不是摇表放电）。
A. 串联   B. 并联   C. 短接   D. 连接
解析：C。

286. 地铁机电安装工程中，超过15kW的空调器及水泵等大功率设备采用星形-三角形降压启动，启动电流和启动转矩各降为直接启动时的（　　）倍。
A. 3   B. 1/3   C. 2   D. 1/2
解析：B。

287. 地铁机电安装工程中，公共区墙壁应急照明疏散灯具安装时，宜采用（　　）的膨胀螺栓固定灯具支撑支架。
A. M6×40mm   B. M6×100mm
C. M8×40mm   D. M8×100mm
解析：A。

288. 地铁机电安装工程中，车站内的接地体一般位于（　　）。
A. 顶板   B. 站厅层   C. 站台板下   D. 站台层
解析：C。

289. 地铁机电安装工程中，地面的冷却塔的防雷接地水平接地体一般采用（　　）的热镀锌扁钢。

A. 40mm×4mm　　B. 50mm×5mm　　C. 40mm×5mm　　D. 50mm×4mm

解析：A。

290. 地铁机电安装工程中，地面的冷却塔的防雷接地垂直接地体可采用镀锌圆钢、镀锌角钢，当采用镀锌圆钢时，一般采用直径为( )mm 的圆钢。

A. 8　　　　　　B. 10　　　　　　C. 16　　　　　　D. 20

解析：B。

291. 地铁机电安装工程中，当冷却塔安装于高风亭顶部时，在冷却塔上安装的接闪器引下线需与高风亭的顶部的( )连接。

A. 避雷针　　　　B. 等电位端子箱　　C. 接闪带　　　　D. 接地体

解析：C。

292. 地铁机电安装工程中，环控电控室等房间内的接地母线过门时，宜在距离门框( )mm 的位置由门框顶部或引入装修面层下穿过。

A. 100　　　　　B. 200　　　　　C. 300　　　　　D. 500

解析：B。

293. 地铁机电安装工程中，安装于室外的配电箱、柜应选用( )配电柜。

A. 户外型　　　　B. 防火型　　　　C. 防撞型　　　　D. 防雷击

解析：A。

294. 地铁机电安装工程中，电缆桥架穿墙时，应预留洞口，预留洞口的尺寸宜大于桥架外形尺寸( )cm。

A. 3~5　　　　　B. 5~10　　　　　C. 10~15　　　　D. 15~20

解析：B。

295. 地铁机电安装工程中，电缆槽盒连接螺栓一般采用( )螺栓，圆头端在槽盒内部，防止螺栓刮伤电缆。

A. 镀锌　　　　　B. 圆头　　　　　C. 不锈钢　　　　D. 方颈圆头

解析：D。

296. 地铁机电安装工程中，电缆敷设时，电缆盘支架务必放到平整位置，防止晃动倾覆，电缆应从电缆盘( )引出。

A. 上部　　　　　B. 中部　　　　　C. 底部　　　　　D. 随意

解析：A。

297. 地铁机电安装工程中，低压电缆头制作时，根据接线端子深度加( )mm 切开电缆绝缘层，用液压钳压接( )道，锉平棱角，缠绕相应颜色绝缘胶带或热缩管热缩。

A. 2，5　　　　　B. 3，5　　　　　C. 5，2　　　　　D. 5，3

解析：C。

298. 地铁机电安装工程中，敷设线管穿越结构缝时，应增加可挠性软管过度处理，可挠性软管长度一般不大于( )m。

A. 0.5　　　　　B. 0.8　　　　　C. 1.2　　　　　D. 1.5

解析：B。

299. 地铁机电安装工程中，接线盒和管接头处如果是( )连接，须做跨接接地，如果管接头处是焊接连接，则无需再进行跨接接地。

　　A. 丝扣　　　　　　B. 套筒　　　　　　C. 熔融　　　　　　D. 卡套

　　解析：A。

300. 地铁机电安装工程中，JDG管连接时要在直管接头部位涂抹（　　），目的是保证接地的连续，JDG管连接时无需进行跨接接地。

　　A. 防腐涂料　　　　B. 防火涂料　　　　C. 沥青　　　　　　D. 导电膏

　　解析：D。

301. 地铁机电安装工程中，嵌入式灯具安装时应使用两根或四根吊杆，吊杆宜选用（　　）丝杠。

　　A. $\phi6$　　　　　B. $\phi8$　　　　　C. $\phi10$　　　　D. $\phi12$

　　解析：B。

302. 地铁机电安装工程中，测试回路的绝缘时，若回路中有晶体管、集成电路、电子元件时，该部位的检查不准使用兆欧表和摇表，只允许使用（　　）检查。

　　A. 万用表　　　　　　　　　　　　　B. 绝缘电阻测试仪

　　C. 照度计　　　　　　　　　　　　　D. 相序测试器

　　解析：A。

303. 地铁机电安装工程中，配电箱、柜送电前，应对配电箱（柜）内进行检查，其中箱（柜）内裸露端子铜排之间最小空气距离应不小于（　　）mm。

　　A. 3　　　　　　　　B. 5　　　　　　　　C. 10　　　　　　　D. 20

　　解析：A。

304. 地铁机电安装工程中，380V/220V系统的三相四线制中，中性线截面为相线截面的（　　）倍。

　　A. 0.5　　　　　　　B. 1　　　　　　　　C. 2　　　　　　　　D. 3

　　解析：A。

305. 地铁机电安装工程中，电气设备发生火灾时，首先应设法（　　）。

　　A. 扑灭火苗　　　　B. 切断电源　　　　C. 剪断电线　　　　D. 逃跑

　　解析：B。

306. 地铁机电安装工程中，机电设备控制级别最高的是（　　）。

　　A. 就地控制　　　　B. 环控控制　　　　C. 车站控制　　　　D. OCC远程控制

　　解析：A。

307. 地铁机电安装工程中，机电设备管理级别最高的是（　　）。

　　A. 就地控制　　　　B. 环控控制　　　　C. 车站控制　　　　D. OCC远程控制

　　解析：D。

308. 地铁机电安装工程中，区间检修插座箱设置在行车方向（　　）的墙上。

　　A. 左侧　　　　　　B. 右侧　　　　　　C. 上部　　　　　　D. 底部

　　解析：B。

309. 地铁机电安装工程中，站厅、站台、出入口的公共区照明系统采用（　　），在运营的高峰时段，站厅、站台公共区的所有照明全部开启，列车正常停运后，将公共区的照明调为清扫模式，供内部人员清扫及巡视使用。

A. 正常照明　　　　B. 应急照明　　　　C. 智能照明　　　　D. 疏散照明
解析：C。

310. 地铁机电安装工程中，配电箱内自动空气开关的电气符号是(　　)。
A. SB　　　　　　B. QF　　　　　　C. FR　　　　　　D. FU
解析：B。

311. 地铁机电安装工程中，用兆欧表摇测绝缘电阻时，如果接地端子与相线端子互换接线，测出的绝缘电阻(　　)。
A. 比实际值偏低　　B. 比实际值偏高　　C. 与实际值相同　　D. 为实际值的负值
解析：A。

312. 地铁机电安装工程中，下列标识中属于接地标识的是(　　)。

A. ▼　　　　　　B. ▽　　　　　　C. ⏚　　　　　　D. ⋈

解析：C。

313. 地铁机电安装工程中，等电位联结的符号为(　　)，应在等电位联结端子箱上作标识。

A. ▼　　　　　　B. ▽　　　　　　C. ⏚　　　　　　D. ⋈

解析：B。

314. 地铁机电安装工程中，等电位联结端子板应采用(　　)。
A. 铜质材料　　　　B. 铝质材料　　　　C. 钢质材料　　　　D. 塑料
解析：A。

315. 地铁机电安装工程中，等电位联结完毕后应用专用的测试仪表进行导通性测试，测试用电源可采用空载电压为4～24V的直流或交流电源，测试电流不应小于(　　)A。
A. 0.1　　　　　　B. 0.2　　　　　　C. 0.3　　　　　　D. 0.5
解析：B。

316. 地铁机电安装工程中，当测得等电位联结端子板与等电位连接范围内的金属管道等金属体末端之间的电阻不超过(　　)Ω时，可认为等电位联结是有效的。
A. 0.5　　　　　　B. 2　　　　　　　C. 3　　　　　　　D. 10
解析：C。

317. 地铁机电安装工程中，配电柜正面的操作通道宽度，单列布置或双列背对背布置时不小于(　　)m。
A. 0.5　　　　　　B. 1　　　　　　　C. 1.5　　　　　　D. 2
解析：C。

318. 地铁机电安装工程中，配电柜正面的操作通道宽度，双列面对面布置不小于(　　)m。
A. 0.5　　　　　　B. 1　　　　　　　C. 1.5　　　　　　D. 2
解析：D。

319. 地铁机电安装工程中，配电柜后面的维护通道宽度，双列背对背布置不小于（　）m，个别地点有建筑物结构凸出的地方，则此点通道宽度可减少（　）m
　　A. 1.0，0.2　　　B. 1.5，0.2　　　C. 1.0，0.5　　　D. 1.5，0.5
　　解析：B。

320. 地铁机电安装工程中，配电柜侧面的维护通道宽度不小于（　）m。
　　A. 0.5　　　B. 0.8　　　C. 1.0　　　D. 1.5
　　解析：C。

321. 地铁机电安装工程中，配电室的顶棚与地面的距离不低于（　）m。
　　A. 2　　　B. 3　　　C. 4　　　D. 5
　　解析：B。

322. 地铁机电安装工程中，配电室内设置值班室或检修室时，该室边缘距配电柜的水平距离大于（　）m，并采取屏障隔开。
　　A. 1　　　B. 2　　　C. 3　　　D. 4
　　解析：A。

323. 地铁机电安装工程中，配电室内的裸母线与地面垂直距离小于2.5m时，采用遮栏隔离，遮栏下面通道的高度不小于（　）m。
　　A. 0.5　　　B. 0.9　　　C. 1.5　　　D. 1.9
　　解析：D。

324. 地铁机电安装工程中，配电室围栏上端与其正上方带电部分的净距不小于（　）mm。
　　A. 75　　　B. 95　　　C. 120　　　D. 150
　　解析：A。

325. 地铁机电安装工程中，电缆槽盒在竖井内穿越楼板时，电缆槽盒预留洞周边砌筑（　）mm高的挡水台。
　　A. 100　　　B. 150　　　C. 200　　　D. 250
　　解析：C。

326. 地铁机电安装工程中，电缆槽盒在竖井内穿越楼板时，槽盒内外做好防火封堵，下层电缆桥架盖板应高出防水台（　）mm，其上再设置长度为（　）mm左右的桥架盖板检查段。
　　A. 50~100，500　　　　　　B. 100~200，1000
　　C. 50~100，1000　　　　　D. 100~200，500
　　解析：B。

327. 地铁机电安装工程中，槽盒敷设时，金属全长不大于（　）m时，不应少于两处与保护导体可靠连接，全长大于（　）m时，每隔20~30m应增加一个连接点，起始端和终点端均应可靠接地。
　　A. 30，30　　　B. 30，50　　　C. 50，30　　　D. 50，50
　　解析：A。

328. 地铁机电安装工程中，电缆沿槽盒水平敷设时，要求电缆平直无交错，填充率一般不大于（　）。

A. 25% B. 30% C. 40% D. 70%
解析：C。

329. 地铁机电安装工程中，进出配电箱箱体的金属导管应采用专用接地卡固定(　　)。
A. 专用接地端子排　B. 金属导体　　C. 进线电缆　　D. 保护连接导体
解析：D。

330. 地铁机电安装工程中，配电箱安装在混凝土加气块墙体上时，应使用(　　)将箱体固定在墙上，并在墙体背侧增加钢板支架。
A. 膨胀螺栓　　B. 穿钉　　C. 预埋螺栓　　D. 后扩底锚栓
解析：B。

331. 地铁机电安装工程中，配电箱暗装时，当配电箱背后距离幕墙厚度小于(　　)mm 时，需要钉铁丝网防止背后墙面空鼓和开裂。
A. 10 B. 20 C. 30 D. 50
解析：C。

332. 地铁机电安装工程中，配电箱暗装时，当配电箱的箱体宽度大于(　　)mm 时，需要在墙体上方加一道过梁。
A. 300 B. 400 C. 500 D. 600
解析：A。

333. 地铁机电安装工程中，镀锌钢导管敷设时，连接钢管的外露丝扣为(　　)扣，钢管的管口套丝后需清理毛刺，防止划伤绝缘层。
A. 2~3 B. 3~4 C. 4~5 D. 5~6
解析：A。

334. 地铁机电安装工程中，钢导管在线盒内外壁均设锁母，盒内部分剩余 1~2 扣螺纹，盒外剩余(　　)扣螺纹。
A. 2~3 B. 3~4 C. 4~5 D. 5~6
解析：A。

335. 地铁机电安装工程中，以下图片为母线槽的是(　　)。

A.

B.

C.

D.

解析：A。防火母线槽。

图B为铜牌；图C为镀锡铜牌；图D为带五指套铜牌。

336. 地铁机电安装工程中，以下图片为区间检修箱的是（ ）。

A.

B.

C.

D.

解析：C。检修箱（带检修插座）。
图A为电源箱；图B为控制箱；图D为控制箱。

337. 地铁机电安装工程中，以下图片为塑壳断路器的是（ ）。

A.

B.

C.

D.

解析：A。塑壳断路器。
图B为带漏保空气开关；图C为电表；图D为空气开关。

338. 地铁机电安装工程中，以下图片为矿物电缆的是（ ）。

A.

B.

C.

D.

解析：A。矿物电缆。

图 B、图 C、图 D 均为交联聚氯乙烯绝缘聚氧乙烯护套电力电缆。

339. 地铁机电安装工程中，以下图片为控制电缆的是（　　）。

A.

B.

C.

D.

解析：A。控制电缆。

图 B 为电力电缆；图 C 为屏蔽电缆；图 D 为信号电缆。

340. 地铁机电安装工程中，下列图片为区间槽道所用的 T 型螺栓的是（　　）。

A.

B.

C.

D.
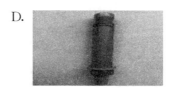

解析：A。T 型螺栓。

图 B 为六角镀锌螺栓；图 C 为膨胀螺栓；图 D 为后扩底螺栓。

341. 地铁机电安装工程中，下列图片为化学锚栓的是（　　）。

A.

B.

C.

D.

解析：A。化学锚栓。

图 B 为内六角螺栓；图 C 为防锈螺栓；图 D 为镀锌螺栓。

342. 地铁机电安装工程中，下列图片为格栅灯的是（　　）。

A.
B.
C.
D.

解析：D。格栅灯。

图 A 为双光荧光灯；图 B 为单管三防灯；图 C 为射灯。

343. 地铁机电安装工程中，下列图片为三防灯的是（　　）。

A.
B.
C.
D.

解析：D。三防灯。

图 A 为单管荧光灯；图 B 为格栅灯；图 C 为平板灯。

344. 地铁机电安装工程中，以下图片为线管与桥架、线盒连接的线管接头是（　　）。

A.
B.
C.
D.

解析：B。线管接头。

图 A 为包塑金属接头；图 C 为水管外丝接头。图 D 为蛇皮管接头。

345. 地铁机电安装工程中，电缆绝缘测试中常会用到摇表，以下图片为接地摇表的是（　　）。

A.
B.

C.  D.

解析：A。接地摇表。

图 B 为万用表；图 C 为测距仪；图 D 为电阻表。

346. 地铁机电安装工程中，以下图片为 JD 管直接头的是（　　）。

A.  B.

C.  D.

解析：B。JD 管直接头。

图 A 为包塑金属接头；图 C 为水管外丝接头；图 D 为蛇皮管接头。

347. 地铁机电安装工程中，以下图片为套丝机的是（　　）。

A.  B.

C.  D.

解析：A。套丝机。

图 B 为台钻；图 C 为切割机；图 D 为手持石材切割机。

4.2 多项选择题

1. 地铁机电安装工程中，消防水泵进行接口调试时，需要配合调试的单位有（　　）。

   A. 消防水泵供货商　　　　　　B. BAS 施工方
   C. FAS 施工方　　　　　　　　D. FAS 集成商
   E. 消防水泵安装单位

   解析：ACDE。

2. 地铁机电安装工程中，风阀进行接口调试时，需要配合调试的单位有（　　）。

   A. 风阀供货商　　　　　　　　B. BAS 施工方
   C. FAS 施工方　　　　　　　　D. BAS 集成商

E. 风阀安装单位

解析：ABDE。

3. 地铁机电安装工程中，以下设备为矿物电缆供电的是（　　）。

A. 消防水泵　　　　　　　　　　B. IBP 盘

C. 环控电控柜一级负荷进线柜　　D. EPS 应急电源

E. 污水泵

解析：ABCD。

4. 地铁机电安装工程中，有防静电地板的弱电设备接地端子排由（　　）等组成，在地板下墙上明装。

A. 接地端子板　　　　　　　　　B. 扁钢支架

C. 螺栓　　　　　　　　　　　　D. 保护罩

E. 铜编织带

解析：ABC。

5. 地铁机电安装工程中，接地端子箱由（　　）等组成。

A. 接地端子板　　　　　　　　　B. 扁钢支架

C. 螺栓　　　　　　　　　　　　D. 铜编织带

E. 保护罩

解析：ABCE。

6. 地铁机电安装工程中，以下属于二级负荷的是（　　）。

A. 变电所检修电源　　　　　　　B. 公共区照明

C. 普通风机　　　　　　　　　　D. 地下车站及区间的应急照明

E. 排污泵

解析：ABCE。乘客信息系统、变电所检修电源、地上站厅站台等公共区照明、附属房间照明、普通风机、排污泵、电梯、非消防疏散用自动扶梯和自动人行道，为二级负荷。

7. 地铁机电安装工程中，以下属于三级负荷的是（　　）。

A. 变电所检修电源　　　　　　　B. 车站空调制冷及水系统设备

C. 广告照明　　　　　　　　　　D. 电热设备

E. 附属房间电源插座

解析：BCDE。区间检修设备、附属房间电源插座、车站空调制冷及水系统设备、广告照明、清洁设备、电热设备、培训及模拟系统设备，应为三级负荷。

8. 地铁机电安装工程中，常出现电动机进水的情况，应采用的干燥方法有（　　）。

A. 外部加热干燥法　　　　　　　B. 电流加热干燥法

C. 风干法　　　　　　　　　　　D. 自然晾干法

E. 不用干燥

解析：AB。

9. 地铁机电安装工程中，电动机三相定子绕组按电源电压和电动机额定电压的不同，可采用的接线方式有（　　）。

A. 星形　　　　　　　　　　　　B. 并联

C. 串联　　　　　　　　　D. 三角形

E. 矩形

解析：AD。

10. 地铁机电安装工程中，关于成套配电装置开箱检查注意事项的说法正确的有（　　）。

A. 柜内电器、元件和绝缘瓷瓶无损伤和裂纹

B. 备件的供应范围和数量应符合合同要求

C. 柜内的接地线应符合有关技术要求

D. 柜内的关键部件应有产品制造许可证的复印件

E. 柜内的电器和元件均应有合格证的复印件

解析：ABCD。

11. 地铁机电安装工程中，安全标志灯的设置应保证人员能够清晰地辨识（　　）。

A. 疏散路径　　　　　　　　B. 疏散方向

C. 安全出口的位置　　　　　D. 所处的楼层位置

E. 消防控制室位置

解析：ABCD。

12. 地铁机电安装工程中，应急照明配电箱的调试内容主要有（　　）。

A. 应急照明配电箱主电源输出关断测试功能

B. 应急照明配电箱通信故障连锁控制功能

C. 应急照明配电箱灯具应急状态保持功能

D. 主电源分配输出功能

E. 应急照明配电箱内部的绝缘测试

解析：ABCD。

13. 地铁机电安装工程中，应急照明系统调试时，手动操作应急照明控制器的一键启动按钮，下列说法符合要求的是（　　）。

A. 应急照明控制器应发出手动应急启动信号

B. 应急照明控制器应显示启动时间

C. 系统内所有的非持续型照明灯的光源须应急点亮、持续型灯具的光源应由节电点亮模式转入应急点亮模式

D. 集中电源应转入蓄电池电源输出

E. 主电源继续输出

解析：ABCD。

14. 地铁机电安装工程中，电缆敷设完成后应设标识牌，一般在电缆（　　）等位置设电缆标识牌。

A. 中间　　　　　　　　　　B. 首末段

C. 中间50m　　　　　　　　D. 分支处

E. 拐弯处

解析：BCDE。

15. 地铁机电安装工程中，电缆标识牌应注明（　　）。

A. 电缆标号　　　　　　　　　B. 电缆规格型号
C. 起始点位置　　　　　　　　D. 电缆长度
E. 电流

解析：ABCD。

16. 地铁机电安装工程中，隧道风机的调试内容主要有（　　）。
A. 风机电机的绝缘检查
B. 风机的风量及性能测试
C. 可逆转风机的逆转性能测试
D. 可逆风机的由正转至反转的时间测试
E. 应急启动装置调试

解析：ABCD。

17. 地铁机电安装工程中，EPS 主要调试内容有（　　）。
A. 主备电源切换检查　　　　　B. 各支路负荷回路测试
C. 逆变供电调试　　　　　　　D. 柜内绝缘测试
E. 保护功能调试

解析：ABCE。

18. 地铁机电安装工程中，设备送电时应佩戴（　　）。
A. 绝缘手套　　　　　　　　　B. 防护服
C. 绝缘靴　　　　　　　　　　D. 防毒口罩
E. 反光服

解析：AC。

19. 地铁机电安装工程中，电气设备着火时，以下可以用于扑灭电气火灾的是（　　），并且使用时，应保持一定的安全距离。
A. 二氧化碳灭火器　　　　　　B. 四氯化碳灭火器
C. 1211 灭火器　　　　　　　　D. 泡沫灭火器
E. 干粉灭火器

解析：ABCE。

20. 地铁机电安装工程中，环控设备的控制方式有（　　）。
A. 就地控制　　　　　　　　　B. 环控控制
C. 车站控制　　　　　　　　　D. OCC 远程控制
E. 自动控制

解析：ABCD。（1）就地控制：也称为现场控制，指在设备附近，通过现场手操箱对设备进行直接控制的方式（有些设备无此控制级）；（2）环控控制：当就地手操箱通过转换开关，将操作权限转换为环控状态时，可在环控电控室侧进行启、停机操作；（3）在车控室通过 BAS 系统实现对风机、空调、冷水泵、冷却水泵、冷却塔等设备的控制与监视，并将采集的信息送至控制中心；（4）OCC 远程控制：控制中心 OCC 通过综合监控系统，实现对车站设备远程控制的方式。

21. 地铁机电安装工程中，导线需送第三方检测机构进行试验检测，需要检测的项目有（　　）。

A. 导线性能 B. 绝缘性能
C. 导线长度 D. 机械性能
E. 阻燃耐火性能

解析：ABDE。

22. 地铁机电安装工程中，开关、插座需送第三方检测机构进行试验检测，下列选项中属于开关、插座检测的项目是(　　)。

A. 绝缘性能 B. 机械性能
C. 外观检查 D. 截面积

解析：ABC。

23. 地铁机电安装工程中，以下属于特别重要负荷的是(　　)。

A. 火灾自动报警系统 B. 环境与设备监控系统
C. 变电所操作电源 D. 地下车站及区间的应急照明
E. 环控空调系统

解析：ABCD。

24. 地铁机电安装工程中，下列哪些房间需要设置备用照明(　　)。

A. 消防泵房 B. 站长室
C. 会议室 D. 信号机房
E. 环控电控室

解析：ABDE。变电所、配电室、环控电控室、通信机房、信号机房、消防水泵房、事故风机房、防排烟机房、车站控制室、站长室以及火灾时仍需坚持工作的其他房间，应设置备用照明。

25. 地铁机电安装工程中，下列哪些区域应设置疏散照明(　　)。

A. 地下区间 B. 车站公共区
C. 疏散通道 D. 卫生间
E. 消防楼梯间

解析：ABCE。车站公共区、楼梯或扶梯处、疏散通道、避难走道（含前室）、安全出口、长度大于20m的内走道、消防楼梯间、防烟楼梯间（含前室）、地下区间、联络通道应设置疏散照明。

26. 地铁机电安装工程中，动力照明配电系统是提供所有(　　)的系统。

A. 动力负荷供电 B. 照明负荷供电
C. 机车负荷供电 D. 检修车辆负荷
E. 转辙机用电负荷

解析：AB。

27. 地铁机电安装工程中，动力照明配电系统主要由(　　)以及动力照明负荷等组成。

A. 环控电控柜 B. 配电箱
C. 控制箱 D. 低压配电箱
E. 变压器

解析：ABCD。

28. 地铁机电安装工程中,车站照明按其功能可分为( )。
    A. 正常照明 B. 照明
    C. 应急照明 D. 值班照明
    E. 广告灯箱照明
    解析：ACDE。

29. 地铁机电安装工程中,通常在( )等处设商业广告灯箱照明。
    A. 站厅、站台公共区 B. 出入口通道
    C. 轨行区侧墙 D. 设备区通道
    E. 风道内
    解析：ABC。

30. 地铁机电安装工程中,在( )等位置设置安全电压照明。
    A. 车站设备区 B. 站台板下
    C. 车站公共区 D. 电缆夹层
    E. 出入口通道
    解析：BD。

31. 地铁机电安装工程中,地下区间灯具选用( )的灯具,防护等级不低于IP65。
    A. 防潮 B. 防尘
    C. 防震 D. 防眩光
    E. 荧光灯
    解析：ABCD。

32. 地铁机电安装工程中,照明回路采用( )。
    A. 过热保护 B. 短路瞬时保护
    C. 过负荷保护 D. 超时保护
    E. 计量保护
    解析：BC。

33. 地铁机电安装工程中,( )等回路应设置漏电保护。
    A. 广告照明 B. 落地式导向标识
    C. 可触及的导向标识 D. 疏散指示照明
    E. 应急照明指示
    解析：ABC。

34. 地铁机电安装工程中,位于末端的配电箱应设( )。
    A. 电度测量 B. 电压测量
    C. 功率测量 D. 瞬时保护
    E. 过载保护
    解析：DE。

35. 地铁机电安装工程中,电气火灾监控用于监测回路的( ),监控主机一般位于车站控制室。
    A. 剩余电流 B. 电缆接头温度
    C. 电压 D. 电流

E. 电度

解析：AB。

36. 地铁机电安装工程中，消防电源监控系统用于监视（　　），具体监控设备包括应急照明、消防水泵、消防风机等消防设备，监控主机一般位于车站控制室。
   A. 剩余电流　　　　　　　　　B. 进线电源的主备情况
   C. 欠压状态　　　　　　　　　D. 电缆接头温度
   E. 电度

解析：BC。

37. 地铁机电安装工程中，电缆截面的选型应考虑的因素有（　　）。
   A. 绝缘材料　　　　　　　　　B. 线缆载流量
   C. 经济电流特性　　　　　　　D. 电压损失
   E. 热稳定性

解析：BCDE。

38. 地铁机电安装工程中，功能性接地包括（　　）。
   A. 工作接地　　　　　　　　　B. 保护接地
   C. 直流接地　　　　　　　　　D. 屏蔽接地
   E. 信号接地

解析：ACDE。

39. 地铁机电安装工程中，保护性接地包括（　　）。
   A. 保护接地　　　　　　　　　B. 防雷及过电压接地
   C. 防静电接地　　　　　　　　D. 防化学腐蚀接地
   E. 功能性接地

解析：ABCD。

40. 地铁机电安装工程中，以下需要设置局部等电位联结箱的房间有（　　）。
   A. 冷水机房　　　　　　　　　B. 气瓶间
   C. 卫生间　　　　　　　　　　D. 备用间
   E. 通风机房

解析：ABCE。

41. 地铁机电安装工程中，动力照明系统中的三箱设备一般统指（　　）。
   A. 照明配电箱　　　　　　　　B. 动力配电箱
   C. 控制箱　　　　　　　　　　D. 接地端子箱
   E. 检修箱

解析：ABC。

42. 地铁机电安装工程中，EPS系统主要由（　　）等构成。
   A. 断路器　　　　　　　　　　B. 逆变器
   C. 充电机　　　　　　　　　　D. 互投装置
   E. 控制器及蓄电池组

解析：BCDE。

43. 地铁机电安装工程中，设备区房间内灯具的安装方式主要有（　　）。

A. 落地式 B. 吸顶式
C. 嵌入式 D. 悬吊式
E. 挂式

解析：BCD。

44. 地铁机电安装工程中，（　　）不允许用作接地线或保护线。

A. 镀锌钢管 B. 薄壁钢管或外皮
C. 保温管的金属网 D. 蛇皮管
E. 螺纹钢

解析：BCDE。

45. 地铁机电安装工程中，下列可作为保护导体的有（　　）。

A. 单芯电缆的芯线 B. 导体外部的工作零线
C. 固定敷设的裸导体或绝缘导体 D. 金属外护层、屏蔽体及铠装层
E. 所有金属构件

解析：CD。

第 5 章

砌筑装修篇

概　　述

地铁砌筑及装饰装修工程由设备管理用房砌筑及装修、公共区装修、站外出入口地面四小件装饰装修三部分组成。室内装修与机电安装之间的交叉作业多，各项施工工序交替频繁，机电末端安装与装修之间的协调是保证工程顺利进行的必要条件。

地铁砌筑及装饰装修工程的质量直观反映了一个工程的总体美观性，体现了车站设计的总体面貌。为保证地铁车站装饰装修工程的顺利进行，须对其施工质量进行严格控制，并应加强施工管理，协调施工与各专业、各环节之间的关系，以保证地铁车站装饰装修工程能够完美交付。本章中车站砌筑及装饰装修题目从施工的实用性出发，深入分析砌筑及装修施工各工序质量控制要点，车站装修与其他专业交叉作业关注重点等。

本章着重对地铁车站砌筑及装饰装修工程各工序施工质量控制、施工标准、规范化方面进行出题阐述，针对地铁装修的特点，分析装修各专业接口对接问题，并给出合理的解决方案。旨在通过本章内容的练习，深刻认识地铁车站砌筑及装饰装修工程施工的要求和作业规范，更好地管理施工作业，保证工程质量。

5.1　单项选择题

1. 地铁砌筑及装饰装修工程中砌体工程用的块材不包括(　　)。
　　A. 混凝土实心砖　　　　　　　　B. 混凝土空心砌块
　　C. 蒸压加气混凝土砌块　　　　　D. 耐火砖
　　解析：D。耐火砖多适用于工业炉窑设备中。

2. 地铁砌筑及装饰装修工程中常用的标准混凝土实心砖砌体，一般 8 块砖长加上 8 个灰缝的长度宜为(　　)mm。
　　A. 1000　　　　B. 1500　　　　C. 2000　　　　D. 800mm
　　解析：C。标准混凝土实心砖的规格型号为 240mm×115mm×53mm，8×240mm+8×10mm=2000mm，砖长 240mm，灰缝厚度 10mm。

3. 地铁砌筑及装饰装修工程中，到场的实心砖混凝土砌块、加气混凝土砌块、烧结普通砖砌块的码放高度不得高于(　　)m。
　　A. 2.0　　　　B. 1.8　　　　C. 1.2　　　　D. 1.0
　　解析：A。地铁砌筑及装饰装修工程中，到场的实心砖混凝土砌块、加气混凝土砌块、烧结普通砖砌块的码放高度不得高于 2.0m。

4. 地铁砌筑及装饰装修工程砖砌体水平灰缝的砂浆饱满度不得低于(　　)。
　　A. 60%　　　　B. 70%　　　　C. 80%　　　　D. 90%

解析：C。砖砌体水平灰缝的砂浆饱满度不得低于80%。

5. 地铁砌筑及装饰装修工程中混凝土实心砖砌体结构的水平缝厚度与竖缝宽度应为（   ）mm。
   A. 6～8　　　　　B. 8～12　　　　　C. 8～15　　　　　D. 10～12
   解析：B。灰缝厚度或宽度应为8～12mm。

6. 地铁砌筑及装饰装修工程中砖砌体的转角处与交接处应同时砌筑，当不能同时砌筑时，应砌成斜槎，斜槎长度不得小于高度的（   ）。
   A. 1/3　　　　　B. 2/3　　　　　C. 1/2　　　　　D. 3/4
   解析：B。砖砌体的转角处与交接处应同时砌筑，当不能同时砌筑时，应砌成斜槎，斜槎长度不小于高度的2/3，如临时间断处留斜槎有困难时，必须做成阳槎，并加拉结筋。

7. 地铁砌筑及装饰装修工程中，地铁站内连续5d内的平均气温低于（   ）℃，即界定为进入冬期施工。
   A. 5　　　　　B. 3　　　　　C. 0　　　　　D. －5
   解析：A。平均气温连续5d稳定低于5℃时，混凝土结构工程应采取冬期施工措施并应及时采取气温突然下降的防冻措施。

8. 地铁砌筑及装饰装修工程中，混凝土实心砖砌体每日砌筑高度不得超过（   ）m。
   A. 2.0　　　　　B. 1.5　　　　　C. 1.2　　　　　D. 1.0
   解析：B。现场施工时，砖墙每天砌筑高度不得超过1.5m；雨天或冬期施工时，每天砌筑高度不宜超过1.2m。以防止砂浆强度较低时受到过大压力而造成墙体变形或坍塌。

9. 地铁砌筑及装饰装修工程中，在砌筑混凝土砌块过程中在脚手板上临时堆放的混凝土砌块不得高于（   ）层。
   A. 1　　　　　B. 2　　　　　C. 3　　　　　D. 4
   解析：C。地铁砌筑及装饰装修工程中，在砌筑混凝土砌块过程中在脚手板上临时堆放的混凝土砌块不得高于3层。

10. 地铁砌筑及装饰装修工程中，皮数杆的作用是用它来控制每皮砖的砌筑厚度，控制门窗洞口、风管水管套管洞口、过梁的标高，两皮数杆间距不应大于（   ）m。
    A. 5　　　　　B. 15　　　　　C. 25　　　　　D. 40
    解析：B。

11. 地铁砌筑及装饰装修工程中，砖砌体施工时，预留的临时施工洞口的净宽度不应超过（   ）m。
    A. 0.5　　　　　B. 1　　　　　C. 5　　　　　D. 2
    解析：B。地铁砌筑及装饰装修工程中，砖砌体施工时，预留的临时施工洞口的净宽为0.5～1.0m。

12. 地铁砌筑及装饰装修工程中，标准混凝土实心砖砌体的砖块之间要错缝搭接，错缝长度一般不应小于（   ）mm。
    A. 30　　　　　B. 60　　　　　C. 120　　　　　D. 190
    解析：B。地铁砌筑及装饰装修工程中，标准混凝土实心砖砌体的砖块之间要错缝搭接,错缝长度一般不应小于60mm。

13. 地铁砌筑及装饰装修工程中,混凝土实心砖及混凝土空心砖的养护龄期不应小于(　　)d。
A. 7　　　　　　B. 14　　　　　　C. 21　　　　　　D. 28
解析:D。

14. 地铁砌筑及装饰装修工程中,砌筑混凝土实心砖墙体需要留斜槎时,应沿墙高每500mm设置一道拉结筋,对240mm厚的砖墙,拉结筋每道应为(　　)。
A. 1ϕ4　　　　　B. 2ϕ4　　　　　C. 2ϕ6　　　　　D. 1ϕ6
解析:C。地铁砌筑及装饰装修工程中,砌筑混凝土实心砖墙体需要留斜槎时,应沿墙高每500mm设置一道拉结筋,对240mm厚的砖墙,拉结筋每道应为2ϕ6。

15. 地铁砌筑及装饰装修工程在冬期施工时,砌筑及抹灰所用砂浆的水温不得超过(　　)℃,环境温度低于-10℃以内水温不得低于(　　)℃。
A. 85,10　　　B. 80,5　　　C. 90,10　　　D. 100,5
解析:B。水温超过80℃将影响水泥活性,环境温度低于-10℃以内,水温低于5℃将影响砌筑质量。

16. 地铁砌筑及装饰装修工程中,砌筑混凝土实心砖墙所用砂浆的稠度应就是(　　)mm。
A. 70~90　　　B. 30~50　　　C. 50~70　　　D. 90~120
解析:A。混凝土实心砖砌体,砌筑砂浆的稠度应为70~90mm。

17. 地铁砌筑及装饰装修工程中,砂浆稠度所用的测试设备应为(　　)。
A. 坍落度桶　　B. 混凝土试块模具　　C. 砂浆稠度仪　　D. 回弹仪
解析:C。

18. 地铁砌筑及装饰装修工程中,M7.5的砌筑砂浆试块的抗压强度标准值应为(　　)MPa。
A. 7.50~8.95　　　　　B. 8.00~8.95
C. 8.47~8.95　　　　　D. 8.50~8.95
解析:C。

19. 地铁砌筑及装饰装修工程中,砌筑砂浆试块的标准尺寸为(　　)。
A. 70.7mm×70.7mm×70.7mm　　B. 80mm×80mm×80mm
C. 100mm×100mm×100mm　　　D. 70mm×70mm×70mm
解析:A。

20. 地铁砌筑及装饰装修工程中,M10的抹灰砂浆试块抗压强度取值范围为(　　)MPa。
A. 11.5~14.5　　B. 8.5~14.5　　C. 11.5~16.5　　D. 8.5~11.5
解析:A。

21. 地铁机电安装及装饰装修工程中,公共区卫生间儿童用台盆高度应为(　　)mm。
A. 400　　　　B. 500　　　　C. 550　　　　D. 600
解析:D。公共区卫生间儿童用台盆高度应为500mm。

22. 地铁砌筑及装饰装修工程中,C20混凝土试块抗压强度应不低于(　　)MPa。

A. 20　　　　　　B. 25　　　　　　C. 30　　　　　　D. 35

解析：B。

23. 地铁砌筑及装饰装修工程中，C30 混凝土试块抗压强度应不低于（　　）MPa。

A. 30　　　　　　B. 35　　　　　　C. 40　　　　　　D. 45

解析：B。

24. 地铁砌筑及装饰装修工程中，C25 混凝土试块抗压强度应不低于（　　）MPa。

A. 20　　　　　　B. 25　　　　　　C. 30　　　　　　D. 35

解析：C。

25. 地铁砌筑及装饰装修工程中，混凝土实心砖砌体所采用的 M7.5 砌筑砂浆用的沙宜采用（　　）

A. 粗沙　　　　　B. 细沙　　　　　C. 中沙　　　　　D. 特细沙

解析：C。

26. 地铁砌筑及装饰装修工程中，不得作为 M7.5 砌筑砂浆掺合物的材料有（　　）。

A. 粉煤灰　　　　B. 中砂　　　　　C. 水泥　　　　　D. 细石

解析：D。细石多为混凝土拌合料。

27. 地铁砌筑及装饰装修工程中，使用罐车浇筑设备基础时所用 C30 混凝土的坍落度宜为（　　）mm。

A. 80～140　　　B. 80～100　　　C. 100～140　　　D. 140～200

解析：A。

28. 地铁砌筑及装饰装修工程中，在满足结构设计的条件下，出于经济合理性考虑，常用于浇筑墙下混凝土条带、圈梁及构造柱的混凝土强度等级宜为（　　）。

A. C25　　　　　B. C35　　　　　C. C40　　　　　D. C15

解析：A。C15、C20 常用于垫层浇筑，C25 常用于墙下混凝土条带、圈梁、构造柱浇筑，C30 常用于设备基础浇筑、C35 常用于临轨行区混凝土隔墙浇筑。

29. 地铁装饰装修工程中，施工期间最高温度为 25℃，砌筑用普通水泥砂浆拌成后最迟必须在（　　）h 内使用完毕。

A. 1　　　　　　B. 2　　　　　　C. 3　　　　　　D. 4

解析：C。现场砌筑砂浆应随拌随用，水泥砂浆和水泥混合砂浆必须分别在拌成后 3h 和 4h 内使用完毕。当施工期间最高气温超过 30℃时，必须分别在拌成后 2h 和 3h 内使用完毕。本题所述为水泥砂浆，气温不高于 30℃。

30. 地铁砌筑及装饰装修工程中，混凝土的和易性不包括（　　）。

A. 流动性　　　　B. 黏聚性　　　　C. 保水性　　　　D. 稳定性

解析：D。

31. 地铁砌筑及装饰装修工程中，应采用混凝土实心砖砌筑的设备房间有（　　）。

A. 照明配电室、临轨行区隔墙、强弱电井、卫生间、风道
B. 照明配电室、通号电缆间、强弱电井、卫生间、通风空调机房
C. 照明配电室、通号电缆间、会议室、更衣室、临轨行区隔墙
D. 工区管理用房、卫生间、强弱电井、与公共区交界隔墙、会议室

解析：B。照明配电室、通号电缆间、强弱电井、卫生间、与公共区交界隔墙应采用

混凝土实心砖进行砌筑，临轨行区隔墙应采用混凝土进行浇筑。

32. 地铁砌筑及装饰装修工程中，需设置静电地板的房间有（　　）。

A. 车站控制室、站长室、信号设备室、专用通信设备室、综合监控设备室、警用设备室（公安设备室）、信号电源室、AFC 设备室、民用通信设备室、站台门控制室

B. 车站控制室、站长室、环控电控室、专用通信设备室、综合监控设备室、警用设备室（公安设备室）、警务室、信号电源室、AFC 设备室、警务室

C. 照明配电室、站长室、信号设备室、专用通信设备室、综合监控设备室、警用设备室（公安设备室）、信号电源室、AFC 设备室、民用通信设备室、通风空调机房

D. 照明配电室、环控电控室、信号设备室、专用通信设备室、综合监控设备室、警用设备室（公安设备室）、信号电源室、AFC 设备室、民用通信设备室、警务室

解析：A。车站控制室、站长室、信号设备室、专用通信设备室、综合监控设备室、警用设备室（公安设备室）、信号电源室、AFC 设备室、民用通信设备室、站台门控制室需设置静电地板。

33. 地铁砌筑及装饰装修工程中，可设置瓷砖地面的房间有（　　）。

A. 更衣室、会议室、楼梯间、卫生间、休息室、警务室、茶水间、AFC 票务室、工区管理用房、母婴室

B. 站长室、警务室、通风空调机房、AFC 票务室、AFC 设备室、消防泵房、车站控制室、照明配电室、会议室、卫生间

C. 更衣室、警务室、通风空调机房、AFC 票务室、AFC 设备室、消防泵房、车站控制室、照明配电室、会议室、卫生间

D. 站长室、车站控制室、通风空调机房、AFC 票务室、AFC 设备室、消防泵房、车站控制室、照明配电室、更衣室、会议室

解析：A。更衣室、会议室、楼梯间、卫生间、休息室、警务室、茶水间、AFC 票务室、工区管理用房、母婴室可设置瓷砖地面。

34. 地铁砌筑及装饰装修工程中，为满足送电需求，需首批移交的房间有（　　）。

A. 整流变压器室、照明配电室、能馈变压器室、交直流开关柜室、再生制动变压器室、再生能动室、车站控制室、0.4kV 变配电室

B. 整流变压器室、35kV 开关柜室、能馈变压器室、交直流开关柜室、再生制动变压器室、再生能动室、控制室、0.4kV 变配电室

C. 整流变压器室、照明配电室、环控电控室、交直流开关柜室、再生制动变压器室、再生能动室、车站控制室、站长室

D. 0.4kV 变配电室、35kV 开关柜室、能馈变压器室、交直流开关柜室、再生制动变压器室、再生能动室、车站控制室、环控电控室

解析：B。地铁砌筑及装饰装修工程中，为满足送电需求，需首批移交的房间有整流变压器室、35kV 开关柜室、能馈变压器室、交直流开关柜室、再生制动变压器室、再生能动室、控制室、0.4kV 变配电室。

35. 地铁砌筑及装饰装修工程中，下列房间地面应采用预制水磨石或绝缘地

面( )。

A. 0.4kV 变配电室、35kV 开关柜室、能馈变压器室、交直流开关柜室、再生制动变压器室、再生能动室、车站控制室、环控电控室

B. 整流变压器室、照明配电室、能馈变压器室、交直流开关柜室、再生制动变压器室、再生能动室、车站控制室、0.4kV 变配电室

C. 整流变压器室、照明配电室、环控电控室、交直流开关柜室、再生制动变压器室、再生能动室、车站控制室、站长室

D. 整流变压器室、35kV 开关柜室、能馈变压器室、交直流开关柜室、再生制动变压器室、再生能动室、控制室、0.4kV 变配电室

解析：D。地铁砌筑及装饰装修工程中，流变压器室、35kV 开关柜室、能馈变压器室、交直流开关柜室、再生制动变压器室、再生能动室、控制室、0.4kV 变配电室采用预制水磨石或绝缘地面。

36. 地铁砌筑及装饰装修工程中，用于检查水平灰缝砂浆饱满度的工具是( )。
A. 楔形塞尺　　　　　　　　B. 百格网
C. 靠尺　　　　　　　　　　D. 托线板
解析：B。

37. 地铁砌筑及装饰装修工程中，检查墙面垂直度常用的工具是( )。
A. 钢尺　　　B. 经纬仪　　　C. 靠尺　　　D. 楔形塞尺
解析：C。墙面垂直度需用 2m 靠尺检查，墙面平整度用靠尺及楔形塞尺检查。

38. 地铁砌筑及装饰装修工程中，高度 3m 以下的墙体垂直度标准为( )mm。
A. 2　　　B. 3　　　C. 4　　　D. 5
解析：D。墙面垂直度需用 2m 靠尺检查，高度 3m 以下的墙体垂直度标准为 5mm。

39. 地铁砌筑及装饰装修工程中，高度 3m 以上 5m 以下的墙体垂直度标准为( )mm。
A. 5　　　B. 8　　　C. 10　　　D. 12
解析：C。墙面垂直度需用 2m 靠尺检查，高度 3m 以上 5m 以下的墙体垂直度标准为 10mm。

40. 地铁砌筑及装饰装修工程中，砌筑墙体平整度的标准为( )mm。
A. 5　　　B. 6　　　C. 7　　　D. 8
解析：D。墙面平整度用靠尺及楔形塞尺检查，墙体平整度不得大于 8mm。

41. 地铁砌筑及装饰装修工程中，检查墙面平整度常用的工具是( )。
A. 钢尺　　　B. 经纬仪　　　C. 靠尺　　　D. 楔形塞尺
解析：D。墙面垂直度需用 2m 靠尺检查，墙面平整度用靠尺及楔形塞尺检查。

42. 地铁砌筑及装饰装修工程中，有关砌筑砂浆的说法，不正确的是( )。
A. 不同品种的水泥，不得混合使用
B. 用细沙代替中沙
C. 可掺加粉煤灰取代 40％的水泥
D. 拌制成品砂浆时，水温不得超过 80℃
解析：B。砌筑砂浆应采用中沙。

43. 地铁砌筑及装饰装修工程中，所用砌筑砂浆的掺合料，生石灰熟化成石灰膏时，熟化时间不得少于（　　）d。
A. 3　　　　　　B. 5　　　　　　C. 7　　　　　　D. 14
解析：C。砌筑砂浆使用的石灰，应经粉化、过滤，并在灰骨池内静置熟化不少于 7d。

44. 地铁砌筑及装饰装修工程中，涉水房间墙面抹灰砂浆宜选用（　　）。
A. 混合砂浆　　　　　　B. 高保水性水泥砂浆
C. 粉煤灰砂浆　　　　　D. 石灰砂浆
解析：B。地铁砌筑及装饰装修工程中，涉水房间抹灰砂浆宜选用高保水性水泥砂浆。

45. 地铁砌筑及装饰装修工程中，砌体工程中最常用的砂浆就是（　　）。
A. 混合砂浆　　　B. 防水砂浆　　　C. 水泥砂浆　　　D. 石灰砂浆
解析：A。与其他砂浆相比，混合砂浆既节约水泥，又有较好的流动性与保水性，易于保证砂浆饱满度，故砌筑二次结构中经常采用。

46. 地铁砌筑及装饰装修工程砌筑砂浆的强度等级划分中，强度最高为（　　）。
A. M20　　　　　B. M15　　　　　C. M10　　　　　D. M25
解析：A。砂浆的强度等级划分为 M2.5、M5.0、M7.5、M10、M15 与 M20 六个等级。

47. 地铁砌筑及装饰装修工程中，砂浆的流动性以（　　）表示。
A. 坍落度　　　　B. 细度　　　　C. 分层度　　　　D. 稠度
解析：D。砂浆稠度是表示砂浆的稀稠程度，砂浆稠度的测定使用稠度仪。

48. 地铁砌筑及装饰装修工程中，正常情况下混合砂浆应在拌成后（　　）h内用完。
A. 3　　　　　　B. 5　　　　　　C. 8　　　　　　D. 10
解析：A。砂浆应随拌随用，混合砂浆应在拌成后 3h 内使用完毕；当施工期间最高气温超过 30℃时，必须在拌成后 2h 内使用完毕，以防止由于水泥初凝而影响砂浆强度。

49. 地铁砌筑及装饰装修工程中，当施工期间最高气温超过 30℃时，混合砂浆应在拌成后（　　）h内用完。
A. 5　　　　　　B. 4　　　　　　C. 3　　　　　　D. 2
解析：D。解析见第 48 题。

50. 地铁砌筑及装饰装修工程中，确定砌筑砂浆的强度使用边长为（　　）mm 立方体试块。
A. 150　　　　　B. 100　　　　　C. 90.7　　　　　D. 70.7
解析：D。砌筑砂浆的强度等级就是用边长为 70.7mm 的立方体试块，经养护 28d 的平均抗压极限强度确定的。

51. 地铁砌筑及装饰装修工程中，混凝土试块、砂浆试块标准养护周期不得少于（　　）d。
A. 7　　　　　　B. 14　　　　　C. 28　　　　　D. 30
解析：C。

52. 地铁砌筑及装饰装修工程中，混凝土试块、砂浆试块标准养护温度为（　　），湿度为（　　）。
    A. 20±3℃，>95%　　　　　　B. 20±2℃，>95%
    C. 20±3℃，>90%　　　　　　D. 20±2℃，>90%
    解析：B。

53. 地铁砌筑及装饰装修工程中，混凝土实心砖砌体的砂浆稠度应是（　　）mm。
    A. 70～90　　　B. 70～100　　　C. 50～60　　　D. 60～70
    解析：A。砂浆稠度为70～90mm。

54. 地铁砌筑及装饰装修工程中，设计要求的洞口、管道、沟槽应于砌筑时正确留出或预埋，未经设计同意不得打凿墙体和在墙体上开凿水平沟槽。宽度超过（　　）mm的洞口上部，应设置过梁，过梁入墙不少于（　　）mm。
    A. 200，300　　　B. 300，250　　　C. 300，200　　　D. 300，250
    解析：B。《填充墙砌体13J104》中要求宽度大于300的洞口必须设置过梁，且过梁每边伸入墙体不小于250mm。

55. 地铁砌筑及装饰装修工程中，正常施工条件下，砖砌体、小砌块砌体每日砌筑高度宜控制在（　　）m或一步脚手架高度内。
    A. 1.2　　　B. 1.3　　　C. 1.4　　　D. 1.5
    解析：D。正常施工条件下，砖砌体每日砌筑高度宜控制在1.5m或一步脚手架高度内。

56. 地铁砌筑及装饰装修工程中，4.5m宽的立式风阀洞口混凝土过梁强度超过设计强度的（　　）时，方可拆除底模。
    A. 70%　　　B. 75%　　　C. 80%　　　D. 85%
    解析：B。当过梁跨度≤8m时为≥75%；当过梁跨度>8m时为≥100%。

57. 地铁砌筑及装饰装修工程中，填充墙与承重主体结构的间隙宜为（　　）mm，应在填充墙砌筑（　　）d后进行斜砌。
    A. 200，7　　　B. 200，14　　　C. 300，7　　　D. 300，14
    解析：A。地铁砌筑及装饰装修工程中，填充墙与承重主体结构的间隙200mm二次结构与主体间的缝隙施工一般在主体结构施工7d天后进行斜砌。

58. 地铁砌筑及装饰装修工程中，填充墙砌体尺寸大小、位置的允许偏差，每检验批抽查不应少于（　　）处。
    A. 4　　　B. 5　　　C. 6　　　D. 7
    解析：B。验收规范要求抽检数量：每检验批抽查不应少于5处。

59. 地铁砌筑及装饰装修工程中，蒸压加气混凝土砌块砌筑时应错缝搭砌，搭接长度不应小于砌体长度的（　　）。
    A. 1/4　　　B. 3/4　　　C. 1/2　　　D. 1/3
    解析：D。填充墙砌筑时应错缝搭接，蒸压加气混凝土砌块搭砌长度不应小于砌体长度的1/3。

60. 地铁砌筑及装饰装修工程中，冬期施工砂浆试块的留置，除应按常温规定要求外，尚应留置不少于（　　）组与砌体同条件养护的试块，用于检验转入常温28d强度。

A. 1   B. 2   C. 3   D. 4

解析：A。冬期施工，留置不少于1组（3块）的同条件试块。

61. 地铁砌筑及装饰装修工程中，当门窗洞口尺寸小于1.5m时，应设置宽度不小于（　　）mm的抱框柱，当门窗洞口尺寸大于1.5m时，应按照要求设置构造柱代替抱框柱。

A. 100   B. 150   C. 200   D. 250

解析：A。地铁砌筑及装饰装修工程中，当门窗洞口尺寸小于1.5m时，应设置宽度不小于100mm的抱框柱，当门窗洞口尺寸大于1.5m时，应按照要求设置构造柱代替抱框柱。

62. 地铁砌筑及装饰装修工程中，构造柱、水平系梁最外层钢筋保护层厚度不应小于（　　）mm；灰缝中拉结钢筋外漏砂浆保护层的厚度不应小于（　　）mm。

A. 15，20   B. 20，15   C. 10，20   D. 20，10

解析：B。构造柱、水平系梁保护层为20mm；拉结筋保护层不小于15mm。一般施工中拉结筋距墙边线60mm放置。

63. 地铁砌筑及装饰装修工程中，混凝土实心砖及蒸压加气块砌体墙面抹灰工程应在砌体结构验收及完工（　　）d后进行。

A. 7   B. 14   C. 21   D. 28

解析：D。混凝土实心砖及蒸压加气块砌体墙面抹灰工程应在砌体结构验收及完工28d后进行，主要考虑到混凝土圈梁、构造柱的强度，28天后，混凝土收缩趋于稳定。

64. 地铁砌筑及装饰装修工程中，填充墙高度超过（　　）m必须增加圈梁或配筋带。

A. 4   B. 6   C. 3   D. 8

解析：A。《蒸压加气混凝土砌块、板材构造》13J104标准图集中要求，填充墙高度超过4m必须设置圈梁。

65. 地铁砌筑及装饰装修工程中，填充墙宽度超过（　　）m必须增加构造柱。

A. 3   B. 4   C. 5   D. 6

解析：C。填充墙宽度超过5m必须增加构造柱。

66. 地铁砌筑及装饰装修工程中，常用的蒸压加气混凝土砌块的标准尺寸为（　　）。

A. 600mm×200mm×200mm   B. 600mm×250mm×200mm
C. 600mm×240mm×240mm   D. 600mm×300mm×200mm

解析：A。地铁砌筑及装饰装修工程中，常用的蒸压加气混凝土砌块的标准尺寸为600mm×200mm×200mm。

67. 地铁砌筑及装饰装修工程中，圈梁遇洞口中断，所设的附加圈梁与原圈梁的搭接长度应满足（　　）（其中：h为附加圈梁与原圈梁的垂直净距）。

A. ≤2h 且≤1000mm   B. ≤4h 且≤1500mm
C. ≥2h 且≥1000mm   D. ≥4h 且≥1500mm

解析：C。当圈梁被门、窗口截断时，应在洞口上部增设相同截面的附加圈梁。附加圈梁与圈梁的搭接长度不应小于其垂直间距的2倍，且不小于1m。

68. 地铁砌筑及装饰装修工程中，对墙体设计的构造柱最小尺寸为（　　）。

A. 180mm×180mm　　　　　　　B. 180mm×240mm
C. 200mm×200mm　　　　　　　D. 370mm×370mm

解析：C。200mm厚的墙体构造柱尺寸为200mm×200mm。

69. 砂浆的稠度越大，说明砂浆的（　　）。

A. 流动性越好　　B. 强度越高　　C. 保水性越好　　D. 粘结力越强

解析：A。使用砂浆稠度仪测量，稠度仪的数值越大，流动性越好。

70. 地铁砌筑及装饰装修工程中，混凝土小型空心砌块砌筑时，水平灰缝的砂浆饱满度，按净面积计算不得低于（　　）。

A. 60%　　　　B. 70%　　　　C. 80%　　　　D. 90%

解析：D。现行国家标准《砌体结构工程施工质量验收规范》GB 50203中要求水平灰缝饱满度不得小于90%。

71. 地铁砌筑及装饰装修工程中，关于砂浆稠度的选择，以下说法正确的是（　　）。

A. 砌筑粗糙多孔且吸水能力较大块料，应使用稠度较小的砂浆
B. 在干热条件下施工时，应增加砂浆稠度
C. 雨期施工应增加砂浆稠度
D. 冬期施工块料不浇水时，应降低砂浆的稠度

解析：B。天气热时，砂浆散失的水分较多，需增加稠度，稠度越大，流动性越大。

72. 地铁砌筑及装饰装修工程中，掺入（　　）能提高砂浆的保水性。

A. 优质粉煤灰　　B. 细沙　　　　C. 中沙　　　　D. 水泥

解析：A。地铁砌筑及装饰装修工程中，掺入优质粉煤灰可增加砂浆保水性。

73. 下列关于砌筑砂浆强度的说法中，不正确的选项是（　　）。

A. 砂浆的强度是将所取试件经28d标准养护后，测得的抗剪强度值来评定
B. 砌筑砂浆的强度常分为M2.5、M5.0、M7.5、M10与M15、M20六个等级
C. 同等砂浆强度的砌体，每砌筑250m³砌体的砂浆用量至少抽检一次
D. 同盘砂浆可以制作一组试块

解析：A。规范要求砂浆的强度是将所取试件经28d标准养护后，测得的抗压强度值来评定。

74. 地铁砌筑及装饰装修工程中，砌砖体结构留斜槎时，斜槎长度不应小于高度的（　　）。

A. 1/2　　　　B. 1/3　　　　C. 2/3　　　　D. 1/4

解析：C。如留斜槎，斜槎长度一般不应小于高度的2/3。

75. 地铁砌筑及装饰装修工程中，砖砌体留直槎时应加设拉结筋，拉结筋沿墙高每（　　）mm设一层。

A. 300～400　　B. 500～600　　C. 400～500　　D. 600～700

解析：B。地铁砌筑及装饰装修工程中，砖砌体留直槎时应加设拉结筋，拉结筋沿墙高每500～600mm设一层。

76. 地铁站内冬期施工时，瓷砖铺贴的环境温度不应低于（　　）℃。因此，应提前做好室内保温和御寒工作。

A. −10　　　　B. 26　　　　C. 0　　　　D. 5

解析：D。一般室内气温至少不低于5℃。

77. 地铁砌筑及装饰装修工程中，顶棚抹灰粘结层应采用（　　）。
A. 1∶1∶6 混合砂浆　　　　　　　　B. 1∶1∶1 混合砂浆
C. 1∶2 石灰砂浆　　　　　　　　　D. 1∶3 石灰砂浆
解析：B。抹灰粘结层使用1∶1∶1混合砂浆。

78. 地铁砌筑及装饰装修工程中，下列砂浆具有防水效果的是（　　）。
A. 水泥砂浆　　　　　　　　　　　B. 干拌砂浆
C. 混合砂浆　　　　　　　　　　　D. 高保水性聚合物水泥砂浆
解析：D。聚合物水泥砂浆层为面层与基层的结合层，有防水效果。

79. 地铁砌筑及装饰装修工程中，地铁车站内不宜存放大量水泥且水泥贮存期不宜过长，一般条件下，三个月强度约降低（　　）。
A. 6%～10%　　　　　　　　　　　B. 10%～20%
C. 20%～25%　　　　　　　　　　D. 25%～30%
解析：B。水泥的有效储存期根据实际情况而定。如果在干燥的环境下，保存2个月左右，三个月后的强度降低约10%～20%，时间越长，强度降低越多，使用存放三个月以上的水泥，必须重新检验其强度，否则，不得使用。

80. 地铁砌筑及装饰装修工程中，沙的质量要求颗粒坚硬洁净，含泥量应不大于（　　）。
A. 1%　　　　　B. 2%　　　　　C. 3%　　　　　D. 4%
解析：C。含泥量应不大于3%。

81. 地铁砌筑及装饰装修工程中，门框阳角收口宽度不小于5cm，且用（　　）干硬性水泥砂浆。
A. 1∶1　　　　B. 1∶1.5　　　　C. 1∶2　　　　D. 1∶2.5
解析：C。地铁砌筑及装饰装修工程中，门框阳角收口宽度不小于5cm，且用1∶2干硬性水泥砂浆。

82. 地铁砌筑及装饰装修工程中所用的砂浆在自重或外力作用下流动的性能称为砂浆的（　　）。
A. 分层度　　　B. 稠度　　　　C. 针入度　　　D. 和易性
解析：B。砂浆在自重或外力作用下流动的性能称为砂浆的稠度。

83. 下列无机胶粘材料中，属于水硬性胶凝材料的是（　　）。
A. 石灰　　　　B. 石膏　　　　C. 水玻璃　　　D. 水泥
解析：D。水泥属于水硬性胶凝材料。

84. 袋装水泥或袋装砂浆存放时，堆垛高度一般要求不超过（　　）袋。
A. 8　　　　　B. 10　　　　　C. 12　　　　　D. 14
解析：B。水泥存放堆垛高度不超过10袋。

85. 地铁砌筑及装饰装修工程中，石膏的凝结速度很快，掺水几分钟后就开始凝结，终凝时间为（　　）min。
A. 20　　　　　B. 25　　　　　C. 30　　　　　D. 40
解析：C。石膏的终凝时间为30min。

86. 地铁砌筑及装饰装修工程中,主体结构墙面找平使用的石膏,下列不属于石膏的特性的是( )。

A. 凝结快   B. 自重轻
C. 易用于潮湿环境   D. 不宜久存

解析:C。建筑石膏耐水性、抗冻性差。

87. 地铁砌筑及装饰装修工程中,防火门安装过程中,门框应灌细石混凝土,使门框与抱框柱牢固结合并增加门框的稳定性,门框阳角两侧收口宽度宜为( )cm。

A. 5   B. 4   C. 3   D. 2

解析:A。地铁砌筑及装饰装修工程中,防火门安装过程中,门框应灌细石混凝土,使门框与抱框柱牢固结合,并增加门框的稳定性,门框阳角两侧收口宽度宜为5cm。

88. 地铁砌筑及装饰装修工程中,砌筑砂浆的强度以( )为主要指标。

A. 抗剪强度   B. 抗拉强度   C. 抗折强度   D. 抗压强度

解析:D。砌筑砂浆的强度指标只有抗压强度一项。

89. 地铁砌筑及装饰装修工程中,冬期施工,拌合砂浆的用水,水温不得超过( )℃。

A. 85   B. 80   C. 95   D. 90

解析:B。砂浆拌合水温不宜超过80℃,沙加热温度不宜超过40℃,且水泥不得与80℃以上热水直接接触。

90. 地铁砌筑及装饰装修工程中,为防止抹灰层受冻,使墙面空鼓冻裂,可适当掺入( )。

A. 生石灰   B. 熟石灰   C. 水泥   D. 粉煤灰

解析:D。砂浆拌合物性能品质优良的粉煤灰具有减水作用,因此,可减少砂浆需水量,有一定的防冻效果。

91. 地铁砌筑及装饰装修工程中,砂浆采用机械搅拌时,搅拌时间要超过( )min。

A. 1   B. 2   C. 3   D. 4

解析:B。根据《建筑砂浆基本性能试验方法标准》JGJ/T 70规定,搅拌时间不应少于120s;掺有掺合料和外加剂的砂浆,其搅拌时间不应少于180s。

92. 地铁砌筑及装饰装修工程中,跨度4.5m的立式风阀结构梁的底模起拱高度为( )mm。

A. 4.5~13.5   B. 4.0~15.0
C. 4.0~13.5   D. 4.5~15.0

解析:A。地铁砌筑及装饰装修工程中,跨度4.5m的立式风阀结构梁的底模起拱高度为4.5~13.5mm。

93. 地铁砌筑及装饰装修工程中,当设计无规定时,跨度大于4m的立式风阀结构梁底模起拱高度宜为全跨长度的( )。

A. 1/100~3/100   B. 1/100~2/100
C. 1/1000~3/1000   D. 3/1000~5/1000

解析:C。跨度不小于4m的现浇钢筋混凝土梁、板,其模板应按设计要求起拱;当设计无具体要求时,起拱高度宜为跨度的1/1000~3/1000。

94. 地铁砌筑及装饰装修工程中，填充墙砌体的构造柱常用的钢筋连接方法为（　　）。
  A. 焊接 B. 绑扎搭接
  C. 热熔连接 D. 直螺纹套筒
  解析：B。地铁砌筑及装饰装修工程中，构造柱多为填充墙砌体结构，所以常用的钢筋连接方法为绑扎搭接。

95. 地铁砌筑及装饰装修工程中，填充墙砌体的构造柱 HRB400Eϕ12 的钢筋搭接长度不小于（　　）cm。
  A. 60 B. 55 C. 50 D. 40
  解析：A。地铁砌筑及装饰装修工程中，填充墙砌体的构造柱 HRB400Eϕ12 的钢筋搭接长度为 $50d$（d 为钢筋直径）。

96. 地铁砌筑及装饰装修工程中，构造柱的箍筋弯钩形式为（　　）。
  A. 90°/90° B. 90°/135° C. 90°/180° D. 135°/135°
  解析：D。箍筋弯钩为 135°。

97. 地铁砌筑及装饰装修工程中，填充墙砌体的构造柱钢筋 HRB400E 表示（　　）。
  A. 热轧带肋钢筋，屈服强度是 400MPa，该钢材具有抗震性能
  B. 光圆钢筋，屈服强度是 400MPa，该钢材具有抗剪性能
  C. 带肋钢筋，屈服强度是大于 400MPa，该钢材具有抗震性能
  D. 热轧光圆钢筋，屈服强度是 400MPa，该钢材具有无抗震性能
  解析：A。地铁砌筑及装饰装修工程中，填充墙砌体的构造柱 HRB400E 的钢筋表示为：HRB 表示热轧带肋钢筋，400 表示屈服强度是 400MPa，E 表示该钢材具有抗震性能。

98. 地铁砌筑及装饰装修工程中，填充墙砌体的构造柱箍筋及墙体拉筋 HPB300 表示（　　）。
  A. 热轧带肋钢筋，屈服强度是 300MPa
  B. 光圆钢筋，屈服强度是 300MPa
  C. 带肋钢筋，屈服强度是大于 300MPa
  D. 热轧光圆钢筋，屈服强度是 300MPa
  解析：D。地铁砌筑及装饰装修工程中，填充墙砌体的构造柱箍筋及墙体拉筋 HPB300：HPB 表示热轧光圆钢筋，300 表示屈服强度是 300MPa。

99. 地铁砌筑及装饰装修工程中，填充墙砌体的构造柱钢筋 HRB400Eϕ12 植筋深度不小于（　　）mm。
  A. 90 B. 100 C. 180 D. 150
  解析：C。填充墙砌体的构造柱钢筋 HRB400Eϕ12 植筋深度不小于 180mm，植筋深度为钢筋直径的 $15d$。

100. 地铁砌筑及装饰装修工程中，填充墙砌体的拉结筋 HPB300ϕ6 植筋深度不小于（　　）mm。
  A. 100 B. 90 C. 180 D. 150
  解析：B。填充墙砌体的拉结筋 HPB300ϕ6 植筋深度不小于 90mm；植筋深度为钢筋

直径的15d。

101. 地铁砌筑及装饰装修工程中，填充墙砌体的水平系梁所采用的 HRB400Eϕ10 植筋深度不小于（　）mm。

A. 100　　　　B. 90　　　　C. 180　　　　D. 150

解析：D。填充墙砌体的水平系梁 HRB400Eϕ10 植筋深度不小于 150mm；植筋深度为钢筋直径的15d。

102. 地铁砌筑及装饰装修工程中，所使用的钢筋需要经过第三方检验机构检测，对钢筋的试验内容有（　）。

A. 拉弯、冷弯、伸长率、重量偏差　　　　B. 拉弯、抗剪、伸长率、重量偏差
C. 拉弯、冷弯、抗压、重量偏差　　　　D. 抗拉、抗剪、抗压、伸长率

解析：A。

103. 地铁装饰装修工程中，填充墙砌体结构中，构造柱箍筋的加密区间距为（　）mm，非加密区间距为（　）mm。

A. 100，150　　　　B. 100，200
C. 80，150　　　　D. 150，200

解析：B。填充墙体的构造柱箍筋加密区间距100mm；非加密区200mm。

104. 地铁装饰装修工程中，构造柱钢筋 HRB400Eϕ12 的现场拉拔试验值不小于（　）kN 时合格。

A. 40.7　　　　B. 55.4　　　　C. 7.6　　　　D. 48

解析：A。现场检测抗拔力，HRB400Eϕ12 拉拔力检测值为 40.7kN；HRB400Eϕ14 拉拔力检测值为 55.4kN；HPB300ϕ6 拉拔力检测值为 7.6kN。

105. 地铁砌筑及装饰装修工程中，使用的空心砌块试验检测的内容有（　）。

A. 试块抗压强度；试块密度　　　　B. 试块抗压强度；试块透水性
C. 试块抗折强度；试块密度　　　　D. 试块抗折强度；试块吸水率

解析：A。

106. 地铁砌筑及装饰装修工程中，使用的蒸压加气混凝土砌块试验检测的内容有（　）。

A. 试块抗压强度；试块干密度；试块抗折强度
B. 试块抗压强度；试块干密度；试块吸水率
C. 试块抗折强度；试块吸水率；试块抗压强度
D. 试块抗压强度；试块吸水率；试块抗折强度

解析：B。

107. 地铁砌筑及装饰装修工程中，使用的混凝土实心砖砌块试验检测的内容有（　）。

A. 试块干密度　　　　B. 试块干密度
C. 试块吸水率　　　　D. 试块抗压强度

解析：D。

108. 地铁砌筑及装饰装修工程中，使用的混凝土砌块试验检测的代表批次为（　）。

A. 同原材、同规格、同龄期、同生产工艺每 500m³，且不超过 30000 块

B. 同原材、同规格、同龄期、同生产工艺每 600m³，且不超过 40000 块
C. 同原材、同规格、同龄期、同生产工艺每 500m³，且不超过 40000 块
D. 同原材、同规格、同龄期、同生产工艺每 600m³，且不超过 30000 块

解析：A。

109. 地铁砌筑及装饰装修工程中，使用的蒸压加气混凝土砌块试验检测的代表批次为（   ）。

A. 同品种、同规格、同等级每 10000 块为一批，送检时标注加气方向
B. 同品种、同规格、同等级每 15000 块为一批，送检时标注加气方向
C. 同品种、同规格、同等级每 20000 块为一批，送检时标注加气方向
D. 同品种、同规格、同等级每 25000 块为一批，送检时标注加气方向

解析：A。

110. 地铁砌筑及装饰装修工程中，需要对使用的水泥进行送试检测，检测的代表批次为（   ）。

A. 同厂家、同等级、同品种、同批号每 100t 为一个批次
B. 同厂家、同等级、同品种、同批号每 150t 为一个批次
C. 同厂家、同等级、同品种、同批号每 200t 为一个批次
D. 同厂家、同等级、同品种、同批号每 300t 为一个批次

解析：C。

111. 地铁砌筑及装饰装修工程中，需要对使用的水泥进行送试检测，检测的试验内容有（   ）。

A. 强度、刚度、安定性、稳定性、细度
B. 强度、凝结时间、安定性、胶砂流动性、细度
C. 强度、凝结时间、稳定性、胶砂流动性、密度
D. 强度、凝结时间、稳定性、密度、细度

解析：B。

112. 地铁砌筑及装饰装修工程中，需要对使用的沙子、石子进行送试检测，检测的试验内容有（   ）。

A. 筛分、含泥量、吸水率、堆积密度、表观密度
B. 筛分、含泥量、含水率、堆积密度、表观密度
C. 筛分、吸水率、泥块含量、堆积密度、干密度
D. 筛分、含泥量、泥块含量、堆积密度、表观密度

解析：D。

113. 地铁装饰装修工程中，使用普通砂浆砌筑时，蒸压加气混凝土砌块的相对含水率为（   ）。

A. 20%～30%   B. 30%～40%
C. 40%～50%   D. 25%～35%

解析：C。使用普通砂浆砌筑时，蒸压加气混凝土砌块的相对含水率为 40%～50%。

114. 地铁装饰装修工程中，墙面抹灰时，需要在砌体与构造柱、圈梁交接处敷设耐碱网格布，其搭接宽度不应小于（   ）mm。

A. 100　　　　　B. 200　　　　　C. 150　　　　　D. 250

解析：A。墙面抹灰时，圈梁、构造柱与砖墙搭接宽度不应小于100mm。

115. 地铁装饰装修工程中，墙面抹灰前，需进行墙面甩浆工序，关于甩浆要求正确的是(　　)。

A. 甩浆必须均匀，表面凸出墙面部分应不少5mm，且成毛刺状

B. 甩浆前墙面不用进行浇水湿润

C. 甩浆后进行6h养护

D. 墙面甩浆密度间距不小于70%。

解析：A。人工蘸浆甩浆必须均匀，表面凸出墙面部分应不少5mm，且成毛刺状；甩浆前必须进行墙面湿润，甩浆后养护不小于72h；墙面甩浆密度不小于95%。

116. 地铁砌筑及装饰装修工程中，浇筑构造柱混凝土时为防止分层离析，由料斗或泵管卸料时其自由倾落高度不宜超过(　　)m。

A. 1　　　　　B. 2　　　　　C. 3　　　　　D. 4

解析：B。混凝土自高处倾落高度不应超过2m，在竖向结构中限制自由高度不宜超过3.0m，否则应采用串筒、溜管或振动溜管使混凝土下落。

117. 地铁砌筑及装饰装修工程中，在浇筑竖向构件混凝土前，构件底部应先填(　　)mm厚同配比水泥砂浆。

A. 30~50　　　　B. 50~100　　　　C. 100~200　　　　D. 都可以

解析：B。防止混凝土墙产生烂根现象。因为在浇筑混凝土过程中，混凝土里的石子由于重力原因比砂浆下降快，这样很容易浇筑完成后墙体下部石子多砂浆少，从而造成烂根和蜂窝麻面现象。

118. 地铁砌筑及装饰装修工程中，浇筑构造柱、圈梁混凝土时关于混凝土浇筑施工表述正确的是(　　)。

A. 构造柱浇筑时使用锤子敲击模板，振动模板使混凝土密实

B. 构造柱浇筑时采用小型插入式振捣棒由底部向上均匀振捣

C. 构造柱浇筑时采用小型插入式振捣棒由上向下部均匀振捣

D. 圈梁浇筑前可不进行洒水湿润

解析：B。构造柱浇筑时必须使用插入式振捣棒由底部向上均匀振捣。

119. 地铁砌筑及装饰装修工程中，构造柱施工正确的施工顺序是(　　)。

A. 植筋→构造柱钢筋网架安装→墙体砌筑→模板支设→混凝土浇筑

B. 植筋→构造柱钢筋网架安装→模板支设→墙体砌筑→混凝土浇筑

C. 墙体砌筑→植筋→构造柱钢筋网架安装→模板支设→混凝土浇筑

D. 墙体砌筑→植筋→模板支设→构造柱钢筋网架安装→混凝土浇筑

解析：A。植筋→构造柱钢筋网架安装→墙体砌筑→模板支设→混凝土浇筑。

120. 地铁砌筑及装饰装修工程中，填充墙砌体圈梁、构造柱主筋常用型号是(　　)；箍筋常用钢筋型号是(　　)。

A. HRB400Eϕ14，HPB300ϕ6　　　　B. HRB400Eϕ12，HPB300ϕ6

C. HRB400Eϕ14，HRB400Eϕ10　　　D. HRB400Eϕ12，HRB400Eϕ10

解析：B。圈梁、构造柱主筋常用型号是HRB400Eϕ12；HPB300ϕ6。

第 5 章 砌筑装修篇

121. 地铁砌筑及装饰装修工程中,填充墙砌体圈梁、构造柱所采用的钢筋,下列对钢筋型号表述正确的是(   )。

A. HPB400Eϕ14　　B. HPB300Eϕ12　　C. HRB300Eϕ6　　D. HPB300ϕ6

解析:D。

122. 地铁装饰装修工程中,填充墙240mm厚砖砌体,砌筑时最上一皮砖的砌筑方式应采用(   )。

A. 整砖斜砌　　B. 整砖丁砌　　C. 半砖斜砌　　D. 整砖顺砌

解析:B。《砌体结构工程施工质量验收规范》GB 50203 第 5.1.8 条规定:240mm厚承重墙的每层墙的最上一皮砖,砖砌体的阶台水平面上及挑出层的外皮砖,应整砖丁砌。

123. 地铁砌筑及装饰装修工程中,填充墙砌筑正确施工顺序是(   )。

A. 构造柱植筋→混凝土条带浇筑→构造柱钢筋绑扎安装→圈梁钢筋绑扎→圈梁、构造柱浇筑→墙体砌筑

B. 构造柱植筋→混凝土条带浇筑→构造柱钢筋绑扎安装→墙体砌筑→圈梁钢筋绑扎→圈梁、构造柱浇筑

C. 构造柱植筋→构造柱钢筋绑扎安装→混凝土条带浇筑→以下墙体砌筑—圈梁钢筋绑扎→圈梁、构造柱浇筑

D. 构造柱植筋→构造柱钢筋绑扎安装→混凝土条带浇筑→圈梁钢筋绑扎→墙体砌筑→圈梁、构造柱浇筑

解析:C。构造柱植筋→构造柱钢筋绑扎安装→混凝土条带浇筑→墙体砌筑—圈梁钢筋绑扎→圈梁、构造柱浇筑。

124. 地铁砌筑及装饰装修工程中,设备区填充墙一般砌筑至(   )m高度时,开始安装顶部风管、管道。

A. 2.1　　B. 2.2　　C. 2.3　　D. 2.4

解析:C。地铁砌筑及装饰装修工程中,设备区填充墙一般砌筑至2.3m高度时,开始安装顶部风管、管道。

125. 地铁砌筑及装饰装修工程中,设备区填充墙砌筑预留门窗洞口时,门窗洞口的宽度、高度尺寸允许偏差(   )mm。

A. ±15　　B. ±10　　C. ±20　　D. ±15

解析:B。门口的宽度、高度都为±10mm。

126. 地铁砌筑及装饰装修工程中,根据防火要求设备区防火门安装时距离地面的间隙不得超过(   )mm。

A. 10　　B. 15　　C. 9　　D. 20

解析:C。根据防火要求,设备区防火门安装时距离地面的间隙不得超过9mm。

127. 地铁砌筑及装饰装修工程中,根据防火要求,设备区防火门安装时(   )必须安装防火密闭门。

A. 男女更衣室　　B. 会议室　　C. 风室风道　　D. 安检休息室

解析:C。

128. 地铁砌筑及装饰装修工程中,根据防火要求,设备区防火门安装时(   )应安

装防火防盗门。

  A. 车站控制室   B. AFC 票务室

  C. 警务室   D. 公安通信设备室

  解析：B。

129. 地铁砌筑及装饰装修工程中，根据防火要求，设备区安全出入口防火门安装时，说法正确的是（　　）。

  A. 安全出入口的防火门为常开状态

  B. 门开启方向为楼梯出口的反方向

  C. 安全出入口门与站内其他防火门锁不一致

  D. 安全出入口门可用防火密闭门

  解析：C。必须设置甲级防火门，开启方向为楼梯出口方向，为常闭防火门，必须设置推杠锁具。

130. 地铁砌筑及装饰装修工程中，关于设备区防火门说法正确的是（　　）。

  A. 甲级防火门双开门不用设置闭门器

  B. 钢制普通门双开门必须设置闭门器

  C. 双开门必须设置顺位器

  D. 甲级防火门双开门必须设置顺位器

  解析：D。甲级防火门双开门必须设置闭门器、顺位器；普通钢质门可不设置。

131. 地铁砌筑及装饰装修工程中，一般车站设计中设备区走廊宽度宜不小于（　　）m。

  A. 1.5   B. 1.2   C. 1.8   D. 2.5

  解析：C。一般设计时，设备区走廊宽度大于等于1.8m。

132. 地铁砌筑及装饰装修工程中，以下设备区房间地面需要做防水处理（　　）。

  A. 空调机房、卫生间、蒸发冷凝机房

  B. 通号电缆间、照明配电室、AFC配线间

  C. 污水泵房、消防泵房、男女更衣室

  D. 信号设备室、信号电源室、消防泵房

  解析：A。一般有水房间必须做防水地面，包括：卫生间、垃圾收集间、空调机房、蒸发冷凝机房、消防泵房、污水泵房、废水泵房、开水间。

133. 地铁装饰装修工程中，墙面阳角抹灰前需使用强度不低于M20水泥砂浆做护角，护角高度应不小于（　　）m。

  A. 1.2   B. 1.5   C. 1.8m   D. 2.0

  解析：D。墙面阳角抹灰前需做1∶2.5水泥砂浆包角，高度不小于2.0m，宽度50mm。

134. 地铁装饰装修工程中，墙面阳角抹灰前需使用强度不低于M20水泥砂浆做护角，护角宽度应不小于（　　）mm。

  A. 30   B. 40   C. 50   D. 60

  解析：C。解析见第133题。

135. 地铁装饰装修工程中，墙面阳角抹灰前需使用强度不低于（　　）水泥砂浆做护角。

A. M10　　　　　B. M15　　　　　C. M20　　　　　D. M25

解析：C。

136. 地铁装饰装修工程中，墙面抹灰完成后进行下道工序施工，下列说法正确的是（　　）。

A. 抹灰基层在涂饰涂料前应涂刷抗碱封闭底漆

B. 墙面抹灰完成后进行墙面腻子施工

C. 抹灰完成后可在墙面大量开线管管槽

D. 墙面抹灰完成后进行 24h 洒水养护

解析：A。地铁装饰装修工程中，根据规范要求墙面抹灰完成后，在涂饰涂料前应涂刷抗碱封闭底漆。

137. 地铁装饰装修工程中，设备区墙面抹灰总厚度超过（　　）mm 时，必须采取加强措施。

A. 30　　　　　B. 20　　　　　C. 25　　　　　D. 35

解析：D。设备区墙面抹灰总厚度超过 35mm 时，必须采取加强措施。

138. 地铁装饰装修工程中，关于设备区墙面抹灰施工，检验批划分说法正确的是（　　）。

A. 每 50 个自然间应划分为一个检验批，不足 50 间也应划分为一个检验批，大面积房间和走廊按抹灰面积 30m² 为一间

B. 每 50 个自然间应划分为一个检验批，不足 20 间也应划分为一个检验批，大面积房间和走廊按抹灰面积 30m² 为一间

C. 每 30 个自然间应划分为一个检验批，不足 30 间也应划分为一个检验批，大面积房间和走廊按抹灰面积 30m² 为一间

D. 每 30 个自然间应划分为一个检验批，不足 20 间也应划分为一个检验批，大面积房间和走廊按抹灰面积 20m² 为一间

解析：A。每 50 个自然间应划分为一个检验批，不足 50 间也应划分为一个检验批，大面积房间和走廊按抹灰面积 30m² 为一间。

139. 地铁装饰装修工程中，关于设备区墙面抹灰施工，每个检验批抽查数量说法正确的是（　　）。

A. 室内每个检验批应至少抽查 10%，并不得少于 3 间；不足 3 间时应全数检查

B. 室内每个检验批应至少抽查 20%，并不得少于 6 间；不足 6 间时应全数检查

C. 室内每个检验批应至少抽查 15%，并不得少于 3 间；不足 3 间时应全数检查

D. 室内每个检验批应至少抽查 10%，并不得少于 2 间；不足 2 间时应全数检查

解析：A。室内每个检验批应至少抽查 10%，并不得少于 3 间；不足 3 间时应全数检查。

140. 地铁装饰装修工程中，关于设备区墙面抹灰施工，墙面抹灰砂浆需要进行复验的指标是（　　）。

A. 砂浆的拉伸粘结强度、聚合物砂浆的保水率

B. 砂浆的和易性、稠度

C. 砂浆的拉伸粘结强度、砂浆的抗压强度

D. 砂浆的密度、砂浆水泥含量

解析：A。墙面抹灰砂浆需要进行复验的指标是砂浆的拉伸粘结强度、聚合物砂浆的保水率。

141. 地铁装饰装修工程中，关于设备区墙面抹灰施工检查验收方法正确的是（　　）。

A. 墙面抹灰平整度、垂直度使用1.5m靠尺、楔形塞尺检查

B. 墙面抹灰空鼓检查使用观察法检查

C. 墙面抹灰平整度、垂直度使用2m靠尺检查、楔形塞尺检查

D. 墙面抹灰阴阳角方正使用靠尺检查

解析：C。垂直度使用2m靠尺检查；平整度使用楔形塞尺和2m靠尺；墙面空鼓使用空鼓垂检查；阴阳角方正使用直角检测尺检查。

142. 地铁装饰装修工程中，（　　）设备区房间都需要设置挡鼠板。

A. 照明配电室、通号电缆间、环控电控室、蒸发冷凝机房、消防泵房

B. 信号设备室、信号电源室、会议室、工区管理用房、AFC配线间

C. 民用通信室、站长室、清扫工具间、污水泵房、卫生间

D. 环控机房、保安休息室、通号电缆间、更衣室、蒸发冷凝机房

解析：A。设备区除休息、办公用管理用房外，有设备的房间都需设置挡鼠板。

143. 地铁装饰装修工程中，一般地铁设计中，以下设备区房间宜设置吊顶的有（　　）。

A. 照明配电室、通号电缆间、环控电控室、蒸发冷凝机房、消防泵房

B. 车站控制室、会议室、卫生间、男女更衣室、站长室、警务室

C. 民用通信室、站长室、清扫工具间、污水泵房、卫生间

D. 环控机房、保安休息室、通号电缆间、更衣室、蒸发冷凝机房

解析：B。一般地铁设计中，设备区有吊顶房间为办公、管理用房。

144. 地铁装饰装修工程中，设备区吊顶施工中吊杆长度超过（　　）mm需设置反向支撑。

A. 1000　　　　B. 2000　　　　C. 1500　　　　D. 1200

解析：C。设备区吊顶施工中当吊杆长度大于1.5m时，应设置反支撑。

145. 地铁装饰装修工程中，设备区吊顶施工中吊杆距主龙骨端部距离不得大于（　　）mm。

A. 500　　　　B. 250　　　　C. 350　　　　D. 300

解析：D。吊杆距主龙骨端部距离不得大于300mm，当大于300mm时，应增加吊杆。

146. 地铁装饰装修工程中，设备区吊顶完成面距主体结构面净空高度大于（　　）mm时应设置吊顶转换层。

A. 2000　　　　B. 2500　　　　C. 1500　　　　D. 3000

解析：B。地铁装饰装修工程中，设备区吊顶施工中吊杆长度超过2500mm需设置吊顶转换层。

147. 地铁装饰装修工程中，关于设备区吊顶施工的说法，正确的是（　　）。

A. 吊顶面层施工前不用通知其他专业

B. 吊顶施工时若有管线与吊顶标高冲突，可自行降低吊顶标高
C. 在确保安全的情况下其他专业的吊杆、设备可以借用吊顶吊杆或转换层
D. 吊顶面层施工前必须通知各专业对已施工的管线进行验收，达到隐蔽条件后方可进行吊顶施工

解析：D。吊顶前必须通知各专业进行管线隐蔽验收，并会签形成纪要。吊顶改变标高必须通知设计和监理单位，不得私自改变图纸设计高度；其他专业设备不得借用吊顶吊杆及转换层。

148. 地铁装饰装修工程中，关于设备区吊顶验收，检验批划分正确的是（　　）。
A. 同一品种的中吊顶工程每 30 间应划分为一个检验批，不足 50 间也应划分为一个检验批，大面积房间和走廊按吊顶面积 30m² 为一间
B. 同一品种的中吊顶工程每 30 间应划分为一个检验批，不足 30 间也应划分为一个检验批，大面积房间和走廊按吊顶面积 30m² 为一间
C. 同一品种的中吊顶工程每 50 间应划分为一个检验批，不足 30 间也应划分为一个检验批，大面积房间和走廊按吊顶面积 30m² 为一间
D. 同一品种的中吊顶工程每 50 间应划分为一个检验批，不足 50 间也应划分为一个检验批，大面积房间和走廊按吊顶面积 30m² 为一间

解析：D。同一品种的中吊顶工程每 50 间应划分为一个检验批，不足 50 间也应划分为一个检验批，大面积房间和走廊按吊顶面积 30m² 为一间。

149. 地铁装饰装修工程中，关于设备区吊顶施工，施工顺序正确的是（　　）。
A. 吊杆安装→转换层安装→主龙骨安装→副龙骨安装→吊顶面层施工→隐蔽验收
B. 转换层安装→吊杆安装→主龙骨安装→副龙骨安装→隐蔽验收→吊顶面层施工
C. 转换层安装→吊杆安装→主龙骨安装→副龙骨安装→吊顶面层施工→隐蔽验收
D. 转换层安装→吊杆安装→主龙骨安装→副龙骨安装→隐蔽验收→吊顶面层施工

解析：D。转换层安装→吊杆安装→主龙骨安装→副龙骨安装→隐蔽验收→吊顶面层施工。

150. 地铁装饰装修工程中，热轧钢筋的力学性能试验若有 1 项指标不符合规定时应（　　）。
A. 正常使用　　　　　　　　B. 降级使用
C. 该批钢筋为废品　　　　　D. 双倍取样送检

解析：D。屈服强度、抗拉强度有一项不合格或两项均不合格，应双倍样复检。双倍样试验应全部合格，否则判定为不合格。

151. 地铁装饰装修工程中，构造柱浇筑时，插入式振捣棒的操作要点是（　　）。
A. 快拔慢插　　　　　　　　B. 慢拔慢插
C. 快拔快插　　　　　　　　D. 慢拔快插

解析：D。混凝土振捣棒快速插入后，从底部向上慢拔。

152. 地铁装饰装修工程中，构造柱、圈梁混凝土浇筑后应在（　　）内进行洒水保湿养护。
A. 10h　　　　B. 12h　　　　C. 24h　　　　D. 3d

解析：B。12h 内加以覆盖并保湿养护。

153. 地铁装饰装修工程中，圈梁、构造柱、混凝土条带混凝土养护时间应不少于( )d。

  A. 3   B. 7   C. 14   D. 28

  解析：B。对浇筑的混凝土构件保湿养护的时间，不得少于7d。

154. 地铁装饰装修工程中，构造柱、圈梁钢筋的机械性能中属于塑性指标的是( )。

  A. 屈服点和抗拉强度   B. 伸长率和冷弯性能

  C. 抗拉强度和伸长率   D. 屈服点和冷弯性能

  解析：B。构造柱、圈梁钢筋的机械性能中，伸长率和冷弯性能是钢筋塑性指标。

155. 地铁装饰装修工程中，构造柱、圈梁钢筋在确定冷拉率时，在同一炉同一批钢筋中取样的件数是( )。

  A. 两件   B. 不超过三件

  C. 不超过四件   D. 不少于四件

  解析：A。地铁装饰装修工程中，构造柱、圈梁钢筋在确定冷拉率时，在同一炉同一批钢筋中取样两件。

156. 地铁装饰装修工程中，应在圈梁、构造柱模板安装后再进行的是( )。

  A. 圈梁、构造柱混凝土浇筑   B. 构造柱、圈梁钢筋绑扎安装

  C. 构造柱、圈梁钢筋隐蔽验收   D. 墙体砌筑

  解析：A。地铁装饰装修工程中，应在圈梁、构造柱模板安装后再进行的是圈梁、构造柱混凝土浇筑。

157. 地铁装饰装修工程中，立式风阀洞口结构梁、柱在拆模的过程一般应最先拆除的是( )。

  A. 梁支撑   B. 柱模板

  C. 梁侧模   D. 梁底模

  解析：C。可采取先支的后拆、后支的先拆，先拆非承重板、后拆承重模板的顺序，并应从上而下进行拆除。

158. 地铁装饰装修工程中，圈梁、构造柱中的箍筋的主要作用是( )。

  A. 承受由于弯矩作用而产生的拉力   B. 承受由于弯矩作用而产生的压力

  C. 承受剪力   D. 承受因混凝土收缩和温度变化产生压力

  解析：C。箍筋主要是承担剪力的，在结构还能固定受力钢筋的位置，以便绑扎成钢筋骨架。

159. 地铁装饰装修工程中，工程测量用水准仪的主要功能是( )。

  A. 直接测量待定点的高程   B. 测量两个方向之间的水平夹角

  C. 测量两点间的高差   D. 直接测量竖直角

  解析：C。水准仪的主要功能是测量两点间的高差，它不能直接测量待定点的高程，但可由控制点的已知高程来推算测点的高程。利用视距测量原理，它还可以测量两点间的水平距离。

160. 地铁装饰装修工程中，站内涉水房间的防水施工环境温度应符合防水材料的技术要求，且室内温度宜在( )℃以上。

A. −5 B. 5 C. 10 D. 15

解析：B。室内防水施工环境温度应符合防水材料的技术要求，并宜在5℃以上。

161. 地铁装饰装修工程中，圈梁、构造柱一般情况下，其最小保护层厚度是（　）mm。

A. 25 B. 20 C. 60 D. 70

解析：A。圈梁、构造柱一般情况下，其最小保护层厚度是25mm。

162. 地铁装饰装修工程中，施工中使用的水泥品种中，属于早强型水泥的是（　）。

A. P·O42.5 B. P·O42.5R C. P·OI42.5 D. P·II42.5

解析：B。强度等级中，R表示早强型。

163. 地铁装饰装修工程中，在站内内进行距离或尺寸测量时，最常用的器具是（　）。

A. 水准仪 B. 经纬仪 C. 铅直仪 D. 钢卷尺

解析：D。

164. 地铁装饰装修工程中，下列表明圈梁、构造柱混凝土已被振实的情况是（　）。

A. 表现有气泡排出 B. 拌合物下沉
C. 表面出现水泥砂浆 D. 表面呈现平坦、泛浆

解析：D。密实的标志是混凝土停止下陷，不再冒出气泡，表面呈现平坦、泛浆。

165. 地铁装饰装修工程中，圈梁、构造柱施工时下列各项工序需要进行隐蔽工程验收的是（　）。

A. 圈梁、构造柱浇筑 B. 圈梁、构造柱模板安装
C. 圈梁、构造柱钢筋绑扎安装 D. A 和 C

解析：C。

166. 地铁装饰装修工程中，圈梁、构造柱所使用钢筋的品种是（　）。

A. 热轧钢筋 B. 热处理钢筋 C. 钢丝 D. 钢绞线

解析：A。钢筋混凝土结构用钢主要品种有热轧钢筋，预应力混凝土用热处理钢筋，预应力混凝土用钢丝和钢绞线等热轧钢筋是建筑工程中用量最大的钢材品种之一，主要用于钢筋混凝土结构和预应力钢筋混凝土结构的配筋。

167. 地铁装饰装修工程中，关于出入口玻璃幕墙工程的说法，正确的是（　）。

A. 采用胶缝传力的，胶缝可采用硅酮耐候密封胶
B. 全玻璃幕墙的板面不得与其他刚性材料直接接触
C. 全玻璃幕墙不可以在现场打硅酮结构密封胶
D. 不同金属的接触面之间可直接密贴连接

解析：B。全玻幕墙面板承受的荷载和作用，是通过胶缝传递到玻璃肋上去的，其胶缝必须采用硅酮结构密封胶。胶缝的厚度应由设计计算确定。全玻幕墙的板面不得与其他刚性材料直接接触。全玻幕墙允许在现场打注硅酮结构密封胶。凡是两种不同金属的接触面之间，除不锈钢外，都应加防腐隔离柔性垫片，以防止产生双金属腐蚀。

168. 地铁装饰装修工程中，关于装修检验批验收组织的说法，正确的是（　）。

A. 由施工单位专业工长组织 B. 由总监理工程师组织
C. 由施工单位专业质检员组织 D. 由专业监理工程师组织

解析：D。检验批验收由专业监理工程师组织。

169. 地铁装饰装修工程中，构造柱、圈梁浇筑时影响混凝土和易性的主要因素是( )。

A. 石子 B. 沙子
C. 水泥 D. 单位体积的用水量

解析：D。影响混凝土拌合物和易性的主要因素包括单位体积用水量、砂率、组成材料的性质、时间和温度等。单位体积用水量决定水泥浆的数量和稠度，它是影响混凝土和易性的最主要因素。

170. 地铁装饰装修工程中，公共区地面铺设花岗石石材，关于花岗石石材特性的说法，正确的是( )。

A. 强度低 B. 呈酸性 C. 密度小 D. 硬度低

解析：B。花岗石构造致密、强度高、密度大、吸水率极低、质地坚硬、耐磨，为酸性石材，因此，其耐酸、抗风化、耐久性好，使用年限长。

171. 地铁装饰装修工程中，出入口玻璃幕墙需使用安全玻璃，下列不属于安全玻璃的是( )。

A. 钢化玻璃 B. 防火玻璃 C. 平板玻璃 D. 夹层玻璃

解析：C。安全玻璃包括钢化玻璃、防火玻璃和夹层玻璃。

172. 地铁装饰装修工程中，墙体长度超过( )m时，在墙体中部设置扶壁柱。

A. 5 B. 6 C. 8 D. 10

解析：C。墙体长度超过8m时，在墙体中部设置扶壁柱。

173. 地铁装饰装修工程中，影响钢筋混凝土梁斜截面破坏形式的因素中，影响相对较大的因素是( )。

A. 截面尺寸 B. 混凝土强度等级
C. 配箍率 D. 弯起钢筋含量

解析：C。影响斜截面破坏形式的因素很多，如截面尺寸、混凝土强度等级、荷载形式、箍筋和弯起钢筋含量等，其中影响最大的是配箍率。

174. 地铁装饰装修工程中，结构墙面找平时使用石膏，关于石膏技术性质的说法错误的是( )。

A. 凝结硬化快 B. 硬化时体积微膨胀
C. 硬化后空隙率高 D. 防火性能差

解析：D。建筑石膏的技术性质：(1)凝结硬化快；(2)硬化时体积微膨胀；(3)硬化后孔隙率高；(4)防护性能好；(5)耐水性和抗冻性差。故选D。

175. 地铁装饰装修工程中，使用的水泥强度等级根据胶砂法测定水泥( )的抗压强度和抗折强度来判定。

A. 3d和7d B. 3d和28d
C. 7d和14d D. 7d和28d

解析：B。国家标准规定，采用胶砂来测定水泥的3d和28d的抗压强度和抗折强度，根据测定结果来确定水泥的强度等级。

176. 地铁装饰装修工程中，水准测量中A点为后视点，B点为前视点，A点高程为

h_a、后视读数为 a、前视读数为 b、则 B 点高程（　　）。

A. $h_a - a + b$　　　　　　　　　B. $h_a + a - b$
C. $a + b - h_a$　　　　　　　　　D. $a - b - h_a$

解析：B。$b = h_a + (a - b)$

177. 地铁装饰装修工程中，浇筑圈梁、构造柱时最适合泵送的混凝土坍落度不宜小于（　　）mm。

A. 20　　　　　B. 50　　　　　C. 80　　　　　D. 100

解析：D。现行行业标准《混凝土泵送施工技术规程》JGJ/T 10 规定混凝土输送的最佳坍落度为 10～18cm，否则不宜泵送。

178. 地铁装饰装修工程中，出入口钢结构玻璃幕墙防雷构造要求的说法，错误的是（　　）。

A. 幕墙的铝合金立柱采用柔性导线连通上、下柱
B. 幕墙立柱预埋件用圆钢或扁钢与主体结构的均压环焊接连通
C. 幕墙压顶板与主体结构屋顶的防雷系统有效连接
D. 在有镀膜层的构件上进行防雷连接应保护好所有的镀膜层

解析：D。建筑幕墙的防雷构造要求：（1）幕墙的防雷设计应符合国家现行标准《建筑物防雷设计规范》GB 5007 和《民用建筑电气设计标准》GB 51348 的有关规定。（2）幕墙的金属框架应与主体结构的防雷体系可靠连接。（3）幕墙的铝合金立柱，在不大于 10m 范围内宜有一根立柱用柔性导线，把每个上柱与下柱的连接处连通。（4）主体结构有水平均压环的楼层，对应导电通路的立柱预埋件或固定件应用圆钢或扁钢与均压环焊接连通，形成防雷通路。（5）兼有防雷功层的构件进行防雷连接，应除去其镀膜层。（6）使用不同材料的防雷连接应避免产生双金属腐蚀。（7）防雷连接的钢构件在完成连接后都应刷防锈油漆。

179. 地铁装饰装修工程中，涉水房间墙体底部应设置混凝土条带，混凝土条带高度宜高出建筑地面（　　）mm。

A. 200　　　　　B. 100　　　　　C. 150　　　　　D. 250

解析：A。厕浴间和有防水要求的房间设置高出建筑地面 200mm 混凝土条带，其他房间墙体底部设置为高出建筑地面 100mm 高条带。

180. 地铁装饰装修工程中，下列指标中，属于常用水泥技术指标的是（　　）。

A. 和易性　　　B. 可靠性　　　C. 安定性　　　D. 保水性

解析：C。水泥技术性质包括安定性、凝结时间、强度等。

181. 地铁装饰装修工程中，用于测定砌筑砂浆抗压强度的试块，其养护龄期是（　　）d。

A. 7　　　　　B. 14　　　　　C. 21　　　　　D. 28

解析：D。养护龄期 28d。

182. 地铁装饰装修工程中，圈梁、构造柱主筋连接应优先采用（　　）。

A. 闪光对焊　　　　　　　　　B. 绑扎搭接
C. 电弧焊　　　　　　　　　　D. 直螺纹套筒连接

解析：B。一般采用绑扎搭接方式连接。

183. 地铁装饰装修工程中，墙体砌筑时砂浆铺浆长度不宜大于（　　）mm。
A. 750　　　　　B. 800　　　　　C. 500　　　　　D. 300
解析：A。地铁装饰装修工程中，墙体砌筑时砂浆铺浆长度不宜大于750mm。

184. 地铁装饰装修工程中，关于设备区安全出入口楼梯及梯段说法，错误的是（　　）。
A. 每个梯段踏步一般不应超过18级
B. 梯段与楼梯结构间净高不宜小于2.2m
C. 楼梯平台与楼梯结构间净高不应小于2m
D. 楼梯栏杆垂直杆件间净距不应大于0.1m
解析：D。楼梯栏杆垂直杆件间净距不应大于0.1m。

185. 地铁装饰装修工程中，填充墙砌体结构的特点是（　　）。
A. 抗拉能力高　　　　　　　　B. 耐久性差
C. 耐火性差　　　　　　　　　D. 抗震能力差
解析：D。砌体结构的特点是抗震能力差。

186. 地铁装饰装修工程中，站内墙体放线使用全站仪，一般采用（　　）建立施工平面控制网。
A. 直角坐标法　　　　　　　　B. 极坐标法
C. 角度交会法　　　　　　　　D. 距离交会法
解析：B。全站仪的一般采用极坐标法建立施工平面控制网。

187. 地铁装饰装修工程中，不属于设备基础混凝土浇筑前应完成哪些验收工作（　　）。
A. 钢筋绑扎、安装的验收　　　B. 预埋管、预埋件的验收
C. 模板支设高度、尺寸大小是否合格　　D. 设备基础的混凝土和易性是否符合要求
解析：D。混凝土和易性不属于浇筑前的验收工作。

188. 地铁装饰装修工程中，废水泵房、污水泵房墙面防水采用聚合物水泥砂浆水涂料时，宜采用（　　）施工。
A. 滚涂法　　　　B. 喷涂法　　　　C. 刮涂法　　　　D. 刷涂法
解析：C。涂膜防水材料选用聚合物水泥防水涂料时，宜采用刮涂法施工。

189. 地铁装饰装修工程中，设备区吊顶房间主龙骨宜平行房间长向布置，分档位置线从吊顶中心向两边分，间距不宜大于（　　）mm。
A. 600　　　　　B. 900　　　　　C. 1200　　　　　D. 1500
解析：C。主龙骨宜平行房间长向布置，分档位置线从吊顶中心向两边分，间距不宜大于1.2m。

190. 地铁装饰装修工程中，关于砌体工程冬期施工说法错误的是（　　）。
A. 砌体砌块可以遭水浸冻
B. 现场使用干混砂浆中不得有冰块
C. 砌体砌筑应在环境温度5℃以上时施工
D. 砌块在砌筑前应清除冰雪
解析：A。砌体砌块不可以遭水浸冻。

191. 根据《房屋建筑工程质量保修办法》(建设部令第 80 号),在正常使用条件下,最低保修期限为 5 年的工程是( )。

A. 给水排水系统工程　　　　　　B. 设备区有水房间防水工程
C. 二次结构工程　　　　　　　　D. 装修工程

解析:B。

192. 地铁装饰装修工程中,根据现行国家标准《砌体结构工程施工质量验收规范》GB 50203 规定,砌体施工质量控制等级分为 A、B、C 三级,其中( )不得为 C 级施工。

A. 砖砌体　　　　　　　　　　　B. 加气混凝土砌体
C. 混凝土空心砌块砌体　　　　　D. 配筋砌体

解析:D。配筋砌体不得为 C 级施工。

193. 地铁装饰装修工程中,墙体砌筑时,根据现行国家标准《砌体结构工程施工质量验收规范》GB 50203 规定,当填充墙与承重柱的连接钢筋采用化学植筋时,应进行( )。

A. 实体检测　　B. 抽样检测　　C. 强度检测　　D. 材料检测

解析:A。当填充墙与墙、柱的连接钢筋采用化学植筋时,应进行实体检测。

194. 地铁装饰装修工程中,钢结构施工时,根据现行国家标准《钢结构工程施工质量验收标准》GB 50205 规定,高强度大六角螺栓连接副出厂时应随箱带有( )的检验报告。

A. 扭矩系数　　B. 弯矩系数　　C. 剪力系数　　D. 紧固轴力

解析:A。高强度大六角螺栓连接副出厂时应随箱带有扭矩系数的检验报告。

195. 地铁装饰装修工程中,施工中常用水泥性能与技术要求的说法,正确的是( )。

A. 水泥的终凝时间是从水泥加水拌合至水泥浆开始失去可塑性所需要的时间
B. 六大常用水泥的初凝时间均不得短于 45min
C. 水泥的体积安定性不良是指水泥在凝结硬化过程中产生不均匀的体积变化
D. 水泥中的碱含量太低更容易产生碱骨料反应

解析:B。终凝时间是从水泥加水拌合起至水泥浆完全失去可塑性并开始产生强度所需的时间。A 项的说法是初凝时间的定义。国家标准规定,六大常用水泥的初凝时间均不得短于 45min,硅酸盐水泥的终凝时间不得长于 6.5h,其他五类常用水泥的终凝时间不得长于 10h。水泥硬化后产生不均匀的体积变化,即所谓体积安定性不良,就会使混凝土构件产生膨胀性裂缝,降低建筑工程质量,甚至引起严重事故。C 项对于"发生不均匀体积变化"的时间叙述错误。水泥中的碱含量高时,如果配制混凝土的骨料具有碱活性,可能产生碱骨料反应,导致混凝土因不均匀膨胀而破坏。由此可见 D 项错误。

196. 地铁装饰装修工程中,关于吊顶工程的说法,正确的是( )。

A. 地铁施工中吊顶工程可使用木龙骨
B. 吊顶检修口可不设附加吊杆
C. 在管道阀门位置或有配电箱的位置应留置检修口
D. 公共区吊顶可不用留置检修口

解析：C。地铁装饰装修工程中，在管道阀门位置或有配电箱的位置应留置检修口。

197. 地铁装饰装修工程中，立式风阀洞口跨度为 4m，设计强度为 C30 的钢筋混凝土梁，其同条件养护试件（150mm 立方体）抗压强度为（　　）MPa 时，可拆除该梁底模。
A. 22.5　　B. 21　　C. 22　　D. 15

解析：A。拆模时混凝土强度不得低于设计值的 75%，即 22.5MPa。

198. 地铁装饰装修工程中，关于静电地板施工说法正确的是（　　）。
A. 静电地板房间地面平整度偏差范围±2mm
B. 静电地板房间地面板块拼缝错缝偏差为±5mm
C. 地面基层不用做找平处理
D. 面层施工前不用进行管线隐蔽验收

解析：A。静电地板房间地面平整度偏差范围±2mm。

199. 地铁装饰装修工程中，设备区墙面瓷砖铺设空鼓原因分析不可能的是（　　）。
A. 施工原因，砖缝砂浆不饱满
B. 原墙面抹灰层开裂空鼓、或抹灰层砂浆质量问题
C. 砖表面清理太干净、太光滑
D. 砖未泡水

解析：C。砖表面干净与空鼓无关，空鼓原因主要是基层砂浆不饱满，或者瓷砖与砂浆粘结不牢靠。

200. 地铁装饰装修工程中，设备区地面瓷砖铺贴施工顺序正确的是（　　）。
A. 基层清理→基层处理找平→地面弹线，定位→摊铺水泥砂浆结合层→安装标准块→拉控制线→铺贴→养护→清理灌缝→成品保护
B. 基层处理找平→基层清理→地面弹线，定位→摊铺水泥砂浆结合层→安装标准块→铺贴→拉控制线→清理灌缝→养护→成品保护
C. 基层处理找平→基层清理→地面弹线，定位→摊铺水泥砂浆结合层→安装标准块→拉控制线→铺贴→养护→清理灌缝→成品保护
D. 基层清理→地面弹线，定位→基层处理找平→摊铺水泥砂浆结合层→安装标准块→拉控制线→铺贴→养护→清理灌缝→成品保护

解析：C。设备区地面瓷砖铺贴施工顺序是基层清理→基层处理找平→地面弹线，定位→摊铺水泥砂浆结合层→安装标准块→拉控制线→铺贴→养护→清理灌缝→成品保护。

201. 地铁装饰装修工程中，设备区房间地面瓷砖排版和铺贴顺序表述正确的是（　　）。
A. 排版深化由房间门口向房间内，地面瓷砖铺贴施工由房间距门口最远处开始铺贴
B. 排版深化由房间门口向房间内，地面瓷砖铺贴施工由房间门口向房间内
C. 排版深化由房间距门口最远处开始，地面瓷砖铺贴施工由房间门口向房间内开始铺贴
D. 排版深化由房间门口向房间内，地面瓷砖铺贴施工由房间中心开始铺贴

解析：A。排版深化由房间门口向房间内，地面瓷砖铺贴施工由房间距门口最远处开始铺贴。

202. 地铁装饰装修工程中，设备区地面瓷砖铺贴空鼓检查说法正确的是（　　）。

A. 每个房间空鼓砖不应超过总数的 5%
B. 每个房间空鼓砖不应超过总数的 10%
C. 每个房间空鼓砖不应超过总数的 3%
D. 每个房间空鼓砖不应超过总数的 6%

解析：A。地铁装饰装修工程中，设备区房间地面瓷砖空鼓砖不应超过总数的 5%。

203. 地铁装饰装修工程中，设备区地面瓷砖铺贴空鼓原因，说法不正确的是（　　）。
A. 基体未清理或处理不当　　　　　　B. 饰面砖铺贴前，未充分浸水浸泡
C. 水泥砂浆过稀，强度低，粘结力差　　D. 瓷砖铺贴后只进行养护 7d

解析：D。瓷砖铺贴后养护 7d 为规范要求，不是空鼓原因。

204. 地铁装饰装修工程中，设备区地面瓷砖铺贴平整度允许偏差（　　）mm；拼缝平直度允许偏差（　　）mm。
A. 2，3　　　　　　B. 1，2　　　　　　C. 3，4　　　　　　D. 2，1

解析：A。平整度允许偏差 2mm，拼缝平直度允许偏差 3mm。

205. 地铁装饰装修工程中，墙面腻子粘结不牢，出现脱落泛黄起皮、涂料露底等现象的原因分析，错误的是（　　）。
A. 墙面有油性物质　　　　　　B. 墙面有渗水点或墙面施工时过于潮湿
C. 墙面腻子施工前未涂刷封闭底漆　　D. 使用普通内墙腻子

解析：D。地铁施工常采用外墙施工防水腻子。

206. 地铁装饰装修工程中，设备区墙面瓷砖观感质量差的原因分析，错误的是（　　）。
A. 瓷砖保存前遇水或被有色液体污染
B. 饰面砖有隐伤，粘贴后在膨胀力作用下出现裂纹
C. 勾缝工人操作不规范
D. 铺贴前进行墙面排版

解析：D。铺贴前进行墙面排版可预防观感质量差。

207. 地铁装饰装修工程中，关于石材描述，错误的是（　　）。
A. 石材广义可分为天然石材和人造石材两大类
B. 地铁站内天然石材都需做六面防护处理
C. 天然石材放射性指标不作环保要求
D. 地铁内地面石材施工前必须进行排版

解析：C。石材必须做放射性指标复检。石材辐射是指辐射剂量率大于 $0.23\mu Sv/h$ 范围，对人体造成的危害。

208. 地铁装饰装修工程中，关于地面石材铺贴描述，错误的是（　　）。
A. 地铁出入口楼梯踏步平板石材为火烧毛面，立面石材为光面石材
B. 站内站厅下站台楼梯踏步平面、立面为光面石材
C. 地面石材铺贴前进行排版，可自行调整盲道砖位置
D. 石材铺贴完成后应进行养护，不可施加荷载

解析：C。地面铺贴前必须进行排版，盲道砖位置必须按照图纸施工。

209. 地铁装饰装修工程中，关于地铁站内地面石材铺贴描述，错误的是（　　）。

A. 铺贴前应与其他专业对接,确定检修口位置
B. 站台层屏蔽门前绝缘层范围石材宽度宜为1500mm
C. 站台屏蔽门前带箭头石材铺贴必须按照屏蔽门布局进行排版
D. 站台层绝缘区地面石材与屏蔽门框间无间隙

解析:D。站台层地面石材与屏蔽门之间宜预留不小于10mm间隙,缝隙应使绝缘胶填塞。

210. 地铁装饰装修工程中,关于地铁站内地面石材铺贴,下列描述错误的是(　　)。

A. 站厅地面石材铺贴前应与AFC专业对接,确定检修口大小、位置
B. 地面石材铺贴前应与导向标识专业进行对接,确定地面导向数量、位置是否正确
C. 地面石材铺贴前应与栏杆安装厂家进行对接,确定预埋位置、栏杆出地面净高是否符合要求
D. 地面石材铺贴前应与电梯厂家对接,确定电梯安装坡度是否正确

解析:D。地面石材铺贴前应与电梯厂家对接,确定电梯平台与石材地面标高是否一致。

211. 地铁装饰装修工程中,关于地铁站内地面石材铺贴说法,错误的是(　　)。

A. 站厅地面若有0.2%坡度,石材地面坡度也应照0.2%坡度施工
B. AFC检修口位置宜预留在两块石材交界处
C. 石材地面伸缩缝宽度宜不小于8mm
D. 石材分隔缝位置宜在柱中位置

解析:B。检修口预留宜预留在石材边缘或者居石材板块中部,不宜占用两块石材。

212. 地铁装饰装修工程中,关于地铁站内地面石材铺贴常使用的不锈钢伸缩条的宽度宜为(　　)mm。

A. 8　　　　　　B. 9　　　　　　C. 10　　　　　　D. 12

解析:A。地铁站内地面石材铺贴常使用的不锈钢伸缩条的宽度宜为8mm×25mm。

213. 地铁装饰装修工程中,关于地铁站内地面石材铺贴平整度允许偏差正确的是(　　)mm。

A. 2　　　　　　B. 2.5　　　　　C. 3　　　　　　D. 1.5

解析:A。石材铺贴平整度允许偏差2mm。

214. 地铁装饰装修工程中,地铁站内设备区安全出入口相邻瓷砖踏步高差允许偏差不应大于(　　)mm。

A. 2　　　　　　B. 2.5　　　　　C. 10　　　　　D. 1.5

解析:C。安全出入口相邻瓷砖踏高差允许偏差不应大于10mm。

215. 地铁装饰装修工程中,地铁站内安全出入口,同一级瓷砖踏步两端宽度差允许偏差不应大于(　　)mm。

A. 2　　　　　　B. 10　　　　　C. 25　　　　　D. 1.5

解析:B。地铁站内安全出入口瓷砖踏步,两端宽度差允许偏差不应大于10mm。

216. 地铁装饰装修工程中,关于地铁站内安全出入口瓷砖踏步施工说法,错误的是(　　)。

A. 踏步面层砖可以用600mm×600mm面砖切割使用,并在瓷砖面层上加工防滑槽,

阳角做磨边处理

B. 踏步面砖铺贴宜预先排版

C. 安全出入口楼梯出地面休息平台及室外踏步宜使用瓷砖铺贴

D. 安全出入口宜设置雨棚或者排水沟防止雨水灌入车站

解析：C。安全出入口楼梯出地面休息平台及室外踏步宜使用毛面花岗石石材铺贴。

217. 地铁装饰装修工程中，关于设备区风道、风井细石混凝土地面施工，说法错误的是(　　)。

A. 地面施工后应洒水保湿养护不少于 7d

B. 风道地面需要做防水的应在防水工程验收合格后浇筑面层

C. 风道内细石混凝土地面平整度允许偏差为 10mm

D. 表面面层不应有脱皮、麻面、起砂等缺陷

解析：C。风道内细石混凝土地面平整度允许偏差为 5mm。

218. 地铁装饰装修工程中，地铁站内不锈钢栏杆高度应不小于(　　)m。

A. 1.0　　　　B. 1.5　　　　C. 1.2　　　　D. 1.05

解析：D。地铁装饰装修工程中，地铁站内不锈钢栏杆高度应不小于 1.05m。

219. 地铁装饰装修工程中，地铁站内不锈钢栏杆实体检测水平推力值应不小于(　　)kN/m。

A. 2　　　　B. 1　　　　C. 1.5　　　　D. 1.2

解析：B。地铁装饰装修工程中，地铁站内不锈钢栏杆高度应不小于 1kN/m。

220. 地铁装饰装修工程中，地铁站内不锈钢栏杆实体检测竖向荷载值应不小于(　　)kN/m。

A. 2　　　　B. 1　　　　C. 1.5　　　　D. 1.2

解析：D。地铁装饰装修工程中，地铁站内不锈钢栏杆实体检测竖向荷载值应不小于 1.2kN/m。

221. 地铁装饰装修工程中，地铁站内不锈钢栏杆、扶手两端平直段长度应不小于(　　)mm，并设置盲文。

A. 300　　　　B. 200　　　　C. 250　　　　D. 220

解析：A。地铁站内不锈钢栏杆、扶手尾部平直段长度应不小于 300mm。

222. 地铁装饰装修工程中，地铁站内不锈钢栏杆垂直度允许偏差不应大于(　　)mm。

A. 3　　　　B. 2　　　　C. 5　　　　D. 25

解析：A。地铁站内不锈钢栏杆垂直度允许偏差不应大于 3mm。

223. 地铁装饰装修工程中，止步盲道砖至楼梯踏步边缘距离应为(　　)mm。

A. 300　　　　B. 200　　　　C. 250　　　　D. 350

解析：A。止步盲道砖至楼梯踏步边缘距离应为 300mm。

224. 地铁装饰装修工程中，下面对面砖描述错误的是(　　)。

A. 按使用位置分为：墙面砖、地面砖

B. 卫生间地面瓷砖应采用光面砖

C. 釉面砖就是砖的表面经过施釉处理的砖

D. 按商业品种分为：釉面砖、通体砖（同质砖）、抛光砖、玻化砖、瓷质釉面砖

(仿古砖)

解析：B。卫生间地面瓷砖应采用防滑砖。

225. 地铁装饰装修工程中，地面钢结构使用的钢材，下列元素中，属于钢材有害成分的是（　　）。

A. 碳　　　　　B. 硫　　　　　C. 硅　　　　　D. 锰

解析：B。硫属于钢材有害成分。

226. 地铁装饰装修工程中，地面铺贴使用的混合砂浆中不属于胶凝材料的是（　　）。

A. 石灰　　　　B. 水泥　　　　C. 粉煤灰　　　D. 石膏

解析：C。本题考查的是砂浆及砌块的技术性能和应用。建筑砂浆常用的胶凝材料有水泥、石灰、石膏等。

227. 地铁装饰装修工程中，关于砌体结构施工的做法，错误的是（　　）。

A. 施工现场砌块堆放整齐，堆放高度1.9m

B. 常温情况下使用普通砂浆砌筑轻骨料混凝土小型空心砌块时，提前1～2d浇水湿润

C. 砖砌体的水平灰缝厚度为11mm

D. 必须留置的临时间断处砌成直槎

解析：D。必须留置的临时间断处砌成斜槎。

228. 地铁装饰装修工程中，地面出入口钢结构焊接中，可以引弧的构件是（　　）。

A. 主要构件　　B. 次要构件　　C. 连接板　　　D. 引弧板

解析：D。钢结构焊接中，可以引弧的构件是引弧板。

229. 地铁装饰装修工程中，下列污染物中，不属于地铁内环境污染物浓度检测时必须检测的项目是（　　）。

A. 氡　　　　　B. 氯　　　　　C. 氨　　　　　D. 甲醛

解析：B。环境污染物浓度检测时必须检测的项目有：氨、甲醛、苯、氡、TVOC。

230. 地铁装饰装修工程中，关于混凝土进场时应提供的材料，错误的有（　　）。

A. 预拌混凝土配比通知单、开盘鉴定

B. 各种原材料的搅拌站试验室自检报告

C. 预拌混凝土出厂临时合格证

D. 混凝土浇筑申请单

解析：D。混凝土浇筑申请单是报给监理单位的材料。

231. 地铁装饰装修工程中，出入口地面亭玻璃幕墙的材料或构配件中，通常无需考虑承载能力要求的是（　　）。

A. 连接角码　　　　　　　　　B. 硅酮结构胶

C. 不锈钢螺栓　　　　　　　　D. 防火密封胶

解析：D。防火密封胶只是起密封、防火作用。

232. 地铁装饰装修工程中，关于高温天气混凝土施工的说法，错误的是（　　）。

A. 入模温度宜低于35℃　　　　B. 宜在午间进行混凝土浇筑

C. 应及时进行保湿养　　　　　D. 宜用白色涂装混凝土运输车

解析：B。午间温度较高不适宜混凝土浇筑。

233. 地铁装饰装修工程中,关于高强度螺栓施工的说法,正确的是( )。
A. 高强度螺栓不得强行穿入
B. 高强度螺栓可兼做安装螺栓
C. 高强度螺栓应一次性拧紧到位
D. 高强度螺栓梅花头可用火焰切割
解析:A。高强度螺栓强行穿入有可能破坏螺栓。

234. 地铁装饰装修工程中,双排扣件式钢管脚手架的主节点是指( )。
A. 连墙件与架体连接处
B. 剪力撑与水平杆连接处
C. 剪力撑与立杆连接处
D. 纵横向水平杆与立杆连接处
解析:D。纵横向水平杆的交接点是纵、横向主要传力部位。

235. 地铁装饰装修工程中,地铁工程在正常使用条件下最低保修期限的说法,正确的是( )。
A. 机电工程为3年
B. 装修工程为5年
C. 给水排水管道为5年
D. 墙面地面防水工程为5年
解析:D。地铁墙面、地面防水工程保修期为5年。

236. 地铁装饰装修工程中,地铁内部装修材料按燃烧性能进行等级划分,正确的是( )。
A. A级:不燃
B. B级:难燃
C. C级:可燃
D. D级:易燃
解析:A。A不燃材料;B1难燃材料;B2可燃材料;B3易燃材料。

237. 地铁装饰装修工程中,不锈钢栏玻璃杆安装施工工艺顺序是( )。
A. 测量放线→安装埋板→焊接立柱固定支架→安装立柱→安装扶手→安装玻璃
B. 安装埋板→测量放线→焊接立柱固定支架→安装立柱→安装扶手→安装玻璃
C. 安装埋板→测量放线→安装立柱→焊接立柱固定支架→安装扶手→安装玻璃
D. 安装埋板→测量放线→安装立柱→焊接立柱固定支架→安装玻璃→安装扶手
解析:A。不锈钢栏玻璃杆安装施工工艺顺序是测量放线→安装埋板→焊接立柱固定支架→安装立柱→安装扶手→安装玻璃。

238. 地铁装饰装修工程中,地面亭玻璃幕墙使用的双层钢化夹胶玻璃施工过程中或使用过程中会产生自爆,下列描述对玻璃自爆分析,不正确的是( )。
A. 在安装过程中,如果安装间隙较小或玻璃直接与框架接触,在阳光的照射下,玻璃与框架的膨胀系数不一样,容易使玻璃的边部或角部产生挤压力,诱发钢化玻璃爆裂。
B. 钻孔或切角的钢化玻璃容易爆裂
C. 玻璃表面、边部由于搬运、安装、维护不小心,造成炸口、表面腐蚀、崩边等均易于破坏钢化玻璃的应力引发钢化玻璃的自爆
D. 玻璃在使用过程中由于自身老化产生自爆
解析:D。玻璃自爆原因不包括玻璃在使用过程中由于自身老化产生自爆。

239. 地铁装饰装修工程中,设备区墙面抹灰时需贴灰饼,灰饼尺寸宜为( );间距宜为( )m。
A. 50mm×50mm 正方形,1.5
B. 100mm×50mm 长方形,1.5
C. 30mm×30mm 正方形,1.2
D. 30mm×30mm 正方形,1.5

解析：A。设备区墙面抹灰贴灰饼，尺寸宜为 50mm×50mm 正方形；间距 1.5m。

240. 地铁装饰装修工程中，使用的水泥，水化热最大的是（　　）。
A. 硅酸盐水泥　　　　　　　　B. 矿渣水泥
C. 粉煤灰水泥　　　　　　　　D. 复合水泥
解析：A。水化热最大的水泥是硅酸盐水泥。

241. 地铁装饰装修工程中，进行给水排水管道套管洞口封堵作业时，在潮湿环境中使用的砂浆，适宜选用的胶凝材料是（　　）。
A. 石灰　　　　　　　　　　　B. 石膏
C. 水泥　　　　　　　　　　　D. 水泥石灰混合砂浆
解析：C。在潮湿环境中使用的砂浆，适宜选用的胶凝材料是水泥。

242. 地铁装饰装修工程中，在楼层内测量放线，最常用的测量标高的器具是（　　）。
A. 水准仪　　　B. 经纬仪　　　C. 激光铅直仪　　　D. 钢尺
解析：A。水准仪的作用是测量高程。

243. 地铁装饰装修工程中，设备区墙面阴阳角粗糙，整改方法错误的是（　　）。
A. 用腻子刮刀修补粗糙部位　　　　B. 粗砂纸打磨后再用细砂纸打磨
C. 只用粗砂纸打磨修补接缝处　　　D. 线条弹线后局部修补
解析：C。只用粗砂纸打磨，太过粗糙，粗砂纸打磨后使用细砂纸细抹找平。

244. 地铁装饰装修工程中，公共区墙面使用的干挂瓷砖（玻化砖）和设备区铺贴的地面抛光砖的区分，错误的是（　　）。
A. 玻化砖没有防滑性
B. 认为吸水率小于 0.5%（很多都小于 0.1%）的瓷质砖都可叫作玻化砖
C. 玻化砖的密度大、孔隙率小、吸水率小、瓷化程度高等
D. 抛光砖是需要抛光和加防污层处理，基本不防滑
解析：A。防滑性能不同，抛光砖不吸水、不防滑，玻化砖防滑。

245. 地铁装饰装修工程中，公共区不锈钢栏杆、不锈钢盖板等不采用（　　）不锈钢。
A. 302　　　B. 316　　　C. 310　　　D. 304
解析：C。310 不锈钢耐高温、耐腐蚀，由于高温和腐蚀性环境，常用于热处理和加工行业。

246. 地铁装饰装修工程中，浇筑涉水房间细石混凝土基层时使用抗渗混凝土，预留试件每组（　　）块。
A. 三　　　B. 四　　　C. 五　　　D. 六
解析：D。《地下工程防水技术规范》GB 50108 规定：抗渗混凝土试件每组六块试件。

247. 地铁装饰装修工程中，设备区走廊消火栓箱洞口周围应使用防火板封堵，下列选项不属于防火板特点的有（　　）。
A. 具有耐磨、耐热　　　　　　B. 装饰性不好
C. 防火、防菌、防霉及抗静电的特性　　　D. 耐撞击、耐酸碱、耐烟灼
解析：B。装饰性不是防火板特点，一般防火板用于面层的基层或防火封堵用。

248. 地铁装饰装修工程站内公共区施工，以下对于打胶位置的说法，错误的

是( )。
A. 门套、踢脚线等位置属于装饰用玻璃胶,如无必要,无需打胶
B. 屏蔽门端门与装饰面应做断开绝缘处理,断开处缝隙不得灌填绝缘密封胶
C. 扶梯与铝板或装饰墙面交界处必须打密封胶
D. 卫生间、盥洗室等位置需使用防霉、防潮密封胶

解析:B。屏蔽门端门与装饰面应做断开绝缘处理,断开处缝隙应灌填绝缘密封胶。

249. 地铁装饰装修工程中,以下对装饰用"玻璃胶"说法,正确的是( )。
A. 装饰用玻璃胶主要分为酸性硅酮胶、中性硅酮胶、碱性硅酮胶三种
B. 中性玻璃胶具有腐蚀性
C. 中性玻璃胶的粘结性要比酸性玻璃胶更好
D. 酸性玻璃胶不可用于金属装饰线、大理石及陶瓷

解析:D。酸性玻璃胶对金属和陶瓷类制品具有腐蚀性。

250. 地铁装饰装修工程中,墙砖铺贴质量允许偏差,正确的是( )。
A. 表面平整度≤3mm,阴阳角方正≤3mm,立面垂直度≤2mm,接缝高低差≤0.5mm
B. 表面平整度≤2mm,阴阳角方正≤3mm,立面垂直度≤2mm,接缝高低差≤0.5mm
C. 表面平整度≤2mm,阴阳角方正≤1mm,立面垂直度≤2mm,接缝高低差≤0.5mm
D. 表面平整度≤2mm,阴阳角方正≤3mm,立面垂直度≤3mm,接缝高低差≤0.5mm

解析:A。表面平整度≤3mm,阴阳角方正≤3mm,立面垂直度≤2mm,接缝高低差≤0.5mm。

251. 地铁装饰装修工程中,不属于设备区吊顶安装流程工序的是( )。
A. 标高弹线   B. 龙骨安装
C. 罩面板材切割   D. 吊杆安装

解析:C。罩面板切割是板材切割的过程,不属于工序。

252. 地铁装饰装修工程中,吊顶主龙骨安装时,距墙不应大于( )mm。
A. 300   B. 500   C. 1000mm   D. 350

解析:A。主龙骨间距墙不应大于300mm。

253. 地铁装饰装修工程中,干挂石材与挂件连接部位应采用( )粘结。
A. 硅酮密封胶   B. 环氧树脂型石材专用结构胶
C. 透明胶   D. 云石胶

解析:B。挂件与石材连接属于结构性连接,应使用结构胶。

254. 地铁装饰装修工程中,室内墙、柱面的阳角和门洞口的阳角应用M20水泥砂浆做护角,其护角宽度应不少于( )mm。
A. 30   B. 40   C. 50   D. 60

解析:C。室内墙面、柱面的阳角和门窗洞口的阳角,应用M20水泥砂浆做明护角,每侧宽度不小于50mm。

255. 地铁装饰装修工程中，公共区地面使用花岗石石材铺贴，关于花岗石特性的说法，错误的是（　　）。

　　A. 强度高　　　　　　　　　　B. 密度大

　　C. 耐磨性能好　　　　　　　　D. 属碱性石材

　　解析：D。花岗石构造致密、强度高、密度大、吸水率极低、质地坚硬、耐磨，属酸性硬石材。

256. 地铁装饰装修工程中，下列砌体结构墙体裂缝现象中，原因描述错误的是（　　）。

　　A. 模板支设时，固定构造柱模板的支撑，用力不均匀导致墙体开裂
　　B. 墙体砌筑后未进行养护立即支模浇筑圈梁、构造柱混凝土
　　C. 墙体砌筑使用的砂浆不合格
　　D. 墙体砌筑时灰缝厚度不均匀

　　解析：D。灰缝厚度不均匀，属于观感质量问题与墙体裂缝无关。

257. 地铁装饰装修工程中，成型钢筋在进场时无需复验的项目是（　　）。

　　A. 抗拉强度　　　　　　　　　B. 弯曲性能

　　C. 伸长率　　　　　　　　　　D. 重量偏差

　　解析：B。钢筋进场时，应按国家现行相关标准的规定抽取试件做屈服强度、抗拉强度、伸长率、弯曲性能和重量偏差检验（成型钢筋进场可不检验弯曲性能），检验结果应符合相应标准的规定。

258. 地铁装饰装修工程中，填充墙砌筑用砂浆强度等级不包括（　　）。

　　A. M2.5　　　　B. M5　　　　C. M7.5　　　　D. M10

　　解析：A。现行行业标准《砌筑砂浆配合比设计规程》JGJ/T 98中规定：砂浆强度等级，即M30、M25、M20、M15、M10、M7.5、M5。砌筑砂浆强度等级不包含M2.5。

259. 地铁装饰装修工程中，用水泥砂浆铺贴花岗石地面前，应对花岗石板的六面做防护处理，其主要作用是（　　）。

　　A. 防碱、防渗　　　　　　　　B. 防酸

　　C. 防辐射　　　　　　　　　　D. 钻孔、剔槽

　　解析：A。地铁装饰装修工程中，用水泥砂浆铺贴花岗石地面前，应对花岗石板的六面做防护处理，其主要作用是防碱、防渗。

260. 地铁装饰装修工程中，关于装饰装修材料使用的说法，符合现行国家标准《建筑内部装修设计防火规范》GB 50222规定，正确的是（　　）。

　　A. 设备区吊顶面层可采用石膏板
　　B. 地铁站顶棚必须采用A1级装饰装修材料
　　C. 控制中心调度大厅地面可以采用B2级装修材料
　　D. 配电室内部装修均应采用B1级及以上装修材料

　　解析：B。其内部所有装修均应采用A1级装修材料。

261. 地铁装饰装修工程中，下列混凝土拌合物性能中，不属于和易性含义的是（　　）。

　　A. 流动性　　　　B. 黏聚性　　　　C. 耐久性　　　　D. 保水性

解析：C。 和易性是指混凝土拌合物易于施工操作（搅拌、运输、浇筑、捣实）并能获得质量均匀、成型密实的性能，又称工作性。和易性是一项综合的技术性质，包括流动性、黏聚性和保水性三方面的含义。不包括耐久性。

262. 地铁装饰装修工程中，下列设备区房间都需要做墙面防水的是（   ）。
  A. 卫生间、开水间、污水泵房
  B. 通风空调电控室、风道
  C. 消防泵房、废水泵房、站台门控制室
  D. 空调机房、污水泵房、蒸发冷凝机房、信号设备室
  解析：A。卫生间、开水间、污水泵房必须做防水墙面。

263. 地铁装饰装修工程中，天然大理石饰面板材不宜用于车站内的（   ）。
  A. 墙面   B. 地面   C. 柱面   D. 柱面踢脚线
  解析：B。天然大理石板材是装饰工程的常用饰面材料。由于其耐磨性相对较差，虽也可用于室内地面，但不宜用于人流较多场所的地面。

264. 地铁装饰装修工程中，对已浇筑完毕的混凝土采用自然养护，应在混凝土（   ）开始。
  A. 初凝前   B. 终凝前
  C. 终凝后   D. 强度达到 1.2N/mm² 以后
  解析：B。混凝土的养护方法有自然养护和加热养护两大类。现场施工一般为自然养护。对已浇筑完毕的混凝土，应在混凝土终凝前开始进行自然养护。

265. 地铁装饰装修工程中，影响钢筋与混凝土之间粘结强度的因素有（   ）。
  A. 混凝土强度   B. 钢筋抗拉强度
  C. 钢筋抗压强度   D. 钢筋屈服强度
  解析：A。钢筋与混凝土的相互作用叫粘结。钢筋与混凝土能够共同工作是依靠它们之间的粘结强度。混凝土与钢筋接触面的剪应力称粘结应力。影响粘结强度的主要因素有混凝土的强度、保护层的厚度和钢筋之间的净距离等。

266. 地铁装饰装修工程中，关于工程测量仪器性能与应用的说法，正确的是（   ）。
  A. 水准仪可直接测量待定点高程
  B. S3 型水准仪可用于国家三等水准测量
  C. 经纬仪不可以测量竖直角
  D. 激光经纬仪不能在夜间进行测量工作
  解析：B。水准仪的主要功能是测量两点间的高差 h，它不能直接测量待定点的高程 H，但可由控制点的已知高程来推算测点的高程；另外，利用视距测量原理，它还可以测量两点间的水平距离 D，但精度不高。S3 型水准仪称为普通水准仪，用于国家三、四等水准测量及一般工程水准测量。经纬仪的主要功能是测量两个方向之间的水平夹角 β；其次，它还可以测量竖直角 α；借助水准尺，利用视距测量原理，它还可以测量两点间的水平距离 D 和高差 h。激光经纬仪是在光学经纬仪的望远镜上加装一只激光器而成。它与一般工程经纬仪相比，有如下特点：能在夜间或黑暗的场地进行测量工作，不受照度的影响。

267. 地铁装饰装修工程中，关于卫生间施工的说法，错误的是（   ）。

A. 卫生间应有2%的找坡，坡向地漏
B. 卫生间地面相比走廊标高低20mm
C. 卫生间地面与走廊交界位置应做成斜坡，不应留置错台
D. 卫生间的台盆与台面粘接牢固即可

解析：D。卫生间的台盆应做独立支撑。

268. 地铁装饰装修工程中，关于公共区墙面施工说法，错误的是（　　）。
A. 墙面施工前应先进行排版深化
B. 墙面顶部应高于吊顶150~200mm
C. 墙面施工前所有管线的隐蔽验收工作应完成
D. 墙面距离结构墙面的间距必须为150mm

解析：D。墙面距离结构墙的间距必须综合考虑各专业预埋箱体是否有影响；地铁公共区墙面完成面距离主体结构墙一般为250mm。

269. 地铁装饰装修工程中，公共区烤瓷铝板墙面表面平整度允许偏差为（　　）mm；立面垂直度允许偏差为（　　）mm。
A. 1，3　　　　B. 2，3　　　　C. 1，2　　　　D. 3，1

解析：C。公共区铝板墙面平整度允许偏差为1mm。立面垂直度允许偏差为2mm。

270. 地铁装饰装修工程中，公共区墙面干挂瓷砖施工顺序宜为（　　）。
A. 管线、箱体预留隐蔽验收→测量放线→墙面排版→主龙骨安装→副龙骨安装→L形角码安装→干挂瓷砖安装→伪装门安装
B. 管线、箱体预留隐蔽验收→测量放线→主龙骨安装→副龙骨安装→墙面排版→L形角码安装→干挂瓷砖安装→伪装门安装
C. 主龙骨安装→管线、箱体预留隐蔽验收→测量放线→副龙骨安装→墙面排版→L形角码安装→干挂瓷砖安装→伪装门安装
D. 主龙骨安装→管线、箱体预留隐蔽验收→墙面排版→测量放线→副龙骨安装→L形角码安装→干挂瓷砖安装→伪装门安装

解析：A。公共区墙面干挂瓷砖施工顺序宜为管线、箱体预留隐蔽验收→测量放线→墙面排版→主龙骨安装→副龙骨安装→L形角码安装→干挂瓷砖安装→伪装门安装。

271. 地铁装饰装修工程中，关于公共区墙面干挂瓷砖施工描述，错误的是（　　）。
A. 主龙骨与副龙骨连接宜使用螺栓
B. 固定主龙骨用角码使用膨胀螺栓固定至结构墙，膨胀螺栓需要做拉拔试验
C. 主龙骨间距不宜大于1200mm
D. 主龙骨与副龙骨宜采用焊接连接

解析：D。主龙骨与副龙骨宜采用螺栓连接。

272. 地铁装饰装修工程中，关于地铁站内出入口装修描述，错误的是（　　）。
A. 地面出入口位置应设置防洪挡板
B. 出入口石材地面为光面大理石
C. 多雨地区地铁出入口装饰墙面内，主体结构侧墙底部应设置离壁沟
D. 出入口人防门槛位置应设置不锈钢防滑盖板

解析：B。出入口地面为烧毛面花岗石石材。

273. 地铁装饰装修工程中,关于设备区细石混凝土楼面起砂的原因,说法错误的是(　　)。

A. 混凝土地面浇筑时收面不细致或未进行二次压光

B. 混凝土浇筑后上人过早,造成面层破坏

C. 混凝土浇筑后未及时养护

D. 楼面浇筑时混凝土含水率较大

解析:D。混凝土面层起砂主要因为养护不当、上人过早,与含水率无关。

274. 地铁装饰装修工程中,关于设备区细石混凝土楼面起砂防治措施,说法错误的是(　　)。

A. 楼面浇筑时严禁在混凝土加水,加水宜造成混凝土离析,降低强度

B. 楼面浇筑后及时进行洒水保湿养护,不少于7d

C. 混凝土浇筑时采用高一等级混凝土

D. 楼面浇筑后不宜马上上人或设备

解析:C。楼面起砂与使用高一等级混凝土无关。

275. 地铁装饰装修工程中,关于设备区细石混凝土楼面有细小裂缝的原因,说法错误的是(　　)。

A. 浇筑混凝土地面时,管线未敷设钢丝网

B. 混凝土浇筑后未进行二次收面压光

C. 混凝土浇筑后未及时浇水养护,造成表面干缩

D. 设备振动原因

解析:D。与设备振动无关。

276. 地铁装饰装修工程中,设备区墙面腻子施工时,抹灰基层含水率应不大于(　　)。

A. 7%　　　　B. 8%　　　　C. 10%　　　　D. 5%

解析:B。设备区墙面腻子施工时,抹灰基层含水率应不大于8%。

277. 地铁装饰装修工程中,设备区墙面面层涂料施工时,基层含水率应不大于(　　)。

A. 7%　　　　B. 8%　　　　C. 10%　　　　D. 5%

解析:C。设备区墙面面层涂料施工时,基层含水率应不大于10%。

278. 地铁装饰装修工程中,关于设备区墙面涂料施工检验批划分,描述正确的是(　　)。

A. 涂料墙面应50间划分一个检验批,不足50间的也应划分为一个检验批;大面积房间和走廊可按照涂饰面积每30m² 计为1间。

B. 涂料墙面应30间划分一个检验批,不足30间的也应划分为一个检验批;大面积房间和走廊可按照涂饰面积每30m² 计为1间。

C. 涂料墙面应40间划分一个检验批,不足40间的也应划分为一个检验批;大面积房间和走廊可按照涂饰面积每30m² 计为1间。

D. 涂料墙面应50间划分一个检验批,不足50间的也应划分为一个检验批;大面积房间和走廊可按照涂饰面积每50m² 计为1间。

解析：A。涂料墙面应 50 间划分一个检验批，不足 50 间的也应划分为一个检验批；大面积房间和走廊可按照涂饰面积每 30m² 计为 1 间。

279. 地铁装饰装修工程中，关于设备区墙面涂饰施工质量描述，说法错误的是（ ）。

A. 墙面不得漏涂、透底
B. 涉水房间墙面应使用防水腻子
C. 更换涂料涂刷后墙面颜色可有轻微色差
D. 水性涂料施工温度范围为 5～35℃

解析：C。涂料墙面不得有色差，颜色应均匀一致。

280. 地铁装饰装修工程中，设备区静电地板施工工艺流程，顺序正确的是（ ）。

A. 基层处理与清理→找中、套方、分格、定位、弹线→敷设接地网→安装固定可调支架和引条→铺设活动地板面层→清擦
B. 基层处理与清理→找中、套方、分格、定位、弹线→安装固定可调支架和引条→敷设接地网→铺设活动地板面层→清擦
C. 基层处理与清理→找中、套方、分格、定位、弹线→敷设接地网→铺设活动地板面层→安装固定可调支架和引条→清擦
D. 基层处理与清理→敷设接地网→找中、套方、分格、定位、弹线→安装固定可调支架和引条→铺设活动地板面层→清理面层

解析：A。正确顺序应为：基层处理与清理→找中、套方、分格、定位、弹线→敷设接地网→安装固定可调支架和引条→铺设活动地板面层→清擦。

281. 地铁装饰装修工程中，关于公共区花岗石石材地面施工，说法错误的是（ ）。

A. 石材地面铺贴时，需将较大色差石材挑拣出
B. 站台层屏蔽门安装后，宜按照两侧屏蔽门之间间距进行均分、排版
C. 应优先施工屏蔽门位置处的绝缘层石材地面，再进行大面积地面施工
D. 石材施工时若有切割，需重新对切割面涂刷防护液

解析：C。站台层地面石材铺贴顺序应为，优先铺设非绝缘区大面积石材面层，再进行绝缘区域的石材铺贴。

282. 地铁装饰装修工程中，关于公共区干挂烤瓷铝板墙面施工，说法错误的是（ ）。

A. 铝板主龙骨施工时应避开消火栓、广告灯箱、配电箱等
B. 墙面烤瓷铝板无需深化排版，可按照图纸尺寸安排生产
C. 在配电箱位置应预留检修门
D. 在出入口坡道变化处下料时，需根据现场高度，避免出现水平缝隙错台

解析：B。铝板排版时需提前进行现场测量，将配电箱、消火栓、广告灯箱位置及尺寸标注出，再根据测量结果进行排版、下料。

283. 地铁装饰装修工程中，关于公共区干挂瓷砖墙面施工，说法正确的是（ ）。

A. 干挂瓷砖可使用云石胶、结构胶粘结方法与龙骨连接
B. 干挂瓷砖墙面顶面标高需与吊顶平齐
C. 干挂瓷砖墙面挂砖前需调整龙骨垂直度、平整度

D. 墙面干挂瓷砖背栓孔可用普通瓷砖钻头自行开孔

解析：C。干挂瓷砖墙面挂砖前需要调整龙骨垂直度、平整度；瓷砖必须采用背栓挂件与龙骨连接；干挂瓷砖必须高出吊顶面；干挂瓷砖开孔用专用钻头，外小内大，普通钻头开孔无法使用。

284. 地铁装饰装修工程中，关于公共区铝板吊顶施工，说法正确的是（　　）。
A. 风水电施工前，由装修专业对其进行吊顶完成面标高交底，管线施工标高宜在吊顶完成面 300mm 以上
B. 吊顶转换层所使用的膨胀螺栓不需要进行拉拔试验
C. 吊顶铝板按照图纸尺寸下单即可
D. 副龙骨悬挑长度应不小于 300mm

解析：A。风水电施工前时，由装修专业对其进行吊顶完成面标高交底，管线施工标高宜在吊顶完成面 300mm 以上。

285. 地铁装饰装修工程中，关于站台层屏蔽门前绝缘层施工，说法错误的是（　　）。
A. 绝缘层宽度宜为 900~1500mm
B. 端门内地面不用设置绝缘层
C. 绝缘层石材地面铺贴完成后与其他石材地面交界处接槎应打 10mm 宽绝缘胶
D. 屏蔽门前箭头砖施工时应提前排版下料

解析：B。端门内走廊处的地面也应设置绝缘层。

286. 地铁装饰装修工程中，与电梯专业对接内容描述不正确的是（　　）。
A. 将站内 1m 线高度移交至电梯专业
B. 将站内轴线位置、电梯定位位置与电扶梯专业对接
C. 电扶梯与墙面缝隙宽度需对接
D. 电扶梯安装坡度需要对接

解析：D。电扶梯安装坡度不需要与装修专业对接。

287. 地铁装饰装修工程中，装修专业与给水排水专业对接内容不包括（　　）。
A. 公共区、设备区消火栓箱数量及位置　　B. 手动报警器的安装位置
C. 消火栓箱门的尺寸及安装高度　　D. 消防管道在吊顶内的高度

解析：B。手动报警器的安装位置需要与 FAS 专业协调。

288. 地铁装饰装修工程中，装修专业与动力照明专业对接内容不包括（　　）。
A. 吊顶内桥架的安装标高　　B. 公共区配电箱安装位置及尺寸
C. 疏散指示灯的预留位置　　D. 紧急停车按钮安装位置

解析：D。紧急停车按钮安装位置需要与通信信号专业沟通。

289. 地铁装饰装修工程中，地铁内便利店设置的防火卷帘门耐火极限应不低于（　　）h。
A. 2.00　　　　B. 3.00　　　　C. 1.00　　　　D. 1.50

解析：B。地铁内商铺应采用耐火极限不低于 3.00h 的防火卷帘与其他部位分隔。

290. 地铁装饰装修工程中，地铁车站站厅层设置的便民服务用房总面积不得大于（　　）m²，单个便民服务用房面积不得大于（　　）m²。
A. 120，50　　B. 100，50　　C. 100，30　　D. 120，30

解析：C。地铁车站站厅层设置的便民服务用房总面积不得大于$100m^2$，单个便民服务用房面积不得大于$30m^2$。

291. 地铁装饰装修工程中，下列关于车站控制室、警务室安装的防火观察窗，施工说法错误的是（　　）。

 A. 防火窗玻璃防火等级应不小于乙级

 B. 钢质防火窗窗框内应充填水泥砂浆

 C. 其窗框密封槽内镶嵌的防火密封件应牢固、完好

 D. 每樘防火窗均应在其明显部位设置永久性标志，应标明产品名称、型号、规格、生产单位（制造商）名称和地址、产品生产日期或生产编号、出厂日期、执行标准等

解析：A。车站观察窗玻璃防火等级为甲级。

292. 地铁装饰装修工程中，车站控制室、警务室安装的防火观察窗窗框固定点间距不宜大于（　　）mm。

 A. 600   B. 700   C. 800   D. 900

解析：A。防火观察窗窗框固定点间距不宜大于600mm。

293. 地铁装饰装修工程中，下列关于区间联络通道防火门安装，说法不正确的是（　　）。

 A. 通道内应设置一道并列二樘防火门

 B. 联络通道内防火门等级为甲级，门框安装应牢固可靠，所采用的固定螺栓宜采用不锈钢材质，不锈钢膨胀螺栓应做拉拔力测试，门扇应使用钢铰链与主体结构墙固定

 C. 联络通道内设置的两道防火门开启方向应一致

 D. 联络通道内防火门应设置推杠锁

解析：C。联络通道内应设置的两道防火门开启方向应相反。

294. 地铁装饰装修工程中，区间联络通道防火门门框安装应牢固可靠，门扇应使用钢链与主体结构墙固定，门框应与主体结构预埋板焊接连接，如土建结构未预留埋板时，应采用膨胀螺栓固定预埋板，固定螺栓应采用4颗M10×100mm膨胀螺栓。固定预埋板的螺栓宜采用不锈钢材质，不锈钢膨胀螺栓应做拉拔力测试，不锈钢膨胀螺栓拉拔力应不小于（　　）kN。

 A. 8   B. 9   C. 10   D. 11

解析：A。不锈钢膨胀螺栓应做拉拔力测试，不锈钢膨胀螺栓拉拔力应不小于8kN。

295. 地铁装饰装修工程中，公共区墙、柱面应安装上下对应两个疏散指示标志，其中下部的疏散指示标志上边缘距地高度不应大于1m。地铁公共区墙面设置的广告灯箱底标高宜为700mm，公共区墙面下部疏散指示标志中心点距地高度宜为（　　）mm。

 A. 400   B. 500   C. 600   D. 800

解析：A。公共区墙面下部疏散指示标志中心点距地高度宜为400mm。

296. 地铁装饰装修工程中，公共区墙、柱面应安装上下对应两个疏散指示标志，其中上部的疏散指示标志下边缘距地高度不应大于（　　）m。

 A. 2   B. 2.1   C. 2.2   D. 2.3

解析：C。其中上部的疏散指示标志下边缘距地高度不应大于2.2m。

297. 地铁装饰装修工程中，公共区墙、柱面应安装上下对应两个疏散指示标志，其中上部的疏散指示标志上边缘距吊顶面不应小于( )m。
  A．0.3   B．0.4   C．0.5   D．0.6
  解析：C。其中上部的疏散指示标志上边缘距吊顶面不应小于0.5m。

298. 地铁装饰装修工程中，安全出口和疏散通道出口处的疏散指示标志应设置在门洞边缘或门洞的上部，标志的上边缘距吊顶面不应小于( )m，下边缘距地面不应小于( )m。
  A．0.5，1.8 B．0.5，2 C．0.3，1.8 D．0.3，2
  解析：B。安全出口和疏散通道出口处的疏散指示标志应设置在门洞边缘或门洞的上部，标志的上边缘距吊顶面不应小于0.5m，下边缘距地面不应小于2m。

299. 地铁装饰装修工程中，站台和站厅公共区内的疏散指示标志应设置在柱面或墙面上，标志的间距不应大于( )m，且不应大于两跨柱间距。
  A．15   B．12   C．20   D．18
  解析：C。站台和站厅公共区内的疏散指示标志应设置在柱面或墙面上，标志的间距不应大于20m，且不应大于两跨柱间距。

300. 地铁装饰装修工程中，设备区走廊内的疏散指示标志间距不应大于( )m。
  A．10   B．15   C．8   D．12
  解析：A。设备区走廊内的疏散指示标志间距不应大于10m。

301. 地铁装饰装修工程中，关于设备区装修材料的耐火等级说法，错误的是( )。
  A．车站公共区的墙面和顶棚装修材料的燃烧性能均应为A级
  B．架空地板的燃烧性能可为B2级
  C．满足自然排烟条件的车站公共区，其地面装修材料的燃烧性能不应低于B1级
  D．站台门的绝缘层和具有自然排烟条件的房间地面装修材料的燃烧性能可为B1级
  解析：B。架空地板的燃烧性能可为B1级。

302. 地铁装饰装修工程中，挡烟垂壁耐火极限不应低于( )h。
  A．0.4   B．0.5   C．0.6   D．0.8
  解析：B。挡烟垂壁耐火极限不应低于0.5h。

303. 地铁装饰装修工程中，公共区顶部设置的挡烟垂壁凸出顶棚或封闭吊顶不应小于( )m。
  A．0.5   B．0.6   C．0.7   D．0.4
  解析：A。公共区顶部设置的挡烟垂壁凸出顶棚或封闭吊顶不应小于0.5m。

304. 地铁装饰装修工程中，挡烟垂壁的下缘至地面、楼梯或扶梯踏步面的垂直距离不应小于( )m。
  A．2   B．2.1   C．2.2   D．2.3
  解析：D。挡烟垂壁的下缘至地面、楼梯或扶梯踏步面的垂直距离不应小于2.3m。

305. 地铁装饰装修工程中，站台层屏蔽门外设备区临轨行区走廊宽度应不小于( )m。
  A．1.3   B．1.2   C．1.1   D．1.0

解析：B。台层屏蔽门外设备区临轨行区走廊宽度应不小于1.2m。

306. 地铁装饰装修工程中，设备区墙面抹灰的垂直度允许偏差为（　）mm，平整度允许偏差为（　）mm。

　　A. ±2，±2　　　　B. ±3，±2　　　　C. ±4，±4　　　　D. ±3，±5

　　解析：C。设备区墙面抹灰的垂直度允许偏差为±4mm，平整度允许偏差为±4mm。

307. 地铁装饰装修工程中，设备区使用水准仪放样站厅层结构柱1m线标高点，站厅坡度0.2‰，由大轴坡向小轴端，已知3轴柱1m线绝对高程20m，两柱轴间距8m，所放样的2轴绝对高程是（　）m。

　　A. 19.9984　　　　B. 19.9996　　　　C. 20.0014　　　　D. 20.0004

　　解析：A。两柱间高差：0.002×8＝0.0016，大轴坡向小轴端，3轴柱1m线绝对高程应高于2轴，2轴绝对高程为：20m－0.0016m＝19.9984m。

308. 地铁装饰装修工程中，关于地面嵌入式疏散导流标志安装，说法错误的是（　）。

　　A. 安装时宜居石材板面中心位置

　　B. 安装时地面石材开孔后应在切割面涂刷防护液

　　C. 在闸机位置安装时必须居闸机通道中心

　　D. 标志安装间距不宜大于2.5m

　　解析：D。地面嵌入式疏散导流标安装中心间距不宜大于2m。

309. 地铁装饰装修工程中，使用水准仪进行标高放样时，已知A点为后视点，B点为前视点，A.B两点高差为－0.719m。若后视点A读数为1.358m，前视读数B为（　）m。

　　A. 2.077　　　　B. 0.639　　　　C. 2.177　　　　D. 0.739

　　解析：A。高差＝后视－前视，后视点高程B＝1.358＋0.719＝2.077m。

310. 地铁装饰装修工程中，防静电活动地板施工时现场温度应为（　）℃，相对湿度应小于（　），且应通风良好。

　　A. 10～35，80%　　B. 15～35，60%　　C. 12～35，60%　　D. 12～35，80%

　　解析：A。防静电活动地板施工现场温度应为10～35℃，相对湿度应小于80%。

311. 地铁装饰装修工程中，防静电活动地板检验中，独立防静电接地系统的接地电阻值，无设计要求时应小于（　）Ω。

　　A. 8　　　　B. 9　　　　C. 10　　　　D. 11

　　解析：C。独立防静电接地系统的接地电阻值，无设计要求时应小于10Ω。

312. 地铁装饰装修工程中，防静电活动地板电阻值检验中，导静电型防静电活动地板对地电阻 R_x 范围为（　）Ω。

　　A. $1.0×10^4$～$1.0×10^6$　　　　　　B. $1.0×10^6$～$1.0×10^8$

　　C. $1.0×10^4$～$1.0×10^8$　　　　　　D. $1.0×10^3$～$1.0×10^8$

　　解析：C。独立防静电接地系统的接地电阻值无设计要求时应小于$1.0×10^4$～$1.0×10^8$Ω。

313. 地铁装饰装修工程中，防静电活动地板施工中，房间墙体四周下部宜贴墙设置地垄墙，顶部完成面距静电地板完成面高度宜为（　）mm。

　　A. 50　　　　B. 70　　　　C. 30　　　　D. 100

　　解析：B。顶部完成面距静电地板完成面高度宜为70mm。

314. 地铁装饰装修工程中，关于设备区房间地面过门石安装施工说法，错误的是（　　）。
A. 过门石宽度应与墙体同宽
B. 门扇安装前应安装过门石
C. 过门石颜色与房间内地面颜色一致无色差
D. 过门石铺贴方法与瓷砖地面相同
解析：C。过门石应与房间内地面瓷砖设置不同颜色。

315. 地铁装饰装修工程中，关于车站内安装的钢制防火门说法，错误的是（　　）。
A. 防火门所用合页（铰链）板厚应不少于2mm
B. 采用钢质防火插销，应安装在双扇防火门的相对固定一侧的门扇上
C. 防火门门框与门扇、门扇与门扇的缝隙处应嵌装防火密封件
D. 防火门的门扇内填充材料，应为对人体无毒、无害的防火隔热材料
解析：A。防火门用合页（铰链）板厚应不少于3mm。

316. 地铁装饰装修工程中，关于车站内安装的钢制防火门，最小检验批量为（　　）樘。
A. 10　　　　B. 20　　　　C. 12　　　　D. 9
解析：D。钢制防火门最小检验批量为9樘。

317. 地铁装饰装修工程中，站台层端门外司机上下车处栏杆与端门间距宜不小于（　　）m。
A. 1.2　　　　B. 1.0　　　　C. 1.5　　　　D. 2
解析：A。端门外司机上下车处栏杆与端门间距宜不小于1.2m。

318. 地铁装饰装修工程中，站台层端门外司机上下车位置地面施工说法，错误的是（　　）。
A. 司机上下车位置地面应采用防滑瓷砖
B. 司机上下车位置地面可不做绝缘处理
C. 司机上下车位置地面与车体门框处应设置不锈钢防滑条
D. 司机上下车位置地面绝缘电阻应不小于5MΩ
解析：B。司机上下车位置地面应做绝缘处理。

319. 地铁装饰装修工程中，屏蔽门前绝缘层处石材地面标高宜低于屏蔽门底框（　　）mm。
A. 6　　　　B. 5　　　　C. 7　　　　D. 8
解析：B。屏蔽门前绝缘层处石材地面标高宜低于屏蔽门底框5mm。

320. 地铁装饰装修工程中，屏蔽门顶部与吊顶间距宜不小于（　　）mm。
A. 30　　　　B. 40　　　　C. 50　　　　D. 20
解析：C。屏蔽门顶部与吊顶间距宜不小于50mm。

321. 地铁装饰装修工程中，屏蔽门前绝缘层绝缘电阻不低于（　　）MΩ。
A. 0.5　　　　B. 0.3　　　　C. 0.4　　　　D. 0.6
解析：A。屏蔽门前绝缘层绝缘电阻不低于0.5MΩ。

322. 地铁装饰装修工程中，屏蔽门端门处，内外墙面2m范围内应涂刷绝缘漆，绝缘电阻值不低于（　　）MΩ。
A. 0.4　　　　B. 0.3　　　　C. 0.5　　　　D. 0.6

解析：C。屏蔽门前绝缘层绝缘电阻不低于 0.5MΩ。

323. 地铁装饰装修工程中，车站出入口墙面干挂饰面施工时，在沉降缝处应做断开处理，预留缝隙宽度宜为( )mm。
A. 30   B. 15   C. 20   D. 50
解析：C。在沉降缝处应预留缝隙宽度宜为 20mm。

324. 地铁装饰装修工程中，下列关于沉降缝处的装饰施工说法，正确的是( )。
A. 砌筑墙体应在结构沉降缝两侧设置构造柱，两构造柱间缝隙使用密封胶灌填密实
B. 公共区墙饰面龙骨应做断开处理
C. 地面石材应设置伸缩缝
D. 吊顶面层在沉降缝处可不断开
解析：D。吊顶面层在沉降缝处必须断开。

325. 地铁装饰装修工程中，公共区楼梯踏步高度不得大于( )m。
A. 0.165   B. 0.175   C. 0.160   D. 0.155
解析：A。公共区楼梯踏步高度不得大于 0.165m。

326. 地铁装饰装修工程中，公共区楼梯的踏步级数不应少于( )级，且不应超过( )级。
A. 3，16   B. 3，18   C. 2，16   D. 2，18
解析：B。公共区楼梯的踏步级数不应少于 3 级，且不应超过 18 级。

327. 地铁装饰装修工程中，设备区安全出入口楼梯、设备区站厅至站台楼梯需要做滴水线槽，滴水槽的宽度和深度应满足设计要求，且均不应小于( )mm。
A. 8   B. 9   C. 10   D. 12
解析：C。滴水槽的宽度和深度应满足设计要求，且均不应小于 10mm。

328. 地铁装饰装修工程中，公共区楼梯靠墙扶手中心与墙间距不宜小于( )mm。
A. 80   B. 90   C. 100   D. 110
解析：A。楼梯靠墙扶手中心与墙间距不宜小于 80mm。

329. 地铁装饰装修工程中，公共区栏杆与墙柱之间的间隙、闸机与墙之间的间隙、扶梯与墙柱间的间隙，超过( )mm必须设置防护措施。
A. 80   B. 90   C. 100   D. 110
解析：C。楼梯靠墙扶手中心与墙间距不应小于 100mm。

330. 地铁装饰装修工程中，设备区填充墙与结构顶采用斜砌方法时，填充墙与结构顶预留间距不宜大于( )mm。
A. 180   B. 190   C. 200   D. 250
解析：C。设备区填充墙与结构顶采用斜砌方法时，填充墙与结构顶预留间距不宜大于 200mm。

331. 地铁装饰装修工程中，出入口地面亭钢结构焊接时，作业环境温度不应低于( )℃。
A. −10   B. −5   C. −8   D. −6
解析：A。钢结构焊接时，作业环境温度不应低于 −10℃。

332. 地铁装饰装修工程中，出入口地面亭钢结构焊接时，焊接作业区的相对湿度不

应大于( )。

A. 70%　　　B. 80%　　　C. 90%　　　D. 60%

解析：C。钢结构焊接时，焊接作业区的相对湿度不应大于90%。

333. 地铁装饰装修工程中，出入口地面亭钢结构焊接时，当焊接作业环境温度低于0℃且不低于-10℃时，应采取加热或防护措施，应将焊接接头和焊接表面各方向大于或等于钢板厚度的2倍且不小于100mm范围内的母材，加热到规定的最低预热温度且不低于( )℃后再施焊。

A. 10　　　B. 15　　　C. 25　　　D. 20

解析：D。加热到规定的最低预热温度且不低于20℃后再施焊。

334. 地铁装饰装修工程中，地上车站钢结构焊接时，一级焊缝需要进行内部缺陷的无损检测，检测比例是( )。

A. 100%　　　B. 80%　　　C. 60%　　　D. 50%

解析：A。一级焊缝需要进行行内部缺陷的无损检测、检测比例是100%。

335. 地铁装饰装修工程中，出入口地面亭钢结构焊接时，二级焊缝需要进行行内部缺陷的无损检测，检测比例是( )。

A. 30%　　　B. 50%　　　C. 40%　　　D. 20%

解析：D。二级焊缝需要进行行内部缺陷的无损检测、检测比例是20%。

336. 地铁装饰装修工程中，消防泵房门口应设置防水挡台，高度不宜小于( )mm。

A. 200　　　B. 150　　　C. 250　　　D. 300

解析：D。消防泵房门口应设置防水挡台，高度不宜小于300mm。

337. 地铁装饰装修工程中，设备区房间内地面预留下穿洞口周围应砌筑防水挡台，防水挡台宽度200mm，高度宜高出装修完成面不小于( )mm。

A. 100　　　B. 150　　　C. 200　　　D. 180

解析：C。防水挡台宽度200mm，高度宜高出装修完成面不小于200mm。

338. 地铁装饰装修工程中，公共区不锈钢玻璃栏杆，使用的钢化玻璃厚度应不小于( )mm。

A. 16.76　　　B. 15.75　　　C. 16.56　　　D. 15.76

解析：A。公共区不锈钢玻璃栏杆，使用的钢化玻璃厚度应不小于16.76mm。

339. 地铁装饰装修工程中，车站出入口楼梯梯段单向通行时，宽度不宜小于( )mm。

A. 1600　　　B. 1500　　　C. 1800　　　D. 1700

解析：C。车站出入口楼梯梯段净宽单向通行时，宽度不宜小于1800mm。

340. 地铁装饰装修工程中，车站出入口楼梯梯段净宽双向通行时，宽度不宜小于( )mm。

A. 2000　　　B. 2100　　　C. 2300　　　D. 2400

解析：D。车站出入口楼梯梯段净宽双向通行时宽度不宜小于2400mm。

341. 地铁装饰装修工程中，车站出入口楼梯休息平台净宽宜为( )mm。

A. 1200~1800　　　B. 1200~2000　　　C. 1500~1800　　　D. 1200~1500

解析：A。车站出入口楼梯休息平台净宽宜为 1200~1800mm。

342. 地铁装饰装修工程中，车站出入口楼梯石材踏步平面面板宜设置（　　）道防滑槽，防滑槽深度宜为（　　）mm。

　　A. 4，5　　　　　B. 5，4　　　　　C. 3，5　　　　　D. 2，4

　　解析：C。车站出入口楼梯石材踏步平面面板防滑槽深度宜为 5mm。

343. 地铁装饰装修工程中，设备区涂饰墙面的平整度、垂直度允许偏差为（　　）mm。

　　A. 3，3　　　　　　　　　　　　　B. 4，4

　　C. 2，3　　　　　　　　　　　　　D. 3，4

　　解析：A。地铁装饰装修工程中，涂饰墙面的平整度、垂直度允许偏差都为 3mm。

344. 地铁装饰装修工程中，设备区墙面敷设管线时，管线开槽距门窗洞口不应小于（　　）mm。

　　A. 200　　　　　B. 300　　　　　C. 250　　　　　D. 150

　　解析：B。设备区墙面敷设管线时，管线开槽距门窗洞口不应小于 300mm。

345. 地铁装饰装修工程中，设备区墙面敷设管线后，使用专用砂浆填实，宜比墙面凹（　　）mm，再用专用修补材料补平。

　　A. 4　　　　　　B. 3　　　　　　C. 2　　　　　　D. 5

　　解析：C。设备区墙面敷设管线后，使用专用砂浆填实，宜比墙面凹 2mm。

346. 地铁装饰装修工程中，设备区墙面敷设管线后，沿槽长外侧粘贴耐碱网格布，宽度不应小于（　　）mm。

　　A. 200　　　　　B. 300　　　　　C. 100　　　　　D. 150

　　解析：C。设备区墙面敷设管线后，沿槽外侧粘贴耐碱网格布，宽度不应小于 100mm。

347. 地铁装饰装修工程中，当门窗洞口宽度超过（　　）mm 时，门窗洞口两侧必须设置构造柱。

　　A. 1200　　　　B. 1300　　　　C. 1500　　　　D. 1000

　　解析：C。门洞口宽度超过 1500mm 时，门窗洞口两侧必须设置构造柱。

348. 地铁装饰装修工程中，设备区填充墙砌筑时，蒸压加气混凝土砌块墙长超过 8m 时，构造柱间距应为（　　）m。

　　A. 3~3.5　　　　B. 2~3.5　　　　C. 3~4　　　　D. 4~4.5

　　解析：A。设备区填充墙砌筑时，加气块墙长超过 8m 时，构造柱间距应为 3~3.5m。

349. 地铁装饰装修工程中，关于设备区蒸压加气混凝土砌块墙施工，说法错误的是（　　）。

　　A. 当采用专用薄层砌筑砂浆砌筑时，拉结筋采用 2φ6 纵向钢筋

　　B. 当采用普通砌筑砂浆时，拉结筋采用 2φ6 纵向钢筋和 φ4@250mm 分布短筋平面内点焊组成的拉结网片，或点焊网片

　　C. 楼梯间和人流通道处的砌块墙，应采用钢丝网砂浆面层加强

　　D. 墙体构造柱、水平系梁最外层钢筋保护层厚度不应小于 15mm

　　解析：D。墙体构造柱、水平系梁最外层钢筋保护层厚度不应小于 20mm。

350. 地铁装饰装修工程中，公共区地面盲道砖面层平整度允许偏差（　　）mm；纵缝

顺直度允许偏差( )mm。

A. 2, 4　　　　　　B. 2, 3　　　　　　C. 3, 4　　　　　　D. 4, 5

解析：B。公共区地面盲道砖面层平整度允许偏差2mm；纵缝顺直度允许偏差3mm。

351. 地铁装饰装修工程中，地面垂直电梯位置，无障碍轮椅坡道净宽度不应小于( )mm。

A. 1000　　　　　　B. 1100　　　　　　C. 1200　　　　　　D. 1500

解析：C。无障碍出入口的轮椅坡道净宽度不应小于1200mm。

352. 地铁装饰装修工程中，出入口处扶手端部应设置盲文"凸点"，下列图片中盲文意思表示"楼梯向上"的是( )。

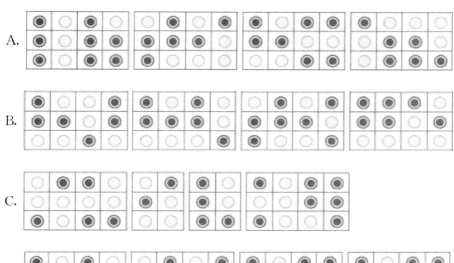

解析：A。图C是"注意安全"；图D是"楼梯向下"；图B是"小心台阶"。

353. 地铁装饰装修工程中，公共区墙面消火栓箱位置安装的伪装门开启角度应不小于( )。

A. 120°　　　　　　B. 100°　　　　　　C. 110°　　　　　　D. 115°

解析：A。公共区墙面消火栓箱位置安装的伪装门开启角度应不小于120°。

354. 地铁装饰装修工程中，设备区墙面涂饰施工使用的水性涂料、水性腻子的游离甲醛限量应( )mg/kg。

A. ≤100　　　　　　B. ≤112　　　　　　C. ≤120　　　　　　D. ≤110

解析：A。设备区墙面涂饰施工使用的水性涂料、水性腻子的游离甲醛限量应≤100mg/kg。

355. 地铁装饰装修工程中，与屏蔽门相邻的墙、顶、地饰面都需做绝缘处理，下列选项中关于绝缘处理说法，错误的是( )。

A. 站台端门外设备房地面需做绝缘处理

B. 端门边的墙体饰面采用挂板构件，挂件与龙骨间加绝缘胶垫

C. 吊顶与屏蔽门间的间隙宜大于50mm
D. 屏蔽门与石材地面缝隙需使用砂浆填塞

解析：D。屏蔽门与石材地面缝隙应使用绝缘胶灌填。

356. 地铁机电安装及装饰装修工程中，公共区卫生间蹲便隔断间净宽宜为（　　）mm。

A. 700　　　　B. 800　　　　C. 900　　　　D. 1000

解析：D。公共区卫生间蹲便隔断间净宽宜为1000mm。

357. 地铁机电安装及装饰装修工程中，公共区卫生间蹲便隔断开间内净长不应小于（　　）mm。

A. 900　　　　B. 1000　　　　C. 1100　　　　D. 1200

解析：D。公共区卫生间蹲便隔断开间内净长不应小于1200mm。

358. 地铁机电安装及装饰装修工程中，当站台设置站台门时，自站台边缘起，向内（　　）m范围内的站台地面装饰层下应进行绝缘处理。

A. 0.5　　　　B. 1.0　　　　C. 1.5　　　　D. 2.0

解析：B。《地铁设计规范》GB 50157 第9.3.11条。

359. 地铁装饰装修工程中，付费区与非付费区的分隔宜采用不低于（　　）m的可透视栅栏，并设置向疏散方向开启的平开栅栏门。

A. 1.0　　　　B. 1.1　　　　C. 1.2　　　　D. 1.5

解析：B。《地铁设计规范》GB 50157 第9.3.12条。

360. 地铁机电安装及装饰装修工程中，付费区与非付费区的分隔宜采用不低于1.1m的可透视栅栏，并设置（　　）的平开栅栏门。

A. 疏散方向相反方向开启　　　　B. 向疏散方向开启
C. 向出入口方向开启　　　　　　D. 向站内方向开启

解析：B。《地铁设计规范》GB 50157 第9.3.12条。

361. 地铁机电安装及装饰装修工程中，车站出入口的数量应根据吸引疏散客流的要求设置；每个公共区直通地面的出入口数量不得少于（　　）个。

A. 1　　　　B. 2　　　　C. 3　　　　D. 4

解析：B。《地铁设计规范》GB 50157—2013 第9.5.1条。

362. 地铁机电安装及装饰装修工程中，地下车站出入口、消防专用出入口和无障碍电梯的地面标高，应高出室外地面（　　）mm，并应满足当地防淹要求。

A. 200～300　　　B. 300～400　　　C. 300～450　　　D. 200～450

解析：C。《地铁设计规范》GB 50157 第9.5.4条。

363. 地铁机电安装及装饰装修工程中，地下出入口通道应力求短、直，通道的弯折不宜超过（　　）处，弯折角度不宜小于（　　）。

A. 2，45°　　　B. 3，45°　　　C. 2，90°　　　D. 3，90°

解析：D。《地铁设计规范》GB 50157 第9.5.6条。

364. 地铁机电安装及装饰装修工程中，地下出入口通道长度不宜超过（　　）m，当超过时，应采取能满足消防疏散要求的措施。

A. 60　　　　B. 80　　　　C. 100　　　　D. 120

解析：C。《地铁设计规范》GB 50157 第 9.5.6 条。

365. 地铁机电安装及装饰装修工程中，卫生间小便槽墙面防水高度不宜小于（　　）m。

A. 1.0　　　　　B. 1.1　　　　　C. 1.2　　　　　D. 1.5

解析：C。卫生间小便槽墙面防水高度不宜小于 1.2m。

366. 地铁机电安装及装饰装修工程中，公共区卫生间蹲便隔断间净宽宜为（　　）mm。

A. 700　　　　　B. 800　　　　　C. 900　　　　　D. 1000

解析：D。公共区卫生间蹲便隔断间净宽宜为 1000mm。

367. 地铁机电安装及装饰装修工程中，自动扶梯扶手带外缘与平行墙装饰面水平距离不得小于（　　）mm。

A. 50　　　　　B. 80　　　　　C. 100　　　　　D. 120

解析：B。《地铁设计规范》GB 50157 第 9.7.6 条。

368. 地铁砌筑及装饰装修工程中，自动扶梯扶手带外缘与任何障碍物的距离小于（　　）mm 时，则应设置防碰撞安全装置。

A. 80　　　　　B. 100　　　　　C. 300　　　　　D. 400

解析：D。《地铁设计规范》GB 50157 第 9.7.6 条。

369. 地铁砌筑及装饰装修工程中，公共区干挂饰面板的主龙骨与结构墙的固定角码，所使用的 M12×110mm 膨胀螺栓现场拉拔力值不应小于（　　）kN。

A. 8　　　　　B. 10　　　　　C. 7　　　　　D. 6

解析：A。M12×110mm 的膨胀螺栓现场拉拔力值不应小于 8kN。

370. 地铁砌筑及装饰装修工程中，预拌混凝土出厂合格证应在（　　）d 内提供。

A. 28　　　　　B. 32　　　　　C. 40　　　　　D. 60

解析：B。预拌混凝土出厂合格证应在 32d 内提供。

371. 地铁砌筑及装饰装修工程中，240mm 厚实心砖墙体砌筑时，（　　）砌筑方法砌筑质量最高。

A. 一顺一丁　　　B. 三顺一丁　　　C. 梅花丁　　　D. 全丁式

解析：C。要求砌筑质量较高时，宜选用梅花丁砌筑法。

372. 地铁砌筑及装饰装修工程中，抗震设防烈度 6 度、7 度的地区，填充墙砌筑时，墙体拉结筋末端弯钩应不小于（　　）。

A. 90°　　　　　B. 80°　　　　　C. 70°　　　　　D. 60°

解析：A。抗震设防烈度 6 度、7 度的地区，填充墙砌筑时，墙体拉结筋末端弯钩应不小于 90°。

373. 地铁砌筑及装饰装修工程中，设备区墙体砌筑用蒸压加气混凝土砌块强度等级不宜低于（　　）。

A. A3.5　　　　B. A2.5　　　　C. A7.5　　　　D. A5.0

解析：D。设备区墙体砌筑用蒸压加气混凝土砌块强度等级不宜低于 A5.0。

374. 地铁砌筑及装饰装修工程中，设备区墙体砌筑用蒸压加气混凝土砌块干密度级别不宜低于（　　）。

A. B05　　　　B. B06　　　　C. B07　　　　D. B08

解析：A。设备区墙体砌筑用蒸压加气混凝土砌块干密度级别不宜低于 B05。

375. 地铁砌筑及装饰装修工程中，设备区墙体砌筑用蒸压加气混凝土砌块的钢筋黏着力不应小于（　　）MPa。

A. 1.0　　　　B. 1.2　　　　C. 1.3　　　　D. 1.5

解析：A。设备区墙体砌筑用蒸压加气混凝土砌块的钢筋黏着力不应小于 1.0MPa。

376. 地铁机电安装及装饰装修工程中，公共区卫生间蹲便器前边缘距隔断间距不应小于（　　）mm，以防止如厕时空间紧张，头部贴近隔断。

A. 300　　　　B. 350　　　　C. 400　　　　D. 250

解析：C。公共区卫生间蹲便器前边缘距离隔断门间距不应小于 400mm。

377. 地铁机电安装及装饰装修工程中，蒸压加气混凝土砌块优等品砌筑时，灰缝厚度应为（　　）mm。

A. 3～6　　　　B. 3～5　　　　C. 5～8　　　　D. 3～7

解析：A。蒸压加气混凝土砌块优等品砌筑时，灰缝厚度应为 3～6mm。

378. 地铁机电安装及装饰装修工程中，蒸压加气混凝土砌块优等品砌筑时，砂浆饱满度不应小于（　　）。

A. 90%　　　　B. 92%　　　　C. 95%　　　　D. 94%

解析：C。蒸压加气混凝土砌块优等品砌筑时，砂浆饱满度不应小于 95%。

379. 地铁机电安装及装饰装修工程中，卫生间地面防水施工时，地面防水应向门口外延展，向外延展长度不小于（　　）mm，向两侧延展的宽度不小于（　　）mm。

A. 300，400　　　B. 400，400　　　C. 500，200　　　D. 300，600

解析：C。卫生间地面防水施工时，地面防水应向门口外延展，延展长度不小于 500mm，向两侧延展的宽度不小于 200mm。

380. 地铁机电安装及装饰装修工程中，淋浴间墙面防水施工时，防水设防高度不应小于（　　）m。

A. 2　　　　B. 1.5　　　　C. 1.8　　　　D. 2.1

解析：A。淋浴间墙面防水施工时，防水设防高度不应小于 2m。

381. 地铁机电安装及装饰装修工程中，关于卫生间、设备区淋浴间防水施工说法，错误的是（　　）。

A. 楼地面与墙柱连接位置防水上翻高度不小于 250mm

B. 地漏与地面混凝土间应留置凹槽，用合成高分子密封胶进行密封防水处理

C. 地漏周围应设置加强防水层，加强层宽度不应小于 150mm

D. 楼地面与墙柱连接处防水层还应增设加强防水层，加强层平面宽度及立面高度均不应小于 80mm

解析：D。加强防水层，加强层平面宽度及立面高度均不应小于 100mm。

382. 地铁装饰装修工程中，设备区安全出入口楼梯每一踏步平面最小宽度为（　　）m，每一踏步立面最大高度为（　　）m。

A. 0.26，0.16　　B. 0.28，0.16　　C. 0.25，0.18　　D. 0.26，0.175

解析：D。设备区安全出入口楼梯每一踏步平面最小宽度为 0.26m，每一踏步立面最

大高度为 0.175m。

383. 地铁装饰装修工程中，区间联络通道防火门抗风压性能应（　　）。
　　A. ≥3000MPa　　B. ≥2500MPa　　C. ≥3200MPa　　D. ≥3500Pa
　　解析：D。区间联络通道防火门抗风压性能应≥3500Pa。

384. 地铁装饰装修工程中，区间联络通道防火门门扇的最小开启角度宜为（　　）。
　　A. 70°　　B. 80°　　C. 90°　　D. 130°
　　解析：C。区间联络通道防火门门扇的最小开启角度宜为90°。

385. 地铁装饰装修工程中，区间联络通道防火门门框固定点间距不应大于（　　）mm。
　　A. 450　　B. 350　　C. 400　　D. 300
　　解析：D。区间联络通道防火门门框固定点间距不应大于300mm。

386. 地铁装饰装修工程中，区间联络通道防火门门框填充料密度不宜小于（　　）kg/m³。
　　A. 110　　B. 100　　C. 120　　D. 85
　　解析：C。区间联络通道防火门门框填充料密度不宜小于120kg/m³。

387. 地铁装饰装修工程中，关于出入口楼梯栏杆、扶手施工，说法错误的是（　　）。
　　A. 扶梯紧停按钮处相邻的栏杆应采用镂空不锈钢栏杆，在出现紧急情况时能以最快速度启动紧停按钮
　　B. 电扶梯与幕墙间隙过大时应安装防翻越栏杆封闭，栏杆距地面高度不宜小于1100mm；石材装饰板高于地面时，以装饰板面层为基准面，栏杆高度不低于1100mm
　　C. 楼梯栏杆采用的玻璃为普通玻璃
　　D. 栏杆一侧为扶梯时，栏杆在出入口地面平台处水平段长度应超过扶梯
　　解析：C。楼梯栏杆玻璃为安全玻璃。

388. 地铁装饰装修工程中，出入口地面排水沟上设置的不锈钢箅子，镂空间隙不宜大于（　　）mm。
　　A. 5　　B. 6　　C. 7　　D. 8
　　解析：A。出入口地面排水沟上设置的不锈钢箅子镂空间隙不宜大于5mm，以防止女性高跟鞋根部插入缝隙，造成乘客受伤。

389. 地铁机电安装及装饰装修工程中，出入口通道地面坡度超过（　　）时，地面应做防滑处理。
　　A. 10°　　B. 13°　　C. 14°　　D. 15°
　　解析：D。出入口地面坡度超过15°时，地面应做防滑处理。

390. 地铁机电安装及装饰装修工程中，卫生间蹲便器尾部距墙净距不应小于（　　）mm。
　　A. 500　　B. 400　　C. 300　　D. 200
　　解析：C。卫生间蹲便器尾部距墙净距不应小于300mm。

391. 地铁机电安装及装饰装修工程中，卫生间隔断门的尺寸不应小于（　　）mm。
　　A. 400　　B. 500　　C. 600　　D. 700

解析：C。卫生间隔断门的尺寸不应小于600mm。

392. 地铁机电安装及装饰装修工程中，地面亭出入口屋面的施工顺序，说法正确的是（   ）。

A. 压型钢板安装→镀锌钢檩条安装→玻璃保温棉安装→镀锌钢丝网安装→防水透气膜铺设→铝镁锰板安装

B. 压型钢板安装→镀锌钢檩条安装→镀锌钢丝网安装→玻璃保温棉安装→防水透气膜铺设→铝镁锰板安装

C. 镀锌钢檩条安装→压型钢板安装→镀锌钢丝网安装→玻璃保温棉安装→防水透气膜铺设→铝镁锰板安装

D. 镀锌钢檩条安装→压型钢板安装→玻璃保温棉安装→镀锌钢丝网安装→防水透气膜铺设→铝镁锰板安装

解析：C。地面亭出入口屋面的施工顺序是镀锌钢檩条安装→压型钢板安装→镀锌钢丝网安装→玻璃保温棉安装→防水透气膜铺设→铝镁锰板安装。

393. 地铁机电安装及装饰装修工程中，卫生间隔断安装时，隔断门两侧板材剩余尺寸应（   ）mm。

A. ≥150   B. ≥200   C. ≥250   D. ≥100

解析：A。卫生间隔断安装时，隔断门两侧板材剩余尺寸应≥150mm。

394. 地铁机电安装及装饰装修工程中，公共区无障碍卫生间台盆高度宜为（   ）mm。

A. 500   B. 600   C. 700   D. 800

解析：D。无障碍卫生间台盆高度宜为800mm。

395. 地铁机电安装及装饰装修工程中，公共区蹲便便位对称设置时，隔断中间走道的宽度应（   ）mm。

A. ≥950   B. ≥800   C. ≥1000   D. ≥900

解析：C。卫生间隔断安装时，公共区卫生间蹲便位对称设置时，中间走道的宽度应≥1000mm。

396. 地铁机电安装及装饰装修工程中，关于公共区无障碍卫生间施工说法，错误的是（   ）。

A. 无障碍卫生间门宜为推拉门
B. 无障碍卫生间脸盆、坐便器应设置扶手抓杆
C. 无障碍卫生间在坐便器位置侧墙应设置紧急呼叫装置
D. 无障碍卫生间地面应低于走廊地面并在交界位置留置错台

解析：D。无障碍卫生间的地面与走廊地面交界位置不应设置错台，应设置成缓坡。

397. 地铁机电安装及装饰装修工程中，关于公共区卫生间施工说法，错误的是（   ）。

A. 卫生间的插座、开关均应选用防潮型
B. 卫生间的垃圾桶宜采用暗装方式
C. 卫生间台下盆应使用角钢设置斜向独立支撑
D. 卫生间台面拼装完成后的缝隙应使用结构胶进行打胶美缝

解析：D。卫生间台面拼装完成后的缝隙应使用防水密封胶进行打胶美缝。

398. 地铁机电安装及装饰装修工程中，公共区卫生间台面安装时，起始台盆中心距

侧墙应( )mm。

A. ≥400　　　　B. ≥550　　　　C. ≥600　　　　D. ≥650

解析：B。公共区卫生间台面安装时，起始台盆中心距侧墙应≥550mm。

399. 地铁机电安装及装饰装修工程中，公共区卫生间台面宽度宜为( )mm。

A. 400　　　　B. 550　　　　C. 600　　　　D. 650

解析：C。公共区卫生间台面安装时，公共区卫生间台面宽度宜为600mm。

400. 地铁机电安装及装饰装修工程中，公共区卫生间台盆中心距应不小于( )mm。

A. 500　　　　B. 600　　　　C. 650　　　　D. 700

解析：D。公共区卫生间台盆中心距应不小于700mm。

401. 地铁机电安装及装饰装修工程中，公共区卫生间起始小便器安装时距侧墙间距应( )mm。

A. ≥350　　　　B. ≥450　　　　C. ≥500　　　　D. ≥550

解析：A。公共区卫生间小便器安装时距侧墙间距应≥350mm。

402. 地铁机电安装及装饰装修工程中，公共区卫生间小便器安装时，中心间距宜为( )mm。

A. 500　　　　B. 600　　　　C. 700　　　　D. 800

解析：C。公共区卫生间小便器安装时，中心间距宜为700mm。

403. 地铁机电安装及装饰装修工程中，公共区卫生间地面距吊顶净空不应小于( )mm。

A. 2200　　　　B. 2300　　　　C. 2400　　　　D. 2500

解析：C。公共区卫生间地面距吊顶净空不应小于2400mm。

404. 地铁装饰装修工程中，使用普通砂浆砌筑时，蒸压加气混凝土砌块的相对含水率为( )。

A. 20%～30%　　　B. 30%～40%　　　C. 40%～50%　　　D. 25%～35%

解析：C。使用普通砂浆砌筑时，蒸压加气混凝土砌块的相对含水率为40%～50%。

405. 地铁装饰装修工程中，墙面抹灰时，需要在砌体与构造柱、圈梁交接处敷设耐碱网格布，其搭接宽度不应小于( )mm。

A. 100　　　　B. 200　　　　C. 150　　　　D. 250

解析：A。墙面抹灰时，圈梁、构造柱与砖墙搭接宽度不应小于100mm。

406. 地铁装饰装修工程中，墙面抹灰前，需进行墙面甩浆工序，关于甩浆要求，正确的是( )。

A. 人工蘸浆甩浆必须均匀，表面凸出墙面部分应不少5mm，且成毛刺状

B. 甩浆前墙面不用进行浇水湿润

C. 甩浆后进行24h养护

D. 墙面甩浆密度间距不小于70%。

解析：A。人工蘸浆甩浆必须均匀，表面凸出墙面部分应不少5mm，且成毛刺状；甩浆前必须进行墙面湿润，甩浆后养护不小于72h；墙面甩浆密度不小于95%。

407. 地铁装饰装修工程中，以下图片为地铁常用防火门的是( )。

A. 　　B.

C. 　　D.

解析：C。钢制防火门。

图 A 为木质防火门；图 B 为铝合金防火门；图 D 为玻璃防火门。

408. 地铁装饰装修工程中，以下图片为地徽的是（　　）。

A. 　　B.

C. 　　D.

解析：A。地徽。

图 B 为灯箱导向标识；图 C、图 D 为地面导向标识。

409. 地铁装饰装修工程中，以下图片为常用的或建议使用的公共区垃圾桶的是（　　）。

A. 　　B.

C. 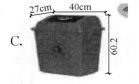　　D.

解析：A。不锈钢垃圾桶（具有防爆、透明、防潮、防腐功能）。

图 B、图 C、图 D 为普通垃圾桶。

5.2　多项选择题

1. 地铁装饰装修工程中，装饰装修细部工程中的护栏和扶手制作和安装中，护栏高度、栏杆间距，安装位置必须符合规范要求，下列表述正确的有（　　）。

A. 地铁内楼梯栏杆垂直杆件间的净距不应大于 0.11m。

B. 地铁内水平栏杆（或栏板）的高度不应小于 1.10m。

C. 出入口靠墙一侧应设靠墙扶手

D. 站内安全护栏玻璃应使用普通玻璃。

E. 站内楼梯安全栏杆立柱间距应≤1100mm

解析：ABCE。站内安全护栏的玻璃必须使用钢化夹胶玻璃。

2. 地铁装饰装修工程中，设备区砌筑所用加气混凝土砌块的特性有（　　）。

　A. 保温隔热性能好　　　　　　　B. 自重轻

　C. 强度高　　　　　　　　　　　D. 表面平整，尺寸精确

　E. 干缩小，不易开裂

解析：ABD。加气混凝土砌块的优点是：（1）保温隔热性能好，用作墙体可降低建筑物供暖、制冷等使用能耗。（2）其表观密度小，可减轻结构自重，有助于提高建筑物抗震能力。（3）表面平整、尺寸精确，容易提高墙面平整度。（4）可锯、刨、钻、钉，施工便捷。缺点是：由于其吸水导温缓慢，导致干缩大、易开裂，且强度不高，表面易粉化，故需要采取专门措施。

3. 地铁装饰装修工程中，出入口玻璃幕墙工程中钢化玻璃的特性包括（　　）。

　A. 机械强度高　　　　　　　　　B. 抗冲击性好

　C. 弹性比普通玻璃大　　　　　　D. 热稳定性好

　E. 易切割、磨削

解析：ABCD。钢化玻璃机械强度高，抗冲击性好，弹性比普通玻璃大得多，热稳定性好。在受急冷急热作用时，不易发生炸裂，碎后不易伤人，但钢化玻璃使用时不能切割、磨削，边角亦不能碰击挤压，需按设计尺寸、规格进行加工定制。

4. 地铁装饰装修工程中，设备区构造柱、圈梁混凝土的自然养护法有（　　）。

　A. 覆盖浇水养护　　　　　　　　B. 塑料覆盖包裹养护

　C. 养护液养护　　　　　　　　　D. 蒸汽养护

　E. 升温养护

解析：AC。混凝土的养护法有自然养护和加热养护两大类。现场施工一般自然养护。自然养护可分覆盖浇水养护、塑料覆盖包裹养护和养护液养护等。

5. 地铁装饰装修工程中，设备区房间吊顶工程，下列说法正确的有（　　）。

　A. 主龙骨应平行房间短向布置

　B. 吊杆距主龙骨端部距离不得大于300mm

　C. 房间跨度较大时，吊顶应起拱

　D. 当吊顶内管线密集无法安装吊杆时应设置转换层

　E. 吊杆长度大于1500mm时，应设置反向支撑

解析：BCDE。主龙骨宜平行房间长向布置。

6. 地铁装饰装修工程中，车站工程验收时，室内环境污染浓度监测涉及的污染物有（　　）。

　A. 甲醛　　　　　　　　　　　　B. 挥发性有机化合物

　C. 苯　　　　　　　　　　　　　D. 二氧化硫

　E. 氮

解析：AC。民用建筑工程验收时室环境污染浓度监测涉及的污染物有氨、甲醛、苯

和总挥发性有机化合物（TVOC）等。

7. 地铁装饰装修工程中，混凝土应按现行行业标准《普通混凝土配合比设计规程》JGJ 55 的有关规定，根据混凝土（　　）等要求进行配合比设计。

　　A. 吸水率　　　　　　　　　　　B. 强度等级
　　C. 耐久性　　　　　　　　　　　D. 工作性
　　E. 分层度

　　解析：BCD。混凝土应按现行行业标准《普通混凝土配合比设计规程》JGJ 55 的有关规定，根据混凝土强度等级、耐久性和工作性等要求进行配合比设计。

8. 地铁装饰装修工程中，下列建筑钢材的性能指标中，属于力学性能指标的是（　　）。

　　A. 拉伸　　　　　　　　　　　　B. 冲击
　　C. 疲劳　　　　　　　　　　　　D. 弯曲
　　E. 焊接

　　解析：ABC。钢材的主要性能包括力学性能和工艺性能；其中力学性能是钢材最重要的使用性能，包括拉伸性能、冲击性能、疲劳性能等。工艺性能表示钢材在各种加工过程中的行为，包括弯曲性能和焊接性能等。

9. 地铁公共区装饰装修工程中，下列选项中需要预留检修口的是（　　）。

　　A. 墙面配电箱　　　　　　　　　B. 顶面安装的消防管道阀门
　　C. 公共区地面 AFC 专业的线槽　　D. 墙面的插座
　　E. 公共区墙面消火栓旁安装的消防手动报警器

　　解析：ABC。墙面需要预留检修口的是墙面配电箱、吊顶内安装的消防管道阀门；地面需要预留检修口的是公共区地面 AFC 专业的线槽。

10. 地铁装饰装修工程中，关于地面花岗石石材特性的说法，正确的有（　　）。

　　A. 呈碱性　　　　　　　　　　　B. 高温耐火
　　C. 密度大　　　　　　　　　　　D. 耐久性好
　　E. 强度高

　　解析：CDE。花岗石构造致密、强度高、密度大、吸水率极低、质地坚硬、耐磨，为酸性石材，因此，其耐酸、抗风化、耐久性好，使用年限长。

11. 地铁装饰装修工程中，需要与信号、弱电、FAS、BAS、AFC 等专业沟通的施工工序有（　　）。

　　A. 设备区吊顶面层铝板安装　　　B. 公共区站厅层铝圆通吊顶安装
　　C. 公共区柱面石材施工　　　　　D. 设备区墙面腻子、墙面漆施工
　　E. 设备区地面瓷砖铺贴

　　解析：ABC。所有公共区墙面、顶面、地面面层施工前都应与其他相关专业沟通，其管线是否已经隐蔽验收完成；设备区墙面上其他专业管线在抹灰前应施工完毕；设备区地面在垫层浇筑前预理的管线应施工完成。

12. 地铁装饰装修工程中，设备区须设置排水沟的房间有（　　）。

　　A. 消防泵房　　　　　　　　　　B. 蒸发冷凝机房
　　C. 环控电控室　　　　　　　　　D. 空调机房

E. 污水泵房

解析：ABDE。消防泵房、蒸发冷凝机房、空调机房、污水泵房都为涉水房间，必须设置排水沟。

13. 地铁装饰装修工程中，下列施工工序中，属于"钢筋加工"工作内容的有（   ）。

    A. 机械连接　　　　　　　　B. 下料切断
    C. 搭接绑扎　　　　　　　　D. 弯曲成型
    E. 拉伸调直

    解析：BDE。钢筋加工包括调直、除锈、下料切断、接长、弯曲成型等。

14. 地铁装饰装修工程中，下列钢结构施工用材料中，使用前必须进行烘焙的有（   ）。

    A. 焊钉　　　　　　　　　　B. 瓷环
    C. 焊剂　　　　　　　　　　D. 药芯焊丝
    E. 焊条

    解析：BCDE。焊条、焊剂、药芯焊丝、电渣焊熔嘴和焊钉用的瓷环等在使用前，必须按照产品说明书及有关焊接工艺的规定进行烘焙。

15. 地铁装饰装修工程中，关于离壁沟施工说法，正确的是（   ）。

    A. 公共区墙面在离壁沟地漏位置需设置检修口
    B. 离壁沟沟壁使用素混凝土浇筑即可
    C. 离壁沟施工完成后必须进行找坡
    D. 离壁沟需涂刷防水涂料，防水等级不低于二级
    E. 雨水较为充足的地区，出入口楼梯段处装饰墙面内，结构墙下部不用设置离壁沟

    解析：ACD。离壁沟必须刷防水涂料，且必须进行找坡；公共区墙面需在地漏位置需设置检修口；雨水较为充足的地区，出入口楼梯段处装饰墙面内，结构墙下部应设置离壁沟。

16. 地铁装饰装修工程中，关于涉水房间防水施工说法，正确的是（   ）。

    A. 卫生间贴砖墙面宜涂刷 1.5mm 厚油性聚氨酯防水涂料
    B. 卫生间防水涂料上翻高度不小于 250mm
    C. 卫生间地面防水涂料施工完成后应做 24h 蓄水试验
    D. 防水涂料施工前不用处理阴阳角、管根部位
    E. 地面防水涂料施工后应做保护层

    解析：BCE。卫生间墙面宜用水性防水涂料，油性对后期贴砖有影响；防水涂料涂抹前，管根、地面阴阳角位置应使用砂浆抹成圆弧形。

17. 地铁装饰装修工程中，公共区地面垫层施工说法，正确的是（   ）。

    A. 垫层浇筑前在基层面应做灰饼
    B. 地面管线应提前敷设钢丝网
    C. 垫层最薄处不宜小于 50mm 厚
    D. 垫层施工完成后距离石材完成面不宜小于 70mm 厚
    E. 垫层施工后需压光收面

解析：ABCD。垫层浇筑完成后不需要压光收面。

18. 地铁装饰装修工程中，关于地铁防火门施工说法，正确的是（   ）。

A. 防火门底部距地不应大于 10mm

B. 甲级防火门的耐火完整性不低于 1h

C. GFMB 甲 1223 表示为：甲级钢制防火密闭门，门宽 1200mm、门高 2300mm

D. 钢制防火门 FM1023，表示门宽为 2300mm

E. 防火门所用材料耐火性能满足 A1 级要求

解析：CE。防火门扇与地面活动间隙不大于 9mm；B 选项：甲级防火门耐火完整性不低于 1.5h；D 选项：表示门宽为 1m。

19. 地铁装饰装修工程中，防火门安装尺寸极限偏差说法，正确的是（   ）。

A. 门扇高度±2mm
B. 门扇宽度±2mm
C. 门扇与门框搭接尺寸≥10mm
D. 防火门门扇开启力不应大于 80N
E. 双扇门门扇之间的缝隙不应大于 3mm

解析：ABDE。防火门门扇与门框搭接尺寸≥12mm。

20. 地铁装饰装修工程中，关于地铁防火窗说法，正确的是（   ）。

A. 防火窗的耐火完整性能≥1.5h
B. 防火窗的厚度允许偏差±2mm
C. 防火窗的宽度允许偏差±2mm
D. 防火窗气密性能不低于 2 级
E. 钢制防火窗的代号为 GZFC

解析：ABCD。钢制防火窗的代号为 GFC。

21. 地铁装饰装修工程中，关于加气块砌体结构特点的说法，正确的是（   ）。

A. 耐火性能好
B. 抗弯性能差
C. 耐久性较差
D. 施工方便
E. 抗震性能好

解析：ABD。砌体结构具有的特点：具有较好的耐久性、良好的耐火性；施工方便，工艺简单；自重大，抗拉、抗剪、抗弯能力低；抗震性能差。

22. 地铁装饰装修工程中，地铁施工用混凝土和易性包括（   ）。

A. 保水性
B. 耐久性
C. 黏聚性
D. 流动性
E. 抗冻性

解析：ACD。和易性是一项综合的技术性质，包括流动性、聚聚性和保水性三方面的含义。

23. 地铁装饰装修工程中，常用防水材料的有（   ）。

A. JS 聚合物水泥基防水涂料
B. 水性沥青基防水涂料
C. 水泥基渗透结晶型防水涂料
D. 聚氨酯防水涂料
E. 高聚物改性沥青防水卷材

解析：ACD。地铁施工中常用防水材料的有 JS 聚合物水泥基防水涂料、水泥基渗透结晶型防水涂料、聚氨酯防水涂料。

24. 地铁装饰装修工程中，关于砌体结构工程施工的说法，正确的有（   ）。

A. 砌体基底标高不同处应从底处砌起

B. 砌体墙上不允许留置临时施工洞口
C. 宽度为 500mm 的洞口上方设置加筋砖梁
D. 配筋砌体施工质量控制等级分为 A、B 二级
E. 砌体墙转角处可不用设置构造柱

解析：AD。选项 B：在墙体留置临时施工洞口，其侧边离交接处墙面不应小于 500mm，洞口净宽度不应超过 1m；选项 C：宽度超过 500mm 的洞口上部，应设置钢筋混凝土过梁；选项 E：墙体转角位置必须设置构造柱。

25. 地铁装饰装修工程中，墙面石材饰面板安装方法有（　　）。
A. 湿作业法　　　　　　　　B. 粘贴法
C. 干挂法　　　　　　　　　D. 砌筑法
E. 灌浆法

解析：ABC。石材饰面板安装方法有湿作业法、粘贴法、干挂法。

26. 地铁装饰装修工程中，地面亭钢结构焊接连接施工时，焊缝会出现裂纹缺陷，裂纹通常有热裂纹与冷裂纹之分，产生热裂纹的原因是（　　）。
A. 母材抗裂性能差　　　　　B. 焊接材料质量不好
C. 焊接工艺参数选择不当　　D. 焊接内应力过大
E. 焊前未预热，焊后冷却快

解析：ABCD。E 属于冷裂纹产生的原因。

27. 地铁装饰装修工程中，下列选项应进行现场实体检测的有（　　）。
A. 结构地面所植构造柱主筋　　B. 干挂石材用膨胀螺栓
C. 加气块的抗压强度　　　　　D. 防火门的耐火性
E. 砌体灰缝强度

解析：ABE。

28. 地铁砌筑及装饰装修工程中，混凝土的耐久性包括（　　）等指标。
A. 抗渗性　　　　　　　　　B. 抗冻性
C. 和易性　　　　　　　　　D. 碳化
E. 粘结性

解析：ABD。混凝土的耐久性包括：抗渗性，抗冻性，抗侵蚀性，混凝土的碳化（中性化），碱骨料反应等性能。

29. 地铁装饰装修工程中，下列属于设备区砌筑常用的钢筋型号的是（　　）。
A. HPB235　　　　　　　　　B. HPB300
C. HRB335　　　　　　　　　D. HRB400E
E. HRB500

解析：BD。常用钢筋设备区砌筑常用的钢筋型号包括 HRB400E、HPB300 两种。

30. 地铁装饰装修工程中，下列选项属于建筑装饰装修工程子分部工程的是（　　）。
A. 门窗工程　　　　　　　　B. 抹灰工程
C. 防水工程　　　　　　　　D. 栏杆、扶手制作与安装
E. 幕墙工程

解析：ABCE。地铁砌筑及装饰装修工程中属于建筑装饰装修工程子分部工程的是门

窗工程、抹灰工程、防水工程、幕墙工程、细部工程；D选项为细部工程的分项工程。

31. 地铁装饰装修工程中，幕墙工程应对哪些隐蔽工程项目进行验收（   ）。
  A. 构件的连接节点
  B. 变形缝及墙面转角处的构造节点
  C. 幕墙防雷装置
  D. 玻璃的垂直度
  E. 预埋件或后置预埋件
  解析：ABCE。玻璃垂直度不属于隐蔽工程。

32. 地铁装饰装修工程中，砌体结构的特点有（   ）。
  A. 抗压性能好
  B. 材料经济、就地取材
  C. 抗拉强度高
  D. 抗弯性能好
  E. 施工简便
  解析：ABE。砌体结构有以下优点：砌体材料抗压性能好，保温、耐火、耐久性能好；材料经济，就地取材；施工简便，管理、维护方便。砌体的抗压强度相对于块材的强度来说还很低，抗弯、抗拉强度则更低。

33. 地铁装饰装修工程中，关于钢结构工程中防腐涂料与防火涂料涂装的说法，正确的有（   ）。
  A. 施工环境温度不低于0℃
  B. 做好操作面的通风
  C. 做好防水、防毒、防腐措施
  D. 防腐涂料与防火涂料应具有相容性
  E. 涂装油漆按一般工种管理
  解析：BCD。选项A，施涂环境温度、湿度，应按产品说明书和规范规定执行，当产品说明书无要求时，环境温度宜在5～38℃之间，相对湿度不应大于85%。选项E，防腐涂料和防火涂料的涂装油漆工属于特殊工种。

34. 地铁砌筑及装饰装修工程中，常用的混凝土实心砖的规格为（   ）。
  A. 240mm×120mm×60mm
  B. 240mm×110mm×55mm
  C. 240mm×115mm×53mm
  D. 240mm×115mm×55mm
  E. 200mm×95mm×53mm
  解析：CE。地铁砌筑及装饰装修工程中，常用的混凝土实心砖的规格为240mm×115mm×53mm、200mm×95mm×53mm。

35. 地铁砌筑及装饰装修工程中，关于砌筑砂浆的说法，正确的有（   ）。
  A. 砂浆应采用机械搅拌
  B. 掺用外加剂的砂浆搅拌时间不得少于3min
  C. 留置试块为边长70.7mm的正方体
  D. 同盘砂浆应留置两组试件
  E. 六个试件为一组
  解析：ABC。砂浆应采用机械搅拌，搅拌时间自投料完算起，应为：（1）水泥砂浆和水泥混合砂浆，不得少于2min；（2）掺用外加剂的砂浆，不得少于3min；（3）预拌砂浆及加气混凝土砌块专用砂浆宜按掺用外加剂的砂浆确定搅拌时间或按产品说明书采用。（4）砂浆强度为边长为7.07cm的正方体试件，（5）砂浆试块应在卸料过程中的中间部位随机取样，现场制作，同盘砂浆只应制作一组试块；3个试件为一组。

36. 地铁装饰装修工程中，混凝土在高温施工环境下施工，可采取的措施有（   ）。

A. 在早间施工 B. 在晚间施工
C. 喷雾 D. 连续浇筑
E. 吹风

解析：ABCD。混凝土浇筑宜在早间或晚间进行，且应连续浇筑，当混凝土水分蒸发较快时，应在施工作业面采用挡风、遮阳、喷雾等措施。

37. 地铁装饰装修工程中，浇筑混凝土时通常用于调节混凝土凝结时间、硬化性能的混凝土外加剂有（　　）。

A. 缓凝剂 B. 早强剂
C. 膨胀剂 D. 速凝剂
E. 引气剂

解析：ABD。改善混凝土拌合物流变性能的外加剂，包括各种减水剂、引气剂和泵送剂等；调节混凝土凝结时间、硬化性能的外加剂，包括缓凝剂、早强剂和速凝剂等；改善混凝土耐久性的外加剂，包括引气剂、防水剂和阻锈剂等；改善混凝土其他性能的外加剂，包括膨胀剂、防冻剂、着色剂等。

38. 地铁砌筑及装饰装修工程中，下列选项中关于设备区安全出入口防火门说法正确的有（　　）。

A. 甲级防火门耐火极限应为1.0h
B. 安全疏散通道防火门向逃生相反方向开启
C. 关闭后应能从内外两侧手动开启
D. 具有自行关闭功能
E. 开启后，门扇不应跨越变形缝

解析：CDE。关闭后应能从内外两侧手动开启；具有自行关闭功能；开启后，门扇不应跨越变形缝。

39. 地铁装饰装修工程中，（　　）施工工序施工前需要进行预排版。

A. 站厅层、站台层公共区地面石材 B. 设备区走廊、房间地面瓷砖
C. 公共区柱面铝板 D. 公共区吊顶铝板
E. 风道混凝土地面

解析：ABCD。风道混凝土地面不用预排版。

40. 地铁装饰装修工程中，构造柱模板支设前应完成（　　）工作。

A. 构造柱根部清理、凿毛
B. 清理马牙槎、钢筋粘结的砂浆
C. 沿马牙槎在墙体粘贴密封条，防止模板安装后，混凝土浇筑过程中漏浆
D. 模板垂直度调整
E. 调整构造柱箍筋间距

解析：ABCE。模板垂直度调整属于模板安装后的工作内容。

41. 地铁装饰装修工程中，（　　）位置需设置止步盲道砖。

A. 上下乘客屏蔽门前方 B. 行进盲道转角处、交叉处
C. 扶梯、楼梯前方300mm位置 D. 无障碍卫生间门前
E. 自动售票机前地面

解析：ABCD。自动售票机前地面不设置盲道。

42. 地铁装饰装修工程中，关于盲道砖施工说法，正确的是（　　）。
    A. 出入口排水沟两侧应设置止步盲道砖
    B. 人防门槛不锈钢盖板两侧应设置止步盲道砖
    C. 楼梯休息平台处止步盲道宽度与楼梯段宽度相同
    D. 楼梯踏步前方地面必须设置两排盲道
    E. 扶梯前方必须设置两排盲道
    解析：ABCD。扶梯前方设置一排盲道即可。

43. 地铁装饰装修工程中，设备区涉水房间地面基层采用抗渗混凝土，预留的试块尺寸为（　　）。
    A. 上口直径175mm，下口直径185mm，高150mm
    B. 直径为150mm，高150mm的圆柱
    C. 直径为100mm，高100mm的圆柱
    D. 上口直径185mm，下口直径175mm，高150mm
    E. 100mm×100mm×100mm 立方体
    解析：AB。抗渗混凝土试块有两种规格：上口直径175mm，下口直径185mm，高150mm。直径为150mm，高150mm的圆柱试块。

44. 地铁装饰装修工程中，关于防火卷帘的施工的说法，正确的是（　　）。
    A. 防火卷帘的导轨应采用预埋螺栓、焊接或膨胀螺栓与结构墙体连接
    B. 导轨安装固定点的间距为800～1200mm
    C. 钢制防火卷帘板装配完毕后应平直，不应有孔洞或缝隙
    D. 站内便民用房用于联动的防火卷帘门手动按钮盒应安装在一侧
    E. 防火卷帘的控制器其底边距地面高度宜为1.2～1.3m
    解析：AC。导轨安装固定点的间距为600～1000mm，站内便民用房用于联的防火卷帘门手动按钮盒应安装在卷帘门内外两侧；防火卷帘的控制器其底边距地面高度宜为1.3～1.5m。

45. 地铁装饰装修工程中，下列关于防火卷帘的检查、验收要求说法正确的是（　　）。
    A. 防护罩靠近电机处应留有检修口
    B. 防护罩的耐火性能应与防火卷帘相同
    C. 卷门机应设有手动拉链和手动速放装置，其安装位置应便于操作，并应有明显标志；
    D. 手动拉链和手动速放装置必须加锁
    E. 防火卷帘、防护罩等与楼板、梁和墙、柱之间的空隙，应采用防火封堵材料等封堵，封堵部位的耐火极限不应低于防火卷帘的耐火极限。
    解析：ABCE。手动拉链和手动速放装置不得加锁。

46. 地铁装饰装修工程中，所使用的天然石材型式检验内容有（　　）。
    A. 板面的尺寸偏差　　　　　　B. 平面度、直线度与轮廓度公差
    C. 表面摩擦系数　　　　　　　D. 外观质量
    E. 光泽度

解析：ABDE。天然石材型式检验内容有：板面的尺寸偏差；平面度、直线度与轮廓度公差；外观质量；光泽度。

47. 地铁机电安装及装饰装修工程中，公共区母婴室应配备的设施包括（   ）。
   A. 婴儿打理台　　　　　　　　B. 洗手盆
   C. 烘手器　　　　　　　　　　D. 垃圾箱
   E. 小床

解析：ABCD。《公用建筑卫生间》16J914-1H2 页，母婴室应配备的设施有婴儿打理台、洗手盆、烘手器、垃圾箱。

48. 地铁机电安装及装饰装修工程中，设备区哪些房间应设置清洗水池（   ）。
   A. 通风空调机房　　　　　　　B. 蒸发冷凝机房
   C. 污水泵房　　　　　　　　　D. 废水泵房
   E. 消防泵房

解析：AB。设备区设置清洗水池的房间有通风空调机房、蒸发冷凝机房。

49. 地铁装饰装修工程中，设备区墙面使用的无机矿物涂料特性有（   ）。
   A. 耐水性　　　　　　　　　　B. 耐碱性
   C. 耐洗刷性　　　　　　　　　D. 耐霉菌性
   E. 防水性

解析：ABCD。设备区墙面使用的无机矿物涂料特性有耐水性、耐碱性、耐洗刷性、耐霉菌性。

50. 地铁砌筑及装饰装修工程中，常用的混凝土试块模具尺寸为（   ）。
   A. 70.7mm×70.7mm×70.7mm　　B. 150mm×150mm×150mm
   C. 100mm×100mm×100mm　　　 D. 70mm×70mm×70mm
   E. 200mm×200mm×200mm

解析：BC。地铁砌筑及装饰装修工程中，混凝土试块标准尺寸为 150mm×150mm×150mm，若采用 100mm×100mm×100mm 试块，测得的抗压强度值应乘以 95% 计入实际抗压强度。

54. 地铁装饰装修工程中，测量放线施工中，需对（   ）"线"进行放样。
   A. 轴线　　　　　　　　　　　B. 结构 1m 线
   C. 建筑 1m 线　　　　　　　　D. 砌筑墙体边线
   E. 门窗洞口边线

解析：ACDE。地铁装饰装修工程中，测量放线施工中，一般不放样结构 1m 线。

第 6 章

资料与试验篇

概 述

地铁机电工程资料及试验是对工程施工进度及工程质量的重要体现,其主要包括工程资料与工程试验两大部分。其中工程资料是从项目提出到项目竣工投产期间的各个阶段中形成的文件、图纸、计算材料、声像等各种形式的资料总和,是工程施工的书面体现。工程试验是对各种建筑材料的物理及化学性质进行试验,以筛选出符合条件的材料,保证工程建设的顺利进行,降低后期维护成本。

工程资料的归档需要根据相关档案移交管理办法向特定单位进行移交,而数量庞大且复杂的工程资料在移交过程中极易出现混乱,如何及时准确地进行工程资料的移交是对资料管理人员的一项考验。

工程试验中的各种建材需要及时进行试验,试验过早或过晚都会对材料的各种特性产生一定的影响,不仅无法得到准确的数据,还会产生不必要的后期复检工作与无法估量的经济损失。试验的各项指标也是需要试验人员掌握的重要内容,若对指标的记忆产生偏差,将不合格材料投入施工生产,则会产生一定的后期隐患。

本章内容立足实际工程,对工程资料移交的注意事项与档案移交要求进行了整理,并对工程试验的各项试验内容与其相应的技术指标进行归纳概括,帮助施工管理人员更好地梳理思路,保障工作的顺利进行。

6.1 单项选择题

1. 地铁机电安装及装饰装修工程资料归档时,案卷用(　　)在左侧三孔装订,装订线距左侧 20mm,上下两孔分别距中孔 80mm。

A. 订书钉　　　　　　　　　　B. 夹子
C. 线绳　　　　　　　　　　　D. 活页夹

解析:C。案卷用线绳在左侧三孔装订,装订线距左侧 20mm,上下两孔分别距中孔 80mm。

2. 地铁机电安装及装饰装修工程资料归档时,施工资料应按(　　)进行组卷,可根据工程大小及资料多少等具体情况选择专业或按分部、分项等进行整理和组卷。

A. 工程项目　　　　　　　　　B. 单项工程
C. 分部分项　　　　　　　　　D. 单位工程

解析:D。施工资料应按单位工程进行组卷,可根据工程大小及资料多少等具体情况选择专业或按分部、分项等进行整理和组卷。

3. 《建设工程文件归档规范》GB/T 50328 是(　　)。

A. 国家标准 B. 地方标准
C. 行业标准 D. 企业标准

解析：A。《建设工程文件归档规范》GB/T 50328 是国家推荐性标准。

4. 地铁机电安装及装饰装修工程资料归档时，工程资料案卷不宜过厚，一般不超过（　　）mm。

A. 30 B. 40 C. 50 D. 无特殊要求

解析：B。工程资料案卷不宜过厚，一般不超过 40mm。

5. 地铁机电安装及装饰装修工程资料归档时，卷内文件均按有书写内容的页面编号。每卷单独编号，页号从"1"开始。页号编写位置双面书写的文件，正面在右下角，背面在（　　）。

A. 左上角 B. 右下角 C. 左下角 D. 右上角

解析：C。卷内文件均按有书写内容的页面编号。每卷单独编号，页号从"1"开始。页号编写位置双面书写的文件，正面在右下角，背面在左下角。

6. 地铁机电安装及装饰装修工程资料归档时，竣工图章应盖在（　　）的空白处。

A. 图标栏上方 B. 图纸任意 C. 图纸左边 D. 图纸上方

解析：A。竣工图章应盖在图标栏上方的空白处。

7. 地铁机电安装及装饰装修工程资料归档时，案卷用线绳在左侧（　　）装订，要整齐、牢固，便于保管和利用。

A. 两孔 B. 三孔 C. 四孔 D. 任意

解析：B。案卷用线绳在左三孔装订，要整齐、牢固，便于保管和利用。

8. 地铁机电安装及装饰装修工程资料归档时，报城建档案馆的工程档案案卷封面的档案号由（　　）填写。

A. 施工单位 B. 监理单位 C. 建设单位 D. 城建档案馆

解析：D。报城建档案馆的工程档案案卷封面的档案号由城建档案馆填写。

9. 地铁机电安装及装饰装修工程资料归档时，报城建档案馆的工程档案由（　　）负责移交。

A. 施工单位 B. 监理单位 C. 建设单位 D. 运营单位

解析：C。报城建档案馆的工程档案由建设单位负责移交。

10. 地铁机电安装及装饰装修工程资料归档时，卷内目录编制报城建档案馆的日期一栏填写文件资料的形成的起止时间，竣工图卷为（　　）日期。

A. 编制 B. 审批 C. 竣工图章 D. 设计

解析：C。卷内目录编制报城建档案馆的日期一栏填写文件资料的形成的起止时间竣工图卷为竣工图日期。

11. 地铁机电安装及装饰装修工程资料归档时，利用施工图改绘的竣工图，必须标明变更依据，变更部分超过图面的（　　）应当重新绘制竣工图。

A. 1/2 B. 1/3 C. 1/4 D. 2/3

解析：B。利用施工图改绘的竣工图，必须标明变更依据，变更部分超过图面的 1/3 应当重新绘制竣工图。

12. 地铁机电安装及装饰装修工程资料归档时，工程档案保管期限的短期是指

( )年。

  A. 5   B. 10   C. 20   D. 12

  解析：C。工程档案保管期限的短期是 20 年。

13. 地铁机电安装及装饰装修工程资料归档时，工程档案保管期限的长期是指( )。

  A. 10 年   B. 50 年   C. 20 年   D. 该工程的使用寿命

  解析：D。工程档案保管期限的长期是该工程的使用寿命。

14. 地铁机电安装及装饰装修工程资料归档时，图纸会审及设计交底的档案管理期限为( )。

  A. 长期   B. 短期   C. 永久   D. 无需保存

  解析：A。图纸会审及设计交底的档案管理期限长期。

15. 地铁机电安装及装饰装修工程资料归档时，分部（子分部）工程质量验收记录的档案管理期限为( )。

  A. 长期   B. 短期   C. 永久   D. 无需保存

  解析：C。分部（子分部）工程质量验收记录的档案管理期限永久。

16. 地铁机电安装及装饰装修工程资料归档时，技术交底、施工日志、施工组织设计、施工安全措施、施工环保措施、设备开箱报告的档案管理期限为( )。

  A. 长期   B. 短期   C. 永久   D. 无需保存

  解析：B。技术交底、施工日志、施工组织设计、施工安全措施、施工环保措施、设备开箱报告的档案管理期限为短期。

17. 地铁机电安装及装饰装修工程资料归档时，工程准备阶段文件主要应由( )单位负责收集整理。

  A. 建设   B. 设计   C. 施工   D. 监理

  解析：A。工程准备阶段文件主要应由建设单位负责收集整理。

18. 地铁机电安装及装饰装修工程中，建筑面积在 10 万 m^2 以上的车站，施工单位试验管理人员不应少于( )名。

  A. 3   B. 2   C. 1   D. 4

  解析：A。建筑面积在 10 万 m^2 以上的工程施工单位试验管理人员不应少于 3 名。

19. 地铁机电安装及装饰装修工程资料归档时，施工单位必须按照( )要求、施工技术标准和合同约定，对建筑材料、建筑构配件、设备和商品混凝土进行检验，未经检验或检验不合格的，不得使用。

  A. 施工规范   B. 工程洽商   C. 工程设计   D. 工程变更

  解析：C。施工单位必须按照工程设计要求，施工技术标准和合同约定，对建筑材料、建筑构配件、设备和商品混凝土进行检验，未经检验或检查不合格的，不得使用。

20. 地铁机电安装及装饰装修工程资料归档时，若在后期施工中，出现对前期某一设计变更重新变更的情况，则必须在前期设计变更通知单上注明( )字样。

  A. 过期   B. 更新   C. 重做   D. 作废

解析：D。若在后期施工中，出现对前期某一设计变更重新变更的情况，则必须在前期设计变更通知单上注明作废字样。

21. 地铁机电安装及装饰装修工程中，（　　）不需要见证取样和送检的试件和材料。
A. 装饰装修抹灰用的水泥　　　　　B. 拌制混凝土用的水泥
C. 砌筑砂浆用的水泥　　　　　　　D. 承重墙的砖
解析：A。装饰装修抹灰用的水泥不需要有见证取样和送检的试件和材料。

22. 地铁机电安装及装饰装修工程资料归档时，有见证取样和送检的见证记录由（　　）单位归档。
A. 建设单位　　　B. 施工单位　　　C. 检测机构　　　D. 监理单位
解析：B。有见证取样和送检的见证记录由施工单位归档。

23. 地铁机电安装及装饰装修工程中，单位工程施工前，施工单位（　　）应组织制定工程检验计划。
A. 质检员　　　B. 试验员　　　C. 项目经理　　　D. 项目技术负责人
解析：D。单位工程施工前，施工单位项目技术负责人应组织制定工程检验计划。

24. 地铁机电安装及装饰装修工程中，施工现场的试件编号应按（　　）分类顺序排号，不得空号和重号。
A. 施工部位　　　B. 单位工程　　　C. 分项工程　　　D. 分部工程
解析：B。施工现场的试件编号应按单位工程分类顺序排号，不得空号和重号。

25. 地铁机电安装及装饰装修工程资料归档时，（　　）不属于施工资料范围。
A. 工程竣工验收及备案文件　　　　B. 施工质量验收记录
C. 施工记录　　　　　　　　　　　D. 施工物资资料
解析：A。工程竣工验收及备案文件不属于施工资料范围。

26. 地铁机电安装及装饰装修工程资料归档时，（　　）不属于施工资料范围。
A. 竣工验收资料　　　　　　　　　B. 施工管理资料
C. 施工技术资料　　　　　　　　　D. 工程开工文件
解析：D。工程开工文件不属于施工资料范围。

27. 地铁机电安装及装饰装修工程中，不需要参加图纸会审的单位是（　　）。
A. 建设单位　　　B. 施工单位　　　C. 监理单位　　　D. 质量监督机构
解析：D。不需要参加图纸会审的单位是质量监督机构。

28. 地铁机电安装及装饰装修工程中，工程实施阶段是从（　　）进场开始，到完成竣工验收为止。
A. 监理单位　　　　　　　　　　　B. 施工单位
C. 建设单位　　　　　　　　　　　D. 监理单位和施工单位
解析：D。工程实施阶段是从监理单位和施工单位进场开始，到完成竣工验收为止。

29. 地铁机电安装及装饰装修工程中，建设单位应在竣工验收合格后（　　）内，将城建档案馆验收合格的工程档案移交城建档案馆，并办理相关手续。
A. 6个月　　　B. 2个月　　　C. 1个月　　　D. 即时
解析：A。建设单位应在竣工验收合格后6个月内，将城建档案馆验收合格的工程档案移交城建档案馆，并办理相关手续。

30. 地铁机电安装及装饰装修工程资料归档时,施工资料中部分内容不能按一个单位工程分类组卷时,可按( )组卷。

A. 单项工程　　　B. 分部工程　　　C. 子单位工程　　　D. 建设项目

解析:D。当施工资料中部分内容不能按一个单位工程分类组卷时,可按建设项目组卷。

31. 地铁机电安装及装饰装修工程资料归档时,工程资料移交时应及时办理相关移交手续,填写工程资料( )。

A. 移交书　　　　　　　　　　　B. 移交目录
C. 卷内目录　　　　　　　　　　D. 移交书和移交目录

解析:D。工程资料移交时应及时办理相关移交手续,填写工程资料移交书和移交目录。

32. 地铁机电安装及装饰装修工程中,工程预验收合格后,应由( )向建设单位提交《工程质量评估报告》。

A. 设计单位　　　B. 施工单位　　　C. 监理单位　　　D. 施工项目经理部

解析:C。工程预验收合格后,应由监理单位向建设单位提交《工程质量评估报告》。

33. 地铁机电安装及装饰装修工程中,资料管理目录中的日期是指( )。

A. 资料形成的日期　　　　　　　B. 管理目录编制的时间
C. 竣工验收的时间　　　　　　　D. 资料完成日期

解析:D。资料管理目录中的日期是指资料形成日期。

34. 地铁机电安装及装饰装修工程中,《单位(子单位)工程质量竣工验收记录》由( )单位填写,验收结论由( )单位填写,综合验收结论共同商定,由( )填写。

A. 施工单位、监理单位、建设单位　　　B. 施工单位、建设单位、监督站
C. 监理单位、建设单位、监督站　　　　D. 施工单位、监理单位、监督站

解析:A。《单位(子单位)工程质量竣工验收记录》由施工单位填写,验收结论由监理单位填写,综合验收结论共同商定,由建设单位填写。

35. 地铁机电安装及装饰装修工程资料归档时,建筑给水排水及供暖分部工程中( )子分部资料应单独组卷。

A. 室内给水系统　　　　　　　　B. 室内热水系统
C. 建筑中水系统及游泳池　　　　D. 供热锅炉及辅助设备安装

解析:D。建筑给水排水及供暖分部工程中供热锅炉及辅助设备安装子分部资料应单独组卷。

36. 地铁机电安装及装饰装修工程资料归档时,施工日志应以( )为记载,从工程开工至工程竣工止,按专业指定专人负责逐日记载,保证内容真实、连续和完整。

A. 单位工程　　　B. 单项工程　　　C. 单体工程　　　D. 专业工程

解析:A。施工日志应以单位工程为记载,从工程开工至工程竣工止,按专业指定专人负责逐日记载,保证内容真实、连续和完整。

37. 地铁机电安装及装饰装修工程中,专项施工方案技术交底应由施工( )对专项工程进行交底。

A. 企业技术负责人　　　　　　　B. 企业技术部对口技术负责人

C. 项目技术质量负责人　　　　　D. 项目专业技术负责人

解析：D。专项施工方案技术交底应由施工项目专业技术负责人对专业工程进行交底。

38. 地铁机电安装工程中，建筑电气产品被列入《第一批实施强制性产品认证目录》规定的认证标志是（　　）。

A. CE　　　　　　　　　　　　B. PRC（中华人民共和国）
C. 方圆　　　　　　　　　　　D. 3C

解析：D。建筑电气产品被列入《第一批实施强制性产品认证目录》规定的认证标志是3C（中国强制性产品认证）；CE标志在欧盟市场属强制性认证标志；PRC是中华人民共和国的缩写；方圆标志认证集团（简称方圆，英文缩写CQM）是在原国家技术监督局批准组建的中国方圆标志认证委员会基础上发展演变而来。

39. 地铁机电安装及装饰装修工程中，在工程检查时，目前多采用（　　）的方法。

A. 抽样　　　B. 随机抽样　　　C. 全数检查　　　D. 半数检查

解析：B。在工程检查中，目前多采用随机抽样的方法。

40. 交接检记录中，检查机构由（　　）填写。

A. 见证单位　　B. 移交单位　　C. 接收单位　　D. 监理单位

解析：C。交接检记录中，检查机构由接收单位填写。

41. 地铁机电安装及装饰装修工程资料归档时，混凝土结构实体检测内容除同条件混凝土试块外，还应对（　　）进行检验。

A. 混凝土外观　　　　　　　　B. 钢筋保护层厚度
C. 混凝土抗渗试件　　　　　　D. 钢筋力学性能

解析：B。混凝土结构实体检测内容除同条件混凝土试块外，还应对钢筋保护层厚度进行检验。

42. 地铁机电安装及装饰装修工程资料归档时，经返工重做的检验批，应（　　）。

A. 确定为合格　　　　　　　　B. 重新进行验收
C. 可以进行验收　　　　　　　D. 按协商条件进行验收

解析：B。经返工重做的检验批，应重新进行验收。

43. 地铁机电安装及装饰装修工程资料归档时，《工程材料/构配件/设备报审表》中不需要的附件是（　　）。

A. 材料价格表　　B. 数量清单　　C. 质量证明文件　　D. 自检结果

解析：A。《工程材料/构配件/设备报审表》中不需要的附件是材料价格表。

44. 地铁机电安装及装饰装修工程中，关于《工程竣工报验单》，下列选项中正确的是（　　）。

A. 《工程竣工报验单》应直接提交给建设单位
B. 总监理工程师审核无误后组织竣工验收
C. 总监理工程师审核无误后由建设单位组织对工程进行初步验收
D. 总监理工程师先组织初步验收，初验合格后将《工程竣工报验单》交给建设单位，由建设单位组织竣工验收

解析：D。总监理工程师先组织初步验收，初验合格后将《工程竣工报验单》交给建

设单位，由建设单位组织竣工验收。

45. 地铁机电安装及装饰装修工程中，《施工组织设计（方案）报审表》应提交给（　　）审批。

A. 建设单位　　　　　　　　　　B. 监理单位
C. 建设行政主管部门　　　　　　D. 质量监督机构

解析：B。《施工组织设计（方案）报审表》应提交给监理单位。

46. 地铁机电安装及装饰装修工程中，单位工程完工后，应由（　　）填写工程竣工报告。

A. 建设单位　　B. 设计单位　　C. 施工单位　　D. 监理单位

解析：C。单位工程完工后，应由施工单位填写工程竣工报告。

47. 地铁机电安装及装饰装修工程中，单位工程完工后，施工单位应填写（　　）。

A. 工程竣工报告　　　　　　　　B. 工程项目一览表
C. 工程移交一览表　　　　　　　D. 工程竣工备案表

解析：A。单位工程完工后，施工单位应填写工程竣工报告。

48. 地铁机电安装及装饰装修工程中，在单位工程完工后，施工单位应提交工程竣工报告，并提供（　　）。

A. 工程质量保修书　　　　　　　B. 单位工程验收记录表
C. 档案移交清册　　　　　　　　D. 预验收合格报告

解析：A。在单位工程完工后，施工单位应提交工程竣工报告，并提供工程质量保修书。

49. 地铁机电安装及装饰装修工程中，《施工现场质量管理检查记录》由（　　）签字确认。

A. 施工项目负责人　　　　　　　B. 施工项目技术负责人
C. 总监理工程师　　　　　　　　D. 质量监督机构负责人

解析：C。《施工现场质量管理检查记录》由总监理工程师签字确认。

50. 地铁机电安装及装饰装修工程中，《施工现场质量管理检查记录》应由（　　）填写。

A. 施工单位负责人　　　　　　　B. 施工单位现场负责人
C. 建设单位项目负责人　　　　　D. 总监理工程师

解析：A。《施工现场质量管理检查记录》应由施工单位现场负责人填写。

51. 地铁机电安装及装饰装修工程中，《施工现场质量管理检查记录》中"施工图审查情况"一栏的内容是指（　　）。

A. 建设行政主管部门组织有关机构对施工图的审查
B. 建设单位对施工图的审查
C. 建设单位组织施工、监理和设计等单位对图纸的会审
D. 监理机构对图纸的审查

解析：A。《施工现场质量管理检查记录》中"施工图审查情况"一栏的内容是指建设行政主管部门组织有关机构对施工图的审查。

52. 地铁机电安装及装饰装修工程中，《单位工程开工申请报告》由（　　）填写，

（　　）审查。

A. 由施工单位，监理单位和建设单位
B. 由施工单位，质量监督机构
C. 由监理机构，建设单位
D. 由建设单位，建设行政主管部门

解析：A。《单位工程开工申请报告》由施工单位填写，监理单位和建设单位审查。

53. 地铁机电安装及装饰装修工程中，施工日记（日志）应由（　　）记录或签字确认。

A. 施工员　　　B. 资料员　　　C. 监理员　　　D. 技术负责人

解析：A。施工日记（日志）应由施工员记录或签字确认。

54. 地铁机电安装及装饰装修工程中，施工日记（日志）中可以不记录的内容是（　　）。

A. 设计变更情况　　　　　　　B. 参加验收的人员
C. 进度款支付情况　　　　　　D. 归档资料的交接情况

解析：C。施工日记（日志）中可以不记录的内容是进度款支付情况。

55. 地铁机电安装及装饰装修工程中，施工日记（日志）中可以不记录的内容是（　　）。

A. 原材料进厂记录　　　　　　B. 混凝土试块编号
C. 上级领导到工地检查的指示　D. 工程索赔记录

解析：D。施工日记（日志）中可以不记录的内容是工程索赔记录。

56. 地铁机电安装及装饰装修工程中，《工程开工/复工报审表》是用于承包单位向（　　）申请开工/复工的。

A. 建设单位　　　　　　　　　B. 监理单位
C. 建设行政主管部门　　　　　D. 工程质量监督机构

解析：B。《工程开工/复工报审表》是用于承包单位向监理单位申请开工/复工的。

57. 地铁机电安装及装饰装修工程中，《工程开工/复工报审表》上承包单位应由（　　）签名。

A. 承包单位负责人　　　　　　B. 项目经理
C. 项目技术负责人　　　　　　D. 资料员

解析：B。《工程开工/复工报审表》上承包单位应由项目经理签名。

58. 地铁机电安装及装饰装修工程中，《施工组织设计（方案）报审表》应提交给（　　）审批。

A. 建设单位　　　　　　　　　B. 监理单位
C. 建设行政主管部门　　　　　D. 质量监督机构

解析：B。《施工组织设计（方案）报审表》应提交给监理单位审批。

59. 地铁机电安装及装饰装修工程中，《施工组织设计（方案）报审表》应有施工单位的（　　）签名。

A. 负责人　　　　　　　　　　B. 技术负责人
C. 项目负责人　　　　　　　　D. 项目技术负责人

解析：C。《施工组织设计（方案）报审表》应有施工单位的项目负责人签名。

60. 地铁机电安装及装饰装修工程中，《施工组织设计（方案）报审表》中不需要（　　）签名或签署意见。

  A. 施工项目经理　　　　　　　　B. 专业监理工程师

  C. 总监理工程师　　　　　　　　D. 业主代表

  解析：D。《施工组织设计（方案）报审表》中不需要业主代表签名或签署意见。

61. 地铁机电安装及装饰装修工程中，《监理工程师回复单》是（　　）。

  A. 用于监理工程师回复承包单位请求的

  B. 用于承包单位回复监理工程师通知的

  C. 监理工程师下令的

  D. 用于监理工程师回复承包单位备忘录的

  解析：B。《监理工程师回复单》是用于承包单位回复监理工程师通知的。

62. 地铁机电安装及装饰装修工程中，《工程竣工报验单》应提交给（　　）。

  A. 建设单位　　B. 监理单位　　C. 施工单位　　D. 质量监督机构

  解析：B。《工程竣工报验单》应提交给监理单位。

63. 地铁机电安装及装饰装修工程中，关于《工程竣工报验单》，下列各项中正确的是（　　）。

  A. 《工程竣工报验单》，应直接提交给建设单位

  B. 总监理工程师审核无误后组织竣工验收

  C. 总监理工程师审核无误后由建设单位组织对工程进行初步验收

  D. 将《工程竣工报验单》交给建设单位，由建设单位组织竣工验收

  解析：D。关于《工程竣工报验单》交给建设单位，由建设单位组织竣工验收。

64. 地铁机电安装及装饰装修工程中，涉及结构安全的试块、试件、材料见证取样和送检的比例不得低于有关技术标准中规定应取样数量的（　　）。

  A. 10%　　　　B. 20%　　　　C. 30%　　　　D. 40%

  解析：C。及结构安全的试块试件和材料见证取样和送检的比例不得低于有关技术标准中规定应取样数量的30%。

65. 地铁机电安装及装饰装修工程中，竣工图应统一折叠成（　　）幅面。

  A. A1　　　　B. A2　　　　C. A3　　　　D. A4

  解析：D。竣工图应统一折叠成A4。

66. 地铁机电安装及装饰装修工程中，编码为A1的资料是（　　）资料。

  A. 项目建议书　　B. 选址意见书　　C. 勘察报告　　D. 施工合同

  解析：A。编码为A1的资料是项目建议书资料。

67. 《房屋建设工程和市政基础设施工程竣工验收备案表》一式（　　）份。

  A. 2　　　　B. 3　　　　C. 4　　　　D. 5

  解析：C。《房屋建设工程和市政基础设施工程竣工验收备案表》一式4份。

68. 地铁机电安装及装饰装修工程资料归档时，单位工程质量验收合格后（　　）单位应将有关资料报建设行政主管部门备案。

  A. 建设　　　　B. 监理　　　　C. 设计　　　　D. 施工

解析：A。单位工程质量验收合格后建设单位应将有关资料报建设行政主管部门备案。

69. 地铁机电安装及装饰装修工程中，分项工程验收在（　　）基础上进行。
A. 单位　　　　B. 子单位　　　　C. 分部　　　　D. 检验批
解析：D。分项工程验收在检验批基础上进行。

70. 地铁机电安装及装饰装修工程中，隐蔽工程验收需提前（　　）通知监理工程师。
A. 8h　　　　B. 12h　　　　C. 1d　　　　D. 2d
解析：C。隐蔽工程验收需要提前1d通知监理工程师。

71. 地铁机电安装及装饰装修工程资料归档时，图纸变更未超过1/3，绘制竣工图应使用（　　）进行更改。
A. 红色墨水笔　　B. 铅笔　　C. 黑色圆珠笔　　D. 黑色墨水笔
解析：D。图纸变更未超过1/3，绘制竣工图应使用黑色墨水笔进行更改。

72. 地铁机电安装及装饰装修工程资料归档时，对列入城建档案管理机构接收范围的工程资料，由（　　）进行竣工资料移交。
A. 监理单位　　B. 施工单位　　C. 建设单位　　D. 设计单位
解析：C。对列入城建档案管理机构接收范围的工程资料，由建设单位进行竣工资料移交。

73. 地铁机电安装及装饰装修工程资料归档时，竣工图章中编制人应为（　　）。
A. 项目负责人　　　　　　　　B. 项目专业技术人员
C. 相应专业工程师或专业施工员　　D. 项目资料员
解析：C。竣工图章中编制人应为相应专业工程师或专业施工员。

74. 地铁机电安装及装饰装修工程资料归档时，竣工图章中审批人应为（　　）。
A. 项目负责人　　　　　　　　B. 项目专业技术人员
C. 相应专业工程师或专业施工员　　D. 项目资料员
解析：A。竣工图章中审批人应为项目负责人。

75. 地铁机电安装及装饰装修工程资料归档时，下列选项中对同一项目中多个单位工程要求归档的文件出现重复时解决办法描述正确的（　　）。
A. 按照重复次数复印后加盖项目章放入归档资料
B. 其原件可归入其中一个单位工程，其余单位工程可不归档，但应说明情况，以备互查
C. 将原件归入其中一个单位工程，其余单位工程使用扫描件并说明情况
D. 如原件份数有剩余，可将全部原件归入多个单位工程
解析：B。其原件可归入其中一个单位工程，其余单位工程可不归档，但应说明情况，以备互查。

76. 地铁机电安装及装饰装修工程资料归档时，对于已印刷成册的文件资料在归档时应（　　）。
A. 拆装后归档　　B. 不可归档　　C. 使用扫描件代替　　D. 保持原状
解析：D。对于已印刷成册的文件资料在归档时应保持原状。

77. 地铁机电安装及装饰装修工程资料归档时，当归档资料内既有文字资料又有图纸

资料时（　　）。

A. 图纸资料排在前，文字资料排在后
B. 图纸资料安插在文字资料提到的图纸内容处
C. 文字资料排在前，图纸资料排在后
D. 将图纸资料取出单独组卷

解析：C。当归档资料内既有文字资料又有图纸资料时文字资料排在前，图纸资料排在后。

78. 地铁机电安装及装饰装修工程资料归档时，在资料归档时折叠好的图纸的页码编写位置在（　　）。

A. 左下角　　　B. 右下角　　　C. 左上角　　　D. 右上角

解析：B。在资料归档时折叠好的图纸的页码编写位置在右下角。

79. 地铁机电安装及装饰装修工程资料归档时，卷内目录、卷内备考表宜采用（　　）g 以上纸张，幅面统一采用 A4 幅面。

A. 40　　　　　B. 50　　　　　C. 60　　　　　D. 70

解析：D。卷内目录、卷内备考表宜采用 70g 以上纸张，幅面统一采用 A4 幅面。

80. 地铁机电安装及装饰装修工程资料归档时，竣工图章的尺寸为（　　）。

A. 30mm×80mm　　　　　　　　B. 40mm×80mm
C. 50mm×80mm　　　　　　　　D. 60mm×80mm

解析：C。竣工图章的尺寸为 50mm×80mm。

81. 地铁机电安装及装饰装修工程资料归档时，对列入城建档案管理机构接收范围的工程，（　　）应向当地城建档案管理机构移交一套符合规定的工程档案。

A. 工程竣工验收备案前　　　　　B. 工程竣工验收备案后
C. 工程竣工后　　　　　　　　　D. 工程质量保修期完成后

解析：A。对列入城建档案管理机构接收范围的工程，工程竣工验收备案前应向当地城建档案管理机构移交一套符合规定的工程档案。

82. 地铁机电安装及装饰装修工程资料归档时，卷内备考表的时间信息应按照（　　）填写。

A. 交付时间　　　　　　　　　　B. 资料归档时间
C. 资料形成时间　　　　　　　　D. 立卷、审核时间

解析：D。卷内备考表的时间信息应按照立卷、审核时间填写。

83. 地铁装饰装修工程中，锚固承载力试验的检测原则（　　）。

A. 检验批锚固数量的 0.05%，且不少于 1 件
B. 检验批锚固数量的 0.1%，且不少于 3 件
C. 检验批锚固数量的 0.2%，且不少于 6 件
D. 检验批锚固数量的 0.3%，且不少于 10 件

解析：B。锚固承载力试验的检测原则：检验批锚固数量的 0.1%，且不少于 3 件。

84. 地铁装饰装修工程中，硅酸盐水泥进场检验的必试项目，不包括（　　）。

A. 强度　　　　　B. 安定性　　　　　C. 细度　　　　　D. 凝结时间

解析：C。硅酸盐水泥进场检验的必试项目包括强度、安定性、凝结时间。

85. 热轧带肋钢筋组批原则同一牌号、同一炉罐号、同一尺寸的每（　　）t 为一批验收。

A. 15　　　　B. 30　　　　C. 60　　　　D. 100

解析：C。热轧带肋钢筋组批原则同一牌号、同一炉罐号、同一尺寸的每 60t 为一批验收。

86. 地铁机电安装及装饰装修工程中，热轧带肋钢筋的进场必试项目，不包括（　　）。

A. 屈服点　　　B. 抗拉强度　　　C. 伸长率　　　D. 化学成分

解析：D。热轧带肋钢筋的进场必试项目包括屈服点、抗拉强度、伸长率。

87. 地铁机电安装及装饰装修工程中，热轧带肋钢筋的进场必试项目，不包括（　　）。

A. 屈服点　　　B. 抗拉强度　　　C. 伸长率　　　D. 反向弯曲

解析：D。热轧带肋钢筋的进场必试项目包括屈服点、抗拉强度、伸长率。

88. 热轧光圆钢筋直径为 6~12mm 的直径允许偏差为（　　）mm。

A. ±0.3　　　B. ±0.4　　　C. ±0.5　　　D. ±0.6

解析：A。热轧光圆钢筋直径为 6~12mm 的直径允许偏差为±0.3mm。

89. 地铁砌筑及装饰装修工程中，每批热轧带肋钢筋拉伸试验和冷弯试验的试件数量分别为（　　）。

A. 2 和 1　　　B. 2 和 2　　　C. 1 和 2　　　D. 3 和 3

解析：A。每批热轧带肋钢筋拉伸试验和冷弯试验的试件数量分别为 2 和 1。

90. 地铁砌筑及装饰装修工程中，钢筋拉伸和冷弯检验，如有某一项试验结果不符合标准要求，则从同一批中再任取（　　）倍数量的试样进行该不合格项目的复检。

A. 2　　　　B. 3　　　　C. 4　　　　D. 5

解析：C。钢筋拉伸和冷弯检验，如有某一项试验结果不符合标准要求，则从同一批中再任取 4 倍数量的试样进行该不合格项目的复检。

91. 地铁装饰装修工程中，在 HRB400Eϕ12 的钢筋，在非破损抗拔力检测中达到（　　）kN 为合格。

A. 24　　　　B. 36.6　　　　C. 40.7　　　　D. 46.2

解析：B。在 HRB400Eϕ12 钢筋的拉拔试验中，在非破损抗拔力检测中达到 36.6kN 为合格。

92. 地铁装饰装修工程中，在 HRB400Eϕ12 的钢筋，在破损抗拔力检测中达到（　　）kN 为合格。

A. 24　　　　B. 36.6　　　　C. 40.7　　　　D. 46.2

解析：C。在 HRB400Eϕ12 钢筋的拉拔试验中，在破损抗拔力检测达到 40.7kN 为合格。

93. 地铁装饰装修工程中，在 HPB300ϕ6 的钢筋，在非破损抗拔力检测中达到（　　）kN 为合格。

A. 6.8　　　　B. 7.6　　　　C. 10.2　　　　D. 12

解析：A。在 HPB300ϕ6 钢筋的拉拔试验中，在非破损抗拔力检测中达到 6.8kN 为合格。

94. 地铁装饰装修工程中，在 HPB300ϕ6 的钢筋，在破损抗拔力检测中达到（　　）kN 为合格。

　　A. 6.8　　　　　　B. 7.6　　　　　　C. 10.2　　　　　　D. 12

　　解析：B。在 HPB300ϕ6 钢筋的拉拔试验中，在破损抗拔力检测中达到 7.6kN 为合格。

95. 地铁装饰装修工程中，工程验收时必须进行（　　）检测，检测结果应符合有关规定。

　　A. 放射性　　　　B. 甲醛　　　　C. 甲苯　　　　D. 污染物浓度

　　解析：D。地铁装饰装修工程中，工程验收时必须进行污染物浓度检测，检测结果应符合有关规定。

96. 地铁砌筑及装饰装修工程中，进行配合比设计时，水灰比根据（　　）确定。

　　A. 强度　　　　　B. 流动性　　　　C. 工作性　　　　D. 耐久性

　　解析：A。进行配合比设计时，水灰比根据强度确定。

97. 地铁砌筑及装饰装修工程中，混凝土拌合物愈干硬，表明该混凝土的维勃稠度值（　　）。

　　A. 越大　　　　　B. 越小　　　　　C. 不变　　　　　D. 趋于零

　　解析：A。混凝土拌合物愈干硬，表明该混凝土的维勃稠度值越大。

98. 混地铁砌筑及装饰装修工程中，混凝土试块抗压强度标准值是指（　　）。

　　A. 混凝土试块抗压强度平均值

　　B. 具有 90% 保证率的混凝土试块抗压强度

　　C. 具有 95% 保证率的混凝土试块抗压强度

　　D. 具有 100% 保证率的混凝土试块抗压强度

　　解析：C。混凝土试块抗压强度标准值是指具有 95% 保证率的混凝土试块抗压强度。

99. 地铁机电安装工程中，下列选项中不是电缆电线的送试原则的是（　　）。

　　A. 同一施工方　　　　　　　　B. 同一生产厂家

　　C. 同一规格批次　　　　　　　D. 同一生产工艺

　　解析：D。电缆的送试原则是同一施工方、同一生产厂家、同一监理单位、同一规格批次的同一个建筑物为一个检验批次，送试一组。

100. 地铁砌筑及装饰装修工程中，砂浆试块抗压强度取样数量，砌筑砂浆同一车站、同一配合比、同一层砌体为（　　）m³ 取样单位取一组试块。

　　A. 300　　　　　B. 500　　　　　C. 250　　　　　D. 200

　　解析：C。砂浆试块抗压强度取样数量，砌筑砂浆同一车站、同一配合比、同一层砌体为 250m³ 取样单位取一组试块。

101. 在地铁装饰装修中，不是铝合金顶棚、铝合金装饰板的送试原则是（　　）。

　　A. 同一型号　　　　　　　　　B. 统一厚度

　　C. 同一厂家　　　　　　　　　D. 同一长度

　　解析：D。在地铁装饰装修中铝合金顶棚、铝合金装饰板的送试原则是同一厚度、同一型号、同一厂家、同一规格。

102. 在地铁装饰装修中，铝合金顶棚、铝合金装饰板送试需切割成（　　）的长条状。
   A. 500mm×30mm　　　　　　　　B. 400mm×30mm
   C. 300mm×30mm　　　　　　　　D. 200mm×30mm
   解析：A。烤瓷铝板、铝合金穿孔板、铝合金顶棚、铝合金装饰板送试需切500mm×30mm的长条状。

103. 地铁砌筑及装饰装修工程中，砂浆试块在脱模前应在20±5℃温度下停置一昼夜，然后拆模养护，养护温度为（　　）℃。
   A. 20±5　　　　B. 20±3　　　　C. 20±2　　　　D. 20±1
   解析：B。砂浆试块在脱模前应在20±5℃温度下停置一昼夜，然后拆模养护，养护温度为20±3℃。

104. 地铁砌筑及装饰装修工程中，当砂浆试块评定不合格或留置组数不足时，能够用（　　）等方法检测评定后，作对应处理。
   A. 非破损或截墙体检验　　　　　　B. 回弹法检测
   C. 轴压法检测砌体抗压强度　　　　D. 砂浆片剪切测试法
   解析：A。当砂浆试块评定不合格或留置组数不足时，能够用非破损或截墙体检验等方法检测评定后，做对应处理。

105. 地铁砌筑及装饰装修工程中，沙子检测，用大型运输工具以（　　）为一验收批。
   A. 400m³或600t　　B. 500m³或600t　　C. 600m³或600t　　D. 600m³或600t
   解析：A。沙子检测，用大型运输工具以400m³或600t为一验收批。

106. 地铁砌筑及装饰装修工程中，石子检测，用小型运输工具，（　　）为一验收批。
   A. 400m³或600t　　B. 200m³或300t　　C. 400m³或400t　　D. 500m³或500t
   解析：A。石子检测，用小型运输工具，400m³或600t为一验收批。

107. 地铁砌筑及装饰装修工程中，每一生产厂，每（　　）万块普通混凝土小型空心砌块为一验收批，不足（　　）万块按一批计。
   A. 5，5　　　　B. 3，3　　　　C. 10，10　　　　D. 15，15
   解析：B。每一生产厂，每3万块普通混凝土小型空心砌块为一验收批，不足3万块按一批计。

108. 地铁砌筑及装饰装修工程中，每一生产厂，每（　　）万块普通混凝土实心砖为一验收批，不足（　　）万块按一批计。
   A. 15，15　　　B. 10，10　　　C. 10，5　　　D. 5，5
   解析：A。每一生产厂，每15万块普通混凝土实心砖为一验收批，不足15万块按一批计。

109. 地铁砌筑及装饰装修工程中，每一生产厂，每（　　）块烧结普通砖为一验收批，不足（　　）万块按一批计。
   A. 2.5万～15万，2.5　　　　　　B. 2.5万～10万，2.5
   C. 3.5万～15万，3.5　　　　　　D. 3.5万～10万，2.5
   解析：C。每一生产厂，每3.5万～15万块烧结普通砖为一验收批，不足3.5万块按一批计。

110. 地铁砌筑及装饰装修工程中，每一生产厂，每（　　）块加气块为一验收批，不足( )块按一批计。

A. 5000，5000
B. 8000，8000
C. 10000，10000
D. 15000，15000

解析：C。每一生产厂，每10000块加气块为一验收批，不足10000块按一批计。

111. 地铁砌筑及装饰装修工程中，烧结多孔砖、混凝土实心砖、粉煤灰砂砖、混凝土小型空心砌块等墙体材料的样品抽取，应( )。

A. 从严要求，尽量从尺寸偏差和外观质量不合格的样品中抽取
B. 随机抽取，不得剔除外观质量不合格的样品，以保证样品客观性
C. 随机抽取，不得剔除尺寸偏差不合格的样品，以保证样品客观性
D. 从尺寸偏差和外观质量合格的样品中抽取

解析：D。烧结多孔砖、混凝土实心砖、粉煤灰砂砖、混凝土小型空心砌块等墙体材料的样品抽取，应从尺寸偏差和外观质量合格的样品中抽取。

112. 地铁砌筑及装饰装修工程中，水泥试验送检的检验项目有( )。

A. 凝结时间、安定性、流动度
B. 强度、细度、初凝时间
C. 凝结时间、安定性强度
D. 强度、凝结时间、流动性

解析：C。水泥试验送检的检验项目有凝结时间、安定性强度。

113. 地铁砌筑及装饰装修工程中，下列( )指标不合格即为不合格水泥。

A. 细度、终凝时间、氧化镁
B. 细度、终凝时间、强度
C. 细度、强度、混合物掺加量、初凝时间
D. 强度、凝结时间、流动性

解析：B。水泥细度、终凝时间、强度指标不合格即为不合格水泥。

114. 地铁砌筑及装饰装修工程中，水泥进场复验合格后，当对水泥( )时应进行复验，并按复验结果使用。

A. 无怀疑 B. 超过三个月 C. 超过四个月 D. 超过六个月

解析：B。水泥进场复验合格后，当对水泥有怀疑和超过三个月时应进行复验并按复验结果使用。

115. 地铁砌筑及装饰装修工程中，水泥出厂后( )个月应复检。

A. 1 B. 3 C. 12 D. 24

解析：B。水泥出厂后3个月应复检。

116. 地铁砌筑及装饰装修工程中，不宜用于制作有抗渗性要求的混凝土构件的水泥( )。

A. 普通硅酸盐水泥
B. 复合硅酸盐水泥
C. 矿渣硅酸盐水泥
D. 硅酸盐水泥

解析：B。不宜用于制作有抗渗性要求的混凝土构件的水泥：复合硅酸盐水泥。

117. 地铁砌筑及装饰装修工程中，水泥取样数量( )kg。

A. 不少于8 B. 不少于15 C. 不少于12 D. 不少于24

解析：C。水泥取样数量不少于12kg。

118. 下列对车站内环境检测说法正确的是( )。

A. 车站公共区每 1000m²，测点不得小于 3 处

B. 车站内设备房间测试不得少于 5 间

C. 车站内设备房间测试不得少于 10 间

D. 车站内设备房间应全部检测

解析：A。车站公共区每 1000m²，测点不得小于 3 处，车站内设备房间测试不得少于总房间数的 5%，单体建筑不得少于 3 间，当房间数少于 3 间时全部检测。

119. 地铁砌筑及装饰装修工程中，混凝土外加剂每一批号取样不少于（　　）t 水泥所需用的外加剂量。

A. 0.4　　　　　　B. 0.2　　　　　　C. 0.1　　　　　　D. 0.5

解析：B。混凝土外加剂每一批号取样不少于 0.2t 水泥所需用的外加剂量。

120. 混凝土外加剂，掺量大于 1%（含 1%）同品种外加剂每一种代表量为（　　）t。

A. 80　　　　　　B. 200　　　　　　C. 250　　　　　　D. 100

解析：D。混凝土外加剂，掺量大于 1%（含 1%）同品种外加剂每一种代表量为 100t。

121. 地铁砌筑及装饰装修工程中，聚氯乙烯防水卷材的产品代号为（　　）。

A. CPE　　　　　　B. SBS　　　　　　C. PVC　　　　　　D. APP

解析：C。聚氯乙烯防水卷材的产品代号为 PVC。

122. 地铁砌筑及装饰装修工程中，聚氯乙烯防水卷材、氯化聚乙烯防水卷材以同类同型的（　　）m² 卷材为一批。

A. 2000　　　　　　B. 3000　　　　　　C. 5000　　　　　　D. 10000

解析：D。聚氯乙烯防水卷材、氯化聚乙烯防水卷材以同类同型的 10000m² 卷材为一批。

123. 地铁砌筑及装饰装修工程中，聚氯乙烯防水卷材、氯化聚乙烯防水卷材在正常贮存、运输条件下，贮存期自生产日起为（　　）。

A. 三个月　　　　　B. 半年　　　　　C. 一年　　　　　D. 二年

解析：C。聚氯乙烯防水卷材、氯化聚乙烯防水卷材在正常贮存、运输条件下，贮存期自生产日起为一年。

124. 聚氯乙烯防水卷材、氯化聚乙烯防水卷材在尺寸偏差和外观检查合格的样品中任取一卷，在距外层端部（　　）mm 处裁取（　　）m 进行理化性能试验。

A. 500，3　　　　　B. 500，5　　　　　C. 2500，3　　　　　D. 2500，5

解析：A。聚氯乙烯防水卷材、氯化聚乙烯防水卷材在尺寸偏差和外观检查合格的样品中任取一卷，在距外层端部 500mm 处裁取 3m 进行理化性能试验。

125. 聚氯乙烯防水卷材、氯化聚乙烯防水卷材的型式检验正常生产时每（　　）年进行一次。

A. 半　　　　　　　B. 一　　　　　　　C. 二　　　　　　　D. 三

解析：A。聚氯乙烯防水卷材、氯化聚乙烯防水卷材的型式检验正常生产时每半年进行一次。

126. 弹性体改性沥青防水卷材的产品代号为（　　）。

A. CPE　　　　　　B. SBS　　　　　　C. PVC　　　　　　D. APP

解析：B。弹性体改性沥青防水卷材的产品代号为 SBS。

127. 弹性沥青防水卷材在每批产品中随机抽取（　　）卷进行单位面积质量、面积、厚度及外观检查。

  A. 3   B. 5   C. 10   D. 20

  解析：B。弹性沥青防水卷材在每批产品中随机抽取 5 卷进行单位面积质量、面积、厚度及外观检查。

128. 弹性体改性沥青防水卷材、塑性体改性沥青防水卷材按材料性能分为（　　）。

  A. Ⅰ型和Ⅱ型   B. A 型和 B 型

  C. X 型和 Y 型   D. M 型和 S 型

  解析：A。弹性体改性沥青防水卷材、塑性体改性沥青防水卷材按材料性能分为Ⅰ型和Ⅱ型。

129. 弹性体改性沥青防水卷材、塑性体改性沥青防水卷材的组批以同一类型、同一规格的（　　）m² 卷材为一批。

  A. 2000   B. 3000   C. 5000   D. 10000

  解析：D。弹性体改性沥青防水卷材、塑性体改性沥青防水卷材的组批以同一类型、同一规格的 10000m² 卷材为一批。

130. 塑性体改性沥青防水卷材在每批产品中随机抽取（　　）卷进行卷重、面积、厚度及外观检查。

  A. 3   B. 5   C. 10   D. 20

  解析：B。塑性体改性沥青防水卷材在每批产品中随机抽取 5 卷进行卷重、面积、厚度及外观检查。

131. 高分子防水材料片材试样制备需将规格尺寸检验合格的卷材展开后在标准状态下静置（　　）小时。

  A. 8   B. 12   C. 24   D. 48

  解析：C。高分子防水材料片材试样制备需将规格尺寸检验合格的卷材展开后在标准状态下静置 24 小时。

132. 高分子防水材料片材以同品种、同规格的（　　）m² 卷材为一批。

  A. 2000   B. 3000   C. 5000   D. 10000

  解析：C。高分子防水材料片材以同品种、同规格的 5000m² 卷材为一批。

133. 聚氨酯防水涂料按拉伸性能分为（　　）两类。

  A. Ⅰ类和Ⅱ类   B. A 类和 B 类

  C. X 类和 Y 类   D. S 类和 M 类

  解析：A。聚氨酯防水涂料按拉伸性能分为Ⅰ类和Ⅱ类两类。

134. 聚氨酯防水涂料以同一类型、同一规格（　　）t 为一批。

  A. 5   B. 10   C. 15   D. 20

  解析：C。聚氨酯防水涂料以同一类型、同一规格 15t 为一批。

135. 墙体节能工程验收的检验批划分应符合下列规定（　　）。

  A. 采用相同材料、工艺和施工做法的墙面，每 500～1000m² 面积划分为一个检验批，不足 500m² 也为一个检验批。

B. 采用相同材料、工艺和施工做法的墙面，每 1000～1500m² 面积划分为一个检验批，不足 1000m² 也为一个检验批。

C. 采用相同材料、工艺和施工做法的墙面，每 1000～2000m² 面积划分为一个检验批，不足 1000m² 也为一个检验批。

D. 用相同材料、工艺和施工做法的墙面，每 2000～2500m² 面积划分为一个检验批，不足 1000m² 也为一个检验批。

解析：A。墙体节能工程验收的检验批划分采用相同材料、工艺和施工做法的墙面，每 500～1000m² 面积划分为一个检验批，不足 500m² 也为一个检验批。

136. 地铁砌筑及装饰装修工程中，下列选项中（　　）不是天然饰面石材的试验内容。
A. 压缩强度　　　　　　　　　　B. 体积密度
C. 吸水率　　　　　　　　　　　D. 承载能力

解析：D。天然饰面石材的试验内容压缩强度、体积密度、吸水率、弯曲强度、耐磨性、耐酸性、放射性。

137. 地铁装饰装修工程中，出入口屋面工程使用的保温隔热材料，进场时应对其导热系数、密度、抗压强度或压缩强度、燃烧性能进行复检，复检应为见证取样送检，（　　）。
A. 检查数量同一厂家同一品种的产品各抽查不少于 5 组
B. 检查数量同一厂家同一品种的产品各抽查不少于 3 组
C. 检查数量同一厂家同一品种的产品各抽查不少于 2 组
D. 检查数量同一厂家同一品种的产品各抽查不少于 1 组

解析：B。出入口屋面工程使用的保温隔热材料，进场时应对其导热系数、密度、抗压强度或压缩强度、燃烧性能进行复验，复验应为见证取样送检，检查数量同一厂家同一品种的产品各抽查不少于 3 组。

138. 沙按粗细程度分粗沙、中沙、细沙，下面（　　）细度模数为细沙的细度模数。
A. 2.3　　　　B. 2.2　　　　C. 2.4　　　　D. 2.5

解析：B。沙按粗细程度分粗沙、中沙、细沙，细砂的细度模数为 2.2。

139. 沙按粗细程度分粗沙、中沙、细沙，下面（　　）细度模数为中沙的细度模数。
A. 3.0　　　　B. 3.2　　　　C. 3.5　　　　D. 3.7

解析：A。沙按粗细程度分粗沙、中沙、细沙，中砂的细度模数为 2.3～3.0。

140. 沙按粗细程度分粗沙、中沙、细沙，下面（　　）细度模数为粗沙的细度模数。
A. 2.8　　　　B. 2.9　　　　C. 3.0　　　　D. 3.5

解析：D。沙按粗细程度分粗沙、中沙、细沙，粗沙的细度模数为 3.1～3.7。

141. 地铁装饰装修工程中，关于公共区地面盲道砖检验批划说法，正确的是（　　）。
A. 同一规格、同一颜色、同一强度的预制盲道砖（板）材料，应以 100m² 为一验收批；不足 100m² 按一验收批计，每验收批取 5 块试件进行检查
B. 同一规格、同一颜色、同一强度的预制盲道砖（板）材料，应以 200m² 为一验收批；不足 200m² 按一验收批计，每验收批取 5 块试件进行检查
C. 同一规格、同一颜色、同一强度的预制盲道砖（板）材料，应以 100m² 为一验收批；不足 100m² 按一验收批计，每验收批取 10 块试件进行检查

D. 同一规格、同一颜色、同一强度的预制盲道砖（板）材料，应以100m² 为一验收批；不足100m² 按一验收批计，每验收批取 6 块试件进行检查

解析：A。同一规格、同一颜色、同一强度的预制盲道砖（板）材料，应以100m² 为一验收批；不足100m² 按一验收批计，每验收批取 5 块试件进行检查。

142. 地铁机电安装及装饰装修工程中，型材在做拉伸试验时，需将型材切割成试件进行送检，试件的尺寸为（　　）。

A. 20mm×600mm B. 20mm×700mm
C. 20mm×800mm D. 20mm×900mm

解析：A。型材在做拉伸试验时，切割成20mm×600mm 的试件进行送检。

143. 地铁机电安装及装饰装修工程中，型材在做弯曲试验时，需将型材切割成试件进行送检，试件的尺寸为（　　）。

A. 400mm×2 倍厚度 B. 500mm×2 倍厚度
C. 600mm×2 倍厚度 D. 700mm×2 倍厚度

解析：C。型材在做弯曲试验时，切割成 600mm×2 倍厚度的试件进行送检。

144. 地铁装饰装修工程中，装饰用瓷砖（地砖及墙砖）的代表批量为（　　）。

A. 2000m²　　B. 3000m²　　C. 4000m²　　D. 5000m²

解析：D。装饰用瓷砖（地砖及墙砖）的代表批量为 5000m²，不足 5000m² 亦为一批。

145. 地铁装饰装修工程中，预制水磨石的代表批量为（　　）块。

A. 3000　　B. 6000　　C. 10000　　C. 12000

解析：C。预制水磨石的代表批量为 10000 块。

146. 地铁装饰装修工程中，内、外墙涂料的代表批量为（　　）t。

A. 6　　B. 10　　C. 12　　D. 15

解析：B。内、外墙涂料的代表批量为10t。

147. 地铁装饰装修工程中，同一厂家、同一强度、同一批次、同一品种的水泥连续进场，袋装水泥（　　）t 为一批，散装水泥（　　）t 为一批，且送检数量不少于一组。

A. 200，500　　B. 300，400　　C. 400，500　　D. 500，200

解析：A。同一厂家、同一强度、同一批次、同一品种的水泥连续进场，袋装水泥 200t 为一批，散装水泥 500t 为一批，且送检数量不少于一组。

148. 地铁装饰装修工程中，硅酮结构密封胶在送检时需要提供相应试验内容的辅助材料，在做相容性试验时应提供（　　）。

A. 玻璃　参照胶 B. 石材　参照胶
C. 瓷砖　参照胶 D. 铝合金试件　参照胶

解析：A。硅酮结构密封胶相容性试验时需要提供 75mm×50mm×6mm 普通玻璃，及同一厂家、同一种类未开封对照胶。

149. 地铁装饰装修工程中，硅酮结构密封胶在送检时需要提供相应试验内容的辅助材料，在做污染性试验时应提供（　　）。

A. 玻璃　参照胶 B. 石材　参照胶
C. 瓷砖　参照胶 D. 铝合金试件　参照胶

解析：B。硅酮结构密封胶相容性试验时需要提供75mm×25mm×(20~25)mm的石材。

150. 地铁装饰装修工程中，干挂石材胶及云石胶在送检时应提供(　　)。

A. 玻璃 45 块 50mm×30mm×(20~25)mm

B. 石材 45 块 50mm×30mm×(20~25)mm

C. 瓷砖 45 块 50mm×30mm×(20~25)mm

D. 铝合金试件 45 块 50mm×30mm×(20~25)mm

解析：B。干挂石材胶及云石胶在送检时应提供石材块 45 块 50mm×30mm×(20~25)mm。

151. 地铁装饰装修工程中，干密度为B07，等级为A5的蒸压加气混凝土砌块的抗压强度为(　　)MPa的视为优等品。

A. 4.8　　　　B. 6　　　　C. 4.6　　　　D. 5

解析：D。干密度为B07，等级为A5蒸压加气混凝土砌块的抗压强度为5MPa的视为优等品。

152. 地铁装饰装修工程中，随机抽检一批强度级别为A5的蒸压加气混凝土砌块，检测后发现选取的砌块中有(　　)的抗压强度为此级别的最小值4MPa时，判定该批砌块不合格。

A. 五组或五组以上　　　　B. 三组或三组以上

C. 一组或一组以上　　　　D. 一块

解析：C。随机抽检一批强度级别为A5的蒸压加气混凝土砌块，当选取的砌块中有一组或一组以上此级别的最小值时，判定该批砌块不合格。

6.2　多项选择题

1. 地铁机电安装及装饰装修工程中，需要做隐蔽工程验收的子分部工程有(　　)。

A. 抹灰工程　　　　B. 防水工程

C. 电器照明　　　　D. 砌体结构

E. 开关插座安装

解析：ABCD。开关插座安装属于分项工程。

2. 地铁机电安装及装饰装修工程资料归档时，下列选项(　　)不属于施工资料范围。

A. 竣工验收资料　　　　B. 工程开工文件

C. 工程竣工验收及备案文件　　　　D. 施工质量验收记录

E. 施工技术资料

解析：BC。工程竣工验收及备案文件、工程开工文件不属于施工资料范围。

3. 地铁机电安装及装饰装修工程中，施工方对材料、构配件、设备进场检验的依据是(　　)。

A. 施工技术标准　　　　B. 工程设计要求

C. 合同约定　　　　D. 国家法律法规

E. 施工组织总设计

解析：ABC。施工方对材料、构配件、设备进场检验的依据是施工技术标准、工程设计要求、合同约定。

4. 地铁机电安装及装饰装修工程中，材料报验资料需要（　　）附件。

A. 出厂合格证　　　　　　　　B. 复试报告

C. 材料价格表　　　　　　　　D. 数量清单

E. 检测报告

解析：ABDE。材料报检资料需要出厂合格证、复试报告、数量清单、检测报告、质量保证书。

5. 地铁机电安装及装饰装修工程中，单位工程的竣工验收，由建设单位组织，（　　）验收。

A. 勘察单位　　　　　　　　　B. 设计单位

C. 施工单位　　　　　　　　　D. 监理单位

E. 质量监督站

解析：BCD。单位工程的竣工验收，由建设单位组织，设计单位、施工单位、监理单位验收。

6. 地铁机电安装及装饰装修工程中，材料进场时厂家提供的质量证明文件有（　　）。

A. 产品质量合格证　　　　　　B. 型式检测报告

C. 性能检测报告　　　　　　　D. 生产许可证

E. 使用说明书

解析：ABCD。材料进场时厂家提供的质量证明文件有产品质量合格证、型式检测报告、性能检测报告、生产许可证。

7. 地铁机电安装及装饰装修工程资料归档时，每一个独立卷的资料有（　　），工程资料统一采用 A4 幅尺寸。

A. 封面　　　　　　　　　　　B. 目录

C. 资料内容　　　　　　　　　D. 资料评审表

E. 备考表

解析：ABCE。每一个独立卷的资料有封面、目录、资料内容、备考表，工程资料统一采用 A4 幅尺寸。

8. 地铁机电安装工程中，属于电气照明的分项工程的有（　　）。

A. 导管敷设　　　　　　　　　B. 普通灯具安装

C. 接地干线安装　　　　　　　D. 电缆头制作、导线连接和线路绝缘测试

E. 风机与空气处理设备安装

解析：ABD。电气照明的分项工程有成套配电柜、控制柜（屏、台）和动力配电箱（盘）安装、梯架、支架、托盘和槽盒安装、导管敷设、电缆敷设、管内穿线和槽盒内敷线、电缆头制作、导线连接和线路绝缘测试、普通灯具安装、专用灯具安装、开关、插座、风扇安装、建筑物照明通电试运行。

9. 地铁机电安装工程中，下列选项中属于通风与空调工程的子分部工程的有（　　）。

A. 系统调试　　　　　　　　　B. 送风系统

C. 排风系统　　　　　　　　　D. 防排烟系统

E. 风管与配件制作

解析：BCD。系统调试、风管与配件制作属于分项工程。

10. 地铁机电安装工程中，下列选项中属于建筑给水、排水及供暖工程的子分部工程的有（　　）。

    A. 室内给水系统　　　　　　　　B. 室内排水系统
    C. 室外给水管网　　　　　　　　D. 室外排水管网
    E. 室外消火栓系统安装

    解析：ABCD。室外消火栓系统安装属于室外给水管网的分项工程。

11. 地铁装饰装修工程中，下列选项中属于建筑装饰装修工程的子分部工程的有（　　）。

    A. 钢结构　　　　　　　　　　　B. 幕墙工程
    C. 抹灰工程　　　　　　　　　　D. 门窗工程
    E. 防水

    解析：BCDE。钢结构属于主体结构的子分部工程。

12. 地铁机电安装及装饰装修工程资料归档时，竣工资料中"影像资料"需要注明（　　）。

    A. 拍摄地点　　　　　　　　　　B. 拍摄时间
    C. 拍摄原因　　　　　　　　　　D. 拍摄人
    E. 照片对应检验批及工程部位

    解析：ABDE。竣工资料中"影像资料"需要注明拍摄地点、拍摄时间、拍摄人、照片对应检验批及工程部位。

13. 地铁机电安装及装饰装修工程中，预拌混凝土供应商必须向施工单位提供的资料有（　　）。

    A. 原材料规格、品种　　　　　　B. 配合比通知单
    C. 混凝土到货单　　　　　　　　D. 预拌混凝土合格证
    E. 生产许可证

    解析：BCDE。预拌混凝土供应商必须向施工单位提供的资料有配合比通知单、混凝土到货单、预拌混凝土合格证、生产许可证。

14. 地铁机电安装及装饰装修工程资料归档时，施工组织设计中需要归档的有（　　）。

    A. 施工组织总设计　　　　　　　B. 单位工程施工组织设计
    C. 施工方案　　　　　　　　　　D. 专项应急预案
    E. 应急演练方案

    解析：ABC。施工组织设计中需要归档的有施工组织总设计、单位工程施工组织设计、施工方案。

15. 地铁机电安装及装饰装修工程资料归档时，竣工图纸的改绘可采用（　　）。

    A. 杠改法　　　　　　　　　　　B. 叉改法
    C. 标注法　　　　　　　　　　　D. 补图法
    E. 加写说明法

    解析：ABDE。竣工图纸的改绘可采用杠改法、叉改法、补绘法、补图法、加写说

明法。

16. 地铁机电安装及装饰装修工程资料归档时，在档案移交时（   ）不需要编写页码。

　　A. 案卷封面　　　　　　　　　　B. 卷内目录
　　C. 卷内文件　　　　　　　　　　D. 卷内备考表
　　E. 竣工图纸扉页

　　解析：ABD。在档案移交时案卷封面、卷内目录、卷内备考表。

17. 地铁机电安装及装饰装修工程资料归档时，档案盒常采用的厚度有（   ）mm。

　　A. 20　　　　　　　　　　　　　B. 30
　　C. 40　　　　　　　　　　　　　D. 50
　　E. 100

　　解析：ABCD。档案盒常采用的厚度有 20mm、30mm、40mm、50mm，各城建档案馆常要求使用 40mm 厚的档案盒。

18. 地铁机电安装及装饰装修工程资料归档时，施工文件组卷时应注意（   ）。

　　A. 图纸应按专业排列，同专业图纸应按图纸下发时间顺序排列
　　B. 专业承（分）包施工的分部、子分部（分项）工程应分别单独立卷
　　C. 室外工程应按室外建筑环境和室外安装工程单独立卷
　　D. 当施工文件中部分内容不能按一个单位工程分类立卷时，可按建筑工程立卷
　　E. 对于同类文件或竣工图需要立若干个案卷时，应保持案卷的唯一性和完整性

　　解析：BCDE。图纸应按专业排列，同专业图纸应按图号顺序排列。

19. 地铁机电安装及装饰装修工程中，立卷时应遵守的原则（   ）。

　　A. 立卷应遵循工程文件的自然形成规律和工程专业的特点，保持卷内文件的有机联系，便于档案的保管和利用
　　B. 工程文件应按工程准备阶段文件、监理文件、施工文件、竣工图、竣工验收文件分别进行立卷。并可根据工程实际情况、数量多少组成一卷或多卷
　　C. 当同一项目中多个单位工程要求归档的文件出现重复时，其原件可归入其中一个单位工程，其余单位工程可不归档，但应说明情况，以备互查
　　D. 不同载体的文件应分别立卷
　　E. 建筑工程项目由多个单位工程组成时，工程文件应按单位工程立卷；多个单位工程共用一份的文件不可单独组卷，必须将文件放入每个单位工程案卷中

　　解析：ABCD。建筑工程项目由多个单位工程组成时，工程文件应按单位工程立卷；多个单位工程共用一份的文件可以单独组卷。

20. 地铁机电安装及装饰装修工程资料归档时，竣工图需要（   ）的签字确认。

　　A. 编制人　　　　　　　　　　　B. 审核人
　　C. 总监理工程师　　　　　　　　D. 业代
　　E. 设计单位负责人

　　解析：ABC。竣工图需要编制人、审核人、技术负责人、监理单位的专业监理工程师、总监理工程师。

21. 地铁机电安装及装饰装修工程资料归档时，案卷封面的内容包括（   ）。

A. 档号 B. 档案馆代号
C. 案卷题名 D. 编制单位
E. 立卷人

解析：ABCD。案卷封面的内容包括档号、档案馆代号、案卷题名、编制单位、起止日期、密级、保管期限、本案卷所属工程的案卷总量、本案卷在该工程案卷总量中的排序。

22. 地铁机电安装及装饰装修工程资料归档时，声像资料有（　　）。
A. 开工前原貌 B. 施工阶段
C. 竣工新貌 D. 重要会议图片
E. 工程事故图片

解析：ABC。属于声像资料有开工前原貌、施工阶段、竣工新貌、工程建设过程录音、录像资料。

23. 地铁机电安装及装饰装修工程资料归档时，归档文件中施工验收文件有（　　）。
A. 单位工程质量竣工验收记录
B. 单位工程质量控制核查记录
C. 单位工程安全和功能检验资料核查及主要功能抽查记录
D. 单位工程观感质量检查记录
E. 单位工程施工组织设计

解析：ABCD。属于施工验收文件的单位工程质量竣工验收记录、单位工程质量控制核查记录、单位工程安全和功能检验资料核查及主要功能抽查记录、单位工程观感质量检查记录。

24. 地铁机电安装及装饰装修工程资料归档时，（　　）应根据城建档案管理机构的要求，对归档文件完整、准确、系统情况和案卷质量进行审查。审查合格后方可向建设单位移交。
A. 施工单位 B. 监理单位
C. 设计单位 D. 建设单位
E. 城建档案馆

解析：BD。建设单位、监理单位应根据城建档案管理机构的要求，对归档文件完整、准确、系统情况和案卷质量进行审查。审查合格后方可向建设单位移交。

25. 地铁机电安装及装饰装修工程资料归档时，归档文件中施工技术文件有（　　）。
A. 施工组织设计及施工方案 B. 图纸会审记录
C. 危险性较大分部分项工程施工方案 D. 施工技术交底
E. 设计变更通知单

解析：ABCE。归档文件中施工技术文件有施工组织设计及施工方案、图纸会审记录、危险性较大分部分项工程施工方案、设计变更通知单、超过一定规模的危险性较大的分部分项工程专家论证报告、工程洽商记录。

26. 地铁机电安装及装饰装修工程资料归档时，案卷卷脊的内容有（　　）。
A. 档号 B. 案卷题名
C. 保管期限 D. 密级

E. 档案号

解析：AB。案卷卷脊的内容有档号、案卷题名。

27. 地铁机电安装及装饰装修工程资料归档时，归档文件必须（　　），能够反映工程建设活动的全过程。

A. 具体 B. 准确
C. 系统 D. 真实
E. 完整

解析：BCE。归档文件必须完整、准确、系统，能够反映工程建设活动的全过程。

28. 地铁机电安装及装饰装修工程资料归档时，案卷题名应包括（　　）。

A. 工程名称 B. 分部工程名称
C. 专业名称 D. 卷内文件概要
E. 责任人

解析：ABCD。案卷题名应包括工程名称、分部工程名称（专业名称）、卷内文件概要。

29. 地铁机电安装及装饰装修工程资料归档时，竣工图章的签名（　　）。

A. 签名齐全 B. 不得代签
C. 必须手写 D. 可以机打
E. 盖公章

解析：ABC。地铁机电安装及装饰装修工程中，竣工图章的签名齐全、不得代签、必须手写。

30. 地铁机电安装及装饰装修工程资料归档时，竣工图折叠的规定有（　　）。

A. 图纸折叠前应裁剪整齐
B. 图面应折向内侧成手风琴风箱式
C. 折叠后，图纸的尺寸应以 4# 图纸基本尺寸为标准
D. 图标及竣工图章露在外面
E. 破损的图纸折叠时注意将破损处粘好再叠

解析：ABCD。破损图纸不可以归档。

31. 地铁机电安装及装饰装修工程资料归档时，竣工图纸在移交归档时应折叠成 A4 大小，下列选项中折叠方法正确的是（　　）。

A.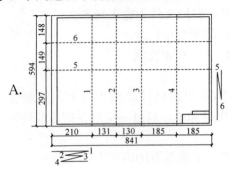

B.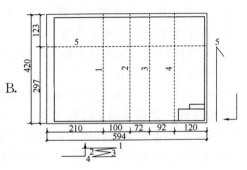

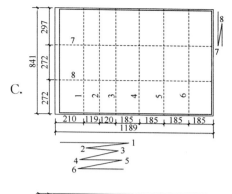
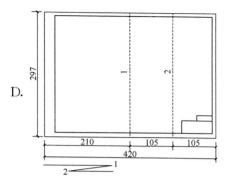
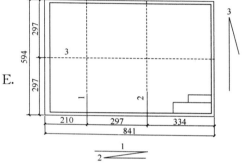

解析：ABCD。

32. 地铁装饰装修工程中，下列选项中不是硅酸盐水泥进场检验的必试项目的是（　　）。

　　A. 强度　　　　　　　　　　　　B. 安定性
　　C. 碱含量　　　　　　　　　　　D. 凝结时间
　　E. 细度

解析：CE。硅酸盐水泥进场检验的必试项目包括含强度、安定性、凝结时间。

33. 下列（　　）产品属于混凝土外加剂产品。

　　A. 减水剂　　　　　　　　　　　B. 膨胀剂
　　C. 粉煤灰　　　　　　　　　　　D. 矿粉
　　E. 防冻剂

解析：ABCE。外加剂减水剂、膨胀剂、粉煤灰、防冻剂、早强剂

34. 现行国家标准《普通硅酸盐》GB 175 标准中，普通硅酸盐水泥强度等级包括（　　）。

　　A. 52.5R　　　　　　　　　　　　B. 42.5
　　C. 32.5　　　　　　　　　　　　D. 42.5R
　　E. 32.5R

解析：ABD。普通硅酸盐水泥强度：52.5R、42.5，42.5R。

35. 地铁装饰装修工程中，下列（　　）砖取样代表数量均为 3.5 万～15 万块。

　　A. 烧结多孔砖　　　　　　　　　B. 混凝土实心砖
　　C. 烧结空心砖　　　　　　　　　D. 粉煤灰砖

E. 混凝土加气块

解析：AC。烧结多孔砖、烧结普通砖、烧结空心砖取样代表数量为 3.5 万～15 万块。

36. 地铁装饰装修工程中，（ ）指标作为判定水泥是否是合格品的依据。

A. 安定性 B. 凝结时间
C. 细度 D. 强度
E. 流动性

解析：ABD。水泥检测性能指标有安定性、凝结时间、强度。

37.《建设工程质量检测管理办法》规定，见证取样检测的检测报告中应当注明（ ）。

A. 监理单位名称 B. 见证人单位
C. 见证人姓名 D. 建设单位名称
E. 施工单位名称

解析：BC。《建设工程质量检测管理办法》规定，见证取样检测的检测报告中应当注明见证人单位、见证人姓名。

38. 根据 GB50411—2007《建筑节能工程施工质量验收规范》中规定，通风与空调节能工程所用到的绝热材料进场时，应对其技术性能参数进行复验，（ ）复验数量为的绝热材料不得少于 2 次。

A. 同一厂家 B. 同材质
C. 同批号 D. 同规格
E. 同日期

解析：AB。根据现行国家标准《建筑节能工程施工质量验收标准》GB 50411 中规定，通风与空调节能工程所用到的绝热材料进场时，应对其技术性能参数进行复验，同一厂家、同材质复验数量为的绝热材料不得少于 2 次。

39. 地铁装饰装修工程中，建筑节能（幕墙）的组批原则或取样频率，每单位工程（ ）的产品检测不少于 1 组。

A. 同一厂家 B. 同一品种
C. 同一设计参数 D. 同一类型
E. 同一性能

解析：ABD。建筑节能（幕墙）的组批原则或取样频率，每单位工程同一厂家、同一品种、同一类型的产品检测不少于 1 组。

40. 地铁装饰装修工程中，水泥细度检验用试验筛的筛孔尺寸可以为（ ）μm。

A. 135 B. 90
C. 80 D. 45
E. 160

解析：CD。水泥细度检验用试验筛的筛孔尺寸可以为 80 μm、45 μm。

41. 地铁装饰装修工程中，预拌混凝土的原材料有（ ）。

A. 水泥 B. 石膏
C. 拌合用水 D. 外加剂
E. 矿物掺合料

解析：ACDE。预拌混凝土的原材料有水泥、集料、拌合用水、外加剂、矿物掺合料。

42. 地铁装饰装修工程中，以下关于预拌混凝土标记符号的使用规定，正确的是（　　）。

A. 通用品用 A 表示，特制品用 B 表示
B. 混凝土强度等级用 C 和强度等级值表示
C. 坍落度用所选定以厘米为单位的混凝土坍落度值表示
D. 水泥品种用其代号表示
E. 抗冻、抗渗及抗折强度直接标记在强度等级之后

解析：ABDE。坍落度用所选定以毫米为单位的混凝土坍落度值表示。

43. 地铁装饰装修工程中，混凝土施工质量的好坏对混凝土的强度有非常重要的影响，包括（　　）。

A. 配料准确　　　　　　　　B. 水质
C. 振捣密实　　　　　　　　D. 养护适宜
E. 化学反应

解析：ACD。混凝土施工质量的好坏对混凝土的强度有非常重要的影响，包括配料准确、搅拌均匀、振捣密实、养护适宜、进料容量。

44. 地铁装饰装修工程中，沙、石材料在混凝土中所起的作用有（　　）。

A. 与水发生化学反应　　　　B. 节约水泥
C. 承受荷载　　　　　　　　D. 限制硬化水泥的收缩
E. 起骨架和填充作用

解析：BCDE。沙、石材料在混凝土中所起的作用有节约水泥、承受荷载、限制硬化水泥的收缩、起骨架和填充作用。

45. 地铁装饰装修工程中，改善混凝土拌合物流变性能的外加剂主要包括（　　）。

A. 水泥　　　　　　　　　　B. 减水剂
C. 泵送剂　　　　　　　　　D. 外加剂
E. 矿物掺合料

解析：BC。改善混凝土拌合物流变性能的外加剂主要包括减水剂、泵送剂。

46. 地铁装饰装修工程中，钢筋材料送检需要注意的事项有（　　）。

A. 钢筋试件上必须带有厂家出厂信息
B. 钢筋圆盘最前端 1m 不可使用
C. 钢筋圆盘取样时不可采用钢筋调直器调直
D. 同一厂家、同一型号、不同炉号可以只送检一次
E. 钢筋原材必须检测的试验内容有拉伸、冷弯、伸长率等力学性能

解析：ABCE。钢筋送试，同一厂家、同一型号、不同炉号要分炉号送检。

47. 在地铁装饰装修中，铝合金顶棚、铝合金装饰板送试检测的项目（　　）。

A. 涂层厚度　　　　　　　　B. 涂层附着力
C. 力学性能　　　　　　　　D. 抗冻实验
E. 导热系数

解析：ABC。铝合金顶棚、铝合金装饰板送试检测的项目涂层厚度、涂层附着力、

力学性能。

48. 地铁砌筑及装饰装修工程中,天然饰面石材试验检测的内容有( )。
A. 压缩强度
B. 承载能力
C. 断裂延伸率
D. 弯曲强度
E. 放射性

解析:ADE。天然饰面石材试验检测的内容有压缩强度、体积密度、吸水率、弯曲强度、放射性。

49. 地铁砌筑及装饰装修工程中,天然饰面石材的试验检测试件尺寸( )。
A. 厚2mm,250mm×100mm×2mm,20块
B. 厚25mm,300mm×100mm×25mm,20块
C. 厚30mm,350mm×100mm×30mm,20块
D. 任意厚度,50mm×50mm×50mm,35块
E. 厚50mm,500mm×100mm×100mm,35块

解析:ABCD。天然饰面石材的试验检测试件尺寸:厚2mm,250m×100mm×2mm,20块;厚25mm,300mm×100mm×25mm,20块;厚30mm,350mm×100mm×30mm,20块;任意厚度,50mm×50mm×50mm,35块。

50. 地铁砌筑及装饰装修工程中,每种天然饰面石材试件尺寸所对应的检测项目( )。
A. 50mm×50mm×50mm用来检测压缩强度
B. 50mm×50mm×50mm用来检测体积密度
C. 当石材厚度(H)≤68mm时:$100H×100×H$、当石材厚度(H)>68mm时:$(10H+50mm)×1.5H×H$,用来检测弯曲强度
D. 任意大小用来检测吸水率
E. 石材粉碎后用来检测放射性

解析:ACE。50mm×50mm×50mm用来检测压缩强度;当石材厚度(H)≤68mm时:$100H×100×H$、当石材厚度(H)>68mm时$(10H+50mm)×1.5H×H$,用来检测弯曲强度;石材粉碎后用来检测放射性。

51. 地铁装饰装修工程中,保温岩棉的试验检测项目有( )。
A. 密度
B. 导热系数
C. 燃烧性能
D. 抗压强度
E. 压缩强度

解析:ABC。保温岩棉的试验检测项目有密度、导热系数、燃烧性能。

52. 地铁机电安装及装饰装修工程中,下列( )需要做锚固承载力试验。
A. 植筋
B. 临时围挡
C. 干挂龙骨体系
D. 综合支吊架
E. 墙面装饰龙骨

解析:ACDE。需要做锚固承载力试验的有植筋、干挂龙骨体系、综合支吊架、区间后扩地锚栓、饰面板后置埋件、不锈钢栏杆扶手预埋件、干挂龙骨后置埋件。

53. 地铁装饰装修工程中,下列( )是玻璃纤维耐碱网格布的必检项目。

A. 耐碱拉伸断裂强度　　　　　　B. 断裂强度保留量
C. 导热系数　　　　　　　　　　D. 密度
E. 粘结强度

解析：AB。玻璃纤维耐碱网格布的必检项目耐碱拉伸断裂强度、断裂强度保留量。

54. 地铁机电安装工程中，下列选项中对水阀的试验检测说法正确的是（　　）。
A. 以同牌号、同型号、同规格的阀门为一批，每批送样数量为本批次数量的10%且不少于一件
B. 阀门不分规格大小应全部送检
C. 安装在主干管上的阀门应全部检测
D. 阀门需要做壳体试验和密封试验
E. 阀门的试验压力为最大工作压力的1.5倍

解析：ACDE。以同牌号、同型号、同规格的阀门为一批，每批送样数量为本批次数量的10%且不少于一件；安装在主干管上的阀门应全部检测；阀门需要做壳体试验和密封试验；阀门的试验压力为最大工作压力的1.5倍。

55. 地铁机电安装工程中，开关的必检项目有（　　）。
A. 通断能力　　　　　　　　　　B. 电气间隙
C. 正常操作　　　　　　　　　　D. 功率
E. 散热量

解析：ABC。开关的必检项目有通断能力、正常操作、电气间隙、爬电距离。

56. 地铁机电安装工程中，插座的必检项目有（　　）。
A. 防触电保护　　　　　　　　　B. 电气间隙
C. 绝缘电阻　　　　　　　　　　D. 功率
E. 插头拔出力

解析：ACE。开关的必检项目有防触电保护、绝缘电阻、插头拔出力、分断容量。

57. 地铁机电安装工程中，电缆、电线的必检项目有（　　）。
A. 横截面积　　　　　　　　　　B. 导体电阻
C. 绝缘电阻　　　　　　　　　　D. 静曲强度
E. 防触电保护

解析：ABCE。电缆、电线的必检项目有横截面积、导体电阻、绝缘电阻、防触电保护。

58. 地铁机电安装工程中，下列选项中关于PVC水管的取样原则描述正确的（　　）。
A. PVC水管取样时，每根管身上必须留有完整的标志
B. 同一厂家、同一监理、同一建设方、同一施工方、同一规格、一个单位工程为一个检验批
C. 管材完整标志包括生产厂家及商标、管材规格尺寸、生产日期、依据标准号
D. 管材需做的试验有静压力试验、纵向回缩率、平均厚度、平均外径
E. PVC水管的取样长度为每根1m

解析：ABCD。PVC水管的取样长度为每根1.5m。

59. 地铁装饰装修工程中，砂浆试块及混凝土试块在制作时需要注意的事项

有（　　）。

A. 试块必须完整，不得缺棱掉角
B. 试块上必须注明取样部位、取样人、见证人、脱模日期
C. 试块送检标养可提前 3d 送检，但不得超过 28d，时间从脱模日期开始计算
D. 在冬季时气温寒冷，试块强度攀升缓慢，所以送检时标养试块可以超过 28d
E. 同条件养护的试块在送样时需满足日平均温度累积至 600℃，并且养护周期不得少于 14d

解析：ABCE。试块送检标养可提前 3d 送检，但不得超过 28d，时间从脱模日期开始计算；同条件养护的试块在送样时必须满足日平均温度累积至 600℃，并且养护周期不得少于 14d。

60. 地铁装饰装修工程中，装饰用瓷砖（玻化砖、防滑瓷砖等）必试项目有（　　）。

A. 破坏强度　　　　　　　　B. 断裂模数
C. 摩擦系数　　　　　　　　D. 吸水率
E. 表面密度

解析：ABCD。装饰用瓷砖（玻化砖、防滑瓷砖等）必试项目有破坏强度、断裂模数、摩擦系数、吸水率。

61. 地铁装饰装修工程中，常用的内、外墙涂料有（　　）。

A. 水性乳胶漆　　　　　　　B. 水性丙烯酸聚氨酯涂料
C. 无机矿物涂料　　　　　　D. 水性聚酯涂料
E. 水性氨基涂料

解析：ABC。水性聚酯涂料用于木器防腐；水性氨基涂料用于汽车漆。

62. 地铁装饰装修工程中，硅酮结构密封胶需要做的试验有（　　）。

A. 相容性　　　　　　　　　B. 抗剥离性
C. 抗冻系数　　　　　　　　D. 附着力
E. 吸水率

解析：AB。硅酮结构密封胶需要做的试验有相容性、抗剥离性。

63. 地铁装饰装修工程中，车站内使用的甲级防火门和甲级防火隔声门需要做的试验有（　　）。

A. 抗风压性能　　　　　　　B. 气密性能
C. 水密性能　　　　　　　　D. 空气声隔声性能
E. 涂层厚度

解析：ABCD。车站内使用的甲级防火门和甲级防火隔声门需要做的试验有抗风压性能、气密性能、水密性能、空气声隔声性能。

64. 地铁装饰装修工程中，中空玻璃的试验项目为（　　）。

A. 传热系数　　　　　　　　B. 可见光透射比
C. 中空露点　　　　　　　　D. 破坏强度
E. 遮阳系数

解析：ABCE。中空玻璃的试验项目传热系数、可见光透射比、中空露点、遮阳系数。

65. 地铁装饰装修工程中，钢结构焊缝超声波探伤的注意事项有（　　）。

A. Ⅰ级、Ⅱ级焊缝探伤时数量应随机抽检

B. Ⅰ级、Ⅱ级焊缝探伤数量应为焊缝条的3%，且不少于3处

C. 焊缝在试验前需要打磨掉底漆、焊渣、铁锈

D. 焊缝应在焊接完成24h后或热处理工艺完成后探伤

E. 超声波探伤鉴定时Ⅰ级焊缝应检测100%，Ⅱ级焊缝检测20%

解析：CDE。见证检测时，Ⅰ级、Ⅱ级焊缝探伤时数量随机抽检焊缝条数量的3%，且不少于3处。

66. 地铁装饰装修工程中，干挂石材胶和云石胶的必试项目有（　　）。

　　A. 弯曲弹性模量　　　　　　B. 冲击韧性

　　C. 拉剪强度　　　　　　　　D. 压剪强度

　　E. 阻燃性能

解析：ABCD。干挂石材胶和云石胶的必试项目有弯曲弹性模量、冲击韧性、拉剪强度、压剪强度。

67. 地铁装饰装修工程中，墙面涂料、腻子的必试项目（　　）。

　　A. 挥发性有机化合物　　　　B. 苯、甲苯、乙苯、二甲苯总量

　　C. 游离甲醛　　　　　　　　D. 可溶性铅

　　E. 氯乙烯单体

解析：ABC。墙面涂料、腻子的必试项目有挥发性有机化合物、苯、甲苯、乙苯、二甲苯总量、游离甲醛。

68. 地铁装饰装修工程中，混凝土坍落度试验需要用到的试验器具有（　　）。

　　A. 塌落桶　　　　　　　　　B. 坍落度标尺

　　C. 捣棒　　　　　　　　　　D. 漏斗

　　E. 振捣棒

解析：ABCD。混凝土坍落度试验需要用到的试验器具有塌落桶、坍落度标尺、捣棒、漏斗、抹刀、铁板。

69. 地铁装饰装修工程中，混凝土坍落度试验中，骨料粒径不大于25mm的混凝土，下列选项中坍落度合格的有（　　）mm。

　　A. 100　　　　　　　　　　　B. 120

　　C. 140　　　　　　　　　　　D. 160

　　E. 170

解析：CDE。混凝土坍落度试验中，骨料粒径不大于25mm的混凝土，坍落度不得小于140mm。

70. 地铁机电安装及装饰装修工程资料归档时，以下档案管理期限为短期的是（　　）。

　　A. 分部（子分部）工程质量验收记录　　B. 施工日志

　　C. 施工组织设计　　　　　　　　　　　D. 图纸会审及设计交底

　　E. 设备开箱报告

解析：BCE。技术交底、施工日志、施工组织设计、施工安全措施、施工环保措施、设备开箱报告的档案管理期限为短期。

第 7 章

工程管理篇

概 述

工程管理贯穿了地铁机电安装的整个施工过程，拥有合理的施工管理方式可以大大提升施工效率，避免不必要的损失，成熟且完整的工程管理方式对于控制项目进度、提高施工质量起到决定性的作用。

制定合理的管理方式是施工管理过程中的首要内容，旨在保障施工安全、施工进度及施工质量，以期实现高效施工、减少额外成本投入，进而达到增加项目收益的目标。对地铁机电安装施工过程中的各个阶段进行严格的过程管理，把控施工质量，对各个专业进行合理且高效的协调可以及时消除施工过程的隐患，以确保进度安全质量目标的实现，为地铁长期安全稳定的运营打下坚实的基础。

本章题目从工程实践出发，对施工建设管理过程中的重点、难点、注意事项以及可能出现的问题以选择题的形式展现，并明确了业主方、设计方以及项目总承包方的项目管理工作，提升读者的施工管理实践能力，并为施工企业培养出具有较好理论知识与施工现场实际管理能力的人才。同时也期望广大读者加强建设工程项目管理、工程项目总承包及施工管理专业技术人员素质的建设。

7.1 单项选择题

1. 在建设工程管理活动中，只参与了施工阶段和使用阶段的参与单位是（　　）。
A. 投资方　　　　B. 开发方　　　　C. 施工方　　　　D. 使用方
解析：C。

2. 项目实施阶段管理的主要任务是通过（　　）使项目的目标得以实现。
A. 协调　　　　B. 组织　　　　C. 管理　　　　D. 控制
解析：C。

3. 建设项目管理的核心主体是（　　）。
A. 工程总承包方　　　　B. 工程咨询方
C. 施工总承包方　　　　D. 业主方
解析：D。业主是建设工程项目过程的总组织者，因此，对于一个建设工程项目而言，业主方的管理往往是该项目管理的核心。

4. 业主方项目管理的目标中，进度目标是指（　　）的时间目标。
A. 项目动用　　　　B. 竣工验收
C. 联动试车　　　　D. 保修期结束
解析：A。

5. 建设工程项目管理的核心任务是（ ）。
   A. 实现业主的建设目标和为工程的建设增值
   B. 项目的目标控制
   C. 提高建设项目生命周期价值
   D. 为工程的建设和使用增值

   解析：B。建设工程管理的核心任务是为工程建设和使用增值，而项目管理的核心任务是项目的目标控制，注意两者的区别。

6. 业主方项目管理的目标包括项目的（ ）。
   A. 投资目标、质量目标、安全目标　　B. 投资目标、进度目标、成本目标
   C. 进度目标、投资目标、安全目标　　D. 投资目标、进度目标、质量目标

   解析：D。

7. 关于业主方项目管理目标和任务的说法，错误的是（ ）。
   A. 业主方项目管理是建设工程项目管理的核心
   B. 业主方项目管理工作不涉及施工阶段的安全管理工作
   C. 业主方项目管理目标包括项目的投资目标、进度目标和质量目标
   D. 业主方项目管理目标包括影响项目运行的环境质量

   解析：B。业主方的项目管理工作涉及项目实施阶段的全过程，即在设计前的准备阶段、设计阶段、施工阶段、动用前准备阶段和保修期，分别进行如下工作：（1）安全管理；（2）投资控制；（3）进度控制；（4）质量控制；（5）合同管理；（6）信息管理；（7）组织和协调。所以 B 正确。

8. 设计方的项目管理工作涉及项目（ ）。
   A. 决策阶段至保修期　　　　　　　　B. 设计阶段至动用前准备阶段
   C. 设计准备阶段至施工阶段　　　　　D. 设计准备阶段至保修期

   解析：B。将项目决策阶段的开发管理（DM-Develoment Management）、实施阶段的项目管理（PM-Project Management）和使用阶段的设施管理（FM-Facility Management）集成为项目全寿命管理（LM-Lifecycle Management）。所以 B 正确。

9. 项目总承包方项目管理工作涉及项目（ ）的全过程。
   A. 决策阶段　　　B. 实施阶段　　　C. 试用阶段　　　D. 全寿命周期

   解析：B。

10. 控制项目目标的主要措施中最重要的是（ ）。
    A. 组织措施　　　B. 管理措施　　　C. 经济措施　　　D. 技术措施

    解析：A。

11. 建设工程项目结构图描述的是（ ）。
    A. 工作任务之间的关系　　　　　　　B. 组织系统中各部门的职责分工
    C. 项目各参与方之间的关系　　　　　D. 组织系统中各子系统之间的关系

    解析：A。

12. 为表现施工过程中支模、绑扎钢筋、混凝土浇筑等工作之间的逻辑关系，应当编制（ ）。
    A. 任务分工表　　　　　　　　　　　B. 项目结构图

C. 管理职能分工表　　　　　　D. 工作流程图

解析：D。工作流程，用途的形式反映一个组织系统中各项工作之间的逻辑关系。所以 D 正确。

13. 项目建设成本分析属于建设工程项目（　　）阶段的主要任务。

A. 决策　　　B. 设计　　　C. 动工前准备　　　D. 施工

解析：A。

14. 建设工程项目实施阶段策划的主要任务是确定（　　）。

A. 项目建设的总目标　　　　　B. 如何实现项目的目标

C. 项目建设的指导思想　　　　D. 如何组织项目的开发或建设

解析：D。建设工程项目实施阶段策划的主要任务是确定如何组织该项目的开发或建设。

15. 建设项目工程总承包即使采用总价包干的方式，稍大一些的项目也难以用固定总价包干，而多数采用（　　）。

A. 变动总价合同　　　　　　　B. 单价合同

C. 成本加酬金合同　　　　　　D. 视情况而定

解析：A。建设项目工程总承包的主要意义并不在于总价包干和"交钥匙"，其核心是通过设计与施工过程的组织集成，促进设计与施工的紧密结合，以达到为项目建设增值的目的。应该指出，即使采用总价包干的方式，稍大一些的项目也难以用固定总价包干，而多数采用变动总价合同。所以 A 正确。

16. 业主方委托一个施工单位或由多个施工单位组成的施工联合体或施工合作体作为施工总承包单位，施工总承包单位视需要再委托其他施工单位作为分包单位配合施工，这种施工任务委托模式是（　　）。

A. 施工总承包　　　　　　　　B. 施工总承包管理

C. 平行承发包　　　　　　　　D. 建设工程项目总承包

解析：A。业主方委托一个施工单位或由多个施工单位组成的施工联合体或施工合作体作为施工总承包单位，施工总承包单位视需要再委托其他施工单位作为分包单位配合施工，这种施工任务委托模式是施工总承包。所以 A 正确。

17. 施工总承包模式的最大缺点是（　　）。

A. 容易引发索赔　　　　　　　B. 建设周期较长

C. 不利于投资控制　　　　　　D. 业主组织协调工作量较大

解析：B。施工总承包模式在进度控制方面，由于一般要等施工图设计全部结束后，业主才能进行施工总承包单位的招标。因此，开工日期不可能太早，建设周期会较长，这是施工总承包模式最大的缺点，限制了其在建设周期紧迫的建设工程项目上的应用。所以 B 正确。

18. 建设工程项目管理规划属于（　　）项目管理范畴。

A. 工程总承包方　　　　　　　B. 工程总承包管理方

C. 业主方　　　　　　　　　　D. 工程咨询方

解析：C。

19. 根据现行国家标准《建设工程项目管理规范》GB/T 50326，项目管理实施规划应由（　　）组织编制。
　　A. 项目技术负责人　　　　　　　C. 企业技术负责人
　　B. 项目经理　　　　　　　　　　D. 企业生产负责人
　　解析：B。《建设工程项目管理规范》GB/T 50326 规定："项目管理规划大纲应由组织的管理层或组织委托的项目管理单位编制。""项目管理实施规划应由项目经理组织编制。"所以 B 正确。

20. 项目管理实施规划的编制依据，不包括（　　）。
　　A. 技术经济指标　　　　　　　　B. 项目管理规划大纲
　　C. 项目条件和环境分析资料　　　D. 工程合同及相关文件
　　解析：A。项目管理实施规划的编制可依据以下资料：项目管理规划大纲；项目条件和环境分析；工程合同及相关文件；同类项目的相关资料。所以 A 正确。

21. 项目管理规划应包括项目管理规划大纲和（　　）两类文件。
　　A. 项目管理实施规划　　　　　　B. 项目管理决策规划
　　C. 项目管理设计规划　　　　　　D. 项目管理施工规划
　　解析：A。

22. 施工组织设计是以（　　）为对象编制的。
　　A. 施工项目　　B. 施工内容　　C. 施工单位　　D. 施工目标
　　解析 A。现行国家标准《建筑施工组织设计规范》GB/T50502 对施工组织设计作了如下的解释：以施工项目为对象编制的，用以指导施工的技术、经济和管理的综合性文件。所以 A 正确。

23. 编制工程项目施工组织设计时，一般将施工顺序的安排列入施工组织设计的（　　）部分。
　　A. 施工进度计划　　　　　　　　B. 施工平面图
　　C. 施工部署和施工方案　　　　　D. 工程概况
　　解析：C。

24. 根据现行国家标准《建筑施工组织设计规范》GB/T 50502，施工组织设计应由（　　）主持编制。
　　A. 施工单位技术负责人　　　　　B. 项目负责人
　　C. 施工单位技术负责人授权人　　D. 项目技术负责人
　　解析：B。

25. 施工方案即以（　　）为主要对象编制的施工技术与组织方案，用以具体指导其施工过程。
　　A. 单位工程　　　　　　　　　　B. 任何工程
　　C. 分部（分项）工程或专项工程　D. 子单位工程
　　解析：C。施工方案即以分部（分项）工程或专项工程为主要对象编制的施工技术与组织方案，用以具体指导其施工过程。所以 C 正确。

26. 施工组织设计是对施工活动实行科学管理的重要手段，它具有（　　）的作用。
　　A. 战略部署和经济安排　　　　　B. 战术安排和经济安排
　　C. 战略部署和战术安排　　　　　D. 战术安排和技术安排

解析：C。

27. 根据现行国家标准《建筑施工组织设计规范》GB/T 50502，关于施工组织设计审批的说法，正确的是（　　）。

　　A. 专项施工方案应由项目技术负责人审批
　　B. 施工方案应由项目总监理工程师审批
　　C. 施工组织总设计应由建设单位技术负责人审批
　　D. 单位工程施工组织设计应由承包单位技术负责人审批

解析：D。选项A错误，专项施工方案应由施工单位技术负责人审批。选项B错误，施工方案应由项目技术负责人审批。选项C错误，施工组织总设计应由总承包单位技术负责人审批。

28. 根据《建设工程安全生产管理条例》（国务院令第393号），对达到一定规模的危险性较大的分部分项工程编制专项施工方案，经施工单位技术负责人和（　　）签字后实施。

　　A. 项目经理　　　　　　　　　　B. 项目技术负责人
　　C. 总监理工程师　　　　　　　　D. 业主方项目负责人

解析：C。

29. 在某大型工程项目的施工过程中，由于"下情不能上传，上情不能下达"，导致项目经理不能及时作出正确决策，拖延了工期，为了加快施工进度，项目经理修正了信息传递工作流程。这种纠偏措施属于动态控制的（　　）。

　　A. 技术措施　　B. 管理措施　　C. 经济措施　　D. 组织措施

解析：D。

30. 在下列目标控制措施中，属于经济措施的是（　　）。

　　A. 落实加快工程进度所需的资金　　B. 改变施工方法和改变施工机具
　　C. 强化合同管理　　　　　　　　　D. 调整项目管理班子人员

解析：A。

31. 项目目标动态控制的核心是：在项目实施的过程中定期地进行项目目标（　　）的比较。

　　A. 偏差值和调整值　　　　　　　B. 偏差值和实际值
　　C. 计划值和实际值　　　　　　　D. 计划值和调整值

解析：C。项目目标动态控制的核心是在项目实施的过程中定期地进行项目目标的计划值和实际值的比较，当发现项目目标偏离时采取纠偏措施。所以C正确。

32. 项目进度的控制周期应视项目的规模和特点而定，一般的项目控制周期为（　　）。

　　A. 一周　　　　B. 一旬　　　　C. 一个月　　　　D. 两个月

解析：C。项目进度的控制周期一般为一个月，对于重要的项目，控制周期可定为一旬或一周等。所以C正确。

33. 关于建造师和项目经理关系的说法，正确的是（　　）。

　　A. 取得建造师注册证书的人员即可成为施工项目经理
　　B. 建造师是管理岗位，项目经理是技术岗位

C. 大中型工程项目的项目经理必须由取得建造师注册证书的人员担任
D. 取得建造师注册证书的人员只能担任施工项目经理

解析：C。

34. 取得建造师注册证书的人员是否担任工程项目施工的项目经理，取决于（　　）。

A. 建筑业企业　　　　　　　　B. 建设行政主管部门
C. 建设单位　　　　　　　　　D. 建设监督部门

解析：A。

35. 建筑施工企业项目经理是受企业（　　）委托，对工程项目施工过程全面负责的项目管理者。

A. 董事会　　B. 股东　　C. 股东代表大会　　D. 法定代表人

解析：D。建筑施工企业项目经理，是指受企业法定代表人委托对工程项目施工过程全面负责的项目管理者，是建筑施工企业法定代表人在工程项目上的代表人。所以D正确。

36. 施工项目经理在承担工程项目施工的管理过程中，是以（　　）身份处理所承担的工程项目有关的外部关系。

A. 施工企业　　　　　　　　　B. 施工企业法定代表人的代表
C. 施工企业法定代表人　　　　D. 建设单位项目管理者

解析：B。项目经理在承担工程项目施工的管理过程中，应当按照建筑施工企业与建设单位签订的工程承包合同，与本企业法定代表人签订项目承包合同，并在企业法定代表人授权范围内，以企业法定代表人的代表身份处理与所承担的工程项目有关的外部关系，签署有关合同。所以B正确。

37. 项目经理的任务仅限于主持项目管理工作，其主要任务是（　　）。

A. 施工的安全管理　　　　　　B. 项目目标的质量控制
C. 项目目标的进度控制　　　　D. 项目目标的控制和组织协调

解析：D。项目经理的任务仅限于主持项目管理工作，其主要任务是项目目标的控制和组织协调。所以D正确。

38. 建筑施工企业因暂时生产经营困难无法按劳动合同约定日期支付工资的，应当向劳动者说明情况，并与工会或职工代表协商一致后，可以延期支付工资，但最长不得超过（　　）日。

A. 30　　　　B. 45　　　　C. 60　　　　D. 90

解析：A。建筑施工企业因暂时生产经营困难无法按劳动合同约定的日期支付工资的，应当向劳动者说明情况，并与工会或职工代表协商一致后，可以延期支付工资，但最长不得超过30日。超过30日不支付劳动者工资的，属于无故拖欠工资行为。所以A正确。

39. 被确定为中标人，但拒绝与业主签订施工合同。该投标人所采取的风险对策是（　　）。

A. 风险自留　　B. 风险规避　　C. 风险减轻　　D. 风险转移

解析：B。

40. 下列属于建设工程项目技术风险的是（　　）。

A. 合同风险 B. 工程物资风险
C. 工程机械风险 D. 气象条件风险

解析：C。

41. 工程监理人员认为工程施工不符合（　　）的，有权要求建筑施工企业改正。
A. 工程设计要求 B. 施工技术标准
C. 监理规划 D. 监理实施细则

解析：B。

42. 实行项目经理责任制、确定合理详细的工作流程，属于成本管理的（　　）。
A. 技术措施 B. 组织措施
C. 经济措施 D. 合同措施

解析：B。成本管理的措施包括技术措施，组织措施，经济措施，合同措施提纲，内容属于组织措施，所以 B 正确。

43. 结合项目的施工组织设计及自然地理条件，降低材料的库存成本和运输成本，属于成本管理的（　　）措施。
A. 组织 B. 技术 C. 经济 D. 合同

解析：B。

44. 项目管理机构加强施工调度，避免因施工计划不周和盲目调度造成窝工损失的措施，属于成本管理的（　　）措施。
A. 组织措施 B. 技术措施 C. 经济措施 D. 合同措施

解析：A。组织措施的另一方面是编制成本控制工作计划、确定合理详细的工作流程。要做好施工采购计划，通过生产要素的优化配置、合理使用、动态管理，有效控制实际成本；加强施工定额管理和施工任务单管理，控制活劳动和物化劳动的消耗；加强施工调度，避免因施工计划不周和盲目调度造成窝工损失、机械利用率降低、物料积压等现象。所以 A 正确。

45. 在工程项目施工实践中，控制工程进度的前提是要确保（　　）。
A. 工程质量 B. 投资规模 C. 设计标准 D. 经济效益

解析：A。如果因工期要求紧迫而盲目赶工，难免会导致施工质量问题和施工安全问题的出现。并且会引起施工成本的增加。因此，施工进度控制不仅关系到施工进度目标能否实现，它还直接关系到工程的质量和成本。在工程施工实践中，必须树立和坚持一个最基本的工程管理原则，即在确保工程质量的前提下，控制工程的进度。所以 A 正确。

46. 横道图进度计划的特点有（　　）。
A. 图形表达复杂，不太直观 B. 计划调整不能以手工方式进行
C. 可以适应大型项目进度计划系统 D. 不能确定关键工作、关键路线与时差

解析：C。在双代号网络图中，为了正确地表达图中工作之间的逻辑关系，往往需要应用虚箭线。虚箭线是实际工作中并不存在的一项虚设工作，故它们既不占用时间，也不消耗资源，一般起着工作之间的联系、区分和断路三个作用。所以 C 正确。

47. 常见的影响工程进度的风险有（　　）。
A. 道德风险 B. 政治风险 C. 军事风险 D. 技术风险

解析：D。

48. 建设工程项目进度控制的管理措施，不包括( )。
A. 重视信息技术的应用
B. 选择承发包模式
C. 用工程网络计划的方法编制的进度计划
D. 编制项目进度控制的工作流程
解析：D。

49. 在项目组织结构中，应有专门的工作部门和符合进度控制岗位资格的专人负责进度控制工作，属于工程项目进度控制的( )。
A. 组织措施　　B. 管理措施　　C. 经济措施　　D. 技术措施
解析：A。

50. 下列进度控制纠偏措施，属于管理措施的是( )。
A. 落实加快工程进度所需的资金　　B. 调整项目管理工作流程和班子人员
C. 调整进度管理的方法和手段　　D. 改变施工方法和施工机具
解析：C。

51. 下列进度控制的措施中，属于组织措施的有( )。
A. 选择承发包模式　　B. 落实资金供应的条件
C. 编制项目进度控制的工作流程　　D. 进行工程进度的风险分析
解析：B。

52. 建设工程项目进度控制的技术措施有( )。
A. 优化设计，尽量选用新技术、新工艺、新材料
B. 建立图纸审查、工程变更和设计变更管理制度
C. 优化施工方案，合理选用机械设备
D. 优化工作之间的逻辑关系，缩短持续时间
解析：C。建设工程项目进度控制的技术措施涉及对实现进度目标有利的设计技术和施工技术的选用，所以 C 正确。

53. 工程项目质量是指通过项目实施形成的( )的质量。
A. 工程服务　　B. 工程产品　　C. 工程结果　　D. 工程实体
解析：D。

54. 项目质量控制的重点是( )。
A. 设计质量控制　　B. 材料质量控制
C. 施工质量控制　　D. 设备质量控制
解析：C。施工质量是项目质量控制的重点。所以 C 正确。

55. 工程质量控制要重点做好质量的( )，加强过程的质量检查和控制。
A. 事前控制和事中控制　　B. 事前控制和事后控制
C. 自检和第三方检查　　D. 重点控制和专业控制
解析：A。

56. 建设单位在领取施工许可证前，需要办理的工作是( )。
A. 组织施工图纸会审　　B. 办理工程质量监督手续

C. 办理档案管理手续　　　　　　D. 组织现场踏勘

解析：B。

57. 下列属于施工单位质量责任及义务的是（　　）。
A. 组织与工程建设有关的重要设备、材料的采购招标
B. 提供真实的地质、测量、水文等勘察成果
C. 建立健全质量检验制度，做好隐蔽工程的质量检查、记录
D. 对工程质量实行旁站监督

解析：C。

58. 根据《建设工程质量管理条例》，监理工程师应当按照（　　）的要求，采取旁站、巡视和平行检验等形式，对建设工程实施监理。
A. 工程监理规范　　　　　　　　B. 建设工程强制性标准条文
C. 委托监理合同　　　　　　　　D. 工程技术标准

解析：A。

59. 质量管理的首要关注点是（　　）。
A. 全员积极参与　　B. 领导作用　　C. 满足顾客要求　　D. 持续改进

解析：C。

60. 企业质量管理体系获准认证的有效期是（　　）年。
A. 一　　　　B. 两　　　　C. 三　　　　D. 四

解析：C。企业质量管理体系获准认证的有效期为3年。获准认证后，企业应通过经常性的内部审核，维持质量管理体系的有效性，并接受认证机构对企业质量管理体系实施监督管理。

61. 获得ISO 9000质量管理体系认证的企业因质量体系严重不符合规定而被撤销认证的，最早可在撤销认证（　　）后重新提出认证申请。
A. 6个月　　　　B. 1年　　　　C. 2年　　　　D. 3年

解析：B。当获证企业发生质量管理体系存在严重不符合规定，或在认证暂停的规定期限未予整改，或发生其他构成撤销体系认证资格情况时，认证机构做出撤销认证的决定。企业不服可提出申诉。撤销认证的企业一年后可重新提出认证申请。

62. 下列工作中，属于施工质量控制中事前质量控制的是（　　）。
A. 编制施工质量计划　　　　　　B. 工序质量控制
C. 质量控制点的控制　　　　　　D. 工序质量偏差的纠正

解析：A。

63. 施工事中质量控制的关键是（　　）。
A. 坚持质量标准　　　　　　　　B. 质量意识和能力
C. 质量控制点的控制　　　　　　D. 工序质量偏差的纠正

解析：A。

64. 下列工作中，属于施工质量控制中事后质量控制的是（　　）。
A. 设置质量管理点　　　　　　　B. 对作业者质量活动进行监督
C. 对质量活动结果进行评价　　　D. 对质量责任进行落实

解析：C。

65. 施工事后质量控制的重点是（　　）

A. 工序质量　　　　　　　　　　B. 工作质量

C. 质量控制点的验收　　　　　　D. 发现质量缺陷并提出整改措施

解析：D。事后质量控制的重点是发现施工质量方面的缺陷，并通过分析提出施工质量改进的措施，保持质量处于受控状态，所以 D 正确。

66. 施工单位在开工前应编制测量控制方案，对建设单位提供的测量控制点、线进行复核，并将复测结果报（　　）审核批准。

A. 施工单位项目总工程师　　　　B. 施工单位总工程师

C. 项目监理工程师　　　　　　　D. 项目总监理工程师

解析：C。

67. 建设工程施工质量验收的基本单元是（　　）。

A. 施工过程的质量验收　　　　　B. 项目竣工质量验收

C. 检验批和分项工程　　　　　　D. 分项工程和分部工程

解析：C。

68. 检验批的质量验收应由（　　）组织项目专业质量检查员、项目工长等相关人员参加。

A. 建设单位项目技术负责人　　　B. 项目总监理工程师

C. 专业监理工程师　　　　　　　D. 施工单位项目技术负责人

解析：C。

69. 施工过程质量验收中，分项工程质量验收的组织者是（　　）。

A. 专业监理工程师　　　　　　　B. 施工单位项目负责人

C. 建设单位项目负责人　　　　　D. 总监理工程师

解析：A。

70. 分部工程的质量验收应由项目总监理工程师组织（　　）等进行验收。

A. 项目技术负责人、项目质量负责人

B. 项目负责人、项目技术负责人

C. 企业技术负责人、项目负责人

D. 企业技术负责人、项目技术负责人

解析：B。分部工程应由总监理工程师组织，施工单位项目负责人和技术负责人等进行验收。

71. 勘察单位项目负责人应参加（　　）工程的验收。

A. 地基与基础分部　　　　　　　B. 主体结构分部

C. 节能分部　　　　　　　　　　D. 设备安装分部

解析：A。

72. 检验批验收时发现部分混凝土试件强度值不满足要求，经（　　）对混凝土实体强度进行实体检测后，达到规范允许和设计要求值时，应予以验收。

A. 监理单位　　　　　　　　　　B. 建设单位

C. 法定检测单位　　　　　　　　D. 设计单位

解析：C。混凝土试件强度值不满足规范要求，强度不足，经法定检测单位对混凝土实体强度进行实际检测后,达到规范允许和设计要求值时,可不做处理。所以 C 正确。

73. 项目施工质量过程验收时,需要进行观感质量验收的是( )。
A. 检验批验收 B. 分项工程验收
C. 分部工程验收 D. 竣工质量验收
解析:C。

74. 建设单位应当在工程竣工验收( )个工作日前,将验收的时间、地点及验收组名单书面通知负责监督该工程的工程质量监督机构。
A. 3 B. 5 C. 7 D. 9
解析:C。

75. 工程完工后,施工单位向( )提交工程竣工报告,申请工程竣工验收。
A. 监理单位 B. 建设单位
C. 质量监督部门 D. 地方房屋管理部门
解析:B。

76. 竣工预验收应由( )。
A. 施工单位项目负责人组织各专业负责人参加
B. 总监理工程师组织各专业监理工程师参加
C. 建设单位项目负责人组织总监理工程师、专业监理工程师参加
D. 总监理工程师组织施工单位项目负责人、专业负责人参加
解析:B。总监理工程师应组织各专业监理工程师对工程质量进行竣工预验收。

77. 某工程由于安装设备存在质量缺陷,导致分部工程质量不合格,施工单位在更换了该设备后,该分部工程应( )。
A. 按验收程序重新组织验收
B. 经有资质的检测单位检测鉴定后予以验收
C. 征得建设单位同意后可予以验收
D. 按技术处理方案和协商文件,进行验收
解析:A。

78. 工程竣工报告应由( )审核签字。
A. 建设单位项目负责人及有关负责人
B. 项目经理及施工单位有关负责人
C. 总监理工程师及监理单位有关负责人
D. 设计单位项目负责人及有关负责人
解析:B。

79. 工程质量评估报告应由( )审核签字。
A. 建设单位项目负责人及有关负责人
B. 项目经理及施工单位有关负责人
C. 总监理工程师及监理单位有关负责人
D. 设计单位项目负责人及有关负责人
解析:C。

80. 质量检查报告应由( )审核签字。

A. 建设单位项目负责人及有关负责人
B. 项目经理及施工单位有关负责人
C. 总监理工程师及监理单位有关负责人
D. 勘察、设计单位项目负责人及有关负责人

解析：D。勘察、设计单位对勘察、设计文件及施工过程中由设计单位签署的设计变更通知书进行检查。并提出质量检查报告。质量检查报告应经该项目勘察、设计负责人和勘察、设计单位有关负责人审核签字，所以 D 正确。

81. 根据现行国家标准《建筑工程施工质量验收统一标准》GB 50300，对涉及结构安全和使用功能的重要分部工程应进行（　　）。

A. 抽样检测　　　　　　　　　　B. 化学成分测定
C. 破坏性试验　　　　　　　　　D. 观感质量验收

解析：A。

82. 工程质量保修书应由（　　）签署。

A. 施工单位　　B. 建设单位　　C. 分包单位　　D. 监理单位

解析：A。

83. 下列文件中，属于竣工验收报告中应附的文件是（　　）。

A. 施工许可证　　　　　　　　　B. 工程施工合同
C. 规划部门出具的认可文件　　　D. 环保部门出具的准许使用文件

解析：A。

84. 某工程发生一起质量事故，导致 3 人死亡，直接经济损失 2000 万元，则该起质量事故属于（　　）。

A. 一般事故　　B. 严重事故　　C. 较大事故　　D. 重大事故

解析：C。

85. 某工程因工期进度紧，经项目负责人决定后，采用了标准要求低但施工工期短的施工工艺，造成质量事故，按照事故责任分类属于（　　）。

A. 指导责任事故　　　　　　　　B. 操作责任事故
C. 技术原因事故　　　　　　　　D. 管理原因事故

解析：A。

86. 某工程因测量仪器未及时年检，测量时因误差较大导致工程轴线偏差，造成质量事故，按照施工事故发生的原因划分属于（　　）。

A. 人为原因　　　　　　　　　　B. 管理原因
C. 技术原因　　　　　　　　　　D. 工艺原因

解析：B。施工质量事故发生的原因大致有技术原因、管理原因、社会经济原因、人为事故和自然灾害原因四类，该质量事故是检测仪器设备管理不善而失准。属于管理原因。所以 B 正确。

87. 某混凝土工程在施工中因振捣疏漏致使混凝土密实度不能满足规定要求，造成质量事故，从事故的责任来看，属于（　　）责任事故。

A. 指导　　　　B. 操作　　　　C. 技术　　　　D. 管理

解析：B。

88. 根据《建设工程质量管理条例》，国家对建设工程实行（　　）管理制度。
   A. 质量监督　　　B. 质量检查　　　C. 质量追查　　　D. 质量责任
   解析：A。国家实行建设工程质量监督管理制度。所以 A 正确。

89. 《中华人民共和国建筑法》和《建设工程质量管理条例》规定，政府行政主管部门应设立专门机构，对建设工程质量行使（　　）职能。
   A. 验收　　　B. 保证　　　C. 监督　　　D. 规范
   解析：C。

90. 政府质量监督机构的监督人员应当占监督机构总数的（　　）以上。
   A.50％　　　B.65％　　　C.75％　　　D.80％
   解析：C。

91. 政府建设主管部门对质量监督人员每（　　）个月进行一次岗位考核。
   A. 6　　　B. 12　　　C. 18　　　D. 24
   解析：D。

92. 质量监督机构在基础和结构阶段应（　　）安排监督检查。
   A. 每季度　　　B. 每月　　　C. 每周　　　D. 不定期
   解析：B。

93. 政府建设行政主管部门对质量监督人员每（　　）个月进行一次法律法规、业务培训。
   A. 6　　　B. 12　　　C. 18　　　D. 24
   解析：B。省、自治区、直辖市人民政府建设行政主管部门每两年对监督人员进行一次岗位考核，每年进行一次法律法规业务知识培训，并适时组织开展继续教育培训。所以 B 正确。

94. 根据政府对工程项目质量监督的要求，项目的工程质量监督档案应（　　）建立。
   A. 分部工程　　　B. 单位工程　　　C. 单项工程　　　D. 群体工程
   解析：B。

95. 建设工程质量监督机构对地基基础的混凝土强度进行监督检测，在质量监督的性质上属于（　　）。
   A. 建设行为监督　　　　　　B. 工程实体质量监督
   C. 工程质量行为监督　　　　D. 业务管理监督
   解析：B。

96. 工程安全环保设施费用、安全施工和环境保护措施费应在（　　）中开始明确。
   A. 工程总概算　　　B. 投资估算　　　C. 施工图预算　　　D. 施工预算
   解析：A。建设工程设计阶段在工程总概算中，应明确工程安全环保设施费用、安全施工和环境保护措施费等。其中投资估算为决策阶段的任务，没有对投资进行分解的要求，施工图预算，施工预算为施工准备和施工阶段的任务。所以 A 正确。

97. 根据《国务院办公厅关于促进建筑业持续健康发展的意见》（国办发［2017］19号），在安全生产管理时，应推进安全生产与（　　）技术深度融合。
   A. 信息　　　B. 标准化　　　C. BIM　　　D. 装配化
   解析：A。

98. 根据《建设工程安全生产管理条例》(国务院令第393号),达到一定规模的危险性较大的起重吊装工程应由( )进行现场监督。
   A. 施工单位技术负责人　　　　　　B. 总监理工程师
   C. 专职安全生产管理人员　　　　　D. 专业监理工程师
   解析:C。

99. 特种作业操作证有效期为( )年。
   A. 3　　　　　　B. 5　　　　　　C. 6　　　　　　D. 1
   解析:C。

100. 施工起重机械应在验收合格后,由( )向建设行政主管部门或者其他有关部门登记。
   A. 租售单位　　B. 制造单位　　C. 施工单位　　D. 建设单位
   解析:C。

101. 安全检查的重点是检查"三违"和( )。
   A. 伤亡事故处理　　　　　　　　B. 事故隐患
   C. 安全管理　　　　　　　　　　D. 安全责任制的落实
   解析:D。

102. 对于爆破、拆除、起重、大型吊装、水下等危险性较大的作业或工程,为了确保其施工安全,必须编制( )。
   A. 专项工程施工应急预案　　　　B. 职业健康安全管理方案
   C. 季节性施工安全措施　　　　　D. 专项施工安全技术方案
   解析:D。

103. 下列建设工程安全隐患的不安全因素中,属于"物的不安全状态"的是( )。
   A. 使用不安全设备　　　　　　　B. 造成安全装置失效
   C. 个人防护用品缺陷　　　　　　D. 对易燃易爆危险品处理不当
   解析:C。物的不安全状态的内容包括:(1)物本身存在的缺陷;(2)防护保险方面的缺陷;(3)物的放置方法的缺陷;(4)作业环境场所的缺陷;(5)外部和自然界的不安全状态;(6)作业方法导致的物的不安全状态;(7)保护器具信号、标志和个体防护用品的缺陷。A、B、D属于人的不安全行为,所以C正确。

104. 在应急预案体系的构成中,针对具体设施所制定的应急处置措施属于( )。
   A. 综合应急预案　　　　　　　　B. 专项应急预案
   C. 应急行动指南　　　　　　　　D. 现场处置方案
   解析:D。

105. 针对脚手架拆除可能出现的倒塌事故,施工企业应编制( )。
   A. 综合应急预案　　　　　　　　B. 现场处置方案
   C. 专项应急预案　　　　　　　　D. 事故调查报告
   解析:C。

106. 施工现场围挡高度在市区主要路段不宜低于( )m。
   A. 2.0　　　　　B. 2.5　　　　　C. 1.8　　　　　D. 2.4
   解析:B。

107. 施工现场必须设置"五牌一图",其中"一图"指的是( )。
   A. 组织机构图　　　　　　　　　　B. 施工现场总平面图
   C. 规划定位图　　　　　　　　　　D. 消防平面布置图
   解析:B。

108. 建设工程现场文明施工的措施中,属于现场生活设施要求的是( )。
   A. 施工现场应设固定的厕所　　　　B. 施工现场适当地方设置吸烟处
   C. 适当进行绿化布置　　　　　　　D. 现场办公室张贴有关医院的电话号码
   解析:A。

109. 工程建设过程中,施工场界内的污染防治属于( )问题。
   A. 职业健康安全　　B. 安全生产　　C. 环境保护　　D. 文明施工
   解析:A。

110. 下列噪声源中,会生产工业噪声的是( )。
   A. 鼓风机　　　　B. 推土机　　　　C. 打桩机　　　　D. 火车
   解析:A。

111. 下列施工现场噪声控制的措施中,属于声源控制的是( )。
   A. 利用消声器阻止传播　　　　　　B. 采用低噪声设备和加工工艺
   C. 利用吸声材料吸收声能　　　　　D. 应用隔声屏障阻碍噪声传播
   解析:B。

112. 将阻尼材料涂在振动源上,属于传播途径的控制中的( )。
   A. 吸声　　　　　B. 隔声　　　　　C. 消声　　　　　D. 减振降噪
   解析:D。减振降噪:对于来自振动引起的噪声,通过降低机械振动,减小噪声,如将阻尼材料涂在振动源上,或改变振动源与其他刚性结构的连接方式等。所以D正确。

113. 在人口稠密区,强噪声作业应停止施工的时段一般为( )、
   A. 晚10时到次日早6时　　　　　　B. 晚12时到次日早8时
   C. 晚10时到次日早5时　　　　　　D. 晚6时到次日早5时
   解析:A。

114. 某施工现场宿舍的设置参数中,符合要求的是( )。
   A. 室内净高小于2.2m　　　　　　　B. 每间宿舍居住人员18人
   C. 2层床铺　　　　　　　　　　　　D. 通道宽度1.2m
   解析:D。现场宿舍内净高不得小于2.4m,通道宽度不得小于0.9m,每间宿舍居住人员不得超过16人。床铺不得超过2层,严禁使用通铺。所以D正确。

115. 根据《中华人民共和国招标投标法》,招标人对已发出的招标文件进行必要的澄清或者修改的,应当在招标文件要求提交投标文件截止时间至少( )日前书面通知。
   A. 7　　　　　　B. 14　　　　　　C. 15　　　　　　D. 21
   解析:C。如果招标人在招标文件已经发布之后,招标人发现有问题需要进一步澄清或修改,应当在招标文件要求提交投标文件截止时间至少15日前发出。所以C正确。

116. 根据我国相关规定,自招标文件或者资格预审文件出售之日起至停止出售之日止。最短不得少于( )个工作日。
   A. 5　　　　　　B. 15　　　　　　C. 20　　　　　　D. 30

解析：A。

117. 根据合同通用条款规定的文件解释优先顺序，下列文件中具有最优先顺序解释权的（   ）。
A. 规范标准   B. 协议书   C. 中标通知书   D. 设计文件
解析：B。

118. 工程具备隐蔽条件或达到专用条款约定的中间验收部位，承包人进行自检，并在隐蔽或中间验收前最晚（   ）h以书面形式通知工程师验收。
A. 12   B. 24   C. 36   D. 48
解析：D。

119. 根据《建设工程施工合同（示范文本）》GF—2017—0201，工程缺陷责任期从（   ）起计算。
A. 合同签订日期
B. 实际竣工日期
C. 工程通过竣工验收之日
D. 颁发工程接受证书之日
解析：C。

120. 建筑材料采购合同中应明确货物的验收依据和（   ）。
A. 验收程序   B. 验收人员   C. 验收方式   D. 验收时间
解析：C。

121. 根据《建设工程施工合同（示范文本）》CF—2017—0201，保修期的开始计算时间是指（   ）。
A. 合同基准日期
B. 实际竣工日期
C. 竣工验收合格日
D. 保证金扣留日
解析：C。

122. 当工程项目实行施工总承包管理模式时，业主与施工总承包管理单位的合同一般采用（   ）。
A. 单价合同
B. 固定总价合同
C. 变动总价合同
D. 成本加酬金合同
解析：D。

123. 根据《工程建设项目施工招标投标办法》规定，施工投标保证金的数额一般不得超过投标总价的（   ），最高不超过80万元人民币。
A. 1%   B. 2%   C. 3%   D. 5%
解析：B。

124. 建设工程中采用的投标保函、履约保函属于（   ）担保。
A. 保证   B. 抵押   C. 留置   D. 定金
解析：A。担保方式有五种：保证、抵押、质押、留置和定金。保证担保，又称第三方担保，是指保证人和债权人约定，当债务人不能履行债务时，保证人按照约定履行债务或承担责任的行为。

抵押是指债务人或者第三人不转移对所拥有财产的占有，将该财产作为债权的担保。债务人不履行债务时，债权人有权依法从将该财产折价或者拍卖、变卖该财产的价款中优先受偿。留置是指债权人按照合同约定占有债务人的动产，债务人不履行债务时，债权人有权依法留置该财产，以该财产折价或者以拍卖、变卖该财产的价款优先受偿。

定金担保是当事人可以约定一方向另一方给付定金作为债权的担保，债务人履行债务后，定金应当抵作价款或者收回。给付定金的一方不履行约定债务的，无权要求返还定金。收受定金的一方不履行约定债务的，应当双倍返还定金。根据定义，投标保函和履约保函属于保证担保。所以 A 正确。

125. 施工承包合同履约担保的有效期始于（　　）之日。

A. 投标截止　　　　　　　　　B. 发出中标通知书

C. 施工承包合同签订　　　　　D. 工程开工

解析：D。

126. 下列干扰事件中，承包商不能提出工期索赔的是（　　）。

A. 开工前业主未能及时交付施工图纸

B. 异常恶劣的气候条件

C. 业主未能及时支付工程款造成工期延误

D. 工程师指示承包商加快施工进度

解析：D。工程师指示承包人加快施工进度，缩短工期，引起承包人的人力物力财力的额外开支，承包人提出索赔，不能提出工期索赔。因为加快施工进度，并没有拖延工期。所以 D 正确。

127. 施工过程中，监理工程师下令暂停全部或部分工程，而暂停的起因不是由承包商引起，承包商向业主提出工期和费用索赔，则（　　）。

A. 工期和费用索赔均不能成立　　　B. 工期索赔成立，费用索赔不能成立

C. 工期索赔不能成立，费用索赔能成立　D. 工期和费用索赔均能成立

解析：D。

128. 下列工程资料中，可以作为承包人向业主索赔依据的是（　　）。

A. 合同履行中发包人和承包人洽商形成的协议

B. 承包人与分包人签订的分包合同

C. 承包人安全交底会议纪要

D. 承包人技术交底纪要

解析：A。总体而言，索赔的依据主要是三个方面：合同文件、法律法规、工程建设惯例。合同文件是索赔的最主要依据，包括本合同协议书；而合同履行中发包人和承包人洽商形成的协议即是本合同协议书。所以 A 正确。

129. 工程施工过程中发生索赔事件以后，承包人首先要做的工作是（　　）。

A. 向监理工程师提交索赔证据　　　B. 提出索赔意向通知

C. 提交索赔报告　　　　　　　　　D. 与业主就索赔事项进行谈判

解析：B。

130. 下列各项可能引起索赔的事件中，承包商可以索赔的情况是（　　）。

A. 工程暂停　　B. 工期延期　　C. 工程变更　　D. 材料价格上涨

解析：C。

131. 承包商就已完工、经检验合格的工程提出支付申请，监理工程师复核后，业主批准支付。此工作程序属于（　　）流程。

A. 管理工作 B. 物资采购工作
C. 信息处理工作 D. 设计工作

解析：A。

132. 某项目施工检查发现外墙面砖质量不合格，经调查发现是供应商的供货质量问题，项目部决定更换供应商。该措施属于项目目标控制的（　　）。

A. 组织措施　　B. 管理措施　　C. 经济措施　　D. 技术措施

解析：B。

133. 为赶上已拖延的施工进度，项目部决定采用混凝土泵代替原来的塔式起重机运输混凝土。该纠偏措施属于（　　）。

A. 管理措施　　B. 组织措施　　C. 技术措施　　D. 经济措施

解析：C。

134. 根据《建设工程施工合同（示范文本）》GF—2017—0201，承包人应在首次收到发包人要求更换项目经理的书面通知后（　　）d 内向发包人提出书面改进报告。

A. 7　　　B. 14　　　C. 21　　　D. 28

解析：B。

135. 根据建设工程项目施工成本的组成，属于直接成本的是（　　）。

A. 工具用具使用费 B. 职工教育经费
C. 机械折旧费 D. 管理人员工资

解析：C。

136. 根据现行国家标准《建筑工程施工质量验收统一标准》GB 50300，关于检验批质量验收合格的说法，正确的是（　　）。

A. 可由监理员组织验收
B. 应具有完整的施工操作依据、质量检查记录
C. 主控项目不需全部检验合格
D. 一般项目的检查具有否决权

解析：B。

137. 施工现场文明施工管理组织的第一责任人是（　　）。

A. 总监理工程师 B. 业主代表
C. 项目经理 D. 项目总工程师

解析：C。

138. 某基础工程合同价为2000万元，合同总工期为20个月，施工过程中因设计变更，导致增加额外工程400万元，业主同意工期顺延。则承包商按造价比例法可索赔工期（　　）个月。

A. 2　　　B. 4　　　C. 6　　　D. 8

解析：B。

139. 根据施工组织设计的管理要求，重点、难点分部（分项）工程施工方案的批准人是（　　）。

A. 项目技术负责人 B. 项目负责人
C. 施工单位技术负责人 D. 总监理工程师

解析：C。

140. 下列建设工程项目进度控制的措施中，属于经济措施的是( )。
A. 选择发承包模式
B. 落实资金供应条件
C. 进行工程进度的风险分析
D. 优选工程项目的设计、施工方案

解析：B。

141. 下列有关建筑行业自身特点对安全生产不利客观因素的说法中，正确的是( )。
A. 施工人员的不安全行为是导致意外伤害事故造成损害的间接原因
B. 项目施工人员在面对具体的生产问题时仍旧需要依靠自己的判断和决定
C. 同一个建设项目在不同的建设阶段所面临的风险基本相同
D. 不同的建设项目所面临的事故风险的多少和种类都是相同的

解析：B。施工人员的不安全行为是导致意外伤害事故造成损害的直接原因；同一个建设项目在不同的建设阶段所面临的风险不相同；不同的建设项目所面临的事故风险的多少和种类都是不相同的。

142. 单位工程设计的编制对象和主要作用是( )。
A. 若干单位工程组成的群体工程或特大型项目；编制单位（项）工程施工组织设计的基础
B. 单位（子单位）工程；对单位（子单位）工程的施工过程起到指导和制约作用，也是编制施工方案的基础
C. 以分部（分项）工程或专项工程；用以具体指导其施工过程
D. 若干单位工程组成的群体工程或特大型项目；也是编制施工方案的基础

解析：B。单位（子单位）工程；对单位（子单位）工程的施工过程起到指导和制约作用，也是编制施工方案的基础。

143. 单位工程施工组织设计的审批人员为( )。
A. 项目技术负责人
B. 项目技术负责人或项目负责人授权的相关技术人员
C. 施工单位技术负责人或技术负责人授权的技术人员
D. 施工单位技术负责人或项目技术负责人

解析：C。单位工程施工组织设计的审批人员为施工单位技术负责人或技术负责人授权的技术人员。

144. 不符合施工组织设计编制原则的是( )。
A. 符合施工合同或招标文件中有关工程进度、质量、安全、环境保护、造价等方面的要求
B. 不使用新技术、新工艺、新材料和新设备
C. 坚持科学的施工程序和合理的施工顺序，采取季节性施工措施
D. 采取技术和管理措施，推广建筑节能和绿色施工

解析：B。不符合施工组织设计编制原则的是不使用新技术、新工艺、新材料和新设备。

145. 地铁砌筑施工所用砂浆搅拌机注意事项不包括( )。

A. 进料口防护棚必须安全有效
B. 砂浆搅拌机必须按规定设置开关箱
C. 砂浆搅拌机应使用双向开关
D. 砂浆搅拌机外壳必须安装保护接地（零），接地电阻不大于4Ω

解析：C。砂浆搅拌机安全使用要点：砂浆搅拌机进料口防护棚必须安全有效；砂浆搅拌机必须按规定设置开关箱；砂浆搅拌机应使用单向开关；砂浆搅拌机外壳必须安装保护接地（零），接地电阻不大于4Ω。

146. 下列不属于生产经营单位的应急预案体系的是（ ）。
A. 综合应急预案　　　　　　　B. 专项应急预案
C. 临时应急预案　　　　　　　D. 现场处置方案

解析：C。生产经营单位的应急预案体系主要由综合应急预案、专项应急预案和现场处置方案构成。

147. 应急演练按照演练内容分为（ ）。
A. 现场演练和桌面演练　　　　B. 现场演练和单项演练
C. 综合演练和桌面演练　　　　D. 综合演练和单项演练

解析：D。应急演练按照演练内容分为综合演练和单项演练，按照演练形式分为现场演练和桌面演练，不同类型的演练可相互组合。

148. 在建筑施工中，高处作业主要有（ ）。
A. 临边作业、洞口作业、悬空作业、交叉作业、攀登作业
B. 洞口作业、脚手架作业、攀登作业、悬空作业、临边作业
C. 悬空作业、临边作业、吊挂作业、攀登作业、洞口作业
D. 悬吊作业、吊挂作业、交叉作业、洞口作业、临边作业

解析：A。临边作业、洞口作业、悬空作业、交叉作业、攀登作业等，进行高处作业时必须做好必要的安全防护措施。

149. 安全帽被广大建筑工人称为安全"三宝"之一，是建筑工人保护头部，防止和减轻头部伤害，保证生命安全的重要个人防护用品，下列说法中，不正确的有（ ）。
A. 系带应采用软质纺织物，宽度不小于10mm的带或直径不小于5mm的绳
B. 普通安全帽不得超过430g；防寒安全帽不超过600g
C. 帽衬顶端与帽壳内顶必须保持60～70mm的空间
D. 在高温、低温等情况下，传递到头模上的力不超过4900N

解析：C。系带应采用软质纺织物，宽度不小于10mm的带或直径不小于5mm的绳、普通安全帽不得超过430g；防寒安全帽不超过600g、帽衬顶端与帽壳内顶必须保持25～50mm的空间；在高温、低温等情况下，传递到头模上的力不超过4900N。

150. 安全带是高处作业人员预防坠落伤亡的防护用品，其作用在于通过束缚人的腰部，使高空坠落的惯性得到缓冲，减轻和消除高空坠落所引起的人身伤害。下列关于安全带使用注意事项的说法中，错误的是（ ）。
A. 整体静拉力不应小于20kN；冲击作用力峰值不应大于5kN
B. 使用中，要可靠地挂在牢固的地方，高挂低用，避免明火和刺割
C. 2m以上的悬空作业，必须使用安全带

D. 在无法直接挂设安全带的地方,应设置安全带的安全拉绳、安全栏杆等

解析:A。安全带严禁打结、续接、使用中,要可靠地挂在牢固的地方,高挂低用,避免明火和刺割、2m 以上的悬空作业,必须使用安全带、在无法直接挂设安全带的地方,应设置安全带的安全拉绳、安全栏杆等、整体静拉力不应小于 15kN;冲击作用力峰值不应大于 6kN。

151. 目前城市轨道交通地铁车站施工主要工法不包括(   )。
A. 盖挖法　　　B. 明挖法　　　C. 暗挖法　　　D. 盾构法
解析:D。目前城市轨道交通地铁车站施工主要工法主要有明挖法、盖挖法、暗挖法。

152. 城市轨道交通工程建设风险管理中风险处置方式不包含(   )。
A. 风险消除　　B. 风险降低　　C. 风险回避　　D. 风险自留
解析:C。城市轨道交通工程建设风险管理中风险处置方式有风险消除、风险降低、风险转移风险自留。

153. 施工现场临时用电必须遵守的三项基本用电安全原则,不包含(   )。
A. 采用三级配电系统　　　　　　B. 采用二级漏电保护系统
C. 采用 TN-S 接零保护系统　　　D. 采用一机一闸保护系统
解析:D。施工现场临时用电必须遵守以下三项基本用电安全原则:采用三级配电系统;采用二级漏电保护系统;采用 TN-S 接零保护系统。

154. 二级漏电保护系统是在那些配电装置中设置漏电保护器(   )。
A. 总配电箱、分配电箱、开关箱　　B. 总配电箱、分配电箱
C. 开关箱、分配电箱　　　　　　　D. 总配电箱、开关箱
解释:D。二级漏电保护系统是指在施工现场基本供配电系统的总配电箱和开关箱首、末二级配电装置中,设置漏电保护器。

155. 在地铁施工中临时用电照明灯具安装高度不得低于(   )m。
A. 2.0　　　　B. 1.8　　　　C. 3　　　　D. 2.5
解释:D。地铁车站、隧道、人防工程、高温、有导电灰尘或灯具离地面高度低于 2.5m。

156. 下列工程计价文件中,由施工承包单位编制的是(   )。
A. 工程概算文件　　　　　　　B. 施工图结算文件
C. 工程结算文件　　　　　　　D. 竣工决算文件
解释:C。工程结算文件一般由承包单位编制,由发包单位审查,也可委托工程造价咨询机构进行审查。

157. 有效地控制工程造价,应将工程造价管理的重点放在工程项目的(   )阶段。
A. 初步设计和投标　　　　　　B. 施工图设计和预算
C. 策划决策和设计　　　　　　D. 方案设计和概算
解析:C。工程造价管理的关键在于前期决策和设计阶段,而在项目投资决策后,控制工程造价的关键就在于设计。

158. 设工程项目投资决策后,控制工程造价的关键在于(   )。
A. 工程设计　　B. 工程施工　　C. 材料设备采购　　D. 施工招标

解析：A。工程造价管理的基本原则，工程造价管理的关键在于前期决策和设计阶段，而在项目投资决策后，控制工程造价的关键就在于设计。

159. 建设单位应当自建设工程竣工验收合格之日起（　　）日内，将建设工程竣工验收报告报建设行政主管部门或者其他有关部门备案。

A. 10　　　　　B. 15　　　　　C. 20　　　　　D. 30

解析：B。建设单位应当自建设工程竣工验收合格之日起 15 日内，将建设工程竣工验收报告和规划、公安消防、环保等部门出具的认可文件或者准许使用文件报建设行政主管部门备案。

160. 根据《建设工程质量管理条例》在正常使用条件下，给水排水管道工程的最低保修期限为（　　）年。

A. 1　　　　　B. 2　　　　　C. 3　　　　　D. 5

解析：B。在正常使用条件下，建设工程最低保修期限为：(1) 基础设施工程、房屋建筑的地基基础工程和主体结构工程，为设计文件规定的该工程合理使用年限。(2) 屋面防水工程、有防水要求的卫生间、房间和外墙面的防渗漏，为 5 年。(3) 供热与供冷系统，为 2 个供暖期、供冷期。(4) 电气管道、给水排水管道、设备安装和装修工程，为 2 年。

161. 根据《建设工程质量管理条例》，建设工程的保修期自（　　）之日起计算。

A. 工程交付使用　　　　　B. 竣工审计通过
C. 工程价款结清　　　　　D. 竣工验收合格

解析：D。建设工程的保修期，自竣工验收合格之日起计算。

162. 根据《中华人民共和国建筑法》，在建的建筑工程因故中止施工的，建设单位应当自中止施工之日起（　　）个月内，向发证机关报告。

A. 1　　　　　B. 2　　　　　C. 3　　　　　D. 6

解析：A。在建的建筑工程因故中止施工的，建设单位应当自中止施工之日起 1 个月内，向发证机关报告，并按照规定做好建设工程的维护管理工作。

163. 根据《建设工程质量管理条例》，在正常使用条件下，设备安装工程的最低保修期限是（　　）。

A. 1　　　　　B. 2　　　　　C. 3　　　　　D. 4

解析：B。电气管道、给水排水管道、设备安装和装修工程最低保修期为 2 年。

164. 根据《中华人民共和国招标投标法实施条例》，投标人认为招标投标活动不符合法律法规规定的，可以自知道或应当知道之日起（　　）日内向行政监督部门投诉。

A. 10　　　　　B. 15　　　　　C. 20　　　　　D. 30

解析：A。如果投标人或者其他利害关系人认为招标投标活动不符合法律、行政法规规定，可以自知道或者应当知道之日起 10 日内向有关行政监督部门投诉。

165. 根据《中华人民共和国招标投标法》，对于依法必须进行招标的项目，自招标文件开始发出之日起至投标人提交投标文件截止之日止，最短不得少于（　　）日。

A. 10　　　　　B. 20　　　　　C. 30　　　　　D. 60

解析：B。依法必须进行招标的项目，自招标文件开始发出之日起至投标人提交投标文件截止之日止，最短不得少于 20 日。

166. 根据《中华人民共和国招标投标法实施条例》，招标文件中要求中标人提交履约保证金的，保证金不得超过中标合同金额的（　　）。

　　A. 2%　　　　B. 5%　　　　C. 10%　　　　D. 20%

　　解析：C。招标文件要求中标人提交履约保证金的，中标人应当按照招标文件的要求提交。履约保证金不得超过中标合同金额的10%。

167. 根据《中华人民共和国招标投标法实施条例》，潜在投标人对招标文件有异议的，应当在投标截止时间（　　）日前提出。

　　A. 3　　　　B. 5　　　　C. 10　　　　D. 15

　　解析：C。如潜在投标人或者其他利害关系人对资格预审文件有异议，应当在提交资格预审申请文件截止时间2日前提出；如对招标文件有异议，应当在投标截止时间10日前提出。招标人应当自收到异议之日起3日内做出答复；做出答复前，应当暂停招标投标活动。

168. 根据《中华人民共和国招标投标法实施条例》，投标保证金不得超过（　　）。

　　A. 招标项目估算价的2%　　　　B. 招标项目估算价的3%
　　C. 投标报价的2%　　　　　　　D. 投标报价的3%

　　解析：A。招标人在招标文件中要求投标人提交投标保证金的，投标保证金不得超过招标项目估算价的2%。

169. 为了保护环境，在项目实施阶段应做到"三同时"。这里的"三同时"是指主体工程与环保措施施工工程要（　　）。

　　A. 同时施工、同时验收、同时投入运行
　　B. 同时审批、同时设计、同时施工
　　C. 同时设计、同时施工、同时投入运行
　　C. 同时施工、同时移交、同时使用

　　解析：C。在项目实施阶段，必须做到"三同时"，即主体工程与环保措施工程同时设计、同时施工、同时投入运行。

170. 为了实现工程造价的模拟计算和动态控制，可应用建筑信息模型（BIM）技术，在包含进度数据的建筑模型上加载费用数据而形成（　　）模型。

　　A. 6D　　　　B. 5D　　　　C. 4D　　　　D. 3D

　　解析：B。应用BIM技术，可根据施工组织设计在3D建筑模型的基础上加施工进度形成4D模型模拟实际施工，从而通过确定合理的施工方案指导实际施工。此外，还可进一步加载费用数据，形成5D模型，从而实现工程造价的模拟计算。

171. 在地铁施工工程中，下列不属于分部工程的是（　　）。

　　A. 建筑装饰装修工程
　　B. 通风与空调系统
　　C. 给水排水与供暖系统
　　D. 成套配电柜、控制柜（屏、台）和动力、照明配电箱（盘）安装工程

　　解释：D。建筑装饰装修工程属于分部工程；通风与空调系统属于分部工程；给水排水与供暖系统属于分部工程；成套配电柜、控制柜（屏、台）和动力、照明配电箱（盘）安装工程属于分项工程。

172. 根据《建设工程质量管理条例》,应当按照国家有关规定办理工程质量监督手续的单位是( )。

　　A. 建设单位　　B. 设计单位　　C. 监理单位　　D. 施工单位

　　解析:A。建设单位的质量责任和义务,建设单位在领取施工许可证或者开工报告前,应当按照国家有关规定办理工程质量监督手续。

173. 下列工程中,属于地铁机电安装及装饰装修工程建筑装饰装修工程分项工程的是( )。

　　A. 不间断电源安装　　　　　　　B. 风管系统安装
　　C. 玻璃镜安装　　　　　　　　　D. 卫生器具安装

　　解析:C。不间断电源安装属于建筑电气;风管系统安装属于通风与空调系统;卫生器具安装属于给水排水与供暖系统;玻璃镜安装属于建筑装饰装修工程。

174. 施工承包单位的项目策划应由( )组织编制。

　　A. 企业负责人　　　　　　　　　B. 项目经理
　　C. 项目技术负责人　　　　　　　D. 项目常务副经理

　　解析:B。

175. 根据《建筑施工组织设计规范》GB/T 50502,施工组织总设计应由( )主持编制。

　　A. 总工程师　　B. 项目经理　　C. 常务副经理　　D. 公司总工程师

　　解析:B。

176. 根据《建筑施工组织设计规范》GB/T 50502,单位工程施工组织设计应由( )主持编制,由( )负责审批。

　　A. 公司总工程师,项目经理　　　　B. 项目总工程师,项目经理
　　C. 常务副经理,项目总工程师　　　D. 项目总工程师,公司总工程师

　　解析:D。根据《建筑施工组织设计规范》GB/T 50502,单位工程施工组织设计应由项目总工程师主持编制,由公司总工程师负责审批。

177. 对建筑工程一切险而言,保险人对( )造成的物质损失不承担赔偿责任。

　　A. 自然灾害　　B. 意外事故　　C. 突发事件　　D. 设计错误

　　解析:D。建筑工程一切险中,保险人对以下情况不承担赔偿责任:(1)设计错误引起的损失和费用;(2)自然磨损、内在或潜在缺陷、物质本身变化、自燃、自热、氧化、锈蚀、渗漏、鼠咬、虫蛀、大气(气候或气温)变化、正常水位变化或其他渐变原因造成的被保险财产自身的损失和费用;(3)因原材料缺陷或工艺不善引起的被保险财产本身的损失以及为置换、修理或矫正这些缺点错误所支付的费用;(4)非外力引起的机械或电气装置的本身损失,或施工用机具、设备、机械装置失灵造成的本身损失;(5)维修保养或正常检修的费用;(6)档案、文件、账簿、票据、现金、各种有价证券、图表资料及包装物料的损失;(7)盘点时发现的短缺;(8)领有公共运输行驶执照的,或已由其他保险予以保障的车辆、船舶和飞机的损失;(9)除已将工地内现成的建筑物或其他财产列入保险范围的,在被保险工程开始以前已经存在或形成的位于工地范围内或其周围的属于被保险人的财产的损失;(10)除非另有约定,在保险期限终止以前,被保险财产中已由工程所有人签发完工验收证书或验收合格或实际占有或使用或接收。

178. 一般情况下,安装工程一切险承担的风险主要是( )。
   A. 自然灾害损失　　　　　　　　B. 人为事故损失
   C. 社会动乱损失　　　　　　　　D. 设计错误损失
   解析:B。在一般情况下,建筑工程一切险承担的风险主要为自然灾害,而安装工程一切险承担的风险主要为人为事故损失。

179. 在地铁施工中业主最迟应当在监理人收到进度付款申请单的( )d 内,将进度应付款支付给施工单位。
   A. 14　　　　　B. 21　　　　　C. 28　　　　　D. 35
   解析:C。业主最迟应在监理人收到进度付款申请单后的 28d 内,将进度应付款支付给施工单位。业主未能在前述时间内完成审批或不予答复的,视为业主同意进度付款申请。业主不按期支付的,按专用合同条款的约定支付逾期付款违约金。

180. 根据《建设项目工程总承包合同(示范文本)》,发包人经查收到承包人递交的每月付款申请报告之日起的( )日内审查并支付。
   A. 30　　　　　B. 25　　　　　C. 15　　　　　D. 10
   解析:B。工程进度款的支付不论采用哪种方式,发包人应在收到承包人提交的每月付款申请报告或提交的每期付款申请报告之日起的 25 日内审查并支付。

181. 施工项目经理部成本核算财务体系应以( )为对象。
   A. 单项工程　　B. 单位工程　　C. 分部工程　　D. 分项工程
   解析:B。施工项目经理部应建立和健全以单位工程为对象的成本核算财务体系,严格区分企业经营成本和项目生产成本,在工程项目实施阶段不对企业经营成本进行分摊,以正确反映工程项目可控成本的收、支、结、转的状况和成本管理业绩。

182. 根据《标准施工招标文件》,由施工承包单位提出的索赔程序得到了处理,且施工单位接受索赔处理结果的,建设单位应在做出索赔处理答复后( )d 内完成赔付。
   A. 14　　　　　B. 21　　　　　C. 28　　　　　D. 42
   解析:C。施工单位接受索赔处理结果的,建设单位应在做出索赔处理答复后 28d 内完成赔付。施工承包单位不接受索赔处理结果的,按合同中争议解决条款的约定处理。

183. 下列机械设备试运转的步骤,正确的是( )。
   A. 单机试运转→安装后的调试→无负荷联动试运转→负荷联动试运转
   B. 单机试运转→安装后的调试→负荷联动试运转→无负荷联动试运转
   C. 安装后的调试→单机试运转→无负荷联动试运转→负荷联动试运转
   D. 安装后的调试→单机试运转→负荷联动试运转→无负荷联动试运转
   解析:C。机械设备试运转的步骤:安装后的调试→单机试运转→无负荷联动试运转→负荷联动试运转。

184. 按照《建筑施工场界环境噪声排放标准》GB 12523,建筑施工场界环境噪声排放限值为( )。
   A. 昼间 50dB(A),夜间 70dB(A)　　B. 昼间 65dB(A),夜间 50dB(A)
   C. 昼间 70dB(A),夜间 55dB(A)　　D. 昼间 75dB(A),夜间 60dB(A)
   解析:C。《建筑施工场界环境噪声排放标准》GB 12523 对于噪声限值做了修订。建筑施工过程中场界环境噪声排放限值是昼间70dB（A），夜间55dB（A），夜间噪声最大声级超过限值的幅度不得高于15dB（A）。昼间是指6：00～22：00的时段；夜间，是指22：00～6：00的时段。

185. 地铁机电安装及装饰装修工程中，分部工程应由（　　）组织验收。
A. 项目经理　　　　B. 总监理工程师　　C. 监理工程师　　　D. 技术负责人
解析：B。分部工程应由总监理工程师组织验收。

186. 地铁机电安装及装饰装修工程中，分项工程应由（　　）组织验收。
A. 项目经理　　　　B. 总监理工程师　　C. 监理工程师　　　D. 技术负责人
解析：C。分项工程应由监理工程师组织验收。

187. 地铁机电安装及装饰装修工程中，经验收质量不合格的检验批，但经有资质的检测单位检测鉴定能达到设计要求的（　　）。
A. 不予验收　　　　　　　　　　　B. 总监出证明才验收
C. 设计出证明才验收　　　　　　　D. 应予以验收
解析：D。经验收质量不合格，但经有资质的检测单位检测鉴定能达到设计要求的检验批应予以验收。

188. 因建设单位指定分包单位而造成建设工程质量缺陷或施工安全事故的，由（　　）承担主要责任。
A. 施工单位　　　B. 监理单位　　　C. 建设单位　　　D. 分包单位
解析：C。因建设单位指定分包单位造成建设工程质量缺陷或施工安全事故的，由建设单位承担主要责任。

189. 地铁机电安装及装饰装修工程中，工程建设必须严格执行（　　）制度。
A. 职业资格　　　B. 用地许可　　　C. 政府审批　　　D. 施工许可
解析：D。地铁机电安装工程中，工程建设必须严格执行施工许可制度。

190. 地铁机电安装及装饰装修工程中，未经（　　）的技术文件，一律不能指导施工。
A. 审核　　　　　B. 审批　　　　　C. 编制　　　　　D. 审定
解析：B。未经审批的技术文件，一律不能指导施工。

191. 地铁机电安装及装饰装修工程中，监理工程师发出《工程暂停令》以后，延误的工期由（　　）承担责任。
A. 建设单位　　　　　　　　　　　B. 承包单位
C. 造成工程暂停的责任单位　　　　D. 建设单位和承包单位共同
解析：C。监理工程师发出《工程暂停令》以后，延误的工期由造成工程暂停的责任单位承担责任。

192. 地铁机电安装及装饰装修工程中，监理工程师发出《工程暂停令》以后，造成的经济损失由（　　）承担责任。
A. 建设单位　　　　　　　　　　　B. 承包单位
C. 造成工程暂停的责任单位　　　　D. 建设单位和承包单位共同
解析：C。监理工程师发出《工程暂停令》以后，造成的经济损失由造成工程暂停的责任单位承担责任。

193. 地铁机电安装及装饰装修工程中，承包单位收到监理工程师的《工程暂停令》

以后，应当（   ）。

   A. 立即停止全部工程施工
   B. 按《工程暂停令》规定的时间停止全部工程施工
   C. 按《工程暂停令》规定的时间停止指定部分工程施工
   D. 承包单位根据具体情况确定何时停止指定部分的工程施工

解析：C。承包单位收到监理工程师的《工程暂停令》以后，应当按《工程暂停令》规定的时间停止指定部分工程施工。

194.《工程款支付证书》是由监理工程师签发给（   ）的。

   A. 建设单位   B. 承包单位   C. 监理机构   D. 造价咨询单位

解析：A。《工程款支付证书》是由监理工程师签发给建设单位的。

195. 建设单位收到监理工程师签发的《工程款支付证书》以后，应（   ）向承包单位支付工程款。

   A. 按《工程款支付证书》载明的金额
   B. 按《工程款支付证书》载明金额并扣除预付款
   C. 按《工程款支付证书》载明金额扣除所有应扣除款项
   D. 按《工程款支付证书》载明的金额并扣除反索赔金额

解析：A。建设单位收到监理工程师签发的《工程款支付证书》以后，应按《工程款支付证书》载明的金额向承包单位支付工程款。

196. 经验收质量不合格，但经有资质的检测单位检测鉴定能达到设计要求的检验批（   ）。

   A. 应重新进行验收   B. 应予以验收
   C. 可予以验收   D. 按协商文件验收

解析：B。经验收质量不合格，但经有资质的检测单位检测鉴定能达到设计要求的检验批应予以验收。

197. 地铁机电安装及装饰装修工程中，《费用索赔申请表》应载明的内容不包括（   ）。

   A. 索赔的依据   B. 索赔的原因
   C. 索赔的金额   D. 索赔的责任单位

解析：D。《费用索赔申请表》应载明的内容不包括索赔的责任单位。

198. 地铁机电安装及装饰装修工程中，《监理工程师通知》可以发送的单位是（   ）。

   A. 施工单位   B. 设计单位   C. 勘察单位   D. 以上三者

解析：D。《监理工程师通知》可以发送的单位是施工单位、设计单位、勘察单位。

199. 地铁机电安装及装饰装修工程中，《工程暂停令》是由监理工程师发给（   ）的。

   A. 承包单位   B. 建设单位
   C. 分包单位   D. 所有项目参与单位

解析：A。《工程暂停令》是由监理工程师发给承包单位。

200. 专门为大型结构吊装工程编制的施工组织设计属于（   ）。

A. 施工组织总设计　　　　　　B. 单位工程施工组织设计
C. 分部工程施工组织设计　　　D. 分项工程施工组织设计

解析：D。专门为大型结构吊装工程编制的施工组织设计属于分项工程施工组织设计。

201. 地铁机电安装及装饰装修工程中，质量事故处理方案应由（　　）出具或签认。
A. 建设单位　　B. 监理单位　　C. 设计单位　　D. 施工单位

解析：C。质量事故处理方案应由设计单位出具或签认。

202. 地铁机电安装及装饰装修工程中，建筑工程质量事故处理中不需要的资料是（　　）。
A. 与事故有关的施工图　　　　B. 与施工有关的资料
C. 事故调查分析报告　　　　　D. 事故部位的施工操作规程

解析：D。建筑工程质量事故处理中不需要的资料是事故部位的施工操作规程。

203. 地铁机电安装及装饰装修工程中，工程质量事故处理后不能出现的结论是（　　）。
A. 事故处理完毕，结果有待进一步观察
B. 事故已经排除，可以继续施工
C. 隐患已经消除，结构安全可靠
D. 经补修处理后，能满足使用要求

解析：A。工程质量事故处理后不能出现的结论是事故处理完毕，结果有待进一步观察。

204. 地铁机电安装及装饰装修工程中，单位工程开工必须具备的条件中，不包括（　　）。
A. 施工组织设计已经总监理工程师审核批准
B. 所有施工图会审记录齐全
C. 施工许可证已办理
D. 工程基线、标高已经复核无误

解析：B。单位工程开工必须具备的条件中不包括所有施工图会审记录齐全。

205. 地铁机电安装及装饰装修工程中，工程质量事故的验收应按（　　）验收。
A. 施工组织设计　　　　　　B. 施工图
C. 验收标准　　　　　　　　D. 工程质量事故处理方案

解析：D。工程质量事故的验收应按工程质量事故处理方案验收。

206. 地铁机电安装及装饰装修工程中，《工程款支付申请表》适用于向监理工程师申请支付（　　）的。
A. 工程预付款　　B. 工程进度款　　C. 竣工结算款　　D. 竣工决算款

解析：B。《工程款支付申请表》适用于向监理工程师申请支付工程进度款的。

207. 地铁机电安装及装饰装修工程中，《工程临时延期申请表》应载明的内容不包括（　　）。
A. 工程延期的依据　　　　　　B. 延长工期的计算
C. 申请延长竣工的日期　　　　D. 延长工期的经济损失

解析：D。《工程临时延期申请表》应载明的内容不包括延长工期的经济损失。

208. 地铁机电安装及装饰装修工程中，《费用索赔申请表》应载明的内容不包括（　　）。

A. 索赔的依据　　　　　　　　　B. 索赔的原因
C. 索赔的金额　　　　　　　　　D. 索赔的责任单位

解析：D。《费用索赔申请表》应载明的内容不包括索赔的责任单位。

209. 下列选项中，不属于施工项目管理组织的主要形式的是（　　）。

A. 工作队式　　B. 线性结构式　　C. 矩阵制式　　D. 事业部制式

解析：B。施工项目管理组织的形式是指在施工项目管理组织中处理管理层次、管理跨度、部门设置和上下级关系的组织结构的类型。主要的管理组织形式有工作队式、部门控制式、矩阵制式、事业部制式等。

210. 因不可抗力导致的费用，下列说法错误的是（　　）。

A. 工程本身的损害，由发包人承担
B. 工程本身的损害导致第三方人员伤亡，由发包人承担
C. 承包人的人员伤亡，由发包人承担
D. 工程所需清理、修复费用，由发包人承担

解析：C。发包人与承包人的人员伤亡由其所在单位负责，并承担相应费用。

7.2　多项选择题

1. 《建设工程质量检测管理办法》规定，检测机构应当将检测过程中发现的（　　）违反有关法律、法规和工程建设强制性标准的情况，以及涉及结构安全检测结果的不合格情况，及时报告工程所在地建设主管部门。

A. 建设单位　　　　　　　　　　B. 监理单位
C. 施工单位　　　　　　　　　　D. 设计单位
E. 质量监督机构

解析：ABC。《建设工程质量检测管理办法》规定，检测机构应当将检测过程中发现的建设单位、监理单位、施工单位违反有关法律、法规和工程建设强制性标准的情况，以及涉及结构安全检测结果的不合格情况，及时报告工程所在地建设主管部门。

2. 从工程项目全寿命周期的角度，建设工程管理可分为（　　）。

A. 开发管理　　　　　　　　　　B. 项目管理
C. 决策管理　　　　　　　　　　D. 建设管理
E. 设施管理

解析：ABE。建设工程管理项目涉及工程项目全过程（工程项目全寿命）的管理，它包括：决策阶段的管理，即开发管理 DM-Development Management；实施阶段的管理，即项目管理 PM-Project Management；使用阶段的管理，即设施管理 FM-Facility Management。

3. 下列选项中，属于"四不放过"内容的有（　　）。

A. 事故原因不清不放过　　　　　B. 没有提出整改措施不放过
C. 公司全体人员没有受到教育不放过　　D. 事故责任者没有受到处理不放过

E. 事故经过没清不放过

解析：AD。事故原因不清不放过、事故责任者没有受到处理不放过、群众没有受到教育不放过、没有提出防范措施不放过。

4. 在城市轨道交通机电安装及装饰装修工程建设项目中，下列选项中属于风险处置方式基本对策的是（　　）。

A. 风险消除　　　　　　　　　　B. 风险降低

C. 风险转移　　　　　　　　　　D. 风险自留

E. 保险索赔

解析：ABCD。风险消除、风险降低、风险转移、风险自留。

5. 在建设工程项目的全寿命周期中，决策阶段管理工作的主要任务是确定项目定义，具体包括（　　）。

A. 确定项目实施的组织　　　　　　B. 确定建设任务和建设原则

C. 确定和落实项目的施工单位　　　D. 确定和落实建设资金

E. 确定项目的投资目的、进度目标、质量目标等

解析：ABDE。

6. 建设工程项目的实施阶段包括（　　）。

A. 设计阶段　　　　　　　　　　B. 设计前准备阶段

C. 可行性研究阶段　　　　　　　D. 施工阶段

E. 动用前准备阶段

解析：ABDE。建设工程项目的实施阶段包括设计前准备阶段、设计阶段、施工阶段、动用前准备阶段和保修期。所以 A、B、D、E 正确。

7. 建设工程项目的全寿命周期包括项目的（　　）。

A. 决策阶段　　　　　　　　　　B. 审批阶段

C. 实施阶段　　　　　　　　　　D. 使用阶段

E. 建设阶段

解析：ACD。

8. 关于项目参与各方项目管理的说法，正确的是（　　）。

A. 业主方项目管理的投资目标指的是项目的总投资目标

B. 设计方的项目管理目标不包括项目的投资目标

C. 施工方的项目管理不包括安全管理

D. 供货方的项目管理工作主要在施工阶段，也涉及准备阶段、设计阶段等

E. 总承包方项目管理的目标包括项目的总投资目标等

解析：ADE。业主方项目管理的目标包含项目的投资目标、进度目标和质量目标，其中投资目标指的是项目的总投资目标，选项 A 正确。设计方项目管理的目标包含设计的成本目标、设计的进度目标和设计的质量目标，以及项目的投资目标，选项 B 错误。施工方的项目管理包含安全管理、成本控制、进度控制、质量控制、合同管理、信息管理以及与施工有关的组织与协调，选项 C 错误。供货方的项目管理工作主要在施工阶段进行，但它也涉及项目的准备阶段、设计阶段以及动用前准备阶段和保修期，选项 D 正确。建设工程总承包方的项目管理目标包含工程建设的安全管理目标、项目的总投资目标和建

设项目工程总承包方的成本目标、进度目标和质量目标,选项 E 正确。所以 A、D、E 正确。

9. 项目总承包方作为项目建设的一个重要参与方,其项目管理主要服务于(　　)。
   A. 业主的利益　　　　　　　　　　B. 项目的整体利益
   C. 设计方的利益　　　　　　　　　D. 政府方的利益
   E. 总承包方本身的利益

   解析:BE;项目总承包方作为项目建设的一个重要参与方,其项目管理主要服务于项目的整体利益和项目总承包方本身的利益,其项目管理的目标应符合合同的要求。所以 B、E 正确。

10. 根据现行国家标准《建设项目工程总承包管理规范》GB/T 50358,项目总承包管理的主要内容包括(　　)。
    A. 办理可行性研究报批　　　　　B. 项目施工管理
    C. 实施设计管理　　　　　　　　D. 实施采购管理
    E. 实施试运行管理

    解析:BCDE。

11. 在建设工程项目管理中,施工方项目管理的任务有(　　)。
    A. 施工安全管理　　　　　　　　B. 施工信息管理
    C. 施工合同管理　　　　　　　　D. 施工成本控制
    E. 建设项目与外部环境的协调

    解析:ABCD。施工方项目管理的任务包括:施工安全管理、施工成本控制、施工进度控制、施工质量控制、施工合同管理、施工信息管理、与施工有关的组织与协调等。选项 E 是建设方的任务。所以 A、B、C、D 正确。

12. 建设项目工程总承包方项目管理的任务包括(　　)。
    A. 投资控制　　　　　　　　　　B. 项目风险管理
    C. 项目沟通与信息管理　　　　　D. 项目资源管理
    E. 项目安全、职业健康与环境管理

    解析:BCDE。建设项目工程总承包方项目管理的任务包括:(1)项目风险管理;(2)项目资源管理;(3)项目质量管理;(4)项目费用管理;(5)项目安全、职业健康与环境管理;(6)项目进度管理;(7)项目沟通与信息管理;(8)项目合同管理。所以 B、C、D、E 正确。

13. 施工单位项目管理任务分工表可以用于定义(　　)的任务分工。
    A. 项目经理　　　　　　　　　　B. 项目主管工作部门或主管人员
    C. 项目各参与方　　　　　　　　D. 企业内部各部门
    E. 企业内部各工作人员

    解析:AB。项目管理任务分工表在项目管理任务分解的基础上定义项目经理和费用(投资或成本)控制、进度控制、质量控制、合同管理、信息管理和组织与协调等主管工作部门或主管人员的工作任务。所以 A、B 正确。

14. 建设工程项目总承包的基本工作程序,包括(　　)。
    A. 编制设计纲要　　　　　　　　B. 编制项目设计建议书

C. 设计评审   D. 确定合同价

E. 签订合同

解析：ABCD。

15. 根据《建设项目工程总承包管理规范》GB/T 50358，工程总承包方在项目管理收尾阶段的工作有（　　）。

A. 办理决算手续   B. 办理项目资料归档

C. 清理各种债权债务   D. 进行项目总结

E. 考核评价项目部人员

解析：BDE。建设项目工程总承包方在合同收尾时的工作包括：取得合同目标考核证书，办理决算手续，清理各种债权债务；缺陷通知期限满后取得履约证书。所以 B、D、E 正确。

16. 根据《建设工程项目管理规范》GB/T 50326，项目管理规划大纲可由（　　）负责编制。

A. 组织的管理层   B. 组织委托的项目管理单位

C. 设计单位   D. 总承包单位

E. 建设单位

解析：AB。

17. 根据《建设工程项目管理》GB/T 50326，项目管理规划大纲的编制依据包括（　　）。

A. 项目文件、相关法律法规和标准   B. 项目设计文件

C. 类似项目经验的资料   D. 实施条件调查资料

E. 项目建议书

解析：ACD。项目管理规划大纲可依据下列资料编制：（1）项目文件、相关法律法规和标准；（2）类似项目经验的资料；（3）实施条件调查资料。所以 A、C、D 正确。

18. 施工组织设计按编制对象，可分为（　　）。

A. 施工组织总设计   B. 单项施工组织设计

C. 单位工程施工组织设计   D. 施工方案

E. 分项工程施工组织设计

解析：ACD。

19. 根据《建筑施工组织设计规范》GB/T 50502，施工方案的主要内容应包括（　　）。

A. 工程概况   B. 施工部署

C. 施工准备和资源配置计划   D. 施工方法及工艺要求

E. 施工现场平面布置

解析：ACD。

20. 项目施工过程中，发生以下（　　）情况时，施工组织设计应及时进行修改或补充。

A. 某施工中的项目，设计单位应业主要求对工程设计图纸的楼梯部分进行了细微修改

B. 某在建大桥，由于政府对预应力钢筋进行了新的规范调整修改导致需要重新调整工艺
C. 某在建钢混结构大楼，由于国际钢材市场的大幅度调整导致采用的进口钢材无法提取，严重影响工程施工
D. 在建项目，由于自然灾害导致工期严重滞后
E. 某工程在施工时，施工单位发现设计图纸存在严重错误，无法正常施工

解析：BCDE。项目施工过程中，发生以下情况之一时，施工组织设计应及时进行修改或补充：（1）工程设计有重大修改；（2）有关法律、法规、规范和标准实施的修订或废止；（3）主要施工方法有重大调整；（4）主要施工资源配置有重大调整；（5）施工环境有重大改变。所以 B、C、D、E 正确。

21. 控制项目目标的主要措施包括(　　)。
A. 组织措施　　　　　　　　　　B. 管理措施
C. 经济措施　　　　　　　　　　D. 技术措施
E. 生产措施

解析：ABCD。

22. 下列项目目标动态控制的纠偏措施中，属于技术措施的有(　　)。
A. 调整工作流程组织　　　　　　B. 调整项目管理职能分工
C. 优化施工方法　　　　　　　　D. 调整进度管理手段
E. 改变施工机具

解析：CE。选项 A、B 是组织措施，选项 D 是管理措施。所以 C、E 正确。

23. 动态控制在进度控制的应用中，通过项目进度计划值和实际值的比较，如发现偏差，则可采取的纠偏措施有(　　)。
A. 优化施工方法　　　　　　　　B. 改变施工机具
C. 调整投资控制的方法和手段　　D. 制订节约投资的奖励措施
E. 取限额设计的方法

解析：AB。通过工程进度计划值和实际值的比较，如发现进度的偏差，则必须采取相应的纠偏措施进行纠偏，如：分析由于管理的原因而影响进度的问题，并采取相应的措施、调整进度管理的方法和手段、改变施工管理和强化合同管理、及时解决工程款支付和落实加快工程进度所需的资金、改进施工方法和改变施工机具等。所以 A、B 正确。

24. 下列项目目标动态控制的纠偏措施中，属于组织措施的有(　　)。
A. 调整管理职能分工　　　　　　B. 调整或修改设计
C. 调整组织结构　　　　　　　　D. 调整进度管理手段
E. 改变施工管理

解析：AC。

25. 项目经理应履行的职责有(　　)。
A. 项目管理目标责任书规定的职责
B. 主持编制项目管理实施规划，并对项目目标进行系统管理
C. 对资源进行静态管理
D. 进行授权范围内的利益分配

E. 接受审计，处理项目经理部解体后的善后工作

解析：ABDE。项目经理应履行下列职责：项目管理目标责任书规定的职责；主持编制项目管理实施规划，并对项目目标进行系统管理；对资源进行动态管理；建立各种专业管理体系，并组织实施；进行授权范围内的利益分配；收集工程资料，准备结算资料，参与工程竣工验收；接受审计，处理项目经理部解体后的善后工作；协助组织进行项目的检查、鉴定和评奖申报工作。所以A、B、D、E正确。

26. 根据《建设工程项目管理规范》GB/T 50326，项目经理的权限包括（   ）。

A. 签订承包合同　　　　　　　　B. 自主选择分包单位
C. 参与选择物资供应单位　　　　D. 主持项目管理机构工作
E. 制定内部计酬办法

解析：CDE。

27. 根据《建设工程施工合同（示范文本）》GF—2017—0201，施工单位任命项目经理需要向建设单位提供的证明有（   ）。

A. 劳动合同　　　　　　　　　　B. 缴纳的社会保险
C. 项目经理持有的注册执业证书　D. 职称证书
E. 授权范围

解析：AB。

28. 项目经理在项目管理方面的主要任务有（   ）。

A. 施工安全管理　　　　　　　　B. 施工投资控制
C. 施工质量控制　　　　　　　　D. 工程合同管理
E. 工程信息管理

解析：ACDE。项目经理的任务包括项目的行政管理和项目管理两个方面，其在项目管理方面的主要任务是：(1)施工安全管理；(2)施工成本控制；(3)施工进度控制；(4)施工质量控制；(5)工程合同管理；(6)工程信息管理；(7)工程组织与协调等。所以A、C、D、E正确。

29. 工程项目成本管理的主要任务有（   ）。

A. 成本控制　　　　　　　　　　B. 成本分析
C. 成本核算　　　　　　　　　　D. 成本纠偏
E. 成本计划编制

解析：ABCE。

30. 工程项目施工成本管理的基础工作包括（   ）。

A. 建立成本责任管理体系　　　　B. 建立企业内部施工定额
C. 及时进行成本核算　　　　　　D. 编制项目成本计划
E. 科学设计成本核算账册

解析：ABE。

31. 下列施工成本管理的措施中，属于组织措施的有（   ）。

A. 进行技术经济分析，确定最佳的施工方案
B. 对成本目标进行风险分析，并制定防范对策
C. 编制成本控制工作计划

D. 确定合理详细的成本控制工作流程

E. 做好资金使用计划，严格控制各项开支

解析：CD。选项 A 是技术措施，选项 B、E 是经济措施。选项 C、D 是组织措施，所以 C、D 正确。

32. 下列工程项目成本管理的措施中，属于经济措施的有（   ）。

A. 明确成本管理人员的工作任务和责、权、利

B. 对不同的技术方案进行技术经济分析

C. 编制资金使用计划，确定成本管理目标

D. 通过偏差原因分析，预测未完工程施工成本

E. 防止分包商的索赔

解析：CD。明确成本管理人员的工作任务和责、权、利属于组织措施，对不同的技术方案进行技术经济分析属于技术措施，防止分包商的索赔属于合同措施。所以 C、D 正确。

33. 质量控制活动主要包括（   ）。

A. 设定目标   B. 测量检查

C. 评价分析   D. 纠正偏差

E. 总结评估

解析：ABCD。

34. 项目质量的影响因素包括（   ）。

A. 人的因素   B. 机械因素

C. 材料（含）设备因素   D. 方法因素

E. 政治因素

解析：ABCD。

35. 企业质量管理体系认证的程序有（   ）。

A. 申请和受理   B. 审核

C. 审批与注册发证   D. 培训

E. 定期检查

解析：ABC。

36. 根据《建筑工程施工质量验收统一标准》GB 50300，建设工程施工质量验收应划分为（   ）。

A. 单位工程   B. 分部工程

C. 分项工程   D. 专业工程

E. 检验批

解析：ABCE。

37. 项目监理机构对施工作业质量进行监督检查的形式有（   ）。

A. 现场旁站   B. 巡视

C. 平行检验   D. 现场抽检

E. 破坏性检验

解析：ABC。

38. 下列属于隐蔽工程的施工内容有（ ）。
A. 地基基础工程	B. 钢筋工程
C. 砌体工程	D. 室外道路
E. 预埋管线
解析：ABE。凡被后续施工所覆盖的施工内容，如地基基础工程，钢筋工程，预埋管线等均属隐蔽工程，所以 A、B、E 正确。

39. 施工与设计协调的主要工作内容包括（ ）。
A. 设计联络	B. 设计交底和图纸会审
C. 设计现场服务	D. 技术核定
E. 编制竣工图纸
解析：ABCD。

40. 施工过程质量验收主要是指（ ）的质量验收。
A. 检验批	B. 分项工程
C. 分部工程	D. 子单位工程
E. 单位工程
解析：ABC。

41. 检验批的质量验收合格应符合（ ）的规定。
A. 具有完整的质量验收记录	B. 主控项目的质量经抽样检验均合格
C. 一般项目的质量经抽样检验合格	D. 保证项目的质量经检验合格
E. 允许偏差项目的质量经检验合格
解析：ABC。

42. 工程项目分部工程质量验收合格应符合的规定有（ ）。
A. 所含分项工程验收合格	B. 质量控制资料完整
C. 观感质量验收符合要求	D. 主控项目质量检验合格
E. 涉及安全、节能、环境保护和主要使用功能的分部工程检验结果符合规定
解析：ABCE。

43. 建设工程竣工验收应具备的条件有（ ）。
A. 完成建设工程设计和合同约定的各项内容
B. 有完整的技术档案和施工管理资料
C. 有施工单位签署的工程保修书
D. 有勘察、设计、施工、工程监理等单位分别签署的质量合格文件
E. 有质量监督机构的审核意见
解析：ABCD。

44. 工程项目竣工质量验收的依据包括（ ）。
A. 工程施工组织设计	B. 工程施工承包合同
C. 施工图纸	D. 质量检测功能性试验报告
E. 工程施工质量验收统一标准
解析：BCE。

45. 建设单位应当自建设工程竣工验收合格之日起 15 日内，将建设工程竣工验收报

告和( )部门出具的认可文件或准许使用文件报建设行政主管部门备案。

A. 设计 B. 规划
C. 消防 D. 环保
E. 安全

解析：BCD。建设单位办理工程竣工验收备案应当提交下列文件：（1）法律、行政法规规定应当由规划、环保等部门出具的认可文件或者准许使用文件；（2）法律规定应当由公安消防部门出具的对大型的人员密集场所和其他特殊建设工程验收合格的证明文件。所以 B、C、D 正确。

46. 工程质量事故按事故造成损失的程度分级可分为( )。

A. 一般事故 B. 严重事故
C. 较大事故 D. 重大事故
E. 特别重大事故

解析：ACDE。

47. 工程质量事故按事故责任分类，可分为( )。

A. 指导责任事故 B. 技术责任事故
C. 操作责任事故 D. 管理责任事故
E. 自然灾害事故

解析：ACE。

48. 下列工程质量事故发生的原因中，属于技术原因的有( )。

A. 结构设计计算错误 B. 检验制度不严密
C. 检测设备配备不齐 D. 地质情况估计错误
E. 监理人员不到位

解析：AD。技术原因引发的质量事故是指在工程项目实施中由于设计、施工在技术上的失误而造成的质量事故。例如，结构设计计算错误、地质情况估计错误、采用了不适宜的施工方法或施工工艺等。所以 A、D 正确。

49. 下列工程质量事故发生的原因中，属于管理原因的有( )。

A. 结构构造设计不符合规范要求 B. 施工方法不正确
C. 违章施工作业 D. 材料质量检验不严
E. 检测仪器设备管理不善

解析：CDE。管理原因引发的质量事故是指引发的质量事故是由于管理上的不完善或失误，例如，违章作业、检测仪器设备管理不善而失准以及材料质量检验不严等原因引起的质量事故。所以 C、D、E 正确。

50. 施工质量事故处理的依据有( )。

A. 有关质量事故的观测记录、照片等 B. 有关合同及合同文件
C. 事故造成的经济损失大小 D. 施工记录、施工日志等
E. 相关的建设法规

解析：ABDE。

51. 施工质量缺陷处理的基本方法有( )。

A. 限制处理 B. 加固处理

C. 返工处理 D. 修补处理
E. 不做处理

解析：ABCDE。

52. 下列人的不安全因素中，属于不安全行为的有（　　）。
A. 色盲司机 B. 不安全装束
C. 有影响安全的性格 D. 疲劳和醉酒状态
E. 使用不安全设备

解析：BE。

53. 根据《建设工程安全生产管理条例》（国务院令第393号），上岗前须取得特种作业操作资格证书的有（　　）。
A. 起重信号工 B. 垂直运输机械作业人员
C. 挖掘机作业人员 D. 起重机械作业人员
E. 泵送混凝土工

解析：AB。《建设工程安全生产管理条例》（国务院令第393号）第25条规定：垂直运输机械作业人员，安装拆卸工，爆破作业人员，起重信号工，登高架设作业人员等特种作业人员。所以A，B正确。

54. 企业员工的安全教育的形式主要包括（　　）。
A. 新员工上岗前的三级安全教育 B. 不改变工艺和变换岗位安全教育
C. 经常性安全教育 D. 事故现场安全教育
E. 主管部门组织的安全作业培训

解析：ABC。企业员工的安全教育的形式，新员工上岗前的三级安全教育，改变工艺和变换岗位安全教育，经常性安全教育。所以A，B，C正确。

55. 经常性安全教育中，最重要的是（　　）。
A. 安全技术教育 B. 安全思想教育
C. 安全态度教育 D. 岗位要求教育
E. 安全政策教育

解析：BC。

56. 根据《建设工程安全生产管理条例》（国务院令第393号），应组织专家进行专项施工方案论证的工程有（　　）。
A. 起重吊装工程 B. 脚手架工程
C. 拆除、爆破工程 D. 深基坑工程
E. 高大模板工程

解析：DE。

57. 下列安全措施中，属于安全技术措施的有（　　）。
A. 保险装置 B. 防爆炸装置
C. 信号装置 D. 防尘装置
E. 防噪声装置

解析：ABC。

58. 企业取得安全生产许可证，应当具备的安全生产条件有（　　）。

A. 配备专职安全生产管理人员　　B. 建立安全生产责任制
C. 从业人员须经考核合格　　　　D. 依法参加工伤保险
E. 有生产安全事故应急救援预案

解析：ABDE。安全生产条件要求从业人员经安全生产教育和培训合格，而不是考核合格。故选项 C 表述错误，其余选项均正确。所以 A、B、D、E 正确。

59. 根据《企业职工伤亡事故分类》GB 6441—1986，与建筑有关的职业伤害事故有（　　）。

A. 冒顶片帮　　　　　　　　　B. 触电
C. 机械伤害　　　　　　　　　D. 火药爆炸
E. 物体打击

解析：BCDE。

60. 施工现场必须有针对性地悬挂安全警示牌的部位有（　　）。

A. 主要施工部位　　　　　　　B. 主要作业点
C. 危险区域　　　　　　　　　D. 主要通道口
E. 材料堆放点

解析：ABCD。

61. 施工现场消防防火的重点部位有（　　）。

A. 电工材料库房　　　　　　　B. 油漆间
C. 木工间　　　　　　　　　　D. 总配电室
E. 生活区宿舍

解析：BCD。易燃易爆物品堆放间有木工间总配电室等消防防火重点部位要按规定设置灭火器和消防沙箱。并有专人负责对违反消防条例的有关人员进行严肃处理。所以 B、C、D 正确。

62. 噪声按来源分类，可以分为（　　）。

A. 机械噪声　　　　　　　　　B. 交通噪声
C. 工业噪声　　　　　　　　　D. 建筑施工噪声
E. 社会生活噪声

解析：BCDE。

63. 下列建设工程现场文明施工的各项管理措施中，属于治安管理的有（　　）。

A. 建立施工不扰民的措施　　　B. 新入场的人员做到及时登记
C. 按规定设置灭火器　　　　　D. 现场不得焚烧有毒、有害物质
E. 建立门卫值班管理制度

解析：BE。

64. 建设工程项目施工招标评标过程主要包括（　　）。

A. 评标准备　　　　　　　　　B. 资格预审
C. 初步评审　　　　　　　　　D. 详细评审
E. 编写评标报告

解析：ACDE。

65. 根据《建设工程施工合同（示范文本）》GF—2017—0201，合同文本由（　　）

组成。
A. 标准和技术规范　　　　　　　　B. 通用合同条款
C. 合同协议书　　　　　　　　　　D. 专用合同条款
E. 中标通知书
解析：BCD。

66. 建设工程施工承包合同的主要计价方式主要有(　　)。
A. 总价合同　　　　　　　　　　　B. 成本补偿合同
C. 有偿合同　　　　　　　　　　　D. 单价合同
E. 可调价格合同
解析：ABD。

67. 对建设周期一年半以上的工程项目，采用变动总价合同时。应考虑引起价格变化的因素有(　　)。
A. 材料费的上涨　　　　　　　　　B. 人工工资的上涨
C. 银行利率的调整　　　　　　　　D. 国家政策改变引起的工程费用上涨
E. 设计变更引起的费用变化
解析：ABD。变动总价合同又称为可调总价合同，合同价格是以图纸及规定、规范为基础，按照时价（Current Price）进行计算，得到包括全部工程任务和内容的暂定合同价格。它是一种相对固定的价格，在合同执行过程中，由于通货膨胀等原因而使所使用的工、料成本增加时，可以按照合同约定对合同总价进行相应的调整。当然，一般由于设计变更、工程量变化和其他工程条件变化所引起的费用变化也可以进行调整。因此，通货膨胀等不可预见因素的风险由业主承担，对承包商而言，其风险相对较小，但对业主而言，不利于其进行投资控制，突破投资的风险就增大了。对建设周期一年半以上的工程项目，则应考虑下列因素引起的价格变化问题：（1）劳务工资以及材料费用的上涨；（2）其他影响工程造价的因素，如运输费、燃料费、电力等价格的变化；（3）外汇汇率的不稳定；（4）国家或者省、市立法的改变引起的工程费用的上涨。所以 A、B、D 正确。

68. 我国投标担保可以采用的担保方式有(　　)。
A. 银行保函　　　　　　　　　　　B. 担保公司担保书
C. 同业担保书　　　　　　　　　　D. 信用证
E. 投标保证金
解析：ABCE。

69. 下列工程合同风险中，属于信用风险的有(　　)。
A. 物价上涨　　　　　　　　　　　B. 知假买假
C. 偷工减料　　　　　　　　　　　D. 违法分包
E. 拖欠工程款
解析：BCDE。

70. 关于履约担保的说法，正确的有(　　)。
A. 建筑业通常倾向采用无条件银行保函作为履约担保
B. 银行履约保函分为有条件和无条件的银行保函
C. 履约担保书通常是由商业银行或保险公司开具

D. 采用担保书的金额要求比银行保函的金额要求低

E. 履约保证金额的大小取决于招标项目的类型与规模

解析：BE。

71. 在建设工程项目施工索赔中，可索赔的合理人工费包括（　　）。

A. 完成合同之外的额外工作所花费的人工费用

B. 超过法定工作时间加班劳动的人工费用

C. 法定人工费增长费用

D. 非承包商责任工程延期导致的人员窝工费用

E. 不可抗力造成的工期延长导致的工资增加费用

解析：ABCD。

72. 根据《建设工程施工合同（示范文本）》GF—2017—0201，可以顺延工期的情况有（　　）。

A. 发包人未按合同约定提供施工现场

B. 发包人提供的测量基准点存在错误

C. 发包人比计划开工日晚5d下达开工通知

D. 监理未按合同约定发出指示、批准文件

E. 分包商或供货商延误

解析：ABD。根据《建设工程施工合同（示范文本）》GF—2017—0201 第7.5.1条，在合同履行过程中，因下列情况导致工期延误和（或）费用增加的，由发包人承担由此延误的工期和（或）增加的费用，且发包人应支付承包人合理的利润：（1）发包人未能按合同约定提供图纸或所提供图纸不符合合同约定的；（2）发包人未能按合同约定提供施工现场、施工条件、基础资料、许可、批准等开工条件的；（3）发包人提供的测量基准点、基准线和水准点及其书面资料存在错误或疏漏的；（4）发包人未能在计划开工日期之日起7d内同意下达开工通知的；（5）发包人未能按合同约定日期支付工程预付款、进度款或竣工结算款；（6）监理人未按合同约定发出指示、批准等文件的；（7）专用合同条款中约定的其他情形。因发包人原因未按计划开工日期开工的，发包人应按实际开工日期顺延竣工日期，实际工期不低于合同约定的工期总日历天数。因发包人原因导致工期延误需要修订施工进度计划的，按照第7.2.2条（施工进度计划的修订）执行。所以A、B、D正确。

73. 下列按费用构成要素划分的建筑安装工程费用中，应计入企业管理费用的有（　　）。

A. 固定资产使用费　　　　　B. 材料采购及保管费

C. 管理人员工资　　　　　　D. 检验试验费

E. 工具用具使用费

解析：ACDE。

74. 施工组织设计按编制对象一般分为哪几类（　　）。

A. 施工组织总设计　　　　　B. 单位工程施工组织设计

C. 应急预案　　　　　　　　D. 施工方案

E. 专项施工方案

解析：ABD。施工组织设计按编制对象一般分为：施工组织总设计、单位工程施工组织设计、施工方案。

75. 组织应急演结束后，参演领导应对演练活动进行点评和评估，评估报告重点包含（　　）。

A. 对演练活动的组织和实施进行评估　　B. 对演练目标的实现进行评估

C. 对参演人员的表现进行评估　　D. 对项目管理能力和组织能力进行评估

E. 对演练中暴露的问题进行评估

解析：ABCE。组织应急演结束后，参演领导应对演练活动进行点评和评估，评估报告重点包含：对演练活动的组织和实施进行评估；对演练目标的实现进行评估；对参演人员的表现进行评估；对演练中暴露的问题进行评估。

76. 工程计价的依据有多种不同类型，其中工程单价的计算依据有（　　）。

A. 材料价格　　B. 投资估算指标

C. 机械台班费　　D. 人工单价

E. 概算定额

解析：AD。

77. 根据《建设工程质量管理条例》，建设工程竣工验收应具备的条件有（　　）。

A. 有完整的技术档案和施工管理资料

B. 有勘察、设计、施工、工程监理等单位分别签署的质量合格文件

C. 有施工单位签署的工程保修书

D. 有工程兹结清证明文件

E. 有工程使用的主要建筑材料的进场试验报告

解析：ABCE。建设工程竣工验收应当具备下列条件。建设工程竣工验收应当具备下列条件：（1）完成建设工程设计和合同约定的各项内容；（2）有完整的技术档案和施工管理资料；（3）有工程使用的主要建筑材料、建筑构配件和设备的进场试验报告；（4）有勘察、设计、施工、工程监理等单位分别签署的质量合格文件；（5）有施工单位签署的工程保修书。

78. 根据《建设项目工程总承包合同（示范文本）》，在合同专用条款中应约定预付款的（　　）。

A. 抵扣保证　　B. 抵扣方式

C. 抵扣比例　　D. 抵扣时间安排

E. 抵扣币种

解析：BCD。预付款的抵扣方式、抵扣比例和抵扣时间安排在专用条款中约定。

79. 管道组成件的产品合格证包括哪些内容（　　）。

A. 产品名称　　B. 生产日期

C. 规格型号　　D. 执行标准

E. 编号

解析：ACDE。管道组成件的产品合格证包括产品名称、编号、规格型号、执行标准。

80. 在经常性安全教育中，最重要的有（　　）。

A. 安全思想教育 B. 安全技术教育
C. 职业病知识教育 D. 安全态度教育
E. 有关事故案例教育

解析：AD。经常性安全生产教育中，安全思想、安全态度教育最重要。经常性安全教育的形式有：每天的班前班后会上说明安全注意事项；安全活动日；安全生产会议；事故现场会；张贴安全生产招贴画、宣传标语及标志等。

81. 地铁机电安装及装饰装修工程中，单位（子单位）工程预验收通过后，应该组织项目哪些相关单位进行验收（　　）。

A. 建设单位 B. 地质勘察单位
C. 施工单位 D. 设计单位
E. 监理单位

解析：ACDE。地铁机电安装及装饰装修单位（子单位）工程预验收通过后，应该组织项目建设单位、设计单位、施工单位、监理单位进行验收。

82. 地铁机电安装及装饰装修工程中，施工单位应遵守城市有关环境保护的法律法规，并应采取有效措施控制施工现场（　　）避免造成环境污染带来的各种危害。

A. 粉尘 B. 废弃物
C. 废水 D. 噪声
E. 振动

解析：ABDE。地铁机电安装及装饰装修工程施工单位应遵守城市有关环境保护的法律法规，并应采取有效措施控制施工现场粉尘、废弃物、噪声、振动避免造成环境污染带来的各种危害。

83. 地铁机电安装及装饰装修工程中，对涉及（　　）的重要分部工程应进行抽样检测。

A. 隐蔽工程 B. 结构安全
C. 试验检测 D. 观感质量
E. 使用功能

解析：BE。地铁机电安装及装饰装修工程对涉及结构安全、使用功能的重要分部工程应进行抽样检测。

84. 地铁机电安装及装饰装修工程中，质量验收合格应满足（　　）条件。

A. 分部工程所含分项工程的质量均应验收合格
B. 主要功能项目的抽查结果应符合相关专业质量验收规范的规定
C. 单位工程所含分部工程的质量均应验收合格
D. 质量控制资料应完整
E. 单位工程所含分部工程有关安全和功能的检测资料应完整

解析：BCDE。地铁机电安装及装饰装修单位工程质量验收合格应满足下列条件：单位工程所含分部工程的质量均应验收合格；质量控制资料应完整；单位工程所含分部工程有关安全和功能的检测资料应完整；主要功能项目的抽查结果应符合相关专业质量验收规范的规定。

85. 地铁机电安装及装饰装修工程中，工程质量验收记录填写主要内容有（　　）。

A. 隐蔽工程验收记录 B. 施工试验记录
C. 单机试运转记录 D. 分部工程验收记录
E. 质量控制资料验收记录

解析：DE。工程质量验收记录填写主要内容有：分部工程验收记录、质量控制资料验收记录。

第 8 章

工程经济篇

概 述

工程经济是研究工程技术与经济的关系以及技术与经济活动规律的重要学科，可利用一个简明的定义对其进行概括，即为"少花钱多办事"。工程经济是利用经济学的理论和分析方法研究如何有效地在各种技术之间进行资源的合理配置，以寻求技术和经济最佳结合的学科。

工程经济学的主要研究内容为：采用何种方法、建立何种方法体系，才能正确评价工程项目的经济性与合理性，以寻求工程技术与经济的最佳结合点。而在地铁工程项目的实施中最为重要的就是经济分析方面的问题：由于资源的有限性，必须考虑经济效益，从可行方案中找出最优，在尽可能地条件下减少资金投入并保障施工的正常进行与工程质量，达到经济合理。并且所降低的成本会相应地转化为生产盈利，故而工程经济学对一个企业的发展至关重要。

本章的设立，旨在培养工程技术人员的经济意识、增强经济观念，能把工程经济的基本知识、基础理论和基本技能运用到实际工程中，以经济为目标，技术为手段，运用工程经济学分析方法，对多种投资（可行）方案进行经济评价、比较和优选，合理进行成本把控与成本节约，以期达到技术与经济的最佳结合，提高企业盈利，最终获得满意的答案。

8.1 单项选择题

1. 地铁机电安装及装饰装修工程中，关于质量保证金的说法，正确的是（　　）。
A. 合同约定缺陷责任期终止后，发包人应按照合同中最终结清的相关规定，将剩余的质量保证金返还给承包人
B. 在合同约定的缺陷责任期终止后，发包人退还剩余质量保证金，承包人不再承担质量保修责任
C. 承包人未按照合同约定履行工程缺陷修复义务的，发包人有权从质量保证金中扣除用于各种缺陷修复的支出
D. 最终结清时，如果承包人被预留的质量保证金不足以抵减发包人工程缺陷维修费用的，发包人应承担不足部分

解析：A。B 选项中，发包人退还剩余质量保证金，承包人仍然应该在质保期内承担质量保修责任；C 选项中，如果缺陷是由于发包人原因造成的，则发包人无权扣除；D 选项中，最终结清时，如果承包人被预留的质量保证金不足以抵减发包人工程缺陷维修费用的，由承包人承担不足部分。

2. 地铁机电安装工程招标投标过程中，招标人编制招标控制价与投标人报价的共同基础是（　　）。
   A. 工料单价　　　　　　　　　　B. 综合单价
   C. 按拟采用施工方案计算额定工程量　　D. 工程量清单标明的工程量
   解析：D。

3. 地铁机电安装工程项目上的财务会计具有（　　）两项基本职能。
   A. 核算和监督　　　　　　　　　B. 控制和核算
   C. 决策和监督　　　　　　　　　D. 核算和决策
   解析：A。财务会计的内涵决定了财务会计具有核算和监督两项基本职能。

4. 地铁机电安装及装饰装修工程中，下列有关施工图预算对施工单位作用的说法中，错误的是（　　）。
   A. 施工图预算是标底编制的依据
   B. 施工图预算是确定投标报价的依据
   C. 施工图预算是施工单位进行施工准备的依据
   D. 施工图预算是控制施工成本的依据
   解析：A。施工图预算对施工单位的作用有：（1）施工图预算是确定投标报价的依据；（2）施工图预算是施工单位进行施工准备的依据；（3）施工图预算是控制施工成本的依据。

5. 地铁机电安装及装饰装修工程中分部分项工程量清单的说法中，错误的是（　　）。
   A. 分部分项工程量清单中的工程量是按照《建设工程工程量清单计价规范》GB 50500 中的计算规则计算出来的
   B. 如果出现了《建设工程工程量清单计价规范》GB 50500 中未包括的项目，编制人应作补充
   C. 分部分项工程量清单中的工程量应统一按保留小数点后 2 位数字计列
   D. 投标人对分部分项工程量清单的内容不可以进行调整
   解析：C。分部分项工程量清单中的计量单位应按《建设工程工程量清单计价规范》GB 50500 的计量单位确定。以"吨"为计量单位的保留小数点后三位数字，以"立方米""平方米"等为计量单位的保留小数点后二位数字，以"项""个"为计量单位的应取整数。

6. 地铁机电安装及装饰装修工程中，关于分部分项工程量清单中项目特征的说法，错误的是（　　）。
   A. 项目特征是区分清单项目的依据，项目特征是企业施工水平和竞争力的重要体现
   B. 项目特征描述应按《建设工程工程量清单计价规范》GB 50500 的项目特征，结合拟建工程特点进行描述
   C. 项目特征是确定综合单价的前提
   D. 项目特征的描述无需做到准确、全面，能够区分清单项目即可
   解析：D。项目特征是区分清单项目的依据，是确定综合单价的前提，是履行合同义务的基础。

7. 地铁机电安装及装饰装修工程中，关于不确定性分析说法，正确的是( )。
   A. 拟实施技术方案未做出最终决策之前，均应进行技术方案不确定性分析
   B. 拟实施技术方案未做出最终决策之前，有选择性地进行技术方案不确定性分析
   C. 拟实施技术方案未做出最终决策之前，不必进行技术方案不确定性分析
   D. 拟实施技术方案未做出最终决策之后，均应进行技术方案不确定性分析
   解析：A。拟实施技术方案未做出最终决策之前，均应进行技术方案不确定性分析。

8. 地铁机电安装及装饰装修工程中，( )是所有技术方案固有的内在特性。
   A. 盈利性　　　　B. 确定性　　　　C. 不确定性　　　　D. 可持续性
   解析：C。

9. 技术方案不确定性分析的常用方法除盈亏平衡分析外，还包括( )。
   A. 敏感系数分析　　　　　　　　B. 量本利分析
   C. 敏感性分析　　　　　　　　　D. 临界点分析
   解析：C。常用的不确定性分析方法有盈亏平衡分析和敏感性分析。

10. 甲公司中标某市地铁 1 号线整条线机电安装工程，欲采用甲公司现有的一套风管加工设备生产整条线车站内的风管，该设备于 10 年前购买，对目前风管加工的质量和加工精度均存在缺陷，对于设备不可消除性的有形磨损，采用的补偿方式是( )。
    A. 保养　　　　B. 大修理　　　　C. 更新　　　　D. 现代化改装
    解析：C。不可消除性有形磨损的补偿方式是更新。

11. 地铁机电安装及装饰装修工程中，对于长期租赁的吊车设备，对设备租赁的不足之处，不包括( )。
    A. 支付租金，形成负债
    B. 承租人在租赁期间所交的租金总额一般比直接购置设备的费用要高
    C. 融资租赁合同规定严格，毁约要赔偿损失，罚款较多
    D. 会使企业资产负债状况恶化
    解析：D。设备租赁的不足有以下几点。(1) 在租赁期间承租人对租用设备无所有权，只有使用权，故承租人无权随意对设备进行改造，不能处置设备，也不能用于担保、抵押贷款；(2) 承租人在租赁期间所交的租金总额一般比直接购置设备的费用要高；(3) 常年支付租金，形成长期负债；(4) 融资租赁合同有利有弊，故在租赁前要进行慎重的决策分析。

12. 甲公司中标某市地铁 1 号线 3 站 4 区间的机电安装工程，甲公司项目经理欲购买一套风管加工机械，从而达到节约成本的目的。在给甲公司总经理做汇报时，甲公司总经理说："对于技术过时风险大、保养维护复杂、使用时间短的设备，可以考虑( )方案。"
    A. 融资租赁　　　　B. 购买　　　　C. 经营租赁　　　　D. 租借
    解析：C。在分析时，对技术过时风险大、保养维护复杂、使用时间短的设备，可以考虑经营租赁方案；对技术过时风险小、使用时间长的大型专用设备则融资租赁方案或购置方案均是可以考虑的方式。

13. 甲公司中标某市地铁 1 号线整条线机电安装工程，甲公司现有一台风管加工设备，该设备于 10 年前购买，对目前风管加工的质量和加工精度均存在缺陷，在进行设备

更新方案比较时，对原设备价值的考虑是按（　　）。
　　A. 设备原值　　　　　　　　　　B. 资产净值
　　C. 市场实际价值　　　　　　　　D. 低于市场价值
　　解析：C。

14. 甲公司某地铁项目需要一台大型吊车用于项目建设施工，经市场预测、企业财务能力分析及技术经济论证，决定以经营租赁方式租用该设备。做出该决定的主要依据不包括（　　）。
　　A. 当前的项目建设期较短，未来施工任务不确定
　　B. 购买该设备可能对甲公司造成经济压力
　　C. 甲公司可以用该租赁的吊车抵押贷款以解决流动资金不足的困难
　　D. 可以使甲公司享受税费方面的利益
　　解析：C。设备在租赁期间承租人对租用设备无所有权，只有使用权，故承租人无权随意对设备进行改造，不能处置设备，也不能用于担保、抵押贷款。

15. 甲公司中标某市地铁 1 号线整条线机电安装工程，在成本分析阶段，对全线风管加工机械进行购置设备与租赁的方案比选，定性分析筛选方案需要分析设备技术风险、使用维修特点。若分析后考虑经营租赁方案，则该设备的情形是（　　）。
　　A. 技术过时风险小　　　　　　　B. 保养维护复杂
　　C. 使用时间长　　　　　　　　　D. 保养维护简单
　　解析：B。分析设备技术风险、使用维修特点，对技术过时风险大、保养维护复杂、使用时间短的设备，可以考虑经营租赁方案；对技术过时风险小、使用时间长的大型专用设备则融资租赁方案或购置方案均是可以考虑的方式。

16. 甲公司中标某市地铁 1 号线整条线机电安装工程，在风管加工过程中，由于叉车司机操作失误，致使装载的钢卷脱落，砸向正在生产的风管加工机械，使甲公司风管加工机械产生磨损，该磨损属于（　　）。
　　A. 第二种有形损耗　　　　　　　B. 第二种无形磨损
　　C. 第一种有形磨损　　　　　　　D. 综合损耗
　　解析：C。设备磨损的类型。第一种有形磨损是使用过程中，外力作用下产生的磨损。无形磨损又称精神磨损、经济磨损。设备的技术结构和性能并没有变化，但由于技术进步，社会劳动生产率水平的提高，同类设备的再生产价值降低，致使原设备相对贬值。这种磨损称为第一种无形磨损。由于科学技术的进步，不断创新出性能更完善、效率更高的设备，使原有设备相对陈旧落后，其经济效益相对降低而发生贬值，这种磨损称为第二种无形磨损。

17. 地铁机电安装及装饰装修工程中，原计划照明配线全部采用导线穿管方式敷设，造价 50 万元以上，后经分析，采用线槽代替线管，既满足功能要求，又能节省成本 20 万元，根据价值工程原理，提高价值的途径是（　　）。
　　A. 投资型　　　B. 节约型　　　C. 双向型　　　D. 牺牲型
　　解析：B。节约型：在保持产品功能不变的前提下，通过降低成本提高价值的目的。

18. 甲公司中标某市地铁 1 号线整条线机电安装工程，欲采用甲公司现有的一套风管加工设备生产整条线车站内的风管，为提高风管产品价值，需要（　　）。

A. 个别人员才干 B. 个别部门贡献
C. 集体智慧 D. 英雄主义

解析：C。由于价值工程研究的问题涉及产品的整个寿命周期，涉及面广，研究过程复杂，如提高产品价值涉及产品的设计、生产、采购和销售等过程。这不能靠个别人员和个别部门；而要经过许多部门和环节的配合，才能收到良好的效果。

19. 某地铁项目采购一批国外进口材料，供货商在某地铁车站施工现场交货的方式属于( )。

A. 内陆交货类 B. 目的地交货类
C. 装运港交货类 D. 装运港船上交货类

解析：B。目的地交货类即卖方要在进口国的港口或内地交货，包括目的港船上交货价，目的港船边交货价（FOS）和目的港码头交货价（关税已付）及完税后交货价（进口国目的地的指定地点）。

20. 脚手架工程费应计入建筑安装工程( )。

A. 措施项目费 B. 分项工程费
C. 规费 D. 施工机械使用费

解析：A。措施项目费内容包括：（1）安全文明施工费；（2）夜间施工增加费；（3）二次搬运费；（4）冬雨期施工增加费；（5）已完工程及设备保护费；（6）工程定位复测费；（7）特殊地区施工增加费；（8）大型机械设备进出场及安拆费；（9）脚手架工程费。

21. 地铁机电安装及装饰装修工程中，属于建筑安装工程费措施费的是( )。

A. 联合试运转费 B. 工程保险费
C. 劳动保险费 D. 已完工程及设备保护费

解析：D。措施项目费包括：安全文明施工费、夜间施工增加费、二次搬运费、冬雨期施工增加费、已完工程及设备保护费、工程定位复测费、特殊地区施工增加费、大型机械设备进出场及安拆费、脚手架工程费等。

22. 属于企业管理费的是( )。

A. 医疗保险费 B. 养老保险费
C. 劳动保险费 D. 失业保险费

解析：C。企业管理费包括：（1）管理人员工资；（2）办公费；（3）差旅交通费；（4）固定资产使用费；（5）劳动保险和职工福利费；（6）劳动保护费；（7）工会经费；（8）工具用具使用费；（9）职工教育经费；（10）检验试验费；（11）财产保险费；（12）财务费；（13）税金、城市维护建设税、教育费附加、地方教育费附加；（14）其他：业务招待费、绿化费、广告费、审计费等。

23. 某地铁项目计划采购一批进口设备，则进口设备增值税额的计算基数为( )。

A. 离岸价×人民币外汇牌价＋进口关税＋消费税
B. 离岸价×人民币外汇牌价＋进口关税＋外贸手续费
C. 到岸价×人民币外汇牌价＋外贸手续费＋银行财务费
D. 到岸价×人民币外汇牌价＋进口关税＋消费税

解析：D。进口产品增值税额＝组成计税价格×增值税率组成计税价格＝到岸价×人民币外汇牌价＋进口关税＋消费税。

24. 地铁机电安装及装饰装修工程中，应计入分部分项工程费的是（　　）。
A. 安全文明施工费　　　　　　　　B. 二次搬运费
C. 施工机械使用费　　　　　　　　D. 大型机械设备进出场及安拆费
解析：C。人、材、机计入分部分项工程费。

25. 地铁机电安装及装饰装修工程中，建筑材料的采购费、仓储费、工地保管费和仓储损耗费，属于建筑安装工程的（　　）。
A. 措施费　　　B. 材料费　　　C. 企业管理费　　　D. 现场管理费
解析：B。建筑材料的采购费、仓储费、工地保管费和仓储损耗费，属于建筑安装工程的材料费。

26. 下列属于规费的是（　　）。
A. 营业税　　　B. 材料费　　　C. 养老保险　　　D. 地方教育附加
解析：C。五险一金属于规费。

27. 甲公司中标某市地铁 1 号线，合同采用 EPC 工程总承包模式，总承包服务费属于（　　）。
A. 分部分项工程费　　　　　　　　B. 措施项目费
C. 其他项目费　　　　　　　　　　D. 规费
解析：C。暂列金额、计日工、总承包服务费属于其他项目费。

28. 各类专业工程的分部分项工程划分见现行（　　）。
A. 国家或行业计量规范　　　　　　B. 省级或行业计量规范
C. 县级或行业计量规范　　　　　　D. 地方或行业计量规范
解析：A。各类专业工程的分部分项工程划分见现行国家或行业计量规范。

29. 甲公司某地铁项目部，管理人员的差旅交通费、办公费属于（　　）。
A. 施工机具使用费　　　　　　　　B. 管理费
C. 规费　　　　　　　　　　　　　D. 固定资产使用费
解析：B。差旅交通费、办公费属于管理费。

30. 甲公司中标某市地铁 1 号线，合同采用 EPC 工程总承包模式，在地铁机电安装工程中，采用水源热泵新技术，对该新技术应用方案按分析的内容不同分类，不包括（　　）。
A. 技术分析　　　　　　　　　　　B. 经济分析
C. 定性分析　　　　　　　　　　　D. 综合分析
解析：C。按分析的内容不同，新技术应用方案的技术经济分析分为技术分析、经济分析、社会分析、环境分析和综合分析。

31. 甲公司承接某市地铁屏蔽门技术改造及委外维保工程，该工程采用新技术对老旧设备进行升级改造，新技术应用方案的投资额为 100 万元，年工程成本为 20 万元，基准投资收益率为 12%，则该方案的折算费用为（　　）万元。
A. 32.00　　　B. 102.40　　　C. 266.67　　　D. 853.33
解析：A。折算费用＝方案工程成本＋方案投资额×基准收益率＝20＋100×12%＝32 万元。

32. 甲公司承接某市地铁屏蔽门技术改造及委外维保工程,该工程采用新技术对老旧设备进行升级改造,现有甲、乙两种技术方案可选。假如两种技术的改造效率相同,使用甲技术的一次性投资为 300 万元,年生产成本为 20 万元;使用乙技术的一次性投资为 400 万元,年生产成本为 10 万元。设基准收益率为 6%,则( )。

A. 应该引进甲技术
B. 甲、乙技术经济效益相同
C. 应该引进乙技术
D. 不能判断应该引进哪种技术

解析:C。甲 $=20+300\times 6\%=38$ 万元;乙 $=10+400\times 6\%=34$ 万元;选择乙方案。

33. 根据国家财税制度规定,不能作为偿还贷款资金来源的是( )。

A. 未分配利润
B. 固定资产折旧
C. 销售收入
D. 无形资产摊销费

解析:C。销售收入还没有扣除成本缴税等,所以不能作为偿债来源。

34. 甲公司为某中央企业,甲公司的财务计划现金流量表主要用于分析( )。

A. 偿债能力
B. 财务生存能力
C. 财务盈利能力
D. 不确定性

解析:B。项目财务计划现金流量表主要用于分析项目的财务生存能力。

35. 为了保护和改善环境,减少污染物排放,推进生态文明建设,对在我国领域和我国管辖的其他海域,直接向环境排放应税污染物的企业事业单位和其他生产经营者征收的税金属于( )。

A. 城市维护建设税
B. 土地增值税
C. 地方教育附加
D. 环境保护税

解析:D。环境保护税是为了保护和改善环境,减少污染物排放,推进生态文明建设,对在我国领域和我国管辖的其他海域,直接向环境排放应税污染物的企业事业单位和其他生产经营者征收的税金。

36. 甲公司中标某市地铁 1 号线整条线机电安装工程,欲采用甲公司现有的一套风管加工设备生产整条线车站内的风管,该设备于 10 年前购买,经过多次维修也无法使用,准备购买全新的风管加工机械,这一措施属于对( )。

A. 有形磨损的局部补偿
B. 有形磨损的完全补偿
C. 无形磨损的局部补偿
D. 无形磨损的完全补偿

解析:B。无法使用,换新的是有形磨损的完全补偿。

37. 甲公司中标某市地铁 1 号线整条线机电安装工程,欲采用甲公司现有的一套风管加工设备生产整条线车站内的风管,3 年前购入后闲置至今,产生锈蚀。此间由于制造工艺改进,使该风管加工机械制造成本增高,其市场价格也随之下降。那么该风管加工机械遭受了( )。

A. 第一种有形磨损和第二种无形磨损
B. 第一种有形磨损和第一种无形磨损
C. 第二种有形磨损和第一种无形磨损
D. 第二种有形磨损和第二种无形磨损

解析:C。有形磨损(物质磨损):第一种有形磨损指设备在使用过程中,外力作用下产生的磨损、变形和损坏;第二种有形磨损指设备在闲置过程中,自然力作用产生实体磨损。

无形磨损（精神磨损）：第一种无形磨损指由于技术进步、工艺改进，同类设备再生产价值降低，设备市场价格降低；第二种无形磨损，由于科学技术进步、工艺改进，创新出新型设备，原设备相对陈旧落后。

38. 甲公司中标某市地铁1号线整条线机电安装工程，欲采用甲公司现有的一套风管加工设备生产整条线车站内的风管，在使用一段时间后发生故障，经修理后又可继续使用，这种修理属于（　　）。

A. 有形磨损的局部补偿　　　　　B. 有形磨损的完全补偿
C. 无形磨损的局部补偿　　　　　D. 无形磨损的完全补偿

解析：A。设备在使用过程中，在外力的作用下实体产生的磨损、变形和损坏，称为第一种有形磨损，这种磨损的程度与使用强度和使用时间长短有关。设备有形磨损的局部补偿是修理，设备无形磨损的局部补偿是现代化改装。

39. 甲公司中标某市地铁1号线整条线机电安装工程，项目经理欲购买一套风管加工设备生产整条线车站内的风管，从而达到节约成本的目的。在对甲公司总经理汇报时，甲公司总经理说："如果风管数量较少，风管加工和安装产生的利润不足以冲抵厂房的场地租赁费、风管加工费以及机械设备折旧费，可以考虑租赁方式或风管加工对外承包方式。"上述甲公司项目经理与总经理的方案视为（　　）。

A. 独立方案　　　B. 相关方案　　　C. 互斥方案　　　D. 组合方案

解析：C。购买方案与租赁方案是互斥方案。

40. 地铁机电安装及装饰装修工程中，地铁车站内的二次砌筑隔墙有分隔空间的功能，属于（　　）。

A. 辅助功能　　　B. 基本功能　　　C. 不必要功能　　　D. 美学功能

解析：B。

41. 甲公司现有的一套风管加工设备，账面余额随着折旧的计提逐年减少，而折旧率不变，此方法为（　　）。

A. 平均年限法　　　　　　　　B. 年数总和法
C. 双倍余额递减法　　　　　　D. 工作量法

解析：C。双倍余额递减法，是在固定资产使用年限最后两年之前的各年，不考虑固定资产预计净残值的情况下，根据每年年初固定资产净值和双倍的年限平均法折旧率计算固定资产折旧额，而在最后两年按年限平均法计算折旧额的一种方法。采用这种方法，固定资产账面余额随着折旧的计提逐年减少，而折旧率不变，因此，各期计提的折旧额必然逐年减少。双倍余额递减法是加速折旧的方法，是在不缩短折旧年限和不改变净残值率的情况下，改变固定资产折旧额在各年之间的分布，在固定资产使用前期提取较多的折旧，而在使用后期则提取较少的折旧。

42. 甲公司某地铁机电安装及装饰装修项目，项目部财务部门发生的办公费用属于（　　）。

A. 直接费用　　　B. 期间费用　　　C. 营业外收入　　　D. 财务费用

解析：B。办公费是管理费，属于期间费用。

43. 施工企业从合同签订开始至合同完成止所发生的直接费用和间接费用应计入

（　　）明细账。

　　A. 机械作业　　　　B. 辅助生产　　　　C. 工程成本　　　　D. 预提费用

　　解析：C。直接费、间接费是成本。

44. 甲公司某地铁施工项目发生施工费用如下：劳务费 30 万元，施工用材料费 50 万元，机械租赁费用 10 万元，银行借款利息 5 万元。根据企业会计准则及其相关规定，则此项工程的直接费用是（　　）。

　　A. 30 万元　　　　B. 50 万元　　　　C. 90 万元　　　　D. 95 万元

　　解析：C。人、材、机是直接费用，银行利息是财务费用。

45. 甲公司是一家高新技术企业，为了提高市场竞争力，在研发一种新型的地铁屏蔽门防夹装置时，欲从乙公司采购一项专利技术 10 万元。根据企业会计准则及其相关规定，采购专利技术的支出属于（　　）。

　　A. 措施费用　　　　B. 营业外支出　　　　C. 期间费用　　　　D. 资本性支出

　　解析：D。专利属于资本性支出。

46. 某地铁项目采购一批原材料花费 50 万元。根据企业会计准则及其相关规定，原材料属于（　　）。

　　A. 资本性支出　　　　　　　　　　B. 营业外支出
　　C. 工程成本　　　　　　　　　　　D. 利润分配支出

　　解析：C。原材料属于成本。

47. 甲公司购买集体员工宿舍，价值 1000 万元，根据会计准则及其相关规定，购入的固定资产属于（　　）。

　　A. 资本性支出　　　　　　　　　　B. 生产成本
　　C. 营业外支出　　　　　　　　　　D. 收益性支出

　　解析：A。购买固定资产是资本性支出。

48. 地铁机电安装及装饰装修工程中，办公用的笔记本等固定资产常采用的折旧方法是（　　），该方法是按固定资产的使用年限平均地提折旧的方法，按此方法所计算的每年的折旧额是相同的。

　　A. 平均年限法　　　　　　　　　　B. 双倍余额递减法
　　C. 年数总和法　　　　　　　　　　D. 工作量法

　　解析：A。

49. 甲公司某地铁项目部，为组织和管理施工生产而发生的管理人员工资及福利费，应计入（　　）。

　　A. 管理费用　　　B. 期间费用　　　C. 直接费用　　　D. 间接费用

　　解析：D。间接费用是企业下属的施工单位或生产单位为组织和管理施工生产活动所发生的费用。

50. 甲公司某地铁项目部发生业务招待费共计 50 万元，该项费用应当计入（　　）。

　　A. 管理费用　　　B. 工程成本　　　C. 财务费用　　　D. 营业费用

　　解析：A。管理费用中包含的其他费用包括技术转让费、技术开发费、业务招待费、绿化费、广告费、公证费、法律顾问费、审计费、咨询费、保险费等。

51. 甲公司某地铁机电安装及装饰装修项目部在施工管理期间发生广告宣传费 5 万

元,按照会计核算的要求,该笔费用应当计入( )。
A. 营业外支出　　　　　　　　B. 销售费用
C. 管理费用　　　　　　　　　D. 间接费用
解析:C。解析见第50题。

52. 甲公司承建某地铁机电安装及装饰装修工程项目,施工造价合同结果能够可靠地估计,甲公司在资产负债表日,确认当期合同收入的方法是( )。
A. 工程计划进度法　　　　　　B. 工程实际进度法
C. 完工百分比法　　　　　　　D. 工程形象进度法
解析:C。施工造价合同结果能够可靠地估计,企业在资产负债表日,确认当期合同收入的方法是完工百分比法。

53. ( )是编制施工图预算的主要依据,是编制单位估价表、确定工程造价、控制建设工程投资的基础和依据。
A. 施工定额　　　　　　　　　B. 预算定额
C. 概算定额　　　　　　　　　D. 概算指标
解析:B。预算定额是编制施工图预算的主要依据,是编制单位估价表、确定工程造价、控制建设工程投资的基础和依据。

54. 甲公司承建某地铁机电安装及装饰装修工程项目所租赁的吊车,在正常工作台班内,因司索工绑扎吊物时,吊车不可避免的无负荷工作时间属于( )。
A. 不可避免的中断时间　　　　B. 有效工作时间
C. 必需消耗的时间　　　　　　D. 停工时间
解析:C。施工机械工作时间中的不可避免的无负荷工作时间属于必需消耗的时间。

55. 甲公司承建的某地铁砌筑及装饰装修工程中,圈梁、构造柱混凝土浇筑的工人小组由3人组成,其时间定额为0.65工日/m^3,则其产量定额为( )m^3/工日。
A. 0.51　　　B. 1.54　　　C. 1.95　　　D. 4.62
解析:B。产量定额=1/时间定额=1/0.65=1.54m^3/工日。

56. 甲公司中标某市地铁1号线PPP项目工程,由于该工程设计深度不足,则适合采用( )来编制初步设计概算。
A. 企业定额　　B. 预算定额　　C. 施工定额　　D. 概算指标
解析:D。概算指标的作用与概算定额类似,在设计深度不够的情况下,往往用概算指标来编制初步设计概算。

57. 编制地铁机电安装及装饰装修工程企业定额最关键的工作是确定( )。
A. 人工、材料和机械台班的消耗量　　B. 确定规费
C. 确定税金　　　　　　　　　　　　D. 确定利润
解析:A。编制企业定额最关键的工作是确定人工、材料和机械台班的消耗量以及计算分项工程单价或综合单价。具体测定和计算方法同施工定额及预算定额的编制。

58. 编制地铁机电安装及装饰装修工程企业人工定额时要考虑( )。
A. 正常的施工条件
B. 拟定定额时间
C. 正常的施工条件及拟定定额时间

D. 正常的施工条件、拟定定额时间及工人的劳动效率

解析：C。编制人工定额主要包括拟定正常的施工条件以及拟定定额时间两项工作。

59. 地铁砌筑及装饰装修工程的企业定额编制时，墙面抹灰工程，抹灰工偶然遇到的脚手眼，对脚手眼进行封堵的工作，所耗费时间的说法，正确的是（　　）。

A. 属于多余的工作时间，拟定定额时不需考虑

B. 属于违背劳动纪律造成的工作时间损失，在定额中予以考虑

C. 该工作能获得一定产品，拟定定额时要适当考虑其影响

D. 由于施工工艺特点引起的工作中断所必需的时间，在定额中予以考虑

解析：C。偶然工作也是工人在任务外进行的工作，但能够获得一定产品。如抹灰工不得不补上偶然遗留的墙洞等。由于偶然工作能获得一定产品，拟定定额时要适当考虑其影响。

60. 地铁机电安装及装饰装修工程企业定额编制时，由于水源、电源中断引起的停工时间属于（　　）。

A. 非施工本身造成的停工时间，定额中则应给予合理的考虑

B. 施工本身造成的停工时间，定额中则不应予以考虑

C. 多余工作的工时损失，定额中则不应予以考虑

D. 劳动组织不合理引起的，属于损失时间，不能计入定额时间

解析：A。非施工本身造成的停工时间，是由于水源、电源中断引起的停工时间，在定额中则应给予合理的考虑。

61. 地铁砌筑及装饰装修工程中，施工中使用的模板属于材料消耗定额指标中的（　　）。

A. 主要材料　　　B. 辅助材料　　　C. 周转材料　　　D. 零星材料

解析：C。周转性材料（又称工具性材料），指施工中多次使用但并不构成工程实体的材料，如模板、脚手架等。

62. 地铁砌筑及装饰装修工程中所使用的加气混凝土砌块，在施工过程中存在一定的损耗，一般以损耗率表示，损耗率的计算公式为（　　）。

A. 损耗率＝损耗量/材料消耗定额×100%

B. 损耗率＝损耗量/净用量×100%

C. 损耗率＝损耗量/（净用量＋损耗量）×100%

D. 损耗率＝损耗量/（净用量－损耗量）×100%

解析：B。损耗率＝损耗量/净用量×100%；注：总消耗量＝净用量＋损耗量＝净用量×（1＋损耗率）。

63. 地铁砌筑及装饰装修工程中所使用的C25混凝土净用量为1000m³，混凝土的损耗率为3%，则该混凝土的总消耗量为（　　）m³。

A. 1000　　　B. 1003　　　C. 1030　　　D. 1300

解析：C。总消耗量＝净用量×（1＋损耗率）＝1000×（1＋3%）＝1030m³。注：总消耗量＝净用量＋损耗量＝净用量×（1＋损耗率）。

64. 在地铁机电安装及装饰装修工程中，不属于竣工结算审查内容的是（　　）。

A. 其他项目工程量及单价　　　B. 结算资料的完备性

C. 工程款支付证书　　　　　　　　D. 与结算有关的各项内容

解析：C。审查与结算有关的各项内容：（1）建设工程发承包合同及其补充合同的合法性和有效性；（2）施工承包合同范围以外调整的工程价款；（3）分部分项、措施项目、其他项目工程量及单价；（4）发包人单独分包工程项目的界面划分和总包人的配合费用；（5）工程变更、索赔、奖励及违约费用；（6）规费、税金、政策性调整以及材料差价计算；（7）实际施工工期与合同工期发生差异的原因和责任，以及对工程造价的影响程度；（8）其他涉及工程造价的内容。

65. 地铁机电安装及装饰装修工程中，发包人应在收到通知后的（　　）d 内，按照承包人支付申请的金额向承包人支付进度款。

A. 7　　　　　B. 14　　　　　C. 21　　　　　D. 28

解析：B。发包人应在收到通知后的 14d 内，按照承包人支付申请的金额向承包人支付进度款。

66. 地铁机电安装及装饰装修工程中，发包人逾期支付预付款超过 7d 的，承包人有权向发包人发出要求预付的催告通知，发包人收到通知后仍不按要求预付，承包人可在发出通知（　　）d 后暂停施工。

A. 7　　　　　B. 14　　　　　C. 21　　　　　D. 28

解析：A。发包人逾期支付预付款超过 7d 的，承包人有权向发包人发出要求预付的催告通知，发包人收到通知后 7d 内仍未支付的，承包人有权暂停施工。

67. 地铁机电安装及装饰装修工程中，进行现场签证时，要关注的问题不包括（　　）。

A. 时效性问题　　　　　　　　　　B. 重复计算问题
C. 合同依据的条款　　　　　　　　D. 要掌握标书中对计日工的规定

解析：C。进行现场签证时，要关注的问题包括：时效性问题；重复计算问题；要掌握标书中对计日工的规定。

68. 地铁机电安装及装饰装修工程中，发承包双方确认的现场签证费用应（　　）。

A. 先于工程进度款支付　　　　　　B. 开工前支付
C. 与工程进度款同期支付　　　　　D. 工程竣工支付

解析：C。发承包双方确认的现场签证费用与工程进度款同期支付。

69. 地铁机电安装及装饰装修工程中，承包人应发包人要求完成合同以外的零星工作或非承包人责任事件发生时，承包人应按合同约定及时向发包人提出（　　）。

A. 计日工　　　B. 拒绝　　　C. 现场签证　　　D. 重新协商合同

解析：C。承包人应发包人要求完成合同以外的零星工作或非承包人责任事件发生时，承包人应按合同约定及时向发包人提出现场签证。

70. 地铁机电安装及装饰装修工程中，（　　）是指招标人在工程量清单中暂定并包括在合同价款中的一笔款项。用于工程合同签订时尚未确定或者不可预见的所需材料、工程设备、服务的采购，施工中可能发生的工程变更、合同约定调整因素出现时的合同价款调整以及发生的索赔、现场签证等确认的费用。

A. 暂估价　　　B. 暂列金额　　　C. 计日工　　　D. 总承包服务费

解析：B。暂列金额是指招标人在工程量清单中暂定并包括在合同价款中的一笔款项。用于工程合同签订时尚未确定或者不可预见的所需材料、工程设备、服务的采购，施工中可能发生的工程变更、合同约定调整因素出现时的合同价款调整以及发生的索赔、现场签证等确认的费用。

71. 已签约合同价中的暂列金额由（　　）掌握使用。
  A. 承包人 　　B. 审计部门 　　C. 发包人 　　D. 管理部门
  解析：C。已签约合同价中的暂列金额由发包人掌握使用。发包人按照合同的规定作出支付后，如有剩余，则暂列金额余额归发包人所有。

72. 工程量清单项目的增减变化必然带来合同价款的增减变化。而导致工程量清单缺项的原因不包括（　　）。
  A. 设计变更　　　　　　　　　　B. 施工条件改变
  C. 工程量清单编制错误　　　　　D. 法律法规变化
  解析：D。施工过程中，工程量清单项目的增减变化必然带来合同价款的增减变化。而导致工程量清单缺项的原因，一是设计变更；二是施工条件改变；三是工程量清单编制错误。

73. 分部分项工程工程量清单的编制中，项目编码以五级编码设置，采用阿拉伯数字表示，其位数是（　　）位。
  A. 8 　　　　　B. 10 　　　　C. 12 　　　　D. 15
  解析：C。分部分项工程工程量清单的编制中，项目编码以五级编码设置，采用12位阿拉伯数字表示。

74. 确定综合单价的重要依据是（　　）。
  A. 计量单位　　B. 项目特征　　C. 项目编码　　D. 项目名称
  解析：B。项目特征是指构成分部分项工程量清单项目、措施项目自身价值的本质特征。分部分项工程量清单项目特征应按《建设工程工程量清单计价规范》GB 50500 的项目特征，结合拟建工程项目的实际予以描述。分部分项工程工程量清单的项目特征是确定一个清单项目综合单价的重要依据，在编制的工程量清单中必须对其项目特征进行准确和全面的描述。

75. 地铁机电安装及装饰装修工程中，工程量清单计价模式下，分部分项工程量的确定方法是（　　）。
  A. 按施工图图示尺寸计算工程净量
  B. 按施工图图示尺寸加允许误差计算工程量
  C. 按施工方案计算工程总量
  D. 按施工方案和允许误差计算工程量
  解析：A。招标文件中的工程量清单标明的工程量是招标人编制招标控制价和投标人投标报价的共同基础，它是工程量清单编制人按施工图图示尺寸和工程量清单计算规则计算得到的工程净量。

76. 某分部分项工程的项目编码 010302004005，则"004"的含义是（　　）。
  A. 分项工程顺序码　　　　　　　B. 分部工程顺序码
  C. 附录分类顺序码　　　　　　　D. 工程分类顺序码
  解析：A。如下图所示。

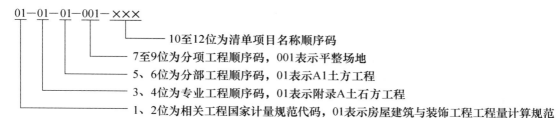

77. 地铁机电安装及装饰装修工程中，关于工程量清单的构成，下列说法错误的是（　　）。

　　A. 措施项目清单应根据拟建工程的实际情况列项

　　B. 规费是指由省级人民政府或省级有关部门规定必须缴纳的

　　C. 投标人可以根据实际情况将若干清单项目合并计价

　　D. 分部分项工程量清单应按不同专业工程量计量规范给出的规则计算工程量，投标人对清单内容不允许做任何更改变动

　　解析：C。对不能计量的措施项目（即总价措施项目），措施项目清单中仅列出了项目编码、项目名称，但未列出项目特征、计量单位的项目，编制措施项目清单时，应按现行国家标准《建设工程工程量清单计价规范》GB 50500 附录（措施项目）的规定执行。措施项目清单应根据拟建工程的实际情况列项。

78. 地铁机电安装及装饰装修工程中，（　　）是指为完成工程项目施工，发生于该工程施工准备和施工过程中的技术、生活、安全、环境保护等方面的项目清单。

　　A. 分部分项清单　　　　　　　　B. 措施项目费清单

　　C. 其他项目费清单　　　　　　　D. 规费清单

　　解析：B。措施项目清单是指为完成工程项目施工，发生于该工程施工准备和施工过程中的技术、生活、安全、环境保护等方面的项目清单。

79. 地铁机电安装及装饰装修工程中，措施项目清单的列项应根据拟建工程的（　　）。

　　A. 管理水平　　　B. 施工特点　　　C. 装备水平　　　D. 实际情况

　　解析：D。措施项目清单应根据拟建工程的实际情况列项。

80. 地铁机电安装及装饰装修工程中，招标工程量清单的组成不包括（　　）。

　　A. 分部分项工程量清单　　　　　B. 其他项目清单

　　C. 措施项目清单　　　　　　　　D. 间接费用清单

　　解析：D。工程量清单是指建设工程的分部分项工程项目、措施项目、其他项目、规费项目和税金项目的名称和相应数量等的明细清单。

81. 工程中实行的工程量清单计价，采用的综合单价是（　　）。

　　A. 预算单价　　　　　　　　　　B. 实物单价

　　C. 部分费用综合单价　　　　　　D. 全费用综合单价

　　解析：C。我国目前实行的工程量清单计价采用的综合单价是部分费用综合单价，分部分项工程单价中综合了直接工程费、管理费、利润，以及一定范围内的风险费用。

82. 施工图预算的编制依据不包括（　　）。

　　A. 项目的管理模式　　　　　　　B. 施工图设计文件

C. 施工组织设计　　　　　　　　D. 地方政府发布的区域发展规划

解析：D。施工图预算的编制依据应包括下列内容：（1）国家、行业和地方有关规定；（2）相应工程造价管理机构发布的预算定额；（3）施工图设计文件及相关标准图集和规范；（4）项目相关文件、合同、协议等；（5）工程所在地的人工、材料、设备、施工机械市场价格；（6）施工组织设计和施工方案；（7）项目的管理模式、发包模式及施工条件；（8）其他应提供的资料。

83. 地铁机电安装及装饰装修工程中，（　　）是投标人希望达成工程承包交易的期望价格，但不能高于招标人设定的招标控制价。

A. 招标控制价　　B. 标底　　C. 投标价　　D. 施工图预算价

解析：C。《建设工程工程量清单计价规范》GB 50500 规定，投标价是投标人参与工程项目投标时报出的工程造价。

84. 在地铁机电安装及装饰装修工程保修期内修复费用承担的说法，错误的是（　　）。

A. 因承包人原因造成工程的缺陷、损坏，承包人应负责修复并承担修复的费用

B. 因发包人使用不当造成工程的损坏，承包人应当无条件负责修复，发包人承担修复费用

C. 因其他原因造成工程的缺陷、损坏，可以委托承包人修复，发包人承担修复费用并支付合理利润

D. 因发包人使用不当造成工程缺陷，可以委托承包人修复，发包人承担修复费用并支付合理利润

解析：B。保修期内，修复费用按照以下约定处理：（1）承包人原因造成工程的缺陷、损坏，承包人应负责修复并承担修复的费用；（2）因发包人使用不当造成工程缺陷，可以委托承包人修复，发包人承担修复费用并支付合理利润；（3）因其他原因造成工程的缺陷、损坏，可以委托承包人修复，发包人承担修复费用并支付合理利润。

85. 某正在施工的地铁项目爆发新冠肺炎疫情，由于地方控制不当，导致连续停工天数达 90d，则发包人和承包人均（　　）解除合同。

A. 有权　　B. 无权　　C. 不得　　D. 必须

解析：A。因不可抗力导致合同无法履行连续超过 84d 或累计超过 140d 的，发包人和承包人均有权解除合同。

86. 根据《建设工程质量保证金管理办法》，发包人累计扣留的质量保证金比例的上限是工程价款结算总额的（　　）。

A. 1%　　　　　　　　　　　B. 3%

C. 5%　　　　　　　　　　　D. 双方约定的任何比例

解析：B。

87. 甲公司投标某市地铁施工项目，公布的招标控制价为 6000 万元，中标人的投标报价为 5200 万元，经调整后的中标价为 5100 万元，所有合格投标人的平均报价为 5450 万元，则甲公司的报价浮动率为（　　）。

A. 15%　　B. 9.17%　　C. 85%　　D. 13.33%

解析：A。招标工程的承包人报价浮动率可按下列公式计算：承包人报价浮动率 $L=$

（1－中标价/招标控制价）×100％＝（1－5100/6000）×100％＝15％。

88. 甲公司某正在施工的地铁项目因不可抗力造成损失，甲公司依据相关程序及时向项目监理工程师提出了索赔，下列索赔成立的是（　　）。

    A. 甲公司受伤人员医药费，补偿金 10 万元

    B. 甲公司自有施工机具损坏损失 25 万元

    C. 施工机械闲置、施工人员窝工损失 8 万元

    D. 工程清理、修复费用 15 万元

    解析：D。不可抗力导致的人员伤亡、财产损失、费用增加和（或）工期延误等后果，由合同当事人按以下原则承担：（1）承包人施工设备的损坏由承包人承担，B、C 项错误。（2）发包人和承包人承担各自人员伤亡和财产的损失；A 项错误。（3）承包人在停工期间按照发包人要求照管、清理和修复工程的费用由发包人承担。D 项正确。

89. 除专用合同条款另有约定外，发包人应在开工后（　　）d 内预付安全文明施工费总额的（　　），其余部分与进度款同期支付。

    A. 28，60％   B. 28，50％   C. 14，60％   D. 14，50％

    解析：B。

90. 甲公司正在施工的某地铁项目，原定 2020 年 12 月 30 日竣工，因甲公司原因导致工程延至 2021 年 3 月 30 日竣工，但在 2021 年 1 月 30 日因法规的变化导致工程造价增加 120 万元，工程合同价应（　　）。

    A. 调增 120 万元   B. 调减 120 万元

    C. 调增 60 万元   D. 不予调整

    解析：D。法律法规变化时，因承包人原因导致工期延误的，在合同工程原定竣工时间之后，合同价款调增的不予调整，合同价款调减的予以调整。

91. 根据现行国家标准《建设工程工程量清单计价规范》GB 50500，投标时可由投标单位根据其施工组织设计自主报价的是（　　）。

    A. 安全文明施工   B. 大型机械设备进出场及安拆费

    C. 规费   D. 税金

    解析：B。安全文明施工费、规费、税金不得作为竞争性费用。

92. 甲公司正在施工的地铁机电安装及装饰装修项目遭遇不可抗力，甲公司可以要求合理补偿（　　）。

    A. 费用   B. 利润   C. 工期   D. 成本

    解析：C。

93. 甲公司正在施工的地铁机电安装及装饰装修工程，项目所在地省级造价管理机构发布了人工费上调 10％ 的通知并即时生效，该工程当月完成合同价款 500 万元，其中人工费为 100 万元，比定额人工费高出 20％，则关于该工程当月人工费的说法正确的是（　　）。

    A. 应按照要求上调 10％，及增加人工费 10 万元

    B. 该工程人工费已经高于定额人工费，不予上调

    C. 该工程人工费应按合同约定，不需受该通知影响

    D. 发承包双方应予充分协商是否上调人工费

解析：B。人工单价发生变化且符合省级或行业建设主管部门发布的人工费调整规定，合同当事人应按省级或行业建设主管部门或其授权的工程造价管理机构发布的人工费等文件调整合同价格，但承包人对人工费或人工单价的报价高于发布价格的除外。

94. 甲公司承建的某地铁项目因非自身原因窝工产生设备费索赔，甲公司使用的吊车采用外部租赁，则设备费索赔应按照机械（　　）计算索赔费用。

A. 租赁费　　　　B. 折旧费　　　　C. 保养费　　　　D. 台班单价

解析：A。

95. 甲公司承建的某地铁项目，因业主要求导致工作内容增加，从而导致设备费用增加，则设备费的索赔标准应按照（　　）计算。

A. 机械折旧费　　　　　　　　B. 机械台班费
C. 设备租赁费　　　　　　　　D. 机械人工费

解析：B。当工作内容增加引起的设备费索赔时，设备费的标准按照机械台班费计算。

96. 甲公司正在施工的地铁机电安装及装饰装修工程出现设计图纸与工程量清单对项目特征描述不符并且该变化引起该工程造价增减变化，则甲公司的正确处理方式是（　　）。

A. 按设计图纸施工，不调整价款
B. 按设计图纸施工，并重新确定综合单价
C. 按工程量清单描述施工，不调整价款
D. 按工程量清单描述施工，并调整价款

解析：B。

97. 施工图设计文件审查合格后，（　　）应及时主持召开图纸会审会议，与会各方会签会议纪要。

A. 建设单位　　B. 施工单位　　C. 项目监理机构　　D. 设计单位

解析：A。

98. 施工图设计交底的目的是设计单位向施工单位和监理单位进行（　　）和说明。

A. 质量目标的分解落实　　　　B. 设计意图的传达
C. 设计图纸的交接　　　　　　D. 施工和监理任务的部署

解析：B。

99. 图纸会审之后，设计单位在设计文件交付施工时，需按法律规定的义务进行（　　）。

A. 设计说明　　B. 设计交底　　C. 图纸审查　　D. 图纸解释

解析：B。

100. 图纸会审的会议纪要由（　　）负责整理，与会各方会签。

A. 监理单位　　B. 建设单位　　C. 施工单位　　D. 设计单位

解析：C。

101. 图纸会审的内容一般不包括（　　）。

A. 图纸是否已经由审查机构签字、盖章
B. 设计地震烈度是否符合当地要求

C. 节能、环保是否满足要求
D. 图纸是否满足项目立项的功能
解析：C。

102. 设计交底的主要内容不包括（　　）。
A. 设计意图的说明
B. 工程材料的来源是否有保证
C. 施工单位对设计图纸疑问的解释
D. 建筑、结构等专业在施工中的难点、疑点问题的说明
解析：B。

103. 地铁项目中，机电安装与装饰装修工程合同估算价在（　　）万元以上的，必须进行招标投标。
A. 200　　　　B. 300　　　　C. 400　　　　D. 500
解析：A。地铁项目中，机电安装与装饰装修工程合同估算价在200万元以上的，必须进行招标投标。

104. 地铁装修与机电安装工程招标时，业主单位是否具有（　　），可以将组织招标形式分为自行招标和委托招标两种情况。
A. 招标资质　　　　　　　　B. 招标许可
C. 招标的条件与能力　　　　D. 评标专家
解析：C。业主单位是否具有招标的条件与能力，可以将组织招标形式分为自行招标和委托招标两种情况

105. 地铁项目中，下列关于地铁装修与机电安装工程招标的说法，正确的是（　　）。
A. 在投标有效期间，投标单位可以补充、修改或者撤回其投标文件
B. 在提交投标文件的截止时间前，投标人可以补充、修改或者撤回其投标文件
C. 投标人可以挂靠或者使用其他企业的资质证书参加投标
D. 投标人可以与其他几家投标单位进行内部竞价，内定中标人，然后再参加投标
解析：B。（1）投标人应当在招标文件要求提交投标文件的截止时间前，将投标文件送达地点。招标人收到投标文件后，应当签收保存，不得开启，A错误；（2）投标人在招标文件要求提交投标文件的截止时间前，可以补充、修改或者撤回已提交的投标文件，并书面通知招标人。补充、修改的内容为投标文件的组成部分，B正确；（3）投标人不得相互串通投标报价，不得排挤其他投标人的公平竞争。损害招标人或者其他人的合法权益。

106. 地铁装修与机电安装工程，在进行劳务分包招标时，下列说法正确的是（　　）。
A. 劳务公司的资质证书可以借用其他单位
B. 劳务公司可以与项目部内订协议，招标时只需要找2家单位进行陪标
C. 劳务公司的生产许可证、营业执照过期仍可投标
D. 在招标投标时要考查劳务公司征信信息、公司业绩、实力等内容
解析：D。在招标投标时要考查劳务公司征信信息、公司业绩、实力等内容。

107. 地铁项目中，轨道公司在进行单个站的装饰装修与机电安装工程招标时，常用的招标方式是（　　）。

A. 公开招标　　　　B. 议标　　　　C. 网上招标　　　　D. 邀请招标

解析：A。轨道公司在进行单个站的装饰装修与机电安装工程招标时，常用的招标方式是公开招标。

108. 地铁项目中，轨道公司在进行单个站的装饰装修与机电安装工程招标时，评标委员会中，技术经济方面的专家不得少于总人数的（　　）。

A. 2/3　　　　B. 3/4　　　　C. 1/3　　　　D. 1/2

解析：A。评标委员会成员一般为5人以上的单数，技术经济方面的专家不得少于成员总数的2/3。

109. 地铁装饰装修与机电安装工程中，若图纸与合同文件出现不一致的内容时，其优先解释顺序为（　　）。

A. 中标通知书、合同协议书、图纸　　　　B. 合同协议书、中标通知书、图纸
C. 合同协议书、图纸、中标通知书　　　　D. 中标通知书、图纸、合同协议书

解析：B。《施工合同文本》第2条规定了施工合同文件的组成及解释顺序。组成建设工程施工合同的文件包括：(1) 施工合同协议书。(2) 中标通知书。(3) 投标书及其附件。(4) 施工合同专用条款。(5) 施工合同通用条款。(6) 标准、规范及有关技术文件。(7) 图纸。(8) 工程量清单。(9) 工程报价单或预算书。双方有关工程的洽商、变更等书面协议或文件视为施工合同的组成部分。上述合同文件应能够互相解释、互相说明。当合同文件中出现不一致时，上面的顺序就是合同的优先解释顺序。当合同文件出现含糊不清或者当事人有不同理解时，按照合同争议的解决方式处理。

110. 地铁项目中，装饰装修与机电安装工程与业主单位签订的合同，合同形式一般为（　　）。

A. 分包合同　　　　　　　　B. 总价合同
C. 单价合同　　　　　　　　D. 担保合同

解析：B。建设工程施工合同根据合同计价方式的不同，一般情况下分为三大类型，即总价合同、单价合同和成本加酬金合同，装饰装修与机电安装工程与业主单位签订的合同形式一般为总价合同。

111. 装饰装修与机电安装工程中，承包人在索赔事项发生后的（　　）日以内，应向监理工程师正式提出索赔意向通知。

A. 7　　　　B. 14　　　　C. 21　　　　D. 28

解析：D。当出现索赔事项时，承包人以书面的索赔通知书形式，在索赔事项发生后的28日内，向工程师正式提出索赔意向通知。

112. 地铁项目中，进行装饰装修与机电安装工程投标时，投标保证金的数额一般为投标价的（　　），但最高不得超过80万元人民币。

A. 1%　　　　B. 2%　　　　C. 3%　　　　D. 4%

解析：B。投标担保或投标保证金，是指投标人保证其投标被接受后对其投标书中规定的责任不得撤销或者反悔。否则，招标人将对投标保证金予以没收，投标保证金的数额一般为投标价的2%，但最高不得超过80万元人民币。

113. 装饰装修与机电安装工程中，劳务分包单位对承包单位的索赔，如按索赔事件的影响分类，可分为（　　）。

A. 单项索赔和综合索赔
B. 工期拖延索赔和工程变更索赔
C. 工期索赔和费用索赔
D. 发包人和承包人、承包人与发包人之间的索赔

解析：B。按索赔事件的影响可分为：工期拖延索赔；不可预见的外部障碍或条件索赔；工程变更索赔；工程终止索赔；其他索赔。

114. 地铁装饰装修与机电安装工程投标时，承包人提交的履约担保形式一般不包括( )。

A. 银行保函   B. 信用担保
C. 履约担保书   D. 保留金

解析：B。履约担保的三种常用形式：银行保函、履约担保书、保留金。

115. 地铁机电安装与装饰装修项目，与业主签订合同后，常采用的履约担保形式为( )。

A. 银行保函   B. 信用担保
C. 履约担保书   D. 保留金

解析：A。与业主签订合同后，常采用的履约担保形式为银行保函。

116. 地铁机电安装与装饰装修工程，与业主签订合同的金额为8000万元，合同中要求承包人以银行履约保函的形式向发包人提交履约保函，则该履约保函的金额一般约为( )万元。

A. 400   B. 600   C. 800   D. 2400

解析：C。银行的履约保函是由商业银行开具的担保证明，通常为合同金额的10%。

117. 地铁机电安装与装饰装修工程，与业主单位签订的合同中，质保金的退还规定一般是( )。

A. 工程移交时，一次性退还
B. 质量保修期满一年后，一次性退还
C. 工程移交时，支付一半；质量保修期满一年后14日内，支付剩下的一半
D. 不予退还，随预付款的扣除，逐月减少

解析：C。保留金是指在发包人根据合同约定，每次支付工程进度款时扣除一定数目的款项，作为承包人完成其修补缺陷义务的保证。保留金一般为每次工程进度款的10%，但总额一般应限制在合同总价款的5%（通常最高不得超过10%）。一般在工程移交时，发包人将保留金的一半支付给承包人；质量保修期满1年（一般最高不超过2年）后14日内，将剩下的一半支付给承包人。

118. 地铁机电安装与装饰装修项目中，根据《中华人民共和国建筑法》规定，应当在领取施工许可证后的( )个月内开工。

A. 1   B. 3   C. 6   D. 12

解析：B。建设单位应当自领取施工许可证之日起3个月内开工。因故不能按期开工的，应当向发证机关申请延期；延期以两次为限，每次不超过3个月。既不开工又不申请延期或者超过延期时限的，施工许可证自行废止。

119. 城市轨道交通项目投标时，甲、乙、丙、丁四家施工单位签订共同投标协议组

成联合体，以一个投标人的身份投标，关于此联合体，说法正确的是（　　）。

A. 联合体内部的共同投标协议与招标人无关，不必交予招标人

B. 联合体各方就中标项目向业主方承担连带责任

C. 联合体任何成员均有权以对债务分担比例有约定为由拒绝履行全部债务，联合体成员之一清偿全部债务后，联合体不能免除履行义务

D. 联合体在履行合同期间，其中一方可自行决定退出，退出后其余三家单位继续履行合同

解析：B。根据《中华人民共和国招标投标法》的规定，联合体各方应当签订共同投标协议，明确约定各方拟承担的工作和责任，并将共同投标协议连同投标文件一并提交招标人。未提交的，属于废标。联合体中标的，联合体各方应当共同与招标人签订合同，就中标项目向招标人承担连带责任。

120. 进行地铁机电安装与装饰装修项目投标时，根据《工程建设项目施工招标投标办法》，下列关于投标人应当具备的条件的说法中，错误的是（　　）。

A. 具有独立订立合同的权利

B. 具有履行合同的能力

C. 最近两年内没有重大工程质量和安全事故问题

D. 投标资格没有被取消

解析：C。《工程建设项目施工招标投标办法》第20条规定了投标人参加工程建设项目施工投标应当具备5个条件：（1）具有独立订立合同的权利。（2）具有履行合同的能力，包括专业、技术资格和能力，资金、设备和其他物质设施状况，管理能力，经验、信誉和相应的从业人员。（3）没有处于被责令停业，投标资格被取消，财产被接管、冻结，破产状态。（4）在最近3年内没有骗取中标和严重违约及重大工程质量问题。（5）法律、行政法规规定的其他资格条件。

121. 地铁机电安装与装饰装修工程中，由于发生洪水，造成已经施工的工程索赔事件发生的28d内，承包人应向监理工程师递交（　　）。

A. 索赔事件发生的原因和证据资料　　B. 索赔的依据

C. 索赔意向通知　　D. 索赔报告

解析：C。承包人在索赔事项发生后的28d以内，应向工程师正式提出索赔意向通知，提出索赔要求。

122. 地铁机电安装与装饰装修工程中，项目部工经部门在合同执行期间，针对业主合同管理工作内容不包括（　　）。

A. 应全过程跟踪检查合同执行情况，并向项目经理汇报

B. 收集、整理合同信息，管理绩效

C. 按照合同条款规定，定期验工

D. 对现场施工进行技术指导

解析：D。针对业主合同管理应做的工作内容不包括对现场施工进行技术指导。

123. 地铁机电安装与装饰装修工程中，项目部工经部门主要工作内容不包括（　　）。

A. 负责落实成本、合同、计划统计

B. 参与工程索赔、工程量调差，编制施工过程中发生的设计变更的单价或估算

C. 负责项目红线责任成本分析，负责组织编制内部施工预算及施工项目成本计划

D. 根据合同清单综合单价，限制现场施工使用材料用量，以免造成亏损

解析：D。不包括根据合同清单综合单价，限制现场施工使用材料用量。

124. 地铁机电安装与装饰装修工程中，项目部工经部门对于分包单位主要工作内容不包括（　　）。

A. 分包合同管理

B. 负责专业、劳务分包的合同签订及结算

C. 对现场工程量进行测量收方

D. 对收方工程量按照合同要求进行验工或结算

解析：C。项目部工经部门对于分包单位主要工作内容不包括对现场工程量进行测量收方。测量收方属于工程部内容，由各专业工程师对各专业施工内容进行现场收方。

125. 地铁机电安装与装饰装修工程施工过程中，项目部工经部门需要对劳务分包单位每季度进行考核评分，考核内容不包括（　　）。

A. 安全管理情况　　　　　　　　B. 分包企业资源配置情况

C. 施工进度情况　　　　　　　　D. 劳务队伍的工人数量

解析：D。项目部工经部门需要对劳务分包单位每季度进行考核评分，考核内容不包括劳务队伍的工人数量。

126. 地铁机电安装与装饰装修工程中，下列选项中关于可以认定为违法分包的情况是（　　）。

A. 分包队伍在劳务合同签订前进入现场作业

B. 分包单位的资质证书已经过期

C. 分包单位的安全许可证已经过期

D. 承包单位未按时对劳务分包队伍进行安全教育

解析：D。承包单位未按时对劳务分包队伍进行安全教育属于项目部安全工作未做完善，不属于违法分包的认定项。

127. 地铁机电安装与装饰装修工程中，下列选项中关于劳务分包队伍管理说法，错误的是（　　）。

A. 分包单位工人进场前必须行三级安全教育培训

B. 劳务工人进场前需要与分包单位签订劳动合同

C. 劳务工人进场作业必须进行实名制登记

D. 分包单位可以不用给现场作业工人购买意外伤害险

解析：D。分包单位必须给现场作业工人购买意外伤害险。

128. 地铁机电安装与装饰装修工程中，关于劳务分包单位工程款支付的说法，错误的是（　　）。

A. 应按照合同要求按期支付工程款

B. 每月可按照现场实际工程量进行验工，支付工程款

C. 每月支付的工人工资直接打入分包单位银行账户

D. 工人工资支付应按照考勤，项目部应直接将工资打入工人自己的银行账户

解析：C。工人工资的支付应直接打入工人自己的银行账户。

129. 地铁机电安装与装饰装修工程中，下列说法中属于违法转包的是（   ）。

A. 将地铁机电安装分部工程单独分包

B. 将地铁装修分部工程单独分包

C. 将风水电安装及装修工程（包括材料）全部转包给一家分包单位

D. 将风水电安装工程及砌筑工程单独分包

解析：C。将全部工程转包给他人施工属于违法转包。

130. 地铁机电安装与装饰装修工程中，项目部每月需召开成本分析会，成本分析的目的不包括（   ）。

A. 对整个项目所消耗的人力资源、材料资源和费用开支进行指导、监督、调节和限制

B. 及时纠正将要发生和已经发生的费用偏差

C. 把各项生产费用控制在计划成本的范围之内，以保证成本目标的实现

D. 控制现场安全生产费用的支出

解析：D。项目部每月需召开成本分析会，成本分析的目的不包括控制现场安全生产费用的支出。

131. 地铁机电安装与装饰装修工程中，项目部工经部门需将业主合同、分包合同主要内容对项目部各部门人员进行交底，其目的不包括（   ）。

A. 规避经营风险，提高项目效益

B. 让各部门了解合同的主要条款及各项措施，更好地完成合同中要求的本职工作

C. 了解合同中的主要节点时间，保质保量按时完成施工任务

D. 了解合同中清单的内容并按此进行施工

解析：D。应按照图纸要求进行施工。

132. 地铁机电安装与装饰装修工程施工完成后，下列关于工程保修期的说法，正确的是（   ）。

A. 车站的填充墙为设计文件规定的该工程的合理使用年限

B. 涉水房间的防水工程保修期为 3 年

C. 空调系统的保修期为 5 年

D. 机电安装的管线、给水排水管道工程，保修期为 1 年

解析：A。在正常使用条件下，建设工程的最低保修期限为：（1）基础设施工程、房屋建筑的地基基础工程和主体结构工程，为设计文件规定的该工程的合理使用年限；（2）屋面防水工程、有防水要求的卫生间、房间和外墙面的防渗漏，保修期为 5 年；（3）电气管线、给水排水管道、设备安装和装修工程，保修期为 2 年。其他项目的保修期限由发包方与承包方约定。

133. 地铁机电安装与装饰装修工程中，下列关于工程保修期的开始与结束时间说法，正确的是（   ）。

A. 建设工程的保修期，自竣工验收合格之日起计算

B. 保修期在项目竣工后移交运营单位后开始计算

C. 保修期自工程验收合格之日开始计算

D. 保修期自竣工预验收合格之日起计算

解析：A。建设工程的保修期，自竣工验收合格之日起计算。

134. 地铁机电安装与装饰装修工程中，合同中工程量清单综合单价，是指完成工程量清单中一个规定项目所需的（　　），以及一定范围的风险费用。

A. 人工费、材料和工程设备费、施工机具使用费、企业管理费、利润、税金

B. 人工费、材料和工程设备费、施工机具使用费、企业管理费、利润、规费和税金

C. 人工费、材料和工程设备费、施工机具使用费和企业管理费、利润

D. 人工费、材料和工程设备费、施工机具使用费、企业管理费、利润、规费

解析：C。工程量清单综合单价是指完成一个规定清单项目所需的人工费、材料和工程设备费、施工机具使用费和企业管理费、利润以及一定范围内的风险费用。该定义并不是真正意义上的全费用综合单价，而是一种狭义上的综合单价，规费和税金等不可竞争的费用并不包括在项目单价中。

135. 地铁机电安装与装饰装修工程招标中，工程量清单计价模式下，招标文件中工程量清单标明的分部分项工程量的确定方法是（　　）。

A. 按施工图图示尺寸计算工程净量

B. 按施工图图示尺寸加允许误差计算工程量

C. 按施工方案要求计算工程总量

D. 按施工方案和允许误差计算工程量

解析：A。招标文件中的工程量清单标明的工程量清单编制人按施工图图示尺寸和清单工程量计算规则计算得到的工程净量。

136. 地铁机电安装与装饰装修工程中，合同要求验工方式为每个月，每次验工的工程量应按（　　）计算确定。

A. 招标文件中标明的工程量

B. 合同中约定应予计量且实际完成的工程量

C. 合同清单中的工程量

D. 工程实体量与实际损耗量之和

解析：B。发承包双方进行工程竣工结算时的工程量应按发承包双方在合同中约定应予计量且实际完成的工程量。当然该工程量的计算也应严格遵照清单工程量计算规则，以实体工程量为准。

137. 地铁机电安装与装饰装修工程中，合同要求验工方式为每个月，关于验工时计量说法，正确的是（　　）。

A. 未按照图纸要求施工的工程可以计量

B. 施工质量存在明显缺陷且已整改完成，并已报监理验收的工程可以计量

C. 现场已经施工，但合同清单中没有此项，且没有变更等文件的不予计量

D. 现场施工实际工程量小于清单工程量的按照清单计量

解析：B。施工质量存在明显缺陷且已整改完成，并已报监理验收的工程可以计量。

138. 地铁机电安装与装饰装修工程中，工经部门归档的计价文件，保存期不宜少于（　　）年。

A. 2　　　　　　B. 3　　　　　　C. 4　　　　　　D. 5

解析：D。工程造价咨询人归档的计价文件，保存期不宜少于5年。

139. 地铁机电安装与装饰装修工程中,工经部门对归档的计价文件管理,说法错误的是( )。

A. 对具有保存价值的各种载体的计价文件,均应收集齐全,整理立卷后归档

B. 归档的工程计价成果文件只包括电子文件

C. 向接收单位移交档案时,应编制移交清单,双方应签字、盖章后方可交接

D. 归档可以分阶段进行,也可以在项目竣工结算完成后进行

解析:B。归档的工程计价成果文件应包括纸质原件和电子文件,其他归档文件及依据可为纸质原件、复印件或电子文件。

140. 地铁机电安装与装饰装修工程招标投标中,根据现行国家标准《建设工程工程量清单计价规范》GB 50500,编制投标文件时,招标文件中已提供暂估价的材料价格应根据( )计入综合单价。

A. 投标人自主确定价格

B. 投标时当地的市场价格

C. 招标文件列出的单价

D. 政府主管部门公布的价格

解析:C。暂估价不得变动和更改。暂估价中的材料、工程设备必须按照暂估单价计入综合单价。

141. 地铁机电安装与装饰装修工程招标投标中,采用工程量清单招标时,投标人在投标报价时不得作为竞争性费用的是( )。

A. 二次搬运费 B. 安全文明施工费

C. 夜间施工费 D. 总承包服务费

解析:B。措施费项目清单中的安全文明施工费应按照国家或省级、行业建设主管部门的规定计价,不得作为竞争性费用。

142. 地铁机电安装与装饰装修工程中,发包人应在工程开工后的( )d内预付安全文明施工费。

A. 26 B. 27 C. 28 D. 30

解析:C。根据《建设工程工程量清单计价规范》GB 50500 要求,发包人应在工程开工后的28d内预付不低于当年施工进度计划的安全文明施工费总额的60%。

143. 地铁机电安装与装饰装修工程中,发包人应在工程开工后预付的安全文明施工费,应不低于当年施工进度计划的安全文明施工费总额的( )。

A. 60% B. 70% C. 80% D. 85%

解析:A。根据《建设工程工程量清单计价规范》GB 50500 要求,发包人应在工程开工后的28d内预付不低于当年施工进度计划的安全文明施工费总额的60%。

144. 地铁机电安装与装饰装修工程中,关于安全文明施工费用的支付与使用说法,正确的是( )。

A. 发包人没有按时支付安全文明施工费的,承包人可催告发包人支付

B. 发包人在付款期满后的7d内仍未支付的,若发生安全事故,发包人应承担相应责任

C. 承包人对安全文明施工费应专款专用,在财务账目中应单独列项备查

D. 安全生产费可以用于购买施工材料

解析：C。《建设工程工程量清单计价规范》GB 50500 承包人对安全文明施工费应专款专用，在财务账目中应单独列项备查，不得挪作他用，否则发包人有权要求其限期改正；逾期未改正的，造成的损失和延误的工期应由承包人承担。

145. 地铁机电安装与装饰装修工程中，在签订劳务合同时，项目部工经部门针对项目合同管理应遵循的程序顺序，正确的是（　　）。

A. 合同评审→合同订立→合同实施计划→合同实施控制→合同管理总结
B. 合同订立→合同评审→合同实施计划→合同实施控制→合同管理总结
C. 合同订立→合同评审→合同实施控制→合同实施计划→合同管理总结
D. 合同评审→合同订立→合同实施计划→合同实施计划→合同管理总结

解析：A。

146. 地铁机电安装与装饰装修工程中，下列关于项目部成本管理的程序顺序，说法正确的是（　　）。

A. 编制成本计划，确定成本实施目标→进行成本控制→进行项目过程成本分析→进行项目过程成本考核→编制项目成本报告→项目成本管理资料归档
B. 编制成本计划，确定成本实施目标→进行项目过程成本分析→进行成本控制→进行项目过程成本考核→编制项目成本报告→项目成本管理资料归档
C. 编制成本计划，确定成本实施目标→进行项目过程成本考核→进行项目过程成本分析→进行成本控制→编制项目成本报告→项目成本管理资料归档
D. 编制成本计划，确定成本实施目标→进行成本控制→进行项目过程成本考核→进行项目过程成本分析→编制项目成本报告→项目成本管理资料归档

解析：A。

147. 地铁机电安装与装饰装修工程中，项目部应针对本工程制定成本计划，成本控制应遵循的正确程序是（　　）。

A. 找出偏差，分析原因→采集成本数据，监测成本形成过程→确定项目成本管理分层次目标→制定对策，纠正偏差→调整改进成本管理方法
B. 确定项目成本管理分层次目标→找出偏差，分析原因→制定对策，纠正偏差→采集成本数据，监测成本形成过程→调整改进成本管理方法
C. 确定项目成本管理分层次目标→采集成本数据，监测成本形成过程→找出偏差，分析原因→制定对策，纠正偏差→调整改进成本管理方法
D. 采集成本数据，监测成本形成过程→确定项目成本管理分层次目标→找出偏差，分析原因→制定对策，纠正偏差→调整改进成本管理方法

解析：C。

148. 地铁机电安装与装饰装修工程招标过程中，施工现场设立的安全警示标志，现场围挡等所需的费用属于（　　）费用。

A. 措施项目　　　　　　　　　　B. 分部分项工程
C. 零星项目　　　　　　　　　　D. 其他项目

解析：A。施工现场设立的安全警示标志，现场围挡等所需的费用属于措施项目费用。

149. 地铁机电安装与装饰装修工程中，关于现场费用增加的责任主体，下列说法错误的是（   ）。

　　A. 劳务分包单位未按照图纸及工程师下达的技术交底施工造成返工的由劳务方承担

　　B. 劳务分包单位施工过程中使用不合格的建筑材料（材料由项目部提供），造成返工费用增加，损失由项目部承担

　　C. 抢工期间，劳务分包单位施工未进行隐蔽验收，造成返工产生的费用由劳务方承担

　　D. 由于图纸变更致使人工费用增加，增加的费用由劳务方自行承担

　　解析：D。由于图纸变更致使人工费用增加，增加的费用应由项目部承担。

150. 地铁机电安装与装饰装修工程中，劳务分包单位施工过程中产生部分现场签证，关于签证争议鉴定做法，正确的是（   ）。

　　A. 现场签证明确了人工、材料、机械台班数量及其价格的，按签证的数量和计日工的价格计算

　　B. 现场签证只有用工数量没有人工单价的，其人工单价比照鉴定项目相应工程人工单价计算

　　C. 现场签证只有材料和机械台班用量没有价格的，其材料和台班价格按照鉴定项目相应工程的材料和台班单价适当上浮计算

　　D. 现场签证只有总价而无明细表述的，按总价计算

　　解析：D。（1）现场签证明确了人工、材料、机械台班数量及其价格的，按签证的数量和价格计算；（2）现场签证只有用工数量没有人工单价的，其人工单价按照工作技术要求比照鉴定项目相应工程人工单价适当上浮计算；（3）现场签证只有材料和机械台班用量没有价格的，其材料和台班价格按照鉴定项目相应工程材料和台班价格计算；（4）现场签证只有总价款而无明细表述的，按总价款计算。

151. 地铁机电安装与装饰装修工程结束后，根据与业主签订的合同条款，关于工程保修期的说法，正确的是（   ）。

　　A. 发包人未经竣工验收擅自使用工程的保修期，自转移占有之日起算

　　B. 各分部工程的保修期应该是相同的

　　C. 工程保修期从工程完工之日起算

　　D. 工程保修期可以根据具体情况适当低于法定最低保修年限

　　解析：A。本题考查的是保修期，选项B：各分部工程的保修应根据专用合同条款约定而并不一定是相同的。选项C：工程保修期从工程验收合格之日起算；选项D：具体分部分项工程的保修期由合同当事人在专用合同条款中约定，但不得低于法定最低保修年限。

152. 地铁机电安装与装饰装修工程中，在进行成本分析归类时，下列费用项目中，属于施工企业管理费的是（   ）。

　　A. 生产工人津贴　　　　　　　　B. 短期借款利息支出
　　C. 已完工程保护费　　　　　　　D. 劳动保护费

　　解析：D。属于施工企业管理费的是劳动保护费。

153. 地铁机电安装与装饰装修工程中，在进行成本分析归类时，建筑工人实名制管

理费应计入( )。

A. 规费
B. 其他项目费
C. 措施项目费
D. 分部分项工程费

解析：C。安全文明施工费中包括：环境保护费、文明施工费、安全施工费、临时设施费、建筑工人实名制管理费。这个计入措施项目费中。

154. 地铁机电安装与装饰装修工程中，以项目部名义在银行开户的账户中，短期存款利息应计入项目部的( )。

A. 管理费用
B. 生产费用
C. 财务费用
D. 销售费用

解析：C。短期借款应体现在财务计划现金流量表中，其利息应计入财务费用。

155. 地铁机电安装与装饰装修工程投标时，根据建设工程量清单计价规范，投标人可以根据需要自行增加列项的清单是( )。

A. 措施项目清单
B. 分部分项工程量清单
C. 其他项目清单
D. 规费、税金清单

解析：A。本题考查的是分部分项工程项目清单的编制。《建设工程工程量清单计价规范》GB 50500 规定：措施项目清单应根据拟建工程的实际情况列项。

156. 地铁机电安装与装饰装修工程中，与业主签订的合同中要求，质量保证金扣留的方式原则上一般采用( )。

A. 在支付工程进度款时逐次扣留
B. 工程竣工结算时一次性扣留
C. 按照里程碑扣留
D. 签订合同后一次性扣留

解析：A。本题考查的是质量保证金的处理。质量保证金的扣留有以下三种方式：(1) 在支付工程进度款时逐次扣留；(2) 工程竣工结算时一次性扣留质量保证金；(3) 双方约定的其他扣留方式。除专用合同条款另有约定外，质量保证金的扣留原则上采用上述第 (1) 种方式。

157. 地铁机电安装与装饰装修工程中，在进行成本分析归类时，根据《建设工程工程量清单计价规范》GB 50500，施工企业为建筑安装施工人员支付的失业保险费属于建筑安装工程费中的( )。

A. 规费
B. 人工费
C. 措施费
D. 企业管理费

解析：A。规费是指按国家法律、法规规定，由省级政府和省级有关权力部门规定必须缴纳或计取的费用。包括：(1) 社会保险费：养老保险费、失业保险费、医疗保险费、生育保险费、工伤保险费。(2) 住房公积金。

158. 地铁机电安装与装饰装修工程中，项目部工程师赵某骑电动车在去往施工现场的途中，发生交通事故导致腿部受伤，在医院治疗 2 个月后返回工作岗位。以上事件描述中，赵某工伤期间的工资属于人工费中的( )。

A. 特殊情况支付的工资
B. 计时工资
C. 津贴补贴
D. 加班加点工资

解析：A。特殊情况下支付的工资：是指根据国家法律、法规和政策规定，因病、工伤、产假、计划生育假、婚丧假、事假、探亲假、定期休假、停工学习、执行国家或社会义务等原因按计时工资标准或计时工资标准的一定比例支付的工资。

159. 地铁机电安装与装饰装修工程中，工程量清单计价模式下，合同清单中宜采用参数法计价的措施项目费是（　　）。

A. 夜间施工增加费　　　　　　B. 混凝土模板费
C. 施工围挡费　　　　　　　　D. 垂直运输费

解析：A。参数法计价是指按一定的基数乘系数的方法或自定义公式进行计算。这种方法简单明了，但最大的难点是公式的科学性、准确性难以把握。这种方法主要适用于施工过程中必须发生，但在投标时很难具体分项预测，又无法单独列出项目内容的措施项目。如夜间施工费、二次搬运费、冬雨期施工的计价均可以采用该方法。B、C、D 采用综合单价法计价。

160. 地铁机电安装与装饰装修工程中，根据《建设工程施工合同（示范文本）》GF—2017—0201 通用合同条款，关于工程保修的说法，正确的是（　　）。

A. 保修期内因发包人使用不当造成工程的缺陷和损坏，可以委托承包人修复，发包人承担修复的费用但不用支付承包人利润
B. 保修期内因承包人原因造成工程的缺陷和损坏，承包人应负责修复并承担修复的费用，但不承担因工程缺陷和损坏造成的人身及财产损失
C. 保修期内因特大地震造成工程的缺陷和损坏，可以委托承包人修复，发包人承担修复的费用并支付承包人合理的利润
D. 保修期内发包人发现已经接收的工程存在任何缺陷应书面通知承包人修复，承包人接到通知后应在 48h 内到工程现场修复缺陷

解析：C。保修期内，因发包人使用不当造成工程的缺陷、损坏，可以委托承包人修复，但发包人应承担修复的费用，并支付承包人合理利润。A 错误。保修期内，因承包人原因造成工程的缺陷、损坏，承包人应负责修复，并承担修复的费用以及因工程的缺陷、损坏造成的人身伤害和财产损失。B 错误。因其他原因造成工程的缺陷、损坏，可以委托承包人修复，发包人应承担修复的费用，并支付承包人合理的利润，因工程的缺陷、损坏造成的人身伤害和财产损失由责任方承担。C 正确。在保修期内，发包人在使用过程中，发现已接收的工程存在缺陷或损坏的，应书面通知承包人予以修复，但情况紧急必须立即修复缺陷或损坏的，发包人可以口头通知承包人并在口头通知后 48h 内书面确认，承包人应在专用合同条款约定的合理期限内到达工程现场并修复缺陷或损坏，D 错误。

161. 地铁机电安装与装饰装修工程中，每月进行的施工成本分析就是根据会计核算、（　　）和统计核算提供的资料，对施工成本的形成过程和影响成本升降的因素进行分析。

A. 单项核算　　　　　　　　　B. 成本核算
C. 利润核算　　　　　　　　　D. 业务核算

解析：D。施工成本分析就是根据会计核算、业务核算和统计核算提供的资料。

162. 地铁机电安装与装饰装修工程中，项目部工经部门每月编制的施工成本分析报告中，在分部分项工程成本分析中，预算成本的资料来自（　　）。

A. 施工任务单的实际工程量　　B. 施工预算
C. 限额领料单的实耗材料　　　D. 投标报价成本

解析：D。预算成本的资料来自投标报价成本

163. 地铁机电安装与装饰装修工程中,项目施工成本分析是在( )的基础上,对成本的形成过程和影响因素进行分析。

A. 施工成本计划　　　　　　　　B. 施工成本预测

C. 施工成本核算　　　　　　　　D. 施工成本考核

解析:C。施工成本分析是在施工成本核算的基础上,对成本的形成过程和影响因素进行分析。

164. 地铁机电安装与装饰装修工程项目,与业主签订的施工合同中的工程量清单是( )的产物,是合同文件的重要组成部分。

A. 技术规范　　　B. 招标投标　　　C. 工程造价　　　D. 工程项目

解析:B。工程量清单是招标投标的产物,是合同文件的重要组成部分。

165. 地铁机电安装与装饰装修工程中,项目部工程师以施工技术交底形式向劳务分包单位进行施工指导,分包单位按照此交底进行施工,施工完成后发现技术交底要求错误,该错误指令导致部分已完工程返工,分包单位做法正确的是( )。

A. 以不属于自己的原因向承包单位提出索赔要求

B. 直接向业主单位提出索赔

C. 向工程师个人提出索赔

D. 立即停止一切施工,索赔完成后再复工

解析:A。以不属于自己的原因向承包单位提出索赔要求。

166. 地铁机电安装与装饰装修工程中,由于疫情原因导致项目停工,停工期间分包单位费用增加,分包单位就增加费用向总包单位进行索赔,下列关于费用索赔说法正确的是( )。

A. 停工期间分包单位所有人员的人工费可以向总包单位进行索赔

B. 疫情隔离期间因不遵守疫情防控要求,导致分包队伍10人感染被隔离治疗,隔离治疗产生的费用由分包单位承担

C. 停工期间的房租可以向承包单位索赔

D. 因停工造成现场机械设备无人养护,造成损坏产生的维修费用可以向总包单位进行索赔

解析:B。因不可抗力导致的停工期间产生的人工费、机械费用、房租由分包队伍自行承担;因不遵守疫情管理规定导致的隔离治疗费用由分包队伍承担。

167. 地铁机电安装与装饰装修工程中,项目部与劳务分包单位产生合同纠纷,合同纠纷的解决顺序为( )。

A. 和解—调解—仲裁—诉讼　　　　B. 调解—和解—仲裁—诉讼

C. 和解—调解—诉讼—仲裁　　　　D. 调解—和解—诉讼—仲裁

解析:A。合同争议的解决顺序为和解—调解—仲裁—诉讼。

168. 地铁机电安装与装饰装修工程中,因不可抗力原因发生导致人员伤亡、财产损失,下列关于发承包双方分别应承担的责任的说法,错误的是( )。

A. 因不可抗力原因造成工程主体坍塌,导致第三方人员伤亡的,应由承包人承担赔偿

B. 因不可抗力原因导致工程主体坍塌,砸坏需要安装的设备,损失应由发包人承担

C. 因不可抗力原因导致承包人的机械设备损坏，承包人承担相应费用
D. 因不可抗力原因导致工程本身损坏，所发生的维修、清理产生的费用由发包人承担

解析：A。因不可抗力原因造成工程主体坍塌，导致第三方人员伤亡的，应由发包人承担赔偿。

169. 地铁机电安装与装饰装修工程，与业主签订的合同形式一般为（　　）。
A. 固定单价合同　　　　　　　B. 固定总价合同
C. 可调价格合同　　　　　　　D. 成本加酬金合同

解析：B。地铁机电安装与装饰装修工程，与业主签订的合同形式一般为固定总价合同。

170. 地铁机电安装与装饰装修工程中，每月对劳务分包工程量进行验工收方，其结算依据为（　　）。
A. 必须以现场实际收方量　　　B. 劳务分包合同工程量
C. 与业主签订合同的工程量清单　　　D. 图纸计算工程量

解析：A。

171. 地铁机电安装与装饰装修工程项目，进行劳务分包招标时，招标文件中要求投标人提交投标保证金的，投标保证金不得超过招标项目估算价的（　　）（或限额控制），投标保证金有效期应当与投标有效期一致。
A. 2%　　　B. 3%　　　C. 1%　　　D. 4%

解析：A。投标保证金不得超过招标项目估算价的2%。

172. 地铁机电安装与装饰装修工程项目招标中，招标人应当自收到评标报告之日起（　　）个工作日内在招标平台上公示中标候选人，公示期不得少于（　　）个工作日。
A. 3，4　　　B. 3，3　　　C. 4，5　　　D. 3，2

解析：B。标人应当自收到评标报告之日起3个工作日内在招标平台上公示中标候选人，公示期不得少于3个工作日。投标人或者其他利害关系人对评标结果有异议的，应当在中标候选人公示期间以书面方式提出。招标人应当自收到异议之日起3个工作日内作出答复。在作出答复前，应当暂停招标活动。

173. 地铁机电安装与装饰装修工程项目中，在签订分包合同前，中标人应按招标文件规定的金额、担保形式和递交时间向招标人提交履约担保。履约保证金不超过中标合同金额的（　　）。
A. 5%　　　B. 4%　　　C. 3%　　　D. 2%

解析：A。履约保证金不超过中标合同金额的5%。

174. 地铁机电安装与装饰装修工程中，对劳务分包结算方式宜为（　　）。
A. 按收方量月度、季度结算　　　B. 竣工后一次结算
C. 按照部位分段结算　　　　　　D. 按收方量每半年结算

解析：A。地铁机电安装与装饰装修工程中，对劳务分包结算方式宜为按收方量月度结算。

175. 地铁机电安装与装饰装修工程中，关于分包队伍工人实名制管理说法，错误的是（　　）。

A. 工人进场需建立花名册、收集个人信息形成台账
B. 工人应与分包单位签订劳务合同并报至项目部备案
C. 每月根据考勤将工资直接发放到分包单位
D. 分包单位应给工人缴纳意外伤害险

解析：C。每月根据考勤将工资直接发放到劳务工人手中。

176. 地铁机电安装与装饰装修工程中，关于项目总承包单位的责任与义务说法，错误的是(　　)。
A. 总包单位负责施工现场的组织协调工作，负责分包工程质量、施工现场安全管理工作
B. 总包单位负责对分包工程承包人的业绩、市场行为进行考核评定
C. 总包单位负责提供施工条件，及时结算工程款和劳务工资
D. 总包单位负责劳务分包单位工人的保险缴纳

解析：D。劳务分包单位的工人保险应由劳务分包方缴纳。

177. 地铁机电安装与装饰装修工程中，关于劳务分包单位劳务用工管理的说法，错误的是(　　)。
A. 劳务分包企业应当按时足额支付劳务人员的工资，不得克扣或者拖欠劳务人员的工资
B. 在技术岗位特种作业的劳务人员，应当持有"职业资格证书"或"职业技能岗位证书"
C. 劳务分包企业可以自行雇用临时工进入施工现场，工资日结，不用签订劳务合同
D. 劳务分包企业应当对劳务人员进行安全知识、法律法规等内容的引导性培训和职业技能培训

解析：C。劳务分包企业应当依法和与其建立劳动关系的劳动者签订书面劳动合同。劳动合同中应当对劳动合同期限、工作岗位、劳动报酬、劳动保护、劳动条件，以及违反劳动合同的责任等内容做出明确的约定。

178. 地铁机电安装与装饰装修工程中，关于总承包单位与劳务分包单位责任划分说法，错误的是(　　)。
A. 分包工程承包人应当按照合同的约定对其承包的工程向分包工程发包人负责
B. 分包工程承包人就分包工程对建设单位承担连带责任
C. 因分包单位施工原因损坏甲供设备，由分包单位对建设单位负责，与总包单位无关
D. 分包单位因产生的工期滞后导致业主单位损失的由分包单位与总包单位共同承担

解析：C。分包单位负主要责任，总包单位负连带责任。

179. 地铁机电安装与装饰装修工程中，下列说法中不属于违法分包的情形是(　　)。
A. 分包单位将其承包的工程肢解后以分包的名义发包给他人
B. 总承包单位将砌体工程使用的钢材、水泥砂浆、商品混凝土等建筑材料、建筑构配件由分包单位采购的
C. 分包单位将工程分包后，未在施工现场设立项目管理机构和派驻相应人员，并未对该工程的施工活动进行组织管理的

D. 总承包单位将劳务专业分包给劳务公司

解析：D。总承包单位将劳务专业分包给劳务公司的情形不属于违法分包。

180. 地铁机电安装与装饰装修工程中，工地大门位置应设置实名制打卡机，下列关于实名制管理说法，错误的是（　　）。

　　A. 系统应具有实名制信息录入、身份识别信息导入、从业人员入职管理和从业人员离职管理等实名制信息管理功能
　　B. 系统应能实现作业人员在施工现场进行身份识别验证操作，以及验证记录的查询和分析等实名制验证的功能
　　C. 作业人员只每天上班进行实名制认证打卡，下班时不用进行实名制认证打卡
　　D. 项目部应根据实名制打卡机进行工人考勤管理与工资发放

解析：C。作业人员只每天上下班进行实名制认证打卡。

8.2 多项选择题

1. 地铁机电安装与装饰装修工程项目，进行劳务分包招标时，投标的分包单位需要提供的资质证明材料包括（　　）。

　　A. 企业法人营业执照　　　　B. 组织机构代码证
　　C. 税务登记证　　　　　　　D. 分包企业人员工资发放表
　　E. 安全生产许可证及其他资格证书

解析：ABCE。需要提供的资质证明材料包括企业法人营业执照、组织机构代码证、税务登记证、劳务分包资质、安全生产许可证及其他资格证书等的复印件或影印件；投标方认为有必要提供的其他有关企业竞争优势的证明材料。

2. 地铁机电安装与装饰装修工程中，《施工合同文本（示范文本）》规定 GF—2017—0201，对于在施工中发生不可抗力，（　　）发生的费用由承包人承担。

　　A. 工程本身的损害　　　　　B. 发包人人员伤亡
　　C. 造成承包人设备、机械的损坏及停工　　D. 所需清理修复工作
　　E. 承包人人员伤亡

解析：CE。对于在施工中发生不可抗力，造成承包人设备、机械的损坏及停工，承包人人员伤亡发生的费用由承包人承担。

3. 地铁机电安装与装饰装修工程在竣工验收和竣工结算中，承包人应当（　　）。

　　A. 申请验收　　　　　　　　B. 组织验收
　　C. 提出修改意见　　　　　　D. 递交竣工结算报告
　　E. 移交工程

解析：ADE。在竣工验收和竣工结算中，承包人应当申请验收、递交竣工结算报告、移交工程。

4. 地铁机电安装及装饰装修工程中，一种新技术能否在生产中得到应用，主要由它的（　　）决定。

　　A. 实用性　　　　　　　　　B. 经济性
　　C. 美观性　　　　　　　　　D. 稀缺性
　　E. 可替换性

解析：AB。一种新技术能否在生产中得到应用，主要是由它的实用性、经济性决定。

5. 甲公司中标某市地铁 1 号线整条线机电安装工程，欲采用甲公司现有的一套风管加工设备生产整条线车站内的风管，10 年前购入，现市场上已出现结构更先进、性能更完善、效率更高的新型风管加工设备，使原有设备相对陈旧落后，其经济效益相对降低而发生贬值产生磨损，其补偿方式有(　　)。

A. 大修理　　　　　　　　　　　B. 更新
C. 现代化改革　　　　　　　　　D. 报废
E. 替换

解析：BC。设备发生磨损后，需要进行补偿，以恢复设备的生产能力。由于设备遭受磨损的形式不同，补偿磨损的方式也不一样。补偿分局部补偿和完全补偿。设备有形磨损的局部补偿是修理，设备无形磨损的局部补偿是现代化改装。设备有形磨损和无形磨损的完全补偿是更新。

6. 图纸会审的主要目的在于(　　)。

A. 发现差错，将质量隐患消灭在萌芽中
B. 让施工单位熟悉图纸，了解工程特点、设计意图
C. 设计意图的说明
D. 提请施工单位解决技术难题
E. 为施工单位解决技术难题

解析：AB。

7. 在进行地铁装修及机电安装项目投标时，下列(　　)情况下，投标保证金将被没收。

A. 投标人所投标无法人签字、公章，作废标处理
B. 投标人在投标截止日期内撤回其投标文件
C. 中标人未能在规定期限内提交履约保证金
D. 中标人未能在规定期限内签订合同
E. 投标人在投标有效期内撤回投标文件

解析：CDE。投标保证金将被没收：(1)投标人在招标文件中规定的投标有效期内撤回其投标；(2)中标人在规定期限内未能签订合同；(3)根据招标文件规定未提交履约保证金。

8. 地铁装修与机电安装工程，在进行机电安装工程劳务分包招标时，符合(　　)情形之一的标书，应作为废标处理。

A. 逾期送达的
B. 按招标文件要求提交投标保证金的
C. 无单位盖章并无法定代表人签字或盖章的
D. 投标人名称与资格审查时不一致的
E. 投标报价远低于成本限价

解析：ACDE。开标时，发现有下列情形之一的投标文件时，应当当场宣布其为无效投标文件，不得进入评标。投标文件未按招标文件的要求予以密封或逾期送达的。投标函未加盖投标人的公章及法定代表人印章或委托代理人印章的，或者法定代表人的委托代理

人没有合法的授权委托书（原件）。投标文件的关键内容字迹模糊、无法辨认的。投标报价远低于成本限价。

9. 地铁机电安装与装饰装修项目，与业主单位签订的合同书内容一般包括（　　）几大项。

   A. 采购协议书　　　　　　　　　B. 中标通知书
   C. 合同通用条款　　　　　　　　D. 合同专用条款
   E. 索赔意向书

   解析：ABCD。地铁机电安装与装饰装修项目，与业主单位签订的合同书内容一般包括采购协议书、中标通知书、合同通用条款、合同专用条款、清单报价、补遗文件等几大项。

10. 地铁机电安装与装饰装修项目中，投标单位所支付的投标保证金的形式通常包括（　　）

    A. 交付现金　　　　　　　　　　B. 口头保证
    C. 银行保函　　　　　　　　　　D. 可撤销信用证
    E. 支票

    解析：ACE。投标保证金的形式有很多，通常的做法有：支付现金、支票、银行汇票、不可撤销信用证、银行保函、由保险公司或者担保公司出具的投标保证书。

11. 地铁机电安装与装饰装修项目中，承包单位在进行劳务招标时，投标人须支付投标保证金，下列关于投标保证金说法，正确的是（　　）。

    A. 投标保证金的数额一般为投标价的5%
    B. 投标保证金最高不得超过80万元人民币
    C. 投标保证金有效期应超过投标有效期30d
    D. 投标人不按招标文件要求提交投标保证金的，该投标文件将被拒绝，做废标处理
    E. 投标保证金确保中标者将签约和提出发包人所要求的履约、预付款担保

    解析：BCD。投标保证金的数额一般为投标价的2%，但最高不得超过80万元人民币。投标保证金有效期应当超出投标有效期30d。投标人不按招标文件要求提交投标保证金的，该投标文件将被拒绝，作废标处理。

12. 地铁机电安装与装饰装修项目中，在进行劳务分包招标时，以下选项中，（　　）一般为合同金额的10%。

    A. 投标保函　　　　　　　　　　B. 履约担保书
    C. 银行履约保函　　　　　　　　D. 支付担保
    E. 预付款担保

    解析：CE。（1）投标担保或投标保证金，是指投标人保证其投标被接受后对其投标书中规定的责任不得撤销或者反悔。否则，招标人将对投标保证金予以没收，投标保证金的数额一般为投标价的2%，但最高不得超过80万元人民币。
    （2）履约担保书：当承包人在履行合同中违约时，开出担保书的担保公司或者保险公司用该项目担保金去完成施工任务或者向发包人支付该项保证金。工程采购项目保证金提供担保形式的，其金额一般为合同价的30%~50%。
    （3）银行的履约保函是由商业银行开具的担保证明，通常为合同金额的10%左右。

银行保函分为有条件保函和无条件的银行保函。

(4) 发包人支付担保应是金额担保。实行履约金分段滚动担保。担保额度为工程总额20%~25%

(5) 预付款担保是指承包人与发包人签订合同后，承包人正确、合理使用发包人支付的预付款的担保。建设工程合同签订以后，发包人给承包人一定比例的预付款，一般为合同金额的10%，但需由承包人的开户银行向发包人出具预付数担保。

13. 我国实行建筑许可管理制度，建筑许可包括（　　）。

　　A. 资格许可　　　　　　　　　　B. 资质许可
　　C. 从业资格　　　　　　　　　　D. 执业资格
　　E. 建筑工程施工许可

　　解析：CE。我国实行建筑许可制度，建筑许可包括从业资格、建筑工程施工许可。

14. 地铁机电安装与装饰装修工程中，下列说法中属于违反合同约定的做法是（　　）。

　　A. 未按照合同约定的竣工日期竣工
　　B. 未按照合同条款规定的人数配置项目部人员
　　C. 签订合同的项目经理长期未在项目履约
　　D. 未按合同要求完成工程量清单内容
　　E. 将工程按站划分后将劳务专业分包给劳务公司

　　解析：ABCD。将工程按站划分后将劳务作业分包给劳务公司属于合规做法。

15. 地铁机电安装与装饰装修工程中，与业主签订的合同清单，分部分项工程综合单价包括完成规定计量单位清单项目所需的人工费、材料和工程设备费、施工机具使用费以及（　　）。

　　A. 企业管理费　　　　　　　　　　B. 利润
　　C. 规费　　　　　　　　　　　　　D. 税金
　　E. 一定范围内的风险费

　　解析：ABE。本工程量清单综合单价是指完成一个规定清单项目所需的人工费、材料和工程设备费、施工机具使用费和企业管理费、利润以及一定范围内的风险费用。

16. 地铁机电安装与装饰装修工程招标投标时，根据现行国家标准《建设工程工程量清单计价规范》GB 50500，关于投标人投标报价编制的说法，正确的有（　　）。

　　A. 投标报价应以投标人的企业定额为依据
　　B. 投标报价应根据投标人的投标战略确定，必要的时候可以低于成本
　　C. 投标中若发现清单中的项目特征与设计图纸不符，应以项目特征为准
　　D. 招标文件中要求投标人承担的风险费用，投标人应在综合单价中予以考虑
　　E. 投标人可以根据项目的复杂程度调整招标人清单中的暂列金额的大小

　　解析：ACD。投标人的投标报价不得低于工程成本，故 B 错。暂列金额应按照招标工程量清单中列出的金额填写，不得变动，故 E 错。

17. 地铁机电安装与装饰装修工程中，在签订劳务合同时，项目部工经部门对劳务合同评审内容包括（　　）。

　　A. 法性、合规性评审　　　　　　B. 合理性、可行性评审

C. 合同严密性、完整性评审　　D. 合同的效益

E. 合同风险评估

解析：ABCE。项目部工经部门对劳务合同评审内容包括：法性、合规性评审；合理性、可行性评审；合同严密性、完整性评审；合同风险评估。

18. 地铁机电安装与装饰装修工程中，项目部工经部门针对合同管理的日常工作应包括（　　）。

A. 合同交底　　B. 合同跟踪与诊断

C. 合同完善与补充　　D. 信息反馈与协调

E. 合同的修改

解析：ABCD。项目部工经部门针对合同管理的日常工作应包括：合同交底、合同跟踪与诊断、合同完善与补充、信息反馈与协调。

19. 地铁机电安装与装饰装修工程中，合同实施前，工经部门应对项目各部门进行合同交底，合同交底应包括内容有（　　）。

A. 合同的主要内容

B. 合同订立过程中的特殊问题及合同待定问题

C. 合同实施计划及责任分配

D. 合同中分部分项清单的单价

E. 合同实施的主要风险及其他应进行交底的合同事项

解析：ABCE。

20. 地铁机电安装与装饰装修工程中，项目部应针对本工程制定成本计划，成本计划的编制依据有（　　）。

A. 合同文件　　B. 项目管理实施规划

C. 相关设计文件　　D. 施工方案

E. 相关定额及类似项目的成本资料

解析：ABCE。成本计划的编制依据有合同文件、项目管理实施规划、相关设计文件、相关定额及类似项目的成本资料。

21. 地铁机电安装与装饰装修工程招标过程中，分部分项清单中适宜用参数法计价的措施项目费有（　　）。

A. 混凝土模板费　　B. 二次搬运费

C. 安全文明施工费　　D. 垂直运输费

E. 已完工程及设备保护费

解析：BCE。适宜用参数法计价的措施项目费有二次搬运费、安全文明施工费、已完工程及设备保护费。

22. 地铁机电安装与装饰装修工程中，下列选项中可使项目成本增加的是（　　）。

A. 由于施工现场环境变化使安全生产费支出增加

B. 施工期间，由于疫情原因，项目停工一个月

C. 由于图纸变更，导致某地铁站部分设备房间风管安装滞后 10d，抢工后按施工计划时间完成

D. 供电线路维修停电，导致工地停工 1d

E. 分包单位自采的原材料供应推迟，导致工地停工 15d

解析：AB。

23. 地铁机电安装与装饰装修工程中，在签订劳务合同时，发承包双方应在施工合同中约定的合同价款事项有（　　）。

A. 工程价款的调整因素、方法、程序、支付方式及时间

B. 承担计价风险的内容、范围以及超出约定内容、范围的调整方法

C. 投标保证金的数额、支付方式及时间

D. 工程竣工价款结算编制与核对、支付方式及时间

E. 违约责任以及发生合同价款争议的解决方法及时间

解析：ABDE。

第 9 章

建 筑 模 型 篇

概 述

建筑信息模型（Building Information Modeling，又称建筑信息模拟，简称BIM）技术为建筑业第二次革命技术，是一种基于三维模型的智能流程，通过利用数字化技术与实时性的工程信息库，建立虚拟的三维仿真模型，以便对建筑各个部分进行直观了解，减少了建筑施工及管理成本。

相对于现有的各种制图软件，BIM技术拥有着可视化、协调性、模拟性、优化性等优点，并且愈发受到建筑行业的青睐，其使用规模也在不断扩大，施工技术人员对BIM技术的学习已经刻不容缓。

在本章中，对常用BIM技术知识进行归纳总结，汇集了BIM技术概况及应用知识，内容主要包括BIM的发展历程、平台软件的分类、地铁机电模型搭建常用的软件Revit基本术语等制图知识，并基于上述制图结果进行工程量统计、施工模拟、漫游展示，利用BIM技术对建筑全生命周期进行管理。展现了BIM技术在工程实际中的强大优势，并附有典型的实际工程案例，使大家更为准确直观地认识了解BIM技术及其优势。

9.1 单项选择题

1. 地铁机电安装及装饰装修工程中，我们常说的"建筑信息模型"，指的是（   ）。
   A. BINB   B. BIM   C. CAD   D. DIM
   解析：B。

2. 地铁机电安装及装饰装修工程中，下面哪个选项不是我国大力推崇BIM技术的原因（   ）。
   A. 提高工作效率   B. 提升建筑品质
   C. 控制项目成本   D. 使建筑更安全
   解析：D。

3. 地铁机电安装及装饰装修工程中，下面（   ）不是BIM的特点。
   A. 可视化   B. 模拟性   C. 协调性   D. 保温性
   解析：D。

4. 地铁机电安装及装饰装修工程中，关于BIM技术全生命周期模型的顺序正确的是（   ）。
   A. 策划阶段→设计阶段→施工阶段→运营阶段
   B. 设计阶段→策划阶段→施工阶段→运营阶段
   C. 施工阶段→策划阶段→设计阶段→运营阶段

D. 运营阶段→策划阶段→设计阶段→施工阶段

解析：A。

5. BIM 技术是建筑业的第（　　）次革命。

　　A. 一　　　　　　B. 二　　　　　　C. 三　　　　　　D. 四

解析：B。

6. 地铁机电安装及装饰装修工程中，不属于施工阶段中的 BIM 应用的是（　　）。

　　A. 机械设备质量管理　　　　　　B. 设备维护管理
　　C. 技术质量管理　　　　　　　　D. 货物采购质量管理

解析：B。项目施工阶段中的 BIM 应用：机械设备质量管理、技术质量管理、货物采购质量管理。

7. 不属于碰撞检查软件的是（　　）。

　　A. Xsteel　　　　B. SketchUp　　　C. Navisworks　　　D. Solibri

解析：B。Xsteel 是深化设计软件，具有碰撞检查功能；SketchUp 是 BIM 接口的几何造型软件；Navisworks 和 Solibri 都是用于碰撞检查的软件。

8. 地铁机电安装及装饰装修工程中，基于 BIM 的工程量计算属于 BIM 应用模式中的（　　）。

　　A. 单业务应用　　　　　　　　　B. 多业务应用
　　C. 综合业务集成应用　　　　　　D. 与项目管理的集成应用

解析：A。

9. 地铁机电安装及装饰装修工程中，在创建 BIM 模型前，制定相应的 BIM 实施方案，对 BIM 模型的建立及应用进行规划，实施方案主要内容不包括（　　）。

　　A. 制定 BIM 模型建立标准　　　　B. 明确 BIM 团队任务分配
　　C. 确定项目资金数量　　　　　　D. 明确各专业部门负责人

解析：C。在创建 BIM 模型前，制定相应的 BIM 实施方案，对 BIM 模型的建立及应用进行规划，实施方案主要内容包括：(1) 明确 BIM 建模专业；(2) 明确各专业部门负责人；(3) 明确 BIM 团队任务分配；(4) 明确 BIM 团队工作计划；(5) 制定 BIM 模型建立标准。

10. 地铁机电安装及装饰装修工程中，基于 BIM 的项目管理，以下说法中，错误的是（　　）。

　　A. 能够从根本上消除信息的流失和信息交流的障碍
　　B. 能够提供一个项目参与各方协同工作的平台
　　C. 能够实现理想的建设工程信息积累
　　D. 能够延长项目的周期

解析：D。BIM 技术在结合项目管理后，可应用在建设工程项目的全寿命周期中，其数据库是动态变化的，能提供一个项目参与各方协同工作的平台。实现理想的建设工程信息积累。需要从建设工程项目的组织、管理和方法和手段等多个方面进行系统的变革，从根本上消除信息的流失和信息交流的障碍。

11. 在地铁机电安装及装饰装修工程中应用三维激光扫描技术与 BIM 技术相结合给现场管理带来的最大便利是（　　）。

A. 工程建设的过程管理　　　　　　B. 工程建筑模型的建立
C. 工程信息数据的整合管理　　　　D. 施工技术的变革
解析：C。

12. 地铁机电安装及装饰装修工程中，二次结构构造柱设计、预留孔洞设计、节点设计（机房管道安装、钢结构焊接等）、预埋件设计、综合管线调整等工作属于 BIM 技术应用的（　　）。
A. 深化设计 BIM 应用　　　　　　B. 施工模拟 BIM 应用
C. 预制加工 BIM 应用　　　　　　D. 其他 BIM 应用
解析：A。

13. 在地铁机电安装及装饰装修工程中，（　　）的引入，将对造价咨询单位在整个建设全生命周期项目管理工作中对工程量的管理发挥质的提升。
A. 广联达算量　　　　　　　　　　B. 鲁班算量
C. BIM 技术　　　　　　　　　　　D. 清华斯维尔算量
解析：C。

14. 在地铁机电安装及装饰装修工程中，建立 BIM 数据库对整个建设工程项目的意义不包括（　　）。
A. 快速算量，精度提升　　　　　　B. 数据调用，政策支持
C. 精确计划，减少浪费　　　　　　D. 多算对比，有效管控
解析：B。建立 BIM 数据库对整个建设工程项目的意义主要有：快速算量，精度提升；数据调用，决策支持；精确计划，减少浪费；多算对比，有效管控。

15. 地铁机电安装及装饰装修工程中，关于 BIM 技术的应用，下列说法不正确的是（　　）。
A. 运用 BIM 技术，除了能够进行建筑平、立、剖及详图的输出外，还可以出碰撞报告及构件加工图等
B. 建筑与设备专业的碰撞主要包括建筑与结构图样中的标高、柱、剪力墙等的位置是否不一致等
C. 基于 BIM 模型可调整解决管线空间布局问题如机房过道狭小、各管线交叉等问题
D. 借助工厂化、机械化的生产方式，将 BIM 信息数据输入设备，就可以实现机械的自动化生产，这种数字化建造的方式可以大大提高工作效率和生产质量
解析：B。建筑与结构专业碰撞内容主要包括标高、剪力墙、柱等位置是否一致，梁与门是否冲突；结构与设备专业碰撞内容主要检测设备管道与梁柱是否发生冲突；设备内部各专业碰撞内容是检测各专业与管线冲突情况；检测管线末端与室内吊顶冲突是设备与室内装修主要碰撞内容。

16. 地铁机电安装及装饰装修工程中，利用 BIM 技术的（　　），可提高专业内和专业间的设计协同效率，减少错漏碰缺，提高设计质量。
A. 参数化　　　　　　　　　　　　B. 3D 可视化
C. 协同技术　　　　　　　　　　　D. 可出图性
解析：C。

17. 关于 BIM 技术较二维 CAD 技术优势的说法，下列说法错误的是（　　）。

A. 所有图元均为参数化建筑构件，附有建筑属性
B. 各构件是相互关联的
C. 基本元素如：墙、门、窗等只具有几何特征
D. 只需进行一次修改，则与之相关的平面、立面等都会自动修改

解析：C。基本元素如：墙、门、窗等不但具有几何特征，同时还具有建筑物理特征和功能特征。

18. 在地铁机电安装及装饰装修工程中，能够体现出 BIM 在施工中的应用的是（　　）。
A. 通过创建模型，更好地表达设计意图，突出设计效果，满足业主要求
B. 可视化运维管理，基于 BIM 三维模型对建筑运维阶段进行直观的、可视化的管理
C. 应急管理决策与模拟，提供实时的数据访问，在没有获取足够信息的情况下，作出应急响应的决策
D. 利用模拟进行直观的"预施工"，预知施工难点，更大程度地消除施工的不确定性和不可预见性，降低施工风险

解析：D。施工单位希望 BIM 技术带来的是：（1）理解设计意图；（2）低施工风险；（3）把握施工细节；（4）更多的工厂预知。

19. 利用 Revit 软件建立的模型文件格式是（　　）。
A. .rvt　　　　　B. .dwg　　　　　C. .dgn　　　　　D. .dwf

解析：A。

20. BIM 的全称是（　　）。
A. Build Information Modeling　　　B. Building Information Modeling
C. Build Information Model　　　　D. Building Intelligent Model

解析：C。

21. 在地铁机电安装及装饰装修工程中，碰撞检测分为专业间的碰撞检测及综合管线的碰撞检测，下列不属于管线综合碰撞检测的是（　　）。
A. 暖通专业系统内部检查
B. 管道、暖通、电气、结构专业之间的碰撞检查
C. 检查标高、剪力墙、柱等位置是否一致
D. 管道专业系统内部检查

解析：C。

22. （　　）等同于方案设计阶段，模型具备基本形状，粗略的尺寸和形状，包括非几何数据，仅线、面积、位置。
A. LOD100　　　B. LOD200　　　C. LOD300　　　D. LOD400

解析：A。

23. （　　）等同于初步设计阶段，模型具有近似几何尺寸、形状和方向，能够反映物体本身大致的几何特性，构件包含几何尺寸。材质、产品信息（如设备电压、功率等）。
A. LOD100　　　B. LOD200　　　C. LOD300　　　D. LOD400

解析：B。

24. （　　）等同于施工图设计阶段，模型中物体主要组成部分几何尺寸表述准确，能

够反映物体的实际外形，保证不会在施工模拟和碰撞检查中产生错误判断，构件应包含几何尺寸、材质、产品信息等，模型包含信息量与施工图设计完成时CAD图纸上的信息量保持一致。

A. LOD100　　　　B. LOD200　　　　C. LOD300　　　　D. LOD400

解析：C。

25. (　　)等同于施工阶段，模型具有详细的模型实体，最终确定模型尺寸，能够根据该模型进行构件的加工制造，构件除包括几何尺寸、材质、产品信息外，还应附加模型的施工信息，包括生产、运输、安装等方面。

A. LOD100　　　　B. LOD200　　　　C. LOD300　　　　D. LOD400

解析：D。

26. (　　)等同于提交竣工模型阶段，除最终确定的模型尺寸外，还应包括其他竣工资料提交时所需的信息，资料应包括工艺设备的技术参数，产品说明书/运行操作手册、保养及维修手册，售后信息等。

A. LOD200　　　　B. LOD300　　　　C. LOD400　　　　D. LOD500

解析：D。

27. 在地铁机电安装及装饰装修工程中，关于碰撞检测的顺序，下列说法正确的是(　　)。

A. 首先进行设备内部各专业碰撞检查，然后进行土建碰撞检测，之后进行结构与给水排水、通风、电专业碰撞检测等，最后解决各管线之间交叉问题
B. 首先进行土建碰撞检测，然后进行设备内部各专业碰撞检测，之后进行结构与给水排水、通风、电专业碰撞检测等，最后解决各管线之间交叉问题
C. 碰撞检查分为两类，即项目内图元之间碰撞检查和项目图元与项目链接模型之间碰撞检查
D. 首先进行土建碰撞检测，然后进行结构与给水排水、通风、电专业碰撞检测等，之后进行设备内部各专业碰撞检查，最后解决各专业之间交叉问题

解析：B。

28. 在地铁机电安装及装饰装修工程中，常用(　　)作为地铁车站模型建模软件。

A. Revit　　　　B. Bentley　　　　C. ArichiCAD　　　　D. Digital Project

解析：A。

29. 关于5D的概念描述，下列选项中正确的是(　　)。

A. 3D模型＋时间＋成本
B. 3D模型＋时间＋工序
C. 3D模型＋成本＋工序
D. 2D模型＋时间＋成本

解析：A。

30. 在施工阶段实现动态、集成和可视化的4D施工管理，是将建筑物及施工现场3D模型与(　　)相链接，并与施工资源和场地布置信息集成一体，建立4D施工信息模型。

A. 施工成本　　　　　　　　　　B. 施工安全
C. 施工进度　　　　　　　　　　D. 施工质量

解析：C。

31. BIM是近十年在原有CAD技术基础上发展起来的一种多维度模型信息集成技术，

其中多维是指三维空间、四维时间、五维（　　）、N 维更多应用。

A. 设计　　　　　　B. 成本　　　　　　C. 建造　　　　　　D. 算量

解析：B。

32. 在地铁机电安装及装饰装修工程中，BIM 技术给业主带来的好处不包括（　　）。

A. 规划方案预演　　　　　　　　B. 场地分析

C. 数字化建造　　　　　　　　　D. 建筑性能预测

解析：C。BIM 给业主带来的好处，可实现规划方案预演、场地分析、建筑性能预测和成本估算等技术内容。

33. 地铁机电安装及装饰装修工程中，BIM 技术给施工单位带来的好处不包括（　　）。

A. 施工进度模拟　　　　　　　　B. 数字化建造

C. 性能化设计　　　　　　　　　D. 可视化管理

解析：C。BIM 给施工单位带来的好处，可实现施工进度模拟、数字化建造、物料跟踪、可视化管理和施工配合等技术内容。

34. 地铁机电安装及装饰装修工程中，BIM 技术给设计单位带来的好处不包括（　　）。

A. 可视化设计　　　　　　　　　B. 协同设计

C. 数字化建造　　　　　　　　　D. 工程量统计

解析：C。BIM 给设计单位带来的好处，可实现可视化设计、协同设计、性能化设计、工程量统计和管线综合等技术内容。

35. 地铁机电安装及装饰装修工程中，BIM 技术给运营单位带来的好处不包括（　　）。

A. 实现虚拟现实　　　　　　　　B. 漫游、资产、空间等管理

C. 建筑系统分析　　　　　　　　D. 施工配合

解析：D。BIM 给运营单位带来的好处，可实现虚拟现场和漫游、资产、空间等管理、建筑系统分析和灾害应急模拟等技术内容。

36. 当前 BIM 应用的主要特征不包括（　　）。

A. BIM 技术应用覆盖较窄　　　　B. 涉及项目的实战较少

C. BIM 普及程度较高　　　　　　D. 缺少专业的 BIM 工程师

解析：C。

37. 基于 BIM 技术的（　　）功能可对技术标的表现带来很大的提升，能够更好地实现对方案的展示。

A. 信息化　　　　　　B. 集成　　　　　　C. 3D　　　　　　D. 协同

解析：A。

38. 关于 BIM 技术应用的说法，正确的是（　　）。

A. 业主主导模式下，初始成本较低，协调难度一般，应用扩展性一般，运营支持程度低，对业主要求较低

B. 业主主导模式下，初始成本较高，协调难度大，应用扩展性最丰富，运营支持程度高，对业主要求高

C. 业主主导模式下，初始成本较高，协调难度一般，应用扩展性最丰富，运营支持程度一般，对业主要求高

D. 业主主导模式下，初始成本较高，协调难度小，应用扩展性一般，运营支持程度高，对业主要求高

解析：B。

39. 下列选项中不属于由设计主导的BIM应用管理模式的特点是（　　）。

A. 合同关系简单，合同管理容易

B. 业主方实施难度一般

C. 有利于项目全过程效益的发挥

D. 设计招标难度大，具有风险性

解析：C。

40. 在地铁机电安装及装饰装修工程中，碰撞检查中属于"软碰撞"的是（　　）。

A. 设备与室内装修冲突　　　　　　B. 缺陷检测

C. 结构与机电预留预埋冲突　　　　D. 建筑与结构标高冲突

解析：B。"软碰撞"指的是模型是否符合规范、是否符合施工要求的检测，譬如缺陷检测、建筑与结构一致性检测、部分建筑规范如无障碍规范的检测；"硬碰撞"指的是实体之间的碰撞。

41. 在地铁机电安装及装饰装修工程中，关于碰撞检查管线避让原则，下列说法不正确的是（　　）。

A. 小管让大管　　　　　　　　　　B. 无压管让有压管

C. 冷水管道避让热水管道　　　　　D. 附件少的管道避让附件多的管道

解析：B。管线避让原则如下：有压管让无压管；小管让大管；施工简单管让施工复杂管；冷水管道避让热水管道；附件少的管道避让附件多的管道；临时管道避让永久管道。

42. 在地铁机电安装及装饰装修工程中，在对模型进行碰撞检查的阶段，主要的工作内容是（　　）。

A. 提前发现设计图纸中安装各专业间的碰撞，以及安装与结构间的碰撞

B. 注明碰撞所在位置，涉及图纸以及碰撞详细情况

C. 对可能发现的碰撞点提前预警

D. 通过后台数据中心进行碰撞检测，最后提交相关碰撞结果

解析：D。

43. BIM模型中可以查看建筑物存在的实际信息，不能查看的是（　　）。

A. 几何信息　　　B. 物理信息　　　C. 合同信息　　　D. 规则信息

解析：C。

44. 地铁机电安装及装饰装修工程BIM技术的应用，不属于项目BIM实施的保障措施的是（　　）。

A. 建立系统运行实施标准　　　　　B. 建立系统运行保障体系

C. 建立系统运行例会制度　　　　　D. 华北库系统运行检查机制

解析：A。项目BIM实施的保障措施有：建立系统运行检查机制、建立系统运行保

障体系、建立系统运行例会制度、建立系统运行工作计划、模型维护与应用机制。

45. BIM 技术在地铁机电安装工程机房内预制加工管理不包括（   ）。
A. 基于 BIM 技术实现管道准确下料
B. 基于 BIM 技术对关键工艺进行展示
C. 基于 BIM 技术可对构件进行详细信息查询
D. 基于 BIM 技术可出具构件加工详图
解析：B。

46. BIM 技术在投标过程中的应用不包括（   ）。
A. 基于 BIM 技术的施工方案模拟
B. 基于 BIM 技术的 4D 进度模拟
C. 基于 BIM 技术的资源优化与资金计划
D. 基于 BIM 技术的深化设计
解析：D。基于 BIM 技术的深化设计是施工过程中的应用。

47. 不属于 BIM+GIS 在建筑施工管理可视化具体应用的是（   ）。
A. 信息流动分析   B. 建筑构件属性分析
C. 智慧城市建造分析   D. 建设成本的监控分析
解析：C。

48. 下列选项中不属于 BIM 技术应用目的的是（   ）。
A. 虚拟施工，提高施工技术水平
B. 建立模型，创建三维的立体模型
C. 预知结果，保证目标顺利实现
D. 运维平台，提供物业管理支撑
解析：B。

49. 地铁机电安装及装饰装修工程中，基于 BIM 技术生成的工程量描述不正确的是（   ）。
A. 可以获得更符合实际的工程量数据
B. 不是简单的长度和面积的统计
C. 不可以自动形成电子文档进行交换、共享、远程传递和永久存档
D. 专业的 BIM 造价软件可以进行精确的 3D 布尔运算和实体减扣
解析：C。

50. 施工模型按照模型的精细度可划分为深化设计模型、施工过程模型和（   ）。
A. 土建模型   B. 机电模型   C. 竣工模型   D. 钢结构模型
解析：C。

51. 不属于 BIM 技术给施工企业带来的主要影响的是（   ）。
A. 提高深化设计的精确性
B. 实现绿色环保施工的理念
C. 合理控制工程成本，提高施工效益
D. 提高施工单位的总承包、总集成的能力
解析：A。

52. 施工仿真技术不包括( )。
A. 施工变更管理
B. 施工方案模拟、优化
C. 消除现场施工过程干扰或施工工艺冲突
D. 工程量自动计算

解析：A。

53. 地铁机电安装及装饰装修工程中，在对项目进行碰撞检查时，应遵循优先级顺序，首先进行碰撞检查的是( )。
A. 结构碰撞检查
B. 结构、给水排水、暖通、电气、弱电
C. 设备内部各专业碰撞检查
D. 零部件间的碰撞检查

解析：A。

54. 下列属于地铁车站 BIM 模型的是( )。

A.

B.

C.
D.

解析：B。

55. 根据《建筑信息模型设计交付标准》GB/T 51301—2018，当建筑设备系统的建模精细度不低于( )时，项目应进行碰撞检测。
A. LOD100　　　B. LOD200　　　C. LOD300　　　D. LOD400

解析：C。

56. BIM 技术和( )的结合完美地解决了可视化资产监控、查询、定位管理。
A. GIS 技术　　　B. 3D 扫描技术　　　C. VR 技术　　　D. 物联网技术

解析：D。

57. 关于建筑全生命周期一体化管理模式说法，错误的是( )。
A. 建设项目全生命一体化管理（PLIM）模式是指由施工单位牵头，专业咨询方全面负责，从各主要参与方中分别选出1~2名专家组成全生命期一体化项目管理组
B. 建设项目全生命期一体化管理模式主要涵盖三个方面：参与方一体化、管理要素一体化、管理过程一体化
C. 参与方一体化的实现，有利于各方打破服务时间，服务范围和服务内容上的界限，促进管理过程一体化和管理要素一体化
D. 管理过程一体化的实现，又要求打破管理阶段界限，对管理要素一体化的实施起了一定的促进管理作用

解析：A。

58. 关于项目管理协同的说法错误的是( )。
A. 在平面 CAD 时代，协同是一个单向的过程
B. 在项目实施过程中对各参与方在各阶段进行信息数据协同管理具有非常重大的意义
C. 协同即协调两个以上的不同资源或个体，协同一致地完成某一目标的过程
D. 基于 BIM 技术的协同平台的利用，可实现各信息、人员的集成和协同，大大提高了项目管理的效率

解析：C。

59. BIM 技术在建造阶段上对预制加工管理的应用不包括( )。
A. 生成构件加工详图
B. 进行构件生产指导
C. 通过 BIM 实现预制构件的数字化制造
D. 检查构件布置是否达标

解析：D。

60. 关于 BIM 的发展历史与应用现状的说法中，不正确的是( )。
A. 美国是较早启动建筑业信息化研究的国家
B. 与大多数国家不同，美国政府要求强制使用 BIM
C. 北欧国家 BIM 技术的发展主要是企业的自觉行为
D. 迄今为止，英国建筑业标准委员会已经发布了美国建筑业 BIM 标准

解析：B。英国政府要求强制使用 BIM。

61. 一般将建筑全生命周期分为四个阶段，其中不包括( )。
A. 规划阶段　　　B. 改造阶段　　　C. 施工阶段　　　D. 设计阶段

解析：D。建筑全生命周期划分为规划阶段、设计阶段、施工阶段、运维阶段。

62. BIM 技术在施工企业投标阶段的应用优势，不正确的是( )。
A. 更好地展示技术方案　　　　　B. 提高施工效率
C. 提升竞标能力，提升中标率　　D. 获得更好的结算利润

解析：B。

63. BIM 技术在工程项目进度管理中的应用体现在项目进行过程中的方方面面，下面不是其关键应用点的是( )。
A. 施工进度计划编制　　　　　B. BIM 施工进度 4D 模拟
C. BIM 施工成本控制　　　　　D. BIM 施工安全与冲突分析成本

解析：C。

64. 地铁机电安装及装饰装修工程中，施工单位应用 BIM 技术的内容不包括( )。
A. 施工建模　　B. 施工深化设计　　C. 施工工法模拟　　D. 运行维护

解析：D。

65. BIM 实施模式不包括( )。
A. 政府主导模式　　　　　B. 设计主导模式
C. 咨询辅助管理模式　　　D. 业主自主管理模式

解析：A。

66. 下列不属于 BIM 技术在节地与室外环境中的应用是( )。

A. 场地分析　　　　B. 土方量计算　　　C. 施工用地管理　　D. 管线综合

解析：D。

67. 地铁机电安装及装饰装修工程中，关于管线综合一般步骤的说法不正确的是（　　）。

A. 对各类型管线进行建模

B. 确定各类管线的大概标高和位置

C. 调整电缆桥架、水管主管和风管的平面图位置以便综合考虑

D. 根据局部管线冲突的情况对管线进行调整

解析：A。

68. 地铁机电安装及装饰装修工程中，关于管线优化设计应遵循的原则不正确的是（　　）。

A. 在非管线穿梁、碰柱、穿吊顶等必要情况下，尽量不要改动

B. 软碰撞也必须进行修改，以满足设计要求

C. 管线优化设计时，应预留安装、检修空间

D. 管线避让原则如下：有压管让无压管；小管线让大管线；施工简单管让施工复杂管；冷水管道避让热水管道；附件少的管道避让附件多的管道；临时管道避让永久管道

解析：B。

69. 地铁机电安装及装饰装修工程中，设备区走廊管线优化时，机电专业从上到下在管廊的垂直分布顺序是（　　）。

A. 电气-暖通-给水排水　　　　B. 电气-给水排水-暖通

C. 暖通-给水排水-电气　　　　D. 暖通-电气-给水排水

解析：D。

70. 下列关于建筑工程信息模型的说法，不正确的是（　　）。

A. 建模精细度应满足建筑工程量计算要求

B. 在满足项目需求的前提下，应采用LOD300的建模精细度

C. 建模精细度宜符合施工工法和措施，为施工深化预留条件

D. 输入的建筑工程信息应满足现行有关工程文件编制深度规定

解析：B。

9.2　多项选择题

1. 地铁机电安装及装饰装修工程中，常用的BIM应用软件包括（　　）。

A. Revit　　　　　　　　　　B. Rhino

C. Civil 3D　　　　　　　　 D. Navisworks

E. Cinema 4D

解析：ABCD。

2. 招标投标阶段的BIM工具软件主要包括（　　）。

A. 算量软件　　　　　　　　B. 造价软件

C. 碰撞检查软件　　　　　　D. 深化设计软件

E. 结构分析软件

解析：AB。

3. 在地铁机电安装及装饰装修工程中，BIM 技术在施工阶段中的应用不包括（   ）。

A. 虚拟施工管理　　　　　　　　　　B. 预制加工管理

C. 资产设备维护管理　　　　　　　　D. 绿色施工管理

E. 建筑性能分析

解析：CE。BIM 技术在项目施工阶段中的应用：虚拟施工管理、预制加工管理、绿色施工管理、施工进度管理、施工质量管理、施工安全管理、施工成本管理、物料管理。

4. 下列属于三维质量管控优点的是（   ）。

A. 电脑自动在各专业间进行全面检验，精确度高

B. 轻松发现影响净高的瓶颈位置

C. 手工整合图纸

D. 在综合模型中直观地表达碰撞检测结果

E. 在任意位置剖切大样及轴测图大样，观察并调整该处管线标高关系

解析：ABDE。

5. 在地铁运营线路中，BIM 在绿色运维中的应用主要包括（   ）。

A. 建筑智能化系统管理　　　　　　　B. 建筑低成本管理

C. 建筑高收益管理　　　　　　　　　D. 建筑安全管理

E. 建筑消耗的实时监测

解析：AE。

6. 在地铁机电安装及装饰装修工程施工过程中 BIM 应用应覆盖工程项目的（   ）。

A. 概念设计阶段　　　　　　　　　　B. 深化设计阶段

C. 施工实施阶段　　　　　　　　　　D. 竣工验收阶段

E. 交付阶段

解析：BCDE。施工阶段 BIM 应用宜覆盖工程项目深化设计、施工实施、竣工验收与交付等整个施工阶段，也可根据工程实际情况只应用于某些环节或任务。

7. 在地铁机电安装及装饰装修工程中，采用轻量化模型技术，把各专业三维模型数据以直观的模式，存储于展示模型中，模型碰撞信息可以采用以下哪种方式进行有序标识（   ）。

A. 碰撞点　　　　　　　　　　　　　B. 突出点

C. 标识签　　　　　　　　　　　　　D. 修改点

E. 检查点

解析：AC。

8. 在地铁机电安装及装饰装修工程中 BIM 技术在施工准备阶段的应用主要包括（   ）。

A. 施工方案管理　　　　　　　　　　B. 物料跟踪

C. 关键工艺展示　　　　　　　　　　D. 工程变更管理

E. 施工过程模拟

解析：ACE。

9. LOD 的定义可以用于( )。
   A. 模型阶段输出结果　　　　　　　B. 设计阶段输出结果
   C. 施工进度模拟　　　　　　　　　D. 计划建模
   E. 分配建模任务
   解析：AE。

10. 关于 BIM 技术在建造阶段的应用，下列说法正确的是( )。
    A. BIM 技术在工程项目成本控制中的应用主要体现在快速精确的成本核算、预算工程量动态查询与统计、限额领料与进度款支付管理，以施工预算控制人力资源和物质资源的消耗、设计优化与变更成本管理等。
    B. BIM 技术在施工节能中的主要应用内容有场地分析、工程量计算、施工场地管理及空间管理等。
    C. 在施工阶段，基于共享 BIM 模型能够实现对设计变更的有效管理和动态管理
    D. 利用 BIM 技术可以对施工场地废弃物的排放、设置进行模拟，以达到减排的目的。
    E. 基于 BIM 技术成本控制的优势包括快速、准确、提升企业成本控制能力、分析能力强
    解析：ACDE。BIM 技术在施工节能中的主要应用内容有：方案论证、建筑系统分析。选项 B 错误。

11. 在地铁机电安装及装饰装修工程中，BIM 技术在施工进度管理中的具体应用包括( )。
    A、施工节点的优化　　　　　　　　B. BIM 施工进度 4D 模拟
    C. BIM 施工安全与冲突分析系统　　D. BIM 建筑施工优化系统
    E. 三维技术交底及安装指导
    解析：BCDE。BIM 技术在施工进度管理中的具体应用包括：BIM 施工组织设计、BIM 施工进度 4D 模拟；BIM 施工安全与冲突分析系统；BIM 建筑施工优化系统；三维技术交底及安装指导等。

12. 在地铁机电安装及装饰装修工程中 BIM 协同平台应具有的功能的是( )。
    A. 模型设计搭建功能　　　　　　　B. 建筑模型信息存储功能
    C. 具有图形编辑平台　　　　　　　D. 兼容建筑专业应用软件
    E. 人员管理功能
    解析：BCDE。

13. 在地铁机电安装及装饰装修工程中，关于碰撞检查实施内容的说法，下列说法正确的是( )。
    A. 提前发现设计图样中安装各专业间的碰撞，以及安装与结构间的碰撞
    B. 注明碰撞所在位置，涉及图样以及碰撞详细情况
    C. 对可能发现碰撞点提前预警
    D. 碰撞过程中涉及的资料总说明
    E. 预留孔洞定位图说明
    解析：ABCE。